中国博物馆志

中国国家文物局
中国博物馆协会 编

文物出版社

责任编辑：段书安

装帧设计：张　瑛

责任印制：陈　杰

图书在版编目（CIP）数据

中国博物馆志．上海卷·山东卷·青海卷／中国国家文物局，
中国博物馆协会编.—北京：文物出版社，2013.7
ISBN 978-7-5010-3730-8
Ⅰ.①中… Ⅱ.①国… ②中… Ⅲ.①博物馆—概况—中国②博
物馆—概况—上海市③博物馆—概况—山东省④博物馆—概
况—青海省 Ⅳ.①G269.2
中国版本图书馆CIP数据核字（2013）第114231号

中国博物馆志（第3册）·上海卷·山东卷·青海卷

主　　编：中国国家文物局　中国博物馆协会

出版发行：文物出版社

地　　址：北京市东直门内北小街2号楼

http://www.wenwu.com

E-mail:web@wenwu.com

邮　　编：100007

经　　销：新华书店

制　　版：北京文博利奥印刷有限公司

印　　刷：文物出版社印刷厂

开　　本：889×1194毫米　1/16

印　　张：23

版　　次：2013年7月第1版第1次印刷

书　　号：ISBN 978-7-5010-3730-8

定　　价：精装360元

总目录

我国第一座国人创办的私营博物馆——南通博物苑（1905年建于江苏南通）

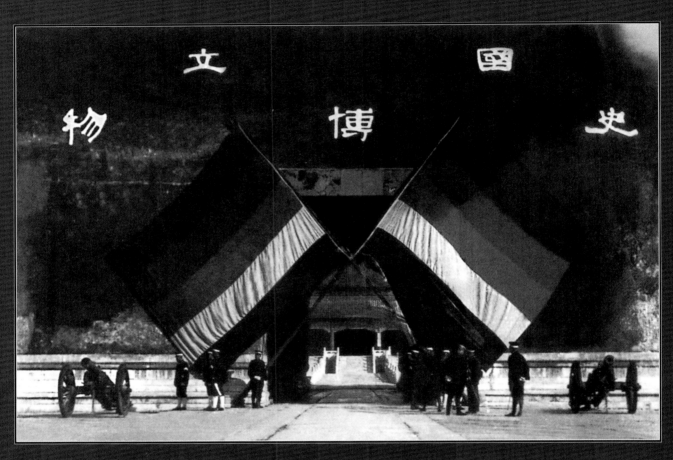

我国第一座国家设立的博物馆——国立历史博物馆（1912年，初
设于北京国子监，1918年，迁入端门内午门城楼及东、西两庑）。

国立历史博物馆展厅一角

我国第一座世界闻名的大型国家博物馆——故宫博物院（1925年成立于北京紫禁城）

　　新中国成立后，1958年中共中央北戴河会议上决定建立的博物馆——中国革命博物馆与中国历史博物馆（1959年建成于北京天安门广场东侧，2003年，两馆合并，扩建为中国国家博物馆）。

　　我国第一次申请在上海举办国际博物馆协会第22届代表大会获得成功。2008年12月，国际博物馆协会主席库敏斯一行为上海大会前来考察，并出席"携手2010：宁波国际博物馆高峰论坛"。图为4日晚，国家文物局局长单霁翔在宁波会见国际博物馆协会主席一行。自左至右：国际博协总干事朱利安·安弗伦斯，国际博协副主席理查德·韦斯特，国际博协主席阿历桑德拉·库敏斯，中国博物馆学会副秘书长安来顺，国家文物局局长单霁翔，国际博协中国国家委员会主席、中国博物馆学会理事长张文彬，国家文物局副局长张柏。

总序

国际博物馆协会中国国家委员会主席
中国博物馆协会理事长

张柏

博物馆是社会主义文化事业的重要组成部分，是文化基础设施建设的重要方面，是公共文化服务体系建设的重要内容，是保障人民群众基本文化权益的重要阵地。加快博物馆事业发展，充分发挥博物馆的社会功能，对于大力弘扬优秀传统文化，推动社会主义文化大发展大繁荣，满足人民群众日益增长的精神文化需求，展示宣传中华民族的辉煌历史和伟大创造，增强民族自豪感和激发爱国热情，提高全民族思想道德素质和科学文化素质具有重要意义。

中国的博物馆事业起步于20世纪初，1905年，张謇先生以一己之力创办了南通博物苑，中国博物馆开始了自己从无到有的发展历程。1925年故宫博物院的建立使中国拥有了一座闻名世界的博物馆。1935年马衡、傅斯年、袁同礼、翁文灏、朱启钤、叶恭绰、李济等老一辈中国博物馆工作者共同发起成立了中国博物馆界的第一个行业组织——中国博物馆协会。1949年以来，中国博物馆事业得到全面振兴，发展速度不断加快。在新中国成立的60多年里，博物馆作为建设社会主义先进文化的重要力量，日益得到党和政府的高度重视。博物馆的公共文化服务特征日益彰显，社会关注度空前提高。建设了一大批在社会上产生积极影响的新馆、大馆，博物馆的藏品保护、利用和管理不断加强，博物馆加速融入社会，革命文物保护和革命纪念馆工作稳步推进。时至今日，全国博物馆以完善的体系、丰富的藏品、新颖的陈列展览、多种形式的社会教育活动、活跃的学术气氛、丰硕的研究成果、日益提高的科学管理和现代化水平而为人称道，享誉中外。

当前，我国博物馆事业正处于历史上最好的发展时期。推进中国博物馆事业又好又快发展，是全社会对博物馆界的殷切期盼，更是中国博物馆协会的崇高使命和工作目标。推进中国博物馆事业又好又快发展，必须首先了解中国博物馆行业的发展历程，摸清中国博物馆行业的家底情况，掌握有关中国博物馆行业的各方面知识。因此，编制一部全面反映和记录博物馆事业发展进程，总结全国各类博物馆的工作情况，主题鲜明、内涵丰富、资料翔实的博物馆专业志书，对于促进中国博物馆事业科学发展具有重要意义。

1995年，中国博物馆学会曾主持编制过一部《中国博物馆志》，共收录了20世纪90年代以前成立的全国各类博物馆1100余座，忠实地记录了当时我国博物馆事业的发展状况。但是，伴随着新世纪以来我国公共文化建设的高速发展，博物馆事业已经发生了巨大的变化，博物馆数量快速增长，质量和水平持续提升，门类日益丰富，功能不断完善，原有的《中国博物馆志》已经难以适应各界读者了解中国博物馆事业的基本需求。经国家文物局批准，中国博物馆学会从2006年起开始了新版《中国博物馆志》编纂修订工作。由于新版《中国博物馆志》涵盖的内容广泛，时间跨度大，涉及学科门类多，其编纂工作的难度可想而知。为此在编纂工作中，我们充分发挥了博物馆行业所特有的协作精神、团队精神和奉献精神。国家文物局高度重视新版《中国博物馆志》编纂工作，有关领导同志多次出席有关编纂工作的各种会议、活动，为编纂工作提供指导、把握方向；社会各界大力支持新版《中国博物馆志》编纂工作，香港SML集团主席孙文先生专门为新版《中国博物馆志》的编辑、出版资助了工作经费；各省、自治区、直辖市文物行政部门、博物馆行业组织以及各有关文、博单位的专家、学者也积极参与新版《中国博物馆志》编纂工作，许多省份专门成立了由文物行政部门主要负责同志挂帅的编纂工作协调小组，专门负责本地区《中国博物馆志》的组稿、编纂工作，各有关文、博单位也大都能够按照上级主管部门的要求，指定专人，按时、保质、保量完成本单位条目的编写工作。就这样，在国家文物局的正确指导下，在社会各界的关心支持下，在全国各地文、博工作者的密切配合下，经历了历时四年的艰苦编纂，新版《中国博物馆志》终于得以杀青。

值此《中国博物馆志》（2010年版）即将付梓之际，我谨代表中国博物馆协会理事会向参与新版《中国博物馆志》编纂工作广大文、博工作者致以崇高的敬意！向以孙文先生为代表的为新版《中国博物馆志》编纂工作提供帮助的社会各界人士表示深深的感谢！向以范世民先生为代表的新版《中国博物馆志》编辑工作团队表示亲切的慰问！

2010年，注定是中国博物馆事业发展史上的重要一年。这一年，博物馆、纪念馆免费开放工作取得了重要的成果，全国文化、文物系统归口管理的除遗址类博物馆以外的博物馆、纪念馆全部实现了免费开放；这一年，中国博物馆学会更名为中国博物馆协会，为中国博物馆的行业组织建设和行业管理工作打开了一个全新的境界；这一年，以"博物馆致力于社会和谐"为主题的国际博物馆协会第22届大会将在中国的上海召开，发展中的中国博物馆事业将第一次成为全世界博物馆同行关注的焦点。我们有理由相信，在2010年出版的新版《中国博物馆志》也必将以其丰富的内容、翔实的史料、新颖的视角在中国博物馆事业发展史上占据独特的地位！

2010年9月20日

2006版《中国博物馆志》启动仪式暨孙文先生受聘仪式在故宫博物院重华宫、漱芳斋举行
（左起李文儒、王红谊、马自树、张柏、孙文、张文彬、郑欣淼、舒乙、朱鹤亭、李富胜）

贺辞

SML集团公司主席
中国博物馆协会荣誉副理事长

孙文

2006年10月12日，我应国际博物馆协会中国国家委员会主席、中国博物馆学会理事长张文彬先生的邀请，参加了在北京故宫博物院重华宫、漱芳斋隆重举行的2006版《中国博物馆志》启动仪式。转眼间四年过去了，我虽身在香港，但心里一直都关心着志书的编撰情况，当我得知中国博物馆志的浙江卷、广东卷、香港卷、澳门卷将首批出版面世时，心里充满了喜悦并表示热烈的祝贺！

1905年，清末状元张謇在千年濠河之滨修建南通博物苑，这是中国人创办的第一座博物馆，其宗旨：集人文科学与自然科学于一体，"设为庠序学校以教，多识鸟兽草木之名"，揭开了中国博物馆事业百年发展的序幕。

中国博物馆在频繁的战乱中，筚路蓝缕，艰难发展。上个世纪初，全国只有屈指可数的几座博物馆，如1912年民国政府在北京国子监创办的历史博物馆（中国历史博物馆的前身）、1925年在紫禁城成立的故宫博物院、1933年民国政府在南京创办的国立中央博物院。1949年到1980年，博物馆的数量从几十座发展到几百座。近年来，若干现代化大馆的建设，专门类、行业类博物馆的建设，地区性的小馆建设如雨后春笋，方兴未艾。文物、地质、自然、冶金、纺织、农业、海洋、科技、美术、戏剧、电影、生态等两千多座不同体系、不同类型的博物馆蓬勃发展，其衍进嬗变的速度和轨道，折射出社会的发展、科学的进步和人民求知欲望不断增长的盛况。随着国内和国外博物馆职业人员学术交流平台的逐渐扩大，各种高水平展览的互动，开阔了中国博物馆人的眼界。中国博物馆事业和工作服务的内涵、外延出现了令人可喜的局面。特别是近十年来，平均每年约有百余座博物馆落成，而且服务模式也在不断地改进和提高，博物馆已悄然成为全民教育重要的社会课堂。看到博物馆事业欣欣向荣，争奇斗艳的繁荣景象，令人感到由衷的喜悦和自豪。

国家的强大，综合实力的提升，经济、文化及各项事业的腾飞，是促进博物馆事业发展的动力，我们有幸迎来了中国博物馆事业蓬勃发展的好时期。盛世修志、以志存史、以志资治、以志教化，这是中国自古以来的优秀传统。因此，国家文物局委托中国博物馆学会编撰修订《中国博物馆志》工作，就显得更加具有历史意义和现实意义。

我是一名企业家，由于对祖国珍贵文物的爱好与范世民先生相识并成为多年的挚友。2006年年初，我们在香港相聚时，谈及国家文物局将委托中国博物馆学会编撰修订《中国博物馆志》的事情，引起我极大的兴趣也萌发了

张文彬与孙文先生亲切交谈（左起张文彬、孙文）

我为编撰修订《中国博物馆志》做一点贡献的想法。随后，在中国博物馆学会及各有关方面的努力和帮助下，实现了我的这个愿望。2006年4月下旬，我荣幸地收到了国际博物馆协会中国国家委员会主席张文彬先生写给我的信，告知我被聘任为中国博物馆学会荣誉副理事长。

荣誉是和责任相连的。我虽然没有具体地参与《中国博物馆志》的组织和编撰工作，但此项工作的每一个环节都时时牵动着我的心，只要有机会，我就会和张文彬先生、张柏先生以及范世民先生提及编志的情况。有时我到北京出差，也要挤出时间到学会《中国博物馆志》编辑部去看看大家的工作。赵新先生、陈瑞德先生、张瑛女士、隋缘先生，他们都是我的朋友。看到他们对编志工作的执着、认真，我相信他们不论遇到多少困难，都不会退缩。我的这帧照片，就是张瑛女士在编辑部办公室为我拍摄的，我很喜欢。雄伟的山脉让人产生联想，给人以力量和坚强。

"博物馆是一个为社会及其发展服务的、非盈利的永久性机构，并向大众开放。它为研究、教育、欣赏之目的征集、保护、研究、传播并展出人类环境的物证。"《中国博物馆志》的出版，将为促进博物馆学的研究，推动博物馆的管理和发展做出贡献，从这点出发，参加编志工作的博物馆人，他们正在完成一项为社会服务的公益事业，他们和他们的工作应当得到社会的尊重和支持。

张柏先生担任第五届中国博物馆学会理事长后，我曾邀请他参加我在深圳举行的一次春茗，向他表达了我对学会工作的关心，我希望有更多的企业家支持博物馆学会的工作。支持博物馆事业。并借《中国博物馆志》这个平台，表达我的这一愿望。

祝《中国博物馆志》全集早日出齐

2010年8月8日

纪实

一、《中国博物馆志》修订缘起

1、2006年初，中国博物馆学会第四届理事长会议，研究了申办2010年国际博物馆协会第22届代表大会的工作，同时也讨论了配合申办还可以做哪些工作。在会上就提到修订《中国博物馆志》的问题。我国第一部全国性的《中国博物馆志》是在1995年出版的，主要总结了上个世纪90年代前我国博物馆的实际。十多年来，我国社会经济取得了巨大的发展，相应的，博物馆事业也取得了新的飞跃。不仅在数量上翻了一番，从上世纪90年代初1100多座博物馆发展到2200多座，而且突破了过去相对单一化的趋向，向多元化、多样化发展。进入新世纪后，一批大型的现代化的博物馆突兀而起，引领风骚。经过讨论，大家认为：通过修订《中国博物馆志》来记录这一历史发展的进程，阶段性的总结博物馆事业的发展，拓展博物馆学的深入研究，是必要的，适时的，应该把这一工作列入议程。

2、博物馆志的启动、筹备、修订工作，需要一笔经费。改革开放以来，一些有识的企业家热心赞助公益事业的事迹，已多见报道而不乏事例，在博物馆事业上也非无先例。大家就议论到，是否可以争取一些热心的企业家赞助。副理事长范世民介绍了孙文先生其人其事。孙文先生祖籍广东东莞，现居住香港，是商标织绣跨国集团公司的主席、著名的企业家。其公司在中国、美、英、法、德、墨西哥、秘鲁、印度、印度尼西亚、越南等37个国家和地区都有分公司，总部在香港，最大的分公司在其家乡东莞长安。他热爱祖国，关注文化事业，不吝金玉、慷慨资助文化事业的发展。国家文物局中国文物信息咨询中心赴加拿大中国古代玉器展，在经费出现困难时，就是孙文先生出资，通过加拿大驻我国使馆赞助的，从而圆满完成了在加拿大五大城市历时两年的巡展。展览受到了我驻加使馆的好评和加主流社会的普遍赞誉。不仅如此，他还资助香港童军、香港中文大学著名学者饶宗颐教授的学术馆，是该馆的主席。范世民向理事会提出可否进行接触。会议决定由范世民担任执行主编，组建编辑委员会及着手编书经费的筹措工作。

3、会后，范世民受命赴深圳拜访孙文先生。当孙文先生得知中国博物馆学会要进行中国博物馆志的修订工作时，认为这是一件很有意义的文化建设工作，表示愿为此尽一分力量，当即决定赞助100万元人民币作为编志的启动经费。

4月15日，范世民向学会理事长会议汇报了深圳之行的结果。理事长会议决定，聘请出资赞助修订工作的SML集团主席孙文先生为荣誉副理事长和2006版《中国博物馆志》荣誉主编、聘请国学大师饶宗颐先生担任顾问，并择定时间，举行受聘仪式。

张文彬理事长将理事长会议的决定专函孙文先生："尊敬的SML集团主席孙文先生：您好！2006年4月15日（星期六），在北京红楼召开的中国博物馆学会理事长会议上，范世民副理事长介绍了贵集团的蓬勃业绩以及您对祖国文物事业的真诚关爱与慷慨资助的感人事迹，并且举荐您担任本学会荣誉副理事长，饶宗颐教授为本学会顾问。理事会通过了范先生的提案。

您是中国博物馆学会被聘任的第一位荣誉副理事长，从而开创了中国博物馆界文化平台与著名企业平台的对接，彼此促进，共谋发展的时期。毫无疑问，这是贵、我双方都值得永远铭记的事情。在此，我代表国际博物馆协会中国国家委员会、中国博物馆学会向SML集团，向主席您表示衷心的祝贺！

每年的5月18日，是国际博物馆协会规定的世界博物馆日，在2006年的这一天中国博物馆学会将启动《中国

奥地利维也纳国际博协大会会场 中国代表团接过国际博协会旗
前排左起郭得河、李象益、张柏、孙文、张文彬，后排左起安来顺、王红谊，举旗者隋缘，以及前来祝贺的国内外友人

《博物馆志》的修订和编写筹备工程，得知您将出资慷慨赞助，中国博物馆界的广大同仁无不称颂。我代表本协会向孙文先生表示诚挚的谢意。"

二、 修订《中国博物志》筹备工作的开始

1、2006年5月28日至31日，国际博物馆协会第六十八届顾问委员会，在法国巴黎联合国教科文组织总部，为确定2010年国际博物馆协会第22届代表大会的申办城市召开着重要会议。会议投票的结果，中国上海获得了举办权。

载誉而归的第四届中国博物馆学会张文彬理事长，在首都机场受到了国家文物局张柏副局长的迎接。由此，2010年国际博物馆协会第22届代表大会（以下简称国际博协上海大会）在上海召开的筹备工作，正式拉开了序幕。

随即，学会也将修订《中国博物馆志》的筹备工作提上日程。

2、学会将2006年初确定的修订博物馆志工作，上报国家文物局，请示立项。

国家文物局于2006年6月7日复函（办函[2006]234号）中国博物馆学会："你会《关于修订〈中国博物馆志〉工作的请示》收悉，经研究，意见如下：一、同意你会修订《中国博物馆志》。二、同意补助四十万元，分两次拨付，其中2006年度20万元，2007年20万元，请专款专用，确保绩效。三、请将具体工作方案报我局备案。"

3、《中国博物馆志》的修订工作，既是一项推动我国博物馆事业发展的继往开来的工程，也是一项复杂、庞大的组织和编纂、审定工作。如何做好工作方案，至关重要。编辑部根据张文彬理事长邀请专家论证的意见，于2006年8月9日邀请了资深博物馆专家和在一线工作的中青年文博领导、骨干来到学会，听取他们对编志工作的意见。苏东海先生通过对上个世纪80年代以来，现代化大馆建设；专门类、行业类博物馆建设；地区性的小馆建设等三个方面的发展情况，强调了修志工作特别要注意的三个方面：历史沿革；藏品；新情况、新问题，可谓开门见山、言简意赅。甄朔南先生强调，要发动全国各个系统的博物馆界同仁共同编好新志；一定要做好"凡例"的讨论；注意2004年在韩国通过的对博物馆定义的修订；建议将博物馆学研究成果列入科研成果。王宏钧先生曾承担过1995年版《中国博物馆志》的常务副主编，他结合当时工作中的体会提出，"凡例"对于编纂一部书十分重要，建议可以1995年版《中国博物馆志》的凡例为参考，根据十多年来我国博物馆事业的蓬勃发展，加以保留和提高。原北京艺术博物馆馆长杨玲以关于修订再版《中国博物馆志》的几点思考为题，从"准确定位"、"增项扩容"、"中外兼顾"、"科学分类"、"准确表述"等五个方

面，论述了她的思考，并请他的同事孔祥利先生和中国民族大学的潘寿永先生，分别提出了两种不同写法的修志方案供编辑部参考。中国文物报社副总编辑曹兵武先生从"以志存史 以志资治"的视角，从不同时期、不同行业、不同层面论述了编志工作的意义。他强调说，再详尽的记录总有过时的时候。但是如果在修志过程中对其历史记录性质予以足够的注意和重视，结果就不同了。这样的中国博物馆志不仅在现在是很好的参考数据和工具书，在今后仍然会是一部很好的博物馆史书——博物馆志本身就应该是博物馆史的一种，是博物馆史的横断面。专家们的崇论闳议，言之凿凿，为编志方案的拟订开创了一个好局。

4、编辑部梳理了专家们的意见，拟出了"《中国博物馆志》修订编撰预案"等文件，由中国博物馆学会呈国家文局备案后，国家文物局办公室于2006年9月19日向全国各省、直辖市、自治区文物局（文化厅、文管会）发出关于请支持修订《中国博物馆志》的函（办发[2006]6号）：全文如下："为全面反映和记录博物馆事业快速发展的进程，总结全国各类博物馆的工作情况，推动博物馆间的学术交流，促进博物馆学研究的深入和拓展，经我局研究，委托中国博物馆学会对1995年版的《中国博物馆志》进行修订，现将有关事项函告如下：一、工作方式本次修订工作采取分省编写，学会编辑部汇总的方式进行。请你省（直辖市、自治区）文物局（文化厅、文管会）确定一名负责人，组织本行政区的博物馆志的编写工作，并将人员名单于9月28日前报至《中国博物馆志》编辑委员会。二、中国博物馆学会将于10月10日至13日在北京召开各地文物局编志负责人及部分博物馆馆长会议，研究编写过程中的相关问题（具体安排将另文通知）。三、联系单位及方式。《中国博物馆志》编辑委员会地址：北京市朝阳区西坝河南路6号芳馨园西座1106室（注：后改为东座1508室）；邮编：100028；电话：010-84497466；传真：010-84497466；电子信箱：icom.china@yahoo.com.cn；联系人：范世民，中国博物馆学会副理事长、《中国博物馆志》执行主编。"

由于中央会议的原因，研讨会未能如期召开。但2006版《中国博物馆志》启动及SML集团孙文先生的受聘仪式的地点和时间已经确定下来。我们仍按计划进行。

5、2006年10月12日中国博物馆学会和故宫博物院联合在重华宫、漱芳斋召开了2006年版《中国博物馆志》的启动仪式暨孙文先生受聘仪式。中华人民共和国文化部副部长、故宫博物院院长郑欣淼、国家文物局副局长张柏、全国政协委员、国际博物馆协会中国国家委员会主席张文彬出席了会议，并发表了热情洋溢的讲话。出资赞助编志的孙文先生发表了《修书编志为保护人类的共同文化遗产

作贡献》讲话。出席大会的贵宾还有中国文物基金会理事长、中国博物馆学会常务副理事长马自树，国家文物局博物馆司司长宋新潮，全国政协委员、原中国文学馆馆长、中国博物馆学会副理事长舒乙，全国政协委员、原中国革命博物馆馆长夏燕月，中国国家博物馆副馆长董琦，中国人民革命军事博物馆副馆长李富胜，中国农业博物馆党委书记王红谊，中国钱币博物馆馆长黄锡全，新文化纪念馆馆长郭俊英，文物印刷厂党委书记刘殿林，恭王府博物馆

馆长谷长江，鲁迅博物馆副馆长赵国顺，中华民族苑副馆长及中国博物馆学会秘书长袁南征，副秘书长隋缘；香港、深圳、广州、上海的贵宾有：朱鹤亭、何志侃、孙贺宜、孙景贤、孙满全、吴顺良、孙荣、邓伟雄、李绮年、夏朝霞、程也等。新闻媒体出席了会议，中央电视台在当晚的晚间新闻中报导了这一消息。

11月28日至11月30日全国编志工作代表研讨会在北京国谊宾馆成功召开。国家文物局副局长张柏、国家文物局博物馆司副司长李耀申、国际博物馆协会中国国家委员会主席张文彬、中国博物馆学会常务副理事长马自树、中国博物馆学会副理事长范世民、中国博物馆学会秘书长袁南征、副秘书长隋缘和全国31个省、市、自治区文物局、省博物馆学会、省博物馆的负责人和专家共55人出席了会议。国家文物局副局长张柏代表国家文物局对本次会议的召开表示热烈的祝贺。他希望大家紧紧抓住时代脉搏，全面、深刻地总结我国博物馆发展的现状和趋势，充分吸取第一版《中国博物馆志》编纂的经验教训，力争2006版博物馆志在全面性、科学性、系统性、规范性和丰富性等方面上一个新台阶。国际博物馆协会中国国家委员会主席张文彬回顾了中国博物馆事业发展的历史。他希望大家在各省、市、自治区文物局、文化局（厅）的领导下，圆满地完成编撰修订《中国博物馆志》的工作，向2010年世界博物馆大会在中国上海的召开献上一份厚礼。王宏钧、苏东海、甄朔南三位资深专家对修志工作也发表了颇具指导意义的讲话。与会代表们对领导和专家的讲话进行了认真热烈的讨论，对修志工作的顺利进行提出了许多好的建议和中肯的意见。11月30日上午代表们自由发言，最后由中国博物馆学会常务副理事长马自树做会议总结，大会圆满结束。

1.2006版《中国博物馆志》启动仪式暨孙文先生受聘仪式在故宫博物院重华宫、漱芳斋举行
2.出席启动仪式的贵宾
3.部分代表在漱芳斋前合影（前排：左起范世民、舒乙、张柏、郑欣淼、孙文、张文彬、朱鹤亭、王红谊、李绮年；后排：左起安来顺、孙荣、夏燕月、邓伟雄、李富胜、李文儒、马自树、宋新潮、谷长江、赵国顺、程也）

会后，赵新同志归纳出代们提出的各种意见15条，其中比较普遍共性的意见有三条：一、建议由国家文物局以文物局的名义下发一个文件，作为编写博物馆志和年鉴的行政性法规，下发各省、市、自治区文化厅、文物局。文件中对成立编志的领导班子、保质、保量、按时完成任务等问题提出要求。强调各省、市、自治区文化厅、文物局成立编志委员会分会或领导小组，由文物部门的负责人担任领导。这样不但本系统容易布置工作，而且外系统也好打交道。二、建议国家文物局拨给一定的编写博物馆志的启动经费，每省2至3万元，这样钱虽然不多，但是说明国家文物局对这项工作的重视，各省再根据国家文物局函发文，可以比较容易从地方争取更多的经费，有利于开展工作。三、关于交稿时间。建议将2007年底交稿延长至2008年上半年。我们将整理后的意见正式上报国家文物局。

1.国谊宾馆2006版《中国博物馆志》《中国博物馆年鉴》编纂研讨会
主席台左起袁南征、李耀申、张柏、张文彬、马自树、范世民
2.分组讨论会

三、修订《中国博物志》工作正式启动

1、国家文物局向全国发文

四个月后，国家文物局于2007年4月12日，以文物博函（[2007]381号"关于请支援修订《中国博物馆志》和编撰《2006中国博物馆年鉴》函"发往各省、自治区、直辖市文物局、文管会（文化厅、局），再次强调：一、组建《中国博物馆志》编辑委员会 请各省、自治区、直辖市文物行政部门明确一名负责人担任《中国博物馆志》编辑委员会委员、分卷主编，负责编写组织协调工作；一名联系人为编辑组成员，负责具体组织本行政区的组稿工作，以及与《中国博物馆志》编辑委员会的联系工作。上述人员名单请于2007年4月30日前报送《中国博物馆志》编辑委员会。二、组稿（一）《中国博物馆志》的稿件，请各省、自治区、直辖市按照"《中国博物馆志》（第二版）编辑构架及撰写提纲"（见附件1）的要求组织撰写，并以省、自治区、直辖市为单位于2008年5月31日前送至《中国博物馆志》编辑委员会，同时须提供光盘（电子文件）。……至此，2006年版《中国博物馆志》修订工作正式开始。编辑部特邀原中国历史博物馆研究馆员陈瑞德先生加盟担任编审。

香港特别行政区和澳门特别行政区的博物馆，由于没有一个统一的主管机构，所以我们除了先向香港康乐及文化事务署和澳门民政管理委员发函，邀请他们参加编撰《中国博物馆志》的香港卷、澳门卷，随后，编辑部又分别向港、澳分属其它系统的博物馆发函邀请，共襄盛举，得到他们的积极响应热情撰稿。

2、2008年的撰稿进展情况

2008年4月28日吉林来稿，2008年5月23西藏来稿。吉林、西藏是两个按照国家文物局要求，于2008年5月31日前交稿的省、自治区，令人鼓舞。2008年7月8日天津来稿；2008年7月15日北京来稿；2008年7月16日湖北来稿；2008年7月25日河北来稿；2008年8月18日浙江来稿……到2008年底，已有北京、天津、河北、内蒙、吉林、黑龙江、江苏、浙江、江西、湖北、广西、重庆、云南、西藏、陕西、甘肃、宁夏、澳门等18个省、市、自治区、特区已交稿;辽宁、香港、广东3个省、市、特区也已完稿待发。

3、编印样本

从来稿的情况，我们发现：1、各地撰稿的进度很不平衡，有不少地方进度很慢；2、已交来的稿件写法体例也不一致，详略各异，没有按照文件要求撰稿。鉴于这一情况，张文彬主编提出：可以先选编出一个样本提供给大家，听听反映，征求下各省同事的意见，同时也等于告知尚未完稿的省市，中国博物馆学会是在按国家文物局的要求认真编书，敬请各地抓紧撰写。出样书，要花不少钱，但是其对规范全书的体例，提高全书的质量，加快编撰出版的进度有益。经过研究，编辑部从已收到的稿件中选定浙江省的稿子，全力投入样本的编印，经统一体例、调整、加工、润色之后，又得国际友谊博物馆领导的支持，编辑部聘请张瑛研究员加盟编辑部为艺术统筹，最终由文物印刷厂印制完成。

浙江卷全彩样书，印制一千册，外观颜色为中国红，除文字、图片为未定稿外，其用纸、装帧、排版、印制完全按正式出版要求制作。于2009年11月中上旬通过邮局寄往全国33个省、市、自治区和特别行政区。

各地收到样书后，普遍的反映是认可，评价是肯定的，认为：构架合理，内容全面、简洁，纸张、色彩、印制、装帧，都很讲究，是一套内容、艺术上乘的，客观、真实反映中国博物馆事业发展的好书。不少地方如广东

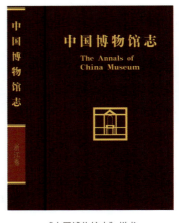

《中国博物馆志》样书

省，收到样书之后，为了保证《中国博物馆志》全书体例的统一，内容大修大改，图片也进行了全面的调整，文图并茂，增色不少。浙江省也不止步于样书的水平，对印出的书样，认真核对，更替图片，补充未录入的博物馆，做了许多细致的工作。上海的书稿，审定、核校，几上几下，工作十分严谨。山东、云南的书稿，在地方汇总时，体例五花八门，编辑的任务很繁重，为了减少学会编辑部的困难，他们在紧迫的时间里完成了二稿。湖北、新疆、陕西、江苏、重庆、四川、天津、甘肃、青海、黑龙江等地也在积极调整、补充，如湖北来信说：今年年初以来，根据编委会对我省稿件的回馈意见，我局迅速组织专业人员，历时数月，在严格按照"撰写提纲"的要求对各单位稿件审阅校对的基础上，又有针对性地组织各单位稿件中存在的缺项进行了补充完善，并集中进行了进一步的编辑审核校对，为切实保证《中国博物馆志（湖北卷）》的编写出版质量，真实反映各博物馆的实力和特色，圆满完成稿件征集任务奠定了良好的基础。未完稿的省、市、自治区，表示要抓紧时间安排完稿。这一切说明，编印样本是取得了预期效果。

这次，本《志》的体例采取按项目表述的形式，首先是从方便读者检索、查阅考虑。《中国博物馆志》是一部具有科学性、数据性、实用性的大型工具书，不同的读者需要从中获取的信息是不同的。按项检阅要比通读全文便捷得多。其次，项目的设立，应能反映博物馆这一事物的特性，即：收藏、保护、研究、展示、传播物质文化遗产和非物质文化遗产的、非营利性的、服务社会的文化、教育常设机构。其中藏品、陈列、观众（即对公众开放）三要素更不可或缺。博物馆的分类，当前好像还没有法定的标准，本《志》还是采取传统地分为自然科学类、社会科学类和综合类而稍作变动。综合类是包含有自然科学和社会科学内容，一般相当于上世纪50年代的地志博物馆，既有自然之部，也有历史之部、艺术之部。一些县级的博物馆，内容遍涉本地各个方面而无固定专题，故归之于"地方综合性博物馆"。自然科学类和社会科学类，则将科技和艺术析出，分作科技类和艺术类，各类下分设若干专题。另外，本《志》只是总结当前博物馆实际的纪录，并非学术专著，对一些有争议的问题，如对个别传世文物的真伪问题，本《志》非鉴定专著，故不能作"以此为证"。

四、2010《中国博物馆志》出版

1、2010年初，已有24个地方编辑部完成修改稿送到编辑部，尚有9个地区正在按我们的要求，对稿件进行充实修改中。编辑部分析了当前撰稿的进展形势，认为出版工作应该提上日程来考虑了。修订后的《中国博物馆志》是按行政区域分卷，共设33卷（台湾暂缺）。卷数多，分量重。篇幅多，一次出全，困难很多。再加上各地撰稿进度不平衡，很容易会因个别而拖延整体。同时，由于各地区的博物馆发展也不平衡，有的地区多，有的地区相对就少，所以，一卷一册，也不实际。经研究，编辑部决定，视博物馆数量的多少，分别采取一卷一册或多卷一册的方式，分期分册出版。计划分册如下：

第一册　　《中国博物馆志》北京卷
第二册　　《中国博物馆志》天津卷　河北卷
第三册　　《中国博物馆志》山西卷　内蒙古卷
第四册　　《中国博物馆志》辽宁卷　吉林卷　黑龙江卷
第五册　　《中国博物馆志》上海卷
第六册　　《中国博物馆志》江苏卷
第七册　　《中国博物馆志》浙江卷
第八册　　《中国博物馆志》河南卷　安徽卷　福建卷
第九册　　《中国博物馆志》山东卷　江西卷
第十册　　《中国博物馆志》湖北卷
第十一册　《中国博物馆志》湖南卷　广西卷　海南卷
第十二册　《中国博物馆志》广东卷　香港卷　澳门卷
第十三册　《中国博物馆志》重庆卷　四川卷
第十四册　《中国博物馆志》云南卷　贵州卷　西藏卷
第十五册　《中国博物馆志》陕西卷
第十六册　《中国博物馆志》甘肃卷　青海卷　宁夏卷
　　　　　　新疆卷

2、经过编辑部对各地撰稿进展的分析和对来稿的审阅，初步认定，浙江、广东、香港、澳门四卷，出版条件较成熟，可以先出两册，即浙江卷一册，广东、香港、澳门三卷合为一册。随即，编辑部对文稿作排版前的通读，同时执行主编范世民为出版事宜与有关各方进行接触、沟通、磋商。4月18日张柏理事长、范世民等应邀赴深圳参加SML集团春茗，孙文先生得知博物馆志即将出版时，又主动赞助50万元人民币。同时，范世民也和广东、浙江反复磋商出版事宜，并动员买书，取得他们的全力支持。

3、《中国博物馆志》的修订，从开始策划，到今初见成果，已经过去了将近四年。风雨四年，感触良多，我们有过兴奋，有过焦躁，也有过无奈！但是，有国家文物局的关怀、指导，有全国各地文博领导部门的鼎力支持，有热心我国文化事业的企业家孙文先生的无私赞助，更有我们全国的同行们的辛勤劳动、热情撰稿，16册33卷的2010版《中国博物馆志》终于开始分期出版了，实现了作为向国际博物馆协会上海大会献礼的初衷。所以，我们有理由相信，全《志》面世，亦当指日可待。

《中国博物馆志》编辑部　2010·8·18

凡例

一 所收条目

1 正式向社会开放的、全国各省、自治区、直辖市、特别行政区、各个管理系统以及民营的、各种类型的博物馆。

2 具有博物馆功能的各种类型的纪念馆、科学馆、民族宫、艺术馆、文物保护单位。

3 历史上存在现已消失和尚未向社会开放的博物馆未收入。

二 条目主要内容

1 馆名全称（附英文译名）。

2 概述（类型、隶属关系、建馆时间、所在位置、面积、布局、建筑特点、历史沿革、历任馆长）。

3 业务活动（基本陈列、专题陈列、临时展览、藏品管理、宣传教育、科学研究、合作交流、其他）。

4 经营管理（单位性质、经费来源、机构设置、人员编制、服务观众项目、观众接待）。

5 参观指南（地址、邮编、电话、电传、电邮、网址、开放时间、票价）。

三　条目编排

1　按国家公布的行政区划（省、自治区、直辖市、特别行政区）分卷。全志分33卷（台湾卷暂缺），即：北京卷、天津卷、河北卷、山西卷、内蒙古卷、辽宁卷、吉林卷、黑龙江卷、上海卷、江苏卷、浙江卷、安徽卷、福建卷、江西卷、山东卷、河南卷、湖北卷、湖南卷、广东卷、广西卷、海南卷、重庆卷、四川卷、贵州卷、云南卷、西藏卷、陕西卷、甘肃卷、青海卷、宁夏卷、新疆卷、香港卷、澳门卷。

2　条目按馆名首字笔划由少至多顺序排列；笔划相同的按起笔笔形一（横）丨（竖）丿（撇）丶（点）乛（勾）的顺序排列；第一字相同时，按第二字；依此类推。

四　插图

本志在条目正文中配有各省、自治区、直辖市、特别行政区、各管理系统以及民营各种类型的博物馆的彩色插图。

五　其他

1　本志字体一律用《简化字总表》所列简化字。

2　本志所用数字，除习惯用汉字表示以外，一般用阿拉伯数字。

3　上海卷收入条目71条，插图292幅。

山东卷收入条目73条，插图407幅。

青海卷收入条目15条，插图71幅。

中国博物馆志

上海卷

《中国博物馆志》上海卷

上海市文物管理委员会 编

目录

三山会馆

Sanshan Guild Hall

概述

类型 社会科学类历史遗址专题博物馆

隶属关系 上海市黄浦区文化局

筹建时间 1988年

正式开放时间 1989年9月26日

所在位置 南浦大桥西首

三山会馆内景

面积 占地面积3217平方米

建筑、布局 三山会馆是一座极具福建地方特色的会馆建筑，四周清水红砖墙，高大的门楼正中有"三山会馆"馆名石刻，上方及两侧有"天后宫"字样和象征吉祥如意图案的花岗石刻浮雕群。进门即为坐南朝北的古戏台，后台与东西看楼相连，形成走马楼。古戏台中央顶上有覆盂形藻井，全木质结构，四周雕有上海老城墙城门的模型。古戏台的藻井与四周的"鱼尾龙"均为初建时贴的金，至今仍保存完好。古戏台对面是大殿，大殿原供奉"妈祖"神像，现在是展示陈列的场所。整幢建筑石柱楹联，雕梁画栋，别致秀丽。

历史沿革 三山会馆始建于清宣统元年（1909年），由沪上福建籍水果业商人集资兴建。1927年3月，上海工人第三次武装起义上海总工会工人纠察队南市总部就设在三山会馆。1959年5月26日被上海市政府公布为市级文物保护单位。1985年建造南浦大桥时，按照规划，拓宽的中山南路和大桥引桥正好通过三山会馆。为此，上海市政府即做出将建筑整体向南移位30多米的决定，使会馆得以完整保存。1988年，在三山会馆旧址设立"上海市南市区革命史迹陈列馆"。1989年9月26日，修缮一新的三山会馆正式对社会开放。1992年10月更名为"上海三山会馆管理处"。

历任主任 丁志祥（1989.10～1992.10）；沈晓梅（1992.11～1999.6）；王树明（1999.7至今）。

业务活动

基本陈列 馆内设有《上海工人第三次武装起义史料陈列室》，陈列着上海工人三次武装起义的图片及史料。1999年"五四"前夕，"王若飞纪念园"由云南路、人民路口迁入三山会馆，并举行了隆重的"王若飞塑像"落成和《王若飞生平事迹展》揭幕仪式。

专题陈列 三山会馆自修复开放以来，积极开展爱

《海上年俗——首届上海春节民俗风情展》

国主义教育和革命传统教育，在办好常设展览《上海工人第三次武装起义史料陈列》、《王若飞生平事迹展》的同时，还配合形势和结合自身特点，举办各种临时展览进行宣传教育活动。例如：1999年5月上海解放50周年，举办《上海老城厢革命史迹图片展》。2005年与上海市收藏协会等单位协作，举办了将历史档案资料与民间收藏品结合的《勿忘历史，祈福和平——纪念抗战胜利60周年文物史料展》，其中部分活动资料还参与市里举办的《抗战珍存——上海市民抗战时期图文资料藏品展》。

三山会馆在文化遗产保护方面发挥了积极的作用。1992年10月，经区政府批准，"上海民间收藏品陈列馆"设在三山会馆内。在这里，海派收藏"半壁江山"尽显风采，有不少展出活动被列为市、区政府重大节庆与教育活动。如：《上海民间收藏品大展》、《首个文化遗产日——上海非物质文化遗产民间收藏展》、《海上年俗——首届上海春节民俗风情展》、《世博遗珍——历届世博会中国获奖工艺品汇展》等，这些展览在社会上引起了较为广泛关注。

经营管理

[单位性质] 国有文化事业单位

[经费来源] 区财政全额拨款

[机构设置] 设主任室、行政办公室和陈列展览部

[人员编制] 15人

[观众接待] 年均约6.5万人次

参观指南

[地址] 上海市黄浦区中山南路1551号

[邮编] 200011

[电话] 021-63135582（办公室）

　　　 021-63146453（售票处）

[传真] 021-63135582

[电子邮箱] sanshanhuiguan@yahoo.cn

[开放时间] 9:00－16:00（全年开放）

[票价] 4元；中小学生2元

（撰文：三山会馆）

大韩民国临时政府旧址

Site of Korean Provisional Government

概述

类型 社会科学类历史遗址专题博物馆

隶属关系 上海市卢湾区外事办公室

筹建时间 1990年2月建立管理处

正式开放时间 1993年4月正式对外开放

所在位置 卢湾区马当路近新天地

建筑、布局 三层近代石库门建筑

历史沿革 大韩民国临时政府于1919年4月13日在上海成立。1926年12月14日，临时议政院选举金九为国务领，并组成第十届韩国临时政府。临时政府办公地迁到金九住处，即普庆里4号。至1932年4月29日因虹口公园爆炸案，遭到日本军警的搜查，被迫撤出上海，大韩民国临时政府

在这幢房子里办公了近7年，是韩国临时政府在上海办公时间最长、也是目前保存最完整的旧址。

1932年5月临时政府撤离后，普庆里4号长期为居民住宅。1978年我国实行对外开放后，中韩经贸往来逐年增多，当年曾在上海生活过的韩国人络绎来沪寻根问亲，寻找昔日活动的踪迹和场所。一些临时政府领导人的后代也相继探寻临时政府当年活动的遗址。1988年底到1990年初，中韩两国政府着手对大韩民国临时政府遗址进行考查。经中韩专家共同考查后确认上海马当路306弄4号为1926～1932年大韩民国临时政府在上海的办公旧址。为了维护和发展中韩两国人民在抗击日本侵略者的战斗中结下的传统友谊，并进一步保护这一珍贵的历史遗迹，经上海市人民政府批准，卢湾区人民政府于1990年10月设立嵩山路街道文物保护管理所来负责管理和保护大韩民国临时政府旧址的工作。1992年卢湾区嵩山路街道文物保管所更名为大韩民国临时政府旧址管理处。经过动迁居民、征集上世纪二、三十年代的办公和生活用具，使旧址初步恢复了底层会议室、卫生间、厨房，二楼的金九办公室兼卧室以及三楼寝室的基本格局，并利用三楼的亭子间开辟了陈列室，用于展示大韩民国临时政府在普庆里4号时期的历史概况。修复后的大韩民国临时政府旧址从1992年7月起开始接待来访者。1993年4月13日举行了大韩民国临时政府大楼修复完工仪式并正式宣布对外开放。

历任主任 张明木（1990.11～1997.2 嵩山街道文物保护管理所所长）；贝民强（1997.2～2005.7）；戴奕（2005.7～2007.4）；丁骏彪（2007.4至今）。

业务活动

基本陈列 2001年，大韩民国临时政府旧址进行了全面修缮，并相应扩大陈列展示面积，将马当路306弄3号、4号、5号的三层亭子间打通后与3号、5号的三层前楼连成一

大韩民国临时政府旧址外景

旧址展厅

体，辟为展览厅。改建后的旧址展览面积增加了6倍左右，展示内容由"临时政府在上海"扩大到了"临时政府在中国"，翔实地介绍了临时政府在中国的主要活动情况。整个展示内容分为三个时期：第一时期介绍1919～1932年的大韩民国独立史；第二、第三时期分别介绍1932～1940年、1940～1945年的大韩民国独立史，全面生动地呈现了日军侵略时期韩国人民在友邦中国的支援下，为争取民族独立而英勇斗争的一段历史。

经营管理

　　[单位性质]　国有事业单位

　　[经费来源]　自收自支

　　[机构设置]　设办公室、接待部、服务部3个部门

　　[人员编制]　6人

　　[观众接待]　1992年中韩建交，同年9月30日韩国总统卢泰愚偕夫人金玉淑在上海市副市长赵启正的陪同下，参观了大韩民国临时政府旧址并题词："在民族独立运动的圣殿，祈愿韩民族精神永放光芒"。这是首位参观旧址的韩国总统。此后十几年中，大韩民国临时政府旧址还接待了金泳三、金大中、卢武铉等3位总统；李万燮、黄珞周、金守汉、朴宽用等4位国会议长；李洪九、李汉东2位国务总理以及前总统全斗焕和夫人。几乎所有韩国中央部院以上的政要、地方的道府一级官员都先后来访问过。韩国政党、财团、企业界、军界、文艺、体育、宗教等各界著名人士均来参观访问过。年观众人数约38.6万人次。

参观指南

　　[地址]　上海市马当路304号

　　[邮编]　200020

　　[电话]　021-53829554；021-53829057

　　[传真]　021-63851728

　　[网站]　http://dh.luwan.sh.cn/

　　[开放时间]　全年开放，9:00－17:00，每周一上午9:00－12:30，无讲解

　　[票价]　15元

（撰文：大韩民国临时政府旧址）

上海儿童博物馆

Shanghai Children's Museum

概述

　　类型　科学技术类科普专题博物馆

　　隶属关系　中华人民共和国名誉主席宋庆龄陵园管理处

上海儿童博物馆外景

　　筹建时间　1993年

　　正式开放时间　1996年5月29日

　　所在位置　长宁区宋庆龄陵园东南部

　　面积　占地面积9000余平方米、建筑面积4632.97平方米、室外活动面积1450余平方米、室外可活动水域面积660余平方米

　　建筑、布局　博物馆建筑外观以四个造型各异、色彩斑斓的立体几何造型构成，并与周围的芳草、廊架和水面构成了富于韵律变化的空间组合。内部空间分为地上三层，地下一层。地上部分为陈列展示活动区域，地下为库房区域。

　　历史沿革　上海儿童博物馆是宋庆龄陵园管理处以"宋庆龄——和平——未来"为建设主题，于1993年动工兴建的，1996年5月29日正式对外开放。为了适应当今社会对儿童类博物馆更具人本化和可持续发展的趋势，在建馆10周年之际的2006年，上海儿童博物馆对全馆的功能进行了全面提升改造。改造后的上海儿童博物馆总体运营目标是：一个专属于2～14岁少儿的非正式教育机构；一个秉承和延展了宋庆龄"缔造未来"及"把最宝贵的东西给予儿童"思想内涵的独特人文空间；一个为所有关爱儿童成长的机构和人士搭建的交流平台；一座允许适龄儿童纵情欢笑，主动探索、尝试失败的成长乐园；一座试图影响孩子一生的博物馆。

业务活动

　　基本陈列　上海儿童博物馆内设四大展区，分别为"跨越距离，触摸未来"主题科学展示区、互动探索区、主题展览区、儿童阅读区。展区总面积3800平方米。主题科学展示区下设航海厅、航天厅、月球厅、信息厅、天文厅，以"跨越距离，触摸未来"为逻辑展示主线，将历史展品和互动展项巧妙结合，把历史、科学、艺术、人文等元素有机融合，以互动多媒体为主要表现方式，演绎人类对交流需求的渴望以及由此而衍生的航海、航天、信息等

航天厅

互动探索区

技术的发展。互动探索区以"让孩子带着问号进来，抱着句号出去"为设计宗旨，分为社区环境、科学实验、互动剧场3大功能区，旨在充分调动儿童的五大感官，通过探索和尝试去发现孩子自身及周围世界。主题展览区里以展示未来家庭生活的随意性、舒适性、便捷性为原则，运用实景模拟方式展现高性能宽带所带来的家庭生活的变化，旨在让儿童富有科学和理性的幻想。在儿童阅读区提供各时代书籍供孩子们阅读，为他们播下知识的种子。四大展区内共设可供多人同时参与的大型互动展项10套，可供百人同时观看的演示5套，各类相关展品近千件，其中反映我国航天工业发展成就的大型珍贵实物展品3件。

专题展览　上海儿童博物馆在500平方米的临时展厅内，不定期地主办或引进各类专题展览。先后举办过《迎香港回归少儿书画展》、《中国西部蝴蝶展》、《迎澳门回归少儿书画展》、《上海现代儿童想象画展》、《世界玩具展》、《'我们共同的绿色世界'环保主题展览》、《新世纪青少年书法大赛》、《'心连心、手拉手'上海少儿书画大赛》、《2002上海国际卡通漫画时尚创新展览会》、《中日儿童瀚墨缘—香港、北九洲、上海、大连国际儿童艺术巡回展》、2004～2006年连续举办了3届《缔造未来—'吴昌硕杯'青少年书画大赛》等展览和活动。

藏品管理

[藏品来源]　藏品主要来自异域儿童类博物馆及社会友好人士的捐赠。

[藏品类别]　分为综合类、家具类、纸质藏书类、瓷器玻璃器皿类、棉纺织类等5类。

[藏品统计]　至2007年底，上海儿童博物馆的收藏品共计有976件。除此之外，博物馆还常年征集富有创意和特色的儿童个人创作作品及与儿童相关的展品，对符合条件的儿童自创作品和相关儿童展品予以收藏，并颁发收藏证书。

交流合作　上海儿童博物馆常与国内外同行进行馆际间交流合作，曾在苏州博物馆、山东潍坊博物馆、宁波天一阁、常州工人文化宫、青浦博物馆等场馆举行《上海儿童博物馆科技艺术巡回展》。博物馆还与日本玩具博物馆、日本国际艺术书院等进行展览合作和人员交流互访，与台湾儿童探索馆、香港静轩艺苑、新加坡玩具博物馆和波士顿儿童博物馆等保持业务交流。

经营管理

[单位性质]　国有文化事业单位

[经费来源]　市财政全额拨款

[机构设置]　设综合管理部、接待服务部

[人员编制]　18人

[观众接待]　年约8万人次

参观指南

[地址]　上海市长宁区宋园路61号

[邮编]　200336

[电话]　021-62783130（预约/咨询）

[传真]　021-62783127

[电子邮箱]　mailadmin@shetbwg.com

[网站]　www.shetbwg.com

[开放时间]　8:30－17:00（周一闭馆）

[票价]　20元

（撰文：上海儿童博物馆）

上海工艺美术博物馆

Shanghai Museum of Arts and Crafts

概述

类型　艺术类博物馆

隶属关系　上海工艺美术有限公司

筹建时间　2000年

正式开放时间　2002年10月

上海工艺美术博物馆外景

所在位置　徐汇区汾阳路太原路口

面积　占地面积5862平方米、建筑面积1500平方米

建筑、布局　该建筑始建于清光绪三十一年（1905年），高三层，混合结构，原为法租界公董局某董事住宅，是法国后期文艺复兴式住宅的典型实例，南首设左右双抱的露天大楼梯，平屋顶设漏空女儿墙，楼梯和平台通廊都有精致雕塑，室内用大理石装饰，柚木装修，硬木拼版，1989年9月25日被公布为上海市文物保护单位。现一楼为民间工艺馆和商场，二楼为雕刻馆，三楼为织绣馆。

历任馆长　朱惠卿（2002～2009）；张心（2009至今）。

业务活动

基本陈列　上海工艺美术博物馆的陈列面积为1500平方米，展出藏品100余件，其他工艺精品200余件，共计展品300余件。馆内设有雕刻馆、织绣馆和民间工艺馆三个基本陈列。现有的展示及收藏的品种有绒绣、刺绣、灯彩、面塑、剪纸、玉雕、漆刻、镶嵌、砚刻、竹刻、细刻、工艺绘画等。展示形式上相对突出作者传承关系、制作流程、材料及工具的介绍，并配以操作表演，将"以人为本"的主导思想贯穿始终。主要展品有：黄杨木雕"撑骆驼"、象牙镂雕"鱼景"、刻漆挂屏"万寿山"、细刻"浔阳琵琶"、瓷刻"山水小方瓶"、竹刻"蔬果"、砚刻"香菇砚"、面塑"二进宫"、戏服"真翠皇帽"、绒绣"西斯庭圣母"、木雕"五卅风暴"、金银摆件"BUGATTI皇家轿车"、玉雕"翡翠五亭炉"等。

专题展览　开馆以来，上海工艺美术博物馆不仅积极更新、完善基本陈列，还利用自身行业的优势，主办和承办了多个富有特色的专题性展览，年平均临展数达到8个。

藏品管理

　［藏品来源］　以原上海工艺美术研究所艺人的作品为主，同时还有一定量的有偿征集和社会捐赠。

　［藏品类别］　分为三大类：雕刻108件、织绣9件、民间工艺11件。

　［藏品统计］　共计128件

　［藏品保护］　博物馆对这些藏品进行专人管理、安全技防。

科学研究　上海工艺美术博物馆依托上海工艺美术研究所，有一定规模的科研队伍进行物质文化遗产与非物质文化遗产并重的学术研究。

宣传教育　上海工艺美术博物馆十分重视博物馆的宣传教育工作，编辑出版了《上海工艺美术》杂志、《王子淦剪纸艺术》、《收藏与工艺》、《上海工艺美术博物馆藏品选》刊物、专著与图录，拍摄了《海派剪纸》、《海派面塑》、《上海工艺美术博物馆参观引导及简介》等电视宣传片。此外，博物馆还不定期地开办传统工艺美术讲座（每年5～6个）。

"撑骆驼"（黄杨木雕）

蔬果砚（陈端友作）

交流合作　上海工艺美术博物馆自建馆以来，组织了许多学术交流活动，举办了"海派剪纸"、"海派木雕"等专业工艺美术技艺学术研讨会。2007年6月，博物馆与来访的台湾工艺美术研究所代表团举行了交流活动。同时，博物馆每年还积极参加全国性以及地域性的专业工艺美术展览展示活动。

经营管理

　　[单位性质]　民办非企业

　　[经费来源]　日常运营经费和投入主要靠上海工艺美术研究所的经济支持，部分靠上海市传统工艺美术保护专项资金的资助。

　　[机构设置]　设馆长办公室、展出部、保管部、保安部等部门

　　[人员编制、组成]　无人员编制，日常工作均由上海工艺美术研究所的人员兼任。其中副高级5人、中级25人、初级10人、员级7人。

　　[服务观众项目]　电脑引导屏、现场工艺表演、参观指南彩色印刷品、博物馆商场

　　[观众接待]　年约6万人次

参观指南

　　[地址]　上海市徐汇区汾阳路79号

　　[邮编]　200031

　　[电话]　021-64311434、021-64372509

　　[传真]　021-64373454

　　[电子邮箱]　gymsbwg@citiz.net

　　[开放时间]　9:00－16:30（全年）

　　[票价]　8元/人、团体 4元/人，学生、70岁以上老人 5元/人，现役军人、离休干部、残疾人　免票

（撰文：上海工艺美术博物馆）

上海天文博物馆

Shanghai Astronomical Museum

概述

类型　自然科学类天文学科普专题博物馆

隶属关系　中国科学院上海天文台

创建时间　2004年

正式开放时间　2004年11月16日

所在位置　松江区西佘山山顶

占地面积　约8000平方米

建筑、布局　佘山天文台建成于1900年，其主楼为法

佘山全景

式建筑风格，砖木结构，平面形式酷似十字架，交点处建有中国近代史上第一座天文圆顶，圆顶为钢结构，可自由转动和开启天窗。2002年被列入上海市文物保护单位。

历史沿革　1872年，法国天主教耶稣会在上海徐家汇建立了徐家汇天文台，这是中国历史上第一座冠以天文台之名的研究机构，其业务范围包含了气象、天文、地磁、地震等工作，但由于缺少大望远镜，天文学并非其主要工作。1898年，徐家汇天文台筹集资金购置了一台口径40厘米的双筒折射天文望远镜，并为其在佘山建立了佘山天文台。1900年，佘山天文台正式落成，法国传教士蔡尚质成为该台第一任台长。20世纪30年代，徐家汇天文台和佘山天文台达到了历史上鼎盛的时期，佘山天文台也在此时期进行了整修扩建，在原建筑的东侧修建了二期建筑，平台上又建有一个小圆顶。上海解放后，由中国科学院等单位对两个天文台正式接管，改称徐家汇观象台和佘山观象台。1954年6月4日，地磁、地震工作部门划归地球物理研究所，徐家汇观象台和佘山观象台都划归紫金山天文台领导，专门从事天文研究和授时工作。1962年8月14日，徐家汇观象台与佘山观象台合并，成立中国科学院上海天文台，其中徐家汇部分成为上海天文台总部，原佘山天文台部分改称上海天文台佘山工作站，一直从事科研工作至20世纪90年代初，随着新的天文观测基地陆续建成，佘山工作站逐渐退出科研工作，转而开展科普教育工作，1999年被评为全国科普教育基地，2003年被评为上海市爱国主义教育基地。2004年建成上海天文博物馆。

历任馆长　林清（2004.11至今）。

业务活动

基本陈列　上海天文博物馆在原佘山天文台主楼内依据原始建筑格局将基本陈列分为4部分：

　　（一）《百年天文台》展区：位于主楼二楼连续5间原

佘山天文台办公室，连成一体式展厅，展示面积约250平方米。以嵌入式LED灯箱及实物形式展现中国近代天文科学发展的脉络，众多文物展现天文博物馆的价值所在。展出藏品约50件，大部分为原佘山天文台遗留文物。

（二）《百年老镜》展区：位于1900年建成的天文圆顶室内，此处安装有40厘米双筒折射望远镜，是中国近代第一台大型天文望远镜。该馆在此周围展示相关仪器设备，并特别为此制作了互动多媒体演示系统，介绍和演示该望远镜的价值、功能和使用方法。展区面积约80平方米，展出藏品约20件，大部分为原佘山天文台遗留文物。

（三）《子午测时》展区：位于原佘山天文台帕兰子午仪观测室，该仪器是测量时间的专用仪器，购置于1931年，曾参加过1926年和1933年国际经度联测。该展区以文物陈列为主，介绍天文测时的基本原理。展区面积约40平方米，展出藏品约15件，大部分为原佘山天文台遗留文物。

（四）《天书宝库》展区：即原佘山天文台图书馆，已有百年历史，是一个近代中外天文学图书资料的宝库，收藏有2万多册20多个国家出版的天文期刊和科学专著，还有大量的手稿、信件、绘画等文物。该展区暂不对公众开放。

专题展览

（一）《聚焦望远镜》展区：利用40厘米双筒折射望远镜圆顶室周围走道布展而成，以嵌入式LED灯箱展现天文望远镜这一天文学主要观测工具的发展历史及其带动天文科学发展取得的成就。走道上另布置有陈列文物（望远镜）6件。

（二）"星空之旅体验厅"，位于主楼二楼博物馆进口处，设置有国内独创互动式球幕电影厅，以震撼的球幕电影方式引导游客漫游宇宙世界，激发游客探索宇宙奥秘的兴趣，展厅面积约50平方米，为天文科普教育专用。

（三）《时间与人类》展区：在主楼之外另建有一专门展厅，面积约200平方米，以展板和实物相配合的形式介绍时间基本概念，时间计量发展史，及其与人类社会和生活的密切关系。

（四）"临时展厅"：位于主楼一楼，由2间房间组成，总展示面积约80平方米，根据天文热点布置相关科普展示内容。

（五）其它：天文博物馆还建有科普天文台、太阳观测中心、日晷等科普教育设施。

藏品管理

［藏品来源］　主要来源于原佘山天文台历史遗留文物，少量来源于民间收藏人士热心捐赠。

1.《百年天文台》展区　2.帕兰子午仪　3.《聚焦望远镜》展区

［藏品总数］　约150件（不含图书资料）。

［重要藏品］　40厘米双筒折射望远镜（中国近代第一台大型天文望远镜）、帕兰子午仪、百年前法制天球仪、百年前的佘山风景水粉画、天文摆钟、天文藏书库、天文底片库等。

宣传教育　上海天文博物馆同时也是全国科普教育基地，常年开展各类天文科普教育活动，包括举办免费科普讲座、科普展览、播放天文科普录像、组织夜间天文观测活动等。

上海天文博物馆负责建有中国天文科普的门户网站"天之文——中国天文科普网"（www.astron.ac.cn）

经营管理

［单位性质］　国有文化事业单位

［经费来源］　上海天文台、上海市科委、上海市文管委，及门票收入。

［人员编制、组成］　6人，博士1人，高级职称3人。

［服务观众项目］　设有服务部，出售天文科普教育用品和博物馆纪念品，免费提供博物馆简介。展区部分区域设有座椅，便于游客休息。

［观众接待］　年约20万人次

参观指南

［地址］　上海市松江区佘山镇西佘山山顶

［邮编］　201602

［电话］　021-57651723

［传真］　021-64384618

［网址］　sham.astron.ac.cn

［开放时间］　全年开放（8：00－16：30）

（撰文：上海天文博物馆）

上海中医药博物馆

Shanghai Museum of Traditional Chinese Medicine

概述

类型　科学技术类中医药专题博物馆

隶属关系　上海中医药大学

筹建时间　2004年3月

正式开放时间　2005年3月

所在位置　浦东新区蔡伦路

面积　博物馆和附属的百草园以及杏林苑共占地约11500平方米，其中博物馆馆舍占地面积2200平方米。

建筑、布局　为3层单体建筑，呈半圆半方造型，外观

中医药博物馆百草园

具有现代时尚特色，总建筑面积6314.12平方米。一楼为医史综合馆，二楼为养生康复、针灸推拿、中医文化、中药方剂和中医科教5个专题馆，三楼为校史陈列馆和中药标本陈列馆及中药科普活动室。

历史沿革　上海中医药博物馆的前身为1938年7月建成的中华医学会医史博物馆，原馆址位于上海市池浜路41号（今慈溪路7号）。1951年，中华医学会迁往北京，医史博物馆改属中华医学会上海分会。1955年，医史博物馆迁至北京东路356号国华大楼。1959年1月，划归上海中医学院，改名为上海中医学院医史博物馆，地址在上海市零陵路530号校园内。1966年7月，因"文化大革命"而被迫封馆。1975年，医史博物馆建立新的陈列室、资料室和文物藏品仓库等，展出内容经重新设计后布展，陈列室展厅为240平方米，接待中外观众。1980年4月，在调整、充实陈列内容后，重新开放。1993年12月，随学校更名为上海中医药大学医史博物馆。1998年5月，医史博物馆属学校和中华医学会双重领导，以学校为主。2004年3月医史博物馆、中药标本陈列馆、上海中医药大学校史陈列馆三馆合并筹建新的上海中医药博物馆，2005年3月正式开馆。

历任馆长　王吉民（1938.7～1966.7）；贾福华（1978.3～1984.7）；傅维康（1984.10～1995.10）；吴鸿洲（1995.10至今）。

业务活动

基本陈列

［陈列名称内容］　上海中医药博物馆基本陈列由医史综合馆、养生康复馆、针灸推拿馆、中医文化馆、中药方剂馆、中医科教馆、校史陈列馆、中药标本陈列馆八个部组成。

医史综合馆由"中医药的起源（远古—公元前21世纪）"、"早期的中医药（夏—春秋战国）"、"中医学基础理论的确立（秦—三国）"、"中医药学的全面发展

浮雕"精气神"

（西晋—五代）"、"中医药学的突出成就与医家的创新（宋—元）"和"中医学理论的发展和温病学说的完善（明—清）"6个部分组成，其中展项有"中医药千年回响"铜浮雕、"精气神"浮雕、阴阳五行雕塑、历代医家及医事活动雕塑、唐·太医署场景等，集中展示中医药学的悠久历史、各历史时期中医药学突出的创造发明和著名医药学家。

养生康复馆展示《内功图说》和《导引图》等医药文物和拓片，从精神调摄、起居有常、饮食合理、健身运动、用药有道等不同侧面反映中医学注重预防和病后调理的观点和方法。

针灸推拿馆展出新石器时代的医疗用具砭石、《甲乙经》、《针灸大成》、《推拿广意》等历代医籍，以及各种针灸推拿器械等，揭示针灸推拿的发展历程和成就。

中医文化馆展示明代炼丹图轴、历代医家的处方手迹等，反映了古代医家的文化底蕴和他们对中医药学的审视、探究和发扬。

中药方剂馆陈列清代各式盛药器皿和质地各异的制药工具、灵芝赋玉雕、《证类本草》和《医方集解》等历代药书，展示中药、方剂的发展概况和成就。

中医科教馆通过多媒体人体针灸模型、按摩点穴智能人、MM—3中医脉象仪和辨证论治触摸屏等展示、互动设备，将古老的中医学和现代高科技相结合，普及和解读中医学知识，并为观众特别是青少年提供动手操练中医诊断和治疗技巧的机会，在操作中感性地了解中医学。

中药标本陈列馆陈列各类中药标本、中成药和中药饮片1300多件，有麝香、野山人参、冬虫夏草等名贵珍稀标本、原药材标本、传统精制中药饮片、各种剂型的中成药、OTC中药及中药保健品，以及中药炮制加工器械，清晰地介绍中药形态、功效，传播中药科学知识。

校史陈列馆由"杏林绿叶，五十春秋（学校概述）"、"创业岁月，辛勤耕耘（1956.9～1966.5）"、"非常时期，风雨历程（1966.5～1976.10）"、"走进春天，改革发展（1976.10～2003.7）"和"弘扬中医，与时俱进（2003.7～）"5个部分组成，共展出图片、实物700多件，简要介绍了上海中医药大学自1956年创建以来的发展历程与前进方向。

[陈列艺术设计特点]　上海中医药博物馆的陈列设计创意和特色是弘扬中医药文化、普及中医药科学知识、展示中医药历史，以"创新、现代、人文"的理念以及现代高科技的手段，坚持"六个结合"，即传统与现代结合、内涵与形式结合、借鉴与创新结合、中医与文化结合、中国古代哲学与中医学结合、中医学理论与临床成就结合，突出海派风格，把中医基础理论与学说和古代医学教育与医事活动"艺术化、虚拟化"，介绍源远流长的中医药学，反映孕育中医药学的土壤——中国古代哲学思想，用深入浅出的展示语言勾勒中医药学历史发展的脉络，展示自古至今的中医药学继承、发展、创新的历史和实现中医药现代化的走向。

[陈列面积]　3940平方米

[展出藏品数]　3164件

藏品管理

[藏品来源]　上海中医药博物馆高度重视文物资料和中药标本的征集、采集工作，藏品主要来源为捐赠、采购、调拨、采集制作。

[藏品类别]　博物馆藏品类别主要为植物药标本、动物药标本、菌类药标本、矿物药标本、中成药和中药饮片。

[藏品总数]　医史博物馆收藏从新石器时代至近现代的中医药文物15000多件，古今医籍6000多册，医药报刊3000多册/种。中药标本陈列馆收藏中药标本和中成药3000多件。校史陈列馆收藏校史实物和图片2316件。

[重要藏品]　秦代五角形下水道管；汉代马王堆出土的花椒、茅香、桂皮；晋代王羲之族妹王丹虎墓中出土的丹丸；晋代越窑青瓷"四耳药壶"；泉州湾宋代沉船中的降香、沉香；宋代八卦星月纹铜串铃；宋代瓷研钵；南宋"内府"黑釉瓷药坛；明刻本《铜人腧穴针灸图经》；明万历年间刻本《赤凤髓》；明代狮豸铜熏；明代葫芦形黑釉特大药坛；明代"高县医学记"铜印章；明代孙思邈鎏金铜像；明代《铜人明堂之图》（清康熙四年[1665]林起龙重刊图系统版本）；清乾隆九年（1744）铸造、乾隆皇帝赐与编著《医宗金鉴》官员福海的针灸铜人；清代御医陈莲舫书案；清代十二生肖药瓶；清末《世补斋医书》

清　针灸铜人

书板全套；中医名家傅青主、何鸿舫、恽铁樵和曹沧洲等书法、绘画作品；民国红木出诊药箱；丁甘仁、张骧云、陈筱宝、石筱山、夏应堂和王仲奇等近代上海著名医家的医案真迹；现代著名画家程十发《濒湖问药图》等。

宣传教育

[编辑出版]　上海中医药博物馆十分重视医史文献和文物的研究工作，近年来编辑出版《中国医学通史·文物图谱卷》、《中华医学文物图集》等专著和图录。参加的国家级科研项目有：国家文物局文物保护科学和技术研究课题——"指南针计划"专项重点项目"古代医疗技术及诊治保健器具发明创造项目可行性研究·中医四诊现代化的研究"；中国中医科学院医史文献研究所领衔、上海中医药大学医史博物馆为第二负责单位的"国家重点医药卫生文物收集、调研和保护"项目。

[讲座]　近年来，上海中医药博物馆积极面向社区和观众，开办"中医养生保健科普知识"、"冬令保健与养生"、"常见传染病与中医防治"、"中药鉴别"、"常用中草药简介"和"食疗与健康"等科普讲座。

交流合作　博物馆主办、合办或承办多次面向社区的展览活动，包括：2006年10月—11月，参加上海市科普教育基地联合会、崇明县教育局等主办的"科技伴我成长"崇明科普大联展活动，在崇明县青少年活动中心展出"上海中医药博物馆简介"、"名贵中药材鉴别"、"传染病防治"等流动展版。2007年3月，参加由上海11家高校参与

的上海科技馆主办的"校园情·科技风·民族魂——2007上海高校民族文化博物馆联展"活动。2007年5月，参加浦东新区科技节主题活动。2007年12月至2008年4月，主办"轮椅上的天使——陈海新实物图片展"。

经营管理

[单位性质]　国有事业单位

[经费来源]　上海中医药大学全额拨款

[机构设置]　设办公室、藏品保管部、陈列展出部、科学普及部、党史校史工作部等部门

[人员编制／组成]　15人，其中高级专业技术人员4人，占总人数的26.66%。

[服务观众项目]　多语种（汉语、英语、日语、韩语）讲解导览系统、多媒体动态演示（分别是上海中医药博物馆简介、处方赏析、针灸沿革、海洋药用资源、名贵中药材真伪鉴别和游戏竞猜）系统。

[观众接待]　年约3万人次

参观指南

[地址]　上海市浦东新区蔡伦路1200号（上海中医药大学内）

[邮编]　201203

[电话]　021-51322710、021-51322712、021-51322721

[传真]　021-51322712

[电子邮箱]　shtcm@163.com

[网站]　上海中医药大学·上海中医药博物馆网站

[开放时间]　9:00～16:00（周一馆休。国庆节、春节期间，周一照常开放）

[票价]　参观券每人每张为15元，团体（10人以上。提前2～3天预约）每人每张为12元/10元。免票和优惠的情况为：1、离休干部、现役军人、残疾人、本市70周岁（含70周岁）以上老人凭相关证件免费参观；2、成年人可以免费携带一名未成年人参观；3、青少年团体票价7折优惠，其它团体8折优惠。

（撰文：上海中医药博物馆）

上海中国留学生博物馆

Shanghai Foreign-educated Chinese Museum

概述

类型　社会科学类历史专题博物馆

隶属关系　民办非企业博物馆

上海中国留学生博物馆外景

展厅一角

筹建时间　2003年9月

正式开放时间　2004年9月28日

所在位置　徐汇区华山路

面积　占地面积896平方米、建筑面积687平方米

建筑、布局　是一栋既具江南风格又兼西洋风范的三层小楼。博物馆的展厅以各种各样的"门"和"线"传达祖国与海外学子的丝丝情缘，既有家的亲近，又有发现的愉悦。

历史沿革　上海中国留学生博物馆是由部分归国留学生在中共上海市委组织部的指导下创建的公益性民办非企业法人单位，2003年9月开始筹建，2004年9月28日正式对外开放。

历任馆长　李克欣（2004.9至今）

业务活动

基本陈列　上海中国留学生博物馆遵从"报国、奉献"的基本理念，收藏、展示留学生求知报国以及祖国关怀的有史料价值的图像、文献、用品、物品，研究留学事业的发展史、编撰研究文集，并创办留学关联杂志。上海中国留学生博物馆的基本陈列为《中国留学历史常设展》，陈列面积约300平方米，展出藏品近3000件，陈列以人物勾画中国留学史的主线，以成果介绍留学生的报国壮举，以事件呈现祖国关怀爱子之心，弘扬了"留学报国"的爱国主义精神。

专题展览　近年来上海中国留学生博物馆主办、承办了多个专题展览，其中有2006年9月28日教育部主办，中国留学生博物馆承办《中国留学生与新农村建设》主题展、《中国留学生博物馆海派文化沙龙摄影展》、《中国留学生博物馆海派文化沙龙书画展》等。

藏品管理

[藏品来源]　主要来源为征集、接受捐赠，此外，

上海市社会科学院历史研究所、国家教育部及部分留学归国人员提供了部分史料和资料。

[藏品统计]　共计有史料1370份，图书6000册，国家及上海留学生政策文件196份。

宣传教育　博物馆编辑出版的图书有《中国留学生博物馆》宣传册2套、《中国留学生博物馆桐欣阁系列丛书——脚印》二册。制作《中国留学生博物馆》光盘一套。

交流合作　2006年10月27日与复旦大学合作举行"近期中日关系走向"座谈会；2007年9月3日与上海市政协合作举行"中日建筑论坛"；与同济大学合作召开《建筑节能》会议等。

经营管理

[单位性质]　民办非企业单位

[经费来源]　自筹

[机构设置]　综合部、研究部、展览部、宣传部、办公室。

[人员编制]　10人

[服务观众项目]　设有放映厅、桐欣阁茶室等服务设施。

[观众接待]　年约1600人次

参观指南

[地址]　上海市徐汇区华山路905弄12号

[邮编]　200031

[电话]　021-64744996

[传真]　021-54656755

[电子邮箱]　info@fecm.cn

[网站]　www.fecm.cn

[开放时间]　周一至周五13:00－16:00（预约参观）

[票价]　免费

（撰文：上海中国留学生博物馆）

上海毛泽东旧居陈列馆
Former Residence of Mao Tse-Tung

概述

类型　社会科学类名人专题博物馆

隶属关系　静安区文物史料馆

筹建时间　1999年3月

正式开放时间　1999年12月

所在位置　静安区茂名北路120弄"甲秀里"（威海路以南）

面积　占地面积818平方米

建筑、布局　旧居建筑建成于1911年，为砖木结构后期老式石库门里弄房子。总体布置采用横向式组合，共3个单体，每个单体由二开间的两层楼房组成，整体风格较早期石库门简洁。大门设在房屋的中轴线上，采用石条框、实木黑漆门和铁环拉手1对，门内有小院即天井。楼下正房为客堂，客堂门由6扇落地长窗组成。侧房为前、后厢房。客堂后是木扶梯，再后面是后天井、杂屋和厨房。楼上正房为客堂楼即前楼，侧房为前、后厢房，灶披间（厨房）和杂屋上设晒台。外墙为清水墙，马头墙山墙。

上海毛泽东旧居陈列馆外景

历史沿革　1924年1月，毛泽东在广州出席国民党第一次全国代表大会并当选为国民党中央候补执行委员，2月中旬来到上海。同年6月，他的夫人杨开慧偕同母亲携带孩子岸英、岸青也来到上海，全家寓居于此。在此期间，毛泽东继续担任中国共产党中央局秘书和负责组织工作，协助陈独秀主持中央日常工作，担任《向导》周报编委，同时担任国民党中央上海执行部的执行委员、组织部秘书和文书科主任等职，协调共产党和国民党的行动，参与领导开展平民教育运动，与上海30多个团体共同发起举行追悼列宁大会，并开展国民党旧党员的登记工作，同国民党右派进行尖锐斗争。杨开慧则协助毛泽东整理文稿，还到沪西平民学校授课。同年12月，毛泽东由于积劳成疾，经中共中央同意，回湘疗养，偕全家离开上海回湖南。

1960年，上海市文化局开始对毛泽东寓所旧址进行调查，访问了当年到过该处的老同志，最后确认今茂名北路120弄"甲秀里"7或9号均有可能为毛泽东寓所旧址。1964年，上海市文化局对该里弄的5、7、9号三幢房屋进行修缮。1977年，5、7、9号三幢房屋一并被公布为市级文物保护单位。1999年春，邵华将军来上海对这处建筑予以确认，提议在恢复旧居的基础上建立陈列馆。同年3月，上海毛泽东旧居陈列馆开始筹建，12月26日对社会开放。2002年10月进行修缮及环境改造，丰富陈列内容。同年12月26日再次开放。2004年5月，旧居被命名为静安区爱国主义教育基地。2005年3月，被列为上海红色旅游基地。2006年，被列为上海市中小学生社会实践认证管理工作站。

业务活动

基本陈列　上海毛泽东旧居陈列馆基本陈列包括三大部分：①《1924年毛泽东在上海》　介绍1924年2月至年底毛泽东在上海期间的工作情况。②《毛泽东在上海》　介绍毛泽东一生57次到上海的情况及与上海的渊源。③《毛泽东温馨一家》（蜡像、场景复原）　在毛泽东一家当年居住过的厢房里，"毛泽东坐在书桌旁深情的望着夫人杨开慧，夫人坐在床边抱着岸英，哄着睡在摇篮里的岸青"，这组栩栩如生的蜡像烘托出毛泽东全家团聚，其乐融融的温馨情景。整个陈列面积约360平方米，展出了包括毛泽东视察上海机床厂时坐过的沙发、视察用过的安全帽和看火镜等在内的实物及图片约400件。

上海毛泽东旧居陈列馆的陈列艺术特点在于内外的整体协调与统一，外部以石库门清水墙为风格主题，展示线安排合理，内部图文与实物的比例的把握、视听空间感的处理恰当，展示形式丰富而不繁复，氛围肃穆而不压抑。

1. 展厅一角　2. 杨开慧和孩子（蜡像）

多场书画家个展、红色收藏主题展等短期专题展览，如：2004年2月7日～20日，在上海市静安区文化艺术交流中心举办《纪念毛泽东到上海毛泽东旧居80周年——高式熊书毛泽东诗词67首作品展》；2005年1月27日～2月1日，举办《纪念毛泽东诞辰111周年、"为人民服务"著作发表60周年纪念活动——刘德保"为人民服务"红色实物收藏展》；2005年4月3日～11日，举办《纪念中国工农红军长征胜利70周年——"一代伟人"大型国家级权威邮品珍藏册展》；2005年12月6日～19日，举办《纪念毛泽东诞辰112周年毛泽东像章收藏展》；2007年8月12日～18日，在上海市静安区文化馆举办《纪念毛泽东在延安文艺座谈会讲话发表65周年——海上风扇面展》；2007年12月23日～25日，举办《纪念毛泽东诞辰114周年——张晨初高唱"东方红"油画展》。另自2004年起，每年12月26日前后举办为期1～2周的《庆主席诞辰——海上名家梅花书画精品展》，每次参展作品约100件。展厅面积约80平方米，特色展品有迟浩田、杨堤、高式熊、曹铭等书画作品。

宣传教育　上海毛泽东旧居陈列馆与新四军研究会、复旦大学、东华大学、上海外国语大学、华东师范大学、上海市未成年人教养所、民立中学、康定中学、南阳路幼儿园、静安区南京西路街道升平居委等20余家单位结对，培训管理多语种志愿者讲解员队伍，开展"到主席家中过端午"、"九九重阳耄耋老人齐聚上海毛泽东旧居"等丰富多彩、贴近社会的宣教活动，社会知名度与日俱增。2004年4月26日，与上海人民广播电台文艺频率联合举办"指点江山激扬文字——长篇纪实文学《青年毛泽东》开播式暨文艺演出"。2005年2月3日成立实践"为人民服务宣讲团"，成员由著名全国劳模、英模、地下党老同志、老红军、老将军、老干部及帮困助残的优秀学生等组成，杨富珍任团长。进机关、社区、学校、上海市少教所等，组织了近20场报告会，听众近8000人。《人民日报》记者撰文称这一做法将先进的文化与先进性教育结合起来在全国还是首例。2006年，为进一步巩固全区各级党组织保持共产党员先进性教育成果，贯彻落实树立"社会主义荣辱观"这一思想道德建设首要任务，结合廉政文化"五进"工作的要求，在2005年上海毛泽东旧居实践"为人民服务"宣讲团宣讲活动成功推进全区先进性教育的基础上，推出"老同志、老劳模'为人民服务'宣讲团巡回宣讲"活动，同时进一步扩大宣讲的内涵和外延，使宣讲团成为加强党风廉政建设、"八荣八耻"等思想教育新载体。自2006年起，每年5月8日国际红十字日前后，与上海市红十

毛泽东温馨一家（蜡像、场景复原）人物形象饱满，生活气息浓郁。2002年进行修缮及环境改造时，在弄口重建"甲秀里"门头，弄内以青砖铺地，恢复20世纪30年代里弄风格，并在清水墙围墙嵌刻毛泽东诗词碑刻。

　　专题陈列　上海毛泽东旧居陈列馆设有长期的专题陈列《蔡和森、向警予史迹展》，介绍毛泽东的忠实战友蔡和森、向警予夫妇的生平及革命历程。此外，每年举办

字会、静安收藏协会等合作在旧居举办"爱心五月天——书画义卖"活动,将全部义卖所得交给上海市红十字会人道救助基金帮助困难人群。此外,还参与策划组织上海市红色经典小故事讲演大赛。

交流合作　在与国内其他博物馆的交流合作方面,上海毛泽东旧居陈列馆2006年11月11日—13日倡议发起并主办了纪念红军长征胜利70周年、一代伟人毛泽东诞辰113周年的"首届全国毛泽东纪念馆联谊会",形成馆际联谊、沟通、探讨、合作的新起点。韶山毛泽东同志纪念馆、井冈山革命博物馆等全国近20个省市40家毛泽东纪念馆参会,毛泽东家属邵华将军特地发来贺信。2007年,上海毛泽东旧居陈列馆以论文《探索利用社会资源共同办馆的几点思考》参加了在长沙清水塘毛泽东、杨开慧故居举行的第二届全国毛泽东纪念馆联谊会,与各省兄弟馆共同探讨公共文化设施的社会化发展之路。

经营管理

[单位性质]　国有文化事业单位

[经费来源]　区财政全额拨款

[人员编制]　隶属于上海市静安区文物史料馆,无独立编制

[服务观众项目]　常年为"到纪念馆过一次组织生活"的团体提供中共上海市委宣传部、中共上海市委党史研究室出品的"红色记忆——上海革命遗址巡礼"等主题宣教VCD的观看服务。

[观众接待]　年约6万人次

参观指南

[地址]　上海市静安区茂名北路120弄"甲秀里"5～9号

[邮编]　200040

[电话]　021-62723656

[传真]　021-62723656

[开放时间]　周二至周日(周一闭馆)9:00－11:30(提前半小时停止售票);13:00－16:30(提前半小时停止售票)

[票价]　成年人个人票5元/人,团体票3元/人(15人以上);未成年人个人票3元/人,团体免票(15人以上),周六全天免费,由家长陪同参观者免票;70岁以上老人、离休干部、军人等凭证免费参观。

(撰文:上海毛泽东旧居陈列馆)

上海公安博物馆
Shanghai Museum of Public Security

概述

类型　社会科学类公安专题博物馆

隶属关系　上海市公安局政治部

筹建时间　1997年3月

正式开放时间　1999年9月11日

所在位置　徐汇区瑞金南路近瞿溪路

上海公安博物馆外景

面积　占地面积1558平方米、建筑总面积8500平方米

建筑、布局　建筑共7层,高39.9米。

历任馆长　俞烈(1999.9～2003.3);汪志刚(2003.3至今)。

业务活动

基本陈列　上海公安博物馆的展厅位于建筑的一至四层,整个陈列以上海警察机构建立发展历史沿革为纵线,以警务职能参与社会管理为横线,结合警察业务工作特点,采用传统与现代艺术表现手法相结合,并充分运用声、光、电等高科技多媒体技术进行展示。

一层为大厅,厅内有我国目前最大的反映公安内容的雕塑群,雕塑群共分为三个部分。第一部分:大门口左右两旁浮雕以上海黄浦江两岸的建筑为背景,以"日"与"夜"为主题,展示了上海公安工作走过的历程和公安干警面向21世纪的精神风貌。第二部分:大厅墙面中央是大型浮雕《辉煌永存》。画面中心部分是绵延起伏的万里长城,象征着祖国山河,也象征着公安的丰功伟绩融入了祖国的山河。第三部分:序厅内的五根立柱同时作为浮雕的一部分,分别代表了公安的部分警种。他们是:刑警、治安警、交巡警、消防警、看守警。

二层为公安史馆、英烈馆和队伍建设馆。公安史馆通过1000多件实物，记载了上海自1854年建立警察机构以来一百多年的历史沿革，重点展示了人民公安机关的创立和发展。英烈馆展陈了1949年5月以来本市60多名公安英烈的英勇事迹和珍贵遗物，充分展现了他们无私无畏的英勇气概和高尚情操。

三层包括刑事侦查馆、治安管理馆、交通管理馆、监所看守馆。刑事侦查馆撷选了上海解放后本市公安机关侦破的30多起重、特大刑事案例，展示了上海公安机关打击刑事犯罪活动的手段和力度；治安管理馆从户籍行政、行业场所和社会治安防范等方面，展示了旧警察机构和人民公安机关建立以来治安管理的沿革情况；交通管理馆以历史年代变迁和上海城市道路交通管理发展为主线，展示了上海交通管理近一个世纪的发展轨迹；监所看守馆以上海监狱、看守所历史沿革为主线，反映了旧上海监所摧残、折磨人犯和新上海监所教育、改造人犯的历史进程。

四层包括消防管理馆、警用装备馆、警务交流馆、情景互动射击馆、消防模拟演练馆。消防馆展示了明清至今消防器材由简陋至完备的演变，反映了上海是我国近代消防兴起最早和最发达地区之一的历史概貌；警用装备馆展示了公安装备发展的历史进程，尤其是中外警察及中国知名人士使用过的枪械、各类特种微型武器的展示更引人入胜；警务交流馆反映了上海公安机关与世界各国、各地区警察之间的合作与交流情况，陈列了部分精致的警用标志、警务用品和纪念品；情景互动射击馆分靶标精度射击和情景互动射击两个部分，既是锻炼快速反应、自我防卫能力的平台，也是参与互动寓教于乐的生动课堂；消防模拟馆演练馆需要参与者的亲身体验，以期达到了解火灾初期的防范与控制，正确掌握火警处置方法和火场逃生技巧。

［陈列面积］　4000平方米

［展出藏品数］　6555件（套）

［重要展品］　记录中共上海地下警委名单的《王云五小辞典》、孙中山自卫用勃朗宁手枪、双桶水龙、上海市人民政府公安局及所属各分局印信、陈毅市长对欧震案件的亲笔批示。

《王云五小辞典》

孙中山自卫用勃朗宁手枪

20世纪30年代美制艾克沙修机器脚踏车

公安史馆

消防管理馆

专题展览　上海公安博物馆自开馆以来，在不断完善基本陈列的同时，还积极主办、承办或合办了多个主题鲜明、时代性强的专题展览。其中包括：《纪念建党80周年上海公安摄影展》（2001年）、《牺牲奉献－全国公安英烈事迹展》（2002年）、《百姓英雄－上海市见义勇为先进事迹展》（2002年）、《公安英模－陈卫国、肖玉泉先进事迹展览》（2003年）、《上海公安文化艺术作品展》（2004年）、《上海公安收藏鉴赏展》（2008年）、《永不放弃－上海公安抗震抗救灾震纪实展》（2008年）、《上海政法三十年展》（2008年）、《忠诚之歌－蔡立群同志先进事迹展》（2009年）、《上海公安廉政文化书画展》（2009年）、《历史凝聚文化－中国近现代警察文化精品展》（2009年）。

［展厅面积］　1000平方米

藏品管理

［藏品来源］　藏品来源主要为向社会有偿征集、接受个人捐赠和公安机关内部调拨。

［藏品类别］　分为：金属类（4916件）、皮革类（436件）、仪表仪器类（293件）、橡塑类（184件）、音像制品类（231件）、织绣类（1513件）、陶泥类（205件）、玻机类（100件）、竹木类（114件）、纸质类（4541件）、印章类（876件）、其他类（424件）。

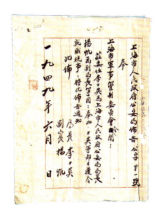

公安局第一号布告

折叠式手枪

［藏品统计］　8341件（套）

［重要藏品］　北洋政府时期一等大绶宝光嘉禾勋章、上海市人民政府公安局第一号布告、折叠式手枪、英租界工部局时期的消防栓、第一辆使用的上海牌交通巡逻车等。

宣传教育　上海公安博物馆十分重视博物馆的宣传教育工作，已经编辑出版了《走进上海公安博物馆》丛书、《消防365》画册、《肖玉泉的故事》，并主编《上海科普教育》杂志。近几年来，举办了《关爱成长、共化荣辱》、《平安出行》、《法制在我心中、诚信与我同行》、《安全与自我保护》等法制、交通、消防、安全、国防等主题讲座200余场。博物馆多功能影视厅放映《防范百招》、《APEP安保大揭密》等安全防范、法制教育、爱国主义教育题材宣传片影视作品共计1000余场。

交流合作　上海公安博物馆开馆至今接待美国、俄罗斯、加拿大、日本、新加坡等30多个国家和地区警务代表团，并与上海各大博物馆、纪念馆开展经常性的交流合作活动。同时又利用自身的专业优势，举办了多次巡展，包括2003年《爱我中华　强我国防——海陆空军事科技模型大展》、2004年《穿越时光隧道 揭示生命演化——大自然的奥秘大展陈》、2005年《红色之源》马克思主义文化艺术珍品全国巡回展之上海行、2006年《走进大草原——内蒙古文化周展览》、2007年《军魂颂——纪念中国人民解放建军80周年百老百将珍贵照片、历史文物、书画作品展》、2007年《隆重纪念中国人民解放建军80周年——共和国将帅军衔大展示》、2007年《上海市首届中老年书画大赛优秀作品展》、2008年《青花釉里红之梦——孙星池陶瓷艺术作品展》、2008年《花海清韵——金晓屏书画艺术展》、2008年《上海首届'收藏文化周'系列活动——海上书画收藏精品展》、2008年《中国烟草博物馆馆藏文物精品展》、2008年《心中圣火——迎奥运体育文化展》。

经营管理

［单位性质］　国有事业单位

［经费来源］　财政全额拨款

［机构设置］　设馆长室、办公室、联络部、学术部、资料部等部门

［服务观众项目］　纪念品柜台、观众休息区、应急医药箱、观众问询处、语音导览系统、无线讲解系统、多媒体触摸屏等。

［观众接待］　年约10万人次

参观指南

[地址]　上海市徐汇区瑞金南路518号

[邮编]　200032

[电话]　021-64720256、021-24025138

[传真]　021-24025180

[电子邮箱]　policemuseum@163.com

[网站]　www.policemuseum.com.cn

[开放时间]　周一至周六，9:00－16:30（周日闭馆）

[票价]　成人个体8元，团体6折，学生免票（需预约）

（撰文：上海公安博物馆）

上海龙华烈士纪念馆

Longhua Martyrs' Memorial Museum

概述

类型　社会科学类陵园专题博物馆

隶属关系　上海市民政局

筹建时间　1995年

正式开放时间　1997年5月

所在位置　徐汇区龙华古镇，与千年古刹龙华寺、龙华塔毗邻

面积　建筑面积1.1万平方米

建筑、布局　上海龙华烈士纪念馆所在地龙华烈士陵园占地面积19万平方米。园区内主要的纪念建筑设施有邓小平题写的"龙华烈士陵园"园名牌楼、纪念广场、江泽民题写的"丹心碧血为人民"纪念碑、碑苑、无名烈士墓、大型纪念雕塑、烈士墓区等。纪念馆正门有陈云题写的"龙华烈士纪念馆"。园区东侧系全国重点文物保护单位"龙华革命烈士纪念地"。上海龙华烈士纪念馆建筑面积1.1万平方米，高36米，外形为四层素色花岗石阶梯式建筑

纪念馆外景

与金字塔型的蓝色玻璃幕墙和谐组合，于庄严凝重中透出明朗开阔的意境。一、二层为展厅，三、四层为管理和业务机构用房。馆内全封闭结构，设中央空调和人工光源。

历史沿革　20世纪50年代初，在原淞沪警备司令部刑场附近，发掘出牺牲于1931年2月7日的"龙华24烈士"遗骸、锁在遗骸上的镣铐、部分钱币和经确认是"左联"女作家冯铿遗物的一件尚未完全腐烂、留着枪洞的羊毛背心。此后，烈士就义地得到妥善保护，先后公布为革命历史纪念点、上海市文物保护单位。1984年，中共中央办公厅、国务院办公厅批准在此修建龙华烈士陵园及纪念馆。1988年，国务院公布龙华革命烈士纪念地（含烈士就义地和淞沪警备司令部建筑遗址）为全国重点文物保护单位。1991年7月，龙华烈士陵园一期工程竣工，修缮、复原后的原淞沪警备司令部遗址部分建筑、烈士就义地及临时纪念馆一期陈列正式对外开放。1993年10月，民政部批准上海市烈士陵园迁入龙华烈士陵园一并建设，建成的上海市龙华烈士陵园为全国重点烈士纪念建筑物保护单位。1994年5月27日，包括纪念馆在内的主体纪念建筑续建工程开工，1995年4月5日完成土建工程，7月1日，上海市龙华烈士陵园对社会开放，1997年5月28日，龙华烈士纪念馆建成开馆。1999年，开通"龙华网站"。

历任馆长　方国平（1997～2000）；石冈（2003至今）。

业务活动

基本陈列　上海龙华烈士纪念馆陈列面积5000平方米，设8个展厅。以《丹心碧血为人民——上海革命烈士革命先驱英雄业绩展览》为主题的基本陈列，反映1840年鸦片战争以来上海英烈的革命历程和英勇事迹，展出人物235名，展出珍贵文物、文献和照片1000余件。

纪念馆陈列的特点，一是珍贵的文物陈列，辅之以大量精湛的艺术品；二是采用历史环境再现和复原场景与动态演示交融的手段。注重基本版面、艺术作品和多媒体展示技术并举，版面设计新颖、文物展柜精致、艺术作品高雅、多媒体展示逼真。重要展品有《俞秀松日记》（1920年6月27日—7月25日）；罗亦农在东方大学佩带的《列宁逝世纪念章》；宣中华求学时使用的竹编书箱；何孟雄、缪伯英共同使用过的《前锋》等书刊；"克什米尔公主号"事件发生后，周恩来赠送给石志昂家属的手表；1946年，李公朴赠友人的条幅；1948年，王孝和在狱中使用的毛毯；20世纪40年代，张权用的军用对笔，以及著名艺术家以上海各个历史时期重大事件为题材精心创作的国画、油画、木刻、丝毯壁画和锻铜浮雕等。

《热血·功勋·丰碑》专题展

　　丰富的馆外园区陈列是纪念馆陈列的又一特点，很好地使馆内陈列的主题内容和形式得以补充和延伸。馆外园区陈列分两个方面，一是10组大型纪念雕塑和由碑亭、碑廊、碑壁、碑石四种碑刻形式组成的烈士诗文碑苑等建筑艺术品的陈列；二是园区地面文物的原状陈列——龙华革命烈士纪念地。目前开放部分占地面积2万平方米，遗址建筑主要有：原淞沪警备司令部门楼、警卫室、通讯电话机房、看守所、烈士就义地。结合地面文物的原状陈列，在遗址区设有《龙华1927－1937》和《他们曾在这里被关押——在龙华监狱关押过的部分幸存者陈列》2个专题展。

　　专题展览　纪念馆的临时展厅面积622平方米。历年来举办（或承办）10余次临时展览，其中有原创的《少年英烈颂——二十世纪中国少年英烈事迹展》、《党旗下的心声——中华著名英烈遗言、遗诗、遗文展》、《学习着，快乐着，成长着——看雕塑、学历史、弘扬民族精神系列巡访活动部分同学优秀书画作品展》、《热血·功勋·丰碑——著名抗日英烈事迹展》（纪念中国人民抗日战争暨世界反法西斯战争胜利60周年）、《丰碑——纪念中国共产党诞生85周年上海市爱国主义教育基地大联展》、《闪光的地标——上海市红色旅游景点专题展》、《八一军旗映浦江——庆祝中国人民解放军建军80周年驻沪部队时代风采图片展》。引进《我爱你，中国——共和国国旗、国徽、国歌展》、《血染的丰碑——上饶集中营革命斗争事迹展》等。纪念馆网站开设《热血·功勋·丰碑——纪念中国人民抗日战争暨世界反法西斯战争胜利60周年》、《共铸世纪辉煌——伟人与上海》网上展览。

　　藏品管理

　　［藏品来源］　主要由政府调拨、历年征集、以及烈士家（亲）属和老同志捐赠。

　　［藏品统计］　8000余件

　　［重要藏品］　1927年3月，罗亦农参加上海特别市临时市政府成立典礼时穿的长袍；费巩日记（1938年—1945年3月）；1990年10月24日，邓小平题写的"龙华烈士陵园"墨迹；1991年2月22日，陈云题写的"龙华烈士纪念馆"墨迹；原龙华淞沪警备司令部遗址出土的群镣；1922年，李汉俊讲学时用的皮包；20世纪30年代，俞秀松结婚时斯大林赠送的漆布木箱；1930年11月24日至1931年1月5日，林育南（铁峦）给陆若冰的明信片、信；1920年12月，留法勤工俭学学生"静之"致何孟雄的明信片。

　　［藏品保护］　设专用库房，并采用无酸纸夹、档案袋、恒温恒湿空调等文物保护措施。

　　科学研究　纪念馆已出版的学术刊物、论著有每年一辑《烈士与纪念馆研究》（已出10辑）、《上海英烈传》（1～9卷）、《热血丰碑——解放上海烈士英名谱》、《龙华千古仰高风》、《上海革命烈士风范》、《热血丰碑——解放上海烈士名录》、《罗亦农文集》等。

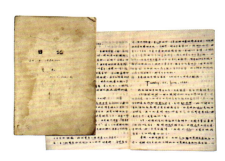

《俞秀松日记》

罗亦农在东方大学佩带的"列宁逝世纪念章"

龍華烈士陵園

邓小平题字墨迹

宣传教育 为拓展纪念、宣传、教育功能，历年出版各种宣传书刊近10种。如大型画册《龙华烈士陵园》、《龙华碑苑》、《龙华碑苑诗词赏析》、《党旗下的心声》、《开启龙华红色的记忆》、《民族魂——历代名人名句印集》、《让历史告诉未来》、《桃花、翠竹、朝阳》、《丹心碧血为人民》、《八一军旗映浦江——庆祝中国人民解放军建军八80周年驻沪部队时代风采图片集》等。制作影视录像《桃花颂》、《龙华烈士陵园》等。

近年来，在园区内创办群众性的"龙华魂"主题广场文化活动，成为一大文化品牌，荣获"全国特色文化广场"称号。由园区内的纪念广场、青少年广场、无名烈士广场、陵园入口广场等场地组成纪念文化广场群，面积约1.6万平方米。园区内每年举行的祭扫仪式、主题活动、专题演出等逾700场，其中千人以上的大型活动就达10余场。如"缅怀革命先烈，塑造城市精神——上海市青少年祭扫先烈活动"、"难忘的歌声——庆祝上海解放50周年千人合唱音乐会"、"荣辱观的对话——八荣八耻宣传教育活动专场"、"祖国颂，龙华情——公民道德宣传日暨家庭文化节文艺演出"、"让历史告诉未来，让未来继承传统——革命先烈纪念瞻仰活动"、由上海民族乐团乐队在广场上演奏的《我的祖国》主题活动等等。为拓展纪念馆功能，利用馆藏资源，与社会文化艺术单位合作创作舞台剧目。其中有大型史诗剧《血沃龙华》、情景诗剧《先驱》、音诗画《又是清明花开时——来自龙华烈士陵园的报告》。

交流合作 建馆以来，先后与北京、河北、黑龙江、吉林、辽宁、湖北、江苏、浙江、福建、广西、四川、湖南等地纪念馆、陵园建立了交流合作的平台。帮助上海市区、县烈士纪念馆改扩建与陈列工作。国际交流方面，1997年7月，美国尼克松纪念馆管理委员会主任泰勒来馆，进行馆际交流；1997年至2000年，纪念馆与俄罗斯圣彼德堡市相关纪念馆、烈士陵园进行互访交流。此外，纪念馆还先后派员赴美国、日本、澳大利亚、英国、意大利等国出访、考察、交流。

1996年以来，纪念馆举办了全国部分省市烈士纪念馆陈列工作研讨会二次。1999年，承办国家文物局、中国博物馆学会主办的庆祝中华人民共和国成立50周年"龙华杯"南方六省二市讲解大赛。2001年，举办"龙华24烈士"殉难70周年纪念学术研讨会。参加历次举办的全国革命纪念馆协作发展研讨会、中国革命纪念馆专业委员会年会等各类学术研讨会。为扩大宣传范围，《少年英烈颂——二十世纪中国少年英烈事迹展》、《党旗下的心声——中华著名英烈遗言、遗诗、遗文展》等赴外省市或兄弟单位巡回展览。

经营管理

[单位性质] 国有文化事业单位

[经费来源] 市财政全额拨款

[机构设置] 设研究室、陈列部、保管部、遗址管理部、群工部等技术工作与学术研究部门

[人员编制、组成] 64人，其中初级职称2名，中级职称14名，高级职称6名

[观众接待] 年约10万人次

参观指南

[地址] 上海市徐汇区龙华西路180号

[邮编] 200232

[电话] 办公室：021-64384126
售票处：021-64683059

[传真] 021-64382775

[网站] http://www.slmmm.cn

[开放时间] 陵园 6:30－17:00
纪念馆 9:00－15:30

[票价] 陵园（文物遗址）1元，纪念馆免费

（撰文：上海龙华烈士纪念馆）

上海印刷博物馆

Shanghai Printing Museum

概述

类型 科学技术类印刷业专题博物馆

隶属关系 上海出版印刷高等专科学校

筹建时间 1997年

上海印刷博物馆外景

正式开放时间　1998年10月6日

所在位置　杨浦区上海出版印刷高等专科学校的实训中心三楼

面积　300平方米

历史沿革　上海印刷博物馆（原为中国印刷博物馆上海分馆）筹建于1997年，筹建期间得到了中国印刷博物馆的大力支持和上海市印刷出版界同仁的热情相助。1998年10月6日，学校校庆45周年之际，上海印刷博物馆竣工开馆。2003年10月移至学校的新图书馆四楼后，重新布展，并对外开放。2000年博物馆被评为上海市科普教育基地，2003年被评为上海市杨浦区爱国主义教育基地，2005年被评为上海市高校十大民族文化博物馆。

历任馆长　乐秀文（2006.1～2009.1）；滕莉（2009.2至今）。

业务活动

基本陈列　上海印刷博物馆的基本陈列面积为500平方米，拥有制作精良、内容丰富的展板、具有代表性的实物资料、印刷品及现代高科技印刷品共800余件。反映了中国印刷术的发明、发展和外传历程，展示了中国传统印刷技术的先进水平与丰硕成果，特别是表现了以上海为代表的中国近代印刷工业发展、振兴过程。

陈列内容分为五个部分：

一、《印刷术的起源、发展和外传》：分为源头部分和古代部分。源头部分介绍与发明印刷相关的文化、技艺及物料等的发展历史。古代部分按时代顺序，介绍雕板、活字版印刷术的发明、发展和向外传播。同步展现印刷术规模的扩大和技术、工艺、物料的改进。使观众了解我国古代印刷源远流长的历史过程。

泥活字

二、《近代印刷术的传入与发展》：介绍19世纪初近代印刷术从欧洲传入后，促进了我国民族印刷业的兴起和发展。集中展示了近代平、凸、凹、孔四种印刷技术的发展演变过程。

三、《改革开放后的上海印刷工业》：介绍建国以来尤其是改革开放后印刷事业的发展成就。这部分选展的书刊、报纸、包装、票证、烟草印刷及相关企业，局部再现了当今上海印刷及设备器材工业的现状。

四、《二十一世纪的印刷新技术》：介绍印前、印刷、印后的新设备和新材料，同时介绍了国际印刷技术的新成就，反映了当代印刷发展趋势。

五、精品馆：展出印刷精品实物。

上海印刷博物馆的展示面积虽然不大，但参观数小时即可纵览中国几千年的印刷发展史。整个展馆以印刷技术发展史为主线，穿插上海印刷业的发展，突出介绍了近代上海印刷业对中国印刷工业的贡献。

藏品管理

［藏品来源］　主要为复制、捐赠与征集。

［藏品类别］　分为实物、照片、图片3个类别。

［藏品统计］　800余件。

交流合作　博物馆积极参加各种形式的交流与联展活动，2007年参加了上海市高校民族文化博物馆联展，同年参加了上海市杨浦区博物馆联展活动，几次联展都取得了良好的社会反响。

经营管理

［单位性质］　国有事业单位

［经费来源］　上海出版印刷高等专科学校拨款

［机构设置］　设办公室

［人员编制］　1人

［观众接待］　年约5000人次

参观指南

［地址］　上海市水丰路100号

［邮编］　200093

［联系电话］　021-65670228

［传真］　021-65670228

［电子邮箱］　Lexiuwen@126.com

［开放时间］　星期二、五9:00－11:00，14:00－16:00

［票价］　免费

（撰文：上海印刷博物馆）

上海市历史博物馆
Shanghai History Museum

概述

类型　社会科学类历史专题博物馆

隶属关系　上海市文物管理委员会

筹建时间　1953年

正式开放时间　1984年

历史沿革　上海市文化局社会文化事业管理处于1953年开始筹备上海历史与建设博物馆，由文献博物馆科编写地志提纲，并开展全市文物资料的采访征集。1954年11月，上海市正式成立"上海历史与建设博物馆筹备处"。1956年，筹备处借用虎丘路前亚洲文会部分会址着手地志博物馆筹建，按总体设计，分：鸦片战争前历史时期、旧民主主义革命时期、新民主主义革命时期、社会主义建设时期等，编列征集提纲和陈列方案，开展采访征集活动。1957年，借用文化广场露台下基址，改建成约3700平方的陈列室。1959年2月，鉴于该馆陈列内容与已经建立的上海博物馆、上海革命历史纪念馆（中共"一大"会址纪念馆）等相重复，市文化局认为"暂无另行筹备上海历史与建设博物馆的需要"，乃于同年5月中止筹备工作，所藏文物、文献等分别移交上海市文物保管委员会、上海博物馆等机构。

1961年，上海市文物保管委员会增设上海历史研究部，下设研究组、清理发掘组，继续为地志博物馆的基本陈列规划方案，分别用专题展览的形式，在上海博物馆、上海图书馆筹备或展出。展览主要有：《上海社会生活今昔对比文献图影展览》（1962年）、《长江水文考古展览（上海部分）》（1977年）、《上海地方历史文物文献展览》（1977年）、《辛亥革命在上海》（1981年）等。同时，经鉴定、整理，出版或印行了上海地方资料集，有《上海史料丛编》《乡里小志》二十种、《苏松地区太平天国史料》三种、《上海农谚》、《徐光启手迹》、《明上海露香园顾绣精品》等。

1983年9月，复筹备上海历史文物陈列展览工作，以上海农业展览馆第五馆为临时馆舍，于1984年5月27日正式对外开放，定名为"上海历史文物陈列馆"。展览面积约900平方米，分"序厅"、"上海的原始文化"、"古代上海"、"近代上海"、"中国共产党的成立和现代上海"等五个部分，通过1300余件文物、文献及图片等资料，展示了上海自远古至1949年数千年间的历史画卷。

1991年，"上海历史文物陈列馆"更名为"上海市历史博物馆"，并酝酿新的展览。1994年10月21日，上海市历史博物馆在虹桥路1286号重新开馆，基本陈列为《近代上海城市发展历史陈列》。展览面积约1500平方米，展出文物1500余件，分"适应城市发展需要的城市建设"、"开风气之先的近代文化"、"新旧并存的都市生活"等六个部分，全面展示了自1843年上海开埠到1949年百年来的上海风貌。该陈列被国家文物局评为全国文物博物馆系统首次"十大陈列展览精品"之一。展馆因场地租赁期满而于1999年3月关闭。

2001年5月，由上海市历史博物馆筹建的"上海城市历史发展陈列馆"于浦东东方明珠广播电视塔裙房内向社会开放。陈列馆分"华亭溯源"、"城厢风貌"、"开埠掠影"、"十里洋场"、"海上旧踪"五部分，主要以场景和模型等艺术手法，辅以音响、多媒体资料查询装置及多媒体影视模型合成装置等展示手段，以城市发展为主要线索，生动反映自古至今上海从滨海渔村发展为中国最大工商都市的过程，突出地反映了近代上海在政治、经济、文化、社会、生活等各方面的演变。

2003年1月，上海市历史博物馆被上海市人民政府命名为"上海市爱国主义教育基地"。

2007年年底上海市政府决定在汉口路193号重建新馆。

历任馆长　沈之瑜（1953　上海市文化局社会文化事业管理处处长）；汪倜然（1953　社会文化管理处文献博物馆科科长）；王言夫（1956）；吴静山（1961　上海文物保管委员会上海历史研究部主任）；黄宣佩（1984　上海历史文物陈列馆领导小组组长）；姚庆雄（1990～1992　上海历史文物陈列馆馆长）；潘君祥（1993～2003）；杭侃（2003～2007）；张岚（2007至今）。

业务活动

藏品管理

[藏品来源]　藏品主要来自上级部门调拨（上海市文物管理委员会）、系统内其他单位移交（上海博物馆等），另有市场征集、参与拍卖、接受捐赠所得。

[藏品类别]　分为十五大类：书画、金属、陶瓷、工艺、证章、文献、印刷、纺织品、石刻、钱币、照片、剪纸、邮票、唱片和其他杂类。

[藏品总数]　约11万件

[重要藏品]　上海古文化遗址出土玉器、石器、陶瓷器、金银器；珍本上海地方志；上海碑刻拓本；徐光启

汇丰银行铜狮子

墨迹；陈化成督造振远将军铜炮；纽约版中山像2元中心倒印四方连邮票；民国百子大礼轿；孙中山当选临时大总统选票；1895年道白生公司制造清花机；太平天国大花钱；汇丰银行铜狮子；1893年清政府和英美租界会同树立的界碑；吴昌硕墨迹等。

科学研究　上海市历史博物馆长期坚持开展对上海地方文物历史、民情风俗、人文环境、城市变迁、博物馆学等方面的学术考察与研究，已逐步形成一支自己的科研队伍。建馆以来，先后编辑出版了《孙中山在上海》、《文物荟萃》、《上海百年掠影》、《旧闻珍影》、《四个月的战争："八一三"淞沪抗战纪实》、《海上风情》、《上海历史油画新作》、《走在历史的记忆里：南京路1840-1950》、《20世纪初的中国印象》、《九府裕民—上海钱庄票图史》、《老上海的当铺与当票》、《百年回望——上海外滩建筑与景观的历史变迁》、《中国的租界》、《武汉旧影》、《厦门旧影》、《青岛旧影》、《海上名医—张氏中医世家》等著作。1998年，出版了介绍上海历史文化的多媒体光盘《上海百年》。自2002年起，编辑出版《上海市历史博物馆馆刊》。在国内学术刊物上发表学术论文百余篇，参与上海市社会科学重点课题《上海通史》、《上海大辞典》的编撰。

宣传教育　近年来，上海市历史博物馆在把各式展览推向社会的同时，举办了多次"名家谈上海"系列公益性讲座，宣传了上海地方历史和文物博物馆知识，取得了良好的社会效果。

历年重要展览有：《暴虐与抗争——外侨镜头中的"八•一三"淞沪抗战》（2004.9.16～2004.10.16日于董浩云航运博物馆）；《上善若水•海纳百川——上海市历史博物馆馆藏海上画派绘画精品展》（2004.9于崇明

县博物馆）；《前世风景——近代上海妇女服饰回眸》（2005.1～2005.3于南汇博物馆）；《见证历史——纪念抗战胜利60周年文物展》（2005.9.3～2005.9.20于宝山区文化馆）；《晚清粤港澳台社会图像——《点石斋画报》原稿精选》（2006.1.16～2006.3.10于广州博物馆）；《红色印迹——纪念中国共产党建党85周年革命文物图片展》（2006.7.20～2006.8.20于上海宋庆龄陵园）；《孙中山与上海——文物文献档案展》（2006.11.14～2006.12.17于上海档案馆外滩新馆）；《同仇敌忾•共赴国难——纪念"八•一三"淞沪抗战70周年文物文献展》（2007.8.13～2007.9.9于陆俨少艺术馆）；《唤醒百年记忆　品味海派经典——百年旗袍展》（2008.4.15～2008.4.27于上海美术馆）；《走近世博文物图片展》（2009.1.23～2009.3.20于徐汇区图书馆）；《东方欲晓　上海1949——上海解放60周年文献图片展》（2009.5.27～2009.6.7于上海图书馆）；《西方瓷器工业发展历史展——中国瓷器文化对西方瓷器工业发展的影响》（2009.10.12～2009.10.28于上海科技馆）；《欧洲瓷器展》（2009.12.21～2010.3.5于武汉市博物馆）。

交流合作　2007年，发起举行中国博物馆学会城市博物馆委员会国际研讨会，被推举为首任委员会主席成员单位。此外，作为国际博协城市博物馆专业委员会(ICOM-CAMOC)的主要成员，上海市历史博物馆积极开展与国内外城市博物馆的合作，为推动城市博物馆的发展作贡献。

上海市历史博物馆还积极推动馆际合作，举办了多次交流展览，重要的有：《上海，1921—1949中国人的生活》（2003.12.9～2004.3.7于法国巴黎历史博物馆）；《开埠与都市——仁川、上海、横滨特别企划展》（2006.7～2006.9于韩国仁川广域市立博物馆）；《孙中山与上海——文物文献档案展》（2008.1于台湾）；《摩登都会——沪港社会风貌》（2009.4.29～2009.8.17于香港历史博物馆）。

经营管理

[单位性质]　国有文化事业单位

[经费来源]　市财政全额拨款

[机构设置]　新馆拟设上海历史文物研究中心（陈列研究部）、历史文物保护和鉴定中心（保管部、文物征集部）、文化交流中心（社会教育部）、上海历史文献信息中心（图书馆、出版部）、办公室、保卫处（消防安保）、行政处（保洁、物业与工程部）以及综合服务部等部门。

[人员编制]　74人

参观指南

[地址]　上海市黄浦区汉口路193号

[邮编]　200002

[电话]　021-52392222（总机）

[传真]　021-62406894

[电子邮箱]　webmaster@shmuseum.org

[网站]　www.shmuseum.org

（撰文：上海市历史博物馆）

上海市长宁区革命文物陈列馆

Shanghai Changning District Cultural Relic Exhibition of Revolution

概述

类型　社会科学类文物专题博物馆

隶属关系　长宁区文化局

筹建时间　1985年7月10日

正式开放时间　1988年10月24日

所在位置　长宁区愚园路近定西路

面积　占地面积85平方米、建筑面积224平方米

建筑、布局　为假三层砖木结构的联列式外廊风格建筑

历史沿革　1982年5月，经当年在上海从事党的秘密工作的黄玠然（黄文容）以及张纪恩、郑超麟等人实地勘察后确认，愚园路1376弄34号为中国共产党中央刊物《布尔塞维克》编辑部旧址。1984年，上海市人民政府公布《布尔塞维克》编辑部旧址为市级文物保护单位。1985年7月10日，中共长宁区委决定动迁居民修复这一革命旧址，成立长宁区革命文物陈列馆。1988年10月24日陈列馆正式对外开放。一、二楼恢复当年《布尔塞维克》编辑部的原貌，三楼作为办公室。1994年一楼改为长宁区革命史料陈

上海市长宁区革命文物陈列馆外景

1.《长宁区革命史料史迹展》陈列版面　2.《布尔塞维克》编辑部复原陈列

列室，作为陈列馆的基本陈列，并对馆舍进行全面大修。2002年又对基本陈列进行了改版，展览的内容、展品数量、材质、灯光照明设备等均获补充、提高和更新，展览面积有所扩充。同年，改建北侧的晒台为会议室，兼作电化教育室。

历任馆长　金钟强（1988～1991）；吴文娟（1991～1993　区文化局副局长兼）；阮平（1993～1996　区文化局副局长兼）；周秀麟（1997～1999　副馆长）；周秀麟（1999～2001）；蔡佩华（2001.11～2006.12）；李钧（2006.12～2008.4　常务副馆长）；李钧（2008.4～2009.9）；顾华（2009.9至今）。

业务活动

基本陈列　陈列馆的一楼设有《长宁区革命史料史迹展》，整个陈列通过图片和史料，展现了长宁区内三处市级文物保护单位，即现存的革命纪念地——《布尔塞维克》编辑部旧址、路易•艾黎故居、中共中央上海局机关旧址的基本概况，另有《上海市长宁区革命纪念地、遗址分布图》作为补充。陈列面积为80余平方米。

陈列馆的二楼为《布尔塞维克》编辑部原貌陈列。南室为瞿秋白到编辑部领导工作的场景及编辑部常务编委、

出版局长郑超麟的卧室原样。北室为中共中央政治局常委、组织局长罗亦农牺牲前最后的住处卧室原样。走廊的橱窗内陈列着《布尔塞维克》复印件，载有毛泽东在井冈山领导农民暴动、红军开展武装斗争、建立苏维埃政权等内容的通讯报道。

宣教科研　陈列馆采取多种宣传形式，加强革命传统教育。2002年参与区文化局和党史办拍摄电视片的工作，策划、组织拍摄的电视片《风雨历程——长宁区革命斗争史回眸》，获上海党史优秀成果奖。1998年陈列馆成立"红领巾讲解团"，至2007年，先后培训了300多名学生成为"红领巾讲解团"的讲解员。组织大、中、小学校举办"走进党史——长宁区红领巾讲解员、青年志愿者风采展示活动"和"我们走近张闻天——红领巾讲解员、青少年志愿者演讲比赛"、"纪念中国工农红军长征胜利原创演出比赛"等活动，通过朗诵、快板书、情景剧、配乐诗等形式进行宣传。此外，还在各学校举办了"从考古发现看上海历史文化的发展"和"宋庆龄与孙中山"、"宋庆龄与中国共产党"等各类专题讲座100多场。

2007年举行的《布尔塞维克》创刊80周年系列纪念活动是陈列馆近年来最为成功的一次主题系列活动，整个活动内容包括：参观旧址、召开大型座谈会、制作巡展展版、编印《红色记忆》纪念册、开展征文比赛活动等。革命烈士和革命先辈瞿秋白、罗亦农、蔡和森、恽代英、王若飞、张闻天、陆定一等的后代蔡妮、恽希仲、张虹生等应邀从北京、上海、南京等地来馆参加活动。

［编辑出版］　长宁区革命文物陈列馆近年来的研究论文有：《一条光明的路——漫议布尔塞维克主义的胜利》；《撒翁与布尔塞维克》；《服务于社区党建：革命纪念馆的重要社会功能》等。

交流合作　1997年至2007年，长宁区革命文物陈列馆利用社会资源，丰富展陈内容，先后与嘉定博物馆、中共"一大"会址纪念馆、上海公安博物馆、上海鲁迅纪念馆、上海宋庆龄故居纪念馆、静安区文史馆等20多个单位合作举办了《97香港回归图片展》、《群英结党救中华——中国共产党创建史》巡回展，并开展"红色旅游"等活动。此外，陈列馆在区委、区政府的领导下，结合重大节庆日，于1999年中华人民共和国成立50周年、2001年中国共产党建立80周年之际，举办了《崛起的长宁》和《光辉的旗帜 先锋的足迹》大型图片展。2000年，陈列馆自行设计了建馆后第一套流动展版《长宁区革命史料展》，结合党的中心工作，在全区各学校、机关、工厂、街道等单位进行巡展。

经营管理

［单位性质］　国有文化事业单位

［经费来源］　区财政全额拨款

［人员编制、组成］　5人，行政管理人员1人（兼业务），业务人员4人

［观众接待］　年约8万人次

参观指南

［地址］　愚园路1376弄34号

［邮编］　200050

［电话］　021-62511415

［传真］　021-62511415

［电子邮箱］　cnqclg@163.com

［开放时间］　周一至周六及国定假期9:00-11:00、13:00-16:00

［票价］　免费

（撰文：长宁区革命文物陈列馆）

上海市闵行区博物馆
Minhang District Museum

概述

类型　地方综合性博物馆

隶属关系　闵行区文化广播电视管理局

筹建时间　2002年3月

正式开放时间　2003年3月24日

所在位置　闵行区轨道交通一号线莘庄站内

面积　总建筑面积4200平方米

历任馆长　魏德明（2003～2005）；于滨力（2005至今）。

展厅一隅

业务活动

基本陈列　博物馆陈列面积1920平方米，内设两个基本陈列馆和一个固定展览，即《马桥古文化陈列馆》、《中国民族乐器陈列馆》和《崛起的新城——闵行区发展成就展》。

马桥遗址，发现于1959年，位于上海市闵行区马桥镇俞塘村，原坐落在一道古称"竹冈"的贝壳沙堤之上。从崧泽文化至良渚文化过渡时期，就有先民在此繁衍生息。至夏商时期，已成为环太湖地区面积最大，最具有当时社会风貌的典型村落，总面积超过150000平方米，范围之大为同时期遗址所罕见。《马桥古文化陈列馆》展厅面积430平方米，陈列有马桥遗址出土的200余件器物，分别为良渚文化、马桥文化和春秋战国至唐宋元三个时期的遗物。其中的古陶瓷器造型独特、纹饰精美；石器、骨角器打磨精细，形状各异；还有先民墓葬复原、生态模型及多种古生物遗骸，通过新颖的形式陈列，并配以立体模型、触摸式电脑和声、光、影视等多媒体的烘托，立体再现了数千年前马桥先民用智慧和勤劳改善生存条件的景象，生动演绎和解读了上海中部这段古海岸线上的原始文明。

中国乐器的出现，远早于文字记载。远在周代，我国已产生了世界上最早的"八音"乐器分类法。在历史的长河中，中华民族共创造了500余类、上万种乐器，突现了中华民族博大精深的乐器文化。《中国民族乐器陈列馆》展厅面积640平方米，陈列有100多种，300余件古今乐器，分为"气鸣、弦鸣、体鸣、膜鸣"四大系列，充分体现了中华民族乐器的分类和发展。陈列馆展品的种类、数量和质量在国内民族乐器陈列中均处于领先水平。

博物馆还陈列着我国众多近现代乐坛名人捐赠的乐器和珍贵的文献史料，并利用幻影成像、乐器发声原理模型、音乐耳机等现代化展示手段，使古今乐器相互交融、映衬，立体再现了中华民族乐器的风采。

藏品管理

［藏品来源］　主要来源于上海市文管委的调拨和该地区的历史留存与征集。

［藏品统计］　现有文物藏品千余件

［藏品类别］　藏品以马桥遗址出土的马桥文化时期的石器、骨角器、陶器为主要特色，并有历代陶瓷器、玉石器、铜器、漆木器等藏品。

［藏品保护］　该馆还配备了24小时监控系统，以及中央空调、除湿机、消防设备等，从硬件上保证了博物馆的安全。

宣传教育　闵行区博物馆常年注重开展"文化下基

灰陶弦纹觯

层"活动。利用"5·18国际博物馆日"、"中国文化遗产日"、"上海科技节"等重要节日，以流动展览的形式，深入高校、启智学校、民工学校、敬老院、社区、监狱等地宣传，既体现了博物馆服务社会的职能，也发挥了博物馆社会教育的功能优势。

闵行区博物馆注重对地方文物和历史资料的调查、整理和研究，编辑出版了《闵行区博物馆图册》。闵行区博物馆建有临时展厅及设备齐全的多功能报告厅，能播放影碟片和开展各类教研活动，传播先进文化。多次邀请专家学者来馆授课，曾先后举办"当代博物馆的专业化及其发展趋势"、"不可移动文物的保护和管理"、"跨越时空的远古对话"等专题讲座。

交流合作　开馆以来，除常设展览外，闵行区博物馆适时举办各类临时性专题展览，充分发挥上海市科普教育基地、闵行区爱国主义教育基地的功能。2003年举办《中国民间艺术特色之乡巡展》；2004年举办《水晶科普展》；2005年，分别与上海市松江博物馆联合举办《古砚奇葩——历代砚台珍品展》；与黑龙江省东北烈士纪念馆联合举办《黑土英魂——东北抗联著名烈士事迹展》；2006年，分别与河北省西柏坡纪念馆、西班牙瓦伦西亚现代艺术博物馆、青海柳湾彩陶博物馆合作，联合举办《新中国从这里走来》大型展览、《铁匠的"炼金术"——西班牙瓦伦西亚现代艺术博物馆藏品展》、《远古的对话——青海柳湾彩陶·上海马桥古文化展》；2007年与上海航天局联合举办《永远的航天精神展》；建馆5年来，先后举办30余次临时展览，在取得良好的社会效益的同时，促进了国际、国内馆际间的交流与合作。

经营管理

［单位性质］　国有文化事业单位

［经费来源］　财政全额拨款

[机构设置]　设馆长室、行政办公室、陈列保管部、开放教育部

[人员编制]　8人

[观众接待]　年约2.5万人次

参观指南

[地址]　上海市闵行区莘建东路255号（轨道交通一号线莘庄站5楼）

[邮编]　201100

[电话]　021-64140374

[传真]　021-64140374

[网站]　www.shminbo.com

[开放时间]　每周开馆六天（周日闭馆），开放时间为9:00-16:00

[票价]　免费

（撰文：上海市闵行区博物馆）

上海市青浦区博物馆

Shanghai Qingpu Museum

概述

类型　社会科学类历史专题博物馆

隶属关系　青浦区文化广播电视管理局

筹建时间　1958年10月1日

正式开放时间　1959年2月8日

所在位置　青浦新城区崧泽广场

面积　占地面积14900平方米、建筑面积8000平方米

建筑、布局　建筑主体为五个相交的椭圆形，外倾式的建筑外墙极具张力变化。建筑内部以中厅为中心向四翼延展。中心大堂以大型浮雕《青龙赋》主题石屏为核心，由序厅、仪式台和服务台等组成，是为观众提供服务和举行重大活动的公共场所。东、南两翼为基本陈列区域。西、北两翼分别为临展厅、报告厅、办公区及文物库房。

历史沿革　1958年10月1日，青浦县博物馆正式成立开馆。1978年11月，博物馆独立建制。1980年博物馆迁入青浦县城隍庙旧址后，分批对陈列展厅、文物库房和办公室进行了改建或扩建，新建成的陈列楼为歇山顶的仿古建筑，内设《青浦地方史陈列》和《青浦古文化陈列》。1984年，陈云为青浦县博物馆题写了馆名。1999年青浦撤县建区，博物馆也随之更名为青浦区博物馆。进入新世纪后，青浦区委和区政府做出另行选址建设博物馆新馆的决定，并将其列入青浦区重大的文化建设项目。新馆工程于2002年2月28日奠基，2004年12月8日正式落成并对外开放。

历任馆长　朱习理（1958.10~1967）；吴伴良（1970~1978）；张瑞钟（1978.11~1981.9）；朱习理（1982~1989.3）；蔡雪源（1991.6~1993.12）；王金宝（1993.12~1999.11）；陈菊兴（1991年11至今）

业务活动

基本陈列　青浦是上海地区地下文物遗存最为丰富的一个区，具有从马家浜—崧泽—良渚—马桥—吴越文化等传承脉络清晰的古文化遗存。尤其在青浦崧泽村遗址发掘时所显露的文化现象，具备不同于其他文化类型的特征，因而被考古界命名为"崧泽文化"。青浦又是一个典型的江南水乡，古桥、船舶、河网、民宅构筑起一道独具青浦特色的民俗文化风景线。围绕着"古文明"和"水文化"的主题，青浦区博物馆新馆推出了《上海古文明之源》和《申城水文化之魅》两大基本陈列。《上海古文明之源》从上海成陆开始，通过介绍青浦崧泽和福泉山等古文化遗址出土的精美文物，讲述了古代上海从马家浜文化到春秋两汉那悠远而多彩的历史，告诉观众青浦是上海古文明的发源地。《申城水文化之魅》通过"沧海桑田"来了解历

上海市青浦区博物馆外景

《上海古文明之源》陈列区

崧泽文化　玉璜

史上青浦的水系变迁和建置沿革；"青龙镇港湾"的实景复原再现了宋代海外贸易港口青龙镇的市井风情和繁华景象；"桥文化"、"水乡风情"等板块则透过明清时期青浦的民风民俗，展示了水乡动人的风情、旖旎的风光；"人杰地灵"让观众领略到青浦自古钟灵毓秀，人才辈出。基本陈列总面积达3600平方米，展出文物近千件，陈列艺术设计有五大特点：文化内涵丰富，陈列主题鲜明；陈列手段新颖，注重互动交流；合理利用空间，内外布局和谐；展示节奏流畅，色彩运用恰当；陈列语言简练，文化符号独特。基本陈列巧妙运用了声、光、电等辅助手段，使人、物、情、景得到有机融合，成功展示出非物质文化遗产的精髓，因而荣获上海市首届博物馆陈列展览精品奖。

专题展览　新馆开馆三年来，结合"5·18国际博物馆日"等重大纪念日，推出了《青浦博物馆馆藏书画精品展》、《青浦水印版画优秀作品展》、《首届和第二届华赛国际新闻摄影比赛获奖作品展》、《世界文化遗产图片展》、《中华茶文化展》、《陈云同志诞辰100周年摄影作品展》、《韩国当代艺术展》、《走近特奥、支持特奥——智障人士艺术作品巡回展》、《迎'八一'国防教育展》、《五画家赴马来西亚作品展》等十多个临时展览。

藏品管理

[藏品来源]　主要通过考古、调拨、征集、采集、收购、移交等渠道

[藏品类别]　按质地分为19个门类

[藏品统计]　13780件

[藏品保护]　博物馆新馆运用传统技术与现代科技相结合、人防与技防相结合的方式，对藏品进行了有效保护和管理。文物库房采用电子监控恒温恒湿系统，以及新型稳固的钢结构密集架和樟木隔板，先进齐全的设施设备使文物库房达到防火、防盗、防潮、防霉，防虫蛀的要求，从而确保了文物安全和博物馆各项业务活动的正常运行。

科学研究　为了顺应新时期博物馆事业发展的需求，青浦区博物馆在建设新馆的同时积极引进专业人才，组建自己的科研队伍，在历史文物、陈列设计、信息管理等方面加强了研究力量并取得一定的科研成果。先后编辑出版了《青浦英烈小传》、《青浦地名小志》、《青浦抗战史料》、《崧泽文化》、《青浦革命文化史料》、《青浦博物馆馆藏书画集》、《青浦出土文物精粹》、《青浦碑刻》等书刊。目前博物馆已实现了办公数字化、自动化，分别建成了文物藏品、文献资料、文保单位、图书信息等基础数据库。

宣传教育　博物馆利用文史、文物资源结合新馆陈列开展了许多宣传教育活动，并编辑出版了《青浦旅游画册》、《青浦文物精品纪念邮册》等宣传图册。建立起了通用网络平台，开设了独立的网站。

交流合作　青浦区博物馆在与国际、国内、馆际间的合作交流中作了多方面的探索，近年来，与韩国首尔琴山画廊合作举办的《韩国当代艺术展》；与中国茶叶博物馆联合举办的《中华茶文化展》、与金山区博物馆交流举办的《金山农民画获奖作品展》、与台北大学同学会探访团学者进行的"上海古文明探源"学术交流等，均取得了良好的社会反响。

经营管理

[单位性质]　国有文化事业单位

[经费来源]　区财政全额拨款

[机构设置]　设馆长室、行政办公室、业务部、藏品保管部、文物保护部、宣传教育部、安全保卫部、信息设计部

[人员编制、组成]　35人，具有专业技术职称的人员占80.6%

[服务观众项目]　青浦区博物馆以"热情接待每一位观众"为服务宗旨，牢固树立"以人为本"的服务理念，给予观众更多的人文关怀；认真开展优质服务、优美环境、优良管理活动，着力提高讲解服务的能力和水平，努力维护文明窗口的良好形象；以先进的服务设施方便观众参观，设有多媒体导览系统，让观众通过触摸屏得到有关博物馆各类问题的视听解答；引进了数码语音讲解系统，能分别用汉、英两种语言介绍博物馆的文物精品

[观众接待]　年约13万人次

参观指南

[地址]　上海市青浦区华青南路1000号

[邮编]　201700

［电话］　021-69730163（办公室）
　　　　　021-69719900（售票处）
［传真］　021-69730163
［电子邮箱］qpmuseum@sina.com
［网站］www.qingpumuseum.com
［开放时间］9:00－16:30
［票价］　免费

（撰文：上海市青浦区博物馆）

上海市奉贤区博物馆
Shanghai Fengxian Museum

概述

类型　社会科学类历史专题博物馆

隶属关系　奉贤区文化广播电视管理局

筹建时间　1993年

正式开放时间　1994年5月

所在位置　奉贤区南桥镇

上海市奉贤区博物馆外景

面积　800平方米

建筑、布局　拥有陈列展厅、文物库房、办公用房等基本设施，博物馆原坐落在南桥镇古华园东首，根据区内文化设施规划的总体布局，目前暂搬迁至区科委大楼内，并对基本陈列进行作了全面调整。

历史沿革　奉贤区博物馆创建于20世纪60年代初，1993年独立建制并筹建新馆舍，1994年5月，基本陈列《奉贤古代历史与民俗陈列》正式对外开放。

历任馆长　宋藕莲（1993.1～1995.2）；王世杰（1995.3～1997.11）；周立中（1997.12～2004.12）；夏德官（2005.1～2008.3）；尤乐平（2008.4～2009.12）；张为伟（2010.1至今）。

业务活动

基本陈列　陈列展厅面积约400平方米，设有基本陈列《奉贤历史陈列》，运用近300件馆藏文物，展示了古代奉贤自4500年前的新石器时代至明清的历史变迁。以奉贤历史上最能反映时代风貌的人物、事件作为贯穿整个陈列的主线，围绕"古"字作文章：古文化遗址、古驰道、古城厢、古海塘、古代名人、古文化保护等。在这里，可以看到奉贤历史上最早的人类居住遗址——柘林遗址及其出土文物。柘林遗址位于奉贤县境南端的一段清代海塘外侧，1973年开挖河道时，这里出土了一批新石器时代至商周时代的陶器和石器，由于柘林遗址地处距今4000年前的古海岸线上，由此可证，早在四、五千年前奉贤的先民们已在此繁衍生息。在这里，还可以了解到奉贤的名称源自一段典故：相传春秋战国时期，孔丘弟子言偃曾来此游学传道，当地人为崇奉贤人，建县时遂名之曰"奉贤"。直至抗战前夕，在奉贤最早的县治——奉城内，还保留着古游里、言子祠等与传说相关的遗迹。这里更可以看到目前上海地区保留最为完整的一段古代石砌海塘遗址以及三团港

《奉贤历史陈列》展厅

宋代瓷碗堆栈遗址、青村宋元古井遗址、泰日乡宋贤墓、奉城古城墙、文庙遗址等。这些古遗迹组成了一部生动而立体的乡土教材，吸引着人们前来观赏陈列和探寻历史。陈列整体风格简洁大气，在细部转折区域及陈列柜内，又不时以江南传统的白墙青瓦作装饰，显得古朴庄重。

专题展览　奉贤区博物馆除了坚持基本陈列的正常开放以外，还经常举办各种主题的临时展览，其中如《98抗洪救灾新闻图片展》、《奉贤区首届民间藏品大展》、《庆祝国庆五十周年文物展》、《少年英烈展》、《光辉的历程》等均吸引了大量观众前来参观。

藏品管理

［藏品来源］　考古出土、市馆调拨、市民捐赠、社

会征集等。

[藏品类别] 分为陶器、石器、青铜器、骨器、瓷器、书画、纺织品等7类。

[藏品总数] 2800余件

[重要藏品] 宋代三团港出土瓷碗、明代万历铜钟、明代胡文明造镏金海八怪簋式炉、清代顺治青花暗刻开光纹一统瓶等。

[藏品保护] 藏品库房内安装有完备的消防设施和除湿系统，纺织品、书画类等易损文物收藏于专用箱内。

科学研究 奉贤区博物馆设有业务科，除了负责库房及陈列厅的管理外，还负责野外文物的保护、普查及社会流散文物的征集工作。发表了《江海古文化遗址发掘报告》、《柘林元井发掘报告》等论文。

宣传教育 博物馆借助每年的"5·18 国际博物馆日"，开展了文物鉴定、专题讲座、知识竞赛等形式多样的宣传活动，使广大观众留下难忘的印象。博物馆还充分利用区内宣传媒体，经常报道文物工作，同时制作了专题片《文博传贤》、《奉贤之桥》等数部优秀纪录片送市电视台播放。

经营管理

[单位性质] 国有文化事业单位

[经费来源] 区财政全额拨款

[机构设置] 设馆长室、业务科和财务科

[人员编制] 14人

[观众接待] 约2.6万人次

参观指南

[地址] 上海市奉贤区南桥镇解放东路866号

[邮编] 201400

[电话] 021-67115211（办公室）

021-67187468（联络处）

[传真] 021-67115211

[开放时间] 9:00－16:30（周日闭馆）

[票价] 免费

（撰文：奉贤区博物馆）

上海市松江区博物馆

Shanghai Songjiang District Museum

概述

类型 地方综合性博物馆

隶属关系 松江区文化广播电视管理局

上海市松江区博物馆正门

筹建时间 1981年1月18日

正式开放时间 1989年12月8日

所在位置 松江区方塔公园东首

面积 占地面积4700平方米、建筑面积2200平方米

建筑、布局 外观造型为仿古式建筑，具有江南传统建筑风格。大门建成古门楼形式，门前一对明代石狮。馆内陈列厅、库房、办公楼呈"品"字形分布，各成独立区域。西南角设有碑亭和碑廊，整个建筑布局错落有致。

历史沿革 松江区博物馆创建于1915年1月24日，原名松江县教育图书博物馆，1937年毁于战火。1957年底在今醉白池宝成楼内重设松江县博物馆筹备处，并开辟文物陈列室。1981年1月18日，经松江县人民政府批准，松江博物馆正式挂牌，同时选址方塔公园东首兴建博物馆馆舍。博物馆于1982年动工兴建，1984年竣工。1985年，博物馆开始进行基本陈列的筹建。1989年12月8日，松江县博物馆正式向社会开放并推出了《松江古代历史与民俗陈列》。1998年7月9日，松江撤县建区，松江县博物馆也更名为"松江区博物馆"。2003年，博物馆的陈列厅再次改扩建，并于2004年11月重新对外开放。

历任馆长 韩夫荣（1984.2～1985.3）；查逸云（1986.11～1987.5）；姚建平（1987.5～1993.3）；全德兴（1993.3～1994.3）；林晓明（1995.1～2002.12）；娄建源（2003.1～2003.8）；王春雷（2003.8至今）。

业务活动

基本陈列 松江区博物馆拥有一个600平方米的基本陈列展厅和一个500平方米的临时展厅。基本陈列《流沙沉宝——松江古代文物珍品展》在突破地方史陈列的传统模式上作了新的尝试，不是按时代顺序展示文物，而是根据文献史料的记载和馆藏文物的特色，截取松江不同历史阶段各有侧重和特点的片段，组成三个独立单元："浦江晨曦"简述早期先民的社会生活，集中表现有一定代表意义的"广富林遗存"的考古成果;"史河波光"介绍了松江半个世纪以来重要的墓葬及古塔中出土的文物,其中西林塔出土的一批佛像和玉器为展示重点;"艺海丹青"则推出明清时期以董其昌为代表的云间书派、松江画派的作品,展馆内设置的一处模拟董其昌书房的场景,古朴典雅中透出淡淡书卷气,与高贵大气的书画真迹相映成趣。

博物馆庭院内设有碑亭、碑廊。碑亭中陈列有明代以宋人摹本所刻的三国皇象书《急就章》碑,据考证,这是皇象本传今足本中最古的一部,故而十分珍贵。碑廊中镶嵌着"赵孟頫自画像"、"董其昌临怀素自叙帖"、"康熙临董其昌书"等名碑,是一处很值得观赏的辅助陈列。

专题展览 松江区博物馆自2004年以来,已举办过《湘西南木雕展》、《松江迎春剪纸展》、《松江云间中国画院青年画师作品展》、《纪念董其昌诞辰450周年书画作品展暨松江博物馆藏董其昌书画作品展》、《咸阳历史文物展》、《古砚奇葩展》、《广富林文化特展》、《走进书香门第——松江博物馆藏古籍展》、《顾绣、松江农民丝网版画展》、《清代帝后御用珍品展》、《鲁迅生平与作品展》等20多个临时展览。

藏品管理

[藏品来源] 主要来源于调拨以及松江当地出土的文物,其次来源于有偿征集或捐赠。

[藏品类别] 分为石器、铜器、陶瓷、书画、印章、玉器、钱币、工艺品、古代典籍、碑版名帖、革命文物等。

[藏品总数] 7000余件

[重要藏品] 董其昌行书册页、明代张弼《铁汉楼贴》刻版、五代青釉缠枝牡丹纹盒、唐代墓志、清代陀罗尼金被等。

[藏品保护] 建有文物库房,并按照藏品保管的不

明 董其昌《行书册页》

五代 青釉缠枝牡丹纹盒

明 张弼《铁汉楼贴》刻版

同需求,在书画专库配置恒温恒湿设备,其他专库使用空调除湿降温。日常保管中坚持做到定期通风,更换防霉驱虫药物等。

科研宣教

[编辑出版] 结合学术研讨活动,撰写了《松江的人文环境与朱舜水的学问人格》、《朱舜水松江史迹考》、《中日文化交流的伟大使者——朱舜水研究》等论著。编著出版了《松江文物珍赏》、《松江文物志》、《松江博物馆藏董其昌书画作品》、《松江博物馆藏"铁汉楼帖"》等书刊图录。

交流合作 在学术交流方面,博物馆举办了多次专题

展厅一隅

研讨活动，如：在纪念朱舜水诞辰350周年时，与浙江余姚共同举办"中日舜水学学术研讨会"。近年来，博物馆还充分利用广富林出土文物、董其昌书画、顾绣等馆藏资源，多次协助兄弟馆举办学术研讨和专题展览。

经营管理

[单位性质] 国有文化事业单位

[经费来源] 区财政全额拨款

[机构设置] 设馆长室、办公室、安全保卫部、陈列研究部、藏品保管部、开放教育部

[人员编制、组成] 19人，具有专业技术职称的人员占81%

[观众接待] 年约4万人次

参观指南

[地址] 上海市松江区中山东路233号

[邮编] 201600

[电话] 021-57832250（办公室）

021-57833314（联络处）

[传真] 021-57837731

[网站] www.shsongbo.com

[开放时间] 9:30—16:00（周一闭馆）

[票价] 免费

（撰文：松江区博物馆）

上海市金山区博物馆

Shanghai Jinshan Museum

概述

类型 地方综合性博物馆

隶属关系 金山区文化广播影视管理局

筹建时间 1984年10月

正式开放时间 1988年12月

所在位置 金山区朱泾镇

面积 占地面积1667平方米、建筑面积1319平方米

建筑、布局 由三座八边形文物陈列展厅与一幢三层办公用房、文物库房大楼组成，钢筋混凝土结构，设备设施较为配套。博物馆馆名由时任全国人大常委会副委员长朱学范题写。

历任馆长 姚连根（1988.2～1994.2）；奚吉平（1994.2至今）。

业务活动

基本陈列 金山区博物馆陈列面积420平方米，设有三个陈列展厅，二厅《金山古文化陈列》、三厅《历代灯具陈列》为基本陈列。《金山古文化陈列》展出的文物多数为金山地区古文化遗址的出土文物，以亭林、戚家墩古文化遗址出土的良渚文化时期和春秋战国时期的石器、陶器、玉器为主要特色。《历代灯具陈列》则展出了博物馆新征集到的一批自汉代到民国时期的灯具，有青铜灯、陶瓷灯、木质灯、玻璃灯，造型各异，弥足珍贵，具有较强的观赏性。

专题展览 一厅为博物馆的临时展览场所，建馆以来举办的临时展览达83个。不但有《风雨金山——金山人民抗洪斗争纪实展》、《张鲜军事迹展览》、《辉煌五十年——金山成就图片展》、《共产党员的风采——金山区纪念中国共产党成立八十周年图片展》等博物馆自办的展览；还引进了《毛泽东在上海》、《我们的总设计师——邓小平图片展》、《申城反贪风云录——上海市检察机关查处大要案成果展》等一系列社会反响较大的展览。博物馆策划举办的《金山农民画历年获奖作品展》，曾先后赴浦东、青浦、崇明、嘉定、南汇、徐汇等区县展出，深得各区县观众的好评。

金山区博物馆外景

《金山古文化陈列》

藏品管理

[藏品来源] 大部分藏品来源于历年从亭林、戚家墩、查山等古文化遗址出土的文物。近年来，博物馆还通过各种途径征集到金山籍书画名人白蕉、孙雪泥等字画92件；征集收藏金山文化品牌——金山农民画历年获奖作品111幅；征集到古陶288件，古灯460件，极大地丰富了博物馆的馆藏。

[藏品类别] 分为陶器、瓷器、石器、铁器、书画等5大类。

[藏品统计] 现有馆藏文物856件，参考品2000余件。

[重要藏品] 良渚文化双孔石刀、九节玉琮、印纹陶罐、近代张大千早期书画作品、明代董其昌"重修泖桥澄鉴寺碑"等。

良渚文化 袋足鬶

科研宣教

[编辑出版] 1997年金山撤县建区后，为增强馆际双向交流，金山区博物馆已连续十年按季采编馆办刊物《金博信息》，其中不少信息被区文化局《文化简报》、《金山报》、市文管委《上海文物工作动态》录用刊载，文物普查的信息被国家文物局刊载，学术论文《浅谈博物馆的陈列展览与博物馆建筑》入选《中国当代文博论著精编》。近年来博物馆还编辑出版了《白蕉书画作品集》、《韩和平书画集》；制作了区辖范围内的市、区级文物保护单位及登记不可移动文物的宣传册；与有关单位合作编辑了馆藏作品《金山农民画作品集》等。

经营管理

[单位性质] 国有文化事业单位

[经费来源] 区财政全额拨款

[机构设置] 设馆长室、办公室、宣教部、文保部、陈列部

[人员编制、组成] 18人，具有专业技术职称的人员占86%。

[观众接待] 年约2万人次

参观指南

[地址] 上海市金山区朱泾镇罗星路200号

[邮编] 201500

[电话] 021-57320267（办公室）
021-57317092（宣教部）

[传真] 021-57320267

[开放时间] 9:00—11:30，13:00—16:00（周一、周六闭馆）

[票价] 免费

（撰文：金山区博物馆）

上海市南汇博物馆

Shanghai Nanhui Museum

概述

类型 地方综合性博物馆

隶属关系 浦东新区文化广播电视管理局

筹建时间 1999年7月

正式开放时间 2005年1月6日

所在位置 浦东新区惠南镇东城区

面积 占地面积3510平方米

现任馆长 郭南凯（2005至今）

业务活动

基本陈列 基本陈列面积为1500平方米，分为五个相对独立的展示厅："序厅"概括介绍了南汇的古方城和南汇建县的历史；《上海成陆与古海塘》介绍了五、六千年

上海市南汇博物馆外景

展厅一角

前上海的天然海岸线——冈身以及上海东部的成陆过程、南汇境内四条古海塘以及与此相关的遗迹与遗物；《煮海制盐》描述了开始于10世纪初期的南汇煮海制盐业历史，陈列中展出的"熬波图"及制盐场景形象地描述了古代南汇的造盐工序；《婚嫁迎娶》展示了南汇独特的婚嫁风俗，展览布置了其中最有代表性的"哭嫁"场景，并附设有听音台，让观众可以欣赏"哭嫁歌"；《地灵人杰》设有傅雷、吴仲超等南汇籍名人的专室介绍。五个展示厅共陈列展品257件，其中，一批反映上海成陆历史的出土文物、傅雷藏书以及北京故宫捐赠的吴仲超遗物等，具有一定的价值。

专题展览 南汇博物馆设有400平方米的临时展厅，开馆三年以来，共举办了17个临时展览。包括：《上海近代妇女服饰展》、《千年古灯展》、《王金根石雕艺术精品展》、《蓝海风情——卫斯林博士、解仑教授、柯思嘉先生摄影、油画三人联展》、《大连海洋生物展》，《南汇首届民间收藏展》、《2007南汇摄影年展》、《蓝色向往——南汇区摄影美术书法优秀作品展》、《四川阿坝藏羌民族文化艺术展》、《精彩笔墨文房瑰宝——南汇民间收藏精品展》、《同饮一江水，共抒和谐情——上海南汇四川阿坝民俗风情艺术摄影联展》、《芬芳泥土，浓郁乡情——金山农民画精品展》、《精美绝伦水之精灵——天然水晶科普展》等。

藏品管理

[藏品来源] 南汇区博物馆自建馆起，始终把文物征集工作放在首位。三年内共征集到文物230件，其中包括民国时期具有南汇特色的土布、头巾、被单，南汇籍历史文化名人的字画等。另外，博物馆还充分发动社会热心人士进行捐赠，以充实馆藏。

[藏品类别] 分为陶瓷、书画、古籍、家具、名人物品、民俗等13个大类。

[藏品统计] 南汇博物馆拥有藏品6000余件

[重要藏品] 清代冯金伯书法对联、黄祉安山水画等，数量最多的藏品是清末民国初期的地契、当时政府颁发的执业执照等。

[藏品保护] 藏品库房根据规定安装了消防和安保设施，添置了恒温恒湿和密集架等设备，使文物的保护管理走上正轨。

宣传教育 南汇博物馆作为区内重要的文化宣传教育阵地，一直坚持免费对外开放，三年来接待的参观人数总计85000人次，其中不仅有南汇地区的学生团队、散客，还有来自韩国的学生团，来参加特奥会的运动员代表等等。为了进一步加大博物馆在青少年学生中的影响力，博物馆组织开展了"博物馆与青少年"系列活动，共举办"走进博物馆，感受海洋文化"、"我与南汇博物馆"征文、竞赛等多项活动。每年的"5·18国际博物馆日"还邀请有关专家来做玉器、瓷器、书画等方面的学术讲座。2007年3月，南汇博物馆制作了文物保护法等内容的宣传版面，在全区14个镇进行巡回展览，观看展览的观众达29680人次，回收"文物保护知识有奖竞赛"答卷合计1005份。取得很好的宣传效果。

经营管理

[单位性质] 国有文化事业单位

[经费来源] 区财政全额拨款

[机构设置] 设馆长室，办公室，文保部和阵地接待部。

[人员编制] 12人

[服务观众项目] 为了更好地发挥博物馆的服务功能，博物馆将每月最后一个星期的星期二定为馆长接待日，主要为社会提供文物保护的有关政策咨询、接受文物捐赠、指导文物收藏等内容的服务

[观众接待] 年约2.8万人次

参观指南

[地址] 上海市浦东新区惠南镇文师街18号

[邮编] 201300

[电话] 021-58027291（办公室）

021-68030631（接待部）

[传真] 021-68030632

[电子邮箱] nhbwg123@163.com

[开放时间] 9:00－16:00

[票价] 免费

（撰文：上海市南汇博物馆）

上海市崇明县博物馆
Shanghai Chongming Museum

概述

类型 地方综合性博物馆

隶属关系 崇明县文化广播影视管理局

筹建时间 1959年1月

正式开放时间 1959年7月1日

所在位置 崇明县城桥镇东南隅的崇明学宫内

崇明学宫（博物馆所在地）

面积 占地面积15465平方米

建筑、布局 崇明学宫系明清时期的古建筑群，原保留有东西牌坊、棂星门、泮池、登云桥、东西官厅、戟门、崇圣祠及尊经阁等，1984年5月4日，崇明学宫被上海市人民政府公布为市级文物保护单位。1996年至1999年，上海市文物管理委员会与崇明县政府共同投资对崇明学宫进行全面修缮和规划，复原了学宫的主体建筑——大成殿和东西两庑。2001年4月起，市、县两级政府再次共同投资修复了明伦堂、仪门、碑廊等古建筑。如今的崇明学宫建筑格局完整，气势宏伟，成为崇明岛上令人注目的文化亮点。

历史沿革 1959年1月，崇明县博物馆开始筹建，同年7月1日，正式对外开放。1961年，与文化馆合并。1980年7月，恢复建制。1983年6月起，馆址设于崇明学宫。1987年1月1日，《馆藏文物陈列》展览正式对外开放。

1992年8月，崇明县人民政府将崇明学宫所属的部分土地划归崇明县博物馆，1996年后，历经三次修复，先后完成大成殿、东西两庑及500米古围墙、东西牌坊、棂星门、泮池、登云桥、东西官厅、戟门、尊经阁、崇圣祠、明伦堂、仪门、碑廊等的修复。

1999年12月8日，崇明县博物馆在崇明学宫矩形新馆开

馆典礼，《崇明岛史与古船》、《崇明民俗》等常设陈列正式对外开放。

历任馆长 沈锦荣（1986.7～1994.4）；胡汉芳（1994.4～1995.12）；李青舫（1995.12～2005.9）；宋文昌（2005.9～2010.1）；周惠斌（2010.1至今）。

业务活动

基本陈列 崇明县博物馆现有两个基本陈列——《崇明岛史与古船陈列》和《崇明民俗陈列》，总陈列面积1475.5平方米。设在大成殿和东西两庑的《崇明岛史与古船陈列》由序厅及六个单元内容组成，翔实的文物史料结

《崇明民俗陈列》之"农耕"

合模型、雕塑、沙盘、电子示意图和先进的视听手段，真实而形象地展示了崇明岛从小沙洲发展到中国第三大岛的历史演变，及其在政治、经济、交通、水利、文化等各方面的发展和建设成就。是一个极富岛屿特色的专题陈列。其中展出的一条长达14.7米的唐代独木舟及一条宋代古船，为不可多得的船史文物，在中国船史研究领域中占有很重要的地位，堪称镇馆之宝。设在尊经阁和崇圣祠内的《崇明民俗陈列》通过古镇、商贸、家居、农耕、纺织等生动逼真的场景，再现了崇明岛不同于上海其他地域的独特民俗和民风。在这里，观众可以看到19世纪末至20世纪初崇明老街上的商业景致、崇明典型的传统民宅"四厅头宅沟"以及反映崇明寻常人家的家居布置等。此外，在仪门内设有一个专题陈列——《黄丕谟版画艺术陈列》，展出崇明籍著名画家黄丕谟捐赠的30余幅水印木刻版画作品。

专题展览 明伦堂是举办临时展览的场所，用以引进上海及至国内各类博物馆提供的高质量的陈列展览。博物馆在此先后展出过《庆祝崇明解放50周年邮品展》、《陈燮君崇明水墨写真作品展》、《海上画派绘画精品展》、《纪念孔子诞辰2556周年江浙沪名家书法展》、《中国文化遗产图片展》、《施南池书画作品展》等。

藏品管理

[藏品来源]　主要通过市馆调拨、民间征集、个人捐赠等渠道。

[藏品类别]　分为青铜器、陶器、瓷器、书画、玉器、工艺品、家具等类。

[藏品统计]　崇明县博物馆现有藏品2000余件。

[重要藏品]　近代驻德公使李凤苞汉白玉雕像、明式黄花梨书案等。

[藏品保护]　2007年，县政府拨款建造了新的文物库房，配置了空调、除湿机等防霉防潮设施，以及监控探头、消防器具等安保设备。

宣传教育　崇明县博物馆自1989年起，编印了馆刊《古瀛文博》31期和改版后的《崇明文博》14期，出版了《崇明学宫》、《儒家文化与和谐社会》、《崇明不可移动文物简介》、《古船·岛屿·乡音·乡情——崇明县博物馆陈列》、《王清穆》、《崇明历代碑文译注》等书刊、画册。

经营管理

[单位性质]　国有文化事业单位

[经费来源]　县财政全额拨款

[机构设置]　馆长室、办公室、宣教部、陈列部、保管部。

[人员编制、组成]　15人，具有中级专业技术职称的人员占19%。

[观众接待]　年约2.6万人次

参观指南

[地址]　上海市崇明县城桥镇鳌山路696号

[邮编]　202150

[电话]　021-69696501（办公室）

　　　　021-69693827（馆长室）

[传真]　021-69696655

[电子邮箱]　cmbwg@163.com

[网站]　www.cmbwg.com

[开放时间]　8:30—16:30（周一闭馆）

[票价]　免费

（撰文：崇明县博物馆）

上海市银行博物馆
Shanghai Bank Museum

概述

类型　社会科学类金融业专题博物馆

隶属关系　中国工商银行股份有限公司

筹建时间　1998年6月

正式开放时间　2000年4月

所在位置　浦东新区陆家嘴金融区

面积　建筑面积1500平方米

建筑、布局　分为南、北两馆

历史沿革　1998年6月，为了保护金融界的古老见证，保留一份逐渐远去的历史记忆，探索金融文化建设，展示金融业的深厚积淀，在中国工商银行股份有限公司董事长姜建清博士的构想下，中国工商银行上海市分行开始筹建银行博物馆，并于2000年4月正式开馆。

历任馆长　王允庭（2000～2006）；黄沂海（2006年至今）。

业务活动

基本陈列　上海市银行博物馆设置有丰富的历史实物和模拟场景，真实地记录了上海金融机构的发展变迁。

上海市银行博物馆的基本陈列按时间顺序可分为《清末民初的金融机构》、《国民党控制下的上海金融》和《中华人民共和国成立后的上海金融》以及独立的《中国钱币发展史》4个部分，展现了上海160年来的金融风云。

《清末民初的金融机构》部分：以详实的钱庄及银行

1.展厅一隅　2."中国人民银行储蓄所"场景

实物和逼真的金融机构场景勾画出清末民初钱庄业的兴盛
与银行业的萌芽，以及中国银行业的艰难起步与发展。该
部分陈列展示了大量票据及钱庄和银行的器用，使参观者
对百年之前金融信用机构的方方面面获得感性的认识，对
钱庄的主要业务有所了解。

《国民党控制下的上海金融》部分：以大量实物和
可靠数据向参观者展示了全国金融中心向上海转移的全过
程。既体现了上海作为金融中心的荣耀，也反映了人民遭
受经济剥削的苦难和无奈，以及战争时期通货膨胀带来的
惊心动魄的动荡。

《中华人民共和国成立后的上海金融》：以中国共产
党对旧有金融机构的改革和接管为线索，充分展现了现代
银行业的发展轨迹：从制度混沌，职权不明一跃蜕变为制
度明确，职权清晰的状态。这部分还集中展示了一批反映
新千年金融市场欣欣向荣的金融产品。

《中国钱币发展史》部分：呈现了一条中国钱币由商
代贝币到形式多样的现代货币的进化历程，全面地向参观
者介绍了中国各个时期不同材质和多种形式的货币，并陈
列多套珍贵展品以飨观众。

[陈列艺术设计特点]　场馆背景以棕黄色为基调，
以凸现历史之厚重，并从布景、摆设、装饰等多角度模
拟和再现历史的真实场面，极力做到使观众有时光倒流之
感。此外还配备以先进的声、光、电结合的沙盘模型，展
示今日上海金融中心高速发展的风采。展厅中还提供多媒
体触摸显示屏及自动语音导览系统，使参观者能对感兴趣
的展品及金融历史获得更详尽、深入的了解。

[陈列面积]　1300平方米

[展出藏品数]　2000余件

藏品管理

[藏品来源]　通过个人捐赠和拍卖所得

[藏品类别]　主要分为票据类和器用类文物。

[藏品统计]　至2007年底，馆藏文物2万余件。

[重要藏品]　在世界范围内硕果仅存的美国"国
民"牌记帐机；中国面额最大的纸币——新疆银行发行的
60亿面额纸币；西汉皇帝赏赐大臣的柿子金；中国第一
套人民币，共12种面额，62种版别；美国钞票公司从1905
年～1949年为我国54家银钱局和银行印制的纸币样等。

[藏品保护]　除2000余件在展文物外，银行博物馆
将其余文物存放于银行金库中，使文物的保存环境达到恒
温、恒湿，并利用密闭环境隔绝和减少人员体温及呼出气
体对文物的损害。

西汉　柿子金

宣传教育

[编辑出版]　自开馆以来，上海市银行博物馆利用
自身行业和研究优势，编辑出版了一批学术性很强的书籍
和刊物，包括：每年出版一辑的《银行博物》丛书；《纸
钞精萃》；《凝固的乐章－中国工商银行历史建筑的回
眸》；《银行博物珍赏》；《金融历史的馈赠》；《金融
奇葩－"从钱庄到现代银行"展览回眸》等。

交流合作　上海市银行博物馆积极与其他国内外博物
馆和文化组织加强合作，合办或承办了多次大型专题性展
览。2007年11月27日—2008年5月中国工商银行股份有限公
司和香港康乐及文化事务署主办，上海市银行博物馆和香
港历史博物馆承办的展览《从钱庄到现代银行－沪港银行
业发展》尤为成功。

经营管理

[单位性质]　民办非企业

[经费来源]　自筹

[人员编制、组成]　6人，其中本科学历达83.3%，
中级职称达到66.7%。

[观众接待]　年约1万人次

参观指南

[地址]　上海市浦东新区浦东大道9号7楼

[邮编]　200120

[电话]　021-58788743、021-58885888*6705

[传真]　021-58788743

[电子邮箱]　bankmuseum@163.com

[开放时间]　周一至周五9:00－11:00，13:00－
16:00（接待团体参观者，并提前3天预约）、周三
13:00－16:00（接待个人参观者）

[票价]　5元

（撰文：上海市银行博物馆）

上海市嘉定区博物馆

Shanghai Jiading Museum

概述

类型 地方综合性博物馆

隶属关系 嘉定区文化广播电视管理局

筹建时间 1959年

正式开放时间 1959年1月

所在位置 嘉定区嘉定孔庙内

面积 占地面积13320平方米、建筑面积3380平方米

建筑、布局 嘉定孔庙现存石碑坊3座，棂星门、泮池桥、大成门、大成殿、东西两庑、明伦堂等建筑。

历史沿革 嘉定区博物馆创建于1959年初，1961年移至嘉定孔庙内。嘉定孔庙始建于南宋嘉定十二年（1219）的古建筑群，原为嘉定县学所在地。建筑式样遗有明清风格，为江南地区保留较为完整的县级孔庙建筑，1962年9月7日，嘉定孔庙被上海市人民政府公布为上海市文物保护单位。

历任馆长 张定山（1958.10～1962.10 临时负责人）；顾大年（1962.10～1966.10 县文化三馆总负责人）；王明初（1971.12～1972.1 县文化三馆负责人）；王耀川（1972.1～1974.3 县文化三馆负责人）；王学文（1974.3～1977.8 县文化三馆负责人）；黄承富（1977.8～1981.3 县文化三馆负责人）；李维钦（1978.10～1980.7）；冯淳（1980.7～1985.2 副馆长）；王仁元（1985.2～1988.1）；葛秋栋（1988.1～1990.2）；王永彪（1990.2～1991.7 副馆长）；杨军（1991.6～2006.4）；邵辉（2005.11～2006.4 副馆长）；齐春明（2006.5至今）。

业务活动

基本陈列 有《中国科举文物陈列》、《嘉定古代历史陈列》、《嘉定竹刻陈列》和《顾维钧生平陈列》，总陈列面积3000平方米。《中国科举文物陈列》原设在嘉定孔庙的明伦堂内，此陈列于1991年推出后，引起了社会广泛关注，均认为这是一个主题鲜明、富有中国传统文化特色的陈列。2005年，在嘉定区委和区政府的支持下，博物馆对《中国科举文物陈列》进行全面改建，并于2006年2月对外开放。改建后的《中国科举文物陈列》依托孔庙建筑特具的文物优势，从"科举制度沿革"、"科举考试程序"、"科举与教育"、"科举与社会文明"、"科举与

1.博物馆所在处——嘉定孔庙外景   2.泮池桥   3.《嘉定古代历史陈列》   4.《中国科举文物陈列》

儒学"五个视角切入，结合千余件科举文物，并辅助以多媒体展示手段，系统反映了盛行于中国1300年之久的科举制度从源起、兴盛直至衰亡的历史过程，形象展示了明清两代院试、乡试、会殿试三级考试的程序，为中国教育制度的研究和改革提供了十分重要的历史借鉴。2007年5月，《中国科举文物陈列》荣获第七届全国博物馆十大陈列精品奖。《顾维钧生平陈列》设在嘉定法华塔院内。该陈列通过珍贵的历史照片和实物史料，展示了中国近代史上著名外交家顾维钧半个多世纪的外交生涯，人们在这里不仅可以了解到顾维钧一生的外交成就，还可以看到一个职业外交家丰富的精神世界；《嘉定竹刻陈列》原来设在孔庙内，2007年，在嘉定区文广局的主持下，利用嘉定别墅内一幢仿古建筑辟建新的陈列厅，同时根据竹刻文物的特殊需求配备了相应的保护设施。改建后的《嘉定竹刻陈列》以数十件明清时代的嘉定竹刻精品，配合以实物史料、灯箱照片等，展现了嘉定竹刻艺术的瑰丽风姿。

专题展览 1995年至2007年，嘉定区博物馆利用馆藏资源或采用引进、合办等形式。参与主办、承办的临时展览达40余个。其中如：《我们的总设计师——邓小平图片展》、《纪念中国共产党建党八十周年图片展》、《伟大的征程——中共一大到十六大图片展》、《英雄的史诗——纪念红军长征胜利七十周年图片展》、《'走出西柏坡'图片展》、《历史的印迹——嘉定市、区两级文物保护图片展》、《公民道德建设实施纲要图片展》、《奇妙的人体》、《新三字经》、《嘉定区·八尾市中小学生书法绘画展》、《极速时尚F1》等，均取得预期的社会效益。此外，自1996年起，博物馆制作了一套《中国科举文物陈列》流动版面，先后赴北京、天津、广东、山东、江苏、福建、黑龙江、澳门、台湾、加拿大等地作巡回展览，获得很大的成功。

藏品管理

[藏品来源] 藏品的60%来源于捐赠，其他通过考古、购买、拍卖等渠道获得。

[藏品类别] 分为陶器、瓷器、青铜器、书法、绘画、竹刻、科举文物等20余类。

[藏品统计] 总数为4000件（套）。

[藏品保护] 博物馆设有专门的文物库房，消防、安保、温控、除湿等设施齐备。

交流合作 嘉定区博物馆近年来立足科举文物和科举文化的专题研究，举办了一系列学术研讨活动。如：2006年与厦门大学考试研究中心联合举办"科举文化与科举学"学术研讨会，收到论文数十篇，集结出版了《"科举文化与科举学"学术研讨会论文集》；2007年，由博物馆主编的《科举学论丛》第一期出版，这是国内首本有关科举学研究的专业刊物；2008年1月，开通了嘉定区博物馆网站，为科举文化与科举学的研究搭建交流平台。

经营管理

[单位性质] 国有文化事业单位

[经费来源] 区财政全额拨款

[机构设置] 设馆长室、办公室、文保部、陈列宣教部、研究部、保卫部、塔院管理部

[人员编制、组成] 31人，具有中级以上专业技术职称的人员占50%。

[观众接待] 年约8万人次

参观指南

[地址] 上海市嘉定区南大街183号

[邮编] 201800

[电话] 021-59533789（办公室）

[传真] 021-59533789

[电子邮箱] Jiading - museum@yahoo.com.cn

[网站] www.Jiading_museum.com

[开放时间] 8:00—16:00（全年开放）

[票价] 20元

（撰文：嘉定区博物馆）

上海师范大学博物馆
Museum of Shanghai Normal University

概述

类型 艺术类博物馆

隶属关系 上海师范大学档案馆

正式开放时间 2002年5月18日

所在位置 徐汇区桂林路上海师范大学内

面积 建筑面积740平方米

历史沿革 该馆前身是1956年创建的历史系文物陈列室。经过多方努力，于2001年开始对上海师范大学文苑楼的第四层进行改造装修，建成由两个展厅、一个储藏室和办公室组成的博物馆。2002年5月18日起正式对外开放。文物陈列室建成后隶属于历史系，由历史系资料室工作人员兼管。2006年9月并入上海师范大学档案馆。

历任馆长 陶本一（2001～2006）；张惠达（2006至今）。

业务活动

基本陈列 博物馆有两个展厅，总面积为530平方米。一个展厅为230平方米，陈列馆藏的书画、碑帖、玉器等；一个展厅为300平方米，陈列馆藏陶瓷。展柜有落地、半柜和中心柜三种设计形式。总展示面积为115平方米。由于该馆收藏的陶瓷大体上能反映陶瓷发展的概况，故自2006年起成为上海高校民族特色文化博物馆之一的陶瓷文化博物馆，其中尤以45件清代官窑瓷器较为难得，另有19件马家窑文化彩陶也相当精彩。两个厅共展出文物225件。

专题展览 除了有常设陈列外，博物馆还不定期地引进外展。聘请知名专家作专题讲座，组织和培训志愿者讲解员队伍，组建学生兴趣社团。2002年5月18日引进《殷墟文化展》，为期3周，上海师范大学博物馆主办，安阳博物馆和安阳考古工作队协办，重要展品有完整的卜骨、玉簋、白陶、黑陶尊等一级文物。2002年11~12月举办《贵州蜡染展》，为期8周。2004年10月主办《马家窑彩陶展》，青海省柳湾彩陶博物馆协办，为期7周。2006年10月承办《上海抗战文物文献展》，上海历史博物馆主办，为期4周。2007年3~4月参加上海市科教党委在上海科技馆主办的《上海高校博物馆联展》，为期4周。并由上海师范大学党委宣传部协助组织了陶瓷制作的现场表演，与观众互动。2007年5~6月主办安徽《维扬宝阁珍藏宋瓷展》（民间宋瓷），为期6周。其中《殷墟文化展》、《维扬宝阁珍藏宋瓷展》收到较好的社会效应。

藏品管理

[藏品来源] 文物主要为上世纪50年代初由时任上海师范大学历史系主任的程应镠教授主持征集自故宫博物院。

[藏品类别] 收藏的文物包括历代的青铜器、玉器、陶瓷、碑帖、书画、唐卡、钱币等。

[藏品统计] 共有2043件。

[重要藏品] 马家窑文化的彩陶，其中马家窑类型的双长尾鸟纹盆反映了其时线条抽象画已达到相当高的水平，具有很高的艺术和文物价值。清代官窑瓷器中，雍正时期的青花大盘、霁红碗、乾隆霁蓝天球瓶、雍正青花釉里红梅鹊图缸、嘉庆绿釉粉彩大碗等为重要藏品。

科研宣教

[编辑出版] 在建馆后的七八年时间里，出版了《中华文明通史图鉴》、《中华国宝之谜》、《中国古代印章史》3种专业学术专著。并发表了《清代铸币局考》、《孙中山的货币银行观》、《试探先秦玺印的断代问题》、

商　卜骨

清雍正　青花大盘

《简牍帛书与文献的传播》等18篇学术论文。还举办了"古玺印精品"、"宋代瓷器的考古发现"、"汝窑瓷器摭谈"、"定窑瓷器摭谈"、"火与土的结晶——漫谈陶瓷"、"古钱币的收藏与鉴定"、"西周青铜器欣赏"、"新出简帛与古代文明"等与关考古、文物的学术讲座。

经营管理

[单位性质] 国有文化事业单位

[经费来源] 上海师范大学拨款

[人员编制] 2人

[观众接待] 约6000人次

参观指南

[地址] 上海市徐汇区桂林路100号上海师范大学文苑楼四楼

[邮编] 200234

[电话] 021-64324672

[开放时间] 周一至周五 8:00—16:30 （法定假日及学校假期除外）

[票价] 免费

（撰文：上海师范大学博物馆）

上海交通大学董浩云航运博物馆
Shanghai Jiaotong University C.Y.Tung Maritime Museum

概述

类型　科学技术类航运业专题博物馆

隶属关系　上海交通大学档案馆

筹建时间　2001年

正式开放时间　2003年1月18日

所在位置　徐汇区西南隅华山路1954号——上海交通大学徐汇校区内

1.航运博物馆外景　2.郑和宝船　3."海上巨人"号

面积　建筑面积1250平方米

建筑、布局　博物馆馆址设于交大徐汇校区新中院，楼高二层，为"康白渡式"西式建筑，整体风格带有新艺术运动韵味。内有中国式天井，是学校早期的学生宿舍，距今已有近百年历史，充溢着历史的沧桑况味。

历史沿革　上海交通大学董浩云航运博物馆由香港董氏慈善基金会和上海交通大学联合创办。自2001年开始筹备，2003年1月18日正式开馆迎宾。为中国高校第一所航运专业博物馆，馆名由著名华裔科学家、教育家顾毓琇题写。

历任馆长　顾建建（2003.1～2006.4）；曹永玓（2006.5至今）

业务活动

基本陈列　航运博物馆展厅面积为600平方米，展出展品共计1000余件。馆内设有两个基本陈列：一楼为《中国古代航运史陈列》，二楼为《董浩云生平陈列》。《中国航运史陈列》通过大量的图片、文献资料和实物模型及航海贸易物品，概括反映了中国古代自新石器时期至清末的舟船及航运历史。《董浩云生平陈列》用生动的照片、资料、实物和逼真的场景，浓缩了"世界七大船王"之一的董浩云传奇的一生。其中重要展品有郑和宝船、"海上巨人"号模型等。

专题展览　开馆以来，航运博物馆在积极完善基本陈列的同时，还利用行业优势，聚焦社会热点，抓住历史机遇，主办或承办、合办了多个专题展览。包括：2004年9月，与上海历史博物馆联袂举办《暴虐与抗争——外侨镜头中的'八一三'淞沪抗战》图片资料展览，为期一个月；2006年8月，与瑞典驻沪总领事馆合办《中瑞友好关系的珍贵历史瞬间》及《"哥德堡"号摄影展》，为期21天；2006年11月举办《"哥德堡"号水手生活摄影展》，为期1个月；2006年9月，与荷兰MIDDLEBURG航海画廊合办《荷兰艺术远航中国——荷兰当代海事艺术精品展》，为期1个月；2007年3月，参展上海市科教党委牵头的上海市首批入选民族文化建设项目的11家高校博物馆以"科技风、校园情、民族魂"为主题的联展，为期1个月。

藏品管理

[藏品来源]　捐赠和征集

[藏品类别]　分为实物、文献、照片、图片等四大类

[藏品统计]　现有各类藏品共计1000余件

[重要藏品]　宁波船模型、上海沙船模型、耆英号模型等。

宣传教育　航运博物馆配备专职讲解员用中、英文为

观众提供讲解服务。已编印出版有《董浩云航运博物馆参观指南》手册及《中国海洋文明之旅》与《董浩云——一代海洋巨子》DVD。

开馆以来，航运博物馆举办了多次主题讲座，包括：2005年5月举办题为"千古绝唱——郑和七下西洋"的讲座；2006年3月1日举办"博物馆经营与管理"主题讲座；2006年9月7日举办中瑞关系史及"哥德堡"号上的水手生活讲座；2006年9月8日举办关于林内和"哥德堡"号上的生物多样性研究的专题讲座；2007年3月于科技馆举办"中国古代航运史及船模制作"为主题的专题讲座等。

交流合作 上海交通大学董浩云航运博物馆与国内外及香港等多家博物馆及文化艺术单位建立了馆际交流与联系。2006年底，组团访问香港董浩云资料室、香港大学、香港科技大学、香港海事博物馆等，就行业博物馆的发展建设与高校博物馆发展趋势等问题进行了友好交流与探讨。此外，还大胆尝试举办学术研讨活动。2007年9月，与香港董氏慈善基金会联合举办了纪念董浩云95诞辰暨学术研讨会，取得了圆满成功。作为中国博物馆学会高校博物馆分会理事会员单位，定期参加中国高校博物馆学会的年会等学术活动。

经营管理

［单位性质］ 国有文化事业单位

［经费来源］ 上海交通大学拨款

［人员编制、组成］ 3人，其中副研究馆员1人，馆员1人，助理馆员1人。

［服务观众项目］ 为观众提供展览内容的讲解和导览服务，还设有"中国古代航海牵星术"演示互动装置。并已开发有纪念钟、T恤、包袋、杯垫、尺、明信片等一系列博物馆纪念品。

［观众接待］ 年约2万人次

参观指南

［地址］ 上海市徐汇区华山路1954号

［邮编］ 200030

［电话］ 021－62932403

［传真］ 021－62932403

［网站］ http://shipmuseum.sjtu.edu.cn

［开放时间］ 周二至周日下午13：30－17：00，团体讲解需提前预约

［票价］ 免费

（撰文：上海交通大学董浩云航运博物馆）

上海交通大学校史博物馆
Museum of Shanghai Jiaotong University's History

概述

类型 社会科学类历史专题博物馆

隶属关系 上海交通大学档案馆

筹建时间 1995年

正式开放时间 1996年4月8日

所在位置 华山路上海交大徐汇校区内

上海交大校史博物馆外景

面积 建筑面积达2687平方米

建筑、布局 上海交通大学校史馆由老图书馆改建而成，坐东朝西，是一幢三层的混合结构建筑。建筑入口处设有大平台，平台上方为二楼的阳台，弧形拱窗四周有石质装饰线脚，建筑外貌带有巴洛克风格装饰，呈现折衷主义特色。

历史沿革 上海交通大学老图书馆是由1916级毕业班同学为纪念交大建校20周年发起社会各界及师生共同捐资建造的，1918年2月20日破土动工，1919年10月10日落成，既是交大人藏书、看书之地，也曾是上海乃至全国各种工业展览会的重要展馆。新中国建立后，交大发展迅速，师生人数倍增，老图书馆已不敷使用。1981年，香港包玉刚向上海交大捐资1000万美元，另建包兆龙图书馆。1985年包兆龙图书馆落成后，老图书馆改作档案馆等单位办公用房。1995年照原状大修后，又增加了校史展览和校友活动的功能。校史博物馆占用其中的三楼和二楼的一部分。1996年4月8日校史馆正式对外开放。1996年4月29日，江泽民总书记回母校参观了校史博物馆，并为其题写了馆名。上海交大校史博物馆于1996年12月被上海市人民政府命名为"上海市青少年教育基地"，2003年又被命名为"上海市爱国主义教育基地"，并先后于1998年和2001年获得上

海交通大学教学成果二等奖与上海市教学成果奖三等奖。它还与上海交大董浩云航运博物馆、徐汇校区优秀历史建筑以及华山路1号门入内爱国主义教育一条街共同构成爱国主义教育基地群。目前，教育基地资源整合日趋合理，辐射面日益扩大，社会影响逐步提高。校史博物馆参观者中有外国政要与友人、国内政府官员、专家学者、兄弟院校同行、交大校友与师生以及内地和港澳台大中小学学生。10多年的开放接待实践表明，它已成为交大校史文献文物的收藏中心、校史文化的展示传播中心与研究中心，较好地发挥了三大功能，即饮水思源、爱国荣校的教育功能；宣传交大、走向世界的媒介功能；争取社会力量和广大校友支持办学的融资功能。

历任馆长　陈华新（1996.4～2006.4）；姜玉平（2006.5至今）。

业务活动

基本陈列　上海交大校史博物馆共有陈列面积近800平方米，包括三个展厅和一个展室。第一展厅展示内容的时间跨度为从1896年交大前身南洋公学开办至1949年5月上海解放，第二展厅展览内容的时间跨度为从上海解放至今，两个展厅共展出实物、文献、模型、图片资料等近700件，反映了上海交大110多年来栉风沐雨的发展历程以及在科学研究、培养人才方面的丰硕成果。其中，陈列出一批重要展品，如交大诞生时埋下、具有110多年历史的"南洋公学"界碑，1901年南洋公学译书院出版、严复翻译英国亚当·斯密的名著《原富》（后称《国富论》），中国第一份物理学博士学位论文——李复几博士论文，"国家杰出贡献科学家"、"两弹一星"元勋钱学森1933年水力学考卷等等。第三展厅为交大院士展厅，陈列出已搜集到的200多位在交大学习或工作过的中央研究院（1948年）、中国科学院、中国工程院院士以及"两院"外籍院士的文献、

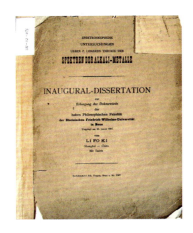

李复几博士论文

实物与照片资料等。林同炎展室展出交大著名校友、国际知名结构工程学家、教育家、美籍华裔学者林同炎的著作、论文、图片资料等300余件。

三个展厅的基本陈列对外开放之后，校史博物馆还在"创新"上做文章，不断丰富、更新展览内容，运用最新的信息技术和艺术手段，提高陈列技术与艺术层次，增强展示效果。

专题展览　上海交大校史博物馆，除做好基本陈列之外，还积极发掘丰富的馆藏资源举办了十多个专题展览，如《交大英烈展》、《交大馆藏档案珍品展》、《交大'两弹一星'元勋校友专题展》、《人民科学家钱学森归国五十周年纪念展》、《钱学森科学思想文献图片展》、《钱学森著作展》等，受到校内师生和社会观众的称赞。累计参观临时专题展览的观众超过10万人次。

藏品管理

〔藏品来源〕　上海交大校史博物馆藏品主要为学校历史上保存下来、校友捐赠和学校征集而来的，近10多年来，校史博物馆还建立了校史文物资料征集制度，安排专人负责征集，实行校内与校外、国内与国外、纸质与电子、物理与虚拟相结合的"四同步"征集，使藏品数量逐年增加，并建立了2000多位知名校友的人物档案，为校史博物馆展览内容的调整与更新奠定了基础。

〔藏品统计〕　目前藏有各类文物、文献和照片6000余件，另有2000多卷1896至1949年的历史档案，涵盖老交大教学、科研、系科演变等方方面面的内容。

〔重要藏品〕　在这些藏品中，许多具有重大的科学、历史或艺术价值，如1896年盛宣怀奏请清廷创办南洋公学奏折的底稿等手稿；著名出版家张元济和著名书画家

校史馆展厅

叶恭绰的文房四宝；交通大学建校以来所有毕业生的成绩表，包括江泽民、钱学森、吴文俊、邹韬奋等著名政治家、科学家和社会活动家。

科学研究 上海交大校史博物馆，始终与档案馆档案史料研究室密切合作，开展学术研究。目前，研究工作主要有两类：一为配合学校工作，对学校的需求迅速做出反应，积极启动短期课题的研究，旨在发掘交大精神，弘扬交大优良传统，为当代办学提供借鉴，发挥以史为鉴的功能。二为利用馆藏档案史料及上海地区丰富的近代教育史、科学技术史文献资料，开展中国近代高等教育史、科学技术史等中长期课题的研究。10多年来，研究人员在科学技术史、交大校史研究、档案史料编研等方面成果迭出，已在学术界占有一席之地。完成编著出版《百年树人——上海交大历任校长传略》、《上海交通大学校友院士风采录》（第一、二卷）、《老交大的故事》、《钱学森九十华诞》、《怀念柴树藩同志》、《曹曾祥记念文集》、《历史华章、经典记忆——从南洋公学到国立交通大学》等专著及画册8部，并有相关的论文发表。

宣传教育 配备专职讲解员用中、英文双语讲解，并编印有宣传材料《交通大学校史博物馆简介》、《思源致远——上海交大徐汇校园文化漫步》等。

自1997年开始，校史博物馆每年在新学期开学之初，安排校史研究人员给入学新生、新进教职工做校史专题讲座，帮助广大师生理解交大校史和文化。另外，还主动走出校门，与徐汇区街道、多所中小学共建爱国主义教育基地和科普教育基地，对青少年开展爱国主义教育和科普活动。如2006年将"钱学森科学思想文献图片展"送入徐汇街道社区、中小学校，让钱学森的科学思想与科学精神普及给中小学学生，走向社会大众。这些主题鲜明的展览贴近社会、贴近生活，增强了开放性、时效性，拓展了辐射面，取得了较好的社会效益。

交流合作 上海交大校史博物馆与国内及香港、澳门等多家博物馆建立了馆际交流联系。它是上海市中小学德育研究协会会员单位，还定期参加中国博物馆学会高校博物馆专业委员会、中国高等教育学会档案工作分会等学术团体的学术活动。

在展览交流方面，也与国内多家单位具有协作关系。如2006年将《钱学森科学思想文献图片展》素材提供给杭州市人民政府和武汉生物工程学院使用。2006年与上海工业旅游网合作，列入上海市红色旅游五条路线中的龙华烈士陵园板块，在东方网上建立了链接，还成为上海工业旅游网的推荐景点。

此外，与中央电视台、上海东方卫视、香港凤凰卫视等多家电视媒体合作，利用馆藏文献史料和徐汇校区优秀历史建筑，拍摄了多部关于交大的影视片。如参与编剧、策划了3集电视记录片《百年风云话交大》；2002年配合上海东方电视台策划拍摄了《交大有些老房子》，通过展示交大的优秀历史建筑艺术地表现了交大悠久的办学传统和深厚的文化底蕴，取得很高的收视率，获得了广大校友的赞誉。2006年与香港凤凰卫视等单位合作拍摄了交大110周年校庆专题片。

经营管理

[单位性质] 国有文化事业单位

[经费来源] 上海交通大学拨款

[人员编制、组成] 3人，副研究馆员1人，馆员2人

[服务观众项目] 主要为观众提供校史展览内容的讲解和校园优秀历史建筑导览服务

[观众接待] 年约2万人次

参观指南

[地址] 上海市徐汇区华山路1954号

[邮编] 200030

[电话] 021-62933019

[传真] 021-62933032

[开放时间] 周一至周五上午8：30－11：30，下午14：00－16：30，团体观众需提前预约

[票价] 免费

（撰文：交通大学校史博物馆）

上海孙中山故居纪念馆
Memorial Hall of Dr. Sun Yat-sen's Former Residence

概述

类型 社会科学类名人专题纪念馆

隶属关系 上海孙中山宋庆龄文物管理委员会

筹建时间 1985年成立管理处

正式开放时间 1988年1月

所在位置 卢湾区香山路近复兴公园

面积 占地面积2500余平方米

历史沿革 上海孙中山故居是一幢欧洲乡村式小洋房，由当时旅居加拿大的华侨集资买下赠送给孙中山。孙中山和夫人宋庆龄于1918年入住于此，1925年3月孙中山逝世后，宋庆龄继续在此居住至1937年。抗日战争爆发后，

孙中山故居纪念馆外景

宋庆龄移居香港、重庆，1945年底，宋庆龄回到上海将此寓所移赠给国民政府，作为孙中山的永久纪念地。解放后由上海市人民政府接管，并先后多次拨专款按原样进行修缮。1961年3月4日故居被国务院列为首批全国重点文物保护单位。1981年宋庆龄逝世后，经上海市人民政府同意成立"孙中山、宋庆龄故居办公室"，负责管理孙中山故居和宋庆龄故居。1985年1月成立上海孙中山故居管理处。1988年1月故居正式对外开放。1993年12月10日正式更名为上海孙中山故居纪念馆。

历任馆长　朱其招（1992.11～1995.3）；黄布洲（1995.3～1998.1）；孙娟娟（1998.1～2009.8）；刘金驰（2009.8至今　副馆长主持工作）。

业务活动

基本陈列　上海孙中山故居纪念馆占地面积2500余平方米，展示面积1100平方米，主要有孙中山故居原状陈列和孙中山文物馆两个展示场所。故居内的陈设绝大多数为孙中山、宋庆龄使用过的原物原件，并根据宋庆龄生前回忆，按上世纪二、三十年代的原样陈列。故居楼下是客厅、餐厅，楼上是书房、卧室和小客厅。楼前是一片草坪，四周围绕冬青、香樟和玉兰等树木花卉。孙中山在此寓所居住期间，撰写了《孙文学说》、《实业计划》等重要著作。1922年8月他在此多次会见共产党人李大钊和共产国际代表马林等。1923年1月会晤苏俄代表越飞，并发表了著名的《孙文越飞联合宣言》，为改组国民党、实现第一次国共合作打下了基础。1924年11月，孙中山应冯玉祥之邀，抱病北上共商国事，途经上海，在寓所举行记者招待会，提出了对内召开国民会议，对外废除不平等条约，以唤起民众，实现和平统一祖国的主张。

孙中山文物馆是由一幢与故居相邻的上世纪二十年代建造的优秀建筑改造而成，2006年11月建成对外开放，总

展示面积700多平方米。陈列展览按照展示形式与原有建筑风格相一致，展柜、展橱设计与馆内原有建筑元素相一致的原则，使整体布展形式与展馆原有建筑特色紧密结合。整个文物馆共展出文物209件、文献资料124件，通过珍贵的文物讲述孙中山一生的光辉业绩。

[**重要展品**]　有孙中山老师康德黎亲笔签名赠给孙中山的照片、孙中山亲笔修改的《建国方略》、孙中山逝世后法国著名雕塑家为中山陵祭堂雕塑孙中山大理石坐像时创作的送审铜质小样稿、孙中山早年行医时使用过的医疗器械、孙中山和宋庆龄亲笔签名的结婚照、孙中山亲自设计并在北上时穿过留下的唯一一套中山装、孙中山病重时德国医生为他诊治病情时使用的听诊器、血压计等。

专题陈列　为了更好地缅怀孙中山这位民主革命的先行者，上海孙中山故居纪念馆利用丰富的馆藏文物和资料，先后举办了多种题材的专题展览，让参观者从不同的侧面、不同的角度，认识孙中山，了解孙中山，走近孙中山。

1999年，成功举办了《孙中山与澳门史料图片展》，共展出珍贵史料、图片123张，首次展出文物15件，介绍了孙中山在澳门生活与从事革命活动的情况。

2000年，举办了《孙中山与上海文物史料展》，共展

1.孙中山文物馆　2.中山陵祭堂孙中山大理石坐像铜质小样稿

出图片116件，文物28件，首次展出了孙中山的演讲录音。

2001年是辛亥革命90周年暨孙中山先生诞辰135周年，上海孙中山故居纪念馆举办了系列主题展，推出了《孙中山与辛亥革命史料图片展》、《辛亥革命时期货币展》以及《纪念辛亥革命90周年书画展》等三个展览。其中《史料展》共展出历史图片及文物130余件，集中介绍了辛亥革命期间孙中山在上海开展革命活动的情况；《货币展》展出了辛亥革命时期的货币、债券、纪念币等珍贵文物共83件，这些文物是已故著名钱币专家马定祥生前收集、珍藏的，其中不少是珍品、孤品。

2004年举办了《辛亥风云文物精品展》，展出辛亥革命时期的珍贵文物100余件，展现了以孙中山为首的革命志士为推翻清政府腐朽统治、振兴中华而浴血奋战的历史。

2005年上海孙中山故居纪念馆与新加坡的晚晴园孙中山南洋纪念馆、广州革命历史博物馆联合举办了《孙中山在南洋史料图片展》，以大量史料图片展现了孙中山在南洋的革命历程。

2006年举办了《纪念孙中山先生诞辰140周年主题画展》，共展出由沪上著名国画家创作的国画60幅，作品以孙中山一生中的重大历史事件为题材，用国画特有的艺术形式来表现孙中山的丰功伟绩。

2007年5月举办了《孙中山的追随者——杨庶堪文物史料展》，第一次从孙中山革命事业追随者的角度介绍孙中山革命业绩。展览共展出文物史料21件、图片63幅，其中包括孙中山的手迹以及孙中山赠送给杨庶堪的题签照等珍贵文物。

2007年11月上海孙中山故居纪念馆与国内其它四个主要孙中山纪念地（中山翠亨孙中山故居纪念馆、武汉辛亥革命博物馆、广州中山纪念堂、南京孙中山纪念馆）联合策划举办了《永恒的纪念——纪念孙中山先生诞辰141周年》大型图片展，共展出141幅珍贵历史图片，上海孙中山故居纪念馆首次公开展出了江泽民为大型画册《孙中山》题写书名的手迹、汪道涵为《孙中山与澳门图集》题写书名的手迹以及历年党和国家领导人、外国元首参观瞻仰上海孙中山故居时的资料照片等20余件实物展品。

藏品管理

[藏品来源]　大部分藏品是孙中山、宋庆龄曾使用过并留在故居的文物，小部分系捐赠、征集文物。

[藏品类别]　纸质、金属类、瓷器、纺织品、竹木器、石质文物、其他等七类。

[藏品总数]　馆藏文物共计11600余件，其中一级文物10件。

[藏品保护]　为了保管好馆藏文物，上海孙中山故居纪念馆采取了一系列的措施：建立了专用的文物库房，制作了文物专用橱柜放置文物；对于金属文物进行定期保养；对于瓷器、藏书、照片等文物分别制作了专业的囊匣、保护夹、书函套等，定期检查，放置防霉防虫剂、驱虫防霉。此外还建立一套严格的文物管理制度，加强对馆藏文物的保护工作，杜绝人为因素造成文物损坏，使文物得到较好的保存。

对于展览中的陈列文物，纪念馆也采取现代科技手段加以保护，在展厅安装了恒温恒湿空调系统，展柜内采用光纤灯等文物专用光源，窗户加贴防紫外线膜，使光线对文物的损害降低到最低程度。按一级风险单位的要求安装防盗防火报警系统、消防喷淋系统，同时增加安保力量，确保文物的安全。

宣传教育　由上海孙中山故居纪念馆策划、制作的《孙中山生平事迹展》，先后在闵行区旗忠文体俱乐部、宝钢集团、上海石化、绍兴鲁迅纪念馆、嘉兴博物馆、华东理工大学、上海师范大学巡回展出。纪念馆每年选派优秀讲解员赴社区、学校举办讲座，介绍孙中山的革命业绩、思想、学说等，充分发挥纪念馆爱国主义教育基地作用。

[编辑出版]　上海孙中山故居纪念馆在孙中山及相关研究方面也取得了不少成绩。先后编辑出版了大型画册《孙中山》、《孙中山与澳门图集》、《孙中山纪念画册》、《孙中山画传》等等。2006年上海孙中山故居纪念馆策划拍摄出版了六集电视文献片《走近孙中山》，在上海电视台、上海教育电视台播放后，社会各界反响强烈。

交流合作　孙中山在海内外有着广泛的影响力，深受海内外同胞景仰，上海孙中山故居纪念馆利用这一资源，积极开展对外交流活动，拓展宣教途径，传播伟人思想，弘扬伟人精神。1996年赴台举办了《海峡两岸孙中山纪念地史料陈列展》；2003年赴台举办了《青少年书法篆刻展》；2007年赴台举办了《孙中山嘉言篆刻展》，促进了海峡两岸文化交流。

经营管理

[单位性质]　国有文化事业单位

[经费来源]　市财政全额拨款

[机构设置]　设办公室、文物资料保管部、宣传教育部三个部门。

[人员编制、组成]　23人，大专以上学历者占职工

总人数的78%以上，中高级职称占22%。

[服务观众项目]　为方便中外游客参观，纪念馆特别制作了中、英、日语音导览器，供参观者借用。展馆内还装备了多媒体播放、信息查询系统，为参观者提供音像资料视听、信息查询服务。

[观众接待]　观众年均约7.2万人次

参观指南

[地址]　上海市卢湾区香山路7号

[邮编]　200020

[电话]　021-54659050（办公室）
　　　　021-63850217-812（售票处）

[传真]　021-54659050

[开放时间]　9:00－16:00

[票价]　成人票20元/人，团体（10人以上）15元/人，对大、中、小学生、残疾人、70岁以上老人实行优惠票价，中、小学生团体免费（须预约），离退休干部、现役军人凭证免费。

（撰文：上海孙中山故居纪念馆）

上海宋庆龄故居纪念馆

Soong Chingling Memorial Residence in Shanghai

概述

类型　社会科学类名人专题博物馆

隶属关系　上海市孙中山宋庆龄文物管理委员会

筹建时间　1981年7月

正式开放时间　1981年10月9日

所在位置　徐汇区淮海中路近余庆路

面积　占地面积4844平方米

建筑、布局　长方形院落四周种植有30多株百年香

宋庆龄故居纪念馆外景

樟。主楼是一幢白色的西式假三层楼房，坐落于院子中央，为砖木结构，建筑面积700平方米，系一希腊籍船主于1920年建造。建筑外观如船形，窗户上有反映主人身份的帆船和铁锚图案。宋庆龄于1949年春迁居于此。50年代初期，在主楼旁建造了一幢辅楼，供宋庆龄身边工作人员办公之用。

历史沿革　1981年5月29日，宋庆龄因病在北京逝世，中央政府决定将宋庆龄在上海的寓所作为永久性的纪念地，上海宋庆龄故居于1981年10月9日正式建馆，同年10月22日，由上海市人民政府公布为上海市文物保护单位。1981年12月，建立孙中山、宋庆龄故居办公室，负责孙中山、宋庆龄故居管理、保护和接待参观工作，实行内部开放。1985年1月建立上海宋庆龄故居管理处。1988年5月，对社会全面开放。1993年12月，上海宋庆龄故居管理处更名为上海宋庆龄故居纪念馆。2001年6月25日，由国务院公布为第五批全国重点文物保护单位。

历任馆长　孙志远（1981.12～1989.11　负责人、副处长、处长）；任舜（1989.7～1990.6　副处长）；赵堂景（1990.6～1991.11　副处长）；吴光祥（1991.11～1997.12　处长、馆长）；伍伯容（1998.1～2001.4　副馆长、馆长）；陆柳莺（2001.3至今　副馆长、馆长）。

业务活动

基本陈列　上海宋庆龄故居纪念馆主要陈列有故居主楼和宋庆龄文物馆。主楼底层是客厅、餐厅、过厅和东、西书房，二楼是卧室、办公室和保姆李燕娥的卧室，为原状陈列，简朴而典雅，真实地反映了宋庆龄生前工作和生活的状况。主楼陈列面积240平方米，展出文物566件，其中有毛泽东所赠送的羊毛地毯、1956年印度尼西亚苏加诺总统所赠送的铜剑、1958年朝鲜金日成主席所赠送的"春香传"刺绣、1943年美国威斯里安女子学院校友会所赠送的银盘、1945年徐悲鸿所赠送的"双马图"、宋庆龄父母赠送给宋庆龄的结婚嫁妆等重要文物。

宋庆龄文物馆于1997年建成，同年5月29日对外开放。文物馆内的陈列以宋庆龄生平事迹为主线，展现宋庆龄一生对中国革命和建设所做出的重要贡献。陈列面积197平方米，展出文物277件，其中有孙中山题赠宋庆龄的"精诚无间同忧乐，笃爱有缘共死生"册页、孙中山使用的中华革命党本部之印、宋庆龄为纪念孙中山诞辰100周年撰写的《孙中山—坚定不移、百折不挠的革命家》手稿、中国民权保障同盟主席印以及宋庆龄在寓所生活、工作用品等重要文物。

藏品管理

[藏品来源]　主要是宋庆龄遗物，属近现代文物。

[藏品统计]　馆藏文物共13699件，馆藏一级文物为10件。

[重要藏品]　有1907年8月宋庆龄赴美留学时的护照、孙中山使用的中华民国陆海军大元帅之印、孙中山《建国大纲》手迹、宋庆龄《向中国共产党致敬》手稿等珍贵文物。

孙中山大元帅之印

精诚无间同忧乐
笃爱有缘共死生
庆龄贤妻鉴　孙文

孙中山题赠宋庆龄的册页

宋庆龄《向中国共产党致敬》手稿

宣传教育　1995年起，上海宋庆龄故居纪念馆每年组织宣讲人员到街道、学校、部队举办"宋奶奶的故事"、"伟大的女性，光辉的一生"、"爱国主义的光辉典范——宋庆龄"、"宋庆龄与新中国"、"宋庆龄与中国共产党"、"宋庆龄与中国抗日战争"、"宋庆龄在香港"等专题讲座，开展宋庆龄生平事迹的宣传和演讲，制作了《宋庆龄故居》、《怀念宋庆龄》两套宣传、介绍上海宋庆龄故居和宋庆龄生平的影视光盘。

[编辑出版]　上海宋庆龄故居纪念馆于1995年12月编辑出版《宋庆龄来往书信选集》，1998年8月编辑出版《一九二二至一九二三年孙中山在沪期间各地来电汇编》，2001年9月编辑出版《上海宋庆龄故居》画册。2008年6月编辑出版《国之瑰宝》画册，2009年12月编辑出版《故居记忆——宋庆龄寓所大事记》。

交流合作　上海宋庆龄故居纪念馆利用自身馆藏和研究优势，举办了多次专题性展览。1995年5月，制作完成《宋庆龄生平》小型巡回展览，先后赴学校、部队和社区进行巡回展出。2001年11月，该馆参加台湾国父纪念馆《孙中山文物特展》。2003年10月，与美中友协、中国驻芝加哥领事馆联合举办《宋庆龄史料图片展》，首次将宣传宋庆龄活动推向国外。2005年10月，与旅法画家高醇芳合作举办《情系中华—高醇芳国画作品及珍藏宋庆龄文物展》。2007年5月—10月，到广东中山市翠亨村、广州大元帅府举办《宋庆龄在上海》专题展览。2009年6月，到重庆三峡博物馆举办《宋庆龄在上海》文物图片展。2009年9月，到安徽合肥赖少其艺术馆举办《国之瑰宝——宋庆龄文物图片展》。

经营管理

[单位性质]　国有文化事业单位

[经费来源]　市财政全额拨款

[机构设置]　设办公室、文物资料保管部、宣传教育部、行政保卫科四个部门

[人员编制、组成]　35人，其中行政人员10人，专业技术人员18人，专业技术人员占全馆人员的64.29%。

[服务观众项目]　设有纪念品销售点，出售与孙中山、宋庆龄有关的各种特色纪念品。

[观众接待]　年约6万人次

参观指南

[地址]　上海市徐汇区淮海中路1843号

[邮编]　200030

[电话]　办公电话：021-64376268

接待服务电话：021-64747183

[传真] 021-54654810

[电子邮箱] sqlgj@hotmail.com

[网站] www.shsoong-chingling.com

[开放时间] 9:00－16:30，全年无休

[票价] 成人个别20元/人；成人团体15元/人；学生个别10元/人；学生团体5元/人；中小学预约团体、军人、残疾人、70岁以上老人免票。

（撰文：上海宋庆龄故居纪念馆）

上海汽车博物馆

Shanghai Auto Museum

概述

类型 科学技术类汽车业专题博物馆

隶属关系 上海国际汽车城发展有限公司

筹建时间 2003年10月

正式开放时间 2007年1月18日

所在位置 嘉定区上海国际汽车城博览园内

面积 占地面积11700平方米、建筑面积27985平方米

建筑、布局 建筑高32.45米，以"空间的沟通与融会，视觉的穿透与交流"为设计精髓，是对传统博物馆建筑的挑战。内部流动和上下贯通的共享空间，使博物馆内部的观者空间得到最大程度的视觉沟通。各个不同层面的露台与屋顶平台，使参观者能最多层面获得与自然沟通的空间场所。建筑外立面采用大面积的通透玻璃，使参观者能最大程度享受外围公园的自然景观。同时，建筑形态上采用了大量流动的曲线，象征汽车高速状态下的运动轨迹，具有较强的现代感，体现汽车博物馆的运动性主题；建筑外观酷似叠加的书本，隐喻博物馆的知识趣味与文化品位。

业务活动

基本陈列 上海汽车博物馆总展示面积约10000平方米。目前已对外开放的是一层的历史馆、二层的古董车馆和三层的探索馆。《历史馆》分成为9个主题展区，它们分别为：序馆、探索与诞生、实用与量产、多样与精彩、时尚与流线、运动与驾驶、节能与电子、中国汽车工业、未来之路。通过精选的20余部经典代表车辆以及重要事件的介绍，展示世界汽车发展的历程，反映汽车对人类社会发展的重大影响。

二层的《古董车馆》，集中展示了由美国黑鹰集团提供的从1900年到1970年的20余个品牌的40余款经典车型，

通过这些珍贵的古董车向观众介绍汽车发展各个不同时期的风貌特征。

三层的《探索馆》，展示面积约2000平方米，分为汽车基础知识、汽车设计与制造、游乐体验3个功能区，共有10余个实物及机械演示展项、20余个多媒体互动体验展项，涉及近100个汽车相关的科普知识点。

临展馆位于博物馆的一层，用于举办各种专题性临时展览。

在展品车型挑选上，上海汽车博物馆对历史上前后出现的众多车型进行梳理，从中挑选出比较具代表性和贡献意义的20余个品牌的80余辆，并从世界各地收集年代与车型吻合的展品，因此上海汽车博物馆也是国内迄今规模最

1.上海汽车博物馆外景 2.展厅一隅 3.汽车畅想主题展览

1886年奔驰一号三轮汽车

大的古董车展馆。展馆内比较重要的展品车有：世界上第一辆汽车——1886年卡尔·本茨设计的三轮汽车；中国第一辆自己研发制造的轿车——1958年第一汽车制造厂的工人和技术人员设计制造的红旗CA72型高级轿车；劳斯莱斯顶级车型"幻影Ⅰ"、"幻影Ⅱ"、"幻影Ⅲ"、"幻影Ⅴ"等。

专题展览　老上海汽车风情廊。

经营管理

[单位性质]　国有企业

[经费来源]　单位自筹

[机构设置]　设馆长室、综合管理部、汽车文化交流中心、展览部、运营部、合作交流部、业务部、物业管理中心。

[服务观众项目]　问询处、语音导览系统、讲解服务、咖啡吧、视听室、纪念品商店。

参观指南

[地址]　上海市嘉定区安亭博园路7565号

[邮编]　201805

[电话]　021-69550055

[传真]　021-69550019

[电子邮箱]　info@shautomuseum.gov.cn

[网站]　www.shautomuseum.gov.cn

[开放时间]　周二至周日　9：30－16：30（16：00停止售票），周一闭馆

[票价]　普通票：60元/人、学生票：40元/人、半价票：30元/人、（1.20米以下儿童、军人、离休干部、残疾人凭有效证件）

（撰文：上海汽车博物馆）

上海杨浦法院博物馆
Shanghai Yangpu Court Museum

概述

类型　社会科学类法治专题博物馆

隶属关系　上海市杨浦区人民法院

筹建时间　2003年1月

正式开放时间　2005年2月

所在位置　杨浦区河间路杨浦区人民法院新大楼六楼

面积　占地面积300平方米

历任馆长　宋琳

业务活动

基本陈列　博物馆展厅分为五个展示区域，分别为《法的文化》、《执政创业》、《历尽磨难》、《振兴发展》和《走向未来》，展出200多幅图片、100多件实物和模型。

展览以时间为主线，展示与法院发展历史相关的文物史料。通过对世界法律文化、中国法制发展史、新中国法院建设的展示，向参观者叙述人类社会法治建设的历程，以及新中国的法制建设史。

第一展区《法的文化》，主要以图片和文字的形式向观众介绍世界法制进程、中国古代法制演变以及近、现代中国法律文化。

第二展区《执政创业》，介绍了解放区人民司法的初创、人民法院名称的由来、马锡五审判方式，以及新中国法制萌芽阶段和法院系统初创时期的历史、第一部宪法和基本法律的制定等情况，并以上海市和杨浦区法院的变迁情况为例，配以大量详实的实物、模型、图片和文字，介绍了新中国成立后地方法院的建制和发展情况。

《法的文化》展区

陈毅签发的任命状

这一展区较为珍贵的资料有：陈毅市长签发的任命孙达为本市榆林区人民法院院长的任命通知书，上海市法院在解放初期审理的封建霸头陈小毛案，杨浦法院审判的张文瑞反革命案、丁海寰反革命案、周鸿儒盗窃案等典型案例的卷宗原始资料。

第三展区《历尽磨难》，介绍了在十年动乱中，社会主义法制遭到践踏，上海审判机关遭受严重破坏的史料。

第四展区《振兴发展》，介绍了粉碎"四人帮"后，法院系统步入全面恢复、振兴的大发展时期的概况。

第五展区《走向未来》，展现出杨浦法院全体干警在各自的工作岗位上，以立党为公、执政为民、司法为民为己任，意气风发迎接新世纪，为改革、发展、稳定服务。

藏品管理

[藏品来源]　主要来自四方面：一是杨浦区人民法院自有档案资料、实物文献、音像影视的制作、收集和保存；二是上海市各级人民法院和外省市法院系统提供的各类实物和资料；三是法院系统以外的其他单位、部门捐赠、提供的文史资料；四是法院内部干警个人捐赠的物品、图片。

[藏品类别]　主要为各年代案卷原始件；各时期中央及地方文件；各类文字、信函稿件原始件；反映法院历史和文化的照片、图片、报章资料、影音资料和各式书面文本；法官、法警不同历史时期的各式制服；各类办公和警用器材、器具，建筑物、办公场所微缩模型；各类获奖证书、奖牌、奖杯、奖状和锦旗等。

[藏品统计]　在展馆内对外展出的藏品有400件，在法院档案库房保存的各类资料有数万件。

宣传教育　上海杨浦法院博物馆已被中共杨浦区委宣传部、区文明办命名为"上海市杨浦区爱国主义教育基地"。现已成为杨浦区青少年法制教育园地和社会普法教

育基地。博物馆分别制作了两部的影视资料专题片在展馆的入口处和第四展区的多媒体系统中滚动播出。一部名为《司法的足迹》，介绍了法的起源和人类法治建设、发展所走过的历程；另一部名为《走向辉煌》，资料片中反映了杨浦法院乃至整个上海法院系统解放后半个多世纪的变迁史。

经营管理

[单位性质]　国营事业单位

[经费来源]　杨浦区人民法院拨款

[人员编制]　12人

参观指南

[地址]　上海市杨浦区河间路29号6楼

[邮编]　200090

[电话]　35124588（总机转）

[传真]　55089017

[开放时间]　每周三13：30－16：30（需事先预约）

[票价]　免费

（撰文：上海杨浦法院博物馆）

上海邮政博物馆

Shanghai Postal Museum

概述

类型　社会科学类邮政业专题博物馆

隶属关系　上海市邮政公司

正式开放时间　2006年1月1日

所在位置　苏州河畔、四川路桥北堍的上海邮政总局大楼内。

面积　建筑总面积为25294平方米

建筑、布局　邮政总局大楼始建于20世纪20年代，是

上海邮政大楼

全国唯一仍在使用、并独具邮政特色的标志性建筑。建筑外形呈"U"字型，高51.16米（不包括旗杆高度），地下一层，地面四层，建筑风格为19世纪上半叶至20世纪初流行于欧洲的折衷主义式。大楼正门朝东南，正门的东南两侧均为细粒水刷石粉的主立面，并有十九根贯通三层的科林斯立柱不对称地分布环绕，北侧是机制红砖墙。正门的上方建有钟楼和塔楼。钟楼左右两面为弧体，正面镶嵌着直径为3米的罗马数字的大钟，塔楼建在钟楼上面，是巴洛克式的四角双圆柱型。在钟楼和塔楼的底部和基座上，分别置有两座火炬台和两组人物的雕塑。

历史沿革　上海邮政博物馆是全国第一家省级邮政行业博物馆。上海邮政总局大楼1996年11月20日被国务院公布为全国重点文物保护单位。2003年起，上海市邮政局自筹资金对上海邮政大楼进行恢复性修缮，同时策划在北部的二楼辟出2800平方米用于筹建上海邮政博物馆主题陈列，2006年1月1日，由江泽民题写馆名的上海邮政博物馆正式向社会免费开放。

业务活动

基本陈列　上海邮政博物馆由"邮政营业展示厅"、二楼"陈列主展厅"、"屋顶花园"和"底楼中庭场景展区"四个部分组成，展陈面积为8000余平方米。

"陈列主展厅"的展示面积为2800平方米，共分为起源与发展、网络与科技、业务与文化、邮票与集邮四个展区。展出反映邮政发展历程各个时期文献、图片、物件以及邮政通信用品用具、邮票等史料实物（复制件），主要包括洹子孟姜壶、鄂君启节、阳陵虎符、清代兵部排单、光绪批奏奏折、大清邮筒、中华邮政入局考试试卷、民国挂壁式信箱、邮政天平秤、上海邮务工会徽章、上海军管会徽章、第22届万国邮联特大签名封和纪念邮戳、《近代邮刊》封面印制原铜版、《国邮图鉴》，以及雪龙号纪念封、大龙邮票、红印花加盖邮票、蟠龙加盖西藏贴用邮票等，共计140余件。

藏品管理

[藏品来源]　文物藏品和国内外各类邮票主要来自上海邮政公司内部的收集、征集，社会各界的捐赠和集邮公司的库藏。

[重要藏品]　馆内展陈有世界第一套邮票——黑便士、中国第一套邮票——大龙邮票以及"绿衣红娘"等邮票罕品和珍品。

[藏品保护]　在"邮票与集邮"展区内设有温度常年控制在18～20摄氏度、相对湿度保持在40—55%、采用无

大龙邮票

紫外线的光纤灯的"珍邮馆"。

专题展览　上海邮政博物馆专设临时展区，主要供上海集邮爱好者的集邮作品展出。自开馆以来，临展区定期展出集邮爱好者在国内外各类评比中的获奖邮集、集邮及书画等。主要作品有："中国军邮史（1934～1953）"、"中国民信局（1866～1934）"、"华东解放区邮票（1942～1949）"、"走近贝多芬"、"自行车"、"如改革开放30年"、"神舟行"、"奥林匹克运动的轨迹"、"中国园林儿童"等，还先后举办过《青少年邮票设计画展》、《上海特艺大师与书画家首次联展》、《迎奥运体育集邮展》、《中国2009世界邮展全国60城市巡邮展》、《庆祝中华人民共和国成立60周年，迎接中国2010年上海世博会集邮展览》等。

交流合作　2004年在上海邮政博物馆筹建期间，先后接受澳大利亚、美国、英国、土耳其和日本邮政部门赠送的邮政信筒。美国国家邮政博物馆曾将从"泰坦尼克"号沉船中打捞出来的邮袋、邮政工人佩戴的金（怀）表等珍贵遗物以及美国邮政发行的整套珍贵邮票来沪展出。2008年5月18日～24日，上海邮政博物馆与中国国家博物馆联合主办了《世界奥林匹克邮票收藏展》。2008年7月13日，上海邮政博物馆联手国际奥委会、北京奥组委、中国奥委会等联合举办了《百年邮政，辉煌奥博——2008年奥林匹克博览会大型民间文化征集巡展》。

经营管理

[单位性质]　国营事业单位

[经费来源]　上海市邮政公司拨款

[人员编制、组成]　26人，其中管理人员7人、讲解人员3人、设备维护人员2人、其他人员14人。

[服务观众项目]　个性化明信片制作机、3D猴子邮票、RFID邮件分拣样机、游艺设施和屋顶花园远眺浦东金融区等互动、趣味性活动项目。

[观众接待]　年约7万人次

参观指南

　　[地址]　上海市虹口区北苏州路250号

　　[邮编]　200085

　　[电话]　021-63250855，021-63060798

　　[传真]　021-63560199

　　[电子邮箱]　63241543@163.com

　　[开放时间]　每周三、四、六、日9:00－17:00（法定假日另行告知）

　　[票价]　免费

（撰文：上海邮政博物馆）

上海昆虫博物馆

Shanghai Entomological Museum

概述

　　类型　自然科学类昆虫学专题博物馆

　　隶属关系　中国科学院上海生命科学研究院植物生理生态研究所

　　筹建时间　2002年

　　正式开放时间　2004年12月

　　所在位置　徐汇区枫林路近斜土路

昆虫博物馆外景

　　面积　建筑面积4100平方米

　　历史沿革　上海昆虫博物馆前身是法国神父韩伯禄（P. Heude）1868年筹建的上海震旦博物院昆虫部，1883年在徐家汇建成，后因标本众多，无法储藏，于1930年在吕班路（今重庆南路）兴建新的震旦博物院。1953年归属中国科学院上海昆虫研究所，2000年并入中国科学院生命科学研究院植物生理生态研究所。2002年组建上海昆虫博物馆，由中国科学院、上海生命科学院、上海市政府和徐汇区政府共同投资2000万元专项资金建成新馆和展览部。

　　2004年12月，上海昆虫博物馆新馆正式对外开放。2007年完成二期提升工程，建成昆虫生态园和昆虫温室。

　　历任馆长　杨平澜、夏凯龄、罗志义、金杏宝、章伟年、张雅林。

业务活动

　　基本陈列　上海昆虫博物馆的基本陈列以科学性和趣味性贯穿始终，系统地介绍了昆虫的起源、演化、形态特征、生活习性、昆虫家族、中国昆虫区系、昆虫种类的多样性以及昆虫文化，总陈列面积2000平方米，展出各类标本和实物约20000件，分为《序厅》、《昆虫生命厅》、《昆虫世界厅》、《昆虫与人类厅》、《昆虫文化厅》等几大单元，其中展出的重要昆虫标本有光明女神蝶、金斑喙凤蝶、中华丽叶修等。

　　《序厅》　该厅对博物馆所展示的昆虫世界作了简单的介绍，此外还对上海昆虫博物馆历史沿革、成就与荣誉以及管理体制作了概述。

　　《昆虫生命厅》　该厅系统详细地介绍了昆虫的起源、演化过程、昆虫的分类地位、昆虫的外部形态、生物学以及生态学等相关知识。分为："生物的进化"、"昆虫的演化"、"昆虫的特征"、"昆虫的呼吸"、"昆虫的消化系统"、"昆虫的近亲"（与昆虫比较接近的一些节肢动物如

展厅一隅

蜘蛛，马陆等）、"昆虫的生存环境"、"昆虫的发育"、"昆虫的拟态"、"昆虫的保护色"等展示板块。

　　《昆虫世界厅》　该厅主要介绍了昆虫纲的三十四个目以及各目的主要代表昆虫，集中展示了令人惊叹的昆虫物多样性。

　　《昆虫与人类厅》　该厅介绍了昆虫与人类和其他动、植物之间的密切关系，主要展出农业害虫、林业害虫、卫生害虫、资源昆虫以及昆虫文化，还包括世界名蝶等。

　　《昆虫文化厅》　该厅主要展示了我国历史悠久的昆虫

光明女神蝶

金斑喙凤蝶

文化，分为"蟋蟀文化"、"昆虫邮票"、"火花"、"书签"、"风筝"、"蝶翅画"、"各种昆虫典故"等部分。

藏品管理

［藏品来源］　藏品主要来源于中国科学院上海昆虫研究所标本馆的旧藏（包括其前身震旦博物院昆虫部收藏的标本以及中国科学院接管后在全国各地采集的昆虫标本）。

［藏品类别］　上海昆虫博物馆的藏品分为昆虫标本和文献资料两个大类。

［藏品统计］　昆虫标本总计1146256号（其中包括土壤动物标本400000号），文献资料12117册（种）。

［藏品保护］　馆藏的昆虫标本都经过防蛀、防霉和烘干处理，存放在统一规格的标本盒里，然后分门别类归入库房，按照昆虫分类系统排列。博物馆库房共3间，总面积达1000平方米，库房内安装统一的钢结构密集柜和除湿设备。

科学研究　上海昆虫博物馆从上世纪50年代开始，对直翅目、等翅目、同翅目、双翅目等昆虫进行了连续的系统分类学研究，特别是"现生六足总纲高级阶元的系统演化"研究水平处于国际领先地位。迄今发现新属新种400余个，发表论文300余篇，出版专著10余本，参编专著10余本，获国家级奖2项，中国科学院奖8项，地方奖2项。

经营管理

［单位性质］　国有科研单位

［经费来源］　中国科学院上海生命科学研究院植物生理生态研究所拨款。

［机构设置］　设科研、收藏、科普和社会服务等部门

［人员编制、组成］　20人。科研人员10人，其中中科院院士1人，拥有高级职称的5人。

［服务观众项目］　昆虫科普展厅、蝴蝶乐园、昆虫温室、昆虫网室的参观；昆虫互动实验室的实验互动；昆虫多媒体放映厅；以及触摸屏知识问答游戏区等

［观众接待］　年约4万人次

参观指南

［地址］　上海市徐汇区枫林路300号

［邮编］　200032

［电话］　021-54924201（科普部办公室）

　　　　　021-54924191（售票处）

　　　　　54924201（馆办公室）

［传真］　021-54924188

［电子邮箱］　haishengyin@vip.sina.com

［网站］　www.shem.com.cn

［开放时间］　全年开放，9:00－16:30

［票价］　学生、儿童、军人以及70岁以上老人10元，成人15元。

（撰文：上海昆虫博物馆）

上海科技馆

Shanghai Science & Technology Museum

概述

类型　科学技术类科普专题博物馆

隶属关系　上海科学技术委员会

筹建时间　1998年12月18日

上海科技馆全景

正式开放时间　2001年12月18日

所在位置　浦东新区花木行政中心的世纪广场

面积　占地面积6.8万平方米、建筑面积9.8万平方米

建筑、布局　建筑呈东高西低、螺旋上升的不对称结构，寓意自然历史和人类文明的演进方式，是上海市的地标建筑之一

历史沿革　上海科技馆是上海市政府从"科教兴国"及"可持续发展"的战略高度，为在新世纪提高城市综合竞争力和提高全体市民素质而投资兴建的综合性科学技术博物馆，是上海市最主要的科普教育基地和重要的精神文明建设基地。1996年3月由上海市政府正式立项，1998年12月18日开始建设，一期展项于2001年12月18日对外开放，二期展项于2005年5月对外开放。

历任馆长　朱寄萍（2001～2003）；潘政（2003～2008）；王小明（2008至今）。

业务活动

基本陈列　上海科技馆以"自然·人·科学"为主题，以科普教育为宗旨，融展示与参与、教育与科研、合作与交流、收藏与制作、会展与活动、休闲与旅游于一体，以学科综合的手段，以寓教于乐的方式，使每个来参观的观众能在赏心悦目的娱乐中，接受现代科技知识的熏陶。上海科技馆展览面积约6万平方米，共设有"生物万象"、"智慧之光"、"机器人世界"、"人与健康"等12个主题展区，四座高科技影院组成的科学影城，自然博物分馆，以及"动物世界"展、"蜘蛛"展等专题展厅。

《生物万象》展区：以云南沟谷雨林和石林等自然景观，以及傣族小楼的人文景观，向人们介绍以生态多样性、物种多样性和基因多样性为内涵的生物多样性知识，观众可以从中领悟到保护人类赖以生存的自然生态环境的重要性。

《地壳探秘》展区：由"磁悬浮地球大厅"、"地壳探秘之旅"和"上海自然地理"三部分构成，介绍了地球在宇宙中的位置和运动状态，并展示了其物质组成、构造形式及表面形态特征，概述了上海自然地理环境的历史变迁与现状。

《视听乐园》展区：通过模拟船舶驾驶、全息音响、与主持人对话、影视制作等参与性展项，展现现代信息技术的综合运用与发展现状，以及它为人类提高工作效率、改善生活品质所产生的作用。

《设计师摇篮》展区：观众可运用CAD/CAM（计算机辅助设计和制造）技术，亲自动手参与一些简单的设计和制造活动，亲自体验到优秀的设计是技术与艺术的结合、形式与功能的结合。

《智慧之光》展区：以大量互动展品为主要展示手段，通过演示各种物质运动的典型现象，揭示物理学、数学、化学、生物学等学科的一些基本规律与原理，通过亲自动手参与，既能观察到有趣的现象，又能启迪思维。

《儿童科技园》展区：是为1～12岁孩子设计的小小科学世界，通过一系列生活中可见的自然现象和有趣的娱乐活动，让孩子们在观察、触摸和参与中，在轻松愉快的氛围中，获得科技的启蒙教育。

《机器人世界》展区：以"机器人的发展和应用"为主题，通过大量参与性展品和多媒体影视，让观众认识机器人、了解机器人技术的综合性，以及机器人在人类各项活动中的应用。

《信息时代》展区：通过各种实物的展示，使观众了解信息技术与传统技术的差异，认识信息技术在现代生活、学习和工作中的应用，体验信息时代的社会特征，以加深对信息化社会的理解，愉快地溶入飞速发展的信息社会。

《地球家园》展区：高度关注地球的可持续发展问题，通过生态灾变、苏州河的变迁以及环境知识三部分内容表现人类活动对地球环境的影响，以及为了可持续发

《生物万象》展区

《智慧之光》展区

展，人类近年来采取的拯救行动。

《探索之光》展区：展示了量子论、相对论、物质结构、基因技术、核能、激光等20世纪的最重要科技成就，这些超越任何世纪的巨大科技成就，深刻改变了人类的生产、生活方式以及认识世界的既有观念。

《人体健康》展区：关注公众最关心的健康问题，以"人体结构与健康"、"运动与健康"、"疾病与健康"三大展示和互动区域，让游客了解和感受怎样才能有效保持自身的健康状态。

《宇航天地》展区：在宇宙繁星闪烁的背景中，宇航知识区、宇航训练体验区、宇航成就陈列区和太空剧场四个区域，让游客在各种体验性的活动中认识宇航这一20世纪科技最伟大的创举。

《动物世界》展览：集中展示了来自五大洲的110种、186件精美的珍稀野生动物标本，非洲、南北美洲、澳洲和欧亚大陆独特的地理环境和狂野奔放、濒临灭绝的野生动物融于一体，构成了一个栩栩如生的"动物世界"，观众将真实地感受到大自然的神奇、动物世界的美妙、人与自然的和谐。

《蜘蛛展》：由美国Smithsonian博物馆捐赠、上海科技馆深化设计的展览集知识、趣味、时尚于一体，以实物标本和活体标本、构思巧妙的互动展品和多媒体手段带领观众探索蜘蛛的神奇世界。

《中国古代科学技术史长廊》艺术浮雕：长廊以图文并茂的艺术手法再现中国古代科学技术史，集中展现了我国古代人民在人类文明进步的历史长河中的伟大贡献和卓越智慧。

《探索者长廊》艺术浮雕：为观众介绍在人类历史上留下不朽业绩的科学家及其事迹，集中展示了在过去的三千多年里，20位中外科学家怎样改变我们所感知及生活的世界。

自然博物分馆：原上海自然博物馆，2001年11月撤销建制，并入上海科技馆。拥有26万件珍贵的自然史藏品，收藏历史超过百年。近26万件标本，学科门类涉及古生物学、植物学、动物学、人类学、地质学、天文学等多种自然科学，其中已包括相当数量的珍稀物种。1956年开馆，以宏大的展示规模和严谨的科学研究蜚声海内外。自然博物分馆有6个展厅：介绍生命的起源和演化史的《古动物史展厅》；介绍人类的起源和演化史及人种的分化和特征、上海地区出土的明朝古尸的《古人类史展厅》；介绍各门类无脊椎动物的演化、生态生理特征及与人类的相互关系的《无脊椎动物展厅》；介绍鱼类分类和相关的生理和生态知识的《鱼类厅》；以标本、生态境箱等展示形式表现两栖爬行动物的形态、生理和生态特征的《两栖爬行动物展厅》；以标本、生态景观、电动图表等形式展示鸟类、兽类的形态、生理和生态特征的《鸟兽类展厅》。陈列面积约3000平方米，展出藏品数约2700余件，呈现出景观与图文相结合、标本与电子演示相结合、抽象与具象相结合陈列设计特点。

"四维影院"：这是一座能产生非常逼真现场感受的新型影院，由立体视觉加感觉结合而成。放映时，各种特技随电影故事情节的变化而变化，让观众完全融入电影情节之中，给人一种身临其境的全新体验。

"太空影院"：是设在"宇航天地"展区内的独立影院，是我国第一家采用视频拼接、图像处理、观众互动、电脑集成等技术综合而成的多媒体球幕影院。影院有69个座位，座位的倾斜度达到了23度，观众几乎是躺着看电影的，还可按动扶手上的按钮控制电影剧情的发展，达到了"画随人动，人随画思"的境界。

"球幕影院"（IMAX）：是一座具有球幕电影和天象演示双重功能的、集教育与娱乐为一体的、新颖的影视场所，球幕直径为23米，倾斜度为30度，置身影院能使观众

《信息时代》展区

《动物世界》展览

产生飘浮在空中之感觉，可容纳观众280位。

"立体巨幕影院"（IMAX）：是目前世界上最先进的影院之一，也是中国大陆首家立体巨幕影院，银幕高18.3米，宽24.3米，可容纳观众441位。放映时，6层楼高的巨大画面能产生强烈的震撼，加上影院内6+1声道的音响系统，给观众带来视听上的双重享受。

［陈列设计特点］ 上海科技馆在陈列设计规划上充分采用了STS（科学·技术·社会）的综合模式，1180余种展品展项在内容上交叉涉及了物理学、化学、生物学、地质学、天文学等多种学科，以及航天、信息、多媒体等各类技术，种类丰富而集中，淡化学科中心色彩，跨越了传统科技馆、天文馆、自然博物馆的学科界限，实现融"自然·人·科技"为一体的综合展示，其展示方式和教育效果非常适宜于当代社会知识爆炸、学科分化交叉和个人实现全方位提升的现状和要求。大量互动体验型的展项，使观众在参观中得到的不仅仅局限于视觉体验，在满足视听娱乐之余，更需要游客手脑并用，在动手操作和亲身体验展项的同时获得科学的启迪，这正与上海科技馆提倡的"快乐学习"、"在学习中玩乐"的科普教育、传播和参观理念相契合。观众在观赏、游玩过程中得到的不仅是感官的满足，更是思想、精神上的充实。

［重要展品］ 上海科技馆展示的有特色的重要展品展项有：室内种植了二百多种、上万株雨林植物，模拟云南的沟谷雨林景观的"热带雨林"；展示物体的能量守恒定律的大型互动展品"能量穿梭机"；在局域网上提供音、视频信息的双向模拟实时传输，作为可仿真操作教育平台的"虚拟实验室"；以"爱因斯坦与相对论"为主题，以三个时空观为线索，以有趣的科学例证介绍相对论的基本知识和概念的"相对论剧场"；运用视频、机械模型、声光电等手段的多媒体演示，使观众了解并体会到人类对自然无节制地掠夺会导致对自然环境的严重破坏、最终将会遭到大自然无情报复的"生态灾变"剧场；集中

"相对论剧场"

展示五大洲110种、186件精美的珍稀野生动物标本，集非洲、南北美洲、澳洲和欧亚大陆独特的地理环境和狂野奔放、濒临灭绝的野生动物于一体的"动物世界"展等等。

专题展览 上海科技馆始终坚持"常开常新"的原则，紧密结合社会热点和大众关心的科学问题，每年举办2次以上大型临展和近百场次的公众教育活动，面向广大观众免费开放，具体分为以下几种类型：

大型特展：科技馆举办过多项大规模、具有重大影响力和社会品牌效应的特展，大多集中在黄金周、节假日、科技周推出，吸引了众多观众参与。例如：先后推出了展现国家科技进步、弘扬民族创新精神和自豪感的《神舟五号——中国首次载人航天飞行展》（2003.11）和《溯梦神舟再创辉煌——神舟六号载人飞船实物展》（2006.4），分别接待了19万人次和23.2万人次的观众；结合社会热点和公众关注焦点的《SARS的启示——科学与健康同行》展（2003.7）和《直面禽流感展览》（2004.1），深受社会各界欢迎；春节黄金周期间，为丰富节假日科技馆参观内容，精心为观众策划、推出了生肖科普系列展《鸡年说鸡：飞翔的精灵——鸟类，人类的朋友》（2005.1）、《当狗遇上人——丙戌狗年特展》（2006.1）、《快乐猪猪、健康生活——丁亥猪年特展》（2007.1）、《孰是孰非？鼠老大！——鼠生肖展》（2008.1）等。2006年春节期间，推出了《华夏瑰宝——甘肃临夏回族自治州和政县古动物化石》（2006.1）大型临展，127件来自甘肃和政县的国宝级古动物化石第一次走出西部进行大规模展出，反映了一千多万年来甘肃临夏地区的环境演化和动物的变迁、更替，让观众大饱眼福。2007年暑假，推出《消逝的恐龙王国——四川自贡恐龙化石国宝精品展》（2007.7），在社会上掀起了一股难以抗拒的恐龙热，观众参观量突破114万。

引进展：上海科技馆积极与国际接轨，曾多次引进国外一流科普展览，如来自日本未来馆的《时间探索展》（2004.5）；表现尖端科技、来自德国马普学会的《极致探索——穿越科学时空之旅》展（2006.8）；来自爱因斯坦家乡——以色列的《世纪风云人物——爱因斯坦生平及成就展》、意大利《速度与神话》车展等等。这些优秀的科普展览皆各具特色，丰富和开阔了观众的眼界。

此外上海科技馆历年举办的大型临展还有：《中华金鱼展》（2003.12）、《猴年生肖展》（2004.1）、《科技创造绿色生活》（2004.5）、《建设资源节约型社会》（2005.5）、《氢动未来，氢新生活》（2005.9）、《上

海高校民族文化博物馆联展》（2007.3）、《动物世界展》（2007.9）、《蒂森克虏博科技周》（2007.10）、《上海电子艺术展》（2007.10）等。

藏品管理

〔藏品来源〕　采集、捐赠、遗赠、长期寄存、交换、购买、拨交、罚没、借入等。

〔藏品类别〕　类别涉及高等植物、菌类、藻类、地衣、苔藓、人类骨骼、人类古尸、人类民俗、旧石器时代藏品、新石器时代藏品、鱼类、无脊椎、两栖、爬行、鸟类、哺乳类、昆虫、地质、古生物等门类。

〔藏品统计〕　截止2007年藏品共计274371件（包括上海自然博物馆的前身——创建于1868年的震旦博物院和建于1874年的亚洲文会遗留下的大量珍贵藏品）。其中鸟类9567件，爬行类4667件，两栖类4021件，鱼类9458件，哺乳类3406件，昆虫类29873件，无脊椎类44625件，古生物类6703件，地质4911件，种子97179件，蕨类10078件，地衣7424件，真菌5785件，藻类4080件，苔藓30000件，民族服饰968件，旧石器时代藏品503件，新石器时代藏品733件，骨骼藏品348件，古尸19件，科技类藏品23件。

〔重要藏品〕　属于一级保护动物的，鸟类有：黑鹳、金雕、胡兀鹫、红胸角雉、棕尾虹雉、白尾梢虹雉、白颈长尾雉、黑颈鹤、白头鹤、丹顶鹤；爬行类有：鼋、四爪陆龟、鳄蜥、巨蜥、扬子鳄、蟒蛇；鱼类有：中华鲟、达氏鲟、白鲟；哺乳类有：儒艮、黑叶猴、梅花鹿、虎、大熊猫、北山羊、林麝、赤斑羚、黑长臂猿、长尾叶猴、川金丝猴、蜂猴、白颊长臂猿、豹、豚尾猴、雪豹、紫貂、云豹、豚鹿、原麝、高山麝、野驴、白鳍豚、滇金丝猴、台湾猴、羚牛、藏羚羊、貂熊、野牛、亚洲象；无脊椎动物类有：红珊瑚、库氏砗磲、鹦鹉螺；种子有：水杉、银杉；蕨类有：桫椤。

〔藏品保护〕　上海科技馆的藏品保护措施包括：恒温恒湿、防潮、防水、光照、防烟尘、防有害气体、防虫、防鼠和防盗等，平时采取预防为主的措施有：做好标本检查工作，尤其是害虫繁殖季节和梅雨季节，了解标本害虫的种类和各自生活习性，以及了解霉菌的相关知识；每天一次的日报表记录温湿度情况，如有异常，及时采取措施；每月进行一次标本养护；对进出的标本进行低温冷冻处理后方可入库房。从藏品保护技术上主要通过使用药物进行防治；现代科技——通过对环境的控制，例如保持恒温恒湿，进行防治。

宣传教育　品牌科普活动：活动包括科学小讲台、科普剧、科普夏令营、科普讲座、流动科技馆等，主要集中在黄金周、寒暑假、双休日期间推出。这些活动皆由馆内教育策划人员自主开发、创意，有效地挖掘了科技馆展示的科普内涵。寓意深刻、健康有益、动手动脑、深入人心，在孩子们心目中产生了一定的影响力。尤其如科学小讲台、科普剧等常设节目，在国内科技馆界尚属首次尝试。科学小讲台已创意策划有"倾听空气的故事"、"欢乐水世界"、"时尚节约新生活"、"会变魔法的风"等等主题节目。科普剧创作有《妈妈哪里去了》、《地磁风暴》，演出皆获得了社会特别是青少年朋友的好评。

合作活动：在积极开发、策划教育活动同时，注重与社会各界企事业协作单位的合作，资源共享、优势互补，共同搭建科普传播平台，取得较为圆满的成效。如：每年与科委、教委、科协等单位联手举办大型青少年科技竞赛活动，包括"英特尔青少年科技创新大赛"、"明日科技之星论坛赛"、"机器人大赛"等。除了国内合作，也积极主动地寻求国际合作。如：与德国、美国企业公司合作的"小小化学家——巴斯夫互动实验室"、"小朋友玩科学——安捷伦课外动手实验"两项活动，已成为该馆常年开展的品牌特色教育项目。

科学小讲台是上海科技馆科普理念的一个重要平台和品牌节目，目前共开发了"会变魔法的风"、"欢乐水世界"、"时尚节约新生活"、"空气的阻力"等主题的小讲座，每逢周末及节假日开展活动，受到孩子们和家长们的欢迎。

《生肖展》是上海科技馆的传统保留项目，每次配合《生肖展》活动的开展都会举办有相应的讲座，讲座的内容聚科学性、内容性、趣味性、民俗性于一体，内容丰富，形式多样，成为上海科技馆的一个品牌节目。

为了配合"二期课改"，上海科技馆还针对各区县的科普教师进行了多次培训。培训的内容融讲座、参观、讨论及案例分析于一体，最重要的环节即"科技馆伴随我成长"的主题讲座，与所有的参加培训的教师们共同分享如何更好地利用科普资源来开展科普教育。

〔编辑出版〕　上海科技馆于2003年12月开始分别针对展示内容、展示发展研究、内容设计研究总结等方面出版了以书籍、杂志及光盘等多种形式的出版物。

2003年12月，《上海科技馆首期展项图册》，介绍一期6个展区展项、展品及中国古代科学技术长廊。本书将上海科技馆首期展项建设的成果和经验充分地反映出来，使不同的读者从不同的侧面认识和了解上海科技馆展项建设的基本历年。

上海科技馆探秘丛书（包括《生物万象》、《智慧之光》、《地壳探秘》、《儿童科技园》、《中国古代科技探秘》五本书），内容围绕科技馆一期展区主题介绍相关知识。

《综合性科技馆内容策划与设计》，主要内容为上海科技馆展示发展研究、内容设计研究总结。本书以科学教育发展理论为指导基础，通过对上海科技馆一期二期展示建设的经验总结，和对国内外博物馆、科技馆建设的比较研究，重点分析了综合性科技馆的主要特点及其建设过程中各个重要组成部分，试图找到一条新一代综合性科普展示场馆的发展之路。

《现代科技馆展示理念与新型展示技术发展研究》，主要内容为围绕上海科技馆在建设过程中，总结出的现代科技馆展示理念以及技术理论研究。

《心中飞出的歌——上海科技馆志愿者风采》，全面介绍上海科技馆志愿者的生动事迹，志愿者的言语简单朴实，字里行间洋溢着对社会对人生的热爱。

2005年，上海科技馆二期落成，又推出了信息时代、探索之光等六个新的展区，其展示内容更加丰富，展示技术更加先进。《上海科技馆二期展项图册》，着重介绍上海科技馆二期6个展区展项、展品及探索者长廊。

《自然与科技》杂志，该杂志前身为1979年12月创刊的《博物》，主办单位为原上海自然博物馆。1985年底，杂志更名为《自然与人》，并定为双月刊。2001年6月，杂志主办单位变更为上海科技馆，并于2006年7月正式更名为《自然与科技》。《自然与科技》以反映、凸显和宣传"自然、人、科技"的主题，推动三者的和谐发展，体现科技是第一生产力，提高全民族的科学文化水平为办刊宗旨。

《地球的故事》、《遥远的太空》——《走进科技馆丛书》，丛书围绕上海科技馆的展示内容，由科技馆展品或展示内容作为引子，介绍与其相关的科学内容、技术和社会意义，同时有较为醒目显眼的展品照片出现。让读者在参观之余对科技馆的展示理念和科学内容有进一步的了解，引发他们探索科学的兴趣。

交流合作 上海科技馆自开馆以来一直受到国内外的广泛关注，已接待了近六百余批次国内外业界人士，通过与国内外同行、外国驻沪机构以及世界著名企业等的交流和合作，举办了多样的、具有国际水准的各类科普教育展览活动，同时，上海科技馆的展示理念以及展示技术水平也得到了海内外各界的好评和肯定。作为国际博协

（ICOM）、科技中心协会（ASTC）和亚太科技中心网络（ASPAC）等国际行业组织的成员单位，上海科技馆积极探索与国际行业组织的合作与交流，于2007年5月被ASTC组织正式批准成为其管理层成员，并将承办2010年国际博协-国际自然博物馆及藏品委员会（ICOM-NatHist）分会。

上海科技馆涉外合作项目主要有：日本科学未来馆《时间探索展》、《中英共创未来机器人挑战赛全国大赛》、"中英科技馆论坛"、法国《世界之城》展、"中法文化年"《上海科技馆展品赴巴黎展》、德国《爱因斯坦》展、美国通用汽车《氢动未来》展、德国巴斯夫"小小化学家"活动、德国马普协会的《极致探索》展、与美国自然历史博物馆合作制作《宇宙大碰撞》影片等；还与国内同行广泛开展了如《消逝的恐龙王国》展、《和政古生物化石展》、西双版纳"热带雨林周"等。

此外，上海科技馆还与来自英、美、法、韩、澳门等国家和地区的多家同行签订了合作备忘录；与美国卡耐基自然历史博物馆、法国科学工业城、英国自然历史博物馆、中国科技馆、四川科技馆等多次开展了人员互访交流，并邀请了国际自然博物馆及藏品委员会-标本艺术工作组主席Erik Granqvist来馆进行为期半年的动物标本制作培训班。通过这些交流与合作，为馆的展示、运行、服务、管理及上海自然博物新馆的筹建以及专业人才的培养等奠定了良好的基础。

经营管理

［单位性质］ 国有事业单位

［经费来源］ 市财政全额拨款

［机构设置］ 设办公室、党委办公室、财务处、物业管理处、保卫处、人事处、业务处、公众教育处、展示管理处、计算机中心、基金管理处等11个部门和研究设计院、管理有限公司等2个单位。

［人员编制、组成］ 395人。高级职称的25人，中级职称的91人，初级职称的28人；研究生学历22人，大学学历的113人，大专学历的105人。

［服务观众项目］ 上海科技馆被评为国家4A级旅游景点，拥有展区讲解、VIP讲解、游客服务中心、导览标识、科普商场、邮政电讯、停车场等符合国家4A级旅游景点标准要求的观众服务项目和设施。

［观众接待］ 年约250万人次

参观指南

［地址］ 上海市浦东新区世纪大道2000号

［邮编］ 200127

[电话] 021-68622000（总机）

021-68542000（票务）

[传真] 021-68542018

[电子邮箱] sstm@sstm.org.cn

[网站] www.sstm.org.cn

[开放时间] 周二至周日9:00-17:15（周一馆休，国定假日除外）

[票价] 门票：成人票60元/人；学生票45元/人；儿童票20元/人；70岁以上老人、残疾人、现役军人、离休干部免票；

上海科技馆IMAX立体巨幕影院：40元/人。

上海科技馆IMAX球幕影院：30元/人。

上海科技馆四维影院：30元/人。

上海科技馆太空影院：20元/人。

（撰文：上海科技馆）

上海音乐学院东方乐器博物馆

Shanghai Museum of Oriental Musical Instruments

概述

类型 艺术类乐器专题博物馆

隶属关系 上海音乐学院

正式开放时间 2001年6月

所在位置 徐汇区高安路

面积 占地面积1000平方米

建筑、布局 是一座剧院式结构的建筑，具有江南别墅、庭院式风格。

历史沿革 上海音乐学院于1984年筹建"中国乐器陈列室"，1987年成立"东方乐器陈列馆"，2001年6月正式成立东方乐器博物馆并对公众开放，2008年5月该馆与徐汇区教育局合作，并建立新馆。东方乐器博物馆在21年发展过程中得到了院领导、专家及社会各界友好人士的关心和帮助。贺绿汀老院长于生前亲笔题写了馆名"东方乐器博物馆"。

历任馆长 江明惇（1987~2001）；林培安（1987~2001 常务副馆长）；史寅（2001~2005）；应有勤（2005~2007）；史勤（2007至今）。

业务活动

基本陈列 东方乐器博物馆的基本陈列分为《中国古代乐器》、《中国现代乐器》、《中国少数民族乐器》、《外国民族乐器》四个部分，展示了乐器历史发展沿革与中外乐器文化。陈列总面积550平方米，展出乐器255种431件，其中由香港周文轩出资赞助的甘美兰是目前我国唯一一套的完整的印度尼西亚宫廷乐器；由赵佳梓教授提供的印度总统赠送的一套"印度民族乐器"不仅丰富了东方乐器博物馆"外国民族乐器"部分的馆藏，而且为民族音乐学的研究提供了实物，推动了上海音乐学院在印度民族音乐方面的研究进程；此外，汉代珍品淳于和铜鼓具有极高的收藏和研究价值；而仿出土文物战国时期曾侯乙编钟、曾侯乙编磬是上海音乐学院建校七十五周年时由校友蒋朗蟾组织各方面专家复制而成的；仿河南舞阳出土贾湖骨笛、明末清初古琴两张、仿唐琵琶等也是该馆的重要藏品。

专题展览 2007年3月，东方乐器博物馆参加了上海市高校《校园情 科技风 民族魂》博物馆联展活动，展厅面积850平方米，获得了参观者的好评。

藏品管理

[藏品来源] 东方乐器博物馆的藏品主要来源有：音乐学院原有乐器、音乐学院师生捐赠、交换、社会团体与人士捐赠、行政购置等。

[藏品统计] 共藏有古今中外乐器600余件（套）。

编钟（仿）

科学研究 除了日常展出外，东方乐器博物馆非常注重科研工作，出版了《音阶的起源》、《东方乐器博物馆新馆建设方略》、《世界乐器大辞典》，其中《世界乐器大辞典》是国内乐器学研究领域的权威著作。

宣传教育 在乐器知识普及上，东方乐器博物馆多次组织馆内和校内专家开展专题讲座，为上海音乐学院、上海艺术类学校、国内部分艺术院校长期开设音乐历史、乐器学、音乐比较学等方面的课程；长期为上海大中小学学生开设艺术欣赏、乐器文化类音乐普及教学活动，为外宾、市民举办艺术欣赏、乐器鉴赏、中国与亚洲音乐文化的异同等专题讲座。2005年东方乐器博物馆还与上海电视台音乐频道合作录制十期普及中国古代乐器文化的系列节目《敦煌猜想》，并在上海电视台音乐频道播出。

经营管理

[单位性质]　国有文化事业单位

[经费来源]　上海音乐学院拨款

[人员编制]　4人

[观众接待]　年约3万人次

参观指南

[地址]　上海市徐汇区高安路18弄20号

[邮编]　200031

[电话]　021-54651834

[传真]　021-54651834

[电子邮箱]　dfyqbwg@163.com

[开放时间]　工作时间、国定节假日及双休日预约开放

[票价]　免费

（撰文：上海东方乐器博物馆）

上海美术馆

Shanghai Art Museum

概述

类型　艺术类博物馆

隶属关系　上海市文化广播影视管理局

筹建时间　1956年

所在位置　黄浦区人民广场北侧

面积　占地面积7700平方米、建筑面积17300平方米

建筑、布局　上海美术馆馆舍为新古典主义风格建筑，原建筑是旧上海跑马总会俱乐部。2000年按照美术馆要求改造后，形成了以欧式辉煌典雅与现代简约大方为基调的展览空间。馆舍主体为四层，共有展厅12个，展厅面积约5800平方米。馆内按照当时的国际规范配备了严格的保安制度与先进的防火防盗设备，展厅温度由系统计算机全年自动控制在18～25摄氏度。同时，馆内还配备了现代化的照明系统、中央空调、垂直运输及自动化管理等设备，并设置了多功能演讲厅、图书馆、艺术教育工作室等配套设施。

历史沿革　上海美术馆创建于1956年，前身为上海美术展览馆，原址在南京西路康乐酒家。上海美术馆是新中国最早建立的美术馆之一，陈毅市长亲自主持落成典礼。

上海美术馆外景

1983年在南京西路456号重新翻建，1986年正式更名为上海美术馆。2000年后，经改造的跑马总会俱乐部成为现在的上海美术馆馆舍。新馆与上海博物馆、上海大剧院、上海音乐厅一起共同组成环绕人民广场的标志性文化建筑群。2002年，上海美术馆正式成为国际博物馆协会的成员，2005年当选国际博物馆协会现代美术馆委员会（CIMAM）的理事。上海美术馆作为重要的中外文化交流窗口，在外事活动及对外宣传中展示出了良好的形象，在努力实现"功能健全、藏品丰厚、设施先进、人才一流"目标的同时致力于公共文化服务，将上海美术馆变成上海近现代艺术的收藏保管中心、学术研究中心、陈列展示中心、美术教育中心和资料信息中心，致力于搭建最具国际影响力的艺术展示平台。

历任馆长　陈秋草（1956～1985）；方增先（1985.5～）；李向阳（1993.12～2005.7　执行馆长）；李磊（2005.7至今　执行馆长）

业务活动

专题展览　上海美术馆常年举办艺术展览，内容涉及工艺品、服装、装置艺术等各个门类。建馆以来，曾举

办过《中国首届油画展》、《法国印象派绘画珍品展》、《吴冠中捐赠作品展》、《史诗与牧歌——刘大为绘画展》、《被拯救的葵园——许江艺术展》、《国家重大历史题材美术创作巡回展》以及齐白石、黄宾虹、潘天寿等著名画家的展览。同时，专题陈列是上海美术馆艺术展览的重要组成部分，曾举办《吴冠中捐赠作品专题陈列》、《阅读一个时代——贺友直连环画艺术专题陈列》、《民间皮影艺术专题陈列》等展览。

上海美术馆注重展览学术品牌的树立。1996年，由上海市文化局、上海美术馆首次筹办《上海双年展》。《上海双年展》围绕着不同的主题，思考城市如何让生活更美好，搭建城市、艺术和人之间的沟通桥梁。《上海双年展》是上海美术馆一项以展览为依托的重要艺术交流活动，迄今已成功举办七届，推动了上海当代艺术发展在全国范围内的影响，并逐步成为亚太地区乃至世界当代艺术界里重要展览活动。

此外，上海美术馆通过艺术展览宣扬和倡导传统艺术，以大众喜闻乐见的方式宣扬社会主义文明和艺术成果，潜移默化地提升公众艺术修养。曾举办《庆祝香港百年回归·情结·中国海内外华人艺术家作品联展》、《共

和国五十年摄影展》、《岁月履痕——肖峰、宋韧画展》等展览。

藏品管理　上海美术馆现藏有国内外著名艺术家的作品逾万件，藏品涵盖20世纪中国美术发展进程各阶段的内容，涉及油画、国画、水粉、综合材料、雕塑、版画等各个美术门类。

在上海美术馆的各类馆藏中，有20世纪前期试探"中西融合"艺术道路的老一辈画家的典范性作品，有战争时期热血青年的新兴版画木刻作品，有新中国艺术家歌颂社会主义革命和建设的大型油画、中国画，还有改革开放以来年轻艺术家富有现代艺术特征的试验性作品以及能反映上海地区艺术特色的年画、连环画、宣传画。

　[藏品来源]　捐赠和收购

　[藏品专题]　贺友直捐赠作品、黄准捐赠吕蒙作品、王暮兰捐赠沈柔坚作品、吴冠中捐赠作品、李青萍捐赠作品等。

　[藏品总数]　截止2009年底，累计收藏作品9041件/11793幅。

　[重要藏品]　林风眠《捧白莲红衣仕女》（中国画），吴冠中《长江山城》（油画），贺友直《小二黑结

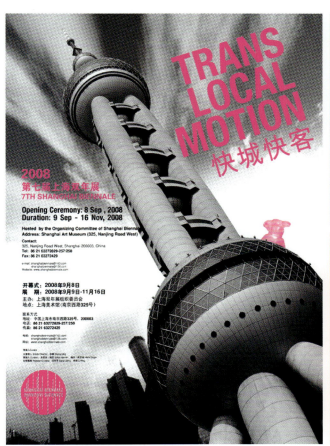

1.《第七届上海双年展》　2.《法国印象派绘画珍品展》　3.《吴冠中捐赠作品展》

1.林风眠《捧白莲红衣仕女》 2.吴冠中《长江山城》 3.贺友直《小二黑结婚》

婚》（连环画）。

[藏品保护] 上海美术馆的库房温度常年控制在20±1℃，湿度在55±3℃，并使用对人体无害的防虫蛀纸对藏品进行防蛀维护，上下辐射厚度为1.5厘米，同时采用避光防火柜体实施藏品存置。藏品仓库设备恒温恒湿机组24小时运作，并设有红外线电子监控设备24小时监控，建立了完善的库房保管维护制度。

学术研究 上海美术馆注重国内外艺术领域的学术研究，机构内部设有学术部门，在学术上形成了一支以中青年为骨干的研究队伍。上海美术馆每年出版学术专著画册近15本，内容包括代表作品、学术评价和理论研究文章，范围涉及油画、摄影、水墨画、雕塑、多媒介艺术等领域，在全国美术核心刊物上发表研究论文，每年出版专著十余种。此外，上海美术馆每年召开具有影响力的艺术研讨会，把握当下艺术圈中的时势走向，探讨美术馆的建设之路。诸多研讨会对于艺术圈乃至城市文化都起到了推进和引领的作用，对构建美术馆公共文化服务平台起到了理论指导的作用。如2006年召开的"公共文化服务体系建设与上海美术馆发展馆外专家研讨会"，在社会上引起了良好的反响。

教育普及 上海美术馆立足于大众，为普及艺术知识、搭建大众亲近艺术的平台而不懈努力。定期出版《上海美术馆之友》导览册，开放图书馆阅览室，开展艺术普及讲座与普及艺术教育活动等。上海美术馆的艺术教育普及活动兼顾受众的不同年龄和层面，力求针对性、专业性和趣味性。例如，邀请知名画家向外籍友人现场示范并指导绘制中国山水画的特别活动；配合第六届上海双年展的主题而举办的系列活动之一《时空邮局》等。从2005年开始，上海美术馆推出"上海美术大课堂"系列活动。自"上海美术大课堂"开课以来，已开展了"上海美术大课堂·中国传统艺术之体验——扎染制作"、"开展流动的美术馆——世博工地行"等活动。

合作交流 上海美术馆从自身职能出发，通过艺术展览、研讨会、艺术讲座等多种形式开展对外交流，不断加强国际、国内、馆际间的文化交流。先后有由上海市新闻办、上海市外办、上海美术馆联合举办的《海上风——上海当代美术作品展》（2002.9.17于德国汉堡）；由上海市文广局、奥地利联邦总理府艺术司、上海美术馆、奥地利艺术之家联合举办的《Ost+West——中国当代艺术展》（2002.10.15于奥地利维也纳）；由上海美术馆、深圳美术馆联合举办的《馆藏〈贺慕群作品展〉》（2004.4.2于深圳美术馆）；上海美术馆、关山月美术馆联合举办的《馆藏〈中国当代艺术展〉》（2004.4.3于关山月美术馆）；由中华人民共和国文化部、爱尔兰文化体育旅游部、上海市文广局、上海美术馆、爱尔兰当代美术馆联合举办的《龙族之梦——中国当代艺术展》（2004.10.26于爱尔兰都柏林）；由香港特别行政区文化事务署、上海美术馆、香港艺术馆联合举办的《世纪先驱——林风眠艺术展》（2007.4.3于香港）等巡回展览以及lenare Verle主讲的"Collaborative Art in the Internet"（2007.10.22）；克劳迪·斯鲁本主讲的"逆流而上——当代社会中摄影家所需扮演的角色及其责任意识"（2008.1.11）；卡洛斯·莫瑞主讲的"二战后的西班牙艺术"（2009.11.13）等艺术交流讲座。

经营管理

［单位性质］ 国有文化事业单位

［经费来源］ 市财政差额拨款

［机构设置］ 设党政办公室、展览部、学术部、典藏部、双展办、教育部、总务部、财务部、保安部、发展部、人事部、艺术品公司等13个业务行政部门。

［人员编制、组成］ 124人。博士生占2%，研究生占8%，本科占28%，大专占34%。

［服务观众项目］ 上海美术馆汇聚专业力量，策划精品展览和学术讲座，为观众提供零距离接触艺术大师、艺术精品的机会。同时，上海美术馆为观众提供语音导览服务以及展览信息介绍服务，并设有图书室供观众阅览中外艺术书刊。上海美术馆对青少年、老年人、残疾人、军人等群体大力推行免费参观，并配备了轮椅、童车等满足观众需求。

［观众接待］ 年约27.5万人次

参观指南

［地址］ 上海市南京西路325号

［邮编］ 200003

［电话］ 021-63272829

　　　　021-63272829-306（售票处）

［传真］ 021-63272425

［电子邮箱］ sh-artmuseum@mail.online.sh.cn

［网站］ http://www.sh-artmuseum.org.cn/

［开放时间］ 每日上午9：00－下午17：00（下午16：00停止入场）

［票价］ 成人20元；成人团体16元/人；学生5元（凭学生证），学生团体免费；老年人、军人、残疾人、16周岁以下未成年人免费（凭相关证件）。

（撰文：上海美术馆）

上海监狱陈列馆
Shanghai Prison Exhibitiom Hall

概述

类型 社会科学类历史专题博物馆

隶属关系 上海监狱管理局

筹建时间 1997年

正式开放时间 1999年12月29日

所在位置 虹口区提篮桥监狱内

面积 展览面积2800平方米

建筑、布局 陈列馆位于提篮桥监狱内的"十字楼"，一楼为序厅；三楼为中国监狱史、上海监狱史、革命人物、抗日纪念、监狱书报资料展厅；二楼为服刑人员书画艺术展厅、提篮桥监狱展厅；六楼为库房。

提篮桥监狱始建于1901年（清光绪二十七年），启用于1903年5月18日。初建时为美国式，占地面积10亩左右，主要有2幢4层高的监楼，后经陆续扩建、改建，到1935年才形成如今的规模，系英国式建筑，占地面积60.4亩。提篮桥监狱主要有5层高的监楼9幢，4层、6层高的监楼各1幢，共有各种监室近8000间，还有办公楼、医院、炊场、工场、岗楼、防暴监（橡皮监）、绞刑房等，四周有5米多高的围墙。由于其建筑精良、规模宏大，在20世纪30年代曾号称为"远东第一大监狱"。

历史沿革 提篮桥监狱初称"上海公共租界工部局警务处监狱"或"上海工部局监狱"，俗称"华德路监狱"（监狱所在地长阳路，1943年8月以前称华德路）、"外国牢监"、"西牢"等。先后由英国人为主的公共租界工部局、侵华的日本人、汪伪政府、国民政府的统治。1949年5月，被上海市军事管制委员会接管。同年9月21日，正式挂牌成立上海市人民法院监狱，1951年8月更名为上海市监狱；1995年6月更名为上海市提篮桥监狱。

上海监狱陈列馆的馆址，即"十字楼"，高6层，楼顶有4个放风场。建筑面积6560平米，建于1934年，1935年9月15日启用，原系关押外国籍男犯的牢房，四周有围墙与关押中国籍犯人的区域分门进出，故称"外人监"或"西人监"。每个监室内有固定的桌凳、台子、铁床和抽水马桶，关押条件大大好于华人关押区域。1945年12月起，"十字楼"辟为上海战犯拘留所；到1947年2月，先后关押过几百名日本战犯和20多名德国纳粹战犯。1946年1～9月，盟军美军军事法庭曾在这幢大楼内审判过47名日本战犯。1947年2月以后，日本战犯撤去后，该处辟为上海高等法院临时看守所，以后又改为上海地方法院第三看守所分所，直至1949年5月上海解放。1949年8月至1958年8月，该楼为提篮桥监狱的女监，大汉奸汪精卫之妻陈璧君曾关押于此。1998年12月起，开设上海监狱陈列馆。

历任馆长　徐家俊（2000至今）。

业务活动

基本陈列　上海监狱陈列馆是国内第一家集中反映中国各地监狱历史概况的场所，馆内陈展了上起夏商周、下到元明清的各类监狱名称，绘制了监狱"祖师"皋陶、萧何的画像，复制了山西苏三监狱的场景、江西上饶集中营的铁藜笼、宋代押犯的囚车、河南内乡县衙监狱的水井和"匪类墩"，河南禹州古均台和开封八卦楼监狱的模型；陈列了大连旅顺日俄监狱犯人的囚服和民国时期包括台湾、香港、澳门在内的各地监狱照片。系统地陈列了全国出版、编印的近400种监狱类书籍，几十种监狱类刊物、近百种监狱小报。主要展品有清代上海犯人使用的木枷、木笼。清咸丰六年（1856）建造的厦门路监狱大门（均系原物的移地搬迁）、提篮桥监狱的橡皮监、风波亭（禁闭室），由英国伦敦哈脱公司制造的监狱锁具、控制看守人员巡逻的更表、监狱的各种消防器材、反映时代沧桑的窨井盖，租界时期犯人穿着的囚服、手铐、脚镣，监狱看守使用的"三脚凳"。同时还陈列了王孝和烈士、曹荻秋、李干成使用过的部分物品。陈列馆挂牌标志了汪伪大汉奸汪精卫之妻陈璧君解放后关押的牢房及其相关设施；还展示了许多反映上海地区不同时期的监狱历史照片等。

宣传教育　上海监狱陈列馆与监狱系统的编史修志相结合，截止到2009年底，共出版了《上海监狱志》（751～2000年）、《上海监狱年鉴》（2001～2008年）。

自2000年来，上海监狱陈列馆与各电视观合作拍摄过多部专题片，在电视台多次播放，其中有《记忆》、《狱殇》，（上、中、下三集）、《上海监狱陈列馆》、《监狱陈列馆》，以上四部专题片，现已编为一集，在监狱陈列馆内连续播放。

经营管理

[单位性质]　国有事业单位

[经费来源]　上海监狱管理局拨款

[观众接待]　年约3万人次

参观指南

[地址]　上海市虹口区长阳路147号

[邮编]　200082

[电话]　021-35104888

[传真]　021-65458819

[网站]　jyj.sh.gov.cn

[开放时间]　仅接待团体参观，须预约，周六、周日，节假日不开放。

[票价]　免费

（撰文：上海监狱陈列馆）

上海海洋大学博物馆

Shanghai Ocean University Museum

概述

类型　自然科学类水生生物学专题博物馆

隶属关系　上海海洋大学

正式开放时间　2002年11月1日

海洋大学博物馆外景

所在位置　杨浦区军工路上海海洋大学内

面积　占地面积1036平方米

建筑、布局　建筑高11米，分为上下两层。

历史沿革　上海海洋大学博物馆被列为上海高校重点建设的十家民族文化博物馆之一。该馆前身为1952年11月创建的上海水产学院海洋渔业研究室下设鱼类标本室。1958年10月东海水产研究所创立，海洋渔业研究室由上海水产学院及东海水产研究所合办，并更名为"鱼类研究室"。当时所藏标本有900余种，25000余号。至1962年标本达1100余种，30000余号。1972年上海水产学院迁往厦门办学，鱼类研究室被一分为二，并随学校南迁，在厦门水产学院另组鱼类研究室。1981年学院迁返上海，鱼类研究室再次被分割，随迁标本约20000号。经过数年潜心收集，现有馆藏标本40000号，其中定名标本2000余种，模式标本近40种。1999年，该室被中共上海市委宣传部、上海市科委、市科协和市教委命名为"上海市水生生物科普教育基地"。2002年10月，上海水产大学鲸馆落成，并于2002年11月1日起正式对外开放。2008年3月，上海水产大学更名为上海海洋大学，鲸馆更名为上海海洋大学博物馆。

历任（鱼类研究室）主任　朱元鼎（1952.11～1986.12）；伍汉霖（1987.1～2001.3）；唐文乔（2001.3～2002.10）；林海悦（2002.11～2006.7 常务副馆长）；宁波（2006.8至今 常务副馆长）。

业务活动

基本陈列　上海海洋大学博物馆以《自然、人、环境》为主题，融水生物标本收藏与展示、休闲与旅游为一体。馆内设有鲸类与水生生物标本两大陈列。《鲸馆》的陈列面积为932平方米，以标本、版面图文和藏品标签形式为主，展出了包括抹香鲸骨骼在内的多种大型水生动物标本、贝类标本以及反映中国鱼文化的人文物件，展品数约

鲸馆展厅

500件。其中重要展品有体长18.4米的抹香鲸外形标本和骨骼标本、中华鲟标本、扬子鳄标本、红海龟标本、豹纹鲨标本、鹦鹉螺标本等。《水生生物科技馆》陈列面积为480平方米，展出馆藏各类水生生物标本800余种，其中重要展品有中华白海豚、江豚、大鲵、玳瑁、金枪鱼等水生动物标本；以及日本明仁天皇赠送稀有鱼类标本。

专题展览　博物馆自开馆以来，举办、合办了多个专题展览，2007年3月5日至30日，参加了由上海11家高校参与的上海科技馆《2007上海高校民族文化博物馆联展》；2007年4月底至6月中旬，参加了由杨浦区文物管理委员会办公室、区文化局等部门单位在上海院士风采馆举行的"走近文化遗产，探寻科学世界——杨浦区域博物馆馆藏文物集锦"活动，整个展览历时一个半月，有近万名市民特别是中、小学生前往参观。

藏品管理

[藏品来源]　以采集和捐赠为主

[藏品类别]　分为生物标本和水族人文物件两大类

[藏品统计]　共计约4万余号

[藏品保护]　为了延缓生物标本的自然老化，防止物化生物因素的破坏，所有藏品都经过了生物防腐技术处理。

宣传教育　上海海洋大学博物馆在积极完善基本陈列的同时，还利用学科优势，大力加强水生生物的科普宣传与教育。编辑出版了《水族趣话》，举办了"中国文化中的鱼文化"、"蟹文化"、"乳酸菌与健康"、"中国鱼文化概论"等具有较强科普性的讲座。

交流合作　博物馆多次与日本、新加坡、英国、加拿大、韩国有关大学及博物馆合作进行短期研究，与中国科学院水生生物研究所、中国水产科学研究院、中国鱼类学会、中国水产学会等国内鱼类资源研究机构，及日本、美国、韩国、台湾、香港等国家和地区的研究机构、亚洲水产学会等国际学术组织保持着长期友好学术交流。先后有日本鳐类研究所所长石原元、日本鱼类学会会长阿部宗明、北海道大学教授仲谷一宏、美国生命研究所所长等专家学者到上海海洋大学博物馆作短期访问和研究。

经营管理

[单位性质]　国有事业单位

[经费来源]　上海海洋大学拨款，同时接受上海市政府部门项目资助

[人员编制、组成]　2人，其中常务副馆长1名、主管1名。

[观众接待]　年约2万人次

参观指南

[地址]　上海市杨浦区军工路318号（周家嘴路口）

[邮编]　200090

[电话]　021-65710081

[电子邮箱]　museum@shou.edu.cn

[开放时间]　工作日8:30—16:30

[票价]　10元（对青少年免费）

（撰文：上海海洋大学博物馆）

上海陶行知纪念馆

Shanghai Tao Xingzhi Museum

概述

类型　社会科学类名人专题博物馆

陶行知纪念馆正门

纪念馆内一景

隶属关系　宝山区教育局

筹建时间　1982年10月

正式开放时间　1986年10月18日

所在位置　宝山区大华行知公园旁

面积　占地面积3500平方米、建筑面积1600平方米

历史沿革　1982年10月，陶行知生前好友和学生在山海工学团（陶行知1932年在上海市宝山县大场乡所办普及教育的机构）50周年纪念座谈会上倡议在当年山海工学团所在地——大场，为人民教育家陶行知建立纪念馆。随即由上海市陶行知研究会和山海工学团提出报告，经市政府批准建馆，专设陶行知纪念馆筹委会，由上海市陶行知研究会正副秘书长负责基建和展品、资料的征集等工作。1984年12月9日陶行知纪念馆奠基，1986年10月建成，同年10月18日举行陶行知先生诞辰95周年纪念会同时举行开馆揭幕仪式。馆名字体借用1984年胡耀邦总书记为安徽陶行知纪念馆所题"陶行知纪念馆"。

纪念馆地处陶行知当年创办的山海工学团下的棉花工学团所在地——大场镇场南村沈家楼，由一组兼具徽州（陶行知的家乡）民居和苏州园林特色的建筑组成，占地1746平方米。1991年7月与该馆毗邻的"行知第一小学"校舍划归该馆所用，同年10月改建竣工，共占地3820平方米，建筑面积1910平方米。纪念馆门内的长廊中，悬挂着毛泽东、周恩来、宋庆龄、朱德、冯玉祥题词的木刻。展厅内布置了实物8件、照片400帧以及江泽民等党和国家领导人的题词。展厅出口处，花木掩映中耸立着一座陶行知先生汉白玉塑像。

2002年纪念馆由于沪太路拓宽工程而迁址重建于大场南部的大华行知公园旁边，新馆保持了原有建筑特色，占地3500平方米，建筑面积1600平方米，400平方米的小湖居于全馆的中央。2003年3月，陶行知纪念馆被上海市人民政府命名为"上海市爱国主义教育基地"，是宝山区十个德育基地之一。

历任馆长　余洁生（1986～1990）；张国琪（1990～1999）；朱肃霞（1999～2003　副馆长）；陆黎明（2003～2008　副馆长）。

业务活动

基本陈列　陶行知纪念馆基本陈列是《陶行知生平事迹展览》，版面共分六大部分，以陶行知生前教育改革实践为主要线索，将其丰富多彩的社会活动、政治活动充实其中。分别展出陶行知生平各个不同时期的经历、遗著、遗物，较为完整全面地反映伟大的人民教育家的光辉一生。

第一部分"清贫农舍——哥伦比亚大学"，着重反映陶行知所接受的中西合璧的教育以及立志教育爱国亲民信念的萌芽。

第二部分"南京高师——晓庄师范"，着重反映学有所成的陶行知如何怀着振兴祖国的信念投身教育改革，全力以赴开展乡村教育运动，从而奠定生活教育理论与方法的基础。

第三部分"科学下嫁——山海工学团"，着重反映不屈不挠的陶行知在遭遇挫折的路上上下求索，结合国情，锐意创新，并初步展露社会活动家的潜质。

第四部分"育才学校——社会大学"，着重展示陶行知对生活教育理论的不断完善及其作为一名活跃在当时政治社会舞台上的全方位的活动家的风采。

第五部分"最后一百天——巨星殒落，四海同悲"，着重展示陶行知在生命的最后100天中为中国的命运、前途而呼吁抗争的志士风采。

第六部分"一代宗师，万世师表，属于中国，属于世界"，是海内外对陶行知的评价，是陶行知研究的逐步扩展。

基本陈列的版面在展示陶行知生平各个不同时期的经历时，不同历史时代有不同的展示表现手法和艺术特点：

第一，以不同的色调反映不同的主题。在"清贫农舍——哥伦比亚大学"部分，色调以灰白色为主，地面铺设的是青石板，踩在这纯朴清新冷峻的青石板上，能让人仿佛又回到了陶行知家乡歙县的浓浓徽州氛围之中。反映乡村教育运动的"南京高师——晓庄师范"，色调以绿色为主，象征着晓庄师范富含的乡土风味和勃勃生机。在反映陶行知生命最后一百天的"巨星殒落，四海同悲"以及"一代宗师，万世师表，属于中国，属于世界"两部分，色调以红色为主，并以红烛为元素，充溢整个展厅。这是对陶行知"捧着一颗心来，不带半根草去"的奉献精神的礼赞。

第二，以不同的门楼设计反映不同的主题。陶行知纪念馆各个展厅门楼的设计，紧扣每一个展厅展示的主题。序厅到第一展厅的门楼，模仿的是崇一学堂、许国石坊的风格，展示了陶行知家乡的徽州风情。第一展厅到第二展厅的门楼，仿照的是晓庄小学、燕子矶幼稚园门的风格，与展示的主题紧紧熨贴。第二展厅到第三展厅的门楼，突出了上海特色。当表现陶行知在上世纪30年代出访欧美亚非28个国家和地区时，则以船舱的形式展示内容，突出了出访海外的气氛。当表现陶行知生命的最后时光时，第六展厅的门则以陶行知的墓门来表现。庄重、肃穆，蕴含着后人对陶行知深深的崇敬。

第三，教育性、艺术性的统一。为与新馆版面内容变化相适应，展示的方式是广泛运用声、光、电等科技手段，充分运用多媒体触摸屏、小场景、影景合成、景观、全景画、背投大屏幕、灯箱、电动图表、翻板模拟参与等手段丰富展览内容，增加观众与纪念馆陈列展览之间的参与和交流，将教育性与艺术性有机地结合起来。突破了原馆照片与实物简单组合的形式，增添了陈列的观赏性和艺术性。使观众走进纪念馆真正感受陶行知的伟大，体验历史的不朽。

陶行知纪念馆的基本陈列面积600平方米，陈列藏品300多件，其中有陶行知出访欧美亚非28个国家和地区随身携带的皮箱，陶行知在美国的演讲铝合金唱片，冯玉祥赠陶行知结婚礼物——怀表，陶行知手书折扇等。

专题展览　此外，陶行知纪念馆还设有一个常设的专题展示——《幼儿教育专家陈鹤琴生平事迹展》，展厅面积约50平方米，特色展品有陈鹤琴生前所用物品。

近年来，陶行知纪念馆举办过的短期专题展览有：结合教育系统师德教育的要求，增辟了《陶行知的战友及

陶行知的随身皮箱

早期学生简要事迹展》、《上海市学陶先进人物展》以及《各省市学陶实验学校实践陶行知教育思想成果展》。根据宝山特点，增辟了反映以行知中学为代表的教育实践活动版面，以及《陶行知生平事迹流动展》。

藏品管理

[藏品统计]　陶行知纪念馆不断开展藏品征集工作，到2008年为止，藏有实物15件，照相底片2500张；有各种旧版本的陶行知著作79种；有80年代之后出版的两种版本的《陶行知全集》；有20年代到40年代出版的杂志四五种数百册；还有新近出版的各种陶行知研究文集124种。另外，有著名人士和书法家所赠书画68幅。

宣传教育　纪念馆在学术研究基础上，出版了一批专著，主要有：《师魂永存》、《陶行知读本》、《万世师表》、《行知礼赞》、《陶行知佚文集》、《一品大百姓》、《陶行知教育思想论述》、《陶行知的故事》等。

中国陶行知研究会陶行知纪念馆工作专业委员会办公地点设立在上海市陶行知纪念馆，纪念馆作为专业委员会成员，定期参加年会活动。

经营管理

[单位性质]　国有文化事业单位

[经费来源]　区财政全额拨款

[机构设置]　设馆长书记办公室、宣传办公室、资料办公室、总务办公室。

[人员编制、组成]　13人。其中教师编制6人，职员编制4人，工人编制3人。人员学历为本科学历5人，本科在读2人，专科学历3人。

[服务观众项目]　纪念馆另设有开展入团（队）宣誓仪式等集体活动的场地和播放专题录像、举行各类专题学术报告会的多功能厅以及陶行知网站、阅览室、资料室、文物保管室、多媒体教室、活动室等服务项目和设施。

[观众接待]　年约1万人次。

参观指南

[地址] 上海市宝山区武威东路76号

[邮编] 200442

[电话] 021-66670825、021-66670660

[传真] 021-66397768

[电子邮箱] mhai001@126.com

[网站] WWW.TXZMUSEUM.ORG.CN

[开放时间] 周二至周日（8:30—16:00），周一闭馆，国定假日照常开放。

[票价] 教师学生团体预约免费，军人、七十岁以上老人、残疾人免费，成人8元，学生2.5元。成人带学生，学生免费。

（撰文：上海陶行知纪念馆）

上海黄炎培故居

Former Residence of Huang Yanpei

概述

类型 社会科学类名人专题博物馆

隶属关系 浦东新区区委宣传部

筹建时间 1992年5月

正式开放时间 1992年5月27日

所在位置 浦东新区川沙镇

面积 占地面积733.2平方米、建筑面积486平方米

建筑、布局 原是清代咸丰九年（1859）举人内阁中书沈树镛所建"内史第"的第三进房屋—内宅楼，系一幢坐北朝南、一正两厢、二层楼的砖木结构房屋。1878年10月1日黄炎培诞生于内宅楼的东首厢房。

历史沿革 黄炎培（1879～1965）22岁考中第一名秀才，25岁考中举人，26岁被聘为川沙小学堂校长，28岁参加同盟会，29岁任浦东中学校长。辛亥革命后，曾任江苏省教育司司长，江苏省教育会副会长，江苏省议会议员。1917年在上海创立中华职业教育社，任理事长。抗战时期，曾任国民参政员。建国后，曾任中央人民政府委员，政务院副总理兼轻工业部部长，全国人大常委会副委员长，政协全国委员会副主席，中国民主建国会主任委员。1965年在北京逝世，享年88岁。

故居地处低洼，损坏严重，但原貌基本未改。1986年8月2日，黄炎培故居被核定为川沙县文物保护单位。1990年川沙县人民政府拨款修缮，按原貌将地基填高50公分，落架大修，于1991年10月底竣工，陈云为故居题名。修缮后的建筑占地面积733.2平方米，建筑面积486平方米。1992年5月，成立黄炎培故居管理所，属川沙县（1993年改为浦东新区）文物管理所领导。1992年5月27日故居正式对外开放，同年6月1日被公布为上海市文物保护单位。

历任负责人 陈伟忠（1992～2002）；徐汇言（2002至今）。

业务活动

基本陈列 故居内现设有《黄炎培先生生平陈列展》，分为"少年时期"、"青年时期"、"倡导职教"、"抗日爱国"、"中共挚友"、"人民公仆"、"人民怀念"七个部分，展出了《延安归来》、《黄炎培日记》、《黄炎培家谱》（皆为原版本）等书籍；黄炎培与毛泽东、刘少奇、朱德等来往的信件（复印件）；以及黄炎培在北京安儿胡同居住时地用具等275件实物、资料，展现了黄炎培从一个封建秀才、举人成长为人民共和国领导人的光辉一生。

经营管理

[单位性质] 国有文化事业单位

[经费来源] 财政全额拨款

俯视黄炎培故居

复原陈列

[观众接待] 年约2万人次

参观指南

[地址] 上海市浦东新区川沙镇兰芬堂74弄1号

[邮编] 201200

[电话] 021-58921865、021-58929513

[传真] 021-58921865

[电子邮箱] hypgj@126.com

[开放时间] 8：00－16：30（全年开放、无假日）

[票价] 免费

（撰文：上海黄炎培故居）

上海淞沪抗战纪念馆

Shanghai Song-Hu Campaign Memorial Hall

概述

类型 社会科学类历史专题博物馆

隶属关系 宝山区文化广播电视管理局

筹建时间 1999年3月22日

正式开放时间 2000年1月28日

所在位置 宝山区临江公园内

面积 占地面积6000平方米、塔体建筑面积3490平方米

建筑、布局 主体是一座用钢材、玻璃等现代建筑材料表现传统建筑形式美的纪念塔，塔高53米，共12层，是一个馆园结合、塔馆合一、颇具建筑特色的园林式纪念馆。有30米长的"淞沪魂"石刻主题画墙、"淞沪军民抵抗日军侵略"大型雕塑和《义勇军进行曲》曲谱墙等艺术建筑；有文化广场和大草坪；还有"姚子青抗日牺牲处"纪念碑等多处人文历史景点。

历史沿革 在中国人民伟大的抗日战争中，英勇的上海军民不畏强暴，浴血奋战。"一·二八"、"八·一三"两次淞沪抗战，成为上海近代史上厚重的一页。为勿忘历史，缅怀先烈，兴我中华，在20世纪90年代，生活在曾是两次淞沪抗战主战场的宝山人民，就以满腔热情，积极倡议筹建上海淞沪抗战纪念馆。1995年，中共上海市委批复同意筹建上海淞沪抗战纪念馆，指出"筹建淞沪抗战纪念馆对于开展爱国主义教育，加强精神文明建设具有积极作用"。上海淞沪抗战纪念馆于1999年3月22日正式动工兴建，2000年1月28日竣工开放。

历任馆长 谭玉岐（1998.9～1999.12）；黎英奎（2000.1～2002.2）；陈贤明（2002.3～2005.6）；汤明德（2005.7至今）。

业务活动

基本陈列 纪念馆塔基部分共3层，设为陈列区。整个基本陈列分为四个部分：第一展厅《抗日战争与上海陈列》，以大量珍贵的历史影像资料、图片及有关文物，概要介绍了以二次淞沪抗战为主的上海人民14年抗战史；第二展厅《淞沪抗战史事掇英——血沃淞沪陈列》描述了"义勇军海塘退敌"、"众店员舍身取义"、"罗店镇白衣勇士"、"小英雄方塔就义"、"和籍团血洒江湾"等18个淞沪抗战中发生的故事，陈列充分运用了声、光、电及多媒体技术，给人以强烈的视觉冲击力；第三展厅《抗战文化系列——张明曹抗战美术作品展》，展现的是抗战时期著名的美术家张明曹有关抗日题材的部分版画作品以及珍贵实物；第四展厅《侵华日军暴行展》集中展示了侵华日军在上海烧杀掠夺的罪恶行径、中国军队在"一·二八"和"八·一三"事变中抗击日军侵略的珍贵史料和历史遗物。

藏品管理

[藏品来源] 接受捐赠和征集

[藏品统计] 总数251件

淞沪抗战纪念馆外景

展厅一角

[重要藏品]　重要藏品有签名轴、急公好义金丝绣匾、十九路军军服等。

宣教科研　上海淞沪抗战纪念馆还积极开展与抗战有关的学术研究，主要出版物有：《淞沪魂》、《四个月战争：1937》、《抗战史迹大观》、《口述淞沪抗战》（一）、（二）等。2003年纪念馆举办了以"中国革命纪念馆的责任与合作"为主题的全国论坛。近年来又先后参加了中国人民抗日战争纪念馆、长春伪满皇宫博物院、侵华日军南京大屠杀遇难同胞纪念馆和上海有关纪念馆的学术交流活动并举办了"一•二八"、"八•一三"专题学术研讨会等学术交流活动。

纪念馆的一楼影视厅内常年滚动播放抗战系列短片、资料片及故事片。纪念馆还不定期地举行各类有关抗日题材的讲座。并为青少年和各级党、团组织举办戴红领巾仪式、14岁生日、18岁成人仪式、入团仪式、入党仪式等各种形式的宣传教育活动。

经营管理

[单位性质]　国有文化事业单位

[经费来源]　区财政全额拨款

[机构设置]　设办公室、宣教部、业务部、研究室

[人员编制]　17人

[观众接待]　约22万人次

参观指南

[地址]　上海市宝山区友谊路1号

[邮编]　201900

[电话]　办公室：021-66786322

　　　　宣教部：021-66786377

[传真]　021-66786322

[网站]　www.china813.com

[开放时间]　周二至周日9：00－16：00（周一馆休）

[票价]　免费

（撰文：上海淞沪抗战纪念馆）

上海博物馆

Shanghai Museum

概述

类型　艺术类博物馆

隶属关系　上海市文物管理委员会

创建时间　1950年

正式开放时间　1952年12月

上海博物馆外景

所在位置　黄浦区人民广场

面积　占地面积1.1万平方米、建筑面积建39200平方米

建筑、布局　建筑高度29.5米，建筑造型为方体基座与圆形出挑相结合，具有"天圆地方"的寓意。整个场馆共分为7层，地下2层，地上5层。地下2层为库房、图书馆和资料室，地下1层为办公区域。展览面积12000平方米。一楼为中国古代青铜馆、中国古代雕刻馆和第一临展厅，二楼为中国古代陶瓷馆和第二临展厅，三楼为中国历代书法馆、中国历代绘画馆和中国历代玺印馆，四楼为中国历代钱币馆、中国少数民族工艺馆、中国古代玉器馆、中国明清家具馆和第三临展厅，五楼为办公区域。

历史沿革　1949年5月上海解放，上海市文物管理委员会宣告成立。1950年决定筹建上海博物馆。经过两年的积极筹备，征集了一大批文物精品，为陈列展览奠定了坚实的物质基础，于1952年12月21日在南京西路325号（原跑马厅大厦）开馆。1953年7月，上海博物馆划归上海市文化局领导。1959年，上海博物馆迁至河南南路16号（原中汇银行大厦）。1960年9月，上海市文物管理委员会与上海博物馆合署办公。1962年12月，在建馆十周年纪念会上，中央文化部授予上海博物馆褒奖状。1964年8月，中央文化部表彰上海博物馆抢救大量古代青铜器，在文物保护方面做出了重要贡献。在1966年开始的"文化大革命"动乱期间，上海博物馆的工作几乎处于停顿状态。到70年代初，博物馆业务逐步恢复。1972年，举办业务恢复后第一个展览——《上海出土文物展览》。1986年后，上海博物馆花5年时间，分期分批改建完成了青铜、陶瓷、书画、古代雕刻四个陈列室，陈列内容体现了新的学术研究成果，陈列形式有新的突破，陈列面貌焕然一新，达到国际一流水平，受到了国内外专家学者的一致好评。1987年1月，上海博物馆升格为副局级单位。1988年10月，上海市文物

管理委员会恢复独立建制，上海博物馆仍旧划归其领导。1990年，上海博物馆在龙吴路1118号建造了4000平方米的参考品库房和文物保护技术实验室，改善和加强了文物保护工作。1992年9月，在虹桥路1286号增设了上海博物馆分馆——中国钱币馆。1993年8月起，上海博物馆新馆建设工程在人民广场开工，1996年10月12日正式建成开放。

上海博物馆建馆50多年来，有许多知名专家对博物馆的建设和发展、学术和科研水平的提高，作出了突出贡献，其中主要有：

徐森玉（1881～1969）名鸿宝，浙江吴兴人，毕生为文物、古籍保护作出了卓越贡献。建国前曾任清史馆纂修、北京大学图书馆馆长、中央博物院理事和故宫博物院古物馆馆长等职。解放初期参与筹备上海博物馆和上海图书馆，四处访求文物珍品、善本图书，为博物馆、图书馆收购了大量稀世之宝。在担任上海市文物管理委员会主任和上海博物馆馆长期间，征集了王献之《鸭头丸帖》、怀素《苦笋帖》、司马光《手迹》、苏轼《文同合卷》等稀世珍品。由于徐森玉对文博工作的重大贡献，中央文化部于1962年12月21日上海博物馆建馆十周年时向他颁发奖状。

沈之瑜（1916～1990）原名茹志成，浙江杭州人。从事文博工作近40年，1958年后主持上海博物馆工作，先后建立了文物修复复制工场、文物保护技术科学实验室和电脑室，为文物保护和科学管理打下基础；1972年后将上海博物馆综合陈列改为四个专题陈列，提高陈列的学术性、系统性、艺术性；改革开放后，他筹划、组织出国展览，加强对外文化交流，提高了上海博物馆的国际声誉；他领导了编辑出版文物图录、专著和《上海博物馆集刊》，加强了博物馆的学术研究。

谢稚柳（1910～1997）原名谢子栎，江苏武进人。著名画家、书画鉴定家，致力于古书画研究，擅绘山水、花鸟、人物，撰有《敦煌石室记》、《敦煌艺术叙录》、《鉴余杂稿》等专著，编撰《唐五代宋元名迹》、《董源巨然合集》等。1950年入上海市文物管理委员会，历任市文管会副主任、顾问，市文物收购鉴定委员会副主任，上海博物馆顾问、研究员等，还兼任国家文物局全国古代书画鉴定小组组长，连续八年对全国各省市博物馆所藏书画作了真伪与等级鉴定，1992年获国务院"为文化艺术事业做出突出贡献"证书。

马承源（1927～2004）浙江镇海人。1954年进上海博物馆，历任上海市文物管理委员会常务副主任、上海博物馆馆长、国家文物鉴定委员会委员等职。在主持上海博

物馆工作中，积极开展学科研究，革新陈列体系与陈列形式，举办出国展览与学术交流，倡议并主持上海博物馆新馆建设，使上海博物馆进入世界著名博物馆行列，他致力于青铜器研究，著有《商鞅方升和战国量制》、《商周青铜双音钟》等论文，编撰《中国古代青铜器》、《中国青铜器研究》等专著；主编《商周青铜器纹饰》、《中国文物精华大词典（青铜卷）》、《中国青铜器全集》和《中国玺印篆刻全集》等；卸任后潜心学术研究，主编出版《上海博物馆藏战国楚竹书》这部对中国古文字学、历史学、文献学等多种学术领域极具价值的多卷本著作。1991年获国务院"为文化艺术事业做出突出贡献"证书，1996年荣获美国亚洲文化委员会授予的洛克菲勒奖，1998年荣获法兰西共和国国家荣誉军团勋章，2000年获全国文化系统先进工作者称号。

汪庆正（1931～2005）江苏苏州人。1952年进入上海市文物保管委员会，历任上海博物馆副馆长、上海市文物管理委员会副主任、中国古陶瓷学会会长等职。对中国古代陶瓷有系统和深入的研究，在他指导下的宋代汝窑窑址的发现是中国陶瓷史研究上的重大突破；撰写或主编《简明中国陶瓷辞典》、《中国陶瓷全集》元代卷和清代卷、《中国陶瓷辞典》（英文版）等专著，在国内外文博界产生重大影响。汪庆正在任上海博物馆副馆长期间，积极促成了一些具有广泛社会影响的重大文物捐赠和征集，并在新馆筹建过程中承担起新馆建设筹款小组组长的职责，使上海博物馆新馆自筹资金达1000万美元。他建立的上海博物馆瓷器陈列体系居国内陶瓷陈列领先地位；同时还他培养了一批中青年陶瓷研究专家，使得上海博物馆陶瓷研究整体水准处于该领域的前沿，为学界瞩目。2004年，汪庆正获国务院侨办、中国侨联表彰的"全国归侨侨眷先进个人"荣誉称号，2005年4月获法国文化部授予的"文学艺术勋章"。

陈燮君（1952～ ）浙江宁波人，现任上海市文物管理委员会副主任、上海博物馆馆长、中国博物馆学会副理事长等职。作为上海博物馆馆长，陈燮君加强基础业务建设和管理工作，积极促进博物馆"三大功能"的现代化，积极促进海外文物回归祖国，组织了"晋唐宋元书画国宝展"、"《淳化阁帖》大展大赛大讲坛"、"周秦汉唐文明大展"等一系列产生了较大社会影响的展览与活动，其中"晋唐宋元书画国宝展"荣获2003-2004年度全国十大精品展览称号。陈燮君在文物研究方面发表了大量著述，带领团队完成了一系列重要课题，并在国内外学术活动和

总体策划方面发挥了重要作用，曾获上海社会科学院精英奖、上海市有突出贡献的中青年专家称号和全国、省市哲学社会科学优秀成果奖70多项。

历任馆长 杨宽（1952.12～1959.12 副馆长）；王一平（1957.6～1958.5）；徐森玉（1960.11～1966.12）；沈之瑜（1979.2～1985.2）；马承源（1985.2～1999.3）；陈燮君（1999.3～2000.11 常务副馆长）；陈燮君（2000.11至今）。

业务活动

基本陈列 上海博物馆曾多次调整修改基本陈列。建馆初期，基本陈列按照历史时代分设史前时期、商代、西周到近代工艺品等十大陈列室。1959年迁馆后，改为按社会发展阶段排列，分设原始社会、奴隶社会、封建社会前期、后期，近现代工艺品等陈列室。1966年因"文化大革命"，被迫撤陈。1972年恢复业务活动，将综合陈列改为专题陈列，先后设立青铜器、陶瓷器、书画、古代雕刻四个专题陈列。1996年建成的新馆，共设有10大陈列专馆：

《中国古代青铜馆》陈列面积1200平方米，展出藏品400余件，分为青铜工艺、铸造技术、边远地区青铜工艺三个部分。第一部分是整个陈列的重点，集中陈列商周时代具有代表性的精美青铜器，体现了我国青铜工艺的辉煌成就。第二部分着重展示了古代开矿、冶炼、陶范制作和合金浇铸等青铜器铸造过程的实物和示意模型，突出了古代青铜冶炼技术的成就。第三部分展示了古代边远地区民族的青铜器在民族文化交流和融合过程中的杰出成就。整个青铜馆采用绿色为主色调，着重突出凝重古朴的历史感，在300米长的展线上，打破单一空间模式，利用壁龛和中心柜的自由组合，形成九个不同的空间，以空间变化和展品器形的不同变化，使观者不断产生新鲜感，不因展线过长和单调而产生疲惫感，也不因文物众多而分散注意力，始终保持兴趣盎然的心态。

《中国古代雕塑馆》以金、红、黑三色构成基本色

怀素《苦笋帖》

调，莲瓣形的隔墙、佛龛式的壁橱和露置的陈列形式为展品添加了生命的律动，使观众产生流连于石窟寺的特殊感受。100余件展品上起战国，下至明代，展示了富有民族传统的雕塑艺术成就，尤其中国佛像雕塑艺术的展示，可以让观众从中体察到佛教作为一种外来文化，最终与中国民族文化融为一体的发展过程。

《中国古代陶瓷馆》分7个部分陈列陶瓷精品500余件，由新石器时代的彩陶、灰陶至唐代南方青瓷和北方白瓷，再经宋、金、辽时代百花齐放的青釉、白釉、黑釉和彩绘瓷，最后到元、明、清三代作为中国瓷业集大成者的景德镇制品，集中展示历代名瓷佳作，系统地体现了8000年间中国陶瓷发展的历史。在陈列的最后部分还专设了瓷窑复原模型，再现了古代制瓷工艺的历史场景。这是一个融中国陶瓷史、艺术鉴赏和科学研究于一体的综合性专馆。

《中国历代绘画馆》陈列面积1200平方米，展出的120余件历代绘画精品，上自唐宋元名迹，下至明代浙派、吴门画派、松江画派、清初四王、四僧及扬州画派和清末海

梁楷《八高僧图》

上画派的杰作，这些风格多变，独具创意的作品，反映了中国绘画的悠久传统和底蕴。整个展厅内长廊飞檐，轩窗低栏，以传统的古建筑风格透出儒雅的书卷气息，在陈列的形式设计方面以明敞、简洁、典雅为特色。为有效地保护古代绘画作品，并方便观众欣赏，陈列室内采用了自动调节光照的感应射灯。

《中国历代书法馆》是上海博物馆新馆特别辟出的独立专馆，整个展厅面积为600平方米，展出约80件书法精品，重点突出了唐宋以降各个时代的名家手迹，系统展示了中国书法艺术的历史轨迹。

《中国历代玺印馆》是目前国内外第一个专题陈列玺印篆刻的艺术馆，陈列面积380平方米，展出玺印篆刻500余件，以印章艺术的发展历史为线索分为四大部分，上自西周，下迄清末，向观众展示了中国印史的悠久历程和艺术风貌。

《中国古代玉器馆》陈列面积500平方米，共展出上自史前时期下至清代的历代玉器珍品400余件。该馆的陈列照明采用现代化的光导纤维技术和独特的底座设计，使得每件展品晶莹润泽，图案纹饰纤毫毕现，产生了优美雅致的陈列效果。

《中国明清家具馆》陈列面积700平方米，分五个部分陈列中国古代家具100余件，包括造型洗练、线条流畅、比例匀称、榫卯严密的明代家具，用料宽绰、体态凝重、装饰繁缛、厚重华丽的清代家具，以及上海地区明代潘允徵墓出土的一批珍贵家具模型和木雕仪仗俑。为再现古代家具的使用场景，还复原了明清时代的厅堂和书房。陈列布局方面巧妙利用古代建筑中的花墙、漏窗等形式，增加了展厅的层次感。

《中国少数民族工艺馆》陈列面积700余平方米，集中陈列了少数民族的服饰工艺、染织绣、金属工艺、雕刻品、陶器、漆器、藤竹编和面具艺术等近600件，表现了少数民族工艺品绚丽纷繁、巧思独具的奇异风格，反映了各族人民对美好生活的愿望和追求。陈列馆以暖色为基调，陈列形式新颖别致。

《中国历代钱币馆》陈列面积730平方米，展出文物近7000件。2005年上海博物馆对货币馆进行改造，历时一年多，于2006年10月以全新面貌与观众见面。改建后的货币馆注重提高展览质量，对原有展品进行了大幅度的调整，按中国历代货币发展史陈列、施嘉幹旧藏钱币专室以及杜维善、谭端言伉俪捐赠的中亚古国丝绸之路货币专室三部分布置陈列体系，反映了学术界最新的研究成果。在展示

形式上注重以人为本，新增视屏和触摸屏两种多媒体辅助陈列内容，搭建起与观众的互动平台，使之能对中国古代的货币文化产生直观的接触和了解。

[陈列面积]　总陈列面积达12000平方米

[陈列艺术设计特点]　陈列艺术设计以简洁大方、突出文物本体为标准，充分利用现代化设施突出陈列主题

[展出藏品数]　约10000余件

[重要展品]　青铜器：大克鼎、牺尊、十字纹方钺、子仲姜盘；陶瓷器：哥窑五足洗、洪武釉里红云龙纹瓶、永乐景德镇青花缠枝牡丹纹瓷瓶、成化孔雀绿青花鱼

西周　大克鼎

春秋　牺尊

春秋　吴王夫差盉

藻纹盘；书画：孙位《高逸图卷》、梁楷《八高僧故事图卷》、苏轼《祭黄几道文卷》、赵佶《柳鸦芦雁图卷》、祝允明《前后赤壁赋卷》、王翚《重江叠嶂图卷》；雕刻：梁中大同元年释慧影造释迦如来漆金石像；钱币：西王赏功钱币；玉器：神像飞鸟纹玉琮；家具：明黄花梨木圆后背交椅等。

专题陈列

[展厅面积] 上海博物馆设有3个临时展览厅，用于举办各类临时展览，其中第一临展厅面积1000平方米，第二临展厅面积800平方米，第三临展厅面积300平方米。

[专题陈列名称内容] 自新馆建成开放以来，上海博物馆在做好常设陈列的同时，还致力于积极策划和引进多种多样的专题展览，至2007年底，共举办了73个特别展览，大致可分为"世界古文明系列"、"我国边远省份和文物大省文物珍品系列"、"具有重大文化意义的中外文物艺术大展系列"三个板块。主要展览有：

世界古文明系列：与大英博物馆合办的《大英博物馆藏古埃及艺术珍品展》（1999.6.18～8.20）；与日本文化厅、日本奈良国立博物馆合办的《日本文物精华展》（2001.1.19～3.20）；与墨西哥国家文化艺术委员会、墨西哥驻上海总领事馆等机构合办的《墨西哥玛雅文明展》（2001.9.2～2002.1.10）；与意大利托斯卡纳考古遗产管理局、阿雷佐文化推广中心合办的《伊特鲁里亚人的世界——意大利前罗马时期文物精品展》（2003.7.18～11.18）；与佛罗伦萨国立考古博物馆等六家文博机构合办的《古罗马文明展：罗马帝国的人与神》（2004.6.11～9.5）；与大英博物馆合办的《艺术与帝国——大英博物馆藏亚述珍品展》（2006.6.30～10.7）。

我国边远省份和文物大省文物珍品系列：与新疆文物局、新疆博物馆、新疆考古所合办的《新疆丝路考古珍品展》（1998.4.1～10.5）；与内蒙古自治区文化厅、内蒙古自治区考古所、内蒙古自治区博物馆、赤峰市文化局合办的《草原瑰宝——内蒙古文物考古精品展》（2000.6.30～11.30）；与西藏自治区文物局合办的《西藏文物精华展》（2001.5.2～2002.3.10）；与山西省文物局、北京大学考古文博学院、山西省考古研究所合办的《晋侯墓地出土文物精华展》（2002.5.1～7.30）；与陕西省文物局合办的《周秦汉唐文明大展》（2004.12～2005.2.15）；与故宫博物院合办的《故宫博物院宫廷珍宝展》（2006.1.24～3.26）。

具有重大文化意义的中外文物艺术大展系列：与古根海姆博物馆合办的《西方现代艺术精粹：纽约古根海姆博物馆珍藏展》（1997.6.27～9.14）；与挪威王国驻上海领事馆、挪威蒙克博物馆合办的《蒙克画展》（1997.10.26～11.6）；与辽宁省博物馆合办的《辽宁省博物馆藏中国古代书画珍品暨古今书画真伪作品展》（1997.11.2～1998.2.1）；《赵无极绘画六十年回顾展，1935～1998》（1998.11～1999.1.29）；与故宫博物院、辽宁省博物馆合办的《晋唐宋元书画国宝展》（2002.12.1～2003.1.6）；《淳化阁帖最善本特展》（2003.9.23～10.31）；与卡地亚公司合办的《卡地亚艺术珍宝展》（2004.5.15～7.18）；与凡尔赛宫合办的《"太阳王"路易十四——法国凡尔赛宫珍藏展》（2005.9.31～11.30）；与英国巴特勒家族合办的《17世纪景德镇瓷器特展》（2005.12～2006.2.28）；与故宫博物院合办的《书画经典——故宫博物院上海博物馆中国古代书画藏品展》（2005.12.2～2006.2.4）；与东京国立博物馆、朝日新闻社合办的《中日书法珍品展》（2006.3.12～4.23）；与纽约现代艺术博物馆合办的《从塞尚到波洛克——纽约现代艺术博物馆藏绘画名作展》（2006.4.7～6.11）；与古根海姆博物馆合办的《美国艺术三百年：适应与革新》（2007.5.1～6.30）；与西班牙普拉多博物馆合办的《从提香到戈雅——普拉多博物馆藏艺术珍品展》（2007.9.11～11.12）；与荷兰阿姆斯特丹国立博物馆合办的《伦勃朗与黄金时代——荷兰阿姆斯特丹国立博物馆珍藏展》（2007.11～2008.2.13）；与故宫博物院、南京博物院等合办的《海上锦绣——顾绣珍品特展》（2007.12～2008.2.25）。

上海博物馆还多次举办馆藏文物精品展和捐赠文物回顾展，其中包括：《上海博物馆藏历代花鸟画精品展》（1998.5.12～6.14）；《甲骨文发现一百周年特展》（1999.7.15～8.15）；《施嘉干先生旧藏中外钱币展》（2000.7.14～8.14）；《夏弘宁捐赠夏丏尊旧藏弘一法师墨迹回顾展》（2000.9.25～10.25）；《上海博物馆藏文房四宝展》（2001.3.26～10.31）；《顾公雄家属捐赠过云楼藏书画精品展》（2002.2.8～5.21）；《菲律宾庄万里先生两塗轩珍藏书画精品展》（2002.6.21～10.15）；《上海博物馆藏欧洲玻璃陶瓷展》（2002.9.2～2003.3.31）；《淳化阁帖最善本特展》（2003.9.23～10.31）；《钱镜塘先生捐赠上海博物馆书画精品回顾展》（2003.12.25～2004.2.10）；《上海考古新发现特展》（2003.12.31～2004.1.29）；《百岁寿星潘达于捐赠大盂鼎大克鼎回顾特展》（2004.2.28～3.6）；《练形神冶　莹质良工——上海博物馆藏铜镜精品展》（2005.4.28～6.30）。

藏品管理

[藏品来源]　主要来源为收购、接受捐赠、调拨和考古发掘。

[藏品类别]　藏品的年代上起旧石器时代，下迄近现代，类别包括青铜器、陶瓷器、书法、绘画、石器、玉器、牙骨角器、竹木漆器、甲骨、玺印、钱币、丝绣织染、少数民族工艺品等21类，以青铜器、陶瓷器、书画为收藏特色，工艺美术品、钱币、玺印的收藏也较有系统。

[藏品总数]　馆藏文物100余万件，其中珍贵文物13万件。

[重要藏品]　所藏青铜器时代自二里头文化期至商、西周、春秋、战国，形成完整的体系，其中不少是著称于世的重器和流传有绪的精品，如大克鼎、牺尊、晋侯稣编钟、吴王夫差盉等。陶瓷器的收藏集中了许多精品，商代青釉弦纹尊、五代白釉镂雕宫殿人物枕、唐越窑海棠式大碗、宋定窑印花云龙纹盘、哥窑五足洗、明洪武釉里红云龙纹瓶、永乐景德镇青花缠枝牡丹纹瓷瓶、清雍正粉彩蝠桃纹橄榄瓶等，多为各个时代具有代表性的珍品。历代书画中多享有盛誉的传世佳作，如孙位《高逸图卷》、王羲之《上虞帖》唐摹本、王献之《鸭头丸帖》唐摹本、怀素《苦笋帖》、梁楷《八高僧故事图卷》、苏轼《祭黄几道文卷》、祝允明《前后赤壁赋卷》、王蒙《青卞隐居

宋　哥窑五足洗

王羲之《上虞帖》（唐摹本）

图》、董其昌《秋兴八景图册》等，其他如古玉的收藏上自良渚文化玉器，历商周、西汉至今后各代，自成系统。历代钱币藏品体现了中国货币发生、发展和中外经济文化交流的历史概貌。玺印自战国、西汉、魏晋、唐宋直至明清流派万余枚，足以展示各个时期印章的不同风貌及其深厚的艺术内涵。

[藏品保护]　为延缓、防止藏品的自然老化、损伤和破坏，上海博物馆积极开展了文物防虫、防霉、防青铜锈、防紫外光以及科学保管等方面的研究。博物馆在文物库房及陈列室都实施严格的温湿度控制和光照度控制，库藏一、二、三级品文物均采用单独的盒/套包装，对容易损伤的藏品，尽量控制其使用频率。陈列室内书画、丝织品、毛皮等门类的展品实施定期更换，减少自然光对其造成的影响。2005年起，开始对库房及陈列室空气质量实施定期监测，展览、陈列、保管业务相关的各部门每周均需填写"文物安全监测报告"。此外，进行陈列室改建、装修等施工工程时，对施工材料进行严格检测，确保将其对文物安全的影响降至最低。

科学研究

[科研设施]　1960年，上海博物馆创建文物保护与考古科学实验室，是国内博物馆系统成立的第一个实验室。1987年，兼作文化部文物保护技术上海监测站。至1995年，它已发展成拥有书画文物保护、金属文物防腐蚀、漆木器保护、青铜器制作技术研究、古陶瓷成分分析、热释光测定文物年代、激光全息摄影、软X射线检测，以及博物馆环境监测等多种专业的综合性试验室。至2007年，上海博物馆文物保护技术实验室已经拥有一支20多人的涉及博物馆学、物理学、化学、材料科学、环境科学、生物学、文物保护学、科技编辑等多种学科的固定专业人员队伍。

1987年起，上海博物馆文物保护与考古科学实验室承担起国家文物局文物保护技术上海检测站的职责，面向全国和海外，担负国家认定的文物科学检测和鉴定任务，同时还编辑出版专业学术期刊《文物保护和考古科学》，及时传递国际有关文物科研活动的最新信息。2007年3月，"馆藏文物保存环境国家文物局重点科研基地（上海博物馆）"正式揭牌。文物保护与考古科学实验室在纸质文物、金属文物、漆木器文物、石质文物的保护、馆藏文物的虫霉防治、文物保存环境、热释光测定年代及古代青铜工艺技术研究等方面进行了大量卓有成效的科研项目，已有25项科研项目分别获得上海市重大科技成果奖、文化部文化科技成果奖和国家文物科技进步奖，其中"严重朽蚀

饱水竹简的真空冷冻干燥研究"先后荣获国家文物局1998年度文物科技进步一等奖、国家科技进步二等奖;"前剂量饱和指数法测定瓷器热释光年代"荣获国家文物局2004年度文物保护科学和技术创新一等奖。

[科研队伍] 上海博物馆拥有一支专业的文物修复技术队伍。青铜器修复、陶瓷器修复、竹木器修复以及书画装裱都是文博事业的特殊工艺技术,难度高,专业性强。上海博物馆于1958年设立文物修复工场,主要修复、复制该馆珍藏品,同时也为兄弟博物馆和海外博物馆修复文物、装裱书画。其时文物修复专业队伍主要由解放前从事文物修复的老技术人员、解放后从其他行业转入文博系统或系统内自行安排从师学艺的技术人员、从工艺专科学校毕业受过专业基础教育的技术人员构成。如今,上海博物馆文物修复研究室拥有多名文博高级职称和高级技师,他们运用传统工艺、材料和现代科技成果对古代文物进行修整,在海内外赢得了盛誉。

[研究成果] 建馆以来,上海博物馆的专家学者在藏品研究、陈列体系研究和文物保护技术研究方面取得了大量的研究成果:截至2007年底《上海博物馆集刊》出版至第10期;新馆开馆以来举办了多次学术讨论会,目前已陆续出版《中国隋唐至清代玉器研讨会论文集》、《晋侯墓地出土青铜器国际学术研讨会论文集》、《〈淳化阁帖〉与"二王"书法艺术研究论文集》等;《上海博物馆藏战国楚竹书》从2001年至2007年间出版了(一)至(六)册;作为该馆学术研究重点工程的藏品大系陆续出版了《中国古代封泥》、《中国古代纸钞》和《明代官窑瓷器》;配合特别展览的举办,上海博物馆出版了大量展览图录,其中2002年的《晋唐宋元书画国宝展特集》荣获第六届全国优秀艺术图书奖三等奖。

上海博物馆设有考古部,承担全市的考古发掘工作。50余年来,考古工作者在上海市范围内发现了新石器时代至战国的古文化遗址27处,获得了考古学上"崧泽文化"、"马桥文化"等文化类型的命名;清理了新石器时代至明清时代的古墓葬500余座,出土了大量的石器、陶器、玉器等文物10000余件,证明上海有6000年的发展历史,并得出上海地区的成陆是由西向东发展的科学结论。2001年5月发现普陀区志丹苑遗址,2002年9月起进行了大规模发掘,确认其为元代水闸遗址,遗址保存完好,规模巨大,做工精致,于2007年4月荣获"2006年度中国十大考古新发现"称号,成为首次入选该项评选的上海考古项目。

宣传教育 上海博物馆新馆建成开放以后始终致力于举办多种类型的社会讲座,争取更多层面的受众,从而扩大博物馆的社会影响力。十多年来,上海博物馆的公众讲座主要按照文物讲座、文物与文化讲座、专题讲座和展览讲座等几大板块来组织,通过年度教育活动手册、年度讲座单片、上海博物馆网站、大堂海报、东方讲坛网站、96968686服务热线等多种渠道进行宣传,并且注意突出讲座的系列性,在实践中形成了一定的集群效应,由此拥有了一批稳定的听众,取得了良好的社会效应。

2000年上海博物馆网站开通,挂靠在东方网,2001年3月1日起开始独立运作,并于2002年初进行第一次改版,数据库形式的启用大大增加了网站内容和更新速度。2004年3月1日,上博网站再次改版,推出简体中文、繁体中文和英文三个版本,分为历史沿革、陈列大观、展览集萃、典藏精选等十大栏目。为更好地服务公众,2006年上博网站主要针对后台管理系统进行了第六次改版,使原来的封闭结构走向开放式结构,为馆内各有关部门参与网站内容编辑提供了可能,同时在最后的发布端实现统一管理,从而使网站内容的丰富和资源来源的多元有了较为可靠的保证。经过多年精心建设,上博网站成为外界了解上博各项活动信息的重要窗口,目前网站的总点击量已超过158万次。

交流合作 50~60年代,上海博物馆的对外宣传和文化交流基本上是接待参观。70年代逐步发展为专业交流、学术讲座和举办国外来沪专题展览;80年代进一步发展到举办出国展览、中外联合展览、中外合作出版、建立资料交换、参加或组织国际学术讨论会等;90年代以后,随着改革开放形势的发展,对外文化交流也有了飞速发展。

1980~1985年间,上海博物馆举办出国展览4个。1986~1992年,出国展览15个。自1996年新馆开放至2007年底,上海博物馆共在海外举办45个展览,展览所到之处均受到热烈欢迎,收获了普遍好评。这些展览促进了各国、各地区人民对中国历史和中国文化的深入了解,对促进中国与各国、各地区之间的友好往来起到了积极的推动作用。其中比较重要的展览有:在台湾台中自然科学博物馆举办的《五千年前长江古文明——良渚文化特展》(1997.8.1~1998.2.1);在法国巴黎举办的《中国古代的礼仪与盛筵——上海博物馆藏青铜器展》(1998.9.2~1999.1.10);在苏格兰皇家博物馆举办的《上海博物馆藏中国绘画展》(2000.2.17~5.20);在日本大阪松坂屋举办的《中国明清扇面名品展》(2001.5.10~5.15);在澳大利亚新南威尔士州美术馆举办的《灵山——上博藏中国明清山水画展》（2004.3.12～7.18）；在法国巴黎莫奈博物馆举办的《水墨晕章写万物——中国明清水墨画精品展》（2004.7.5～8.31）；在瑞士日内瓦艺术历史博物馆举办的《中国文人精神展》（2004.9.1～2005.1.23）；在阿根廷装饰艺术博物馆举办的《上海博物馆藏青铜器展》（2004.11.4～11.22）；在澳门艺术博物馆举办的《南宗北斗——董其昌诞生450周年书画特展》（2005.9.2～11.20）；在俄罗斯圣彼得堡艾米塔什博物馆举办的《上海博物馆珍藏展》（2007.6.15～9.23）。

上海博物馆新馆建成之后成功举办了多场国际学术研讨会，主要包括："中国古代青铜乐器学术讨论会"（2000.3.5）；"中国隋唐至清代玉器学术讨论会"（2001.11.20）；"晋侯墓地出土青铜器国际学术研讨会"（2002.8.1～8.2）；"中国古代白瓷国际学术研讨会"（2002.10.30～10.31）；"千年遗珍国际学术研讨会"（2002.11.29～12.1）；"周秦汉唐文明国际学术研讨会"（2004.12.26～12.27）；"十七世纪景德镇瓷器国际学术研讨会"（2005.11.29～1.30）；"书画经典国际学术研讨会"（2005.12.28～12.29）；"中日书法国际学术研讨会"（2006.3.13～3.14）；"丝绸之路古国钱币暨丝路文化国际学术研讨会"（2006.12.5～12.7）；"顾绣学术研讨会"（2008.2.26～2.27）；"世貌风情国际学术研讨会"（2008.3.13～3.14）。

上海博物馆新馆建成开放以来，积极与海内外文博机构展开多方面交流合作，拓展博物馆事业。近几年主要活动包括：2002年《博物馆文化商品展览》、2003年"国际博物馆馆长高峰论坛"、2006年"博物馆文化商品创意座谈会"等。特别是2003年的"国际博物馆馆长高峰论坛"，在国际国内引起了很大的反响。论坛以现代博物馆管理和博物馆事业发展为主题，美国大都会博物馆馆长菲力普·孟特伯勒、日本东京国立博物馆野崎弘、北京故宫博物院院长郑欣淼、中国国家博物馆馆长潘震宙、香港中文大学文物馆馆长林业强和上海博物馆馆长陈燮君等分别在会上作专题演说。全国50余家省市级以上文物局、博物馆和近120家地区级以上博物馆派代表出席论坛。

经营管理

　　[单位性质]　国有事业单位

　　[经费来源]　市财政全额拨款

　　[机构设置]　设24个部门。学科研究部门：书画研究部、青铜器研究部、陶瓷研究部、工艺研究部、考古研究部；业务部门：保管部、教育部、文化交流办公室、信息中心、陈列设计部、展览部、图书馆、出版摄影部、文物保护与考古科学实验室；行政管理部门：党委办公室、人事处、保卫处、行政办公室、行政科、财务处、工程管理部、物业管理部、开放管理部、艺术品公司。

　　[人员编制、组成]　481人（包括上海市文物管理委员会人员编制），截止2009年底，在职职工为437人，其中专业技术人员288人，行政管理人员21人，工人138人。

　　[观众服务项目]　上海博物馆为观众提供的服务项目及设施包括志愿者讲解、录音导览、免费取用陈列室介绍资料、寄包寄物、伞架、轮椅、童车等。

　　[观众接待]　年约150万人次。

参观指南

　　[地址]　上海市黄浦区人民大道201号

　　[邮编]　200003

　　[电话]　办公室：021-63723500转555

　　　　　　开放部：021-63723500转132

　　[传真]　021-63728522

　　[电子邮箱]　webmaster@shanghaimuseum.net

　　[网站]　http://www.shanghaimuseum.net

　　[开放时间]　9:00－17:00，全年无休

　　[票价]　免费

（撰文：上海博物馆）

上海鲁迅纪念馆

Shanghai Luxun Museum

概述

　　类型　社会科学类名人专题博物馆

　　隶属关系　上海市文物管理委员会

　　筹建时间　1950年春

上海鲁迅纪念馆外景

正式开放时间　1951年1月7日

所在位置　虹口区鲁迅公园内

面积　占地面积4212平方米、建筑面积5043平方米

建筑、布局　上海鲁迅纪念馆馆舍主体为具有江南民居风格的二层庭院式建筑，粉墙、黛瓦、野山面花岗石墙裙。整体建筑由二组庭院式建筑交错围合而成，南立面建筑保持了1956年的设计外观；进入大门后为入口庭院，既为保留建筑让出空间，又为新建筑有前庭前景；第二庭院是"百草园"，该园取绍兴鲁迅故居中的百草园之意，内植鲁迅作品中提及的皂角树、何首乌、枣树等，并放置从绍兴运来的石井栏、乌篷船等。这二组庭院不但创造了环境，组合了建筑，而且也使建筑由大分解为小，又让两个庭院与公园连接，内外交融，浑然一体。馆舍地下一层为文物库房和设备用房；地上一层为专题展厅"奔流艺苑"、多功能报告厅"树人堂"、专为收藏鲁迅同时代人遗存的"朝华文库"、鲁迅图书馆和其它服务设施；地上二层是鲁迅生平陈列厅。

历史沿革　上海鲁迅纪念馆于1950年由华东军政委员会文化部着手筹备，同年7月批准建制，10月鲁迅的夫人许广平来沪指导筹建；11月周恩来题写馆额"鲁迅纪念馆"。1951年1月7日正式对外开放，为中华人民共和国成立后第一座人物类纪念馆。馆址在上海市虹口区山阴路大陆新村10号，9号为鲁迅故居。1956年，为纪念鲁迅逝世20周年，国务院决定将位于上海虹桥路万国公墓（现为宋庆龄陵园）内的鲁迅墓迁移到虹口公园（1988年更名为鲁迅公园），同时在该园内兴建新馆舍，同年9月起对外开放。1998年馆舍在原址改扩建，1999年9月重新开放至今。

上海鲁迅纪念馆建立之初隶属于华东军政委员会文化部，首任馆长谢澹如。1952年12月划归上海市文化局，1958年8月改由虹口区文化局管辖，1959年6月复归上海市文化局，1988年10月起改属上海市文物管理委员会。上海鲁迅纪念馆同时承担着全国文物保护单位鲁迅墓和上海市文物保护单位上海鲁迅故居的保护管理、开放工作。

历任馆长　王锡荣（1995～2001　副馆长）；张岚（2001～2006　副馆长）；张岚（2006～2007）；王莲芬（2007～2008　支部书记主持工作）；王锡荣（2008至今　副馆长）。

业务活动

基本陈列　上海鲁迅纪念馆的基本陈列《鲁迅生平陈列》，从建立之初的概观式的简单陈列到今天的多样化展示，其间经历了几个阶段，最初由鲁迅研究专家唐弢、方行等担纲筹建，打下了坚实的基础，以后历经多次改陈，保持了先进水平。1999年重新布展的鲁迅生平陈列《民族魂》是上海鲁迅纪念馆陈列突破了以前生平陈列的局限，以全新的姿态展现观众面前。首先在内容上，将以时间为主线的平铺直叙的"编年体"方式改为专题叙述，整个陈列分为"新文学开山"、"新人造就者"、"文化播火人"、"精神界战士"、"华夏民族魂"五个专题，分别表现鲁迅在文学、培养青年、中外文化交流、社会政治活动等方面的历史功绩以及对中国社会产生的深远影响。

1999年的鲁迅生平陈列在形式设计上强调氛围的营造，内容的表现和互动的强化。在气氛营造方面，一是通过色调色温营造气氛，"新文学开山"部分，暗中有亮，追求深沉中的辉煌的效果；"新人造就者"以明亮的色调营造出温馨热烈的气氛；"文化播火人"明快恢弘的色调突出了拿来主义精神；"精神界战士"以深沉冷峻的色调反映鲁迅追求光明道路的曲折和艰巨；"华夏民族魂"分为两部分，表现鲁迅丧仪部分以低沉的色调营造悲怆的气氛，纪念部分明亮，侧重表现辉煌与庄严。其次是通过声音来营造气氛，三味书屋电动模型配以朗朗的读书声和私

书墙

"鲁迅与青年木刻家"场景复原

塾中的对课，营造生气；花园庄场景中，低缓、沉重的画外音将鲁迅在得知"左联"五烈士牺牲消息后的悲愤心情展现出来。第三是以造型来营造气氛。陈列结束部分以上千册鲁迅著作和研究专著组成的"书墙"，营造出鲁迅文化世界的氛围，余音绕梁，回味无穷。

传统陈列展示强调"再现"，而在鲁迅生平陈列中则在"再现"的基础上侧重于"表现"。为使观众更好地理解鲁迅作品《野草》，在陈列中特辟135度放映室，通过影视手法表现《野草》的意境和内涵，使观众比较直观地理解《野草》的深厚内涵；在"新人造就者"部分，根据历史照片，将鲁迅逝世前十一天参观在上海八仙桥青年会举办的全国第二回流动木刻展的事实以蜡像雕塑为主体，还原当时的场景，生动鲜活的蜡像逼真地表现了鲁迅当时与青年木刻家交谈的情景，令人流连忘返。

1999年的《鲁迅生平陈列》，一改原来的单向传递信息的展示手段，设置了多处互动点，如三味书屋电动模型、花园庄场景等都需要观众触发才开始演示；更为巧妙的是在利用陈列内山书店场景，在其中开设了具有营业功能的书店，发售相关书籍和纪念品，陈列、互动自然天成。这些互动节点的设置，使陈列更具人性化的色彩。

《鲁迅生平陈列》展示面积1000平方米左右，共有展品1008件，其中珍贵文物300余件。其中《故事新编》手稿是目前所保存的鲁迅小说手稿中最完整的一部，其它如《毁灭》译稿、《言论自由的界限》等手稿同样弥足珍贵，鲁迅生前没有保留文稿的习惯，现存的大部分文稿均由亲友设法收集保存。此外展出的鲁迅生前使用的"金不换"毛笔、老光眼镜等文物显示了鲁迅常人生活的一面，令人感到亲切。陈列中展示的鲁迅石膏遗容，是在1936年10月19日鲁迅逝世当天由一位日本医生翻制，其上还遗留着鲁迅的眉毛和胡须，尤其珍贵。

专题陈列　位于一层的专题展厅有两处，一是常设展示的"朝华文库"，是1999年设立的专门展示鲁迅同时代人的文物资料专库，立意由巴金题写。仿鲁迅当年编《艺苑朝华》、《朝花夕拾》的先例，取保存文化精华之意，兼有保藏、展示、研究、纪念四大功能。入库的条件是，第一，与鲁迅有直接接触（包括有书信往来）；第二是本人在文化上有相当成就；第三，有可供入库的本人文稿、著译、照片、文献资料，有纪念意义的生活用品等。目前分为两个专库，"朝华文库"一库的库主主要是鲁迅同时代人，目前有专库17座，分别是陈望道、许广平、冯雪峰、曹靖华、曹聚仁、巴人、汪静之、李霁野、黄源、陈学昭、

赵家璧、吴朗西、李桦、张望、唐弢、杜宣、钱君匋等。"朝华文库"二库的库主则为鲁迅研究者和木刻艺术家，目前有专库7座。"朝华文库"采用青瓦粉墙、青砖地面、红漆木制门窗结构，有凝重洗练、古色古香的氛围。

另一专题展厅是"奔流艺苑"，该展厅面积350平方米，采用了可自由组合的上轨道移动式展板，可以自由地组合展览空间。自1999年以来，已经在此处举办了《鲁迅丧仪文物史料展》、《中国文豪、中日友好使者——鲁迅纪念展》、《斯诺诞辰100周年纪念展》、《纤笔一枝谁与似——丁玲文物史料展》、《斗士诚坚共抗流——鲁迅与反法西斯战争》、《中学课文鲁迅作品展》等160余个展览。

藏品管理

［藏品来源］　由历年征集以及鲁迅夫人许广平、鲁迅生前友好捐赠组成。

［藏品统计］　78000余件，其中国家一级文物93件（组）、二级文物6360件、三级文物11398件。

［重要藏品］　鲁迅石膏遗容、《故事新编》文稿、

鲁迅石膏遗容

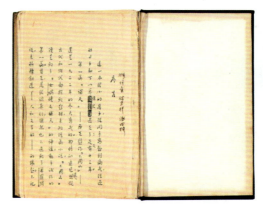

鲁迅《故事新编》原稿

《赠邬其山》诗稿、《毁灭》译稿、瞿秋白、丁玲、柔石等手稿，《共产党宣言》初译本以及中国早期现代创作木刻6000余幅等。

[文保单位]　鲁迅墓　鲁迅墓原位于上海西郊虹桥路万国公墓（现为宋庆龄陵园）内，1956年10月14日迁葬上海虹口公园（现鲁迅公园）内，由上海鲁迅纪念馆管理。鲁迅墓由陈植担纲设计，墓碑文"鲁迅先生之墓"为毛泽东手书，墓穴前的鲁迅铜像为雕塑家萧传玖所作，墓的建筑面积为1600平方米，全部由花岗岩建成。1961年3月4日由国务院公布为第一批全国重点文物保护单位。

鲁迅故居　鲁迅故居位于上海虹口区山阴路（原名施高塔路）大陆新村9号，是一幢红砖红瓦带花圃的三层楼房，属新式里弄样式。鲁迅于1933年4月11日迁入，1936年10月19日逝世于此。因大陆新村地处当时"越界筑路"地段，具有半租界性质，所以鲁迅称自己的书房为"且介亭"（取租界两字之半为"且介"，"亭"为"亭子间"之意）。鲁迅在这里先后撰写并编辑完成了小说集《故事新编》、杂文集《伪自由书》、《南腔北调集》、《准风月谈》、《花边文学》、《且介亭杂文集》等；翻译了

鲁迅故居外景

《表》、《俄罗斯的童话》、《死魂灵》等，编辑了瞿秋白译文集《海上述林》以及木刻版画集《引玉集》、《凯绥·珂勒惠支版画选集》、《木刻纪程》等。鲁迅故居在1950年筹建上海鲁迅纪念馆时恢复并对公众开放，由上海鲁迅纪念馆管理。1959年公布为上海市重点文物保护单位，1977年调整为上海市文物保护单位。

科学研究　上海鲁迅纪念馆目前有较完备的科研队伍，分别覆盖鲁迅和中国现代文学研究、博物馆学研究等领域，并设有专门的研究室。研究人员在鲁迅研究、文物研究和陈列艺术研究上取得了较大的成就。现公开出版有馆刊《上海鲁迅研究》（季刊），编著出版的有《版画纪程：鲁迅藏中国现代木刻全集》、《鲁迅诗稿》、《上海鲁迅纪念馆》（大型画册）、《鲁迅文萃》（四卷）、《李霁野文集》（十九卷）、《黄源文集》（十卷）、《中国新兴版画75周年藏书票选集》、《曹靖华影像》，纪念专辑有：《赵家璧先生纪念集》、《许广平纪念集》、《吴朗西先生纪念集》、《曹聚仁先生纪念集》、《巴人先生纪念集》、《周文纪念集》、《汪静之先生纪念集》、《李霁野纪念集》、《楼适夷同志纪念集》、《陈学昭纪念集》、《黄源纪念集》、《陈望道先生纪念集》、《曹靖华纪念集》和《李桦纪念集》等。个人专著有《鲁迅画传》、《鲁迅生平疑案》、《周作人生平疑案》、《画者鲁迅》、《鲁迅和他的绍兴》、《吴朗西画传》、《鲁迅与日本友人》、《周文画传》等。

宣传教育　上海鲁迅纪念馆近年来出版了中、日、英三种《上海鲁迅纪念馆》和《上海鲁迅故居》简介以及大型画册《上海鲁迅纪念馆》、《上海鲁迅纪念馆藏文物珍品集》、日文版《呐喊》《彷徨》、明信片、纪念章等，并专门印制了鲁迅生平陈列导览，供观众免费取阅，在纪念馆大厅设大型背投电视机滚动播放宣传资料。组织上海中学生鲁迅文学社，展开多种形式的鲁迅读书活动，如"走近鲁迅"第二课堂现场讲课活动，追寻鲁迅足迹活动，"予人玫瑰，手留余香"——志愿者活动等；每年举行各种竞赛活动如"鲁迅文学"知识大奖赛，"纪念鲁迅、少年儿童读、唱、演活动"等，2006年与北京鲁迅博物馆、绍兴鲁迅纪念馆共同举办"我读鲁迅"全国中学生作文大赛，并合作出版《"我读鲁迅"全国中学生作文大赛获奖作品集》（大象出版社，2006），2007年上海鲁迅纪念馆获得"东方讲座"举办权，每年开设六次面对社会公众的讲座活动，获得"上海市十大讲坛"称号。1999年，上海鲁迅纪念馆与上海东方电视台合作摄制

了六集大型文献纪录片《民族魂》，全面介绍了鲁迅的生平。2000年，该片获上海市第五届哲学社会科学优秀成果（1998～1999年度）三等奖。

交流合作 全国有6座鲁迅博物馆、纪念馆，从1990年代开始，上海鲁迅纪念馆与这些鲁迅博物馆、纪念馆定期举行交流会议，相互交流、彼此借鉴共同推进鲁迅文化的研究、宣传事业的发展。在博物馆学学术交流方面，2001年1月，上海鲁迅纪念馆与《中国文物报》社联合举办了第一次全国人物类博物馆、纪念馆学术研讨会，并出版了《人物类博物馆、纪念馆现状与发展前瞻学术研讨会论文集》。之后，数次派员参加了中国博物馆学会组织的专门学术研讨会，2005年派员出席了南通博物苑100年暨中国博物馆事业发展百年纪念大会和学术研讨会，提交会议论文被收录会议论文集中。

上海鲁迅纪念馆在鲁迅研究方面展开了广泛的学术交流活动，每年举办或承办数次国际、全国范围的学术研讨会。1996年与中国作协、中国鲁迅研究会、上海文联和上海作协等单位联合举办了全国纪念鲁迅逝世60周年学术研讨会，并编辑出版《浩气千秋民族魂——纪念鲁迅先生逝世60周年论文集》，2001年与国内多家单位联合举办鲁迅诞辰120周年纪念会暨学术研讨会，2006年与北京鲁迅博物馆、绍兴文理学院联合举办纪念鲁迅逝世70周年国际鲁迅学术研讨会，出版论文集《鲁迅——跨文化对话》，2007年举办纪念鲁迅定居上海80周年学术研讨会。还举办了全国规模的纪念许广平、冯雪峰、丁玲、李霁野、曹聚仁、楼适夷、周文等鲁迅同时代人的学术研讨会。同时，上海鲁迅纪念馆还多次派员出席日本、德国、香港等地举办的各类国际、国内学术研讨会或讲演会，并做大会交流发言与鲁迅研究界的同行进行广泛的学术交流。自1996年以来，上海鲁迅纪念馆定期举行在沪的鲁迅研究学者学术交流沙龙活动，以加强沟通，共同推进鲁迅学术研究的深入。

上海鲁迅纪念馆与各地文化、教育部门合作，举办《民族魂——鲁迅生平流动展》、《中学课文鲁迅作品辅导展》等流动展览，常年巡回展出。自1995年以来先后赴日本、美国、德国等国举办《1930年代上海——鲁迅》、《中国文学巨人，中日友好使者——鲁迅展》、《上海摩登》、《中华文明5000年》、《鲁迅藏中国现代版画展》等展览。

经营管理

[单位性质] 国有文化事业单位

[经费来源] 市财政全额拨款

[机构设置] 馆长室、保管部、陈列部、宣教部、研究室、办公室、保卫科、经营部

[人员编制、组成] 59人。其中研究馆员3人，副研究馆员4人，馆员20人，助理馆员13人。

[服务观众项目] 语音导览，自助导览，多功能学术报告厅，临时展厅，鲁迅图书馆，休息区，内山书店，食堂等服务设施

[观众接待] 年约30万人次

参观指南

[地址] 上海鲁迅纪念馆：上海市虹口区甜爱路200号
上海鲁迅故居：上海市虹口区山阴路132弄9号

[邮编] 200081

[电话] 021-56962093（办公室）
021-65402288-115或210（售票处）

[传真] 021-56962093

[开放时间] 全年开放，9:00－17:00（16:00停止入场）

[票价] 上海鲁迅纪念馆：免费；上海鲁迅故居：成人每位8元，学生每位4元，残疾人、军人、70岁以上老人、儿童免票，团体参观需预约登记。

（撰文：上海鲁迅纪念馆）

上海隧道科技馆

Shanghai Tunnel Science and Technology Museum

概述

类型 科学技术类科普专题博物馆

隶属关系 上海市市政工程局

筹建时间 2003年

正式开放时间 2004年7月1日

所在位置 黄浦区中华路复兴东路口

上海隧道科技馆外景

超大型盾构模型

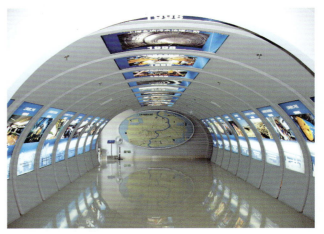

时光隧道

面积 展示面积2155平方米

建筑、布局 上海隧道科技馆由一个接待大厅和三个参观楼层组成。

业务活动

基本陈列 展馆主要采用图片、录像、模型、实物、虚拟空间、影音效果和多媒体动画等丰富、新颖的展示形式与手段，向参观者解答了什么是隧道、隧道是怎样建成的等问题。

上海隧道科技馆通过"时光隧道"、"空间展示"、"模拟隧道"、"模拟施工现场"、"隧道施工技术"、"隧道功能"、"隧道运营"、"未来畅想"等展区，介绍了上海隧道事业发展的过去、现在和将来，着重展示了上海近几年市政建设的风采与隧道行业的风貌。

《模拟隧道展示区》 模拟隧道以1：1的比例再现了上海复兴东路隧道的整个概况，观众仿佛穿梭于真实的隧道内，体验走进隧道的感觉。在隧道顶上的中间部位横有一根感温光缆，其用途是控温和报警，在模拟隧道的两边有一些消防器材，每隔60米的地方还设有一个逃生通道。

《1：1模拟盾构展示区》 这里完全模拟了隧道施工工地的场景，一台直径为11.22米的盾构模型伫立在参观者的面前，通过观看这个模型的整个运作过程，可以形象地了解到隧道是如何建成的。

《时光隧道展示区》 在这个展区中观众可以看到上海第一条隧道是如何施工的，同样也可以看见即将建成的隧道以及轨道交通的未来规划。这个展区见证了上海隧道的发展史，以及上海在隧道施工领域走过的风风雨雨和现在已经逐步成熟的施工工艺。

《隧道中央控制展示区》 从这个中央控制室内可以看到整条隧道的监控，无论隧道内发生什么情况，这里都能看见并及时处理。

经营管理

[单位性质] 国有事业单位

[经费来源] 财政拨款

[观众接待] 年约1.7万人次

参观指南

[地址] 上海市黄浦区中华路268号

[邮编] 200010

[电话] 021-63331160、021-63330090转60或26

[传真] 021-63331170

[开放时间] 个人：每周二、周五下午13：00－16：00；周六上午9：00－11：30，下午13：00－16：00；团体：周一至周五（需提前预约）

[票价] 免费

（撰文：上海隧道科技馆）

上海韬奋纪念馆

Tao Fen Memorial Hall

概述

类型 社会科学类名人专题博物馆

隶属关系 上海市新闻出版局

筹建时间 1956年9月成立筹备处

正式开放时间 1958年11月

所在位置 卢湾区重庆南路万宜坊（近合肥路）

面积 占地面积240平方米、建筑面积354平方米

建筑、布局 建造于1929年，为两幢新式里弄建筑。

历史沿革 邹韬奋（1895～1944）是我国伟大的爱国者，卓越的文化战士，中国现代史上杰出的新闻记者、政论家和出版家，毕生为民族的自由解放、民主政治、文化事业奋斗不息。1953年邹韬奋生前好友沈钧儒、胡愈之等

呈报中共中央宣传部，建议在上海邹韬奋居住过的寓所成立纪念馆，以做永久纪念。1956年11月26日，中央人民政府文化部批准在上海建立韬奋纪念馆，隶属于上海市文化局。1958年7月24日开始对内部开放。1958年9月划归上海市卢湾区文化局。1958年11月5日，邹韬奋诞辰63周年时正式对外开放。馆名系沈钧儒于1958年4月来沪时亲笔题书。1965年底，韬奋纪念馆暂停开放。1978年11月经上海市委宣传部批准复馆，划归上海市文化局管理。1985年6月，划归上海市新闻出版局领导。

历任馆长 毕云程（1956～1971）；袁信之（1956～1983 副馆长主持工作）；韩罗以（1980～1984 副馆长主持工作）；王永序（1984～1986 副馆长主持工作）；邹加力（1986～1995 副馆长主持工作）；倪墨炎（1995～1997）；陈保平（1997～2002）；雷群明（2002～2007）；林丽成（2007至今）。

业务活动

基本陈列 纪念馆的基本陈列由"韬奋故居"和《韬奋生平事迹陈列》两个部分组成。

54号韬奋故居仍保持着20世纪30年代时的原貌。邹韬奋一家于1930年至1936年居住于此。1959年5月26日由上海市人民政府公布为市重点文物保护单位。故居一楼为客厅兼餐室。二楼亭子间为书房，正房为卧室。屋内陈设的还是当年用过的那套家具，经邹韬奋夫人沈粹缜回忆均按原样布置。客厅内壁炉上方悬挂着邹韬奋母亲的大幅照片。屋正中放有一张圆桌，四把榉木扶手靠背椅。南面放置的三人沙发左右各竖一个木质花架。东面是一对单人沙发，中有一只茶几。沙发上方墙面悬挂着三幅字画，正中一幅作品是邹韬奋夫人沈粹缜青年时手绣作品，上书我国实业家张謇所抄录唐代诗人许瑶的一首七言诗。七八平方米的亭子间书房，进门左面靠窗放着一张写字桌，桌面上陈放有邹韬奋用过的文房四宝和生活书店的空白稿纸等。北面和东面沿墙面立着三个矮柜式书箱。卧室南面门窗外是内阳台。当年邹韬奋按夫人要求定制的那套仿西式柚木家具放置在室内。靠西墙放着一张大床。东面对床有一个带镜面大橱和一个梳妆台，台上放着闹钟，钟点停止在7:24韬奋逝世的时刻，两把靠背椅放在梳妆台左右。南面门窗边有张圆桌，左右两边各放一把靠背椅。北面右手边是一个面汤台。家具古朴而陈旧，四方墙面上悬挂着这个家庭的生活照。

53号一楼至二楼为《韬奋生平事迹陈列展》，陈列面积约60平方米，展览分为8个部分，按时间顺序以照片、文

1.韬奋纪念馆外景　2.韬奋故居客厅　3.《韬奋生平事迹陈列展》

字和实物的形式分别介绍了邹韬奋光辉的一生。陈列展示了邹韬奋从少年起，几经曲折，几经奋斗，终于成为一名杰出的新闻记者、政论家和出版家，以及邹韬奋逝世以后党和国家、人民追悼和纪念他的情况。建馆50多年来，陈列展览内容作了3次比较大的改动，目前的陈列版面于2003年更新。

藏品管理

[藏品来源]　主要来源为捐赠和有偿征集

[藏品类别]　分为书籍、报刊、文件、实物四大类

[藏品总数]　7000件，其中一级文物8件，二级文物13件，三级文物43件，图书资料3000余册。

宣传教育　上海韬奋纪念馆不仅是爱国主义教育的场所，同时也免费为学习和研究邹韬奋的学者提供场所和帮助。几年来纪念馆先后编辑出版了《事业管理与职业修养》、《邹韬奋研究》（第一、二、三辑）、《韬奋手迹》、《韬奋纪念馆》、《纪念韬奋诞辰110周年画册》等书籍，馆内还有《走近韬奋》丛书、各种纪念品出售。

经营管理

[单位性质]　国有文化事业单位

[经费来源]　市财政全额拨款

[机构设置]　设办公室、宣教部、编研部、藏品部、财务部。

[人员编制、组成]　12人。高级职称2人，中级职称5人，初级职称3人。

[观众接待]　年均约1.5万人次

参观指南

[地址]　上海市卢湾区重庆南路205弄53、54号

[邮编]　200025

[电话]　021-63842811

[传真]　021-63842690

[电子邮箱]　tfjng@163.com

[开放时间]　9:00－16:00（全年无休）

[票价]　免费

（撰文：上海韬奋纪念馆）

上海蔡元培故居

Former Residence of Cai Yuanpei

概述

类型　社会科学类名人专题博物馆

隶属关系　静安区文物史料馆

筹建时间　2000年3月

正式开放时间　2000年12月

所在位置　静安区华山路（近巨鹿路路口）

面积　整个住宅占地面积1480平方米、建筑面积526平方米

建筑、布局　上海蔡元培故居是一座深灰石卵墙面三层三开间的英式花园洋房，建成于1937年。建筑外形采用较陡的两坡屋顶，山墙一段露出深色的木构架，米色卵石墙面，加上红瓦屋顶，显得亲切而高雅。整幢建筑采用不规则布局，南面有一大片草坪，有供休憩的铁架木椅。底层原有厨房、杂物间等，屋外有石级直登二楼，有会客室、卧室、藏书室等。

历史沿革　蔡元培（1868～1940），原字鹤卿，后自号孑民，浙江绍兴人。清光绪十八年（1892年）考中进士，次年授翰林院编修职。因见清政府政治改革无望，回乡办学。光绪二十八年在沪创办中国教育会，任爱国学社、爱国女学总理。两年后，又任光复会会长。辛亥革命后，任临时政府教育总长。1916年底，任北京大学校长。1919年"五四"运动时支持学生运动，拥护新文化运动。1927年后，历任国民党中央监察委员、大学院院长、中央研究院院长等职，除中央研究院外，后均辞去。蔡元培39

蔡元培故居外景

岁以后，除出国和在北京任职外，长期住在上海。抗战爆发后去香港。1940年3月5日在香港去世。

　　在上海，蔡元培曾先后住过多处寓所。而华山路303弄16号寓所，为其在上海最后居住处，其子女则居住至今，因此蔡元培生前所用家具和所藏书籍信札等大部分得以保存。上海解放初，陈毅市长曾去此寓所探望蔡夫人周养浩，并通知有关部门注意保管。1982年，全国政协五届四次会议上，诸多与会委员提出将华山路寓所辟为蔡元培故居，予以保护开放。1984年大修后，开始接待海内外人士。1984年故居被公布为上海市文物保护单位。2000年3月，在故居的底楼开始筹建蔡元培故居陈列馆。2000年12月8日陈列馆正式开馆，二楼、三楼则仍为蔡元培家属居住，其陈设亦基本保持着蔡元培生前的样子。2004年5月，上海蔡元培故居被命名为静安区爱国主义教育基地。2006年底，上海市静安区人民政府通过房屋置换，腾空故居三楼。2008年1月11日蔡元培诞辰140周年之际，上海蔡元培故居实物馆在故居三楼开幕。

业务活动

　　基本陈列　基本陈列以蔡元培生平为主题，突出其文化教育背景，以其各时期的活动为基本脉络，分"从刻苦攻读到教育救国"、"中国近代教育和科学事业的奠基人"、"志在民族革命，醒在民主自由"等板块勾勒出先生奋斗的一生。陈列面积约120平方米，展品共149件，其中重要展品有蔡元培生前使用过的打字机、行李箱等。"大气、洋气、雅气"是陈列馆陈列艺术设计的整体特点。"大气"体现在狭小的区域内做到了造型大方、尺度得体、色调宜人，可谓突出重点，小中见大，从中能感受到蔡元培崇高的人格魅力。"洋气"体现在中西合璧的造型特点与具体选材上，从中能感受到蔡元培"学贯中西"、"兼容并包"的人生历程和精神世界。"雅气"则体现于整个陈列的始终，使参观者时时处处被蔡元培的谦逊、质朴、诚挚、正直、富有人情味所感染。

　　专题陈列　上海蔡元培故居另有长期的专题陈列《上海蔡元培故居实物馆》，陈列厅面积约47平方米，展出蔡元培70大寿时社会各界赠送之物品近50件，如：木质唱机唱片柜（民国）、木质目录资料柜（民国）、朱子家训墨（民国）、铜质、木质祝寿奖牌（民国）、木质漆盘（民国）、铜质立式放大镜（民国）、佛手水盂（近代）、刺绣镜框（近代）、祝寿漆器珊瑚（民国）、陶制咖啡壶（近代）等。此外，上海蔡元培故居于2003年3月5日～14日举办《蔡元培遗物手迹展》，2007年3月5日～9日在上海市乌鲁木齐

1.故居二楼书房　2.蔡元培用过的打字机

北路459号的玉兰展厅举办《翰墨丹青寄伟人——蔡元培故居海上百位书画家捐赠作品展等的专题展》。

　　宣传教育　上海蔡元培故居与北京大学上海校友会、上海交通大学、上海音乐学院、复旦大学、华东师范大学、向明中学、市西中学等20多个单位团体结对，管理培训志愿者双语讲解员队伍，举办"纪念蔡元培创建音乐学院八十周年广场音乐会"、学术思想研讨会等。2003～2004年举办"走近蔡元培——故居观后感"征文活动，吸引上海交通大学、复旦大学、华东政法大学、向明中学、市西中学等二十九所大中学校参加，征文459篇。2004年3月5日，在上海音乐学院贺绿汀厅举办观后感征文

颁奖仪式暨音乐演出，上海交通大学、复旦大学等二十余所大中院校千余名师生参加。2006年5月22日与北京大学上海校友会、上海市静安区静安寺街道合作，在静安寺街道社区图书馆开设"孑民书屋"，完成蔡元培生前欲建"孑民图书馆"的愿望，在故居之外为社会群众增添一处走近蔡元培、阅读蔡元培、了解蔡元培、研究蔡元培的文化活动基地，北京大学校长许智宏专程前来揭幕。2008年1月11日蔡元培诞辰140周年之际，故居编辑出版《人世楷模蔡元培》一书，以资纪念。此外，上海蔡元培故居还参与策划组织上海市红色经典小故事讲演大赛。

经营管理

[单位性质]　国有事业单位

[经费来源]　区财政全额拨款

[人员编制、组成]　无独立编制，业务管理机构静安区文物史料馆共12人在编，其中上海蔡元培故居陈列馆工作人员共3人。

[观众接待]　年均约2万人次

参观指南

[地址]　上海市静安区华山路303弄16号

[邮编]　200040

[电话]　021-62484996

[传真]　021-62494866

[电子邮箱]　jawsg81@yahoo.com.cn

[开放时间]　周二至周日（周一闭馆）9:00～11:30（提前半小时停止售票），13:00～16:30（提前半小时停止售票）。

[票价]　成年人个人票5元/人，团体票3元/人（10人以上）；未成年人个人票3元/人，团体免票（10人以上），周六全天免票，由家长陪同参观者免票；70岁以上老人、离休干部、军人等凭证免费参观。

（撰文：上海蔡元培故居）

上海豫园

Shanghai Yu Garden

概述

类型　艺术类园林建筑专题博物馆

隶属关系　上海市黄浦区文化局

正式开放时间　1961年9月

所在位置　黄浦区老城厢的东北隅，北靠福佑路，东临安仁街，西南与老城隍庙毗邻。

上海豫园"玉华堂"

面积　总占地面积20000平方米

建筑、布局　园内楼阁参差，山石峥嵘，树木苍翠，以清幽秀丽，玲珑剔透见长，具有小中见大的特点，体现出明清两代江南园林建筑的艺术风格。蜿蜒曲折的粉墙将园内五十余处景点划分为七大景区，游览其中，移步换景，各具特色。

历史沿革　豫园始建于明嘉靖三十八年（1559年），原为明代上海潘氏家族的私人花园，是一座享誉中外的"海上名园"，素有"奇秀甲于天下"、"东南名园冠"的美誉。然而，数百年来，豫园却饱经沧桑，屡遭战火毁损。自清乾隆三十六年（1771年）起，即有行业公所陆续进驻。之后，整个园林被上海豆米业、糖业、布业等二十余个工商行业划分，建为公所。至解放前夕，豫园亭台破旧、假山倾坍、池水干涸、树木枯萎，旧有园景日见湮灭。上海解放后，在市文管委的主持下，从1956年起，对豫园进行了历时五年的大规模修缮，于1961年9月对外开放。1982年2月23日，豫园被国务院公布为全国重点文物保护单位。

历任馆长　董良光（1971.11～1990.7）；吴荣光（1990.8～1997.2）；丁良才（1997.3～1999.12）；张文女（1999.12～2004.5）；臧岭（2004.8至今）。

业务活动

基本陈列　除了园林观赏外，豫园还设有建筑厅堂陈列、听涛阁展厅的文物书画陈列、点春堂小刀会史料陈列等，总陈列面积达4450平方米。陈列结合明清园林的特点、以展示民族优秀传统文化为重点。

专题陈列　上海豫园自1996年起通过主办、承办与合办的方式，举办了《珍贵的瞬间——'党和国家领导人、外国贵宾在豫园'摄影图片展》、《景德镇艺术瓷器精品展》、《山西古建筑模型精华展》、《中国南通蓝印

《紫禁瑰宝》

花布展》、《陕北民间艺术展》、《常熟博物馆藏书画精品展》、《紫塞清风——承德避暑山庄藏文物展》、《流光焕彩——南京博物院藏历代金银器珍品展》、《雁塔神韵——西安大雁塔'雁塔题名'书画精品展》、《紫禁瑰宝——故宫博物院藏清宫赏玩展》等近50个专题展览。

藏品管理

[藏品来源]　藏品主要来源于旧藏、捐赠、收购。

[藏品类别]　分为家具、书画、瓷器、匾对、金属器、砖石刻等六大类。

王时敏《秉烛夜读图》

[藏品总数]　3237件

[重要藏品]　王时敏《秉烛夜读图》、吴昌硕《松菊图》、张大壮《垂柳双鸦图》等。

[藏品保护]　豫园建有恒温恒湿的藏品库房，用于收藏保护级别较高的藏品，对于书画等纸质类藏品还要加防蛀、防霉的药物。此外，豫园每年都要制定修缮计划，对园内40余处古建筑轮流进行保护性修缮。

宣传教育　为了让观众在参观过程中更全面地了解豫园，近年来豫园管理处编印出版了不少宣传读物，如：《潘伯鹰楷书豫园记》、《豫园馆藏书画集》、《刘小晴楷书豫园诗存》、《豫园点春书画集》以及《豫园风光》画册、光盘、明信片等。豫园管理处还经常邀请文博专家来园开设专题讲座，如："明清青花瓷器赏鉴"、"豫园的历史沿革"、"豫园造园艺术欣赏"、"明代豫园的资本主义萌芽"等，都受到了观众的欢迎。

交流合作　多年来，豫园与故宫博物院、南京博物院、河北承德文物局、山西太原文物局、陕西西安大雁塔文物保管所、四川遂宁宋瓷博物馆、浙江安吉吴昌硕纪念馆、江苏常熟博物馆、陕西安塞县文化馆、陕西洛川县博物馆、台湾国父纪念馆、香港中文大学等博物馆和文物管理机构保持着良好的合作关系。自1991年至2009年，豫园坚持参加每年举办的全国重点文物保护单位业务研讨会。与港台地区进行了多次展览交流活动。如：2000年12月，豫园赴台北国父纪念馆举办《上海豫园管理处馆藏书画精品展》；2002年9月台北国父纪念馆在豫园展出《孙中山事迹画传》；2005年4月～6月，香港中文大学《艺海沉浮——香港中文大学文物馆藏苏六朋、苏仁山书画展》在豫园展出；2006年4月～6月豫园在香港中文大学举办了《海纳百川——上海豫园藏海派书画展》。

经营管理

[单位性质]　国有文化事业单位

[经费来源]　自收自支

[机构设置]　设办公室、宣教科、人事科、保卫科、接待科、管理科、园艺科、维修科、行政科、财务科、经营科等十科一室。

[人员编制]　77人

[服务观众项目]　红十字会医药箱；排除照相机小故障、照相机装胶卷；义务小导游；打捞失落在池塘中的物品；文物商店代客托运所购买的商品；备有针线包、包扎绳；为残疾人参观提供帮助；有关绿化问题的咨询；为团体学生提供讲解等。

参观指南

［地址］　上海市黄浦区老城厢湖心亭九曲桥北

［邮编］　200010

［电话］　021-63282465（办公室）

　　　　　021-63260830（售票处）

［传真］　021-63282465

［网站］　www.yugarden.com.cn

［开放时间］　8:30-17:30（3~10月）

　　　　　　　8:30-17:00（1~2月、11~12月）

［票价］　40元（4~6月、9~11月）

　　　　　30元（1~3月、7~8月、12月）

（撰文：上海豫园）

历道证券博物馆

Lidao Museum of Securities

概述

类型　社会科学类证券专题博物馆

筹建时间　2003年3月

正式开放时间　2004年1月10日

所在位置　浦东新区陆家嘴金融区

面积　建筑面积600平方米

历任馆长　吕苓（2004.1至今）

业务活动

基本陈列　博物馆陈列共分三部分：晚清篇、民国篇、新中国篇，陈列了中国自晚清时期、民国时期（含解放区）、新中国建国初期以及改革开放后的证券和物品数百件，其中有外资股票、华资股票、各类债券、债券历史实物、证券历史报刊、证券历史老照片等。

展厅一角

博物馆以近代中国证券发展史为主线，以全面、珍贵而丰富的史料和藏品，生动地展现了近代一百多年来中国社会的兴衰荣辱、风云跌荡，再现了新、旧中国资本市场的发展轨迹和曲折经历，特别展示了改革开放后我国金融证券市场所创造的奇迹。其中部分藏品反映了清朝末期以来国际国内落户上海的金融机构、工商企业的情况，展现了上海近代商业文明的发展脉络及文化特色，为上海曾经是远东国际金融中心提供了历史的见证物，也为现代上海作为国际金融中心、"一个现代化，四个中心"的发展战略增添了历史的浓墨重彩。

藏品管理　历道证券博物馆积极开展藏品的征集和保护工作，收购、保护了一批珍贵的历史文物和中国金融史

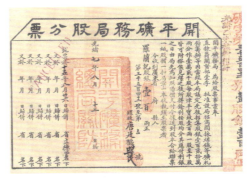

清　开平矿务局发行的股票

上具有重要意义的票证，其中不乏具有极高文物价值和深邃历史内涵的传世珍品，如：迄今发现存世最早的中国股票：开平矿务局光绪七年（1881）发行的股票；甲午战争的见证物：1896年英德借款债券；孙中山签署的民国政府第一张公债：中华民国军需公债；中华苏维埃共和国1933年发行的经济建设公债；胡耀邦签署的股票；中国青年出版社股份有限公司1954年发行；新中国改革开放后第一张规范意义上的股票：上海飞乐音响股份有限公司1984年发行的股票等等。

宣传教育　编撰出版了12万字、300多张图片的《历道证券博物馆馆藏精选》。

交流合作　历道证券博物馆十分注重博物馆的社会教育和文化传播功能，有效发挥博物馆资源和优势，目前已与浦东干部学院、复旦大学、上海大学、西南财经大学、上海社科院等合作，成为其长期教学研究基地。

经营管理

［单位性质］　民办非企业单位

［经费来源］　由湘财证券有限责任公司出资

［观众接待］　年约5000人次

参观指南

[地址]　上海浦东新区陆家嘴环路958号华能联合大厦13层

[邮编]　200120

[电话]　021-68634518-8309

[传真]　021-68634518-8306

[电子邮箱]　1d@xcsc.com

[开放时间]　周二、周四13:00-16:30

[票价]　免费

（撰文：历道证券博物馆）

中共上海地下组织斗争史陈列馆暨刘长胜故居
Former Residence of Liu Changsheng

概述

类型　社会科学类历史名人专题博物馆

隶属关系　静安区文物史料馆

筹建时间　2002年9月

正式开放时间　2004年5月

所在位置　静安区愚园路近胶州路

面积　占地面积239平方米、建筑面积927平方米

建筑、布局　该建筑建成于1916年，是一幢沿街的砖木结构的三层楼房，底层外墙为机制红砖，二三层外墙为卵石墙面。双门洞双扶梯，木质扶手，水磨石子地面。展厅内部铺设木质地板。

历史沿革　中共上海地下组织斗争史陈列馆暨刘长胜故居是上海工人运动和地下党的杰出领导人之一——刘长胜1946年至1949年的居住地，也是中共上海局秘密机关旧址之一。刘长胜（1903～1967），山东省海阳县人。1922

年赴苏联海参崴当码头工人。1927年参加共产党。1935年4月受共产国际派遣为恢复与中共中央电讯联络携送密电码回国。1937年9月到上海，参加恢复和重建中共上海地下组织工作，同年11月，任中共江苏省委副书记。1945年中共"七大"上当选为中央候补委员，同年8月，华中局宣布成立上海市委，任中共上海市委书记。1946年后，参加中共中央上海分局的领导工作。建国后，长期从事工会和世界工联的领导工作，先后任上海总工会主席、全国总工会副主席、世界工会联合会书记处书记、副主席等职。1946年至上海解放，刘长胜曾用刘希敏和刘浩然的名字，以瑞明股份有限公司董事身份作为掩护，在这里直接联系当时的上海工委、教委、郊委、情报、策反及机要机关的工作，同住这里的还有中共上海市委书记张承宗和夫人。刘长胜一家住二楼，张承宗一家住三楼。解放后，该处建筑为居民住宅。

1992年6月，刘长胜故居被上海市人民政府列为市级纪念地点。2001年6月至2002年3月，中共上海市静安区委、区政府配合区整体规划对故居进行了大规模的保护性平移工程（约200米）。中共上海地下组织斗争史陈列馆暨刘长胜故居创建于2002年9月。2004年5月被命名为静安区爱国主义教育基地，同年5月27日上海解放55周年纪念日正式对社会开放。2005年3月，被列为上海红色旅游基地。

业务活动

基本陈列　《中共上海地下组织斗争史陈列展》是纪念馆的基本陈列，介绍中共上海地方组织从诞生历经二次国内革命、抗日战争到配合中国人民解放军武装夺取政权解放上海的斗争历程。二楼复原了当年刘长胜故居的起居室，三楼复原张承宗故居起居室。陈列面积约568平方米，展出刘长胜生前使用过的皮箱、望远镜、手表、工作证等以及革命青年陆延年在狱中使用的刻有"人生的过程是斗

刘长胜使用过的望远镜

"荣泰烟号"场景复原

争，斗争的结晶是经验，您只能白了青年人的发，哪能灰了青年人的心"革命诗句的筷子，和中共上海地方组织领导下的群众革命团体"益友社"的理事会章、邮局职工结拜兄弟贴"金兰同契"、"人民保安队"臂章等实物及图片400余件。整个陈列在艺术设计方面注重视觉的冲击力，把握互动性，注意空间的通透。此外，整个陈列还有机地将休闲功能融入地下出版社"上海书店"、左联成立地点"公啡咖啡馆"、地下联络点"荣泰烟号"等场景，构成场景、休闲互通的空间，使参观者在休闲的空间能细细地感悟场景的历史文化内涵，同样起到宣传、教育的功能。

专题展览 2007年5月25～29日，中共上海地下组织斗争史陈列馆暨刘长胜故居在静安区文化馆举办《永恒的印记——中共上海地下组织斗争史陈列馆文献、实物珍藏展》，展出地下党老同志及其家属捐出的文献、实物近100件。

宣传教育 中共上海地下组织斗争史陈列馆暨刘长胜故居与上海广电影视制作有限公司、上海市嘉定区老干部局、上海市未成年人教养所、上海市市西中学等近10家单位结对，开展"红色动感之旅，Let's go!"、"追忆历史，铸就辉煌——纪念中央红军长征胜利70周年广场文艺演出"等内容丰富、形式多样的宣教活动，弘扬革命传统。2004年至今，还邀请地下党老同志与故居的学生志愿者结成忘年交，开展"夕阳映照朝霞红——老少两代志愿者结对共建"系列活动，以自己的亲身经历和切身体会教育、帮助学生志愿者，通过内容丰富、形式多样的活动，普及学生的中共上海地下党史知识，鼓励学生志愿者努力学习，互相帮助，通过宣传上海地下党斗争史，在故居志愿者讲解员的岗位上自我教育，获得成长。活动直接教育故居学生志愿者约200余人。2007年6月，与中共上海市委党史研究室宣教处、《新闻晚报》合作，开展"地下斗争新档揭秘"活动，连续8天11篇报道从市民中征集相关史料的情况，受到社会广泛关注，数十位地下党老同志及其亲属来电来人提供线索及资料。此外，还参与策划组织上海市红色经典小故事讲演大赛。

经营管理

[单位性质] 国有文化事业单位

[经费来源] 区财政全额拨款

[人员编制] 5人

[服务观众项目] 常年为"到纪念馆过一次组织生活"的团体提供中共上海市委宣传部、中共上海市委党史研究室出品的"红色记忆——上海革命遗址巡礼"等主题宣教VCD的观看服务。

[观众接待] 年约3万人次

参观指南

[地址] 上海市静安区愚园路81号

[邮编] 200040

[电话] 021-62155939

[传真] 021-62494866

[电子邮箱] jawsg81@yahoo.com.cn

[开放时间] 周二至周日（周一闭馆）上午：9:00～11:30（提前半小时停止售票）；下午：13:00～16:30（提前半小时停止售票）

[票价] 成年人个人票5元/人，团体票3元/人（15人以上）；未成年人个人票3元/人，团体免票（15人以上），周六全天免票，由家长陪同参观者免票；70岁以上老人、离休干部、军人等凭证免费参观。

（撰文：中共上海地下组织斗争史陈列馆）

中国左翼作家联盟成立大会会址纪念馆

Memorial of the Meeting Site of the Establishment of China Left-wing Authors'Alliance

概述

类型 社会科学类历史遗址专题博物馆

隶属关系 虹口区文物史料馆

"左联"纪念馆外景

筹建时间　1989年10月

正式开放时间　1990年3月2日

所在位置　虹口区多伦路文化名人街

面积　占地面积674平方米

建筑、布局　中国左翼作家联盟成立大会会址纪念馆，该建筑竣工于1924年。为一幢坐北朝南的三层楼洋房，混合结构。住宅建筑形态采用英国新古典主义风格，如沿街立面山墙呈曲线形，带着欧洲传统住宅特征。南立面有明显的横三段处理手法，建筑的比例及构图严谨，阳台立面对称。在细部装饰上，如窗楣设置平拱浮雕，底层基座及入口处理等采用陶立克柱式，额枋上出现巴洛克式的旋涡、水草等纹样，是英国19世纪新古典主义住宅建筑的经典之作。此建筑自1924年建成后常年出租，1929～1930年为中华艺术大学租用。1930年3月2日"左翼"作家借该大学的教室召开了中国左翼作家联盟成立大会。1930年8月中华艺术大学被当局查封，后为民居。

历史沿革　中国左翼作家联盟是中国共产党领导的、以鲁迅为旗手的革命文学团体，1930年3月2日，在上海窦乐安路233号（今多伦路201弄2号）中华艺术大学宣告成立，1936年春解散。它在继承"五四"新文学传统，介绍与传播马克思主义文艺理论，倡导无产阶级革命文学，培育进步文艺队伍，创作反映时代精神的文艺作品，粉碎国民党反革命文化"围剿"等方面都取得了辉煌的成就，在我国现代文学史、革命史上谱写了光辉的篇章。

1980年8月，"左联"会址被公布为上海市文物保护单位。1989年10月，由虹口区人民政府、虹口区文化局及社会筹资，在多伦路145号修缮落成"左联"纪念馆，1990年3月2日正式对外开放。2000年，虹口区人民政府出资数百万元，对多伦路201弄2号"左联"成立大会会址内的居民进行了动迁，并由上海市文物管理委员会拨出专项资金，按照"修旧如旧"的原则对旧址进行全面复原修缮，于2001年底正式对外开放。2003年1月又被列为上海市爱国主义教育基地。2005年3月被列为上海市红色旅游基地。2006年7月重新修缮开放。

历任馆长　袁浩兴（1989～1990　常务副馆长）；陈金发（1991）；袁浩兴（1992～1993　常务副馆长）；李善忠（1994～1995）；孙爱民（1996～2002）；周主恩（2002～2003）；孙爱民（2003至今）。

业务活动

基本陈列　中国左翼作家联盟成立大会会址纪念馆的展厅分："创建·历程"、"文学·成就"、"抗争·牺

1.左联会址　2.展厅一角

牲"、"纪念·研究"四大部分。在陈列设计中有着"创新性"、"多元性"和"适用性"三大主要特征。打破常规的墙面展示。通过背景与前景、灯箱与图片、展柜与壁龛、场景与视频相结合等多种陈列设计手法，运用有节奏感的艺术语言恰到好处地展现了主题。纪念馆展览面积共计267平方米，展出藏品166件，其中有二件是重要展品。

藏品管理

[藏品来源]　"左联"盟员及家属的捐赠，以及工作人员在全国的征集。

[藏品统计]　馆内共有各类藏品1093件，其中重要藏品有6件。

左联盟员的遗物

［藏品保护］ 纪念馆设有专人保管的文物储藏室，安装了通风、防火、防盗、报警设备。

宣传教育 纪念馆近年来举办的大型活动有："纪念左联成立60周年"、"纪念左联五烈士牺牲60周年"、"纪念左联成立70周年"、《柔石诞辰百年文物展》、"纪念'左联五烈士'诗文朗诵暨爱国主义教育基地挂牌仪式"、"王余杞诞辰百年学术研讨会"、"第十次丁玲国际学术研讨会"、"周文同志诞辰100周年纪念座谈会暨学术研讨会"等。

［编辑出版］ 中国左翼作家联盟成立大会会址纪念馆曾先后编辑出版了《中国三十年代文学研究》、《左联纪念集》、《左联研究资料集》、《左联论文集》、《文坛之光》、《纪念中国左翼作家联盟成立70周年文集》、《左联五烈士》等书籍。

经营管理

［单位性质］ 国有文化事业单位

［经费来源］ 虹口区财政全额拨款

［人员编制、组成］ 设2名讲解员，人员编制隶属于虹口区文物遗址史料馆

［观众接待］ 年约1万人次

参观指南

［地址］ 上海市虹口区多伦路201弄2号（近四川北路）

［邮编］ 200081

［电话］ 021-56960558

［传真］ 021-65400436

［电子邮箱］ wenshiguan@126.com

［网站］ www.hkcrm.com.cn

［开放时间］ 周二至周日上午9：00－11：30，下午13：00－16：00

［票价］ 免费

（撰文：中国左翼作家联盟成立大会会址纪念馆）

中国共产党代表团驻沪办事处纪念馆

Memorial of the Shanghai Office of the Delegation of the Communist Party of China

概述

类型 社会科学类历史遗址专题博物馆

隶属关系 中国共产党第一次全国代表大会会址纪念馆

筹建时间 1979年2月

正式开放时间 1986年9月1日

所在位置 卢湾区思南路近复兴中路

面积 占地面积2345平方米、建筑面积1049平方米

建筑、布局 中共代表团驻沪办事处纪念馆为砖木结构的西式花园洋房。其中73号整幢为办事处当年使用的房屋，庭园面积668.5平方米，四层楼房建筑面积608平方米。71号紧邻73号东侧，是上海市人民政府、上海市文物管理委员会为更好的保护和利用旧址，于1994年动迁原住居民，并在1996年5月改建竣工，作纪念馆的办公用房。至此，中共代表团驻沪办事处旧址得以全部复原。

历史沿革 中共代表团驻沪办事处旧址房屋，建造于20世纪20年代初，原系义品洋行房产。抗日战争胜利后，由国民党中央党部黄天霞使用，后黄举家前往南京，中共代表团便以周恩来私人名义租用该房，作为办事处办公用房，对外称周公馆。中共代表周恩来、董必武、邓颖超等先后来这里居住和工作。一楼会客室是办事处举行记者招待会的地方，一楼东间是周恩来、邓颖超的工作室兼卧室。二楼整层楼面是办事处外事人员的工作室兼卧室。三楼北间是董必武的工作室兼卧室。底楼有一汽车间，停放周恩来专用的别克轿车。办事处大门朝向思南路，门上保留了原号码107号，并镶嵌有周公馆（GEN. CHOW EN-LAI'S

中共驻沪纪念馆外景

《中共代表团驻沪办事处史迹展览》

周恩来卧室

RESIDENCE）字样的户名牌。楼房的南面，有一个占地一亩多的花园，花园的中间是一片正方形的草坪，草坪的中央耸立着一颗与楼房一般高的百年大雪松，三面环绕着树木花卉，园中还有一个小的喷水池，景色宜人，环境幽静。1947年3月中共代表团撤离后，房产委托民主同盟会代管。后民盟被国民党宣布为非法团体，卢家湾警察分局派员接管该屋。解放后，政府将房屋租赁给居民使用。

1979年2月，经中共中央批准，筹建纪念馆。1981年2月，旧址修复工程竣工。1982年3月5日，纪念馆实行内部开放，1986年9月1日起正式对外开放。1959年5月，上海市人民委员会公布中共代表团驻沪办事处为市级文物保护单位。中共代表团驻沪办事处纪念馆筹建初，属上海博物馆领导。1985年3月，改由中共一大会址纪念馆领导，对外相对独立。1988年5月，独立建制。1988年10月，纪念馆改属上海市文物管理委员会领导。1998年4月，纪念馆取消独立建制，划归中共一大会址纪念馆领导，成为中共一大会址纪念馆的一个部门。纪念馆对外仍相对独立，其文物资料的征集、保管和陈列及研究工作纳入中共一大会址纪念馆管理。

历任馆长　张淑范（1980.12～1981.11 筹备小组负责人）；张祥康（1981.11～1985.3 纪念馆负责人）；陈沛存（1985.3～1987.2）；姚庆雄（1987.2～1992.8）；蔡金法（1992.8～1998.4 副馆长）；倪兴祥（1998.4至今 兼）。

业务活动

基本陈列　纪念馆设有《中共代表团驻沪办事处史迹展览》，展厅面积80余平方米，展品70余件。展览第一部分主要介绍办事处设立的历史背景。陈列有周恩来为在京、沪两地设立中共代表团办事处致国民党政府行政院院长宋子文函、宋子文给上海市市长吴国桢阻挠中共代表团在沪设立办事处的密电和监视办事处而设立的特务监视点

外景照等。第二部分主要是介绍周恩来在沪领导办事处通过举行中外记者招待会等形式，宣传我党和平、民主的主张，扩大我党在国统区的影响。陈列有周恩来出席中外记者招待会、周恩来在上海纪念鲁迅逝世十周年大会上的演说等珍贵历史照片。第三部分主要介绍周恩来在沪开展统战工作的情况。陈列有周恩来等与著名民主人士郭沫若、沈钧儒、马叙伦、盛丕华、许广平、黄炎培等人的活动照片，邓颖超等与外国朋友在一起合影。第四部分主要介绍办事处的撤离。陈列有刊载国民党当局逼迫中共人员撤离南京、上海、重庆的报刊文照、办事处最后一批成员，董必武、华岗、潘梓年、钱之光等撤离时的合影等。该图片史料展览，概括反映了1946年6月至1947年3月周恩来、董必武等在上海领导"办事处"积极宣传中国共产党坚持和平、民主、坚持政协决议，广泛开展爱国统一战线的斗争史迹。

藏品管理

［藏品统计］　1500件

宣传教育

［编辑出版］　纪念馆编研出版了《上海周公馆——中共代表团驻沪活动史料》、《中国解放区救济总会在上海》、《雾海明灯——上海周公馆图集》。

经营管理

［单位性质］　国有文化事业单位

［经费来源］　财政全额拨款

［机构设置］　纪念馆编制、行政、财务归属中共一大会址纪念馆。

［人员编制、组成］　12人。其中大专以上占66%。

［服务观众项目］　纪念馆为所需观众提供中、英文解说导览器。陈列室中有滚动播放的1946年秋，周恩来在上海从事革命活动的历史资料短片。73号花园中立有一尊

周恩来铜像，铜像高3.5米，铜像正前方是一片草坪，免费提供给少先队员、共青团员、共产党员举办入队、入团、入党等仪式活动。

[观众接待] 年约3万人次

参观指南

[地址] 上海市思南路71号

[邮编] 200025

[电话] 021-64730420

[传真] 021-64670630

[电子邮箱] yidahuizhi@sina.com

[网站] http://www.zgyd1921.com

[开放时间] 每天9:00—17:00（16:00以后停止领票、停止入场）

[票价] 免费

（撰文：中国共产党代表团驻沪办事处纪念馆）

中国共产党第一次全国代表大会会址纪念馆

Site-Memorial of the First National Congress of the Chinese Communist Party

概述

类型 社会科学类历史遗址专题博物馆

隶属关系 上海市文物管理委员会

筹建时间 1951年4月

正式开放时间 1968年

所在位置 卢湾区黄陂南路兴业路口

面积 占地面积1300余平方米

建筑、布局 纪念馆馆舍建筑系利用中共一大会址所在地树德里的原有房屋和西邻的辅助建筑。树德里房屋建

中共"一大"会址外景

于1920年秋，共2排9幢二层楼房，砖木结构，坐北朝南，清水外墙，大门上部均有拱形堆塑花饰，属上海典型的石库门建筑。前排5幢房屋为兴业路70-78号，其中76号（原望志路106号）为中共一大会址。后排4幢为黄陂南路（原贝勒路）374弄1-4号，现辟为专题陈列室，面积400平方米。全部房屋建筑面积约900平方米。馆舍建筑均按照当年外貌原状修复。新扩建的辅助建筑于1999年5月竣工，新建筑的外貌与中共"一大"会址建筑相仿，保留20世纪20年代上海典型的石库门民居风格。新建筑为钢筋混凝土结构，占地面积780平方米，建筑面积2316平方米，位于兴业路82-94号。一层为观众服务设施，设有门厅、多功能学术报告厅和贵宾厅。二层为《中国共产党创建历史文物陈列》展厅。

历史沿革 中共一大会址纪念馆成立于1952年，当时称上海革命历史纪念馆第一馆。1968年，正式改名为中国共产党第一次全国代表大会会址纪念馆。1984年3月，邓小平为纪念馆题写了馆名。中共一大会议旧址于1951年踏勘确认。中共上海市委设立上海市革命历史纪念馆管理委员会，夏衍任主任委员，领导中共一大会址的修缮和建馆工作。1952年初，会址修复竣工，成立上海革命历史纪念馆筹备处，归上海市文化局领导。1952年9月，中共一大会址复原布置就绪，实行内部开放。最初，中共一大会议室布置在兴业路78号楼上，以后附近居民反映会址房屋曾经改建，已非当年原貌；1956年中共一大代表董必武在视察后亦回忆当年大会在楼下举行。经过深入调查，会址于1958年重新按当年建筑原状修复，拆除改建时增建的厢房，一大会议室亦调整到兴业路76号楼下。1961年3月4日，中华人民共和国国务院公布中共一大会址为第一批全国重点文物保护单位。1986年，经上海市编制委员会批准，恢复上海革命历史博物馆筹备处，并与中共一大会址纪念馆实行两块牌子一套机构。1988年10月，纪念馆划归上海市文物管理委员会领导。

历任馆长 沈子丞（1952.1～1954.6 负责人）；周良佐（1954.6～1959.7 主任）；沈以行（1959.7～1960.12 主任）；周良佐（1960.12～1967.3 副主任）；革命委员会领导小组（1967.3～1979.2）；周良佐（1979.2～1982.12）；任武雄（1982.12～1985.3 副馆长）；张成之（1985.3～1988.12）；倪兴祥（1988.12～2001.2 常务副馆长）；倪兴祥（2001.2至今）。

业务活动

基本陈列 纪念馆的陈列内容由原状陈列和辅助陈列

两部分组成。中共一大会址为原状陈列的主体，内部布置
也按当年原状恢复，从兴业路76号大门进入为一天井，经
过6扇落地玻璃长窗门进入一大会议室（当年系中共一大代
表之一李汉俊及其兄李书城寓所的客厅），房间面积18平
方米，中央为一长餐桌，四周有圆凳12只，靠东西两墙各
有椅子2把、茶几1只。餐桌上放有花瓶和茶具等物品。所
有家具物品均据有关当事人的回忆，按当年式样仿制。

辅助陈列为《中国共产党创建历史文物陈列》。展
览厅面积450平方米，共陈列展示革命文物、文献和历史
照片148件，文物原件117件，占展品总量的百分之八十左
右，其中24件是国家一级文物。陈列由三部分内容组成。
第一部分介绍中国共产党成立的历史背景，展品有太平天
国干王洪仁玕著《资政新篇》；上海小刀会起义时潘可祥
部队使用过的短剑；邓世昌生前使用过的发晶书章；鉴湖
女侠秋瑾亲笔手书的光复军军制稿和辛亥革命时浙江军政
府布告等文物。第二部分介绍中国共产党早期组织的成立
及其活动，展品有李大钊赠送给吴弱男女士的亲笔签名的
照片；李大钊在建党时期用过的英文打字机；1920年9月
出版的陈望道翻译的马克思、恩格斯著作《共产党宣言》
第一个中文全译本；中国共产党上海早期组织出版的第一
本面向工人的刊物——《劳动界》和上海社会主义青年团
团员汪寿华1924年在海参崴拍摄的有他亲笔题词的原始照
片等。第三部分介绍中国共产党第一次全国代表大会，有
李达、李汉俊、董必武、陈潭秋、毛泽东、何叔衡、王尽
美、邓恩明、张国焘、刘仁静、陈公博、周佛海，还有陈
独秀指派的代表包惠僧和共产国际的代表马林、尼柯尔斯
基的照片。为再现当年中共一大会议召开时的历史场景，
还有一组模拟代表们开会时的艺术蜡像。

专题陈列　纪念馆经常举办临时性的专题展览。曾
举办过《列宁生平事迹展览会》、《太平军进军上海一百
周年纪念展览》、《纪念上海工人三次武装起义35周年
展览》、《革命烈士手迹展览》、《毛泽东同志早期在上
海活动史料展览》、《董必武同志在上海史料展览》、
《馆藏珍贵革命历史文物展览》、《周恩来同志在上海
史料展览》、《上海革命史迹图片展览》、《上海人民

1. "一大"会议室　2.《中国共产党创建历史文物陈列》

迎解放——纪念上海解放40周年史料展览》、《中国共
产主义运动的先驱——纪念李大钊一百周年诞辰史料展
览》、《中国共产党在上海（1921～1949）——纪念中国
共产党诞生70周年史料展览》、《新时期上海优秀共产党
员先进事迹展览》《抗日战争与上海——纪念抗日战争胜
利50周年图片展览》（1995.8.15，由中共上海市委宣传
部、中共上海市委党史研究室、上海市档案馆主办，该馆
承办）、《刘少奇在上海史料图片展》（1998.11.12，与

秋瑾《光复军军制稿》

陈望道译《共产党宣言》

洪仁玕《资政新篇》

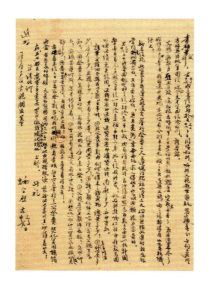

李白烈士遗书

中共上海市委党史研究室、上海市档案馆合办)、《毛泽东遗物展》（2001.6.18，与韶山毛泽东同志纪念馆联合举办）、《陈毅在上海》（2001.8.25，与中共上海市委党史研究室合办）、《光辉的历程——中共一大至十五大图片展》（2002.06.10，与中共上海市委党史研究室合办）、《馆藏文物精品》（2002.12.12）、《党风楷模周恩来》（2003.3.4，与［天津］周恩来、邓颖超研究中心合办）、《毛泽东与上海》（2003.12.25，在上海图书馆展出，中共上海市委宣传部、中共上海市委党史研究室主办，该馆承办）、《邓小平与上海》（2004.8.21，在上海图书馆展出，由中共上海市委宣传部、中共上海市委党史研究室、上海市档案局主办，该馆承办）、《永远的丰碑鲜红的党旗——新民主主义革命时期上海优秀共产党员图片史料展览》（2005.6.20）、《红色之源·上海——纪念中国共产党成立84周年图片展》（2005.6.28，由中共上海市委组织部、中共上海市委宣传部、中共上海市委党史研究室、上海市档案局、上海市旅游委主办，该馆承办）、《中共一大代表生平史料展》（2007.6.12）等。展出的重要文物有贺绿汀《游击队之歌》原稿、刘少奇名片、1937年8月朱德的照片、周恩来送给李华英的地图等。

藏品管理

［藏品类别］ 藏品主要是鸦片战争以来至社会主义革命和建设各个历史时期的文献、实物、报刊、书籍和照片。

［藏品统计］ 据2007年底统计，共有藏品10万余件，其中一级文物118件、二级文物3870件、三级文物18220件。

［重要藏品］ 五卅烈士墓残碑；汪寿华、郑覆他、王孝和、李白等烈士的日记、遗书和遗物；解放战争时期欢送上海人民呼吁和平进京请愿代表团大会场景照片；上海学生抗议驻华美军暴行联合会宣言；解放初上海市人民政府第一枚印章和第一块木牌以及在龙华国民党警备司令部附近发掘出来的24烈士遗物等。

科研宣教

［编辑出版］ 纪念馆还积极开展学术研究，不仅对筹备中的上海革命历史博物馆的基本陈列进行研究，而且还从事中共创建史和上海革命史的学术研究，并编研出版了《看革命文物学革命传统》、《中国共产党的诞生图片集》、《血洒龙华花更艳——上海革命烈士故事》、《恽代英文集》、《恽代英传记》、《上海地区建党活动研究资料》、《开天辟地的大事变》、《上海共产主义小组》、《上海人民革命史画册》、《中国共产党创建史图集》、《上海革命

五卅烈士墓残碑

史研究资料》、《中国共产党创建史研究文集》、《中国共产党第一次全国代表大会会址》画册、《上海革命史资料与研究》第二辑、《馆藏文物精华》画册、《开天辟地》、《毛泽东在上海》画传、《四个月的战争——"八一三"淞沪抗战纪实》、《党史研究文集》、《中国共产党创建史大事记》、《上海抗战画史》、《现代革命史料研究文集》、《中国共产党创建史辞典》、《中国共产党创建史论著目录（1949～2004）》、《中共一大代表画传》、《此间曾著星星火——中共创建及中共中央在上海》、《左联与中国共产党》、《周恩来在上海画传》等，促进了中共创建史和上海革命历史的研究。专题录像片有《中共创建史》。

交流合作 此外，中共一大会址纪念馆还经常举办"党的创建史专题辅导讲座"和专题学术沙龙，曾邀请中外学者主讲"中共创建的国际背景"、"中共创建及中共二大的几个问题"、"关于中共创建的几个问题探讨"、"在国际背景下对中共创建时期的几个问题的思考"、"略论中共党史人物研究"、"马林与列宁：荷属东印度和中国的殖民地革命"等学术讲座。中共一大会址纪念馆制作《群英结党救中华——中国共产党创建史展览》、《光辉的历程——中共一大至十七大》专题流动展览，分别赴全国各主要城市及上海郊县博物馆、工矿企业、学校、部队进行流动展出。纪念馆还组织举办了"博物馆建筑与博物馆功能学术研讨会"（2001年8月20日）、"党的最高纲领与最低纲领的关系——纪念中共二大召开80

周年理论研讨会"（2002年6月3日，与市委党史研究室合办）、"《新青年》创刊90周年学术研讨会"（2005年9月15日，与上海市中共党史学会合办）、"中国共产党创建史全国学术研讨会"（2006年7月23日）、"纪念王尽美诞辰110周年学术座谈会"（2008年6月14日，与市委党史研究室合办）。

经营管理

　　[单位性质]　国有文化事业单位

　　[经费来源]　市财政全额拨款

　　[机构设置]　设保管部、陈列部、宣教部、研究室、办公室、保卫科、行政科和中共代表团驻沪办事处（周公馆）旧址保护部等8个业务行政部门。

　　[人员编制、组成]　58人，研究生占5％，本科占29％，大专占45％。

　　[服务观众项目]　设有服务部，出售纪念品及中共党史书籍、画册等。还提供数码式中、英文语音导览服务设备，免费提供纪念馆简介，免费提供入党、入团宣誓场地。设有多功能厅，为观众播放中共党史专题录像或举办专题讲座。

　　[观众接待]　年约27万人次

参观指南

　　[地址]　上海市卢湾区黄陂南路374号

　　[邮编]　200021

　　[电话]　021-53832171-105（办公室）

　　　　　　021-53832171-111或222（售票处）

　　[传真]　021-63110136

　　[电子邮箱]　yidahuizhi@sina.com

　　[网站]　http://www.shcrm.com/SHCRM/yidahuizhi/default.htm

　　[开放时间]　每天9:00－16:00（16:00以后停止领票、停止入场）

　　[票价]　免费

（撰文：中共一大会址纪念馆）

中国共产党第二次全国代表大会会址纪念馆

Memorial Hall of the Site of the Second National Congress of the Communist Party of China

概述

　　类型　社会科学类历史遗址专题博物馆

中共"二大"会址纪念馆外景

党章陈列厅

隶属关系　静安区人民政府

筹建时间　2001年7月

正式开放时间　2002年6月

所在位置　静安区老成都北路延安中路绿地

面积　建筑面积2282平方米

建筑、布局　中共二大会址纪念馆为两排东西走向的石库门里弄住宅建筑，砖木结构二层，墙开有矩形门洞、石质门框，门套用红砖砌成牌坊式，两旁壁柱头有仿科林斯柱式的砖雕，清水灰砖墙面，上部为铺小青瓦的二坡屋顶。基本保留1915年始建时的建筑风貌。

历史沿革　1922年7月16日～23日，中国共产党在此召开了第二次全国代表大会，出席这次大会的有陈独秀、张国焘、李达，还有上海的杨明斋、北京的罗章龙、山东的王尽美、湖北的许白昊、湖南的蔡和森、广东的谭平山、中国劳动组合书记部的李震瀛、青年团中央的施存统等，共12人，代表着全国195名党员。第一次会议在上海公共租界南成都路辅德里625号（现老成都北路7弄30号）举行。由于中共"一大"召开时曾发生过法国巡捕搜查会场的事件，这次大会以分组活动为主，只开了三次全体会议。第一次会议就是在楼下的客堂里举行。大会分析了国际形势和中国社会的政治经济状况，讨论了党的任务。7月23日，在第三次全体会议上，通过了《世界大势与中国共产党》等决议案和《中国共产党章程》，正式选举了党的中央执行委员会，发表了《中国共产党第二次全国大会宣言》。中国共产党第二次全国代表大会的召开，在中国近代历史上第一次提出了彻底的反帝反封建的民主革命纲领，制定了我党的第一部党章，第一次提出了统一战线——民主联合战线的思想，第一次比较完整地对工人运动、妇女运动和青少年运动提到要求，第一次公开发表了党的宣言，第一次提出了"中国共产党万岁！"的口号。为中国各族人民的革命斗争指明了方向，对中国革命具有重大而深远的意义。

1959年5月26日，上海市人民委员会公布中共二大会址为市级文物保护单位。2001年7月，中共静安区委、区政府决定成立中共"二大"会址纪念馆筹建工作组，负责中共"二大"会址的修复和建馆工作，并于次年6月30日中共"二大"召开80周年之际正式对外开放。修复后的中共"二大"会址纪念馆主建筑为两排东西走向的石库门里弄住宅建筑，砖木结构，建筑面积约2300平方米，基本保留了1915年始建时的建筑风貌。

历任馆长　尤启龄（2002.6～2003.7）；朱伟明（2003.7～2005.12）；张海根（2005.12～2009.4）；杭春芳（2009.4至今）。

业务活动

基本陈列　《中国共产党第二次全国代表大会历史展览》涵盖"开创与探索"、"旗帜与道路"和"实践与发展"三部分。着重表现了由中共二大所制定的民主革命纲领以及其他重要的决议案，迅速成为党领导各阶级展开革命运动的一面旗帜，中华民族从此走上为彻底推翻帝国主义和封建主义而斗争的新征途。

《中国共产党党章陈列》位于纪念馆二楼，陈列着中国共产党自诞生以来的八十多年时间里所产生的十六部党章或党章修订案，并用触摸式电脑一一对应，可供来宾详细查询有关内容。从一个独特的角度，再现了中国共产党从幼年走到成熟的全过程，记录着中国共产党思想、理论和政治路线与时俱进的发展轨迹。展厅中还陈列了百余种不同版本的《党章》和《中国共产党宣言》。

《平民女校史料陈列》包括平民女校历史沿革以及平民女校教员和学生的相关内容。平民女校是中国共产党创办的第一所培养妇女干部的学校。旧址位于上海南成都路辅德里632号A，与二大会议旧址同位于"辅德里"相邻的两排石库门里弄内。1984年5月，平民女校旧址被定为上海市文物保护单位。2002年9月，被上海市妇联命名为上海妇女教育基地。

专题陈列　建馆以来，中共二大会址纪念馆在办好基本陈列的同时，积极举办各类主题展览和活动。2006年6月，《纪念中国共产党成立85周年暨红军长征胜利70周年收藏·集邮展》在二大会址纪念馆举办，共展出了28部邮集和1950年至今军队各时期的服装、勋章、军械用品等实物，以及许多党的早期文件。2008年改扩建完成后，纪念馆于2009年1月和9月分别举办了《纪念静安区改革开放30周年成就图片展》和《红色静安——庆祝建国60周年主题巡展》。展览博得一致好评，取得良好社会反响。

科学研究　2002年7月，中共二大会址纪念馆与中共一大会址纪念馆联合举办纪念中共二大召开80周年理论研讨会。2004年，静安区妇联、静安区档案局、静安区委党史研究室、中共二大会址纪念馆联合举行"纪念丁玲百年诞辰座谈会"，旨在纪念丁玲百年诞辰，并深入开展在中共早期妇运方面的研究。

2005年编辑出版《中国共产党第二次全国代表大会》一书，全书共30余万字，全面反映中国共产党第二次全国代表召开情况和历史背景、代表生平简介及有关文献和回忆录等史实，是一本研究中共二大会议的资料性书籍。

2007年，在中共二大召开85周年之际，中共二大会址纪念馆策划了面向全国的理论研讨座谈会，来自全国各级党史部门、各纪念馆以及新闻媒体的110余人出席活动，并通过征文评比，专人撰稿等方式，征集来自全国各地的论文30篇，经专家评选，共有6篇论文获奖，9篇论文入围。随后编辑出版了《中共二大研究论文集》等作品，产生了良好的社会反响。

二大通过的《中国共产党章程》

宣传教育　自2009年元旦免费对外开放以来，纪念馆整合力量、开拓创新，精心策划主题活动，大力弘扬爱国主义、民族精神和时代精神，充分发挥起爱国主义教育示范基地的宣传教育作用。截止12月31日，2009年共接待观众43426人次，圆满完成76批次贵宾接待任务，获得203份观众留言，参观满意度为100%。各类媒体报道60余次。与此同时，纪念馆参加了2009年上海市爱国主义教育基地青少年工作星级（试点）评估工作，各项工作获得专家首肯；被市委宣传部、市教委、团市委授予2008-2009年度上海市爱国主义教育基地先进单位称号。2009—2010年度软课题《关于党史类纪念馆构建中小学德育基地的实践研究》也已立项启动。

经营管理

[单位性质]　国有文化事业单位

[经费来源]　区财政全额拨款

[人员编制]　15人

[观众接待]　年约5万人次

参观指南

[地址]　上海市静安区老成都北路7弄30号

[邮编]　200041

[电话]　021-63582208（办公室）
　　　　021-63590984（售票处）

[传真]　021-63590749

[网址]　www.edjng.org

[电子邮箱]　cpc63590984@163.com

[开放时间]　9：00—11：30（11：00停止进馆）；
13：30—16：30（16：00停止进馆；周一全天闭馆）

[票价]　免费

（撰文：中共"二大"会址纪念馆）

中国共产党第四次全国代表大会史料陈列馆

Exhibition Hall of the Fourth National Congress of Communist Party of China

概述

类型　社会科学类历史专题博物馆

隶属关系　虹口区文物遗址史料馆

正式开放时间　2005年1月11日

所在位置　虹口区多伦路文化名人街

面积　占地面积642平方米

中共"四大"史料陈列馆外景

建筑、布局 为砖木结构，假三层独立式花园住宅，该房产几经变迁，抗日战争期间曾作为日本海军陆战队司令官邸，解放后为上海纺织局老干部活动室。1999年被公布为上海市优秀历史建筑。

历史沿革 1925年1月11日至22日，中国共产党第四次全国代表大会在上海东宝兴路254弄28支弄8号处召开。出席大会代表有陈独秀、蔡和森、瞿秋白、周恩来等20人，代表全国各地党员994人。共产国际的代表魏金斯基参加了大会。陈独秀代表中共中央第三届执行委员会作工作报告。会议通过了14个文件，修改了党章，选举了中央执行委员和候补委员，陈独秀为总书记。"这次大会对中国革命的一些基本问题进行了比较系统的探讨，在党的历史上第一次明确提出无产阶级在民主革命中的领导权和工农联盟问题。"中共"四大"所制定的一系列决定、决议，为党的不断发展壮大起到了积极的推进作用。中共"四大"会址原为坐西朝东的砖木结构假三层石库门民居，1932年1月28日毁于日军炮火中。1987年11月17日，上海市人民政府公布中国共产党第四次全国代表大会遗址为上海市革命纪念地点。

为了更好地向社会展示中国共产党的光辉历程，使广大市民进一步了解虹口的人文资源，2003年中共虹口区委、区政府决定，由区委党史办牵头、虹口文史馆落实人员，开始进一步收集整理"中国共产党第四次全国代表大会"的史料。2004年3月暂借多伦路201弄2号"左联"会址纪念馆的一楼作为临时展厅着手设计布展工作，同年7月1日在该区内试展。2005年1月11日，在纪念中共"四大"召开80周年之际，《中国共产党第四次全国代表大会史料展》正式向市民开放。2006年迁至多伦路215号，重新设计布置《中国共产党第四次全国代表大会史料陈列馆》，同年7月1日正式对外开放。

历任馆长 孙爱民（2006至今）。

业务活动

基本陈列 中共"四大"史料陈列馆展厅分："风起云涌"、"历史丰碑"、"唤起工农"和"红色虹口"四大部分。设计师在陈列设计中，综合考虑到陈列展览内容与建筑空间形态的互为依存关系。一方面，把上海市优秀历史建筑的展览场地的空间设置，围绕陈列内容和主题，通过超薄灯箱、模型、图标、壁龛、声光电相结合等艺术表现手法展示给观众；另一方面，融入代表"四大"原址建筑符号的墙壁作为展墙，实现了三位一体的整合效果。展厅面积共计100平方米。共展出藏品35件。部分展品是由陈独秀的后代和罗章龙的儿子所捐赠，其余展品由中共虹口区委党史办的工作人员到全国征集而来。

宣传教育 中共"四大"史料陈列馆制作了流动版面，到部队、学校、社区进行巡回展出，并与周边的中、小学组成共建网络，培养了一批学生志愿者。

2007年10月8日上海市文物管理委员会、虹口区人民政府在东宝兴路、宝源路、轨道交通3号线交汇处的绿地举行"中共'四大'会址"纪念性保护标志的落成典礼。

中共"四大"纪念性保护标志

展厅一角

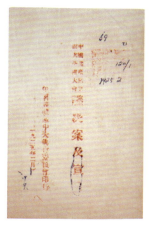

中共四大议决案及宣言

经营管理

[单位性质] 国有文化事业单位

[经费来源] 虹口区财政全额拨款

[人员编制、组成] 设二名讲解员，人员编制隶属于虹口区文物遗址史料馆。

[观众接待] 年近1万人次

参观指南

[地址] 上海市虹口区多伦路215号（近四川北路）

[邮编] 200081

[电话] 021-56667655

[传真] 021-65400436

[电子邮箱] wenshiguan@126.com

[网站] www.hkcrm.com.cn

[开放时间] 周二至周日上午9:00－11:30，下午13:00－16:00

[票价] 免费

（撰文：中共四大史料陈列馆）

中国劳动组合书记部旧址陈列馆

Former Site of the National Labor Union Secretariat

概述

类型 社会科学类历史遗址专题博物馆

隶属关系 静安区文物史料馆

正式开放时间 1992年9月

所在位置 静安区成都北路新闸路口

面积 占地面积为198平方米、建筑面积242.5平方米

建筑、布局 中国劳动组合书记部旧址建成于1911年，为砖木结构后期老式石库门里弄房子，总体布置采用横向式组合，共5个单体（成都北路893弄3-11号），中国

中国劳动组合书记部旧址

劳动组合书记部旧址陈列馆据其中3个单体（3-7号）。每个单体由二开间的两层楼房组成，整体风格较早期石库门简洁。大门设在房屋的中轴线上，由木门、门框、门套和门楣及门环等组成，门头反映了海派建筑的中西合璧的文化特色。门为实木对开双门，用木摇梗启闭，门面均为黑色，门上有铁环一对。门楣采用三角形山花图案装饰。门内有小院即天井。楼下正房为客堂，客堂门由6扇落地长窗组成。侧房为厢房。客堂后是木扶梯，再后面是后天井、杂屋和灶披间（厨房）。楼上正房为客堂楼即前楼，侧房为厢房。灶披间和杂屋上为亭子间，亭子间上面设晒台。外墙为清水墙，马头墙山墙。

历史沿革 中国劳动组合书记部成立于1921年8月11日，是中国共产党公开领导工人运动的第一个总机构，是中华全国总工会的摇篮，是中国工人运动的发祥地。上海解放后，经文物部门的专家多次调查，确认了原成都北路899号是中国劳动组合书记部旧址的遗迹。1959年5月，旧址被上海市人民委员会列为上海市文物保护单位。1977年12月17日重新命名。1992年9月28日，恢复中国劳动组合书记部旧址，并建立陈列馆。1999年11月被上海市总工会命名为上海市职工爱国主义教育基地。2005年3月被列为上海红色旅游基地。2005年5月31日对中国劳动组合书记部旧址进行了第二次修缮，将旧址整体平移至今成都北路893弄的位置，并再次对外开放。

业务活动

基本陈列 陈列馆的基本陈列以翔实的史料展示及浮雕、蜡像、场景复原、多媒体演示等多种形式再现了中国劳动组合书记部诞生的历史背景、组织机构、活动情况及光辉业绩，如："省港大罢工、二七大罢工、安源路矿大罢工"大型组合场景，中国劳动组合书记部编辑部会议场景等，凸现了书记部的重要历史地位及其组织、发动、领导工

编辑部会议场景

人阶级开展革命运动的斗争历程，直观而生动，富于教育感染力。陈列面积约198平方米，展出226件图片及实物。

专题陈列　中国劳动组合书记部旧址陈列馆有长期的专题陈列《劳模物品珍藏展》，展出杨怀远、杨富珍、裔式娟、李斌等数十名劳模的物品。展厅面积约30平方米，特色展品有杨怀远的"为人民服务"小扁担、汪齐凤的芭蕾舞鞋等。

此外，陈列馆曾举办多次短期的专题陈列。如：2002年5月18日，举办《我们身边的文物——5·18国际博物馆日》主题图片展，介绍上海市静安区域内的优秀历史建筑及文物保护单位；2005年9月2日～22日，与上海女青年会女工夜校校友联谊会在中国劳动组合书记部旧址陈列馆共同举办《纪念抗日战争胜利60周年——上海劳动妇女战地服务团史料图片展》；2006年4月25日～5月25日，与中国远洋运输公司上海分公司联合举办《红五月的风采——新中国第一代远洋轮船长贝汉廷事迹实物展》；2006年8月11日～10月11日，中国劳动组合书记部旧址陈列馆与上海时代建筑设计集团联手举办《时代辉煌——纪念中国劳动组合书记部成立85周年暨上海时代建筑设计集团设计展》；2007年5月1日～7日，与静安收藏协会联合举办《方寸之间展辉煌——纪念中国劳动组合书记部旧址陈列馆开馆两周年邮品展》。

宣传教育　中国劳动组合书记部旧址陈列馆与上海市静安区石二街道总工会、江宁路街道总工会，七一中学、上海师范大学、上海市未成年人教养所等结对，举办"弘扬革命传统，共塑美好心灵——十八岁成人仪式"、"红色经典伴我成长——主题团日"、外来务工人员免费参观等专题系列活动，共建社会主义精神文明。2006年5月31日与上海市静安区石二街道总工会联合举办"唱响红五月——纪念中国劳动组合书记部旧址陈列馆开馆1周年"

广场歌会，并于2005年4月4日邀请静安区文物史料馆老党员到百年老校"七一中学"为学生入党积极分子上"知荣耻，继传统，艰苦奋斗永不丢"主题党课；2006年5月16日邀请全国劳模杨怀远为石二街道总工会作"以服务人民为荣，以危害人民为耻"先进事迹报告。此外，中国劳动组合书记部旧址陈列馆还参与策划组织上海市红色经典小故事讲演大赛。

经营管理

[单位性质]　国有文化事业单位

[经费来源]　财政全额拨款

[人员编制]　4人

[服务观众项目]　常年为"到纪念馆过一次组织生活"的团体提供中共上海市委宣传部、中共上海市委党史研究室出品的"红色记忆——上海革命遗址巡礼"等主题宣教VCD的观看服务。

[观众接待]　约1万人次

参观指南

[地址]　上海市静安区成都北路893弄3-7号

[邮编]　200041

[电话]　021-62157732

[传真]　021-62157731

[电子邮箱]　jawsg81@yahoo.com.cn

[开放时间]　周二至周日（周一闭馆）上午：9：00～11：30（提前半小时停止售票）；下午：13：00～16：30（提前半小时停止售票）

[票价]　成年人个人票5元/人，团体票3元/人（15人以上）；未成年人个人票3元/人，团体免票（15人以上），周六全天免票，由家长陪同参观者免票；70岁以上老人、离休干部、军人等凭证免费参观。

（撰文：中国劳动组合书记部旧址陈列馆）

中国社会主义青年团中央机关旧址纪念馆

Memorial Hall and Site of the Central Committee of the Socialist Youth League of China

概述

类型　社会科学类历史遗址博物馆

隶属关系　卢湾区文化局

筹建时间　1986年

正式开放时间　2004年4月

所在位置　卢湾区淮海中路近成都南路

团中央机关旧址外景

历史沿革 1920年6月，陈独秀在上海发起成立了中国共产党的第一个早期组织。1920年8月22日，在中国共产党上海早期组织的领导下，李汉俊、俞秀松、陈望道、叶天底、施存统、袁振英、金家凤、沈玄庐等8名青年组织成立了中国第一个社会主义青年团——上海社会主义青年团。团的机关设在当时法租界霞飞路新渔阳里（弄堂名）6号（今淮海中路567弄6号）。上海社会主义青年团的创建，对各地社会主义青年团的建立起了发动和指导的作用。1921年11月，青年团临时章程中明确规定：在"正式团的中央机关未组成时，以上海团的机关代理中央职权"。1922年春，中国社会主义青年团临时中央局迁址大沽路356-357号（今大沽路400-402号）。至此，渔阳里6号重又成为了普通民宅。

1954年，中共上海市委宣传部先后送发了《关于上海革命历史纪念馆问题的请示》和《关于成立革命历史纪念馆、渔阳里6号团中央机关与中共"一大"的第一馆》的文件。文件中首次提出将渔阳里6号恢复为举办"外国语学社"时的面貌布置。1956年初，中共上海市委作出批示，解决了渔阳里5、6、7号居民的动迁问题，将整个旧址从民宅中置换了出来。1957年底，房屋复原修缮工程告竣，实行对内预约参观。1961年3月4日，中国社会主义青年团中央机关旧址被国务院公布为全国重点文物保护单位。1986年，共青团上海市委向中共上海市委请示，在渔阳里旧址的基础上筹建中国社会主义青年团中央机关旧址纪念馆。1988年，再次对渔阳里团中央机关旧址按原貌进行大修。2001年中共上海市委和共青团中央决定对团中央机关旧址进行全面改建和整修，并成立旧址纪念馆，对公众开放。2002年12月底，国家文物局正式批准团中央机关旧址整修方案。2003年4月10日团中央机关旧址整修工程正式启动。2004年4月26日纪念馆建成并对外开放。

历任馆长 张富强（2004.4至今）。

业务活动

基本陈列 改建后的团中央机关旧址纪念馆建筑面积1016.8平方米，其中1～5号为纪念馆，分为"序厅"、《中国青年英模展厅》、《上海青年运动史展厅》（动态展厅）和《'渔阳里'团中央机关旧址历史展厅》四个部分。6号建筑面积为174.8平方米，建筑风格属典型的上海石库门建筑，为团中央机关旧址的复原陈列。

第一部分"序厅"，该展厅通过30米长的巨幅铜板壁画再现了80多年来中国青年运动历程。同时运用电视林手法和灯光变化，将《渔阳里》导览片和整体环境融为一体。

第二部分《中国青年英模展厅》，该陈列重点展示了五四运动以来的33位青年英模和英模集体的感人事迹。展厅在综合运用历史照片、实物、艺术品、模拟场景、三面翻等传统布展手段的基础上，增加了多媒体和互动项目的比重，如可双人比赛的"学雷锋"网络游戏，可检索、点播的团史触摸屏、"英模走廊"等。展厅中的多媒体设备，可以为观众放映反映当代青年穿越时空与英模交流的多媒体短剧，短剧采用大屏幕投影、动态布景、幻影成像等合成技术，开创了国内同类制作的先河。

第三部分《团中央机关旧址历史展厅》，该陈列主要反映从1919年五四运动至1922年团"一大"召开的历史。展厅分四个展区：第一展区介绍五四运动爆发的时代背景；第二展区介绍上海建团的过程；第三展区介绍全国建团的情况；第四展区展示了从渔阳里6号走出来的以刘少奇、任弼时、俞秀松、罗亦农、萧劲光为代表的一批著名人物。历史展厅以历史照片、实物、幻影成像、场景等为主要展示手段。

第四部分《上海青年运动史展厅》，该展厅通过图片展示了八十多年来，上海青年在新民主主义革命时期、社会主义建设时期和改革开放时期及建设社会主义现代化的进程中创造的业绩。

第五部分"团中央机关旧址复原场景"，该部分复原了当年团中央机关的内部陈设，再现了当年团中央机关、上海社会主义青年团和外国语学社的原貌。

藏品管理

[藏品来源] 2003年团中央机关旧址整修工程启动后，上海社会主义青年团第一任书记俞秀松烈士的遗孀安志洁女士（现已去世）将珍藏半个多世纪的烈士遗物捐献给纪念馆。原外国语学社教师王元龄、曾在外国语学社学习的经济学家周伯棣等家属在得知旧址改扩建消息后，也捐献了一批珍贵文物用于纪念馆展出。上海造币厂特制了一枚重达一公斤的纯金团徽捐赠给纪念馆。

[藏品统计] 现有藏品120余件

[重要藏品] 山西省团委捐赠的刘胡兰被害时用过的铡刀（复制品）；上海社会主义青年团第一任书记俞秀松戴过的眼镜、用过的笔筒、镇纸；刘少奇填写的《团员调查表》（复制品）；周伯棣著的《中国财政史》手稿、

纯金团徽

书籍、诗抄、1953年中国新民主主义青年团第二次全国代表大会出席证等物品。

宣传教育 自2004年4月26日开馆以来，纪念馆举办了多次主题活动，包括：纪念"五四"运动85周年——青年英模、优秀青年参观活动；庆祝"6·1"全市优秀教师表彰活动；"走进渔阳里"团史知识竞赛；纪念开馆二周年暨博物馆、纪念馆馆长交流会；"青春的丰碑"首发仪式；博物馆、纪念馆讲解服务工作经验交流会；"将爱国之行化为报国之情——全市优秀青年座谈会"；"渔阳里的故事——征文比赛"；"我眼中的青年英模——青少年学生演讲比赛"；"上海市青少年科技市长奖"颁奖仪式等。

[编辑出版] 共青团上海市委员会于2004年为纪念馆落成编纂出版了《渔阳里的故事》和《中国青年英模传

略》等书籍，详细介绍了旧址纪念馆筹备建设的整个过程及中国社会主义青年团中央机关的历史变革。

经营管理

[单位性质] 纪念馆挂靠于上海市卢湾区文物保护管理所，属国有文化事业单位。

[经费来源] 区财政全额拨款

[机构设置] 设有三部一室：历史资料研究部、宣传教育部、安全保障部和所长办公室。

[人员编制] 8人

[观众接待] 年约8万人次

参观指南

[地址] 上海市卢湾区淮海中路567弄1-7号

[邮编] 200020

[电话] 021-53823370、021-53826109

[传真] 021-53065872

[电子邮箱] Lwqwbs426@163.com

[开放时间] 全年开放，上午9:00-11:30，下午13:00-16:30

[票价] 免费

（撰文：中国社会主义青年团中央机关旧址纪念馆）

中国武术博物馆
Chinese Wushu Museum

概述

类型 社会科学类武术专题博物馆

隶属关系 上海体育学院

筹建时间 2004年

正式开放时间 2005年11月一期历史厅开放，2007年11月二期馆开放

博物馆外景

所在位置 杨浦区长海路399号上海体育学院新综合馆内

面积 占地面积2500余平方米

建筑、布局 中国武术博物馆从2005年始建，于2007年完成二期工程，现已完成科普馆的改建任务。它坐落在上海体育学院新综合馆内，总面积约2500平方米，是迄今世界上第一家全方位展示武术历史与文化的博物馆。

历史沿革 2004年武术学院开始筹建中国武术博物馆一期历史厅，2005年中国武术博物馆一期开馆后，展出影响很大。2007年在上海市政府及上海市科教党委的支持下，坐落于上海体育学院新综合馆的中国武术博物馆二期馆正式对外开放。2009年中国武术博物馆完成"科学看武术"科普场馆建设任务，现已全面对外开放。

历任负责人 赵光圣（2004～2007 筹建负责人）；赵光圣（2008.3～2009.10）；虞定海（2009.11至今）

业务活动

基本陈列 博物馆主要陈列分为拳械厅、历史厅、临展厅和互动厅等部分。从馆藏文物中精选出500余件藏品，结合文献、图片资料及多媒体展示手段，多角度展示中国武术的博大精深。

"拳械厅"内主要展示的是全国各个省市的主要拳种和具有重大历史价值的兵器，从这里可以深入了解到中国武术中的主要拳种和兵器的相关历史知识。

"历史厅"是由拳械厅左侧进入，环绕拳械厅一周，然后通向临展厅。历史厅把中国武术的发展史分成6个时期进行展示：

1、起源萌生（公元前约170万年～约前2100年）

"民物相攫，而有武矣"。中国武术孕育于我们祖先的原始生产活动当中：人与自然相争萌生出人类最原始的武术格斗；部落战争促进原始格斗技术向军事技能发展；原始宗教、教育、娱乐等则赋予武术灵魂与美感，武术于

展厅一角

原始文化的母体中萌芽生长。

2、初步兴盛（公元前2070年～公元221年）

先秦时期攻城略地的争斗继续推动着武术的发展，频繁的战争促进了武术技艺的巨大进步，青铜工艺的普及带来了金属武器的广泛使用。与此同时，武术也更多地参与了礼制、教育以及娱乐等活动，成为人们社会生活的重要组成部分。

3、充实发展（公元前221年～公元1368年）

秦皇统一，武帝征伐，三国鼎立，南北对峙，唐朝盛世，宋代繁荣，战争与和平始终交替发展。战争时，征伐各方促进了不同兵械和格斗技术的交流；和平期，武术的锻炼价值和娱乐功用受到格外注目；还出现了在采用一定护具下的争胜比试。武术无论从内容、形式，还是技术都得到进一步充实发展。

4、逐步繁荣（公元1368年～1840年）

明代勃兴的套子武艺，衍变为花法武艺，形成门派林立的繁荣景象，并流入军旅，与实战武艺相得益彰。进入清代，随着冷兵器的淡出战，民间武术第一次成为武术的主体。它借鉴医理和养生术，形成不同流派，武术论著也大量问世，呈现出蓬勃发展的繁荣局面。

5、日趋成熟（公元1840年～1949年）

近代中国遭受列强侵入，"尚武精神"、"强国强种"的精神得以继承和推广，以武术为宗旨的组织在各地相继兴起。武术被纳入学校教育的范畴，走进了体育运动会。武术书籍大量出版，科学研究也逐渐受到重视，武术在发展的道路上日趋成熟。

6、欣欣向荣（公元1949年～）

中华人民共和国成立六十年来，国家政府及领导十分重视武术运动的发展，在广大武术工作者的共同努力下，使武术这项古老的民族传统体育运动随着时代的发展而变化，朝着竞技武术、传统武术、健身武术、学校武术等多元化方向前进，并不断扩大国际交流，武术事业欣欣向荣。

临展厅主要展示的是上海体育学院武术学院的建院历史。师生风采在这里成了一道亮丽而独具特色的风景线。

科学看武术展厅是上海市科委2009年专题性科普场馆资助项目。该展厅新增许多互动体验项目（桩上飞步、眼疾手快、玄妙利器、挪移乾坤、大师论武、点穴神功等），运用了比较新颖、科技含量较高的展示手段（格斗假人、动态抠像、红外传感、非接触识别等等），展示武术的博大精深，让观众在参与中学习武术的科学知识。

木漆金工艺品

"状元及第"匾额

武器库画像石

将军石雕

藏品管理

[藏品来源]　捐赠、购买。

[藏品类别]　藏品主要是中国武术自产生以来各个时期的文献、实物、书籍、兵器和照片等。

[藏品统计]　共有藏品近1400件

[重要藏品]　"状元及第"匾额、将军石雕、木漆金武术工艺品、武器库画像石。

宣传教育　武博馆对外宣传工作取得了长足进步。参与了"庆世博·庆国庆"新中国成立60年纪念版游览首发仪式、《新中国60年辉煌成就展》和《国际健康大会展》等活动,为了进一步宣传武术博物馆,让更多人了解中国武术博物馆,武博馆工作人员还参与了"迎世博·新沪上八景评选"杨浦区活动,走进社区宣传中国武术博物馆。成功完成2009年"庆国庆·迎世博"博物馆流动展览。并协助上海大学生武术实践基地,完成上海大学生武术艺术实践基地、中国武术博物馆基地联展暨上海体育学院第二十届文化艺术节专场演出。

博物馆建馆以来,一直致力于服务教学工作,积极发挥"第二课堂"实践教学作用。教师让学生担当讲解员,即激发了学生学习中国武术的积极性,也锻炼了学生交际能力。与往年不同的是:今年其他学院教师也来进行教学,从教学层面上扩大了博物馆的利用率,不仅仅限于武术学院内部使用,现已扩展到全院其他院系教学使用,逐渐扩大武博馆的"第二课堂"辐射面。

交流合作　中国武术博物馆建馆以来,一直秉承建馆的宗旨即挖掘、继承、弘扬和发展中国武术文化宝库;汇集精品典籍,一展武学精髓;激扬民族豪气,教育中华学子;展现研究硕果,拓宽国际交往。坚持为上海体育学院和国内外高校交流提供平台,相继有日本早稻田大学、韩国体育大学、台湾国立体育大学等众多外来高校来武博馆参观并进行交流,同时与国内高校也保持高速"通话"状态,多次与复旦大学进行学术交流,并与成都体育学院、武汉体育学院、北京体育大学等大学进行访问交流。

经营管理

[单位性质]　国有事业单位

[经费来源]　上海市科委、杨浦区区政府、上海体育学院。

[机构设置]　设办公室、保安部、纪念品商店。

[人员编制·组成]　12人,其中正高级职称1人,副高级职称2人,助理研究员1人。

[服务观众项目]　设有纪念品销售部,出售纪念品

及武术相关的书籍、光碟、服饰以及兵器等，还提供中英文参观导览机，免费提供博物馆简介，同时设有三维立体影院，为观众播放武术的发展史，互动区则让观众亲身体验武术，科学地看待和理解武术。

［观众接待］ 年约1万人次

参观指南

［地址］ 上海市杨浦区长海路399号上海体育学院中国武术博物馆

［邮编］ 200438

［电话］ 021-51253386

［传真］ 021-51253211

［电子邮箱］ wsbwg@sus.edu.cn

［网站］ Http://www.wushumuseum.com

［开放时间］ 周三13:00—16:00；周六9:00—16:00

［门票］ 免费

（撰文：中国武术博物馆）

中国烟草博物馆

China Tobacco Museum

概述

类型 社会科学类烟草业专题博物馆

隶属关系 国家烟草专卖局（上海市烟草专卖局代管）

筹建时间 2000年10月

正式开放时间 2004年7月15日

所在位置 杨浦区长阳路近许昌路

面积 占地面积5511平方米、建筑面积9661平方米

建筑、布局 博物馆的建筑外形以大型商船和玛雅神庙为设计理念，通过长140米、高4.1米的巨型花岗岩浮雕和五根刻有龙、凤、狮、鹤、马吉祥物的大型图腾柱，将烟草发展历程及烟草文化栩栩如生地反映出来，具有丰富

中国烟草博物馆外景

的文化内涵和较高的艺术审美价值。博物馆共6层，地下一层为烟草工业馆、文物库房、配电房、水泵房；一层为烟草经贸馆、新世纪馆、报告厅、贵宾休息室；二层为烟草文化馆、烟草农业馆、吸烟与控烟馆；三层为序厅、烟草历程馆、烟草管理馆；四层至五层为行政办公室、文物修复室、图书阅览室。

历任馆长 王传清（2004.7至今）。

业务活动

基本陈列 中国烟草博物馆的基本陈列面积为2211平方米，共有8个分馆。

烟草历程馆：该馆以大量真实而珍贵的文献、文物，集中展示了我国烟草的起源及各发展阶段的概况和特征。

烟草管理馆：该馆通过不同历史时期的大量文献、文物，展示了中国烟草管理体制的沿革、烟草税制的演变和现行烟草专卖管理的基本概况，阐述了中国建立烟草专卖管理体制。

烟草文化馆：该馆以大量翔实的文物、文献，辅以仿真人物造型和多媒体等手段，生动展示中国烟草文化的丰富内容。

烟草农业馆：该馆生动叙述了中国烟草农业的发展历史及烟草种植、调制、病虫害防治等方面的内容。通过文物、文献和场景、多媒体等表现形式，展示了中国烟草农业发展的历史和现状。

烟草吸控馆：该馆以吸烟与控烟的发展历史为主线，通过展示国内外控烟的法律法规和中国烟草行业开展"科技创新、降焦减害、关注健康、奉献社会"的内容，明确告诉人们吸烟对健康的影响以及中国烟草行业在降焦减害方面所做出的辛勤努力。

烟草经贸馆：该馆展出的主要是国内销售、进出口贸易、经济援助与合作三个部分的内容，反映了我国卷烟流通的情况。

烟草工业馆：该馆通过场景、大量实物和图表、多媒体等形式，展示了中国卷烟工业从手工作坊到现代化生产的发展历史和现状。

中国烟草博物馆在大部分展馆的陈列设计上，充分运用博物馆的陈列语言，采用分类陈列法、体系陈列法和景观陈列法等手段，将光、色、声、形(标本)和景有机地结合起来，达到了版面展示立体化，实物场景一体化，景观模型动态化，展示手段科技化的效果。同时，以景说事，以物说话，使主题内容更加凸现。

博物馆的整个基本陈列共展出各类藏品2500余件，其

中重要展品有：烟草文化馆陈列的毛泽东使用过的烟缸；邓小平抽过的特制"熊猫"烟；抗日民族英雄、东北抗联司令杨靖宇用过的旱烟袋；慈禧太后赏近侍刘金彪的旱烟具；中国人民解放军特制的用于台湾海峡漂流宣传的"来归"牌卷烟烟标及及部分具有民族特色的烟具。

专题陈列 中国烟草博物馆有一个展示面积约为3500平方米的临时展厅，不定期地举办各类专题展览。已主办、承办、协办的专题展览有：中国博物馆学会在北京举办的《烟草广告画和烟画专题陈列展》、上海市杨浦区组织的"走进博物馆"区内博物馆大型联展。

藏品管理

[藏品来源] 主要为民间征集、个人或团体捐赠

[藏品类别] 分为烟标、烟画、烟具杂件、文献等四大类。

[藏品总数] 藏品总数95530件

[重要藏品] 648张上世纪初的英美等外商烟草公司早期烟标档案，是目前国内发现的最完整、最有研究价值的外商在华期间的卷烟品牌档案；6幅清末出品的烟画，是现在特别稀有和珍贵的藏品；清光绪时期的伸缩龙纹铜质旱烟袋；清朝内画大师周乐元的传世鼻烟壶作品。

东北抗联司令杨靖宇用过的旱烟袋

毛泽东用过的烟缸

宣传教育 中国烟草博物馆利用自身行业和馆藏的优势，已编辑出版了《中国烟草大事记》、《中国烟草文化图录》、《中国烟标图录》、《中国烟草博物馆画册》等专著与图录，拍摄了一部介绍烟草历史和中国烟草博物馆情况的专题片——《一叶扁舟载春秋》。此外还举办了"烟草历史与文化"、"烟标收藏"、"博物馆文物征集与保管"等以烟草为主题的专题讲座。

交流合作 建馆以来，中国烟草博物馆与国内多家博物馆、大学及研究机构建立了交流与合作关系，包括：与复旦大学文博系开展馆校共建活动；与上海公安博物馆开展馆际交流活动；以及与上海鲁迅纪念馆开展业务对口学习交流活动等。

经营管理

[单位性质] 国有事业单位

[经费来源] 上海烟草集团拨款

[机构设置] 设办公室、后勤保障部、陈列展览部、征集保管部等部门

[人员编制] 25人

[服务观众项目] 贵宾室、语音导览系统、资料阅览室，茶室和烟吧等。

[观众接待] 年约3.5万人次

参观指南

[地址] 上海市长阳路728号

[邮编] 200082

[电话] 021-61666868

[传真] 021-65471135

[电子邮箱] museum@mail.sh-tobacco.com.cn

[网站] http://www.tobaccomuseum.com.cn

[开放时间] 每周二、四、六及法定节假日

[票价] 免费

（撰文：中国烟草博物馆）

朱屺瞻艺术馆

Zhu Qizhan Art Museum

概述

类型 艺术类绘画专题博物馆

隶属关系 上海长远集团

筹建时间 1994年

正式开放时间 1995年5月5日

所在位置 虹口区鲁迅公园东北隅

面积 占地面积800余平方米、建筑面积2000平方米

建筑、布局 为三层建筑，其建筑整体在江南建筑风格中注入了现代元素，朴素典雅，同时具备现代气息。展厅面积850平方米。艺术馆的一楼为序厅，设有《朱屺瞻先生生平资料展》，二楼为《朱屺瞻绘画作品展》和临时展厅，三楼为"上海新水墨基地"展厅。

历史沿革 朱屺瞻艺术馆是一座以中国当代著名书画

朱屺瞻艺术馆西门

朱屺瞻《嘉瓠高悬图》（国画）

朱屺瞻《春山雨霁图》（国画）

朱屺瞻《夏》（油画）

大师朱屺瞻命名的美术馆。朱屺瞻，1892年出生于江苏太仓浏河镇，1996年逝世，享年105岁。青年时代起积极参加中、西绘画展览，活跃于上海画坛，是当今中国画坛的杰出代表之一。1994年虹口区人民政府出资建造朱屺瞻艺术馆时，朱屺瞻将自己的100件精心之作，并历年收藏的古今名人字画近百件捐献政府，由朱屺瞻艺术馆永久珍藏并展示陈列。2004年始朱屺瞻艺术馆由原虹口区文化局管辖变更为上海长远集团托管。2004年11月10日，为迎接朱屺瞻艺术馆建馆十周年，由同济大学建筑设计研究所设计，朱屺瞻艺术馆改建装修工程破土动工，2005年8月30日完工。通过改建工程，朱屺瞻艺术馆由原先相对封闭式的书画名家个人纪念馆形式，逐步转化为开放式的中小型公共美术馆。2005年5月26日，作为上海新水墨艺术基地的第一步，以刘国松、陈家泠、仇德树三位有代表性的水墨艺术家作品为主的《天地人和·上海新水墨展》拉开了帷幕。此后新水墨基地连续两年举办了重要展览，成为上海水墨文化的重要平台。

历任馆长 林葆瑞（1995～1997）；姚宗强（1997～2004）；华东平（2004至今）。

业务活动

基本陈列 朱屺瞻艺术馆的基本陈列分为二个部分。底楼的序厅设有《朱屺瞻生平资料展》，展厅正中端坐着百岁人瑞朱屺瞻汉白玉半身塑像，右侧悬挂着照片和年表，向人们展示着朱屺瞻沧桑百年的艺术生涯，整个陈列的展示面积为96平方米。艺术馆二楼的南展厅为《朱屺瞻绘画作品展》，陈列面积为141.7平方米，常年轮流陈列馆藏朱屺瞻作品，每次30余幅。

专题展览 朱屺瞻艺术馆有二个交流展厅，展示总面积约为400多平方米，用于举办各类美术专题展览。近年来主办、合办或承办过的比较著名的展览有：2002年8月16～20日与常熟博物馆联合举办的《常熟博物馆藏明清百

朱屺瞻《秋荷》（国画）

朱屺瞻《葡萄》（国画）

朱屺瞻《红梅》（国画）

朱屺瞻《溪山信美》（国画）

扇展》；2002年3月27日～4月21日与浙江省委宣传部、浙江省文化厅、浙江省博物馆合办的中国近现代美术名家系列作品特展之二—《朱屺瞻艺术展》；2006年7月15日～8月13日与西班牙驻上海总领事馆、西班牙国际合作机构等合作举办的《西班牙版画展》；2007年与上海市对外文化交流协会、圣·彼得堡市美术家协会、俄罗斯联邦驻上海总领事馆合作举办的《圣彼得堡'光明世界'油画展》；2007年4月6～12日与乌克兰驻上海总领事馆、乌克兰国家艺术科学总院举办的《传承与发展—乌克兰当代名家绘画精品展》。交流展厅还不定期地陈列上海新水墨展览。

藏品管理

[藏品来源]　基本以朱屺瞻的私人捐赠为主。

[藏品类别]　分为古代书画、近现代书画两大类

[藏品统计]　共计182件，其中古代书画作品30件、朱屺瞻书画作品102件、近现代书画作品50件。

[重要藏品]　朱屺瞻国画作品《葡萄》、《秋荷》、《红梅》、《溪山信美》、《春山雨霁图》、《嘉瓠高悬图》以及油画作品《夏》等。

宣传教育

[编辑出版]　朱屺瞻艺术馆利用自身馆藏优势，主编或合著出版了《朱屺瞻艺术研究文选》、《"世纪丹青"

中国书画名家纪念馆馆藏精品》、《屺瞻墨宝》、《朱屺瞻遗墨集》、《生生之道－朱屺瞻纪念书画集》、《梅花草堂春常在—中国书画名家画梅集》《天地人和·刘国松、陈家泠、仇德树画集》、《朱屺瞻书画作品真伪辨识初探》、《朱屺瞻艺术大事年表》《朱屺瞻百岁又五画展》、《水墨再生2006上海新水墨艺术大展》等专著、图录。举办的讲座有："论朱屺瞻先生的艺术风格与审美追求"、"MAD的建筑计划：建筑师马岩松"讲座、"理解抽象艺术"等。拍摄的影视录像有艺术纪录片《画家朱屺瞻》。

交流合作 朱屺瞻艺术馆自建馆以来与国内外多家博物馆和文化艺术研究单位建立了合作关系，举办了多次馆际间的学术交流活动，其中比较重要的有：1995年8月23～25日与日本兰亭笔会、韩国兰亭笔会联合举办的第十一届国际兰亭笔会；2000年10月8～13日中国上海第五届国际摄影艺术交流展组委会主办、朱屺瞻艺术馆承办的《中国上海第五届国际摄影艺术交流展》；2002年8月28～9月18日与嘉兴博物馆、蒲华美术馆联合举办的《蒲华书画展》；2005年8月30日～10月8日与北京今日美术馆联合举办的《画妆—中国戏曲主题艺术大展》；2005年"从朱屺瞻先生的艺术道路看中国画的继承与发展"学术研讨会、2005年"天地人和·上海新水墨艺术"学术研讨会、2006年5月13日"水墨画的当代转型"学术研讨会等。

经营管理

[单位性质] 国营文化事业单位

[经费来源] 区财政全额拨款

[机构设置] 设学术部、策展部、展览部、典藏部、行政办公室等部门。

[人员编制、组成] 17人。其中高级技术职称1人，中级专业技术职称2人，初级专业技术职称5人。

[观众接待] 年约5万人次

参观指南

[地址] 上海市虹口区欧阳路580号

[邮编] 200081

[电话] 021-56710743（办公室）
021-56710741（售票处）

[传真] 021-56710742

[网站] http://www.zmuseum.org

[开放时间] 周二至周日上午9:00－11:00 下午13:30－16:30

[票价] 10元；学生票：5元

（撰文：朱屺瞻艺术馆）

刘海粟美术馆
Liu Haisu Art Museum

概述

类型 艺术类博物馆

隶属关系 上海市文化广播影视管理局

筹建时间 1993年7月

正式开放时间 1995年3月16日

所在位置 虹桥开发区

刘海粟美术馆外景

面积 建筑面积5600平方米

建筑、布局 建筑顶高21米，主体为三层，东西两侧设夹层二层，北侧网架玻璃幕墙，序厅呈现空临气势，门框等采用柚木欧化构筑，是一座现代气息浓郁的艺术殿堂。馆内有现代化照明系统、24小时消防安保监控设施、中央空调、恒温恒湿等先进设备，以及语音导览、信息导览、医疗急救、残疾通道、婴儿车等服务设施。

历史沿革 刘海粟，名槃，字季芳，1896年3月16日出生于江苏省武进县。14岁进常州绳正书院学习诗文书画。1912年创办上海图画美术学院（后改为上海美术专科学校）并任校长。1918年在北京大学画法研究会任教。1929年任法国巴黎格朗休克美术研究院研究员。1945年后任上海美术专科学校校长。建国后，历任华东艺术专科学校校长、南京艺术学院一级教授、院长、名誉院长、全国文联委员、中国美术家协会艺术顾问、上海美术馆名誉馆长。刘海粟的艺术成就卓著，擅长中国画、油画和书法，对诗词亦有很深造诣。在长达80余年的创作生涯里，他学贯中西，艺通古今，独树一帜，创作了大量的艺术珍品，影响播及海内外。为攀登艺术高峰，他不辞辛苦，先后十上黄山，使自己的艺术达到新的境界。刘海粟曾多次在日本和欧洲等地举办画展，其中许多作品在国际画展中获奖，一些作品还被日本、法国、德国美术馆珍藏。刘海粟一生追求真善美，一生致力于美术教育事业，一生艰苦创新，在美术教育和艺术创作上树起了一座丰碑。

1993年7月，刘海粟美术馆开始筹建，1995年3月16日正式开馆，江泽民主席题写了馆名。

历任馆长　杜乐行（1995～1997　党支部书记、常务副馆长）；张桂铭（1997～2000　执行馆长）；张培成（2000.1～2003　执行馆长）；张培成（2003.1～2008.8）；张坚（2006.5至今　常务副馆长）。

业务活动

刘海粟美术馆是一座新兴的现代美术馆，关注当代美术动态和艺术经典是刘海粟美术馆的办馆宗旨。刘海粟美术馆集美术馆、博物馆和纪念馆于一体，主要功能为收藏、保管美术作品，展示中国当代美术成就，向公众进行美术教育，组织学术研究，开展国内外文化交流。

基本陈列　刘海粟美术馆拥有5个独立的展厅，总陈列面积1100平方米。二楼展厅常设《刘海粟作品展》，轮流展出刘海粟的油画、国画精品，其中重要展品有：油画《北京前门》、《巴黎圣母院夕照》，国画《艳斗汉宫春》等，展品每季度更换一次。展厅内还穿插介绍了刘海粟的生平简历，展示了大量反映刘海粟艺术生涯的历史照片和珍贵资料。其他四个展厅可独立或组合举办不同规模、不同风格的艺术展览。自开馆以来，这里先后举办过齐白石、林风眠、李可染、黄胄、林散之等著名画家的个人画展。同时，每两年一届的《上海青年美术大展》和每年一次的《'大师从这里起步'美术教育系列展》已成为刘海粟美术馆的特色展览，在上海美术界的年轻一代和美术教育界中产生了极大的号召力。近年来美术馆举办的《中国新写实主义名家油画作品邀请展》、《中国新表现

展厅一瞥

具象油画名家作品邀请展》、《中国水彩画名家作品邀请展》等展览，汇集了国内这一领域中顶尖画家的作品，在圈内引起很大的关注和赞誉。美术馆还引进巴西、埃及、意大利、美国、俄罗斯等许多国家的展览，展出了包括达·芬奇、米开朗琪罗、切利尼、毕加索、霍克尼、巴塞利茨等大师的作品。

藏品管理

[藏品统计]　刘海粟美术馆的收藏以刘海粟所捐献的艺术作品为主，集刘海粟一生所藏历代名家字画和他自己创作的油画、国画和书法精品共913件。近年来又陆续增加了现代部分的收藏，目前藏品总数达1099件。

[重要藏品]　古代藏画中不乏稀世珍品，如：五代关仝的《溪山幽居图》、北宋巨然的《茂林叠嶂图轴》、金代李早的《回部会盟图卷》、明代八大山人的《孔雀图轴》、石涛的《黄山图轴》以及董其昌、沈周的册页精品。而刘海粟最有代表性的作品如国画《黄山一线天奇观》、油画《巴黎圣母院》、《太湖工人疗养院之雪》等也都为重要的馆藏作品。

[藏品保护]　这些珍贵藏品被安置于恒温恒湿的画库内，还建立了画库数据库管理系统，确保了藏品的安全、规范管理。

宣传教育　教育推广是刘海粟美术馆的重要业务活动之一。附属于美术馆的上海海风艺术进修学校自2003年开办以来，凭借丰富的教学经验和特色教学成果受到了社会及艺术界的广泛好评。海风艺术学校学生的作品在区、市甚至全国各级绘画比赛中屡屡获奖。中国画高研班是一个面向成人的水墨画学习班，旨在弘扬民族文化，证明中国的水墨艺术完全可以在同一平台上与世界对话，开办至今已取得初步成果。近年来，美术馆还举办了许多深受市民和学生欢迎的艺术系列讲座，内容涉及美术、音乐、舞蹈、书法等领域。

[编辑出版]　刘海粟美术馆在探索中国模式的美术馆研究方面也取得很大进展，如：配合刘海粟作品及其收藏品研究，编辑出版了《刘海粟研究》、《沧海一粟——刘海粟的艺术人生》、《刘海粟美术馆藏品·中国历代书画集》、《刘海粟美术馆藏品·刘海粟美术作品集》以及《齐白石》、《董其昌·山水册》《沈周·山水册》等；配合展览，编辑出版了《中国新写实主义油画名家精品集》、《中国水彩画名家作品集》、《畅神·中国新表现油画名家精品集》、《上海青年美术大赛作品集》、《上海青年艺术批评家论文集》、《青年艺术家系列丛书》、《刘海粟

夏伊乔书画作品集》、《中国艺术大展作品全集·刘海粟卷》、《童言无忌》、《他们曾经年轻》、《墨戏·戏墨》等。此外，半年刊《刘海粟美术馆馆刊》、季刊《刘海粟美术馆之友·展览通讯》、藏品明信片系列以及介绍馆藏作品的《走进刘海粟美术馆》等通俗读物，让市民更能亲近高雅艺术，培育审美意识。

经营管理

　　[单位性质]　国有文化事业单位

　　[经费来源]　市财政全额拨款

　　[机构设置]　设馆长室、办公室、研究部、展览部、发展部、总务部等部室。

　　[人员编制、组成]　30人。具有大专以上学历占75%。

　　[观众接待]　年约5万人次

参观指南

　　[地址]　上海市长宁区虹桥路1660号

　　[邮编]　200336

　　[电话]　021-62701018

　　[传真]　021-59533789

　　[电子邮箱]　lhs-arts@vip.citiz.net

　　[网站]　www.lhs-art.org

　　[开放时间]　9:00—16:00（周一闭馆）

　　[票价]　免费

（撰文：刘海粟美术馆）

李白烈士故居

Former Residence of Martyr Li Bai

概述

　　类型　社会科学类名人专题博物馆

　　隶属关系　虹口区文物遗址史料馆

　　正式开放时间　1987年5月6日

　　所在位置　虹口区黄渡路近鲁迅公园

　　面积　建筑面积116平方米

　　建筑、布局　该建筑建于1935年，为虹口区较为罕见的荷兰式联排花园别墅。坐北朝南，砖木结构三层，建筑面积外墙底部为红色清水砖墙，上部为水泥拉毛。屋顶为荷兰式三折坡屋面，鹅卵石墙面，底层六边形凸出墙面，入口处有简洁中式雨蓬，以牛腿支撑，二，三层六边形凸出阳台，上饰铁铸栏杆。局部单幢建筑在转角处形成圆弧形平面，到部顶形成塔楼。南立面变化较为丰富。具有较高的艺术价值和历史人文价值，2005年被公布为上海市优

李白烈士故居外景

秀历史建筑。

　　历史沿革　李白烈士故居是李白烈士最后居住、工作和被捕的地方。李白烈士（1910～1949）是我党情报战线上的一位英雄。湖南浏阳人，1925年加入中国共产党，1937年受中共党委派到上海，长期从事党的秘密电台工作。在白色恐怖的环境中，他大智大勇，不屈不挠，坚守战斗岗位，保持了上海地下党组织与延安的电讯联系，及时地向党中央传递了重要的军政情报，为抗日战争和解放战争胜利作出了重要贡献。1948年12月31日凌晨第三次被捕，1949年5月7日在上海解放前夕被国民党当局枪杀。

　　为了表达对革命烈士的敬仰和怀念之情，广泛开展革命传统教育和爱国主义教育，1985年11月上海市人民政府批准李白烈士故居为市级文物保护单位；1987年5月6日正式对外开放；1996年被上海市人民政府命名为青少年教育基地；1999年李白烈士故居陈列改版、建筑修缮，完全恢复原貌；2003年4月被列为上海市爱国主义教育基地；2005年3月被列为上海市红色旅游基地；2005年再次修缮一新后对外开放。

　　历任馆长　陈金发（1987～1991）；袁浩兴（1992～1993　常务副馆长）；李善忠（1994～1995）；孙爱民（1996～2002）；周主恩（2002～2003）；孙爱民（2003至今）。

李白发报的地方

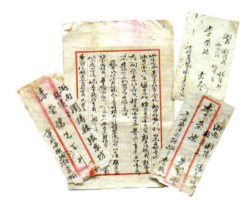

李白写给父亲的信

业务活动

基本陈列　故居一、二层为展厅，序厅通过影视效果集中展示了陈列主题。展厅的图文讲述了李白的成长经历以及与敌人斗争的光辉事迹。在陈列设计中，设计师既考虑到体现陈列主题思想的内在形式，又较好地解决了满足陈列实用功能要求的外在形式。在展品的布置方面，陈列场地与展览规模成正比，平面、立体、空间的布局呈合理变化；陈列设备的功能，既符合现场条件又满足展示需要；材料选择与加工方法互相适应。在观众的参观方面，通过色彩的冷暖、光照的强弱、视线标准的高度、版面文字的大小、参观路线的合理、场景布置的巧妙、声光电的运用等等，特别增设了一处模拟发报的参观内容，可以让观众亲身体验，加强了展览的可看性、参与性，多种因素考虑周全，让不同层次的观众在和谐自然的状态下参观，同时受到爱国主义的教育。三楼为场景复原，再现李白烈士生前战斗、生活的情景。

李白烈士故居共展出藏品94件。展厅面积共计160平方米。

藏品管理

[藏品来源]　部分藏品来源于李白烈士家属的捐赠，另一部分是工作人员去李白家乡征集而来。

宣传教育　多年来，李白烈士故居采取走出去请进来的办法，开展了形式多样、内容丰富的系列活动，同时制作了流动版面到部队、学校、社区巡回展出。1998年，李白烈士故居又与周边的中、小学组成"李白中队"，培养了一批学生志愿者。故居还免费为学生提供入团仪式的场地，为参观团体提供座谈会场所。故居名誉馆长李恒生（李白烈士的儿子）经常到各中、小学校，讲述李白烈士的故事，对学生进行爱国主义教育，受到了师生们广泛的好评。每年清明节，工作人员都要组织"李白中队"的学生和志愿者，到龙华烈士陵园去举行祭扫活动，为李白烈士敬献鲜花。

经营管理

[单位性质]　国有文化事业单位

[经费来源]　虹口区财政全额拨款

[人员编制、组成]　设二名讲解员，人员编制隶属于虹口区文物遗址史料馆。

[观众接待]　年约3000人次

参观指南

[地址]　上海市虹口区黄渡路107弄15号

[邮编]　200081

[电话]　021-56960680

[传真]　021-65400436

[电子邮箱]　wenshiguan@126.com

[网站]　www.hkcrm.com.cn

[开放时间]　周二至周六上午9:00－11:30，下午13:00－16:00

[票价]　免费

（撰文：李白烈士故居）

宋庆龄生平事迹陈列室

Exhibition Hall of Soong Qingling's Life

概述

类型　社会科学类名人专题博物馆

隶属关系　中华人民共和国名誉主席宋庆龄陵园管理处

筹建时间　1986年5月

正式开放时间　1987年9月30日

所在位置　长宁区宋庆龄陵园内

面积　建筑面积993平方米

建筑、布局　陈列室位于宋庆龄陵园东西向轴线西端，宋氏墓地西南，建筑面积993平方米。整座建筑呈方形，庭院式结构，分为6个展厅，1个录像厅和1个庭院。正门上方黑色大理石门额上镶嵌着"宋庆龄生平事迹陈列室"10个贴金大字。门厅正面花坛上方的墙面上，悬挂着宋庆龄的青红铜浮雕，松枝与和平鸽衬托着慈祥坚定、刚柔相济的宋庆龄像。庭院内，四周的花坛中草木四季常青，中央喷水池东端是汉白玉"和平"雕塑，一个小女孩双膝跪地，双手托起一羽雪白的和平鸽，目光中满含着祈盼和憧憬。

历史沿革　宋庆龄是举世闻名的爱国主义、民主主义、国际主义、共产主义的伟大战士，是中华人民共和国的缔造者之一。1893年1月27日在上海出生，毕业于美国威

1.宋庆龄汉白玉雕像　2.《宋庆龄生平事迹陈列展》

斯里安女子学院。1914年担任孙中山的英文秘书，1915年10月25日与孙中山在日本结婚，成为孙中山的学生、助手和战友。孙中山逝世后，继承孙中山的遗志，积极投身革命洪流。大革命失败后出走海外，寻求救国真理，1931年回国。抗日战争时期，积极从事反对帝国主义侵略和争取民主自由的斗争。抗日战争胜利后，在上海从事福利救济工作，继续援助解放区的医疗卫生事业；发表声明，呼吁当局停止内战、组织联合政府。中国人民共和国成立后，在致力国务的同时，积极开创新中国的妇幼福利事业，倡导世界和平运动。1981年5月15日被接收为中国共产党正式党员，16日荣获中华人民共和国名誉主席称号。1981年5月29日在北京逝世。

宋庆龄生平事迹陈列室是宋庆龄陵园的重要纪念设施之一，1986年5月开始筹建，同年12月建成，1987年9月30日正式对外开放。2003年，宋庆龄陵园结合一期改造工程，对陈列室进行了全面维修，并对外立面进行了重新装饰。

历任（宋庆龄陵园管理处）处长　刘国友（1989.1～2001.4）；伍伯容（2001.4～2005.2）；陈亚玲（2005.2至今）。

业务活动

基本陈列　宋庆龄生平事迹陈列室的基本陈列为1998年改版的《宋庆龄生平事迹陈列展》，以宋庆龄生平事迹的时间脉络为主线，突出她在和平运动和儿童事业方面的主要活动和卓越贡献。陈列内容分为：一、勤奋好学，立志报国；二、革命伴侣，风雨同舟；三、继承遗志，坚持革命；四、团结八方，抗日救亡；五、迎接解放，开国元勋；六、肩负重任，人民公仆；七、和平使者，广结友谊；八、关爱妇幼，缔造未来；九、生活情趣，丰富多彩；十、国之瑰宝，日月同辉，共10个部分。展线约137米，依建筑呈"口"字形分布，共展出照片340幅，实物155件。

［重要展品］　宋庆龄生前使用的手提包、凉皮鞋、织布机等。陈列室的录像厅播放片长约20分钟的宋庆龄葬礼资料片。宋庆龄生平事迹陈列室是目前国内规模最大、内容最全的展示宋庆龄生平的陈列场所。

藏品管理

［藏品来源］　宋庆龄生平事迹陈列室的藏品主要通过调拨和接受捐赠等形式获得。

［藏品类别］　分为家具；纸制品；瓷器、玻璃器皿；棉纺织品、地毯；藏酒；综合等6大类。其中纸制品分为藏书、文献资料、照片、书画等4类。

［藏品统计］　藏品总数为835件，其中家具1件；瓷器、玻璃器皿4件；棉纺织品、地毯11件；藏酒1件；综合

宋庆龄穿过的旗袍

宋庆龄穿过的凉鞋

倪牧师蕴山公纪念碑

类24件；纸制品794件。

　　[重要藏品]　宋庆龄穿过的蓝底白点生丝旗袍和记载宋庆龄外祖父事迹的倪牧师蕴山公纪念碑等。

　　科学研究　宋庆龄生平事迹陈列室开展宋庆龄研究工作始于20世纪80年代初，至今已建立起了一支拥有10多人的专职、兼职相结合的研究队伍。从上世纪90年代开始，先后编辑出版了《国之瑰宝——宋庆龄的思想与实践》、《宋庆龄与中国名人》、《缔造未来——宋庆龄陵园》、《啼痕——杨杏佛遗迹录》等书籍。参与编辑出版了《宋庆龄书信集（续编）》、《宋庆龄年谱长编》等专著。同时，还参加了"宋庆龄与20世纪"、"宋庆龄诞生地"、"孙中山：历史、现实、未来"等国际、国内学术研讨会20多次，发表论文50多篇。

　　宣传教育　宋庆龄生平事迹陈列室为丰富教育资源，拓宽教育渠道，引进来，走出去，举办了《纪念宋庆龄诞辰100周年书画展》、《南京大屠杀史料展》、《红色印迹——纪念建党85周年文物展》等10多个临时展览和巡回展览；为学校、社区、部队和企事业单位策划举办了"相约在宋庆龄的旗帜下——沪皖学生联谊活动"、"'庆龄杯'读书征文比赛"等主题活动和巡回宣讲活动。宋庆龄生平事迹陈列室还与国内外孙中山、宋庆龄纪念地单位和全国的革命纪念地单位建立了广泛的联系，开展了展览策划、陈列设计、讲解接待、行政管理等多方面的交流合作。

　　经营管理

　　[单位性质]　国有文化事业单位

　　[经费来源]　市财政全额拨款

　　[机构设置]　设办公室、人事科、保卫科、行政管理科、园林管理科、宣传教育部（陈列室）、研究保管部和上海儿童博物馆8个部门。

　　[人员编制、组成]　124人。陈列室工作人员15人，研究人员5人。

　　[观众接待]　年约20万人次

　　参观指南

　　[地址]　上海市长宁区宋园路21号

　　[邮编]　200336

　　[电话]　办公：021-62758080（总机）

　　　　　　接待：021-62754034

　　[传真]　021-62754145

　　[网站]　www.shsoongching-ling.com

　　[开放时间]　全年开放，每天8:30－17:00（16:30起停止售票）

　　[票价]　1、3.00元/人；2、未成年人团体免费。3、70岁以上老人、离休干部、现役军人和残疾人士凭有关证件免票。

　　　　　　　　　　　　　　　（撰文：宋庆龄生平陈列室）

沈尹默故居
Former Residence of Shen Yimo

概述

类型 社会科学类名人专题博物馆

隶属关系 虹口区文物遗址史料馆

正式开放时间 1990年10月

所在位置 虹口区海伦路近海伦公园

面积 占地面积96平方米、建筑面积200平方米

建筑、布局 沈尹默故居位于虹口区海伦路504号，是沿街三层两开间庭院式洋房，砖木结构。底层入口处凹进，三层后退，有阁楼，红灰色相间清水砖墙，红瓦木门窗。故居门楣上挂有赵朴初题写的"沈尹默先生故居"匾额。

历史沿革 沈尹默（1883～1971），浙江吴兴人，诗人、书法家，新文化运动先驱者之一。1946年，沈尹默自重庆来上海，定居于此，直至1971年病逝。上海解放后第三天，他是陈毅市长访问的高级知识分子第一人。沈尹默在此筹组上海中国画院，倡议成立市书法篆刻研究会，被聘为中央文史馆副馆长，1959、1963年任全国政协委员、第三届全国人大代表等。

1988年7月，沈尹默故居被公布为虹口区文物保护单位。1989年10月修缮并布展完毕，1990年10月正式对外开放。1999年重新装修布展开放。2007年由航新房地产有限公司出资修缮、虹口区文物遗址史料馆设计布展，同年6月9日重新对外开放。

历任馆长 陈金发（1991）；袁浩兴（1992～1993 常务副馆长）；李善忠（1994～1995）；孙爱民（1996～2002）；周主恩（2002～2003）；孙爱民（2003至今）。

业务活动

基本陈列 故居底楼是陈列室，着重介绍沈尹默从"五四"运动至建国后致力于书法、教育事业方面的史料。展厅里还有沈尹默的半身塑像和生平年谱，橱窗里展示着沈尹默生前用过的眼镜、笔筒等遗物和书法集、诗词集、书法理论著作等。二楼是沈尹默生前的书房兼画室，墙上悬挂着沈尹默的部分书法精品。陈列室以大面积的沈尹默书法手迹为背景，衬托精致的超薄灯箱展示图片；色调和谐统一、展示柜简洁大方；陈列沈尹默生前用过的眼镜、笔筒等遗物和书法集、诗词集、书法理论著作的通柜，所有细小精良的处理和整体的把握，无不体现出沈尹默的内涵和气度。整个展览面积共计35平方米，展出藏品

1.沈尹默故居外景 2.展厅一角

115件，由沈尹默先生的家属提供。

宣传教育 2007年6月9日隆重举行了上海市"中国文化遗产日"系列活动虹口区主会场暨沈尹默故居修缮开馆仪式，有近400人参加了此次活动。同时，部分著名书法家和百位少年书法爱好者为中国文化遗产日活动现场共同挥毫，他们的书法作品捐赠给虹口区的文化遗产保护事业。

[编辑出版] 1991年编辑出版了《尹默二十年祭——凝静》，内容有四部分：一部分为当代名流对沈老诗词和著作的评、序、跋、论。另一部分为海内外学者、亲友对沈老言传身教立身为人的追忆。还有一部分的文章试图从新文化运动、沈老早期和晚期的诗作等不同角度，

沈尹默用过的笔筒

对沈老始终追求进步、立志求实的高尚品德作些探讨。最后一部分为沈尹默故居的筹办经过及故居介绍。

经营管理

[单位性质]　民办公助性质

[经费来源]　由虹口区文物史料馆给予部分资金补贴

[人员编制、组成]　设一名讲解员，人员编制隶属于虹口区文物史料馆

[观众接待]　年约1000人次

参观指南

[地址]　上海市虹口区海伦路504号（近爱思儿童）

[邮编]　200081

[电话]　021-56960558

[传真]　021-65400436

[电子邮箱]　wenshiguan@126.com

[网站]　www.hkcrm.com.cn

[开放时间]　因故居内仍住有居民，参观请事先电话预约

[票价]　免费

（撰文：沈尹默故居）

张充仁纪念馆

Zhang Chongren Memorial Hall

概述

类型　社会科学类名人专题博物馆

隶属关系　闵行区文化广播电视管理局

筹建时间　2002年2月

正式开放时间　2003年3月

所在位置　闵行区七宝镇蒲溪广场

面积　占地504平方米、建筑面积700平方米

建筑、布局　砖木结构庭院二层楼明清建筑

历史沿革　张充仁是我国现代雕塑艺术奠基人之一，1907年9月25日出生，祖籍闵行区七宝镇，1931年考入比利时皇家美术学院，留学期间结识比利时著名漫画家埃尔热，共同编绘漫画《丁丁历险记》中的《蓝莲花》。1935年毕业回上海，1936年创办"充仁画室"，从事创作与教学，曾多次举办画展，为许多社会名流塑像。抗战期间创作了《恋爱与责任》等一大批雕塑、绘画作品。新中国成立后，张充仁先后任职于上海美术专科学校、交通大学和油画雕塑院，又创作了大量讴歌新中国、反映现实生活的作品，如《解放》、《无产阶级革命创造中华人民共和国》、《怜其少子》等。20世纪80年代，为挚友漫画家埃尔热及法国音乐家德彪西塑像，特别是在爱丽舍宫为前法国总统密特朗塑像。90年代，张充仁回国塑制大型城雕《起来》，又为邓小平塑像。1998年10月8日病逝。

2002年2月，张充仁纪念馆筹建工作由闵行区政协牵头，并与远在比利时的张充仁次女张以菲女士取得联络，得到初步认同。2003年3月，经过一年多筹备的张充仁纪念馆在闵行七宝镇开馆。

张充仁《邓小平》（雕塑）

张充仁纪念馆内天井

历任馆长　薛惠兴（2003至今）。

业务活动

基本陈列　纪念馆陈列面积约为600平方米，陈列了张充仁的雕塑、绘画的代表作品以及相关书报照片等珍贵资料400多件，展现了张充仁的生平事迹和艺术成就。该馆的序厅内安放着张充仁的塑像，后面的青砖墙壁上巧妙地以竹简为背景，竹简上刻有张充仁生前的名言："雕塑对一个国家的文化，对城市的装饰，对群众的教育是十分重要的"。青砖和竹简的特性均为"幽"，这与张充仁的个性十分契合。序厅与陈列室之间有一个天井，天井迎面的墙壁上是一幅张充仁晚年的大照片。

纪念馆的基本陈列共分为三个展区。第一展区"饮誉欧洲"将张充仁青年和晚年先后两度赴欧洲求学和讲学的人生经历组合在一起，突出张充仁欧洲时期在创作和事业上所取得的辉煌成就。第二展区"画室春秋"着重展示1936年张充仁载誉归国后，创办上海第一家雕塑绘画教学机构"充仁画室"的人生历程和进入创作高峰期的雕塑和绘画精品。第三展区"雕塑泰斗"展示的是解放后至改革开放时期，张充仁人生经历和雕塑创作最为重要的一个阶

张充仁《无产阶级革命创造中华人民共和国》（雕塑）

陈列室一隅

段。张充仁坚持现实主义的创作理念，深入生活、讴歌工农，艺术创作获得新的生命。

纪念馆还复制了张充仁生前的工作室，里面摆满了各种雕塑创作工具，使参观者能够如临其境地了解张充仁当年的创作状况。同时，以大量的照片、文字介绍了张充仁与比利时著名连环画家比埃热传奇般的友谊。

专题展览　自开馆以来，张充仁纪念馆举办了多个专题展览，包括：《开馆陈列展》（2003年3月17日至2007年7月31日）、《桃李芬芳·张充仁学生作品展览》（2003年3月17日至2007年7月31日）、《泥塑神手——张充仁》巡回展览（2007年5月）。2007年为纪念张充仁诞辰100周年该馆重新布展，于9月22日推出《雕塑大师张充仁诞辰100周年展览》和《缅怀恩师·张充仁学生作品展览》。

藏品管理

［藏品来源］　主要来源于家属捐赠、托管、社会捐赠、借展和向社会征集。

［藏品统计］　收藏有张充仁的雕塑、绘画作品及实物和相关照片、信函、报刊资料400多件，其中雕塑39件、油画6件、水彩画41件、国画4件。

交流合作　开馆至今，每年举行二次"张充仁艺术人生研讨会"，邀请国内、外著名专家、学者、张充仁学生及外国友人一起研讨、交流。编撰出版了《张充仁研究》第一、二辑；《张充仁纪念馆》、《张充仁作品》画册；《张充仁》明信片；编辑拍摄了《张充仁的爱国情怀》、《泥塑神手——张充仁》专题电视纪录片。

经营管理

［单位性质］　国有文化事业单位

［经费来源］　区财政全额拨款

［机构设置］　设办公室、业务、财务、总务、讲解等部门

［人员编制］　3人

［观众接待］　年约2.5万人次

参观指南

［地址］　上海市闵行区七宝镇蒲溪广场75号

［邮编］　201101

［电话］　021-64591780、021-54866011

［传真］　021-54866011

［电子邮箱］　zhangchongrenjng@sina.com

［网站］　http://www.mhcnt.sh.cn/zhangchongren/default.asp

［开放时间］　9:00—16:00（全年无休）

［票价］　成人每位5元（人民币）；团体20（含20人）人以上五折优惠或免费；离休干部、现役军人、60（含60岁）岁以上老人、残疾人凭相关证件免费；学生凭学生证、1.2米以下儿童免费。

（撰文：张充仁纪念馆）

张闻天故居
Former Residence of Zhang Wentian

概述

类型　社会科学类名人专题博物馆

隶属关系　浦东新区区委宣传部

正式开放时间　1992年10月

所在位置　浦东新区川沙新镇施湾社区邓三村张家宅

张闻天故居外景

面积　占地面积686平方米、建筑面积495平方米

建筑、布局　是一座上海浦东典型的三合院农舍，一正两厢，砖木结构平房，坐北朝南，正屋5间，为张闻天祖辈于清光绪年间所建，两厢房各2间为后建，客堂西侧的正房是张闻天的诞生地。正房西侧另有杂用房4间，共13间。1923年分家时，张闻天分得正房、杂用房各1间，院前是木结构门头，俗称"秀才亭"。院周围有菜园树木，院后有小河。

历史沿革　张闻天（1900～1976），又名洛甫，是著名的无产阶级革命家，党中央早期领导人之一。1915年毕业于南汇县第一高等小学。1925年加入中国共产党，1935年遵义会议上被选为中共中央政治局常委，负总责。建国后任中华人民共和国驻苏联大使、中共中央委员、政治局候补委员及全国人民代表大会常务委员会委员等职。1959年7月被错误批判后，即从事政治经济学方面的研究工作。1976年7月1日逝世。

为缅怀张闻天同志的崇高品德，颂扬他对革命和建设

事业的重要贡献，藉以向人民进行革命传统教育，1985年9月19日，经上海市人民政府批准，张闻天故居被列为上海市级文物保护单位。1986年9月，陈云为张闻天故居题写馆额。1989年2月上海市文物管理委员会和川沙县人民政府拨款对故居进行全面修缮，同年9月竣工。1990年，为纪念张闻天诞辰90周年，将故居卧室、书房、客厅、厨房恢复原状，其中不少家具为当年旧物，并辟出张闻天革命史迹陈列室对内部开放，1992年10月正式对外开放。2001年6月25日张闻天故居被国务院公布为全国重点文物保护单位。

历任负责人　陈伟忠（1992～1998）；陈秋平（1998至今）。

业务活动

基本陈列　修复后的张闻天故居保留了原有的形制和风格，故居现设有"张闻天革命史绩陈列室"，展出江泽

展厅一角

民、李鹏、杨尚昆等中央领导同志的题字以及300多幅照片和260多件实物，展现了张闻天同志光辉的一生和他的丰功伟绩。故居客堂西面的房屋复原陈列了张闻天青少年时期生活过的卧室、书房和厨房。故居内重要的展品有张闻天用过的端砚、书箱、书架等原件；《小说月报》、《庐山会议发言》等书刊。

藏品管理

［藏品来源］　张闻天亲属捐赠及历年征集

［藏品统计］　796件

［重要藏品］　1955年驻苏大使张闻天离任时苏联赠送纪念礼盘等。

科学研究　自张闻天故居对外开放以来，先后与中央党史办张闻天传记组等单位一起合作出版了《张闻天》图册；《张闻天和他的儿女们》、《论苑思絮》、《永恒的怀念》、《张闻天研究文集》（一至四）、《张闻天传》、《张闻天论稿》、张闻天（乡情、亲情、友情）等系列。

宣传教育 为了充分发挥爱国主义教育基地作用，开馆以来宣传接待工作紧紧围绕"走出去"、"请进来"的指导思想进行，采取多种形式，如："上课教育、当面宣传"；"共建教育基地、互动宣传"；"进入社区、广泛宣传"等多种手段开展对外宣传。

坚持以教育、服务为指导思想。在故居参观学习时，根据观众要求在故居内开设专题介绍张闻天生平讲座。加强接待力量，提供优质服务，为参观的单位提供党旗，免费提供会议室，提供张闻天同志生平介绍资料，供参观者讨论。收到了很好的社会效益。

张闻天故居与武警三甲港派出所、张江园区综合党委等18家单位建立了共建联系。

2009年中国浦东干部学院把张闻天故居作为现场教学点。中共上海市党校把故居作为研究型教学基地。《张闻

银盘

天同志生平事迹》流动展览，每年都到各个社区、学院、各企事业单位进行巡回展出，在社会上起到了很好反响。

经营管理

[单位性质] 国有文化事业单位

[经费来源] 区财政全额拨款

[机构设置] 设接待宣传部、业务部、办公室三个部门。

[人员编制] 10人

[服务观众项目] 故居内设有放映厅，播放张闻天生平纪录片。还有会议室可以举行会议和各种仪式。

[观众接待] 年约3.5万人次

参观指南

[地址] 上海浦东新区川沙新镇施湾社区邓三村张家宅

[邮编] 201202

[电话] 021-68960317、021-68961738

[传真] 021-68961738

[电子邮箱] zwtgu@hotmail.com

[开放时间] 每天8:00—16:00

[票价] 免费

（撰文：张闻天故居）

陆俨少艺术馆

Lu Yanshao Art Gallery

概述

类型 艺术类博物馆

隶属关系 嘉定区文化广播电视管理局

筹建时间 1991年10月

正式开放时间 1999年6月

陆俨少艺术馆外景

所在位置 嘉定区嘉定镇

面积 占地面积4329平方米、建筑面积2319平方米

建筑、布局 建筑形式呈中国传统园林式风格，由东西两幢主楼和行政楼组成，东楼是主要展览场所，展览面积1206平方米。底层为综合展厅，面积460平方米，配有先进的防火防盗设施和温控恒湿设备以及随意分割的活动展板，可举办国画、油画、雕塑等各种展览。二楼为馆藏陆俨少精品长期陈列厅，展示面积230平方米。西楼由小型展厅、沙龙和培训中心组成，是举行小型观摩活动和高层次艺术交流的理想场所。

历史沿革 陆俨少（1909～1993），原名冈祖，字宛若，生于上海嘉定县南翔镇。1926年考入无锡专科学校，1927年拜冯超然为师，并与吴湖帆相识，在两位先生处，看到不少历代名家真迹。抗战期间流寓内地，1946年回归故乡。在此之前，陆俨少的作品大部分是对古代传统的消化和吸收。返乡途径三峡的经历，引发了他的创新意识，

开始将以前局部改造传统转换为有意识地建立个人风格，但在起初的10年中，仍处于探索之中。1956年，陆俨少任上海爱画院画师。1961年至1966年，赴浙江美术学院兼职山水画教席。在此期间，陆俨少的个人风格得以发展，最终在晚年形成了自己独特的风格。

历任馆长 童清仁（1999.3～2003.3）；郑孝同

1.展厅一角   2.《满峡开帆图》

（2003.4～2005.12）；王漪（2006.1至今）。

业务活动

专题展览 陆俨少艺术馆举办各类展览90余次，其中1999年6月的《陆俨少书画藏品展》、2000年10月的《南陆北李联展》、2001年5月的《何海霞艺术展》、2002年6月举办《沙孟海艺术展》、2004年9月的《陆俨少艺术展》、2005年4月的《彩墨醉江南——宋文治山水画艺术展》和11月的《二十世纪中国二十书画名家作品联展》、2006年6月的《延续经典——陆俨少提名弟子作品展》、2006年9月的《海纳百川——上海山水画大展》、2006年11月的《城市的记忆——嘉定竹刻展》、2007年5月的《相约汽车城——海峡两岸著名书画家邀请展》、2007年7月的《水墨有约·山水系列展》、2008年1月的《中国科举书画展》、《萧晖荣中国画展》、陆俨少诞辰一百周年系列活动中的2008年6月上海站的《流光溢彩——陆俨少作品展》、7月南京站的《大师风范——陆俨少画展》、10月北京站的《陆俨少百年展》、2009年4月广州站的《陆俨少百年展》都是重点精品展览，高质量的展品和较高的学术含量吸引了众多的市民前来参观。

2004年，为了弥补藏品中陆俨少书法作品较少的不足，在院中建造了47米长的陆俨少书法碑廊，39件书法精品碑刻包括正、隶、行、草多种书体，完整地展示了陆俨少书法艺术的独特魅力。东二楼真迹厅长期陈列陆俨少书画作品，轮流展出其各个时期书画作品、文房遗物和部分艺术活动图片、手稿、画册。此外，在真迹厅的一角，复原了陆俨少的最后一个画斋——"晚晴轩"，主要陈列他生前用过的桌案椅几和文房四宝。

藏品管理

[藏品类别] 主要分为陆俨少专题类与其他类两大部分。

[藏品统计] 专题类主要包括陆俨少各个时期的书画作品84件（家属捐赠和征集）、《陆俨少自叙》和《陆俨少题跋集》的手稿以及他的部分往来信件和相关稿件。其他类主要是在各类活动中征集的全国书画名家的作品近400件。

[藏品保护] 配有50平方米的书画库房，并有专业人员对藏品进行管理和维护。

科研宣教

[编辑出版] 陆俨少艺术馆从1999年6月开院至今，举办理论研讨活动30余次；编辑出版了《陆俨少研究》、《世纪丹青——中国书画名家精品集》、《嘉定竹刻画

册》、《流光溢彩——陆俨少艺术院院藏作品集》、《画余杂缀——陆俨少诗文题跋集》等文集、画册、图录50多种，多篇论文被国内外刊物发表。

陆俨少艺术馆拥有陆俨少艺术院网站（www.luyanshao.com）和院办双月刊《画坛》。

经营管理

[单位性质]　国有文化事业单位

[经费来源]　区财政全额拨款

[机构设置]　设办公室和展览研究部

[人员编制、组成]　23人。其中行政管理人员3名，专业技术人员4名，辅助专业技术人员3人，后勤社会化人员13人。

[观众接待]　年约3万人次

参观指南

[地址]　上海市嘉定区东大街358号

[邮编]　201800

[电话]　021-59529530-105（办公室），021-59527465、021-59529530-101（参观服务）

[传真]　021-59529530-105

[电子邮箱]　service@luyanshao.com

[网站]　www.luyanshao.com

[开放时间]　上午9:00－下午4:30（周一闭馆）

[票价]　免费

（撰文：陆俨少艺术馆）

陈云故居暨青浦革命历史纪念馆

Former Residence of Chen Yun and Memorial Museum of Qingpu Revolution History

概述

类型　社会科学类名人专题博物馆

纪念馆外景

隶属关系　中共上海市委宣传部

筹建时间　1996年11月

正式开放时间　2000年6月6日

所在位置　青浦区练塘镇

面积　占地面积34632平方米、总建筑面积13000平方米

建筑、布局　纪念馆由铜像广场、主馆、陈云故居、长春园、碑廊和办公用房、附属用房组成。主馆高14米，共三层（地上两层，地下一层），建筑面积5500平方米，展示面积3500平方米（其中包括新增的陈云文物室、陈云与评弹、永恒的怀念专题展览以及陈云手迹碑廊）。建筑设计既体现江南民居风格，又兼顾现代化纪念馆的大体量特点，朴素而庄重。地上两层为陈云生平业绩陈列厅、地下一层为青浦革命历史陈列厅以及文物库房等。

历史沿革　陈云是伟大的无产阶级革命家、政治家、杰出的马克思主义者，我国社会主义经济建设的开创者和奠基人之一，党和国家久经考验的卓越领导人。他为中国人民的解放和社会主义建设事业奋斗七十多年，功勋卓著，永载史册。1995年4月10日，陈云逝世以后，党和人民为了缅怀陈云的光辉业绩和不朽风范，表达对陈云的衷心爱戴和尊敬，1996年11月，经中共中央批准，决定在他的故乡——上海市青浦区练塘镇，在"陈云故居"和"青浦革命历史陈列馆"原址的基础上改扩建成系统展示陈云生平与业绩的纪念设施，并将馆名定为"陈云故居暨青浦革命历史纪念馆"。党和国家领导人十分关心纪念馆的建设，2000年4月，中共中央总书记江泽民亲笔题写了馆名。2000年6月6日"陈云故居暨青浦革命历史纪念馆"正式建成并对外开放。

历任馆长　沈善良（2000.1～2008.8）；马玉（2008.8至今）。

业务活动

基本陈列　陈云故居暨青浦革命历史纪念馆是集教

陈云生平业绩展

育、研究、收藏、旅游为一体的全国爱国主义教育示范基地，它的基本陈列是陈云生平业绩和青浦革命史。

《陈云生平业绩陈列》内含铜像广场、序厅、故居、长春园、文物展示室、碑廊等。

陈云铜像矗立于陈云故居暨青浦革命历史纪念馆南广场正中央，铜像的塑造以党的十一届三中全会前后的陈云同志为原形，铜像自身高度为2005毫米，寓意2005年是陈云诞辰100周年，江泽民题写的"陈云铜像"四个大字镌刻在绛红色大理石基座上。

序厅内陈云汉白玉全身雕像，它用现实主义的手法，栩栩如生地刻画了陈云五十年代为我国社会主义经济建设进行开创性工作的光辉形象。塑像前左右两方种植了陈云生前最喜爱的植物——竹子，象征着陈云的高风亮节。塑像后面的浮雕是竹子竹笋的图案，寓意着老一辈无产阶级革命家开创的社会主义事业如雨后春笋般的欣欣向荣、蓬勃发展。

陈云生平业绩四个陈列厅分别位于主馆的一楼、二楼。陈列分设八个单元：1、"店员出身的工运领导人"；2、"在历史转折关头"；3、"党的组织工作的杰出组织者"；4、"参加领导东北解放战争"；5、"社会主义经济建设的开创者和奠基人之一"；6、"在逆境之中"；7、"推动拨乱反正"；8、"参与开创有中国特色的社会主义伟大事业"。整个陈列按时间顺序反映了陈云伟大、光辉的一生。它用各个历史时期陈云珍贵照片、手迹原稿、文献资料、场景复制、实物原件以及艺术品等，浓墨重彩地再现了陈云革命生涯中的历史功勋、光辉思想、高尚风范。

陈云故居在主馆的北侧，位于练塘镇下塘街95号，是一座砖木结构的清代江南民居，建筑总面积为95平方米。故居临街为店面，先后用作裁缝铺和小酒店，店面后是两

陈云故居

层小楼，楼上为陈云舅父母所居，楼下为陈云居住过的房间，故居里存放着55件实物，其中床、小皮凳、煤油灯等都是陈云曾用过的原物。故居里的陈设基本保持了当年的原貌，再现了少年陈云生活时代的场景。2002年4月，陈云故居被上海市人民政府公布为市级文物保护单位。

长春园是少年陈云耕读之余常去听评弹的场所，陈云幼小的心灵在评弹曲目中受到了真、善、美的教育，并在评弹艺术中增长了知识，开拓了视野，接受了艺术熏陶。长春园开设于民国初年，园内的陈设保持了历史原貌，设有《陈云与评弹》专题展览。

陈云文物展示室有重点、有代表性、有教育意义地选择了馆藏实物、照片、文献共61件，分35个版块展出。文物展的构思重点突出，以小见大，通过实物与背景的介绍，在体现文物史料价值的同时，展现了一代伟人——陈云高大而平凡的形象。

陈云手迹碑廊位于南广场的西侧，它把方亭、长廊、园景组合为一体，达到了教育与欣赏的最佳效果。整个碑廊长124米，宽3.6米，总面积400余平方米，共计碑额112块。在80幅陈云墨迹中，时间跨越中国革命、建设、改革的各个历史时期，内容涉及陈云党建、经济、哲学、教育、文化、修养等方面的精辟言论，是陈云思想精髓的生动体现。另有党和国家领导人对陈云业绩、思想、人格的评价、题词32幅，是对陈云伟大光辉一生的高度赞颂。

青浦革命历史陈列厅在主馆的地下层西侧，陈列面积180平方米，分为3个部分：1、"青浦自古出英雄"；2、"遍插红旗多壮志"；3、"水乡走进新时代"。陈列展出照片70余件，实物18件，运用了声、光、电、油画、多媒体等现代展示手段，生动形象地展现了青浦人民在中国共产党的领导下，为建立社会主义新中国同国内外反动派浴血奋战的壮丽史篇，以及在社会主义建设中青浦人民艰苦创业，勇于实践，乐于奉献，开拓创新，在两个文明建设中所取得的辉煌成就。

陈列手段以照片、文献、实物为主，辅以高浮雕、油画、蜡像、场景复制和多媒体等，达到了内容与形式的完美统一。

专题展览 自开馆以来，陈云故居暨青浦革命历史纪念馆经常举办专题展览与流动展，主要有《沿着先辈的足迹——青浦革命历史、英雄人物巡回展》、《光辉的旗帜 时代的楷模——青浦各时期优秀共产党员事迹展》、《雷锋事迹展》、《陈云与上海图片展》、《陈云生平业绩展》、《陈云论党的先进性》、《朱德生平业绩图片

展》、《陈云与四保临江图片展》、《陈云与党的十一届三中全会》、《刘少奇同志生平业绩图片展》等，这些专题展览吸引了大量的观众，收到了一定的社会教育效益。

藏品管理

[藏品统计] 目前收藏登录的馆藏文物文献有1907件，（其中照片446帧、文献221件、实物130件、墨宝225件）。

[藏品保护] 库房拥有防水、放火、防盗、防蛀、恒温恒湿等设施，使文物得以完好保存。

宣传教育 陈云故居暨青浦革命历史纪念馆是中国浦东干部学院、中共上海市委党校、中共上海市委宣传党校、经济党校等指定的现场教学点，开馆以来已进行百余场教育活动。参观、讲座、研讨三位一体的现场宣教模式，成为陈云故居暨青浦革命历史纪念馆的特色，受到各级领导的肯定和社会各团体的赞赏。

[编辑出版] 出版了《陈云在上海》、《光辉百年——陈云》、《纪念陈云百年诞辰书画集》、《陈云故居暨青浦革命历史纪念馆画册》、《唯实的楷模——陈云》、《陈云的故事》、《走近陈云——口述历史馆藏资料辑录》等，创办了一年四期的《陈云故居暨青浦革命历史纪念馆馆刊》，发表论文近50篇。

经营管理

[单位性质] 国有文化事业单位

[经费来源] 市财政全额拨款

[机构设置] 设四部一室：陈列编研部、文物保管部、宣传教育部、后勤保障部和党政办公室。

[人员编制] 108人。

[服务观众项目] 纪念馆设有书店、小卖部、医疗救援中心、游客中心等设施。游客中心为广大观众提供宣传资料、咨询问答、游程信息、导游讲解并为参观团体提供入队、入团、入党、成人仪式等免费服务。翠园、玉兰居、馨园内有客房、餐厅、大小会议室、多功能活动厅，适合社会各团体组织座谈会、研讨会、报告会，多媒体教学等。为了考虑多层次参观人群的需求，纪念馆采用无障碍设计，大厅入口前设残疾人通道，主馆内设残疾人专用电梯以及残疾车、童车、拐杖等，为老、弱、病、残参观者提供方便。陈云故居暨青浦革命历史纪念馆设有信息中心、网站。在序厅内设置了电脑触摸屏，向观众介绍馆内的建馆历史、主要功能、陈展内容、参观游览等信息。高清晰度的DVD影视，可以让观众自由观看纪念馆邻近地区旅游景点的风貌，为参观团体丰富旅游内容做好参谋。第

三展厅内，《陈云文选》三卷的两旁安置了两部电脑触摸屏，可以按各人所需搜寻陈云有关修养、方法、党建、经济等方面的格言，为广大党员、群众学习、应用陈云的丰富思想提供有用的素材。

[观众接待] 年约13万人次

参观指南

[地址] 上海市青浦区朱枫公路3516号

[邮编] 201715

[电话] 021-59255052

[传真] 021-59255704

[网站] www.shcrm.com/SHCRM/chenyun

[开放时间] 9:00－16:00（全年开放）

[票价] 免费

（撰文：陈云故居暨青浦革命历史纪念馆）

陈化成纪念馆

Chen Huacheng Memorial Hall

概述

类型 社会科学类名人专题博物馆

隶属关系 宝山区文化广播影视管理局所属的区文物保护管理所

筹建时间 1991年4月

正式开放时间 1992年6月16日

所在位置 宝山区临江公园内

面积 占地面积320平方米

建筑、布局 纪念馆馆舍为始建于乾隆十二年（1747）的孔庙大成殿。1989年3月被区政府公布为区级文物保护单位。大成殿面阔三间，进深三间，四周环有檐廊，砖砌栏凳，殿前花岗石月台，并筑有云纹石栏，正面花岗石台阶中

纪念馆所在——孔庙大成殿

央镶嵌着保存完好的御路石。整个建筑气势宏伟壮观，正上方悬挂着赵朴初题写的黑底金字馆名。

历史沿革　1991年4月开始筹建，1992年6月16日——陈化成殉国150周年纪念日建成，并正式对外开放。同年，该馆被上海市人民政府命名为"上海市青少年教育基地"。2002年2月，区政府投巨资对该馆进行全面维修和陈列改建，6月16日重新对外开放。2003年1月28日起免费开放。2003年被命名为"上海市爱国主义教育基地"。

历任馆长　谭玉岐（1991.5～1998.6）；潘法铨（1998.7～1999.12）；黎英奎（2000.1～2002.2）；陈贤明（2002.3～2005.6）；汤明德（2005.7至今）。

业务活动

基本陈列　维修后的陈列馆打破了传统格局，充分利用原有古建筑的高度和深度，将展厅设计为两层，一层陈列了陈化成的生平事迹；二层充分运用了喷绘、影视、多媒体、大型场景等现代科学技术手段，艺术地再现了陈化成督率将士，奋起反击英国侵略军的悲壮情景，极大地增强了可视性和教育性。在纪念馆北侧有化成广场和陈化成塑像，可供上千人举行各种活动。

陈列墙面一瞥

《陈化成生平事迹陈列》以弥足珍贵的文献资料和历史文物，翔实地记录了我国近代史上著名的民族英雄陈化成的一生。整个陈列除序厅外，共分为"少年从军，历著战功"、"临危受命，血洒宝山"、"民族英雄，名垂史册"三大部分，着重反映了作为江南提督的陈化成在第一次鸦片战争的"吴淞战役"中率部英勇抗击英国侵略军，直至壮烈殉国的爱国主义事迹。

藏品管理

［藏品来源］　藏品来源为捐赠、征集、调拨。

［藏品类别］　陈列文物藏品26件，历史图片53幅和其他实物和图表等17件。

［重要藏品］　主要展品有"浩然正气"匾以及陈化成生前战袍。

宣传教育　编辑出版的作品有：《陈化成》、《姚子青》、《胡文杰》；出版期刊有《陈化成纪念馆学报》，现改版为《宝山文博》（每年二期）。另外举办过的学术交流活动有：陈化成生平事迹及鸦片战争学术研讨会。

纪念馆经常举办的活动有：5·18国际博物馆日活动、中国文化遗产日活动、14岁生日中学生教育活动、征文比赛、演讲比赛、抗英知识抢答等多种形式的宣传教育活动。

参观指南

［地址］　上海市宝山区友谊路1号

［邮编］　201900

［电话］　办公室：021-66786322

　　　　　业务部：021-66786377

［传真］　021-66786322

［开放时间］　周二至周日9:00-16:00（周一馆休）

［票价］　免费

（撰文：陈化成纪念馆）

闸北革命史料陈列馆
Zhabei Exhibition Hall of Revolutionary Historical Materials

概述

类型　社会科学类历史专题博物馆

隶属关系　闸北区文化局

筹建时间　1987年6月

正式开放时间　1988年7月1日

所在位置　闸北区浙江北路近天潼路

面积　占地面积约660平方米、建筑面积约1100平方米

建筑、布局　馆舍建于1934年，为西式住宅建筑，经改造后作为陈列馆。建筑坐北朝南，高三层，混合结构，平面布局分为东、西两个楼，南部为面积约120平方米的庭院。

历史沿革　闸北革命史料陈列馆创建于1987年6月，1988年7月1日正式对外开放，原馆址坐落于共和新路1667号。1998年10月，从原址迁至天目中路749弄57号甲底楼原蕃瓜弄史料陈列室，经初步改造后于1999年5月18日对外开放，陈列以《红色的闸北》为专题全面反映闸北的革命史迹。2005年10月24日，闸北区政府决定，浙江北路118号原区政协办公楼予以保留，以大修形式改建后作为闸北革命史料馆新馆。闸北革命史料馆修建工程于2006年5月正式启动，2007年1月12日揭幕开馆，2007年2月10日起对外开放。

1.闸北革命史料陈列馆外景 2.陈列场景

历任馆长 周宝山（1987.7～1991.4）；卢祺义（1991.4～1994.9 副馆长主持工作）；杨云天（1994.10～1996.8 副馆长主持工作）；彭建成（1996.9～2008.1）；丰华英（2008.2～2009.2 副馆长主持工作）；丰华英（2009.3至今）。

业务活动

基本陈列 闸北革命史料馆陈列面积约670平方米，临时展厅面积80平方米。基本陈列分为两大部分。第一部分的主题是《永恒丰碑、党史辉煌》，主要展示1923年6月，中共三大召开后，中央局成员陈独秀、毛泽东、蔡和森、罗章龙先后来到上海，中央局机关由广州迁址于闸北"三曾里"，并成为党中央高层领导商议党内外大事的重要办公场所。重点展出有："三曾里"房屋模型；三大召开后中央局成员的简介；毛泽东两次闸北行史料；1923年7月至1924年9月中央局成员工作大事记；毛泽东和杨开慧一家在"三曾里"生活工作场景复原。第二部分的主题是《永恒记忆、红色闸北》，主要展示中国共产党在闸北领导革命斗争的"红色闸北"史料。重点展出有："闸北早期工人阶级"；"闸北早期中共组织"；"闸北红色上海大学"；"党领导五卅运动和陈云领导商务大罢工"；"上海工人第三次武装起义"；"闸北人民与中国军队共同抗日（'一·二八'淞沪抗战、'八·一三'淞沪抗战）"；"反内战、争民主、迎解放"，"宋公园——四十三烈士牺牲地"等内容。陈列馆以陈列版面、展柜等手段为主，并设有场景复原、微缩模型、电子翻书、电子放大镜、电子手掌投影、电子双向互动、电子地图等新颖的陈列形式，共展出历史资料500多件（张），复制件90多件。其中重要展品有中央局成员生活和工作的实物用品复制件、中国共产党八十年珍贵档案复制件、党中央开展国共合作加强党的组织建设的史料和影视资料等

藏品管理

[藏品来源] 主要为征集、复制、购买以及捐赠。

[藏品类别] 分为实物和照片资料。

[藏品统计] 共计约1200件（张）。

经营管理

[单位性质] 国有文化事业单位

[经费来源] 区财政全额拨款

[机构设置] 设办公室、宣传活动部和征集研究部等部门。

[人员编制、组成] 12人。其中大专以上学历占在编职工比例的77%，有中级技术职称2人、初级2人。

[观众接待] 年约1.6万人次

参观指南

[地址] 上海市闸北区浙江北路118号

[邮编] 200085

[电话] 021-33010988、021-33010987

[传真] 021-33010988、021-33010987

[开放时间] 周二至周日上午9：00－11：15，下午13：00－16：15，周一馆休。

[票价] 免费

（撰文：闸北革命史料陈列馆）

复旦大学博物馆

Museum of Fudan University

概述

类型　社会科学类综合性博物馆

隶属关系　复旦大学

筹建时间　1991年春

正式开放时间　1992年1月

所在位置　杨浦区复旦大学邯郸路校区相辉堂大草坪西侧

面积　800平方米

建筑、布局　为一栋上下两层的20世纪40年代建筑。

历史沿革　复旦大学博物馆是校园文化的重要设施，也是学校对外文化交流的窗口，兼具文物与博物馆学系教研实习基地的特殊职能。复旦大学博物馆创建于1991年春，1992年元旦正式开馆。

业务活动

基本陈列　复旦大学博物馆现有展览面积约800平方米，分一个序厅和四个展厅，包括两个常设展厅和两个临时展厅。室内全面铺设墨绿色地毯，安装束射冷光照明灯具和轨道，六种规格的木质玻璃展柜一律安装内照式荧光灯，拼合式板制假墙外包灰色混纺布料。

常设陈列之一是《台湾少数民族民俗文物展》，面积约300平方米。藏品原由复旦生物系刘咸教授收集，后捐赠给学校。展览从中精选出100余件。如泰雅贝珠服饰、排湾木雕制品、渔猎用具、手工艺美术品等，并结合文献和图片资料，多角度反映了台湾少数民族的传统习俗文化。整个展览风格明快优美、生动活泼。该展览于2007年3月参加"上海高校民族文化博物馆联展"，被评为观众"我最喜爱的博物馆"。常设陈列之二是《文物教学标本展览》，面积约100平方米，按不同历史时期分类展出历代古陶瓷100余件。展览主要服务于文博系的专业教学，也是非专业观众陶冶情操、欣赏古代艺术文化之场所。

专题展览　两个临时展厅不定期举办各类文化艺术展览，面积共约400平方米。已主办、承办或合办展览有：《校史图片资料展览》、《香港大学介绍展》、《贵州傩雕艺术展》、《中国古代科举文物展》、《美国抽象画展》、《美国印第安艺术展》、《日本菊川国夫书法展》、《桥与墨绘画摄影艺术展》、《复旦大学校庆邮

1.复旦大学博物馆外景　2.于右任书法陈列馆

泰雅贝珠服饰

展》、《红军长征胜利70周年纪念邮展》、《山东古代石刻拓片精品展》、《文汇报记者近距离看名人摄影展》、《复旦大学文博教学实习回顾展》等。

藏品管理

[藏品来源]　分别来自河南省博物馆、洛阳文物工作队、上海博物馆等单位的调拨，以及复旦图书馆、文博学院、生物系旧藏。

[藏品统计]　现有藏品约2000余件。各类古代艺术中石器15件、玉器16件、陶器177件、瓷器95件，铜器121件。馆藏555枚历代古钱币收藏较为系统，350多枚殷商甲骨文片弥足珍贵。最具特色的是430余件台湾少数民族民俗文物。另藏有黎族民俗文物83件、美国抽象艺术绘画13件和中国当代书画名家作品100余件。

于右任书法陈列馆　2005年9月，成立于右任书法陈列馆（Exhibition Hall of Yu Youren's Calligraphy），为复旦大学博物馆新的组成部分。陈列馆内分上下两层，展览面积共约560平方米。二楼常设展览有《一代草圣——于右任书法作品展》，50余件展品经于右任基金会友好协商，由于氏家人及友朋提供。2007年9月举办临时展览《于右任、刘延涛墨缘展》。一楼于2006年5月举办临时展览《日月千龄旦——于右任书法陈列馆开馆回顾展》。编辑印制了复旦大学博物馆于右任书法陈列馆馆刊《玉衡》、《首届于右任国际学术研讨会论文集》等书籍、刊物。

科学研究　复旦大学博物馆在业务方面充分借助文物与博物馆学系的专业师资力量，形成了一支从田野收集及研究鉴定到保存管理及展览设计的稳定学术研究队伍。通过专题讲座、主题活动等方式进行博物馆文化和文化遗产保护宣传，丰富校园文化生活，受到广泛欢迎。

交流合作　2006～2007年，复旦大学博物馆先后举办的学术交流活动有：2006年5月"开放的艺术史"专题讲座和学术沙龙，2006年11月"首届于右任国际学术研讨会"；2007年1月"文化传承与中外交流"学术沙龙、"中国民居与文化遗产保护"研讨，2007年6月国内外博物馆专家、馆长座谈，2007年9月"书坛双峰·复旦瑰宝——于右任、王蘧常书法艺术海峡两岸学术研讨会"。2007年发表的论文有：《高校博物馆在大学通识教育中的作用》、《高校博物馆与高校学生的资源共享》、《台湾原住民的贝珠工艺》。

复旦大学博物馆参与了教育部大学数字博物馆一期建设工程，名为"复旦大学文化人类学数字博物馆"，并于2002年10月起公开发布。

经营管理

[单位性质]　国有文化单位

[经费来源]　复旦大学拨款

[观众接待]　年约6000人次

参观指南

[地址]　上海市杨浦区邯郸路220号复旦大学校内200号楼

[邮编]　200433

[电话]　021-65643739

[传真]　021-65649667

[电子邮箱]　museum@fudan.edu.cn

[网站]　http://www.digmus.fudan.edu.cn

[开放时间]　每周二、四、五下午2:00－4:00（团体预约不受时间限制），节假日与寒暑假暂停开放。

[票价]　免费

（撰文：复旦大学博物馆）

徐光启纪念馆

Xu Guangqi Memorial Hall

概述

类型　社会科学类名人专题博物馆

隶属关系　徐汇区文化局

筹建时间　2004年1月

正式开放时间　2005年1月15日

所在位置　徐家汇商圈旁的光启公园内，紧邻徐光启墓

面积　占地面积为502平方米、建筑面积282平方米

建筑、布局　徐光启纪念馆依托徐光启墓区文物资源，利用明代民居建筑"南春华堂"作为馆舍，整组建筑结构精致，粉墙黛瓦，飞檐斗拱，雕刻传神，典雅古朴，

徐光启纪念馆

展厅一隅

碑廊

由照壁、碑廊、厢房、厅堂等组成。

历史沿革　徐光启（1562～1633），明代科学家，生于上海县。早年因家境清寒，以教书谋生。42岁时，入天主教，与西方传教士往来，得以致力研究天文、历法、数学、火器等科学，与意大利传教士利马窦合译《几何原本》，编写《测量法义》、《简平仪说》、《测量异同》、《勾股义》、与传教士熊三拔合译《泰西水法》等科学译著，开传播西方科学之先河。并亲躬耕作，总结前代农业生产经验，写成《甘薯疏》、《吉贝疏》、《家遗杂疏》、《北耕录》等。所存手稿由明末陈子龙整理编纂成《农政全书》60卷。万历三十二年（1604年）中进士，历任翰林院庶吉士、詹事府少詹事、礼部左侍郎、太子太保、礼部尚书兼文渊阁大学士。崇祯六年（1633年）在北京逝世。卒后赠少保，谥文定，加赠太保。崇祯七年（1641年）赐域赐葬，墓地在今天上海徐家汇旁的光启公园内。1957年，徐光启墓由政府出资修复。1959年公布为上海市文物保护单位。1988年1月13日公布为全国重点文物保护单位。

2003年6月，徐汇区人民政府和上海市文物管理委员会共同出资，将原处于梅陇镇东、始建于明弘治末年的徐汇区文物保护单位——"南春华堂"整体搬迁至光启公园内的徐光启墓地旁。2003年12月竣工。2004年1月开始在"南春华堂"内筹建徐光启纪念馆。2005年1月15日正式对公众开放。

历任馆长　沈永健（2005.1至今）。

业务活动

基本陈列　该馆的基本陈列分为五部分："碑廊"、"徐光启生平"、"《农政全书》与《几何原本》"、"《崇祯历书》与《徐氏庖言》"、"徐光启与上海"。陈列设计古朴典雅。为不破坏古建筑的风格，在设计上尽可能与其相适应：在厅堂摆放了简洁的明式家具，采用中国传统的木刻画形式来反映徐光启一生的重大事件和主要贡献，并

悬挂在厅堂两边的墙上；厢房内的陈列橱窗上下两边配以古色古香的花格装饰，展柜、指示牌、护栏等均按照仿古制作。该馆深入挖掘展览主题内涵，提炼内容精华，重点突出徐光启的生平、重大贡献，以及徐光启与上海密不可分的情结，采用了"影景合成"、"幻影成像"等高科技手段，配合文字、图片、模型、雕像和实物资料，较全面地展现了徐光启的生平、著作、科学成就、历史影响、桑梓情结、墓地沿革，以及后人对徐光启的缅怀与纪念。整个陈列面积为280平方米，展示了徐光启画像、家书手札、明刻本《农政全书》、清刻本《几何原本》、最早传入中国的新型世界地图《坤舆万国全图》，以及现藏于美国旧金山大学、上海土山湾画馆所作之徐光启、利玛窦、汤若望、南怀仁四幅人物画像等珍贵资料共100余件（套）。

纪念馆的东侧为全国重点文物保护单位徐光启墓。2003年6月，徐汇区人民政府与上海市文物管理委员会共同出资，按照有关历史资料，对徐光启墓进行了修缮，2003年12月竣工。修复后的徐光启墓恢复了墓前的华表、石桥、牌坊、神道、石羊、石虎、石马、石翁仲、十字架、托山等。

经营管理

[单位性质]　国有文化事业单位

[经费来源]　徐汇区财政拨款

[观众接待]　年约2万人次

参观指南

[地址]　上海市徐汇区南丹路17号（光启公园内）

[邮编]　200030

[电话]　021-64689252

[传真]　021-64689252

[开放时间]　每天9:00—16:30

[票价]　免费

（撰文：徐光启纪念馆）

海军上海博览馆

Shanghai Navy Museum

概述

类型　社会科学类海军史专题博物馆

隶属关系　海军上海保障基地

筹建时间　1991年6月

正式开放时间　1992年11月

所在位置　宝山区吴淞军港

面积　全馆占地1.8万平方米、建筑面积14000平方米

历史沿革　海军上海博览馆是国内海军史料最翔实、展示格局最完善的、宣传海洋和海军知识、反映海军历史、展示人民海军建设成就的海军博物馆之一。其前身"长江"舰纪念馆曾专门陈列毛泽东主席视察过的"长江"舰。1953年2月19日，毛泽东主席首次视察人民海军舰艇部队，乘坐"长江"舰从武汉到南京，在"长江"舰上，毛泽东主席为人民海军作出了"为了反对帝国主义的侵略，我们一定要建立强大的海军"的题词。为纪念这一意义重大的视察活动，"长江"舰退役后，海军党委决定在上海吴淞建立"长江"舰纪念馆。1991年，在该纪念馆原址筹建了中国海军历史馆。1992年11月21日，博览馆开馆的第四天，中共中央总书记、中央军委主席江泽民莅临该馆视察时指示："一定要把这里建设成青少年爱国主义和国防观教育的基地"，并题写了"海军上海博览馆"馆名。

历任馆长　杨德昌（1993.8～2002.1）；李元白（2002.1～2003.3）；傅鼎（2003.3～2007.1）；杨云庆（2007.1～2008.1）；宋世奎（2008.1～2008.12）；黄伟（2008.12至今）。

业务活动

基本陈列　海军上海博览馆整体设计理念是以海洋为依托，以蓝色为主调，以海军为主角，融历史与现实、战争与和平、思想与艺术于一体。整体建筑风格以海洋、海军元素为主。全馆展区面积9000平方米，设有《中国古代海军历史陈列》、《中国近代海军历史陈列》、《人民海军发展史陈列》、《人民海军兵器展》、《海军舰艇模型陈列》、《轻武器射击馆》、《海洋珍奇贝壳馆》和《海军上海基地荣誉室》等展馆。

藏品管理

［藏品来源］　主要由个人或单位捐赠、部队范围内征集、社会有偿征集等途径。

1.海军上海博览馆外景　2.展厅一隅　3.贝壳馆

［藏品统计］　藏品主要有反映中国海军发展历史进程、展现海洋艺术魅力、展示海军特色装备等实物和模型以及海洋贝壳共3400余件，另有图片4000余幅。

［重要藏品］　馆内具有历史价值的藏品有：毛主席为海军题词"为了反对帝国主义的侵略，我们一定要建立强大的海军"真迹；江泽民主席题写的"海军上海博览馆"馆名真迹；陈化成抗英所用的大炮。

宣传教育　1996年，海军上海博览馆成为国家教委、民政部、团中央、文化部、国家文物局和解放军总政治部联合命名的"全国中、小学爱国主义教育基地"。1997年，被中宣部公布为首批的"全国爱国主义教育示范基地"，2008年被东海舰队列为战斗精神教育基地。建馆10多年来，海军上海博览馆注重利用吴淞地区丰富的人文环境和驻军多等特点，以海洋为依托，以海军和国防为载体，精心打造出一条适合未成年人求知需要、凸显"蓝色"海洋文化和"红色"爱国主义教育相融的教育基地。建馆以来，与上海20多所大、中、小学校和单位联合举办"心系国防、走近军营"国防教育活动；结合七一、八一、十一等重要节日，组织学校、地方企事业单位入团、入党等宣誓活动；通过队列训练、参观军舰、观看展览和组织授课等形式，开展"过军营一日生活，当一次小海军"主题教育。2009年该馆被上海市教委、科委确定为第三批实施"二期课改"科普教育基地，其中"海军历史面面观"、"舰炮模拟射击"、"海军兵器字典"、"舰船拼图游戏"和"海洋贝壳大观园"等互动项目深受广大青少年学生们的喜爱。

经营管理

[单位性质] 部队编制

[经费来源] 部队、地方政府财政

[机构设置] 业务办、政工办和后勤办

[人员编制] 12人

[观众接待] 年约10万人次

参观指南

[地址] 上海市宝山区吴淞塘后路68号

[邮编] 200940

[电话] 021-56163295（咨询和预约时间：周三至周四9：00-16：00）

[传真] 021-56163295

[开放时间] 周三至周日9：00-17：00（16：00停止入馆，周一、周二为军事训练日，馆休不开放）

[票价] 免费

（撰文：海军上海博览馆）

黄道婆纪念馆

Memorial Hall of Huang Daopo

概述

类型 社会科学类名人专题博物馆

隶属关系 徐汇区华泾镇政府社会发展科

筹建时间 2002年3月

正式开放时间 2003年3月

所在位置 徐汇区华泾镇东湾村

面积 占地面积3750平方米

建筑、布局 黄道婆纪念馆是一座一正两厢的仿古庙宇式建筑，纪念馆门上有一块匾额，上书"先棉"两字，由上海著名书画家林曦明题写。院中央矗立着两米来高的黄道婆塑像。纪念馆设三个展厅。正房主展厅门柱子上有一副对联，上联是"纬地经天棉植见慈恩一方衣被"，下联是"梯山航海机声垂教泽千载馨香"，它是由原中国书法家协会主席、著名书画鉴定家启功题写的。主展厅门上方"衣被天下"这块匾额是由历史学家周谷城题写的。

历史沿革 黄道婆是我国纺织业的先驱，13世纪杰出的纺织技术革新家，又名黄婆、黄四娘、巧姑，元代松江乌泥泾（今华泾镇东湾村）人。黄道婆少年时沦落海南崖州，该地产木棉，她曾向黎族妇女学得纺织技术，至元元贞年间（1295~1296）返乡，致力于纺织业，改革棉纺织工具，传授棉纺织工艺。到明初，松江府已成为全国最大的棉纺织业中心，有"衣被天下"之称，黄道婆也被后人尊称为"先棉"。

黄道婆去世，乡里人民不忘她的功绩，为之公葬，年年祭扫。至20世纪30年代，墓地已成为义冢地。1936年8月，经上海市通志馆勘察，辨认出黄道婆墓墓基。1956年，上海历史与建设博物馆筹备处再度勘察，认定墓址。

黄道婆纪念馆外景

黄道婆墓

纺织工具展厅

1957年由上海县修复。1962年公布为上海市文物保护单位。2002年3月，由徐汇区政府和华泾镇政府共同出资，在黄道婆墓地边建设一座纪念馆。2003年3月，黄道婆纪念馆建成并免费对外开放。

业务活动

基本陈列　纪念馆正房展示黄道婆一生的经历，以及黄道婆在革新工具方面的成就，概括起来就是擀、弹、纺、织。第一项工具——"擀"：当初松江一带的人是用手工剥除棉籽的，费时、费力，于是黄道婆就从海南引进仿制了手摇脚踏式轧棉籽机，从而大大提高了生产效率。这架轧棉机比美国纬同尼发明的轧棉机早了500年。第二项工具——"弹"：就是大弹花弓，是弹棉花的工具，黄道婆把当时人们普遍用的一尺长的小弓改成了四尺的大弓，它的弦是用绳子代替了线，这样不仅省力还提高了工作效率和棉花质量，这种弓后来远传至日本，日本叫唐弓。第三种工具——"纺"：黄道婆发明了脚踏式三锭木工纺车，又称黄道婆车，这项技术比欧美早了四、五百年。第四项工具——"织"：黄道婆改革的织布机，提花机使普通的棉布呈现美丽的花纹图案，制造出精美的具有江南特色的"乌泥泾被"。

纪念馆的左厢房是纺织工具展厅，展示着30多件样式各异木制工具，有元代皇家纺纱机和明、清近代各种纺织工具。右厢房是棉纺织展厅，陈列的是从清初到民国初年近300年各类纺织成品。有围裙、肚兜、床单、被套等物，还有成匹的各种颜色的土布。如有名的小青龙、蓝印花布。此外，左右厢房各有4幅石刻棉花图，是从棉花到布的制作过程，该图为清朝乾隆年间直隶总督方观承亲自绘制晋献给乾隆皇帝的，乾隆皇帝看后大为欣赏，并为之题诗。整个纪念馆的展示面积为300平方米，展出藏品共计300余件。

纪念馆的西面是一亩地见方的黄道婆墓园。墓为圆形土墓，坐北朝南，三面叠瓦围墙，四周遍植松柏、黄杨、罗汉松等树。墓台以大理石铺地，墓上方架着原木色六角木亭，前面有石质供桌，立有当时任华东局书记魏文伯所题"元黄道婆墓"汉白玉碑。墓背面是八字形的照壁。

交流合作　2006年6月国务院公布"黄道婆"和"乌污泥泾手工棉纺织技艺"为第一批国家级非物质文化遗产。2006年11月16日至17日在上海市委党校隆重举行了"黄道婆文化国际研讨会"。来自国内外80多位知名专家和学者出席了会议。2007年5月，编辑出版了《〈被更乌泾名天下〉黄道婆文化国际研讨会论文集》。

经营管理

［单位性质］　国有文化事业单位

［经费来源］　徐汇区华泾镇政府全额拨款

［人员编制］　3人

［观众接待］　年约1.2万人次

参观指南

［地址］　上海市徐汇区龙吴路外环线北侧道

［邮编］　200231

［电话］　021-64963328

［开放时间］　9:00—16:00

［票价］　免费

（撰文：黄道婆纪念馆）

INDEX

中国博物馆志

山东卷

《中国博物馆志》山东卷

山东省文物局 编

目录

十一画

十二画

十三画

十四画

十五画

山东省博物馆

Shandong Provincial Museum

概述

类型　综合类博物馆

隶属关系　隶属山东省文化厅

创建时间　1954年8月

正式开馆时间　1956年2月

所在位置　济南市东部新城区，燕山立交桥以东路北，东望奥体中心和济南政务中心，地理位置优越。

山东省博物馆外景

面积　占地面积210亩、主体建筑面积82900平方米、展陈面积25000平方米

建筑、布局　山东省博物馆的建筑外形以方与圆为设计的基本要素，取自中国传统文化中对世界的认知。古人以为天圆地方，亦以方圆为天地的代称。在思想领域，圆是道家通变趋时的学问，方是儒家人格修养的境界，"智欲其圆道，行欲其方正"。圆方互融，儒道互补，构成了中国传统文化的主体精神。圆和方还是最基本的几何图形，圆形有柔和圆满之意，方形有工整方正之美。方圆合璧则体现天人合一，人与自然和谐发展的理念。圆与方的外形用于博物馆建筑，又与传统的明堂建筑——辟雍有着异曲同工之妙。

主体建筑高74米，平面为边长136米的正方体，分上下两部分。上部为银白色半圆形穹顶，犹如东升的旭日，又如喷涌的泉水，充满生机与活力，突显泉城的风韵。下部为庄重稳健的灰色四角内切立方体，加入了雕塑化的手法，将一个由立方体构成的基本体量在四个角部进行了模数化切削。此一举，避免了方正建筑的呆板之嫌，平添了新颖的时尚元素，庄重而不乏时代神韵。外墙装饰选用泰沂山脉独有的雪花青石材，粗犷有力，贴切地表现了历史的沧桑久远。

这种坚如磐石、稳如泰山的造型特点，很好地传达出了山东厚重的文化积淀和坚韧不拔的精神特质。建筑整体极富雕塑感的形态，雄浑的色彩、宏大的尺度和壮观的柱廊，都潜移默化地折射出齐鲁文化的特有气势，也赋予了这一建筑理性而浪漫的品格，给人留下过目难忘的深刻印象。

主体建筑共有五层，分为展陈开放、宣教服务、藏品保管、业务科研、安全保卫与消防、行政办公、机电设备等七大区域。一层是文物库房及设备机房；二层是迎宾大厅、临时展厅、公众服务区、贵宾接待中心、学术报告厅；三、四层是各类主题展厅及公众服务区；五层是行政

礼仪大厅（迎宾大厅）

办公区。基本满足了博物馆收藏、展示、保护与研究的功能需求。迎宾大厅宛如一座金碧辉煌的富丽大厅，面积有3000余平方米，高达28米，纵贯三层展厅，以隐喻黄河与土地的黄色为主调的装饰色彩，明亮富丽，象征着祥和、发展、进步的齐鲁家园。

主体建筑外部的配套工程主要由两部分组成。地上为齐鲁文博中心广场，占地面积约10万平方米，遵循"以人为本"的原则，以景观意境为线索，运用轴线布局，按不同功能分割空间，是一个多功能的、集集会与娱乐休闲为一体的广场。广场地下将建设文化休闲街，以满足周边居民及参观者的休闲、游览及消费需求。

历史沿革　山东省博物馆是新中国成立之后建立的第一座省级综合性地志博物馆，始建于1954年8月，1956年2月正式对外开放。山东省博物馆成立之初，馆址分为东、西两院。东院位于济南市广智院旧址（广智院，原系英国浸礼教会牧师怀恩光于1904年创建，是我国境内最早的博物馆之一），辟为自然展厅。西院位于济南市上新街世界红万字会济南母院旧址（此处原系一处融道、儒、佛、基督、伊斯兰五教合一的宗教团体驻地，1942年建成），辟为历史陈列室。首任馆长由山东省文化局副局长徐眉生兼任。

随着社会主义经济建设和文博事业的发展，原馆舍不适应展览需要，博物馆的社会功能发挥受到极大局限。1991年8月1日，山东省人民政府投资7000余万元的山东省博物馆新馆破土动工，1992年落成，1994年5月正式对外开放。新馆坐落于济南市风景秀丽的千佛山北麓，占地50亩，建筑面积19300平方米，陈列面积13784平方米，展览面积6853平方米。主体楼高32米，顶部全系金黄色琉璃瓦，外墙为汉白玉，巍峨气派，壮丽堂皇。主体楼正面上方有郭沫若手书"山东省博物馆"6个包金大字，潇洒遒劲，辉煌夺目。在整个布局上，它继承了传统古建筑特色，突出中轴线，采用坡屋顶，用两条南北走向的双层连廊将整个建筑构成庭院式群体，疏密得当，紧凑观整。在建筑风格上，体现了齐鲁文化中"礼"的神韵，主次分明，错落有致。在建筑艺术上，摒弃了古建筑繁琐的外部装饰，采用现代材料、现代手法，明快大方，简洁挺拔。宏伟、典雅的建筑群，体现了民族风格与现代艺术的结合，成为中国历史文化名城济南的一大景观。

山东省博物馆筹备的第一个陈列是《山东地志陈列》，于1956年在济南市上新街世界红万字会济南母院旧址正式对外开放。展览开放后，受到各级领导和广大观众的好评，被文化部评为"红旗馆"，成为当时全国地志博物馆的学习榜样。老一辈无产阶级革命家朱德、彭真、徐特立、谢觉哉等领导人，先后来馆视察并参观展览。郭沫若来馆时还亲笔题词"齐鲁多文物，年来益发扬；纲纹成化石，木舰出河床；革命战争烈，工农跃进强；今朝新孔孟，气象更堂堂"。此后，还相继举办了上百个临时展览和专题陈列，其中比较重要的有《山东文物普查成果》、《明清书画》、《山东省少数民族史料》、《山东近百年革命史料》、《山东省阶级教育展览》、《馆藏动物、矿物、岩石标本》等展览，在丰富群众文化生活，进行社会主义教育，扩大博物馆的社会影响方面，发挥了很好的作用。1977年至1991年，举办了《山东古生物化石》展、《山东原始社会史》展、《山东古代艺术品》展、《全省文物汇展》、《孔子文化大展》等，还参与筹办了赴日本、西德和新加坡的《山东历史文物展览》，在中外文化交流等方面也作出了应有的贡献。1994年新馆正式对外开放后，推出了《齐鲁文化风采展》、《明鲁王朱檀墓出土文物展》、《明代大型战船陈列》、《近代的山东》、《山东人民八年抗战》、《馆藏明清书画展》、《山东古生物化石陈列》、《巨型山东龙化石陈列》、《馆藏珍稀动物标本展》等陈列展览，展出文物3000多件，形象生动

地再现了齐鲁历史文化和自然风貌。其后，推出了《东方巨人毛泽东》、《红军长征大型图片展》、《孔繁森同志事迹展览》、《历史不会忘记》、《周恩来诞辰100周年图片展》等大型专题展览，成为向全省人民特别是青少年进行爱国主义教育和革命传统教育的生动教材。1998年对基本陈列进行了调整，推出了《文物精品展》、《馆藏明清服饰展》。2000年推出了《济北王陵出土文物展》、《宋、元、明、清青铜艺术展》、《革命文物展》。2001年进行基本陈列改造，推出了从内容到形式都焕然一新的《齐鲁瑰宝展》、《石刻艺术精品展》、《馆藏瓷器展》、《馆藏玉器展》、《馆藏古钱币展》、《清代文人书画展》、《出土明船展》、《古生物化石展》、《恐龙展》等馆藏专题陈列展览。2003年推出《山东省重大考古新发现成就展》。2007年推出《山东文物精品大展》。根据中宣部、财政部、文化部、国家文物局联合下发的《关于全国博物馆、纪念馆免费开放的通知》的有关精神，山东省博物馆于2008年6月14日免费向社会开放。山东省博物馆对馆舍进行了全面维修，对基本陈列进行了更新、调整、改造。《改革开放三十年——山东考古成果展》是免费开放后向观众推出的一道文化大餐，共展出2000余件文物和图片，涉及45处遗址或墓葬发掘项目。同时《山东石刻艺术展》、《明清官窑瓷器展》、《书画展》、《古生物化石展》、《恐龙化石展》、《动物标本展》等专题展览一并呈献给广大观众。

2006年山东省委、省政府提出了建设山东文化强省的战略目标，山东省博物馆新馆建设又一次提上日程。2006年5月11日山东省政府常务会议确定建设山东省博物馆新馆，2007年12月奠基。新馆建设方案汲取中华传统文化中天圆地方、天人合一、人与自然和谐发展的理念，气势宏伟，巍然屹立，寓意齐鲁文化博大精深，体现了齐鲁儿女

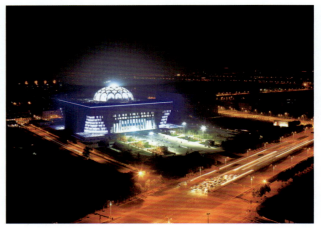

山东省博物馆新馆夜景

开放沉稳的个性和昂扬向上的活力。顶部穹顶形似泉水，是省会济南的象征，以趵突喷涌为代表的泉水、泉韵、泉文化，生生不息，源远流长。经过三年多的紧张建设，这座充分展现山东文化特色的现代化博物馆宏伟建筑矗立在泉城济南。2010年11月16日正式对公众开放，实现了山东博物馆事业发展的新飞跃。

山东省博物馆内抓管理，外塑形象。2003年被评为山东省省直机关精神文明单位。2005年，文化部、人事部命名为全国文化工作先进单位。2012年荣获由人力资源和社会保障部与国家文物局联合颁发的"全国文物系统先进集体"荣誉称号。获得全国爱国主义教育示范基地、全国科普教育基地、山东省爱国主义教育基地、山东省青少年教育基地、山东省关心下一代教育基地等称号。是济南陆军学院、山东交通学院、山东省实验中学、东方双语实验学校、燕山小学等一批大中小学的教学和德育基地，山东省妇女"双学双比"、"巾帼建功"文明示范岗。

历任馆长　徐眉生，孔益千，任迪善，宋居民，杨子范，卢传贞，牛继增，刘以文，鲁文生。

业务活动

基本陈列　共推出《汉代画像石艺术展》、《佛教造像艺术展》、《山东历史文化展》、《孔子文化大展》、《明代鲁王展》、《馆藏书画展》、《话说考古》、《考古成果展》、《馆藏瓷器精品展》等11个基本陈列。展览面积15000平方米，展出各类文物1万余件，比旧馆展品多了4倍。

《汉代画像石艺术展》　汉代画像石是汉代地下墓室、墓地祠堂、木阙和庙阙等建筑上雕刻画像的建筑构石。汉代人以石为地，以刀代笔，描绘出汉代现实生活、葬丧习俗和宗教信仰等方方面面，被誉为"汉代历史的画卷"。山东汉代画像石是中国汉代画像石艺术的杰出代表。馆藏汉画像石精品主要出土或发现于济南、济宁、枣庄、临沂等地。著名的长清孝堂山祠堂、嘉祥武氏祠、沂南北寨汉画像石墓等画像石的代表作品通过不同的展示手法在此一一展现。

《佛教造像艺术展》　佛教自东汉初年从古印度正式传入中国后，山东就成为佛教的重要活动区域，是中国最早出现佛教图像的地方之一。351年，著名僧人朗公在济南近郊建立了山东现存最早的一座寺院，即今历城区柳埠神通寺。此后，山东的寺院和佛教得到了长足的发展。20世纪80年代以来，山东出土了数量众多的佛教造像，特别是1996年青州市龙兴寺佛教造像窖藏的发现，引起了国内外瞩目。展览选取近几十年来出土的部分造像精品，着重展示山东佛教艺术独创性。展现两大主题，一是石雕造像文物，从艺术方面展示山东北朝时期造像的辉煌成就和独树一帜的造像风格。一是佛塔、经幢、造像题铭等其他佛教文物，从宗教信仰方面展示山东佛教的历史沉浮。

《山东历史文化展》　展示了从距今1万年的新石器时期直至明清时期山东历史文化全貌。分史前、夏商周、秦汉至明清三大部分。展出文物中最引人注目的首推新石器时期龙山文化蛋壳黑陶高柄杯。蛋壳黑陶是龙山文化一种代表性器物，专做礼仪用。制作精致，器形小巧，外表漆黑黝亮，陶胎薄如蛋壳，有薄至0.2毫米的，一般在0.5毫米左右，制作工艺达到人类制陶史上的巅峰。展厅中还陈列有一件铜钺，上刻"亚"字铭文，此器物的出土确定了"亚"铜器的具体出土地点和古代亚族的活动地域，具有重要史料价值。1976年山东嘉祥英山一号隋徐敏行夫妇合葬墓出土的壁画，填补了国内隋代壁画空白。

《孔子文化大展》　展览一共分为四个单元："孔子生平"、"孔子思想及影响"、"万世师表"、"孔子思想对世界的影响"。展览以贴近大众、与观众互动为原则，

《汉代画像石艺术展》（局部）

《山东历史文化展》一角

《明代鲁王展》（局部）

改变了以往文物展或图片展的单一模式，不但有精美的文物、丰富的图片，也有复原景观、模型、多媒体等多种表现形式，使整个展览丰满而生动。

《明代鲁王展》　展出的是明朝第一代鲁王朱檀墓中的出土文物。鲁王朱檀是明太祖朱元璋第十子，出生于明洪武三年（1370）。朱元璋为了巩固其江山统治，将其23个皇子分封到各地为藩王。朱檀被封为鲁王，十五岁就藩兖州。19岁时因服丹药毒发伤目而亡，谥号"荒"。1970年至1971年，山东省博物馆主持发掘位于曲阜九龙山南麓的鲁荒王陵，出土了大量珍贵文物，如冕冠佩饰、家具服装、笔墨纸砚、琴棋书画、彩绘木俑等。这些文物既是鲁王朱檀王府生活的真实缩影，也反映了明朝时期高超的工艺制作水平，而且填史补阙，对于研究明初社会的政治、经济、文化等具有非常重要的资料价值。

《馆藏书画展》　从"书圣"王羲之开始，山东的书画就展开了一幅美不胜收的画卷。在这之前，西汉的民间艺术家们给我们留下了竹简和帛画，书法率性、画风恣意、笔意流畅、色彩鲜艳，已经开创了山东书画流传的发源。古往今来，文人墨客和收藏家在山东遗存了大量的古代书画艺术品，上可追溯到崇尚厚葬的汉代，下迄书画艺术人才辈出的明清时期，或为流传有序的传世珍品，或为近几十年来征集收藏和田野考古的新发现，百家荟萃、流派纷呈，规模之大、藏品之精，使山东忝列为中国古代书画艺术收藏的大省之一。

《馆藏书法展》　中国书法是一门古老的艺术。从甲骨文、金文演变而为大篆、小篆、隶书，至定型于东汉、魏、晋的草书、楷书、行书诸体，书法一直散发着艺术的魅力。山东博物馆馆藏书法作品以明、清之作为主，但名家作品中不乏精品。

《山东考古陈列》　是国内博物馆中唯一一个以考古知识和考古成果为展示内容的专题陈列。分"话说考古"和"考古成果展"两个部分。"话说考古"展厅的七个标准探方让人们犹如亲临考古工地现场，探方内复制出古代的地层及考古发掘中经常遇到的古代遗迹、遗物，现场还置放了小车、手铲等考古工具，并展现了考古人员进行遗址发掘、绘图、照相等场景，形象地介绍了考古学的基本知识。"考古成果展"通过展示山东寿光市双王城古代盐业遗址、高青县陈庄西周城址、沂水县刘家店子春秋贵族墓、临淄区淄河店二号战国大墓、日照市海曲汉墓发现的汉代漆木器和丝织品等重大考古成果，以及这些考古成果取得的过程，让人们感受并认识山东地区悠久的历史、丰厚的文化底蕴、精美的文物遗存和齐鲁文化的泱泱风采。

《馆藏瓷器展》　展览以古代瓷器发展史为基本线索，结合该馆藏实物，通过有代表性或有特点瓷器的展示，将我国古代劳动人民在瓷器艺术创作方面做出的巨大成就，向广大观众做一概括性介绍。展览共展出瓷器500余件，既有商周时期的原始青瓷，也有宋金时期的定窑、钧窑瓷器，还有明清时期色彩艳丽的珍贵官窑瓷器，可谓品类丰富、精品荟萃。其中唐三彩双鱼瓶、宋哥釉盘、明洪武釉里红缠枝花卉碗、清乾隆粉彩三孔葫芦瓶、清斗彩竹节贯耳大瓶等堪称难得一见的精品，而山东本地窑口的德州窑、淄博窑、中陈郝窑、磁窑等烧造的瓷器也各具特色。

临时展览　山东省博物馆积极引进精品外展，以丰富多彩的展览形式，满足不同观众群体的欣赏需求。2000年山东省博物馆与济南市长清博物馆共同举办了《济北王陵出土文物展》；2001年与湖南省博物馆共同举办了《马王堆汉墓出土文物展》；2002年与北京保利博物馆共同举办了《勿忘国耻——圆明园回归国宝展》；2003年与青州市博物馆共同举办了《东方神韵——青州佛教造像艺术展》；2004年与陕西兵马俑博物馆共同举办了《世界第八大奇迹—秦始皇兵马俑（济南）大型国宝文物特展》；2005年与内蒙古博物馆共同举办了《金樽美酒　骏马天骄——内蒙古古代酒文化展览》；2006年与贵州省博物馆共同举办了《霓裳银饰——贵州少数民族服饰展》；同年与故宫博物院共同举办了《故宫珍宝——清代帝后御用金银器特展》等。

藏品管理

［藏品来源］　建馆初期，原山东省文物管理委员会、山东省图书馆金石保管所、济南广智院以及全省一些著名文物收藏家所藏文物、标本尽汇于此，从而奠定了山东省博物馆雄厚丰富的藏品基础。建馆50多年来，经过广

大文物工作者在全省广泛的调查与征集，以及田野考古发掘出土，使该馆文物藏品的数量不断增加，可谓精品荟萃，蔚为大观。近年来山东省博物馆还通过考古发掘移交、公安局破案移交、定向征集、个人捐赠等途径新增了一批珍贵文物。如2007年10月，在山东省东平县汉代墓室发现的彩绘壁画现已入藏山东省博物馆，壁画色彩精美、世所罕见，是目前山东发现的保存最完好、内容最丰富的一座汉代壁画墓。

[藏品类别]　山东省博物馆文物藏品大多为山东地区出土与传世的珍品，具有浓郁的山东地方特色。其品种多样，构成完整的文物收藏体系，陶器、瓷器、青铜器、玉器、书法、绘画、古籍善本、甲骨、竹简、漆器、印章、封泥、砖瓦、陶文、钱币、服饰等门类，有极高的历史、文化、科学研究价值。

[藏品统计]　山东省博物馆是山东文物的收藏中心。共收藏各类历史文物、自然标本20万余件，约占全省藏品的四分之一。

馆藏历史类一级文物3401件，二级文物3758件，三级文物67150件。

馆藏自然标本7155件，其中现代动、植物标本3055件，古生物化石标本 2081件，矿物和岩石标本2019件。

[重要藏品]　馆藏甲骨数量和质量在全国博物馆中（包括台湾）名列前茅。1972年《银雀山汉墓竹简》的重大发现，不仅解决了历史上几千年的疑问，而且留下了极为珍贵的历史文物资料，其中11种入选国家重点古籍名录。馆藏的明清服饰也非常有特色，特别是明代的传世绝品，有富丽堂皇的品官官袍，流光溢彩的御赐服，高贵典雅的命妇礼服，还有出土的织金亲王冕服等等，不论数量、质量在全国省级博物馆中堪称一流。馆藏大汶口文化和龙山文化的陶器有一定的规模体系，有精美的彩陶、黑陶，特别是享誉中外的蛋壳陶。馆藏青铜器多为山东出土，以两周方国青铜器为多。馆藏书法绘画中有元、明、清以来的著名书画家的佳作，如元钱选的《白莲图》，宋《葵花蛱蝶图》，以及明代"吴门画派"、清代"清四僧"、"扬州画派"等等的作品均有收藏。善本古籍也是馆藏的一大特色，数量、质量都名列前茅，其中有18部古籍善本入选国家重点古籍名录。另外山东省博物馆还有丰富的汉画像石文物，不仅数量多，而且画像石题材广泛，内容丰富，能较全面地反映山东地区的政治、思想、文化、艺术以及儒家的礼仪制度等。近现代文物中，特别是反映山东近现代革命斗争、反帝反封建时期及社会主义建

虹不隹年卜

八角星纹彩陶豆

蛋壳陶高柄杯

戗金漆盒

设时期的文物，资源种类齐全。

山东省博物馆作为省级综合性博物馆，不仅有丰富的文物藏品，还有许多精美的自然标本收藏。古生物化石标本大多采自山东境内著名的古生物化石区，从距今六亿年前的三叶虫化石到一万年前的古菱齿象化石，几乎各个地史时代都有精美的化石出土，形象地揭示了六亿年齐鲁大地的沧海桑田和生物演化过程，对研究山东地区的古地理、古气候、古生态等都有重要的科学研究价值。特别是山旺古生物化石保护区的化石种类繁多，门类齐全，数量丰富，保存完整。山旺山东鸟化石是我国发现的第一件完整的鸟化石，填补了第三纪鸟化石在我国的空白。采自诸城库沟恐龙化石区的巨型山东龙化石骨架长14米，高8米，是迄今世界上发现的最大的鸭嘴龙化石实物。馆藏现代动物标本中的巨型棱皮龟、扬子鳄、大熊猫、金丝猴、长尾雉、褐马鸡等都是我国的珍稀动物。另外还有生活于世界其它国家的珍禽异兽，象凤鸟、琴鸟、鸭嘴兽、大袋鼠等。这些珍贵的动物标本有的来源于老广智院，保存已有百年的历史了，至今仍完好。它对于研究动物标本的制作与保存，考证20世纪初自然科学知识的在山东的传播，都具有重要的研究价值。

[藏品保护] 山东省博物馆严格按照《博物馆藏品管理办法》的有关规定操作，建立了完善的文物数据库管理系统，制定了文物藏品安全管理制度，文物库房管理达到了"制度健全，账目清楚，鉴定确切，编目详明，保管妥善，查检方便"的要求。馆内设有文物科技保护部，建立了文物保护实验室、文物修复室等，开展文物技术保护。

藏品库房按照国家标准，运用先进的保护收藏技术，区分有机和无机文物藏品的保护环境，防火防盗，恒温恒湿，大大提升了文物收藏的技术含量和环境条件。

文物考古 1954～1982年，山东省博物馆作为当时山东唯一的省级文博机构，承担着山东境内地上地下文物的保护工作，开展了大量的田野调查，进行了一系列的考古发掘，先后发掘了泰安大汶口、邹城野店、潍坊姚官庄、日照东海峪、滕州岗上、牟平上庄、蓬莱紫荆山、济南大辛庄、青州苏埠屯、沂源千人洞等重要遗址。保护、发掘清理了曲阜九龙山、邹城朱檀墓、临淄郎家庄、临沂金雀山、临沂银雀山、莒南大店、沂南北寨、安丘董家庄等一大批墓葬，收藏了大批珍贵文物。1982年，考古部、文物管理部单独建制，成立山东省文物考古研究所。2000年山东省博物馆再次设立考古研究部，至2010年先后多次承担重庆三峡库区和山东南水北调工程的考古发掘项目。在重庆三峡库区发掘的遗址有：万州上沱口遗址、钟嘴墓群、瓦子坪遗址、糖坊墓群、黄岭嘴遗址、小窑包遗址、开县古墓岭墓群、大桥遗址、周家湾遗址、先农遗址，重庆南岸区干溪沟遗址、新二村遗址、新房后湾遗址，发掘总面积超过20000平方米，发现墓葬100余座，出土各类文物近1000余件（组）。在山东南水北调工程中发掘的遗址有：梁山薛垓墓地、龙口望马史家墓地、高青胥家庙遗址、博兴墱子遗址，发掘面积9000余平方米，发现唐代大型建筑一座，墓葬180余座，出土各类文物约200余件（组）。2008年还发掘了兖州兴隆塔北宋地宫，出土一批重要佛教文物。先后发表发掘简报10余篇，发掘报告1部。

科学研究 山东省博物馆十分重视文物研究保护工作。研究馆员钟华南完成的《大汶口—龙山文化蛋壳黑陶制作工艺》通过鉴定，并获文化部科技成果三等奖；研究馆员杨正旗的竹简清洗分离技术，副研究馆员梁宝霞的秦代铁权带锈保护技术均获得山东省科技成果三等奖；研究馆员孔庆生等研制成功的鸟兽羽毛保护技术通过鉴定，填补了国内空白，达到了国际先进水平。该馆近几年面向社会引进专业技术人员，提高文物保护的业务能力。同时不断派送业务骨干外出学习，涉及的专业有古木家具、字画装裱、丝织品、纸质品、壁画保护修复等。

山东省博物馆老一代专家严谨治学，学术研究蔚然成风。先后出版了《大汶口》、《邹县野店》、《曲阜鲁国故城》、《山东省博物馆书画选》、《山东省博物馆藏品选》、《高凤翰书画选》、《山东金文集成》等专著。研究馆员朱活出版了《中国古代货币通考》、《古钱新探》、《古钱新典》等专著。曾获得科学技术进步奖的研究馆员杨正旗编辑出版了《书画装裱》、《装潢志标点注释》、《书画装裱大全》等专著。研究馆员王恩田编辑出版了《陶文图录》、《陶文字典》、《中华文化通志》等专著。另外该馆的专业人员编辑出版了《山旺昆虫化石》、《山东汉画像石选集》等十余部专著，发表学术论文数百篇，在山东史前考古、中国古国史、古钱币、美术史、古生物化石等方面都达到了较高的研究水平。

宣传教育 山东省博物馆充分发挥社会教育职能，有计划、多形式地开展各种教育活动。通过宣传橱窗，运用图片、资料常年对外宣传我国悠久的历史、灿烂的文化以及改革开放取得的巨大成就。利用重点节日、纪念日，与各有关部门密切配合，举办专题展览、学术报告会、讲座、座谈会，广泛开展爱国主义教育和革命传统教育。在教育部门、新闻单位的支持下，通过知识竞赛的形式，进行知我中华、爱我中华、爱我家乡等主题教育。在大中专院校招募义务讲解志愿者，进一步的扩大了社会教育的范围。

山东省博物馆利用网络灵活便捷的优势，推广宣传文博知识，提升博物馆的知名度。山东省博物馆网站以贴近公众，宣传齐鲁文化为宗旨，以山东省独有的文博资源为依托，以馆藏精品及各项业务为基础，内容丰富，更新频繁，设计精美，点击率居全国文博行业网站前列。被评为2007年度山东省优秀网站。

挂靠山东省博物馆的国家文物出境鉴定山东站、山东省文物鉴定委员会，不定期的举行免费的文物鉴赏会，在每年"5·18国际博物馆日"期间，组织了文物鉴定专家举行免费鉴定活动，共鉴定各类民间文物收藏品1000多件。尤其是在山东省第一届文博会期间，组织了文物鉴定专家举行"相约文博会·文物专家鉴宝大会"，三天共接待收藏爱好者近2000人，鉴定收藏品5500件，取得了良好的社会效益。同时鉴定站作为法定的文物鉴定机构，为公安部门破案、法院审查等提供了确凿证据，为打击文物犯罪活动作出贡献。

交流合作　山东省博物馆利用馆藏文物的优势，积极调整工作思路，不断拓宽文化交流的空间和渠道。尤其是2000年以来，成功举办了10余个对外交流展览。2000年赴日本山口县立萩美术馆举办《黄河酒神》展。2001年赴日本山口县立萩美术馆和京都府文化博物馆举办名为《王车的辉煌——长清双乳山汉墓出土文物展》。2002年与台湾《中国时报》合作，在台北、台中两地举办《永远的孔子》展。同年在山东省博物馆，引进日本山口县立萩美术馆藏《浮士绘版画作品展》及《德国巴伐利亚摄影展》。2003年，赴日本萩美术馆举办《原始陶器之美》文物展，同年组织《孔子文物展》参与中法文化年活动，赴法国巴黎吉美博物馆展出。胡锦涛总书记在赴法国访问时，由法国总统希拉克陪同参观了该展。2004年《孔子文物展》赴西班牙巴塞罗那市展出；同年赴韩国釜山举办《大国的神话——孔子文化展》；赴日本山口县立萩美术馆举办《博兴龙华寺窖藏佛像展》。2005年赴美国纽约华美协进社中国美术馆举办《山东汉代王陵出土文物展》；赴日本山口县立萩美术馆举办《镜中的宇宙》展。同年为纪念山东省与法国布列塔尼大区结成友好省区关系20周年，引进了《布列塔尼——画家的世界》。2006年赴日本山口县立萩美术馆举办《东方遥远的异乡》展。2007年赴日本美秀美术馆（MIHO MUSEUM）举办《山东省佛教美术展》。同年山东省博物馆与日本山口县立萩美术馆共同举办《三轮休学陶艺展》。通过对外举办文物展，不断地将山东精品文物推向世界舞台，以"国家名片"的姿态向世界展示着古老的东方文明。同时，也成功地引进外国展览。山东省博物馆正在承担着山东文化与世界文化交流的窗口作用。

经营管理

[单位性质]　国有公益性事业单位

[经费来源]　政府全额拨款

[机构设置]　分设办公室、政工科、文物保管部、陈列部、自然部、宣传教育部、考古研究部、文物保护部、文物信息资料部、保卫科、物业管理部、文物鉴定办公室、基建办公室13个部室。

[人员编制、组成]　全馆馆在编人员186人，其中，管理岗位人员15人，专业技术人员岗位人员158人，专业技术人员占在职职工总数的85%。在专业技术人员中，高级专业技术人员为25人，中级专业技术人员37人，初级专业技术职称96人，梯次、结构合理。高级管理人员3人，中级管理人员12人，中高级管理人员85%以上具备大学以上文化程度，专业技术人员及管理人员比例适当，结构合理。

[服务观众项目]　为了能够为观众提供一个更好的参观环境、更人性化的服务，山东省博物馆通过各种方式提高整体的服务水平。

实行免费不免票的参观办法，观众持有效证件在山东省博物馆的票务中心领取免费参观券即可入馆参观。采用国际上应用了十多年的条码检票设备，不设固定检票闸机，满足广大观众短时间内通过的基本要求。

免费寄存服务：设置人工和机器两种寄存服务，满足观众不同的寄存需求。在大厅的入口处设置导览服务台，为观众提供各种与参观相关的服务，接听咨询电话。

导览服务：在导览服务台和每个展厅的入口处放置导览手册、展览及藏品的宣传单页以便观众随时取阅。设置预约电话，为观众提供预约订票服务。在大厅设置观众留言处，认真听取观众的意见和建议，及时反馈信息。

讲解服务：在讲解服务方面采用国内博物馆的基本惯例，实行有偿讲解服务，提供中、英、日、韩四种语言的讲解服务。采用国际最先进的语音导览设备，提供中、英、日、韩四种语言的导览服务。山东省博物馆还有一支高素质的志愿者队伍，完善的志愿者制度，可以根据观众需要提供各种类型的讲解服务。

藏品的代保管服务：山东省博物馆拥有完善的文物库房管理制度和适合各类文物保存环境的库房设施，为更好地服务社会，制定了藏品代保管制度，为社会各界提供藏品的代保管服务。

藏品鉴定、养护、修复及咨询服务：山东省博物馆设有文物鉴定办公室和文物保护与修复部，专门制订了针对社会公众的藏品鉴定、养护、修复及咨询服务制度，开展相关的服务工作，取得社会的广泛好评和认可。

参观指南

[地址] 山东省济南市经十路11899号

[邮编] 250014

[电话] 0531-85058167

0531-85058201（参观预约）

[传真] 0531-85058171

[电子邮箱] shandongmuseum@sina.com.cn

[网站] www.sdmuseum.com

[开放时间] 9:00－17:00（周一闭馆）

[票价] 免费开放，限额预约，领票参观。

（撰文：山东省博物馆 钟宁）

王士禛纪念馆

Wang Shizhen Memorial Hall

概述

类型 社会科学类名人专题博物馆

隶属关系 隶属桓台县文化局

筹建时间 1985年

正式开馆时间 1986年12月9日

面积 占地面积1万平方米、建筑面积2600平方米

建筑、布局 整体建筑系砖木结构，保持了典型的明代建筑风格。

历史沿革 王士禛（1634～1711），即王渔洋，字子真，一字贻上，号阮亭，又号渔洋山人、蚕尾老人，山东新城（今山东桓山县）人，清初著名诗人，文坛领袖，25岁中进士，累官至刑部尚书。他毕生致力于诗文著述，为一代诗坛盟主，著作等身，其诗、文、词共计36种560余卷。

王士禛纪念馆于1985年由桓台县文物管理所负责筹建，省、市、县三级人民政府拨款30余万元，馆址设在忠勤祠，同年动工，次年落成，1986年12月9日开放。1987年12月9日，桓台县人民政府批准正式设立王士禛纪念馆。

王士禛纪念馆1995年被公布为"山东省优秀社会教育基地"。1998年被公布为首批"山东省爱国主义教育基地"。2002年10月荣获"国家AA级旅游景区"。

王士禛纪念馆所辖景区有忠勤祠、王渔洋祠、王渔洋墓、四世宫保砖坊等。

忠勤祠 位于桓台县新城镇新立村，是一组典型的明代建筑，始建于明万历十六年（1588）。忠勤祠于1984年底重修，1986年正式对外开放。1992年公布为省级重点文物保护单位。2010年7月投资1500万元对忠勤祠提升改造，历时一年竣工。内部陈列根据忠勤祠功能和建筑格局，分"忠勤报国"、"石刻瑰宝"、"齐鲁望族"三个专题，通过文献资料以及石刻珍品，辅以现代化的陈列手段，让游客更深入、更直观的了解新城王氏的家学渊源、仕宦文化、廉政文化、教育文化、交游文化等，透过辉煌的新城王氏家族文化，传承民族优秀文化遗产，打造齐鲁望族这一桓台地域文化品牌。

四世宫保坊 坐落于桓台县新城镇城南村，建于明万历四十七年（1619），坊主为明万历年间兵部尚书王象乾。他的曾祖颖川王府教授王麟、祖父贵州布政使左参议王重光、父亲户部左侍郎王之垣，都被万历皇帝追封为"光禄大夫柱国太子太保兵部尚书"。因称"四世宫保"坊。"四世宫保"砖坊是原城中12座牌坊中的幸存者，为宫殿式建筑，复合式结构，其上有中国著名书法家董其昌的题额"四世宫保"四字，铁划银钩，严正大方，拱门两

![王士禛纪念馆（忠勤祠）]

王士禛纪念馆（忠勤祠）

"四世宫保"砖坊

1.《齐鲁望族》展厅一角　2.《石刻陈列》一隅　3.鸳鸯柏　4.元"苍云"、"振玉"石

侧石狮，雌雄各四，雄狮足按绣球，回首张望，雄姿勃发，雌狮抚抱幼狮，俯首凝视，极尽母爱之情。牌坊两面均有装饰图案，具有很高的艺术观赏价值。

历任馆长　邱少华，王永。

业务活动

基本陈列　王士禛纪念馆分东西主跨两院，设7个展室和一个石刻园。其中两个石刻展室，展出国家三级以上刻石185块，囊括了自汉代至明代以来的所有书法大家的作品。有王羲之、王献之、柳公权、颜真卿、虞世南等历代名家的集字刻石，还有明代董其昌、邢侗等著名书法家的真迹刻石。

《王渔洋生平展室》　展出王渔洋诗文著述、手稿、印章、康熙帝御赐王渔洋的"信古斋"、"湘竹金扇"、"圣旨"等珍品的照片。从"家学渊源"、"秋柳结社"、"扬州任上"、"蜀道驿程"、"刑部任上"、"一代文宗"等十个方面，详细介绍了王渔洋历任及诗文的一生，为人们了解和研究王渔洋提供了详实、直观的资料。

石刻园是在忠勤祠东跨院的基础上，与古代园林建筑相结合修建的，园中有园，景中有景。石刻园的面积为1600平方米。元代礼部尚书、散曲家张养浩的"苍云"、"振玉"两巨型太湖石和国家一级石刻"水月松风"亦在园中陈列，供游人观赏。

科学研究　王士禛纪念馆建馆20年来，成功举办了"桓台国际王渔洋学术讨论会"和全国省、市级王渔洋学术讨论会四次，共收集论文160余篇，先后出版《王渔洋研究论集》、《桓台国际王渔洋学术讨论会论文集》、《王渔洋诗友录》等10余种著述计150多万字。

宣传教育　2004年由桓台县人民政府投资拍摄的电视连续剧《王渔洋》以严肃历史正剧的形式，通过王渔洋在扬州为官期间的故事，充分展示了王渔洋诗坛领袖、一代廉吏的风采。该电视剧在2006年春节期间在中央八套滚动播出，在全国反响强烈。2004年10月举办了《纪念王渔洋

康熙书"带经堂"

诞辰370周年全国书法名家作品邀请展》，并结集出版。2006年又出版了《王士禛志》。2007年，由山东大学古籍出版社整理出版了六卷本《王士禛全集》，将王渔洋文化的宣传和研究推向了新的高度。

经营管理

[单位性质]　国有事业单位

[经费来源]　全额拨款

[人员编制]　11人

[机构设置]　有馆长室、售票处、保卫科、会计室、资料室等。

[观众接待]　每年接待游客约5万人次，其中包括数以千计的国外友人和港澳台胞。

[服务观众项目]　纪念馆还设立王渔洋书画古玩服务中心，为前来游玩的广大专家、学者和游客提供纪念品服务。

参观指南

[地址]　淄博市桓台县新城镇

[邮编]　256403

[电话]　0533-8880148

[邮箱]　okwangyuyang@126.com

[网址]　www.angyuyang.com

[开放时间]　全年开放

[票价]　20元 / 人

（撰文：王士禛纪念馆）

王学仲艺术馆

Wang Xuezhong Art Museum

概述

类型　艺术类博物馆

隶属关系　隶属滕州市文化局

筹建时间　1987年

正式开馆时间　1988年3月8日

所在位置　位于滕州城东区，左依城河，前有龙泉塔，后望龙谷两山

面积　占地面积1200平方米、建筑面积1250平方米

建筑、布局　轩厅馆舍，错落有致，黛瓦粉墙，素净清雅；秀竹绕翠，花圃飘香，荷池云影，诗碑环廊，是一处外朴内秀的庭院式建筑，融北方民居与江南水乡建筑特点为一体，被书法艺术界誉为"古藤明珠、江北兰亭"。由当代著名建筑设计大师彭一刚设计。

历史沿革　王学仲是我国当代蜚声中外，诗文书画四艺皆精的艺术家，王学仲艺术馆于1987年3月奠基建馆，1988年3月落成开馆。

现珍藏王学仲各个时期创作的书画，以及大量诗歌、词赋等精品力作。馆内另藏有王学仲无偿捐献的唐寅、郑板桥、徐悲鸿等历代名人的字画和宋代十米长卷画像族谱、商周时期青铜器、唐俑等国宝级文物，共计700余件。成为"一线四馆"黾学研究、交流的中心平台，融收藏、展览、研究、交流为一体，弘扬民族传统艺术，影响辐射全国乃至世界东方书画艺术学界，并引起社会各界的高度关注。

历任馆长　刘繁昌，马运文，李庆，孙士华，张宜楼，李广兰。

1.纪念馆大门　2.庭院一角　3.书画展厅一角

业务活动

基本陈列　馆内设有《王学仲书画展》、《历代书画珍品展》、《历代文物展》三个基本陈列。展出300余件珍藏的王学仲创作生涯各个时期的经典之作、收藏的书画珍品、历代文物。其中不乏唐寅、郑板桥、康有为等大家之作，秦砖汉瓦、唐俑，宋代琅玡王氏族谱等珍贵文物。

藏品管理

　[藏品来源]　王学仲捐赠和各地书画家贺品。

　[藏品统计]　馆藏品总数为700余件，包括王学仲创作书画精品、王学仲收藏的历代书画精品及汉唐时期文物。

　[藏品保护]　王学仲艺术馆安装了全角度可视监控、红外线报警系统，并与公安局联网。防火、防盗、防潮、除湿设备齐全。书画全部入柜珍藏。

宣传教育　编辑出版了《嘤鸣书画集》。2006年举办了王成刚、王欣荣鼋学艺术讲座。影视录像有《天南地北滕州人—王学仲》等。

交流合作　举办了《庆祝建党八十周年全国名家书画展》、《滕州籍将军书画展》、《上海美术馆王学仲书画展》。成功举办两届鼋学国际研讨会。

经营管理

　[单位性质]　国有事业单位

　[经费来源]　财政拨款

　[机构设置]　下设办公室、展览部、外联部、财务科。

　[人员编制、组成]　在编8人。有高级职称4人，中级职称5人，初级职称6人。

　[观众接待]　年参观人数1.2万人。

参观指南

　[地址]　滕州市塔寺街20号

　[邮编]　277500

　[电话]　0632-5514578

　[电子邮箱]　wxzysg@126.com

　[开放时间]　上午8:30—12:00，下午13:00—17:00

　[票价]　免费

（撰文：王学仲艺术馆）

巨野县博物馆

Juye County Museum

概述

类型　地方综合性博物馆

隶属关系　隶属巨野县文化体育局

巨野县博物馆外景

创建时间　2005年3月

所在位置　巨野县博物馆位于巨野县城文庙街8号文庙院内

面积　占地面积约42000平方米、建筑面积2800平方米、展厅面积1200平方米

建筑、布局　院内主体建筑为明代文庙大成殿，建筑结构为砖木结构，风格为重檐九脊歇山式。整个院落布局有序，环境优雅，古柏森森，肃穆庄严。

历任馆长　祝延峰。

业务活动

基本陈列　巨野县博物馆近年来举办了《红土山西汉墓出土文物展》、《馆藏文物精品展》、《近现代文物展》等。在文庙大成殿内恢复了孔子及"四配"塑像，制作了神龛、御匾等附属设施，修建了月台，制作孔子圣迹图版画。文庙院内东壁镌刻《论语》书法艺术长廊。拟恢复文庙西庑，集巨野县重要石刻文物于此。

巨野县博物馆还定期举行《民间文物收藏展》，积极宣传教育群众，使人们更多的了解博物馆的社会价值。近年来，共接待群众及中小学生4万多人次，为该县精神文明建设事业的发展作出了应有的贡献。

藏品管理

　[藏品类别]　有青铜器、玉器、瓷器、陶器、漆器、铁器、字画等类别。

　[藏品统计]　巨野县博物馆共收藏各类文物、自然标本1500多件套，包括一级文物11件，二级文物31件，三级文物167件。其中铜器485件，玉器71件，瓷器60件，陶器77件，铁器277件，字画32件，杂项21件。

　[重要藏品]　这些藏品主要以红土山汉墓出土的各类文物和在民间征集的流散文物为主。上起新石器时代，下至近现代，跨越时空数千年，从不同侧面折射出巨野悠

汉　铜镜

汉　药臼

汉　玉剑饰

久的历史和各个时期的文化风貌。特别是红土山汉墓昌邑王墓出土的玉具剑、玉璧、玉圭、铜镜、铜钫等器物，制作精良，美仑美奂，无不反映出古代劳动人民先进的思想文化和科技水平。其中的一套玉具剑，玉首、玉格、玉珌、玉璏，保存完整，剑饰有金、银、木等，以玉为最贵，一般只配以单件或双件，配三件者已很少见。该馆藏的这套玉具剑四饰俱全，而玉料之考究、纹饰之繁缛、技艺之精湛，无不证明其为不可多得的稀世珍品。另外还出土了一套西汉时期的制药器械4件，填补了制药业历史的空白，其中药勺被中国历史博物馆调拨。清初画家唐光的《荷花鱼藻图》是该馆藏的另一件精品。作者唐光是清初没骨画派承上启下的重要人物，这幅画是其作品中不可多得的精品。

清　《麻姑献寿图》

清　唐光《荷花鱼藻图》

汉　四系罐

[藏品保护]　巨野县博物馆在文物保管方面，采取安全可靠的科学管理方式，努力完善库存保管条件，对藏品进行分门别类保存，控制好室内的温度和湿度，定期对各类藏品进行检查。为了确保文物藏品安全，采取了一系列行之有效的安全防范措施，安装了防火、防盗以及电子监控设备，加大了安全保卫工作的科技含量，保证了文物藏品的安全。

宣传教育　巨野博物馆充分利用优秀历史文化这一得天独厚的条件，面向社会，面向中小学生，积极开展爱国主义教育活动，激励人们"热爱家乡"、"建设家乡"的热情，增强民族凝聚力。在社会教育工作中，为弘扬中华传统文化，巨野县博物馆把孔子的儒家文化思想作为宣传工作的主题，在寒暑假期间面向中小学生举办《孔子生平事迹图片展》。

合作交流　巨野县博物馆在资金短缺的情况下，自筹资金组织部分职工参加山大历史系文博专业学习班，提高了职工的专业知识水平。2006年6月，邀请香港著名文物鉴赏家、古玉专家杨建芳来馆进行学术交流活动，为职工讲解古玉知识，使书本知识与实际相结合，加深了对古玉的了解，学习了鉴定方法，提高了鉴赏水平，并促进了香港与内地的文化交流。

经营管理

[单位性质]　国有全额事业单位

[机构设置]　设有办公室、保卫科、财务科、陈列科、技术保护科、社教科、保管科等部门。

[人员编制、组成]　在编人员16人，其中专业技术人员14人，管理人员2人。

参观指南

[地址]　巨野县文庙街8号

[邮编]　274900

[电话]　0530-8318959

[传真]　0530-6133818

[电子邮箱]　bowuguan8856@sina.com

[开放时间]　8：00－18：00

（撰文：巨野县博物馆）

日照市博物馆

Rizhao Museum

概述

类型　地方综合性博物馆

隶属关系　隶属于日照市文化局（新闻出版局）

创建时间　1986年

所在位置　位于日照市新市区烟台路33号

面积　占地22亩、建筑面积9260平方米

建筑、布局　外观呈等腰三角形，主体建筑四层，局部五层，造型新颖庄重，现代气息浓厚，是日照市标志性建筑和文化旅游中心。

历史沿革　日照市博物馆成立于1986年，原址在东港区望海路36号综合文化楼。1997年建设新馆，1999年投入使用。

历任馆长　孙承甫（1986～2002）；杨淑华（2002～2003）；董书涛（2003至今）。

业务活动

基本陈列　《海曲汉韵——日照海曲汉墓陈列》：山东省文化厅、日照市人民政府主办，山东省文物考古研究所、日照市文化局承办。展厅面积499平方米，展出各类文物200余件。包括九个部分：序厅、漆（木）器、墓葬、陶器、简牍与玺印、铜铁器、玉石器和丝织品以及结束语。其中，龟座凤形铜灯，具有很高的艺术性，其龟、凤（朱

日照市博物馆外景

雀）寓意水火，暗合中国古代阴阳五行思想和四灵的观念，具有深刻的汉代哲学思想。

《东方文明之光——日照龙山文化陈列》：这是一个龙山文化专题陈列。展厅面积530平方米，展出各类文物210余件。通过展示石器、玉器、陶器等文物标本及动物标本等，特别是制陶工艺、建筑技术的展示，再现了日照龙山文化时期社会政治、经济面貌。

《日照民间流散文物陈列》：展厅面积320平方米，展出各类文物260件，2007年4月对外开放。这是一个以"家"为主题的民间收藏文物展览，展品大多为博物馆近几年争取财政资金而征集的古旧家具、字画等，其中也有社会各界人士的捐赠品，这些展品，侧面反映出近现代日照的历史民俗，唤起对"家"的回忆和共鸣。

临时展览 日照市博物馆不断提升展示和服务水平，每年都举办各类文化艺术、科普教育展览30余次，其中举办的《法国油画展》、《俄罗斯油画展》、《全国农民画邀请展》等展览活动深受社会各界好评。2007年4月，举办《日照现代民间绘画陈列》。各类展览活动的开展，为弘扬日照历史文化和推动日照经济社会发展做出积极的努力。

藏品管理

[藏品来源] 主要来源于考古发掘、社会征集和群众捐赠。

1.《海曲汉韵》展厅 2.《东方文明之光》展厅 3.科普展览

龙山文化 蛋壳陶杯

龙山文化 陶鬶

汉 龟座凤型铜灯

[藏品类别]　包括陶器、铜器、石器、瓷器、漆器等。

[藏品统计]　藏品总数为9934件

[重要藏品]　龙山时期高柄镂孔蛋壳黑陶杯、陶鬶等器物，西周时期莱国青铜器以及海曲汉墓出土文物。

宣传教育　2004年始，每年编辑出版内部交流刊物《日照文博》一期，现已出版三期。2005年，编辑出版日照文化系列丛书《考古圣地——日照》、《日照海曲汉墓》、《走向世界的日照现代民间绘画》。2006年，编辑出版《日照地区龙山文化》一书（山东友谊出版社出版）。

交流合作　2005年10月，举办了"2005中国·日照龙山时代与早期国家国际学术研讨会"，来自中、美、日、韩四国38所著名大学、科研单位的60余名专家学者出席会议。研讨会公布了1936年首次发掘两城镇遗址的资料，交流了中美联合考古队十年考古研究成果，确立了日照龙山时代文明在中华五千年文明史上的重要地位。

经营管理

[单位性质]　国有事业单位

[经费来源]　财政全额拨款

[机构设置]　内设办公室、保管研究部、陈列展览部、保卫科。

[人员编制、组成]　编制12人，现有干部职工17人，其中具有高、中级职称的9人。

[观众接待]　年接待观众人数10万人次。

参观指南

[地址]　日照市新市区烟台路33号

[邮编]　276826

[电话]　0633-8782141

[传真]　0633-8788140

[票价]　20元/人

（撰文：日照市博物馆　毕传峰）

中共青岛地方支部旧址纪念馆

Memorial Site of Qingdao Branch of the Communist Party of China

概述

类型　社会科学类历史遗址专题博物馆

隶属关系　隶属于中共青岛市四方区委组织部

创建时间　2001年

正式开馆时间　2001年6月29日

所在位置　位于青岛市四方区海岸路18号（四方火车

1.中共青岛地方支部旧址外貌　2.支部旧址内貌

站北侧）

面积　占地4060平方米、建筑面积840多平方米

建筑、布局　砖木结构，外墙为红色清水砖墙，蘑菇石墙基，属德式风格的建筑。

历史沿革　1982年12月31日，青岛市人民政府确定海岸路18号为"中共青岛地方支部旧址"，同时列为第一批市级文物保护单位。2001年，在中国共产党建党80周年之际，中共青岛市委、市人民政府决定，修复中共青岛地方支部旧址，建立"中共青岛地方支部旧址纪念馆"，并命名为"青岛市爱国主义教育基地"。2001年6月29日，中共青岛地方支部旧址纪念馆修复并正式对外开放。

中共青岛地方支部旧址纪念馆原系青岛四方机厂工人宿舍，营造于1904年，1923年8月，中共青岛组在此成立。1925年2月，青岛党组织改称中共青岛支部，邓恩铭任书记，这里成为党的早期活动领导机关。1925年5月，中共四方支部成立，李慰农任书记。其后，中国共产党人在此领导了四方机厂、日商纱厂工人大罢工，并推动形成了青岛历史上反帝爱国运动的第一次高潮，在全省、乃至全国产生了重大影响。邓恩铭、王尽美、刘少奇、李慰农等老一辈革命家都先后在此工作过，传播马列主义，领导工人运

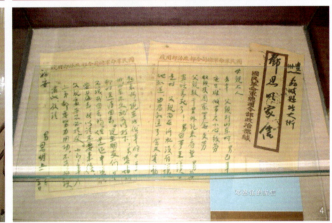

1、2.原状陈列   3.《中共青岛历史展》   4.邓恩铭家信

动，推动青岛革命的发展。

历任馆长 王丽丽（2001.3～2005.6）；刘琳（2005.7至今）。

业务活动

基本陈列 由原状陈列和《中共青岛历史展》两部分组成。房屋结构及内部布置基本按照当年原状恢复，陈列展出了革命先驱们当时的部分工作生活用品31件。馆内同时还展出了中共青岛发展史和270余件历史文献、实物及照片资料。

《中共青岛历史展》通过"五四春雷"、"历史开端"、"革命风暴"、"黑暗历程"、"革命激流"、"中流砥柱"、"民族之魂"、"呼唤黎明"、"迎来新生"9个部分，系统地介绍了青岛党组织从无到有、由弱到强、不断发展壮大的历程，展现了青岛人民在党的领导下，为争取革命胜利而英勇斗争的波澜壮阔的历史画卷。

专题展览 2007年7月，承办由中共青岛市委党史研究室主办的《青岛党史图片展（1923年——改革开放）》。展出面积600平方米

藏品管理

[藏品统计] 馆藏文物63件。主要是当时使用的工作、生活用具。

宣传教育 实施"党史进校园"双赢教育工程。纪念馆讲解员担任中小学党史教育校外辅导员，利用流动展牌定期深入学校、社区上队课、团课，进行党史宣讲，负责培训青少年志愿讲解员。同时，根据青少年年龄特点和认知规律，围绕"博物馆与青少年"这一主题，纪念馆与教育主管部门定期举行入团、入队宣誓仪式，并以诗词格言朗诵会、电影展、演讲会、报告会、征文活动等为有效载体，组织开展"辉煌的足迹，英雄的人生"、"永恒的旋律—同唱组歌颂长征"、"党在我心中"等一系列教育活动，在广大青少年中逐步形成了学"党史"、看"党史"、赛"党史"、悟"党史"、颂"党史"良好氛围。

把党史教育内容与弘扬时代精神有机统一起来，唱响时代主旋律。利用纪念建党八十五周年、世界反法西斯战争暨中国人民抗日战争胜利六十周年、长征胜利七十周年、香港回归十周年等重大纪念事件和"三八"、"五一"、"五四"、"六一"、"七一"、"十一"等纪念日，聘请专家、学者和社会各界人士进行专题讲座，开展丰富多彩的主题活动，实现了党史宣教活动对重大节庆及纪念日的无空白覆盖。

2001年6月，为丰富地方党史教育内容，增强专题教育效果，精心制作了党史专题片《光辉的历程　伟大的成就》，在参观纪念馆进行播放。

2004年6月，为了更好地宣传纪念馆，增强社会效益，纪念馆与青岛市邮票公司共同设计、制作发行了2000枚纪念邮封。2007年初，编辑出版四方区青少年爱国主义教育丛书——《走近楷模》一书。该书获山东省开发利用档案信息资源成果奖，青岛市优秀党史成果三等奖。

经营管理

[单位性质]　国营事业单位

[经费来源]　全额拨款

[人员编制]　6人

[服务观众项目]　对外启用党员活动室，使党员来到纪念馆不仅能进行实地的参观学习，更能在此开展组织生活、接受专题教育；配合市委党史研究室筹建"青岛地方党史资料书刊展阅中心"，广泛收藏了中央和地方各级党史研究室编辑、出版的党史书刊资料及其他党史出版物千余册，供广大读者学习、研究、查阅地方党史资料。

[观众接待]　开馆六年来，共接待来自全市的广大党员、干部、群众、军人、学生27.5万人。

参观指南

[地址]　青岛市四方区海岸路18号

[邮编]　266031

[电话]　83773698

[传真]　83773677

[电子邮箱]　qddshjng@163.com

[网址]　中共青岛地方支部旧址纪念馆

[开放时间]　周一至周五8：30－17：00，集体参观需提前电话预约，持单位介绍信。

[票价]　免费

（撰文：中共青岛地方支部旧址纪念馆）

中国甲午战争博物馆

Museum of Sino-Japanese War

概述

类型　社会科学类历史专题博物馆

隶属关系　隶属于威海市刘公岛管理委员会

创建时间　1985年3月

所在位置　位于威海市刘公岛

历史沿革　1985年3月21日创立威海市刘公岛北洋海军提督署文物管理所，1992年4月25日更为现名，馆址设在刘公岛原北洋海军提督署内。

历任馆长　戚俊杰（1985.3～2004.11）；郭阳（2004.11至今）。

业务活动

基本陈列　1985年至2007年，中国甲午战争博物馆推出陈列展览项目20余个，陈列展览面积达到1万平方米，开放面积10万平方米，累计接待国内外游客上千万人次，获得"全国文化工作先进集体"等系列荣誉。北洋海军提督署是中国甲午战争博物馆的主要陈列展示场馆，有北洋海军和甲午战争为主题的专题陈列和海底打捞济远舰文物陈

1.北洋海军提督署正门　2.基本陈列一角　3.舰船模型展厅

1.济远舰21厘米口径房伯前主炮（1988年出水）　2.海岸炮台的炮轮　3.济远舰桅杆　4.英国皇家海军教练鱼雷（1992年出水）

列，龙王庙与戏楼、丁汝昌寓所、威海水师学堂、公所后炮台、黄岛炮台、东泓炮台、旗顶山炮台则为复原陈列，均已对外开放。2000～2004年，对北洋海军提督署内《甲午战争与北洋海军》13个专题陈列进行改造，声、光、电、多媒体影视等高科技手段得到运用，许多重要文物、图片为首次展示。2006年，以股权转让方式投资4250万元收购现代建筑威海甲午海战馆，改造后作为中国甲午战争博物馆陈列馆，北洋海军提督署原专题陈列改为原状复原陈列。

藏品管理

［藏品统计］　文物藏品共4079件，其中一级文物39件。

科学研究　中国甲午战争博物馆内设"甲午战争研究资料中心"，先后主办或参与举办多次国际学术讨论会等大型学术研讨活动，编辑出版历史普及读物、资料、学术著作多种，发表学术论文百余篇。

宣传教育　1987年，编辑出版历史普及读物《威海甲午战争遗址》（文物出版社）。1994年，编辑出版《中日甲午战争研究论著索引》（齐鲁书社）。1995年，编辑出版《中国甲午战争博物馆》（山东大学出版社）。1997

年，编辑出版史料《丁汝昌集》（山东大学出版社）。1997年，编辑出版历史普及读物《甲午风云》（全国百个爱国主义教育基地丛书之一）（中国大百科全书出版社）。1999年，编辑出版学术论文集《北洋海军研究》第一辑（天津古籍出版社）。2000年，编辑出版《中国甲午战争博物馆馆刊》（季刊），每年4期。2000年，出版发行《寻访北洋海军将士后裔》音像VCD光盘。2001年，编辑出版学术论文集《北洋海军研究》第二辑（天津古籍出版社）。2002年，出版历史普及读物《北洋海军与刘公岛》（海洋出版社）。2004年，编辑出版学术专著《勿忘甲午》丛书（9册）（天津古籍出版社）。2005年，出版《辨证看甲午》（天津古籍出版社）。2006年，编辑出版学术论文集《北洋海军研究》第三辑（天津古籍出版社）；编辑出版《甲午纵横》一套三辑（华文出版社）。2007年，编辑出版《为了历史的重托---中国甲午战争博物馆二十年》（海洋出版社）。1985～2007年，主导或参与拍摄了《勿忘甲午》、《甲午故地行》、《甲午百年祭》、《甲午旧址》、《中国甲午战争博物馆》、《长鸣的历史巨钟》、《军国背影》、《甲午海战败仗新考》、《冰心的遗憾》等电视专题片。

交流合作

[学术交流]　1985年，主办"甲午战争90周年学术研讨会"。1992年，山东社会科学院在该馆设立"甲午战争研究中心"。1994年7月25日，与山东省历史学会、省社科院历史学会、省社科院甲午战争史研究会、威海市社科联、威海市历史学会、山大威海分校等6单位，联合召开"甲午战争100周年纪念学术研讨会。"同年9月6日～11日，由山东省委宣传部、中国史学会、山东省社科院、山东省社会科学联合会、威海市委、市政府等在威海组织召开"甲午战争100周年国际学术讨论会。"1995年，山东省历史学会"甲午战争专业委员会"挂靠该馆。1996年8月22日～25日，举办"甲午战争与近代海防学术研讨会"。同年10月，与国家图书馆合作共创"甲午战争研究资料中心"，藏书4万多册。1997年，通过日本学者，从日本福岛图书馆征集甲午战争时期历史照片资料200多幅。1998年5月15日～30日，威海市文博考察团一行5人赴美国纽约、旧金山、夏威夷珍珠港等地考察，寻求与美方在文化与博物事业领域的合作与发展。同年8月22日，中国甲午战争博物馆组织召开"纪念北洋海军成军110周年暨北洋海军与民族精神学术讨论会"，同时举行"北洋海军将士纪念馆暨将士名录墙落成典礼"。1999年7月6日，发起召开"全国爱国主义教育示范基地经验交流会"。同年，大规模寻访北洋海军将士后代160多位。2000年8月21日，举办《丁汝昌殉国105周年纪念书画展》，展出作品100多件。同年8月24日—26日，山东省历史学会甲午战争研究专业委员会、中国甲午战争博物馆联合举办"北洋海军与近代海防教育"研讨会。同年，赴国家第一历史档案馆，查阅北洋海军和甲午战争时期重要历史档案1000余份。2002年5月7日～22日，中国甲午战争博物馆馆长戚俊杰、副馆长王记华参加"山东省赴日本旅游促销代表团"。同年8月，戚俊杰馆长应邀赴台湾进行学术交流会。2004年8月1日，举办《甲午战争110周年纪念暨程毅强捐赠书画展》、《北洋海军将士生平展》收藏优秀书画作品110幅。同年9月16日～20日，由中国史学会、山东省历史学会、威海市人民政府主办、山东社会科学院甲午战争研究中心、刘公岛管理委员会、中国甲午战争博物馆承办的"纪念甲午战争110周年学术研讨会"在威海市召开。2006年18日，北洋水师首任提督丁汝昌诞辰170周年之日，丁汝昌的后裔自发来到刘公岛，凭吊先祖，缅怀甲午英烈，参加"丁汝昌与北洋海军座谈会"，以进一步弘扬爱国主义精神。并向中国甲午战争博物馆赠送书画作品。

[展览交流]　1987年10月7日～17日，威海市赴法国文化代表团在法国布列塔尼大区菲尼斯太尔省达乌拉斯修道院文化中心举办《中国书画与威海剪纸艺术展》。2000年2月，威海市文化代表团赴英国彻特纳姆市举办《剪纸与绘画展》。1994年3月18日～8月18日，中国甲午战争博物馆引进法国布列塔尼大区菲尼斯特尔省达乌拉斯修道院文化中心《法国西部风情展》，展期5个月。

经营管理

[单位性质]　国有事业单位

[机构设置]　内设办公室、陈列业务部、文物科技保护部、宣教部、安全保卫部、财务经营部、水师学堂管理部、研究资料中心等机构。

[人员编制、组成]　正式在编职工20名，其中研究馆员2人、馆员10人、助理馆员13人；另聘学术顾问、客座研究员8人。

参观指南

[地址]　山东省威海市少年路2号中国甲午战争博物馆学术研究资料中心

[邮编]　264200

[电话]　0631-5226357（市内办公室）

　　　　0631-5324184（刘公岛办公室）

[传真]　0631-5226357

[电子邮箱]　jiawumuseum@163.com

[网站]　www.jiawu1984.org

[开放时间]　全年开放

[票价]　免费

（撰文：中国甲午战争博物馆）

甲午战争博物馆馆刊

文登市天福山起义纪念馆

Wendeng Tianfushan Up-rising Memorial Hall

概述

类型　社会科学类历史专题博物馆

隶属关系　隶属文登市文化局

创建时间　2007年2月

所在位置　位于文登市天福山镇沟于家村

历史沿革　1937年12月24日，中共胶东特委书记理琪等在天福山上领导和发动了威震胶东的天福山起义，创立了胶东第一支人民武装——山东人民抗日救国军第三军，打响了胶东抗日的第一枪，点燃了胶东人民抗日救国的烽火。为了纪念天福山起义，1972年，天福山镇在起义遗址西南百余米处筹建纪念馆，建房屋14间，建筑面积450平方米，翌年竣工并对外开放。1978年改隶文登县文化局，于1985年4月由文登市政府批准成立天福山革命遗址管理所。1989年拆除原有简易展厅，在原址上重新扩建420平方米平房展厅。1990年12月重新布展，陈列有关天福山起义的文物与史料。2004年增辟文登市党史馆。2006年对刊版内容进行更新。2007年，文登市文编办[2007]30号文批复成立

天福山起义纪念馆，与天福山革命遗址管理所合署办公，一个机构两块牌子。

多年来，天福山革命遗址管理所先后获得"山东省优秀社会主义教育基地"、"山东省爱国主义教育基地"、"山东省优秀国防教育基地"、"威海市党员干部教育基地"等荣誉称号。

历任馆（所）长　江福德（1972～1985.5）；方昭廷（1985.5～1995.4）；王德松（1995.4～1999.4）；宋爱华（1999.4至今）。

业务活动

基本陈列　《红色记忆——天福山起义展览》、《文登党史陈列》。

临时陈列　2007年12月，配合文登市委、市政府举办天福山起义七十周年庆祝活动，并举办书画展览，展出各类书画作品110幅。接待各级领导、部队首长和游客1000多人次。

藏品管理

[藏品统计]　共有文物藏品446件。

经营管理

[单位性质]　国有事业单位

[机构设置]　内设办公室、保卫科。

1.天福山起义纪念馆外景　2.特委临时会址场景陈列

第三军战士使用的手枪

第三军战士使用的军号

［人员编制、组成］ 编制5人。其中馆员1人，助理馆员4人。

［观众接待］ 年接待观众1.2万人。

参观指南

［地址］ 文登市文登营镇天福山

［邮编］ 264412

［电话］ 0631—8681040

［传真］ 0631—8459063

［电子信箱］ Tianfushangemingyizhi.yahoo.com.cn

［开放时间］ 全年开放

［票价］ 免费

（撰文：文登市天福山起义纪念馆）

文登市博物馆

Wendeng Museum

概述

类型 地方综合性博物馆

隶属关系 隶属于文登市文化局

创建时间 1994年12月

所在位置 位于文登市文山东路博展中心

历史沿革 文登市博物馆成立于1994年12月，与1990年3月成立的市文物管理所以及2008年成立的圣经山摩崖管理所三个机构合署办公，负责全市的文物保护管理和博物馆工作。原馆址位于文登市柳营街57号的丛氏宗祠旧址内。

文登市博物馆新馆于2008年7月破土动工，2009年陈列布展各项筹备工作全面开始，经过2年零8个月的精心筹备，于2011年10月15日正式开馆。新馆建筑面积2.8万平方米，展陈面积6000余平方米。

历任馆长 方昭廷（1994.12～1995.4），王德松（1995.4～2000.7），于胜生（2000.7～2002.8），吕世花（2002.8～2006.3），姜燕飞（2006.3至今）。

业务活动

陈列展览 以“龙魂文脉”为主题的固定基本陈列包括《日旸东方·文明曙光》、《秦诏天下·士学文登》、《圣山昆嵛·全真之道》、《齐东古韵·李龙故里》、《天福丰碑·红色热土》、《小城往事》、《鲁绣之乡》、《科学发展·锦绣文登》、《度量衡展》9个展览，通过丰富的文物和生动直观的场景，把文登的史前、士学、道教、李龙、红色等不同特色文化融熔铸就的文登

1.博物馆外景 2.序厅-龙魂文脉 3.东汉 司马长元石刻

《小城往事》展厅

历史画卷生动地展现在观众面前。专题展为《邢良坤陶艺馆》、《于植元艺术馆》、《于志学美术馆》，展示了三名杰出的文登学人在不同领域取得的卓越成就。

藏品管理

[藏品统计]　文登市博物馆有文物藏品883件，其中一级文物1件，二级文物一组2件，三级文物28件。

科学研究　1996年组织职工对历史文物进行专业研究并结合文登境内遗址展开讨论，撰写《秦始皇留在文登的足迹》。1997年与文学创作室合作出版《天福山丰碑》一书，山东人民出版社出版。2001年编辑出版《天福山起义导游册》及以天福山起义为背景的"旅游风光光盘"。

双孔石镰

铭文铜戈

经营管理

[单位性质]　国营事业单位

[经费来源]　全额拨款

[机构设置]　与1990年4月成立的文登市文物管理所两个机构，一块牌子。设办公室、财务科和陈列部。

[人员编制、组成]　编制6人，在职人员11名，副研究馆员2人、馆员2人、助理馆员2人。

[观众接待]　常年年均观众约2万人

参观指南

[地址]　文登市文山东路博展中心

[邮编]　264400

[电话]　0631-8463463

[传真]　0631-8459063

[电子信箱]　jyfhrm@sina.com

（撰文：文登市博物馆）

孔子博物院

Kongfuzi Museum

概述

类型　社会科学类名人专题博物馆

隶属关系　隶属于曲阜市文物局

创建时间　1990年

所在位置　曲阜市市中心

建筑、布局　孔庙坐落于曲阜市中心鼓楼西侧300米处，现存建筑大部分完成于明、清两代。占地327亩，前后九进院落，庙内有殿堂、坛阁、门坊等460多间，四周围以红墙，四角配以角楼，整个庙宇气势恢弘，布局严谨，是我国著名的三大古建筑群（故宫、避暑山庄、孔庙）之一。孔庙建筑群贯穿在南北的一条中轴线上，中路

孔子博物馆大门

以"金声玉振"坊起，由南向北，依次穿越棂星门，太和元气坊，圣时门，过璧水桥，弘道门，进大中门，同文门后，再经奎文阁，十三碑亭院，进大成门，经杏坛，至大成殿，寝殿，最后到圣迹殿，这是孔庙的主体。在十三亭院北，有五门并立，由此将孔庙分为三路，东路承圣门、诗礼堂、鲁壁、孔宅故井、崇圣祠、至家庙，西路经启圣门、金丝堂、启圣殿及启圣寝殿。中路三门并立，大成门居中，左右两掖门为金声门和玉振门。

大成殿为孔庙主体建筑，是祭孔的中心场所。始建于宋天禧二年（1018），后毁于火，现存建筑为清雍正年间重建。高24.8米，面阔45.8米，进深24.9米，重檐九脊，黄瓦飞甍，雕梁画栋，气势雄伟，与北京故宫太和殿，泰安岱庙天贶殿并称为东方三大殿。大成殿四周廊下环立28跟石雕龙柱，高6米，径0.8米，为明弘治年间徽州工匠刻制。大殿两山及后檐的18根八棱石柱均为浅雕云龙，前檐的10根尤为引人瞩目，均为深浮雕，每柱刻二龙飞翔，升腾争珠，无一雷同，大殿内金碧辉煌，有大型神龛9座，塑像17座，居中即为孔子像，高3.35米，东有复圣颜回，述圣孔伋，西有宗圣曾参，亚圣孟轲，称为"四配"，再两侧为"十二哲"，除宋儒朱熹外，余均为孔子弟子。奎文阁也是孔庙主体建筑之一，以藏书丰富、建筑独特而闻名，始建于宋天禧二年（1018）原名藏书楼，金代重建时改名奎文阁，高23.35米，东西阔30.10米，南北深17.62米，三层飞檐，四重斗拱，结构合理，坚固异常。清康熙年间，一次大地震，曲阜"人间房屋两倾者九存者一"，此阁安然无恙。十三碑亭是专为保护历代皇帝御制石碑而建，亭内共存唐、宋、金、元、明、清及民国时期碑刻55块。杏坛相传是当年孔子讲学的地方，宋天禧二年（1018）孔子45代孙孔道辅整修孔庙时，将正殿后移，"除地为坛，环植以杏，名曰杏坛"。金代始于坛上建亭，由当时著名文人党怀英篆书"杏坛"二字，今于亭内保存，亭内另一石碑则为清康熙帝手书"杏坛赞"。圣迹殿，孔庙最后一座建筑，建于明万历年间，由巡按御史何出光主持建造。殿内有120幅反映孔子一生主要活动和言论的绘画刻石，是我国最早有完整人物故事的石刻连环画。

孔府位于孔庙东侧。九进院落，分前厅、中居和后花园三部分，包含有厅、堂、楼、轩等建筑463间，是我国封建社会官衙与内宅合一的典型建筑群。孔府大门正中高悬"圣府"金字匾额，门两旁明柱上为清纪昀手书对联"与国咸休安富尊荣公府第"，"同天并老文章道德圣人家"。进大门后，孔府分为三路，东路建有一贯堂，慕恩

1.孔庙大成殿　2.十三碑亭院　3.杏坛　4.万古长青坊——孔林

重光门——孔府

孔子墓

堂，孔氏家庙等，西路建有红蓼轩、忠恕堂、安怀堂、花厅等，中路是孔府的主体建筑，分前厅，即官衙，和中居即内宅，进入孔府二门，迎面一座周围不接垣墙的门楼，门上匾额"恩赐重光"为明嘉靖帝所颁，故名"重光门"。前厅有大堂、二堂、三堂，内宅门是官衙与内宅的分界线，内宅有前上房，前堂楼，后堂楼等。后花园始建于明弘治十六年（1503），前后经过三次大修，占地50余亩。清嘉庆年间，孔子73代孙孔庆镕重修时，将数块大型铁矿石置于园内，故又称铁山园。园内建有假山，喷泉，曲桥，花坞，亭子，敬花神的石坛，赏月的凉台，焚香读书的坛屋等，环境幽雅，景色怡人。

孔林占地3000余亩，周围垣墙高3米，厚1.5米，周长7.25公里，是我国面积最大，延时最长的氏族墓葬群，也是目前我国最大的人造园林。相传孔子死后，"弟子各以四方奇木来植，故多异树"。孔林内有各种树木10万多株，数百种植物。万木掩映中，碑石林立，石像成群。进入孔林大门，是一条长约500米的甬道，迎门高大的门楼"观楼"，俗称"二林门"，原是古鲁国城北门，二门内有一条小河"洙水河"，河上有桥三座，居中为拱桥"洙水桥"，洙水桥北不远处为享殿，即祭孔时摆香坛的地方，殿前有翁仲、望柱、文豹和角端等石兽，享殿之后，正中大墓为孔子墓，墓前有巨碑篆刻"大成至圣文宣王墓"，东边为其子孔鲤墓，前为其孙孔伋墓，据传这种特殊墓穴称作"携

子抱孙"。孔子墓前东侧有三亭，是宋真宗、清圣祖、清高宗来祭孔时停留之处叫做"驻跸亭"。

历史沿革　孔子（公元前551年～公元前479年），名丘，字仲尼，春秋末期鲁国人，是我国古代著名的思想家，教育家，儒家学派的创始人。公元前478年，孔子逝世后第二年，"因宅立庙"岁时祭祀。第一座祭祀孔子的庙宇在曲阜孔子故宅建立，由于2000多年来中国历代帝王对孔子大力推崇，孔庙一再重修扩建，规格侔于皇宫，曲阜孔庙是祭祀孔子的本庙，是分布在中国、朝鲜、日本、越南、印度尼西亚、新加坡、美国等2000多座孔庙的先河和范本。

自公元前478年"因宅立庙"后，孔子子孙附庙而居。公元前195年，汉高祖过鲁祭孔，封孔子9代孙孔腾为"奉祀君"，专主祀事。汉元帝封孔子13代孙孔霸为"关内侯"，"食邑八百户，赐金二百斤，宅一区"，至北宋元和二年（1055）宋仁宗封孔子46代孙孔宗愿为"衍圣公"，这封号一直沿袭到民国初年，孔府也称"衍圣公府"。随着万代帝王对孔子谥号的追加，孔府的规模也日益宏大，号称"天下第一人家"。现存建筑基本上成于明清时期。

在曲阜城北7公里，有一片占地3000余亩的墓地，称"孔林"，又称"至圣林"，是埋葬孔子及其家族的专用墓地，已有2500余年历史，有十万余座坟墓。

曲阜城解放之初即设有文物保护机构，1948年8月，设立孔府古物保管所，1949年3月，成立曲阜文物管理委员

会，也是全国文物保护机构中最早成立的机构之一，全面负责曲阜文物的管理与保护。1961年，国务院把"孔庙、孔府、孔林"列为全国重点文物保护单位。1990年3月，曲阜市文物管理委员会增设孔子故里博物馆，1994年3月为加强文物管理和对外交流，更名为孔子博物院，与市文物管理委员会一个机构两个牌子。孔子博物院是以孔庙、孔府、孔林为主体，并附属有其它文物景点的国有综合类博物馆。1994年12月成功列入世界文化遗产名录。1996年，孔子故居被列为全国百家爱国主义教育示范基地，充分发挥了爱国主义教育作用和社会教育作用。

历任馆长　孔祥林（1990～2001）；陈传平（2001～2006）；孔德平（2006至今）。

业务活动

基本陈列　为充分展现孔子及衍圣公的社会地位，丰富游客观瞻内容，孔庙、孔府各展室依照历史原貌及功能复原陈列，主要包括：孔庙大成殿内的《祭祀礼乐器展》，孔府内的《衍圣公府办公、生活场景的复原陈列》，孔府文物档案馆内的《孔府珍藏及鲁国故城出土文物展览》，汉魏碑刻馆内的《汉魏碑刻及部分历代碑刻》的展陈。

专题陈列　2010年甄选孔府文物档案馆馆藏衍圣公府珍品文物参加了在美国举办的《孔子展》。2012年孔府西路古建大修重新开放后，孔府西路增设了内容丰富的专题陈列展览，包括《孔子后裔名人书画展》、《清代服饰展》、《曲阜历史风云百年老照片精品展》。2012年8月，山东省博物馆借用孔府文物档案馆精品服饰举办了《斯文在兹—孔府旧藏服饰特展》，专题展陈均具有较高的文物价值和史料价值。

临时展览　2009年在尼山、颜庙成功举办了《尼山玉雕圣迹图展》和《陋巷华光展》。2009年10月在孔子研究院举办了《孔府文物精品展》。2011年12月在孔子研究院举办了《孔府文物精品展》。

藏品管理

〔藏品类别〕　分陶瓷器、铜器、珐琅器、金属器、玉石器、织绣品、字画、书籍、竹木牙雕、文房用具、印章、钱币、漆木器等二十余类。

〔藏品统计〕　孔府文物档案馆收藏文物93000余件，其中一级文物233件，二、三级文物4909件；《孔府文物档案》共9025卷，约22万件。另有金、元、明、清历代古建筑1300余间，汉以来碑刻、石刻5000余块，古代墓葬10万余座，古树名木1.7万株。

〔重要藏品〕　藏品以明清服饰、孔子及家族画像、鲁故城出土文物等著称于世，具有鲜明的地方特色和家族特色。

〔藏品保护〕　随着科学技术的飞速发展和文物安全保卫任务的繁重，孔子博物院先后装配了以先进科技为依托，全方位、全天候严密监控的防火、防盗安全系统，其中包括：1301自动灭火系统、8101通用防盗报警系统、5200通用火灾报警系统和电视监控系统。设防火探头808个，防盗探头194个，监听探头30个，摄像机12台，电视监控器23台。设总监视监控室1处，复控室4处。由于部分监控设备年久老化，整套设备正在改造更换中。配备了有无线通信系统：配置天线通信1109主机1台、转信台3台、对讲机60余部、车载台7台。各景点、科室、仓库、展室、门卫安装有线电话200余部，重点部位安装了外线电话10部，切实保障了文物保护通信畅通。改建安装地下电缆供电系统：装机总容量630KW，铺设地下电缆1万多米。实行分压控制、黑白控制、重点控制、定点控制、按时控制，达到了保护、使用、控制、计量、分配五统一。安装了变频调压消防灭火供水系统，孔府、孔庙、孔府文物档案馆铺设地下消防专用管道3000余米，安装地下消火栓39座，配备

孔府文物精品展

商　木工鼎

清 "大吉"葫芦瓶

清乾隆 雕莲蓬碧玉盒

清 同治款青花云龙筒炉

65MM消防水带3300米，19MM消防水枪37支，建造了加压泵房、配电室和与之配套的500立方蓄水池1座。

曲阜市委市政府高度重视孔子博物院的建设，不断加大对文物保护资金的投入，尤其是近年来，每年都投入资金2000余万元，用于古建筑维修、古树名木保护、文物藏品研究与交流等文物保护工作。

目前古建设维修、历代碑（石）刻保护、古树名木病虫害防治及馆藏文物的保管基本上达到保护的要求。

科学研究 在做好文物保护及利用的同时，孔子博物院也十分注重文物价值及儒学文化的研究和推广工作。近年来科研成果丰硕，相继出版了《曲阜历史文物论丛

三》、《祭孔礼乐研究》、《黾学大观——解读王学仲艺术》和《中国孔庙保护协会论文集》。《祭孔礼乐》、《游读曲阜》、《曲阜小城故事多》等也相继问世，极大的推动了儒学文化的弘扬和发展。

宣传教育 充分做好文物保护及儒学文化的宣传教育工作，孔子博物院利用"5·18"国际博物馆日及中国文化遗产日开展了丰富多彩的文物保护活动。2012年联合市普法办公室共同举办全市"六五"普法暨文物保护法律法规知识大赛；制作了展示曲阜丰富文化遗产资源和保护管理成果的展板，向广大游客市民宣传《中华人民共和国文物保护法》、《山东省文物保护条例》及文物知识，详细介绍曲阜优秀文化遗产；在"三孔"景区设立宣传咨询服务台，组织团员青年向游客免费发放各种宣传资料；特定时期开展多项惠民举措共享文化遗存，通过多种媒体发布曲阜市民免费参观部分文物景区公告，推行大中小学生免费参观"三孔"景区办法，同时对曲阜籍以外游客实行半价优惠政策，汉魏碑刻陈列馆、孟母教子馆长期对外免费开放，充分发挥文物的教化功能。

交流合作 曲阜作为圣人孔子故里、儒学文化的发源地，文化厚重、古迹众多，孔子博物院与故宫博物院、山东省博物馆、各地孔庙等文博保护单位交流合作颇多。充分发挥孔庙保护协会平台桥梁作用，切实履行会长单位职责，先后与云南普洱景东文庙、天津文庙、杭州文庙等数十家文庙单位及河南滑县大云寺文化园、韩国庆南大学等机构进行了文化交流和经验探讨。成功举办了"壬辰年曲阜尼山春季祭孔大典"，并首次实现了全国孔庙同步春祭。成功举办"第二届尼山世界文明论坛"高端对话、国家大遗址保护曲阜片区暨山东省文物保护88项重点工程开工仪式、"文明古国文化遗产保护与促进文明对话国际研讨会"等系列活动。与北京大学同学会总裁班合作，注册成立了曲阜市洙泗书院国学院，不断拓展国学游、修学游及国学讲堂品牌业务空间。

经营管理

[单位性质] 国有事业单位

[机构设置] 孔子博物院（曲阜市文物管理委员会）下设34个职能科室，其中5个副科级单位、29个中层科室。

[人员编制、组成] 孔子博物院共有人员796人，其中事业编制人员437人。包括管理人员23人，专业技术人员192人，技术工人192人。专业技术人员中有高级职称人员36人，中级职称人员64人，初级职称人员92人。在文物博物馆职务系列中，有副研究馆员17人，馆员34人，助理馆员52人，管理员2人。古建工程系列中，高级工程师3人，

工程师11人，助理工程师18人。工艺美术系列中，高级工艺美术师4人，工艺美术师2人，助理工艺美术师4人。副股级以上中层管理人员73人，其中专业技术人员45人。技术工人中高级工82人，中级工98人，初级工12人。

　　[服务观众项目]　改造和建设了设施齐全的高标准厕所，设置了休息和吸烟区，安放了休息凳，增加了公用电话亭，设立了游客服务中心、旅游咨询服务台和医疗救助服务站。按照人性化的要求，进一步完善了景区的各种说明牌、标志牌、引导牌等服务设施。

　　[观众接待]　年观众600万人次

　　随着游客量的不断增长，孔子博物院旅游门票收入不断增加，带动了曲阜相关产业的迅猛发展，旅游社会总收入也从当初的一亿元增加到几十亿元，成为曲阜市财政收入的支柱之一。

参观指南

　　[地址]　曲阜市鼓楼北街18号

　　[邮编]　273100

　　[电话]　0537-4412444

　　[开放时间]　全年

　　[票价]　分淡、旺季价格售票，旺季通票150元/人，持有老年证、军官证、全国导游证的游客一律免票进入，团体票实行8.5折。

（撰文：孔子博物馆）

龙口市博物馆
Longkou City Museum

概述

　　类型　地方综合性博物馆

　　隶属关系　隶属龙口市文化局

　　创建时间　1985年

龙口市博物馆（丁氏故宅）全景

　　所在位置　位于龙口市市区中心，原清代黄县首富丁氏家族残存宅居（丁氏故宅）中

　　建筑、布局　龙口市博物馆所在地丁氏故宅是龙口市仅存的颇具规模的古建筑群，共有房屋55栋、243间，建筑面积4800平方米，占地1.5万平方米，分东西两区（均为四合院建筑群）：东区两个院落群皆为五进院落，坐西面东，建于1760年前后。东区北端是丁氏私家花园漱芳园；西区两个院落群现皆存四进院落，坐南面北，分别建于1740年、1900年前后。西区南端附2层木楼1座。丁氏故宅兼具了浓厚的京城府第和胶东民居神韵，堪称清代建筑艺术之精华。故宅为木砖石结构，深出檐，大坡顶，檐口反翘，青瓦覆顶。屋脊饰以龙头吻兽，室内雕梁画栋；廊下、厅内名家漆金楹联、古董字画错落有致；院内石、砖、木雕玲珑剔透。花园内假山长廊、亭榭碧水疏漏相映。

　　历史沿革　1979年11月14日，黄县文物店成立，主要职责是收购、征集文物。1985年8月1日黄县博物馆成立，文物店同时并归博物馆。1986年12月，黄县撤县设立龙口市，黄县博物馆随之改名为龙口市博物馆。

　　龙口市博物馆自成立以来，一方面开展正常文博业务工作，另一方面担负着修缮、保护、复原丁氏故宅的任务，使丁氏故宅从建馆伊始时的破乱不堪到重现昔日恢宏面貌。1996年11月，丁氏故宅被公布为全国重点文物保护单位。

　　龙口市博物馆原利用丁氏故宅部分厢房和古建筑室内阁楼作为办公区和库房。2002年，龙口市文化科技大楼落成，主楼为博物馆文物展厅和文物库房，占地5000平方米。举办大型文物陈列——《辉煌的莱子国》，标准文物库房正在配置中。龙口市博物馆馆藏文物将得到更好的展示和管理，博物馆的职能将得到更好发挥，丁氏故宅将成为展示中国清代民居建筑艺术及丁氏家族发展历史的专题型景区。

　　1995年4月19日，龙口市文物管理委员会在博物馆成立，由馆长兼任文物管理委员会办公室主任。龙口市博物馆主要的业务活动是管理文物、举办展览、修缮复原丁氏故宅、基层文博工作研究、协助上级业务部门进行考古发掘、管理龙口市境内46处文物保护单位（含国家重点文物保护单位2处、山东省级3处、烟台市级5处、龙口市级36处）。

　　龙口市博物馆先后被授予"山东省优秀博物馆"、"山东省农村青少年教育基地"、"烟台市爱国主义教育基地"、"烟台市文博工作先进单位"、"文物工作先进集体"、"'四有'工作先进集体"等荣誉称号，连续5年被烟台市委、市政府评为"文明单位"。2005年，龙口市博物馆所编制的丁氏故宅记录档案被国家文物局评为"全国重点文物保护单位优秀档案（单位）"，是山东省唯一获此殊荣的单位。

历任馆长　1985年，唐禄庭、王秋相任博物馆副馆长，分别分管政工和业务工作；1991年，蒋惠民任博物馆馆长兼党支部书记至今。

业务活动

基本陈列　老馆区含18个基本陈列、2个专题陈列和3个流动展厅，陈列面积1600平方米，展出藏品1000余件。基本陈列为《丁氏故宅复原陈列（客厅、书房、卧室、轿子房、当铺、私塾、账房、磨屋、碾屋、农具室、粮仓等）》，以复原原有古建筑群的室内外装饰、构件、陈设、用品，辅以人物蜡像、硅胶景观等陈列形式，从多侧面反映了丁氏家族历史、建筑艺术、礼仪风俗等，再现了丁氏家族昔日的辉煌，展示了儒商文化特色和胶东民俗风情。让观众通过这个特定空间领略传统建筑精华和人文历史、民俗风情知识，感受浓厚的封建文化特色。《丁氏故宅复原陈列》被评为"2003年度山东省优秀陈列展览"三等奖。

新馆举办大型陈列——《辉煌的莱子国》。

专题陈列　举办2个专题陈列，《丁佛言（近代著名社会活动家、书法家、古文字学家，丁氏后裔，龙口市人）纪念馆》、《山之南（现代著名书法家，中国书法家协会会员，山东省文史研究馆馆员，山东书法家协会理事，龙口市人）纪念馆》。

临时展览　3个流动展厅经常性展出文物、民俗作品、各类书画展、收藏展等。

龙口市博物馆迄今共举办各种文物、书画、党史、民俗等展览80余个，送文物及图片下乡展览60余次。1996年3月，龙口市博物馆响应"送文化下乡"号召，举行"送文物下乡"展览活动，并从此经常举行文物下乡展览活动，且内容不断扩展。如1996年，从聊城引进《孔繁森先进事迹巡回展》，到各厂、矿区巡回展出30场次，接待观众1.5万人次；1997年与淄博博物馆联合举办《迎香港回归大型图片展》，深入边远地区巡回展出。

藏品管理

[藏品来源]　主要是征集、收购、考古发掘、接受捐赠、公安机关破获文物走私案件移交而来。

[藏品类别]　馆藏文物含石器、青铜器、陶器、玉器、书画、象牙化石、古书善本、石刻等类别。

[藏品统计]　龙口市博物馆馆藏文物1.5万件，三级以上文物92件，其中国家一级文物1件，二级文物7件，三级文物84件。

[重要藏品]　石器系新石器时代石刀、石镰、石铸、石斧等。青铜器主要为西周至战国时期簋、鼎、盘、匜、爵、剑等器物，制作精美，装饰华丽，很多器物带有铭文。其中西周辛簋重2750克，腹内底部铸53字铭文，簋腹饰兽面纹，该簋为馆藏国家一级文物。陶瓷精品数量较多，都具有各自典型的时代特色。玉器从西周至清代，多玉璧、玉环、玉珮、玉盘、玉带钩等。字画类有清代至民国时期陈祖绶、铁保、楼风霄、丁佛言等名家墨宝，并有多件明、清时代封诰等传世珍品。较为完整的象牙化石2枚，北齐时期石佛头1尊，西晋至清代石刻36块。

考古成果　1986年9月，龙口市博物馆对兰高镇小莱山溶洞进行初步发掘，发现新石器时代文物及先人用火痕迹、动物遗骨，证明该洞远古时代有人类居住。1992年，该溶洞被定为龙口市文物保护单位之一。

1999年10月，在"大莱龙"铁路工程建设中，龙口市博物馆配合山东省文物考古研究所及烟台市博物馆对铁路沿线的北马镇薛家村和海岱镇阁家店村两处古遗址进行了考古发掘。发掘出成排的东周时期房址和北朝时期陶窑1座，宋代墓葬10余座，清代墓葬6座。陶窑中有大量带花纹

《莱国春秋》展厅一角

西周　辛簋

翠龙钩

碧玉大印

天球瓶

的红砖出土，墓室内有瓷罐、碗、盘、酱釉瓷瓶、瓷灯、陶砚台、铜钱、簪子、耳环、顶饰等。

2002年3月，为配合威乌高速公路工程建设，龙口市博物馆和烟台博物馆联合在公路沿线进行考古发掘，在埠下王家村发掘出汉代白陶窑址和楼子庄村古文化遗址。在白陶窑址及其周围发掘出大量白陶片，重约5至6吨。白陶窑遗址的发现是我省的首例。楼子庄遗址西部为龙山文化遗址，中部为岳石文化遗址，东部为珍珠门类型文化遗址。出土了石刀、石斧、石凿、纺轮、骨针等及大量陶片，多为夹沙红、黑陶。9月，发掘了归城东和平村的古村落遗址，发掘房址10余个，出土大宗陶器、骨器、石器等。

2007年，龙口市博物馆配合山东省文物考古考古所、山东省博物馆、烟台市博物馆历时6个月完成了南水北调工程、龙烟铁路工程、滨海观光大道工程的考古发掘工作，发掘面积计5000余平方米，发现大汶口遗址、墓葬、房址、窑址等100余处，出土青铜器、玉器、陶器等400余件。在芦头村东南的龙山文化时期遗址中出土文物50余件；在望马史家村古墓群清理汉代至清代墓葬35座，出土文物100余件；在东羔村的大汶口时期遗址清理房址8处、墓葬6座，出土文物70余件；在港栾村、黄格庄村共清理西汉至清代墓葬6座；在东梧桐村，发掘两晋时期的墓葬3座以及较为完整的汉代陶窑30余平方米、战国时期的残墓1座，出土玉佩、镏金铜带钩各1件、陶器5件，计出土文物60余件。

科学研究　龙口市博物馆织申报的"东莱古国史研究"课题在"2006年度山东省艺术科学重点课题立项"中获得通过。2006年8月11日，美国加利福尼亚大学考古教授罗泰、哥伦比亚大学教授李锋、中国社科院考古研究所山东考古队队长梁中合等专家学者到龙口市博物馆来访，并考察了龙口市归城城址、周边文物遗址及出土的陶器、青铜器。达成联合考察龙口地区商周文化内涵的合作意向。

鹿头尊

彩陶罐

2007年6月，龙口市博物馆配合梁中合、李锋、罗泰等专家学者一行对归城古城内外城的四至及原护城河等进行考察研究，旨在揭开古莱子国的神秘面纱。

多年来，以馆长蒋惠民为首的专业技术人员撰写并出版专著5部：《齐鲁名物博览》（蒋惠民编著，人民出版社出版）、《东莱逸闻录》（蒋惠民编著，中国致公出版社出版）、《黄城丁氏家族》（蒋惠民编著，山东大学出版社出版）、《丁氏故宅研究文集》（蒋惠民主编，北京华文出版社出版）、《东莱历事》（栾文弘编著，北京华文出版社出版）。共计在国家、省、市级刊物发表论文100余篇。

交流合作　龙口市博物馆2003年8月接待了韩国国立海洋遗物展示馆馆长尹邦彦和学艺研究室长文焕皙的访问；2004年10月接待了日本文化研究教授宇野隆夫的访问；2005年9月接待了加拿大世界日报社社长丁侃（丁氏后裔）的访问；2006年4月接待了台湾学者王助臣的学术访问。

2007年11月，龙口市博物馆蒋惠民馆长受日本近畿大学邀请前往讲学。他的胶东古建筑、民俗乃至鲁商研究深受日本相关专家学者关注和喜爱。

2004年5月21日，龙口市博物馆召开了首届"丁氏故宅暨丁氏家族学术研讨会"，与会的国内外专家学者及丁氏后裔40余人，就丁氏先祖祖籍、"丁百万"代表人物、丁氏家族经商和治家思想、丁氏故宅建筑艺术、新时期如何更好地开发利用丁氏故宅等展开了深入探讨和研究。会议共收到学术论文33篇，并于2005年编辑成《丁氏故宅研究文集》出版发行。

宣传教育　1996年，龙口电视台拍摄丁氏故宅专题片，并在中央、省、市级电视台以及美国国家电视台播放；2001年，烟台电视台拍摄丁氏故宅专题片在山东省及烟台电视台播放，并制作成光盘1000件。

经营管理

　　[单位性质]　国有事业单位

　　[机构设置]　财政拨款

　　[人员编制、组成]　现设办公室、陈列部、考古部、保卫科、旅游开发部、文物店共6个部门，有在编职工13人。设馆长1人，业务副馆长、政工副馆长各1人。设文博副高级职称岗位2人，中级6人，初级4人，技术工人1人。

　　[观众接待]　年观众量2万人次

　　[服务观众项目]　观众可以欣赏到古色古香的清代丁氏家族复原陈列、丁氏家族收藏展、纪念馆及馆藏文物、名家字画、龙口民俗作品等内容丰富的展览；可到漱芳园内领略北方私家园林的优雅别致，园内曲径通幽处，

石刻、石碑长廊让游客重温久远的龙口名人雅士风韵；特制的男女各式清代服装和8人抬花轿让观众参与其中，真实感受到民族古老服装及婚俗的别样情调。

参观指南

　　[地址]　山东省龙口市东莱街137号

　　[邮编]　265701

　　[电话]　0535-8517003、0535-8548915、0535-8516621

　　[传真]　0535-8548915

　　[电子邮箱]　lb.jhm@tom.com、wwzzping@sina.com

　　[网站]　www.dingshiguzhai.com

　　[开放时间]　全年对外开放，8:00-18:00

　　[票价]　免费

（撰文：龙口市博物馆　王志萍）

平阴县博物馆

Museum of Pingyin District, Jinan

概述

　　类型　地方综合性博物馆

　　隶属关系　隶属于济南市平阴县文体局

　　筹建时间　1984年设

　　正式开馆时间　1998年

1.平阴县博物馆外景　2.大成殿

铜牛

铜马

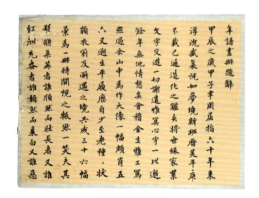

于慎行年谱画册

于慎行年谱画册伴驾出行图

所在位置 坐落于平阴县府前街西端的平阴文庙内

面积 占地1万多平方米

建筑、布局 博物馆所在的平阴文庙,始建于宋元符(1098～1100)年间,占地一万多平方米,规模庞大,形制规整,红墙碧瓦,飞檐斗拱,气势恢宏。整座建筑沿中轴线自前向后依次为:照壁、棂星门、大成门、大成殿、明伦堂;右侧有忠义祠、名宦祠、三代宫、五代宫等;左侧有节孝坊、乡贤祠。办公室设在三代宫、乡贤祠,展厅位于大成殿。

历史沿革 1976年设立文物组,1984年设博物馆筹建处,1998年正式开馆。

历任馆长 乔修罡。

业务活动

基本陈列 平阴县博物馆常年陈列的《历史文物精品展》面积约600平方米,分史前遗迹、上古艺术、两汉风采、历代瓷器、明清书画、珠宝玉器、历代碑刻七部分,共展出藏品607件。整个陈列以出土文物为主,地方特色突出,历史衔接性强。

藏品管理

[藏品来源] 主要来源于收购、出土,部分移交,少量接受捐赠。

[藏品类别] 类别按质地划分有青铜器、瓷器、铁器、玉器、陶器、字画、书刊、石器、杂品等。

[藏品统计] 现有藏品1276件,其中有一级文物6件,二级文物24件,三级文物184件。

科学研究 平阴县博物馆开展科学研究,共发表专业论文等作品200余篇。

经营管理

[单位性质] 国营事业单位

[机构设置] 馆内设有办公室、保管部、业务部、保卫科四个科室。

[人员编制、组成] 现有工作人员11人,其中副研究馆员1人,馆员3人,助理馆员3人,高级工1人,中级工3人。

参观指南

[地址] 平阴县府前街77号

[邮编] 250400

[电话] 0531-87889391

[电子邮箱] pyftqn@163.com

(撰文:平阴县博物馆 王丽芬)

平度市博物馆
Pingdu Museum

概述

类型　社会科学类文物专题博物馆

隶属关系　隶属平度市文化局

创建时间　1984年

正式开馆时间　1985年

所在位置　平度市红旗路91号

面积　占地3868平方米、建筑面积500多平方米

建筑、布局　馆址所在地为崇德宫旧址，原为道教活动场所。其主体为清代建筑，砖木结构，坐北朝南，单檐歇山式，飞檐翘角，斗拱叠罗，殿宇宏阔，庄重典雅，素有"胶东魁观"之誉。配套建筑有建于民国年间的集粹亭以及仿古式碑廊、库房、临时展厅。

历史沿革　平度市文物工作开始于1958年，当时县文化馆设文物组，1名干部分管文物工作。1978年又合并于县图书馆。1984年8月15日，经山东省文化厅批准，建立平度县博物馆，隶属县文化局。1985年11月5日正式开馆。

历任馆长　于书亭（1985.8～1994.7）；荆展远（1994.7至今）。

业务活动

基本陈列　《平度市历史文物陈列》，展出石器、陶器、骨器、青铜器、玉器、碑刻等数十类珍品680件，有岳石文化遗存出土的"亚"字形石斧和半月形双孔石刀、即墨故城遗址出土的大型空心龙文砖、淳于铭文铜锤、隋代莱玉石狮、北齐少数民族陶俑、高凤翰题画诗等都是一批巧夺天工的艺术品。其中，《汉王舍人碑》乃国家一级文物，有纪年、系隶书，书法艺术价值引起了国内外专家的重视。

专题展览　《东岳石遗址出土文物展》、《灰埠届山汉墓出土文物展》

另外，每年举办书画、摄影、雕塑、图片、标本等各类专题展览十余个。

藏品管理

[藏品统计]　馆藏文物18336件。其中，青铜器321件，历代钱币15509枚，金银器46件，铁器34件，字画、碑贴516件，丝织品2件，石器958件，漆器2件，骨器348件，陶器355件，瓷器245件。

1.平度市博物馆大门　2.历史文物陈列室　3.东汉　王舍人碑　4.碑廊

汉　淳于铭文铜錘

隋　莱玉石狮

科学研究　2003年，《源远流长的东莱文明——平度历代碑刻研究》荣获山东省文化艺术科学优秀成果奖一等奖。

2005年，《青岛市平度界山汉墓发掘简报》荣获山东省文化艺术科学优秀成果奖优秀奖。

1998年编辑出版《大泽山诗文石刻辑注》；1999年编辑出版《平度史话》；2004年编辑出版《平度历代碑刻研究》；2006年《青岛市平度界山汉墓发掘简报》发表于《考古》期刊。

宣传教育　1986年编辑出版《汉王舍人碑》；1992年编辑出版《郑文公上碑》；

平度市博物馆还聘请专家、学者和社会各界人士举办平度历史、汉代青铜器、岳石文化等内容专题的讲座。

交流合作　开展"走出去，请进来"文物交流展览活动，如组织博物馆精品文物赴潍坊、青岛、山东省博物馆展出；与青州博物馆联合举办《明代文物精品展》。

经营管理

［单位性质］　国有事业单位

［经费来源］　全额拨款

［人员编制、组成］　平度市博物馆编制9人，设馆长1名（股级），工作人员8名。

［观众接待］　开馆20年来，年均接待观众达3万人。

参观指南

［地址］　平度市红旗路91号

［邮编］　266700

［电话］　0532-87363114

［传真］　0532-87363114

［电子邮箱］　pdbw@163.com

［开放时间］　周一至周日8：30－16：00

［票价］　2008年4月23日免费向社会开放。集体参观需提前电话预约，持单位介绍信参观。

（撰文：平度市博物馆）

东营市历史博物馆

Dongying City Museum of History

概述

类型　地方综合性博物馆

隶属关系　隶属于东营市文化体育局、广饶县文化体育局

创建时间　1993年

正式开馆时间　1994年4月

所在位置　位于东营市广饶县城

面积　总占地面积42763平方米，其中孙武祠占地12461.4平方米，博物馆展厅综合大楼占地5800平方米，广场、绿地和硬化路面共24501.6平方米。

建筑、布局　东营市历史博物馆分为两大部分，东侧是广饶孙武祠，博物馆展厅综合大楼建于孙武祠的西北

东营市历史博物馆外景

角。博物馆展厅综合楼为钢筋混凝土结构，建筑面积6821平方米，古典景观式设计风格。广饶孙武祠是一组仿宋式建筑群，砖木结构，建筑面积2867平方米。

历史沿革 1973年7月17日，广饶县成立文物管理委员会。1977年3月15日，组建山东省广饶县文物管理组和广饶县文物管理收购站。1982年12月30日，成立广饶县博物馆，隶属于广饶县文化局。1993年5月27日，成立东营市历史博物馆，为副县级事业单位，隶属广饶市县文化局，与广饶县博物馆、广饶县孙子研究中心办公室合署办公，一个机构，三块牌子。1994年4月22日正式开馆。

历任馆长 成俊恒（1984.9～1986.7）；颜华（1990.10～1993.10）；任树德（1993.7～1998.6）；尹秀民（1998.6～2001.4）；张万春（2002.7～2007.6）；付建森（2008.6至今）。

业务活动

基本陈列 东营市历史博物馆陈列面积3500平方米，举办如下基本陈列：

《广饶县文物陈列》——1989年为庆祝建国40周年，首次制做展橱15个，较系统地展出了馆藏历史文物124件，成为该馆建馆以来的第一个基本陈列。

《史前文化展》——2003年10月举办。主要以模拟造型、图片展览及丰富的历史文物反映傅家遗址先民们生产、生活的状况并重点介绍了我国最早的开颅术的情况，突出广饶深厚的文化内涵。

《馆藏文物精品展》——2003年10月举办。主要展出上自岳石文化下迄明清时期的各类文物精品，体现广饶的历史脉络。

《石刻造像展》——2003年10月举办。展出石刻文物30余件。碑形高大、线条流畅的石佛造像，反映了佛教文化在广饶发展的基本脉络，体现了丰富的文化内涵。

《广饶简史展》——2003年10月举办。以地图形式展示了广饶在各个历史时期的归属、县名和建制，并配以精美的图片，反映各个历史时期的重大事件、历史人物和风景名胜。

《中共广饶县党史展》——2003年10月举办。以模拟造型、图片和实物展示的形式全面反映"五四"运动到建国前广饶党组织的创立、发展和壮大的过程及中国最早的中文译本《共产党宣言》的流传经过。

《广饶民俗风情展》——2003年10月举办。展出民俗文物包括生产、生活用具、民间手工艺品等近400件，复原场景两处，形象地展示了广饶朴实的民俗民风。

大汶口文化 红陶鬶

大汶口文化 彩陶鼎

隋 张郭石造像

唐 皆公寺造像

《馆藏书画精品展》——展出了明清书画名家张瑞图、刘墉、徐渭、朱耷、陆治、顾炎武等的书画作品近50幅，绝大部分系首次展出，观赏价值较高。

《吕剧起源与发展专题展》——2003年10月举办。展出吕剧演唱剧本、服装、道具、伴奏乐器及剧照近200件。以模拟场景、图片、实物展示的形式介绍了我国优秀地方剧种——吕剧的起源、发展和吕剧对我国戏曲事业的贡献。

东营市历史博物馆新馆陈列展览从总体上来看，场面恢宏、大气，空间运用合理，内容设计和形式设计都冲破了以往的传统模式，区域性文化特点突出，且具有较强的知识性和趣味性。陈列艺术设计特点如下：

①陈展形式新颖。这些展览充分吸取了各地博物馆的陈展经验，并结合自己的特点，设计出了符合本地特色的展览形式。第一展厅内的傅家遗址发掘现场，是按1：1的比例进行复原的，场面壮阔、宏大，在国内尚属罕见。并成功运用了投影的形式，展示了在广饶县发现的国内最早的开颅手术的发现和鉴定过程。第二展厅内的精品文物，大小件分展，打破了以往教科书式的陈展模式，更显内容丰富，更便于对小件的保护和利用。广饶是吕剧的发源地，《吕剧的起源与发展专题展》是对吕剧艺术近百年历史的一个总结。我们征集吕剧文物200余件，其中有吕剧的前身东路琴书的代表人物商业兴和关云霞的扬琴、坠琴、奖状和部分剧照，还有吕剧的创始人时殿元曾经使用过的坠琴、鼓板和扬琴等珍贵文物，整个展厅以红色为主调，取其"红红火火"之意。同时复原了《王小赶脚》和《李二嫂改嫁》两个吕剧发展史上具有里程碑意义的经典剧目场景，并以投影演唱的形式来烘托气氛，别具一格，形象生动。

②陈展档次较高。以上展览选择中档次偏上的标准，在省内跨入一流博物馆行列。展厅内所有龙骨均采用三角铁和工字钢制作，避免因受潮而变形。板面用铝塑板或密度板制作，所有展橱均采用12毫米有机玻璃，橱底磨砂，置底灯。照明采用立体光源，分级控制。展厅顶部采用当今最通行的格栅式吊顶。第一、二、四展厅都配有音箱、DVD及投影装置。

③展出文物丰富。共展出各类藏品1580件，其中三级以上文物近200件。重要展品有元代龙泉窑大碗、金代磁州窑盖罐、北魏马鸣寺碑、隋代张郭石造像碑、唐代皆公寺造像龛碑、汉代玉虎、汉代玉璧、最早中文译本《共产党宣言》等。

专题陈列（展览）

《革命文物陈列》——1975年举办。这也是该馆创立阶段举办的第一次党史展览，展出革命文物94件。

《历史文物综合性陈列》——1977年举办。展出了文物组当时所能展出的各种类型的文物200余件，包括陶器、瓷器、书画、革命文物等，免费向社会开放。

《庆祝建国30周年革命文物展览》——1979年为庆祝建国30周年举办。展出革命文物408件，和1975年的《革命文物展》相比，增添了对越自卫反击战的内容，对在自卫反击战中立功授奖的广饶籍军人的革命英雄事迹进行了介绍。

《明清书画精品展》——1990年5月4日与广饶县文化局、文化馆共同举办，展出馆藏和私人收藏的明清书画作品100余幅。

《广饶县元宵收藏书画展》——1992年2月17日举办。展览设在广饶县文化馆沿街平房内，展出10余位收藏者的书画作品97幅。展览历时3天，吸引观众达5000余人。

汉　玉雕白虎

元　龙泉窑碗

金　磁州窑盖罐

1.广饶孙武祠南大门　2.广饶孙武祠前院

《孙武故里考证资料展》——1992年10月举办。展览共分三部分："孙书食采乐安邑"、"专家学者论证摄影"和"孙武故里辨误"。展览以大量详实的资料向世人展示了孙武故里在广饶的史实，在90年代初期，对澄清许多人思想上的模糊认识起了积极作用。2000年，东营市历史博物馆对该展览进行了改造，对内容作了较大地调整，并更名为《孙子资料展》。改造后的《孙子资料展》内容仍为三部分，即"春秋育乐安育兵圣"、"故里谱写新篇章"和"兵学圣典耀古今"，不仅向世人展示了孙武故里在广饶的史实和孙子生平，而且还向人们展示了孙武故里人民为弘扬民族文化所做出的巨大成就以及孙子思想对当地文化产生的巨大影响。

《孙武书画展》——1992年10月举办。展出的作品不仅有党政军领导人洪学智、谷牧、邓兆祥、迟浩田、杨得志、陈再道、杨成武、李子超、张道成的墨宝，也有书画名家启功、刘炳森、邓林、戴敦邦、贺友直的代表作，还有我国许多著名专家、学者如周谷城、杨向奎、张政烺、任继愈、谭其骧、吴祖光、端木蕻良、文怀沙等的书法墨迹。

《广饶历史文物陈列》——1992年10月举办。展览基本延续了1989年《广饶县文物陈列》的陈展方式和内容，

有木制展橱15个，展出上自大汶口文化下至明清各代的历史文物120余件。1994年，东营市文物管理所赠送了4个铝金展橱，为展出大件文物精品提供了条件，大大提高了文物展览的档次。

《东方翰墨书画精品展》——1993年9月11日～15日举办。是东营市历史博物馆与潍坊市民盟合办的，共展出潍坊市东方翰墨研究会王珂、云门子等7位书画家的作品60余幅。

《纪念红军长征胜利60周年图片展》——1996年11月，为纪念中国工农红军长征胜利60周年，东营市历史博物馆配合广饶县党史办在门前广场举办一次大型图片展。共制作活动版面24块，展出图片180余幅，展示了中国共产党在第一次国内革命战争中，领导工农红军及革命群众同国民党反动派所进行的不屈不挠的斗争和艰难的革命历程。展览历时2天，县城内各机关团体、企事业单位、学校等都组织了集体参观，参观者达到12000余人次，取得了可观的社会效益。

《傅家遗址出土文物专题展》——1997年1～3月，经与山东省文物考古研究所临淄考古工作站协商，临时借调了118件暂存在临淄考古工作站的傅家遗址出土文物到东营市历史博物馆展出，使人们第一次全面、系统地了解了傅家遗址丰富的文化内涵和在考古史上所占的重要地位。

《广饶县庆祝建国50周年成就展》——1999年9月举办。展览设置版面58平方米，展出图片266幅，大型屏风23平方米，并首次使用了灯箱式展版。展览从"农业和农村经济全面发展"等七个方面全面展示了广饶县建国50年来在中国共产党的领导下所取得的辉煌成就。

《广饶县傅家遗址发现我国最早的开颅术专题展》——2001年7月，为了展示在广饶县傅家遗址出土的我国最早的开颅术这一重大考古研究成果，在关帝庙大殿内举办展览，对傅家遗址的发掘到开颅术的发现、鉴定、论证的全过程作了展示。

《救救孩子——青少年违法犯罪实录专题展》——2004年4月举办。展览列举全国20余个典型案例，深刻剖析青少年违法犯罪成因，提出预防青少年违法犯罪的防范措施，增强青少年学法、懂法、守法意识，提高广大青少年自我保护防范意识，唤起全社会对青少年的关爱。展览由60块活动版面组成，既可固定展览，也可流动展出。

《纪念邓小平诞辰100周年书画小品展》——2004年8月19日，由东营市历史博物馆与广饶县文联联合举办，展出近年来广饶县著名书画家何冠鳞、李品三、崔新江、齐照华等的作品60余件，受到了观众的好评。

大汶口文化　陶鼓

汉　出郭玉璧

唐　三彩注

《海洋生物标本展》——2004年11月20-21日，由东营市历史博物馆与中国科学院青岛海洋生物研究所共同举办的。共展出海洋生物标本1000余件，吸引了3000多名青少年学生前来参观，增长了知识，开阔了眼界。

《陈锡山〈孙子兵法〉艺术展》——2005年9月6-7日，由中共东营市委宣传部、中国文化艺术发展促进会榜书艺术研究会、东营市人民政协主办的《陈锡山〈孙子兵法〉艺术展》。陈锡山现为中国书法家协会会员、山东省书法家协会顾问，山东书画研究院名誉院长、教授，艺术学书法专业博士。展览共展出陈锡山创作的《孙子兵法》全文楷书108幅（共127幅）、《孙子兵法》全文行草巨幅长卷139米、《孙子兵法》警句、格言篆隶草书100余幅。展览四体皆有，八法俱通，气势磅礴，规模宏大，集中展示了陈锡山扎实的传统功力和浑厚雄沉、飘逸洒脱的艺术风格。

《徐复生作品展》——2005年10月1～10日，由东营市历史博物馆和文宝堂书画社共同举办。徐复生是著名书画家黄胄的大弟子、河北大学美术教授。徐复生在艺术创作方面的成就曾经入编《世界华人艺术家大辞典》及《中国美术家名人大辞典》。展处多次荣获海内外大赛优选的作品，例如《赤壁怀古》、《壮士行》、《老子出关》、《孙武子》及多幅仕女图等。

《馆藏地契刺绣精品展》——2007年4月，为迎接5·18国际博物馆日和中国文化遗产日举办。展览共展出清乾隆年间至解放初期地契75件，清至民国刺绣46件。展览持续时间较长，10月中旬撤展。

展厅面积500平方米。有特色的展品有徐复生的《老子出关图》、清乾隆年间的地契、刺绣《赤壁怀古》等。

藏品管理

　　[藏品来源]　主要是社会搜集、考古发掘和标本采集三个方面。

　　①社会搜集　社会搜集的方式主要是收购、捐赠和移交。

　　收购。东营历史博物馆制定了出土文物、流散文物给予适当的经济补尝和奖励政策。广饶县在农田开发、产业结构调整、修路、村庄规划、旧城改造等工程中，不断有文物出土。对于这部分文物，主要靠现场征收、主动捐献和文保员代收的形式征得。对于流散文物，采取开展定点收购、抓住线索上门收购、不定期地委托有条件的文化站人员代收等形式征得。1975年5月22日，颜华在大王镇刘集村发现并征集了1920年中文译本《共产党宣言》一书，是全国罕见的革命文献，现已定为一级文物。

　　捐赠。不少文物收藏家、文物爱好者自愿将珍藏的文物、标本捐赠给博物馆。2002年11月，油田通讯公司妥剑秋主动把收藏20多年的280件陶瓷器全部捐献给东营市历史博物馆。

　　移交。东营市历史博物馆与广饶县废品收购站、广饶县公安局建立起了定期联系制度，发现文物及时拨交或移交给博物馆。1983年11月和1984年9月，业务人员先后两次

全国最早的中文译本《共产党宣言》

到广饶县辛桥废品收购站拣选古铜钱54.5斤、铜佛像2尊。1986年广饶县西营乡派出所抓获1名文物贩子一次移交文物17件。2001年公安局移交石造像一尊。

②考古发掘　1985、1986年省级重点文保单位傅家遗址和省级重点文保单位五村遗址发掘，出土各类文物300余件。1995、1996年傅家遗址发掘，出土各类文物300余件。2008年东营市广北农场南河崖遗址发掘，移交博物馆的各类出土文物29件。

③标本采集　业务人员利用文物普查、调查形式采集文物，采集到不少具有陈列和科学研究价值的、完整的自然标本。

[藏品统计]　东营市历史博物馆馆藏文物7658余件，三级以上文物320余件。其中石器157件、石刻166件、铜器214件、瓷器1123件、陶器803件、货币963件、玉器74件、印章24件、书法绘画727件、文献2085件、吕剧文物198件、牙骨器118件、铁器20件、其它金属器31件、文具30件、民俗文物407件、革命文物272件、玻璃器1件、砖瓦53件、徽章16件、竹木器15件、织绣62件、漆器1件、邮票1件、其它97件。

[藏品保护]　东营市历史博物馆为文物库房安装了防盗、防火和监控设备，各类文物库房都配备除湿机、臭氧发生器、空调、温湿度表。制定了《文物库房保管员日常工作制度》、《文物出入库制度》、《文物提取制度》，并同文物库房保管员签订合同，对库房消毒和温、湿度控制等方面进行了严格要求，保证文物始终处在干燥、无虫、无菌的安全环境中。保管人员按章办事，认真落实工作任务，通过不懈努力，使文物藏品管理越来越规范化和科学化。

东营市历史博物馆注重藏品的日常的科学养护和保护修复等。日常养护是根据藏品的特性，控制环境，使藏品的质变降到最低限度，并采取一定的技术措施制止藏品的自然和意外损失。保护处理技是运用化学、物理等方法消除藏品"病害"，如除锈、杀虫灭菌、去污、去霉、脱水、加固等等。修复是运用一定的技艺，将变型、残缺、破损的藏品，经整型、焊接、钻接、粘接、补配、着色、托裱、加固等多种工艺技术使藏品恢复原貌或使其坚固而不易损坏。

1、纸质文物的保护。东营市历史博物馆将征集的一批纸质文物，采用传统技术进行了托裱加固保护，既方便了举办展览之用，又使文物得到了有效的保护，延长了保存年限。

2、铁器的防锈保护。东营市历史博物馆收藏的铁器大都未进行过防锈处理，锈蚀十分严重。业务人员对库房内的铁器进行了防锈封蜡处理。经处理后的铁器，即达到了"不改变文物原貌"的保护要求，又能防止有害物质的侵入。

3、齐刀币修复。2005年，对25枚锈蚀严重、铭文模糊的齐国刀币进行除锈、焊接、整形、补配、做旧修复。经过修复，刀币恢复了原貌。

考古发掘　自博物馆成立以来，通过配合各项工程的施工，先后对营子遗址、五村遗址、傅家遗址和南河崖遗址进行了较大规模的发掘。

[傅家遗址发掘]　自1985年至1996年，配合山东省文物考古队，先后5次对其进行了抢救性发掘清理，共揭露面积707平方米，发现大汶口文化时期的墓葬508座，灰坑214个，水井4眼，出土石器、骨器、角器、陶器、玉器等各类文物403件。在大汶口文化时期的M392中，发现墓主颅骨右侧顶骨的靠后部有一直径为31×25毫米的近圆形颅骨缺损。后经省内外考古学、人类学、医学界著名专家的充分论证，认为墓主生前曾施行过开颅手术，此缺损边缘的断面呈光滑均匀的圆弧状，应是手术后墓主长期存活、骨组织修复的结果。这是中国目前所见最早的开颅手术成功的实例，比中国以前发现的开颅术实例提前了1000余年。傅家遗址的文化面貌同鲁南地区的大汶口文化有明显区别，代表了鲁北地区一个新的文化类型，为研究这一地区大汶口文化的地方类型和文化分期提供了重要的实物资料，也为深入探讨黄河下游地区的古代文明提供了十分宝贵的资料。

[五村遗址发掘]　1985年10月13日至12月13日，山东省文物考古研究所和广饶县博物馆联合对其进行了首次系统钻探与试掘。1986年4月至6月再次对其进行发掘。两次发掘共开探方（沟）36个（条），发掘面积700余平方米，共清理大汶口文化、周代、汉代等时期灰坑（沟）580余个（条）；居住址、烧土面（坑）等10余处，大汶口至汉代墓葬106座，出土玉器、石器、骨器、蚌器、陶器等各类文物160余件。出土陶器多为红陶，彩陶发达，素面为主，流行钮饰，器类单一，手制粗糙，器型不规整，石质生产工具较少，墓葬均为小型墓，多数没有随葬品。墓区集中，随葬器物组合有一定规模。五村遗址出土的遗迹遗物，不论从时代还是文化内涵看，都与傅家大汶口文化类型一致，共同构筑了傅家遗址大汶口文化类型。

[营子遗址发掘]　1982年11月18日至12月8日，山东省文物考古研究所联合博物馆对其进行抢救性发掘清理，发掘面积225平方米，出土了大批龙山文化至汉代时期的遗存，遗迹有灰坑、窖穴、墓葬等，遗物有陶器、石器、骨器、蚌器等。其中岳石文化遗存最为丰富，且最具代表性。

[南河崖一号遗址发掘]　2008年3月20日至6月上旬，由山东大学考古系联合山东省文物考古研究所、东营市历史博物馆共同对南河崖一号遗址进行正式考古发掘，历时2个月左右，发掘面积1000平米，出土了大批距今3000年前商周时期的煮盐遗存，以及距今2000年前战国至西汉时期的墓葬。商周时期的煮盐遗存主要有卤水沟1条、刮卤摊场1处、淋卤坑近20个和盐灶3座，另外还发掘出25个灰坑、5座房址。战国至西汉时期的墓葬11座，随葬品比较丰富，主要包括铜镜、铜熏炉、玉璧、玉塞、玉含、漆镜盒及陶罐、陶壶、盉形器等，同时还发现多具动物骨架。本次发掘是我国古代海盐生产遗址的首次大规模科学发掘，对于研究我国制盐历史及流程具有重要意义。同时这批商周煮盐遗存和战国西汉墓葬是整个山东北部地区最靠近现代海岸线的考古发现，这在很大程度上破除了"这里是只有几百年历史的退海之地"的传统认识，对于研究古代海岸变迁、制定现代防治海水倒灌的相关对策也具有重要学术价值。

文物保护单位保护管理　广饶县共有各级文保单位103处，其中国家级2处、省级4处、市级11处、县级86处。多年来，东营市历史博物馆加大了文物保护力度。2004年冬，投资20多万元为全县所有文保单位树立了保护标志碑。建立了文物保护单位记录档案。2006年12月12日，广饶县人民政府以广政发[2006]41号文件对全县103处各级重

宋　关帝庙大殿

点文物保护单位的保护范围及建设控制地带进行了重新划定公布。为加强野外文物遗址的保护，由遗址所在村的村委组成文物保护小组，每个小组3人左右，负责日常管理与保护。

科学研究　东营市历史博物馆有科学研究人员11人，分布在考古保管部和陈列群工部等业务部室。发表科研论文如下：颜华《一本〈共产党宣言〉的来历》（《山东支部生活》第10期，1983年）何德亮、颜华《山东广饶新石器时代遗址调查》（《考古》第9期，1985年）；颜华《浅谈文物保护与管理》（《山东省博物馆学论文集》第2辑，1985年）；任树德、赵金炎《孙武里籍探考史刍议》（新华出版社《孙子研究新论》，1992年1月）；赵金炎、颜华《齐国乐安故城考》（新华出版社《孙子研究新论》，1992年1月）；战兆生、任树德《从方志看孙武里籍》（新华出版社《孙子研究新论》，1992年1月）；王建国《章丘县宁家埠新石器时代至汉代遗址发掘调查报告》（《山东济青高速公路章丘工段考古发掘报告集》，1993年7月）；王建国《山东章丘龙山三村窑厂遗址调查简报》（《华夏考古》第1期，1993年）；王清江《孙武故里在广饶考辨》（中原农民出版社《改革命大潮中的山东》，1993年3月）；王清江《孙子与齐文化》（军事科学出版社《孙子探胜》，1993年6月）；王清江《〈孙子兵法〉的领导决策思想》（石油大学出版社《孙子与齐文化》，1993年8月）；侯青孔《孙武故里"惠民说"的错出原因析——兼说强加给林宝的编辑体例》（石油大学出版社《孙子与齐文化》，1993年8月）；王建国《山东广饶西杜瞳遗址调查》（《考古与文物》第1期，1995年）；任树德《谈新形势下博物馆的人员管理》（《孙子学刊》第1期，1995年）赵正强《山东广饶佛教石造像》；（《文物》第12期，1996年）李莉《勤学苦练是提高讲解员水平的有效

方法》；（《山东省第二届"爱我家乡讲解员大赛论文选集"》，1999年5月）；荣子录《广饶博物馆馆藏瓷器浅议》（《考古与文物》总第124期，2001年2月）；赵正强《黄河三角洲北朝佛教石造像》（《黄河三角洲文化战略研究》，2001年8月）；张万春《大汶口文化发现与研究概论》（《史前研究》，2004年9月）；赵金《中国古代乡里制度的演变》（《山东人事》第3期，2004年）；赵金、刘建爱《抗日战争中的中共清河地委》（《齐鲁文史》第5期，2005年）；赵金《汉代名臣倪宽》（《山东人事》第5期，2006年）；荣子录《浅谈博物馆服务营销的管理》（华文出版社《甲午纵横》，2006年8月）；荣子录《简论中国入世对博物馆的影响》（华文出版社《甲午纵横》，2006年8月）；赵金《文博人员应注重"德智体"全面发展》（《中国当代文博论著精编》，2006年11月）；荣子录《一面金代铜镜——兼谈金代铜禁》（《中国文物报》总第1542期，2007年8月）。

编辑出版书刊、专著等如下：

李祖德主编《孙子研究新论》（新华出版社，1992年）；赵嘉朱主编《孙子研究文献备要》（新华出版社，1992年）；逄振镐主编《孙子与齐文化》（石油大学出版社，1993年）；尹秀民主编《文博研究集粹》（东营市新闻出版局，1999年5月）；张秀香、赵英秀主编《孙武·乐安·广饶》（石油大学出版社，2000年11月）；尹秀民主编《广饶文物概览》（内蒙古人民出版社，2001年1月）；张万春主编《东营市历史博物馆简志》（中国国际广播出版社，2002年12月）；孙向忠主编《吕剧起源问题辨析》（东营市新闻出版局，2005年1月）；张万春主编《关羽和广饶关帝庙的传说》（东营市新闻出版局，2005年1月）；张万春主编《漫话柏寝台》（中国文史出版社，2005年7月）；张万春、王廷文主编《兵圣孙武》（中国文史出版社，2005年7月）。

交流合作

[学术交流]　2000年6月15日，张万春、刘桂芹、孙庆祥参加了山东首届文物科学报告月活动，就博物馆的安全保卫和考古保管工作和与会专家及博物馆同仁进行了探讨和交流。

2001年，赵正强到滨州参加黄河三角洲文化论坛，提交的论文《黄河三角洲北朝佛教造像》，受到与会专家、学者的高度重视，并作为优秀论文编入《黄河三角洲文化战略研究》。

2004年4月15日，荣子录到济南参加山东省第二届文物科学报告月活动，提交的论文《简论中国入世对博物馆的影响》在大会上进行交流，受到与会者的一致好评。

[展览交流]　2004年3月，东营市历史博物馆搭载山东省博物馆这个平台，将馆藏编钟运至韩国巡回展出，展出时间2个月，对促进两国文化的交流和两国人民的相互了解，起到了积极的作用。

[人员交流]　1988年4月至1991年6月间，东营市历史博物馆王建国交流到山东省文物考古研究所工作，参加了济青高速公路沿线的田野考古发掘，积累了丰富的实践经验。1988年4月至1989年6月，参加了章丘县宁家埠遗址的大型田野考古发掘。1989年6月，又参加了章丘县王推官岳石文化遗址的考古发掘。1989年秋参加了寿光纪国故城址的考古发掘。1990年夏，参加了章丘绣惠女郎山墓地的考古发掘。1991年春，在章丘龙山镇王村发现了一处距今约8500年前的新石器时代早期古文化遗址，成为我省一例重大考古发现。

经营管理

[单位性质]　国有事业单位

[经费来源]　全额财政拨款

[机构设置]　下设办公室、陈列群工部、考古保管部和治保科4个副科级部室，另设孙武祠管理委员会一个职能部门。

[人员编制、组成]　定编27人，实有在编人员23人。在职职工中，有大学本科学历的14人，大专学历的9人。有副高级职称的2人，有中级职称的6人，有初级职称的10人。

[服务观众项目]　东营市历史博物馆设有三个免费停车场：一是展厅综合楼门前停车场，面积7800平方米；二是孙武祠门前停车场，面积1300平方米；三是孙武祠后门停车场，面积860平方米。均按自配停车场规范标准设停车分区、停车回车线、出口和入口。四周花草遍地，美观大方，与游览景观协调一致。

东营市历史博物馆在馆内和孙武祠内都制作并竖立了参观游览示意图和公共信息导览标志。

东营市历史博物馆制作了简介折页、明信片、展厅内容介绍等，并编辑了专用导游词，配备了5名专职讲解员。为解决游览高峰期讲解员人手不足的问题，又投资6万元购置了30部导览机。讲解服务质量基本达到了规定要求。

东营市历史博物馆建立紧急救援机制和紧急救援体系。设立了医务室，配备了医护人员和日常药品，制订了突发事件处理预案，进一步提高应急处理能力，保证文物和观众安全。

东营市历史博物馆将卫生责任分片划区，责任到人，明确1名副馆长分管卫生工作，坚持每天对卫生区清扫1遍，垃圾实现了日产日清。设有5处厕所，厕内通风、采光良好，干净卫生、无异味、无污渍。

为方便游客购物，特别是旅游纪念品购物，在馆内开设了旅游纪念品商店，出售各类与馆藏文物和孙武有关的图片、明信片、邮票、纪念册、合金像、纪念卡、画册、纪念像章等。为了规范从业人员经营行为，还不断加强从业人员的教育和管理，使购物市场环境整洁，秩序良好，无围追兜售、强卖强买现象。

［观众接待］　年观众量6万人次。

参观指南

［地址］　山东省东营市广饶县城月河路270号

［邮编］　257300

［电话］　0546-6441014（办公室）

　　　　　6925307、6925308（售票处）

［传真］　0546-6441014

［电子邮箱］　dybwg@126.com

［开放时间］　周二至周日全天开放，周一闭馆

［票价］　博物馆免费，孙武祠10元/人。

（主编：荣子录　编辑：李娟、赵金、田茂磊、李莉、刘建爱、燕晴山、张晓彬、赵文文、王莹莹）

宁阳县博物馆

Ningyang Museum

概述

类型　地方综合性博物馆

隶属关系　隶属于宁阳县文化体育局

创建时间　1995年

所在位置　现有宁阳文庙和宁阳禹王庙两个馆址。宁阳文庙位于宁阳县城东街313号，宁阳禹王庙位于伏山镇大汶河南岸。

面积　文庙占地3777.3平方米、禹王庙占地16841.4平方米

建筑、布局　宁阳文庙至上世纪末期，由于种种原因，仅存面临倾圮的大成殿、大成门及东西两庑。按照"保护为主，抢救第一，合理利用，加强管理"的工作方针，宁阳县博物馆从2004年开始投入资金搬迁了院内住户，拆除大小房屋50余间，重修大成殿、大成门、东西

1.文庙棂星门　2.文庙泮池泮桥及大成门　3.文庙大成殿　4.禹王庙大门

禹王庙院内

众15万人次，取得了明显的社会效益。

藏品管理

[藏品统计]　共收藏石器、陶器、瓷器、铜器、玉器、字画等各类文物1450余件，其中三级以上文物485件。另外还保存有经、史、子、集四大类的明、清时代古籍线装书3714册，善本书454种。

[藏品保护]　宁阳县博物馆在文庙院内建有砖混结构库房4间，实行24小时值班制度，库房门窗双层加固，实行双人双锁出入库制度，各种监控报警消防设施配备齐全，三级文物藏品入橱入柜率达96%，二级文物藏品由泰安市博物馆代为保存。

庑，恢复了乡贤祠、名宦祠、东西廊、沿街房、泮池泮桥、棂星门等原有建筑，木构件全部进行油漆、彩绘、贴金，制作了圣台、圣像、圣龛，绿化、硬化了院内地面。2006年底完成了文庙一期工程项目建设，使文庙得到了较好的保护。下一步将全面恢复文庙三进院明伦堂、东西斋、敬一亭和庙前跨路东华门、西华门、金声玉振坊、万仞坊、琉璃照壁等原有建筑。禹王庙作为县博物馆另一处馆址，原名汶河神庙，明成化十一年（1475年），因建罡城坝立庙。宁阳县博物馆近年来不断加大对禹王庙的抢救维修力度，先后修复了大殿、东西两庑、庙门，清除院内淤土两万多立方米移至庙后堆筑成丘，重建了庙墙，铺设了院内神道，开辟了庙前广场、大道，雕塑制作了禹王座像及其神龛，制作了贴金云龙匾额，庙门前置石狮两尊。院内外遍植银杏、柏树，繁育苗木花卉，美化了环境。

汉　九连枝陶灯

历史沿革　1995年7月31日，宁阳县编制委员会以宁编发〔1995〕20号文件，批准成立宁阳县博物馆，与县图书馆合署办公，编制7人，为股级差额事业单位（保全额工资），人员从县图书馆人员中调剂，实行两块牌子，一套班子，设馆长一名，副馆长两名。馆址为宁阳文庙。

2003年11月，宁阳县图书馆另择新址迁出文庙，2007年2月与博物馆正式分离。现宁阳文庙、宁阳禹王庙作为宁阳县博物馆馆址，两处均为山东省历史优秀建筑、山东省文物保护单位。

历任馆长　李登高，于勇。

大汶口文化　白陶鬶

业务活动

陈列展览　宁阳县博物馆充分发挥文庙的载体作用，文庙一期工程竣工后，将东、西两庑辟为展室，先后举办了《历代货币展》、《郑家庄汉墓展》、《全县文物普查成果展》、《全市文物精品图片展》、《非物质文化遗产展演》、《科学发展·共建和谐》等展览活动，已接待观

大汶口文化　镂空陶豆

参观指南

[地址] 宁阳县城东街313号文庙、伏山镇禹王庙

[邮编] 271400

[电话] 0538-5621219

[传真] 0538-5700010

[电子邮箱] stnyb@tom.com

（撰文：宁阳县博物馆）

齐国故城遗址博物馆
Museum of Ancient State Qi Relics

概述

类型 社会科学类历史专题博物馆

隶属关系 隶属于临淄区文化局

创建时间 1983年5月

正式开馆时间 1987年5月

所在位置 位于齐国故城宫城遗址东部

面积 占地面积1.5万平方米、建筑面积2632平方米

建筑、布局 主体建筑是文物陈列馆，外型采用了齐国故城大城和小城的平面模式，青砖垒砌，形似古城堡，设有南、东两个拱形圆门，门楣上嵌有"齐琼元府"四个金文大字，意思是收藏陈列齐国精美文物的第一府第。曾列为全国十大异型博物馆建筑之一。

历史沿革 齐国故城遗址博物馆创建1983年5月，1987年5月正式开馆。

建国初期，临淄县文化馆设一名馆员，分管文物工作，开办了简易文物陈列展室，农历每月逢五、逢十西关大集免费开放，宣传教育群众。1975年，临淄区文物管理所建立，编制4人。1978年冬，在齐国故城大小城衔接处，建办公室4500平方米，并在院内建建筑面积450平方米文物陈列楼一座，展出临淄出土文物。1983年，文物管理所晋升为区直副局级单位，工作人员增至9人，分设业务、行政、保卫三个股。同年，新扩征地10189平方米，筹建文物陈列馆。1984年5月，齐国故城遗址博物馆正式挂牌成立。1997年，对文物陈列馆进行大规模陈列改造，聘请中国博物馆陈列艺术委员会副主任费钦生为总体设计，大胆地运用雕塑、影视等现代科技手段再现齐国历史，将文物陈列馆命名为"齐国历史博物馆"。

历任馆长 张龙海（1983～1992）；杨英吉（1992～1998）；张志义（1998～2004）；韩伟东（2004至今）。

业务活动

基本陈列 举办了《齐国历史陈列》，陈列面积1500平方米，展出藏品数308件（套）。该陈列在用大量的文物珍品展示齐国历史的同时，使用了电影、电视、沙盘、模拟场景、3D动漫、数字控制等现代化高科技现代展示手段。

《齐国历史陈列》共有15个展厅，每个展厅都有各自不同的艺术特色。一是主题突出，创意独特。如《序厅》，从陈列馆东门步入，迎面是一块镶在红木内的长方形铜镜，是仿临淄大武汉齐王墓出土的全国最大的青铜镜而作，体现了"以人为鉴，可知得失，以史为鉴，可知兴替"的含义。由镜两侧进入《序厅》，首先是巨幅齐长城照片，"长城"脚下，以自然巨石铭刻着陈列简介；厅中间耸立着三根原始巨木，恰似一个古齐字。南边是齐国的地理位置图。整个布局明亮、简洁，交相辉映，寓意深刻，给游客以某种启迪。二是合并同类项，相对集中。将同类文物集中在一个典型时代或环境。如将各类带钩陈列于"桓公霸业厅"，以展示齐桓公不计一箭之仇的恢宏气度；将各类兵器集中于"武威厅"，以示齐国兵家之强盛；将钟、磬等各类乐器集中于"韶乐厅"，佐证了

齐国故城遗址博物馆大门

东周 殉马坑

"其民无不吹竽、鼓瑟、击筑、弹琴、蹴鞠、六博者"。三是注重参与，活跃气氛。韶乐是齐国音乐的精华，是东夷文化的结晶。所以，建设了韶乐演奏厅，复制了编钟、编磬和陶埙、古琴、排箫等古代乐器，还利用电视抠蓝、光学等数字技术制作了幻影成像"孔子闻韶"，让游客在

参观过程中，亲自参与演奏，或观看韶乐的演奏和"孔子闻韶"历史典故的场景再现。四是详略得当，前后照应。先齐时期的陈列，以称之为山东古陶、原始社会的石器为主，配置于桐林遗址出土地层取样，作为陈列的开端。重点突出了齐国的建立、发展和兴衰。结束部分由汉高祖再建齐国、韩信封王、田横自殉，以徐悲鸿根据司马迁遗愿而绘制的巨幅油画《田横五百士》作结，让游客在较短的时间内领略了齐国千余年的历史，发出叹为观止的感慨！

该陈列曾两次评为全国十大陈列精品展览提名奖。

专题展览 齐国故城遗址博物馆还有《东周墓殉马坑》、《齐国故城排水道口》、《齐国故城城墙遗址》、《孔子闻韶处》、《宫殿建筑遗址桓公台》等古文化遗址的专题展览。

临时展览 齐国故城遗址博物馆建馆30多年来，先后举办了《清廷珍品展》、《淄博市革命文物展》、《馆藏书画展》、《古钱币展》、《历代佛像展》、《齐长城图片展》等临时展览数十个。

藏品管理

[藏品来源] 征集和考古发掘。

[藏品类别] 藏有陶瓷器、铜器、铁器、玉石器、金银器、兵器、钱币、书画、等十几个门类。

[藏品统计] 藏品总数12.11万件。其中陶瓷器824件，铜器1302件，古钱币117468件，玉石器689件，铁器89件，兵器154件，字画218幅，革命文物35件，其他1244件。

[藏品保护] 全面改造提升了文物库房，更换了文物橱柜，增添了通风、恒温恒湿设施以及库房环境监测设备。编制了馆藏金属器保护修复方案，已经过国家文物局批准，聘请故宫博物院修复专家和上海青铜器修复专家，利用传统技术和现代科技对馆藏金属器进行防粉锈等技术处理。

科学研究 有外聘专家和内部技术人员组成的文物保护修复科研队伍。建有文物修复室和文物保护实验室，增添了文物修复、文物保护实验设备。

东周墓殉马坑马骨防水防潮防风化技术获国家科技成果进步三等奖。原博物馆副馆长郑德新为项目主持人。

宣传教育 编辑出版了《临淄齐文化旅游系列丛书》、《辉煌岁月》、《临淄文物精粹》、《临淄新出土文物集粹》、《走进齐都》等学术专著，出版发行了《齐琼元府》、《东方名都——临淄》、《齐城风光》、《韶乐》等专题系列电视片。录制了《东方名都》、《大国风范》影视录像。成立了"临淄稷下学宫文化交流中心"，

西汉 矩形龙纹大铜镜

战国 错金银镶绿松石铜牺尊

北齐 鎏金铜佛

开展了齐文化学术交流，定期举办齐文化报告会、讲座。

交流合作　举办、承办了"临淄汉代铜镜铸造业国际学术研讨会"、"全国县级博物馆展示服务提升现场会"等国际国内大型会议，进行了广泛合作与交流。

与故宫博物院开展馆际交流。在齐国故城遗址博物馆举办了《清廷珍宝展》，在故宫博物院举办了《临淄出土文物精品展》；与抚顺市博物馆联合举办了《雷锋事迹生平展》；与孔繁森同志纪念馆联合举办了《孔繁森事迹展》。

每年都派出业务人员分赴山东省博物馆、故宫博物院、上海博物馆参加对口培训，故宫博物院、上海博物馆经常派专家来齐故城博物馆进行业务技术指导。

经营管理

［单位性质］　国有事业单位

［经费来源］　财政拨款

［人员编制、组成］　编制30人，在职25人。另外聘有大专以上学历、年龄在21～25岁、普通话好、讲解水平高的讲解队伍，并且常年招聘，实行末位淘汰制，保持了讲解队伍的稳定和质量。现在职25人中，中层以上管理人员7人，均具备大专以上文化程度，年龄在35～50岁，年富力强，具有丰富的管理经验。研究馆员2人，副研究馆员1人，馆员14人，助理馆员5人，高级技术工人2人，中级技术工人1人。专业技术人员中，高、中、初级职称人员比例适当，结构合理。单位每年都列支相当比例的专项经费，有效地实施员工考核奖励制度，有计划地开展在岗培训、脱产培训等多种形式的教育培训。

［服务观众项目］　齐国故城遗址博物馆为社会各界提供参观游览、学术交流、学术研究、导游服务、业务咨询等一系列活动。

［观众接待］　年均约20万人次

参观指南

［地址］　山东省淄博市临淄区齐都镇张皇路7号

［邮编］　255422

［电话］　0533-7830229（办公室）
　　　　　0533-7823606（售票处）

［传真］　0533-7836006

［电子邮箱］　qggcyzbwg@163.com

［网址］　http://www.qggcyz.com

［开放时间］　夏季：8：30－17：30
　　　　　　　冬季：8：30－17：00

［票价］　30元/人

（撰文：齐国故城遗址博物馆）

安丘市博物馆

Anqiu City Museum

概述

类型　地方综合性博物馆

隶属关系　隶属于安丘市文化局

筹建时间　1984年1月

正式开馆时间　1986年4月1日

所在位置　位于安丘市老城区西北角的汶河南岸

博物馆陈列大楼

面积　占地面积1.1万平方米、建筑面积2300平方米

建筑、布局　安丘市博物馆坐北朝南，主要建筑是一座仿古式具有民族风格的二层陈列大楼，内设9个展室，1个接待室。院门口两侧的仿古建筑为办公室。

历史沿革　安丘市博物馆前身为文物组，曾先后由县文化馆、图书馆代管。1956年，县政府文化科设文物组。1963年，文物组划入县文化馆管理。1978年，文物组又划入县图书馆管理。1984年1月，安丘县第十届人民代表大会第一次会议通过关于筹建博物馆的决议。8月，中国革命博物馆罗歌教授应邀来安丘指导文物工作，听取了县政府领导关于筹建博物馆的意见，他随即给安丘县委、安丘县人民政府书写一封关于筹建博物馆的建议信。安丘县人民政府于1984年12月选址破土动工。1985年10月，老革命家、老将军、著名书法家魏传统为博物馆书名。1986年3月，安丘县博物馆落成，4月1日正式对外开放。博物馆建成后，因当时未列编制，仍由县图书馆代管。1990年2月，安丘县博物馆正式成立，并兼管全县的文物保护管理工作。1994年3月，安丘撤县设市，安丘县博物馆改称安丘市博物馆。

历任馆长　陈立兴、韩宗祥、刘冠军。

业务活动

专题陈列 安丘市博物馆建馆至今，曾先后主办、承办、合办短期专题陈列70余个。主要有：1986年4月，《全国名人书画展》，展厅面积780平方米，展出全国124位名人书画455幅。10月，《安丘驻军赴滇作战英雄事迹展》，展厅面积390平方米。1987年10月，《安丘老干部书画、盆景暨先进事迹展》，展厅面积560平方米。1988年7月，《刘锡铜书法展》，展厅面积280平方米。1989年5月，《全县青年书画作品展》，展厅面积440平方米。11月，《苏鲁皖十县（市、区）书画联展》。1990年10月，《馆藏古字画展》，展厅面积280平方米，展出作品96幅。1990年5月，《马萧萧、张大铎书画展》，展厅面积440平方米，展出作品200余幅。1991年1月，《交通安全展》。7月，《庆祝建党七十周年安丘党史展》，展厅面积170平方米。1992年1月，《安丘县第一届农民书画展》。1993年10月，《台湾画家刘铭指画展》，展厅面积170平方米。1994年10月～1995年10月，《韩书文、吴世香根雕泥塑剪纸展》，展厅面积170平方米。1995年10月，《安丘市精神文明建设成果展》。1996年1月，《潍坊市反腐倡廉展览》。10月，《郑学信、李绵祖书画展》，展厅面积170平方米。1997年7月，《东古庙出土文物展》，展厅面积170平方米，展出文物200余件。1998年4月，《国家安全宣传教育展览》。1999年10月，《安丘市建国五十周年成就展》。2000年5月，《崇尚科学文明、反对封建迷信展》。11月，《刘星池甲骨文书法绘画展》。2001年1月，《新世纪名人书画展》，展厅面积340平方米，展出作品150幅。2003年10月，《安丘市首届书画名人回乡作品展》。2004年1月，《迎新春馆藏文物展》，展厅面积380平方米，展出各类文物200余件。此次展览以考古分期为序，以人类社会历史发展脉络为依据，充分展现安丘的历史面貌。2006年2月，

《城市房地产杯迎新春书画展》，展厅面积380平方米，展出作品160余幅。2007年2月，《眼科医院杯新春楹联、民间书画藏品展》，展厅面积380平方米，展出作品200余幅。以上陈列深受广大观众的好评，收到了良好的社会效益。

藏品管理

[藏品来源] 征集、捐献与发掘。

[藏品统计] 安丘市博物馆现有藏品19个类别2000余件，其中石器102件，骨蚌器12件，陶器185件，瓷器152件，铜器220件，铁器11件，其它金属器7件，玉器111件，古钱币31件，古籍600余部，古字画203件，文具7件，印章83件，石刻48件，碑拓127件，纪念章8件，近现代兵器14件，近现代名人书画49件，其他44件。均来源于安丘市境内。

[重要藏品] 有新石器时代的玉铲、玉钺、玉璇玑，大汶口晚期的陶鬶、陶背壶，商代石镰，汉代石砚等，皆为一级藏品。其它珍品有商代陶爵，西周铜鼎、铜鬲，春秋时期的铜罍、铜鼎、铜壶、铜匜，汉代石龟，北齐石刻菩萨立像，清代玉山以及明清著名书画家张瑞图、仇英、诸升、郑燮、刘墉等人的书画作品。

博物馆院内陈列大楼东侧有一座东汉时期的大型画像石墓——安丘董家庄汉画像石墓。1959年在安丘市凌河镇董家庄村北修建牟山水库时发现，1959年12月～1960年3月，山东省文物管理处派人清理发掘并搬运到县城存放，1963年复原于此，博物馆建成后对外开放。2006年12月，山东省人民政府公布其为省级文物保护单位。

安丘董家庄汉画像石墓画像内容丰富、形象生动，雕刻娴熟细腻，技法多样，集汉画像石艺术之大成。这是中国迄今发现的最大的画像石墓之一。墓室全部用预制的石灰石构筑，由甬道和前、中、后三室及两耳室组成。南北长14.3米，东西宽7.91米，占地面积70.15平方米。共用石材224块，其中103块刻有画像。画像满布墓门和三个墓

董家庄汉画像石墓

卧牛石

室，除有几处未完成的画像外，共有画面69幅，总面积达146平方米。日月星象和伏羲女娲、雷公出行、仙禽神兽等神话题材的画像散布于各室顶部和四壁上部。前、中、后三室是表现墓主经历和生活的车马出行、乐舞百戏、狩猎等画像，以及传说中泗水升鼎和孔子问道等故事画像。画像分别采用浅浮雕、高浮雕、透雕、凹面、阴线刻等不同雕刻技法，雕刻细腻，图像清晰，栩栩如生。特别是墓室中轴线上的三根立柱，用高浮雕和透雕技法刻出众多奇异的神话人物和各种神兽，是罕见的汉代艺术杰作。

安丘市博物馆陈列大楼前、院中央放置一块长3.4、宽1.1、高1.2米，重约6吨的天然巨石，名曰："卧牛石"。传为邑人曹锡田遗物，原在兴安街办宋家园村，1992年10月征集入馆。

曹锡田，字建福，清嘉庆二十二年（1817）进士，官湖北巴东知县，勤政恤民，清正廉洁，革陋除弊，为民拥戴。辞官归乡之际，县民欲有所赠，问："公治巴东数载所喜为何？"遂戏言："唯喜当地草鞋与东山一块大卧牛石"。不意未及一年，两者俱已运抵。曹锡田将石置于花园内，亲题"小巫峡"三个字镌刻其上，以示不忘巴东父老的深情厚意。卧牛石屡有题刻，刻铭满布，真、草、隶、篆各体俱全。

宣传教育　1992年10月，安丘市文化局、安丘市博物馆共同编著《安丘董家庄汉画像石墓》一书，由济南出版社出版。1993年12月，该书荣获山东省第九届社会科学优秀成果三等奖。

经营管理

　　[单位性质]　国有事业单位

　　[经费来源]　全额拨款

　　[机构设置]　内设保管部、陈列部、办公室、保卫科等4个业务部门。

　　[人员编制、组成]　现有工作人员12名，其中副研究馆员1名，馆员2名。

　　[服务观众项目]　博物馆除举办专题性临时陈列外，院内董家庄汉画像石墓长年对外开放。

　　[观众接待]　年参观人数1.2万人次。

参观指南

　　[地址]　山东省安丘市潍安路127号

　　[邮编]　262100

　　[电话]　0536-4222256

　　[传真]　0536-4212220

　　[电子邮箱]　aqbwgbgs@163.com

　　[开放时间]　上午8:00-11:30、下午14:00-17:00

　　[票价]　免费

（撰文：辛保健、刘冠军）

邹城博物馆

Zoucheng Museum

概述

　　类型　地方综合性博物馆

　　隶属关系　隶属于邹城市文物旅游局

　　筹建时间　2000年

　　正式开馆时间　2002年6月29日

　　所在位置　位于邹城市区南部，与孟庙、孟府毗邻

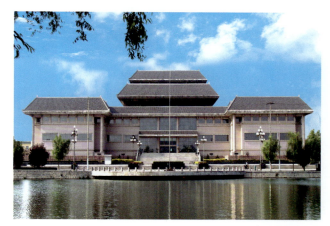

邹城博物馆全景

　　面积　占地24500平方米、建筑面积12500平方米、陈列面积5000平方米

　　建筑、布局　主要建筑布局大致为：陈列展览区、文物库房区、学术交流及办公区、安全防范及后勤保障区。博物馆造型为传统仿古式建筑，建筑主体为中轴对称式，建筑造型采用中国传统建筑的坡顶、基座、台阶的形意，通过柱、拱线条及其它建筑构件的合成，加之东南西北四角的块体，形成一整体气势，建筑体量宏伟、雄浑博大，具有浓厚的地域文化特色，展现了孟子故里博大丰厚的文化底蕴。

　　历史沿革　邹城博物馆筹建于2000年，2002年6月29日建成开放。书法大师欧阳中石题写馆名。邹城博物馆总投资4000余万元，由地下一层，地上三层，主楼四层构成，总高度28.26米。

　　历任馆长　孙兴泉、王军、程明。

业务活动

　　基本陈列　邹城博物馆现有6个基本陈列厅，分别是

《精品厅》、《史前厅》、《石刻厅》、《青铜厅》、《陶瓷厅》、《北朝摩崖刻经厅》。陈列面积3800平方米，展出藏品562件（套），其中重要藏品64件（套）。尤以秦峄山刻石、西汉莱子侯刻石、元代青花云龙罐、西晋围棋子等最负盛名。

专题陈列　2007年，为迎接第一届中华母亲文化节而举办了《中华母亲节专题展》，展厅面积500平方米。2008年，为迎接中国汉画学会第11届年会，特举办了《6县（市）汉画拓片展》，展出拓片99幅，展览面积500平方米。

藏品管理

　　[藏品来源]　邹城博物馆根据自身的性质和特点，通过孟府旧藏、考古发掘、田野采集、社会调查征集、收购、接受捐赠、追缴、拣选、接受移交等多种来源和途径，有目的有计划地不断补充和丰富馆藏。

　　[藏品类别]　有金属、石质、陶瓷、纸质、纺织品、木器、书画、古籍等。

　　[藏品统计]　馆藏文物15149件

　　[重要藏品]　其中史前文化陶器、商周青铜器、东周陶文、汉画像石、元代服饰、明清古籍等文物独具特色，是邹城馆藏文物中的精品，具有较高的历史价值和艺术价值。

　　[藏品保护]　馆藏文物除部分石质文物外，全部保存于展厅和库房中。多数珍贵文物被置于展厅陈列柜中，陈列柜封闭紧严，使文物能够避免温湿度的剧烈变化，环境较为稳定，受外界干扰较少。库房为密闭式无窗地下建筑，减缓了空气对流和日光辐射，并安装了抽风设备除潮，具有防干、防光、防尘、防污染等功能。馆藏文物有一个相对稳定的保存条件和保存环境，使多数文物处于较为适宜的环境中，阻止或延缓了文物的自然损坏过程。为改善藏品保管条件，投资7万元购买了统一的藏品保管橱架，根据藏品的类别和质地按类入库排架，做到每件藏品都有固定位置，编制易于提用和保管的藏品方位卡，标明藏品在库内的具体位置。为部分珍贵藏品制作了囊匣，由专人负责保管。

　　宣传教育　邹城博物馆非常重视宣传教育工作，先后出版了《邹城汉画像石》、《邹城瑰宝》、《邹城导游词》、《邹城博物馆》、《大汉雄风—中国汉画学会第十一届年会论文集》。

经营管理

　　[单位性质]　国有事业单位

　　[经费来源]　财政拨款

　　[机构设置]　设置有办公室、群工部、保卫部三个机构。

　　[人员编制、组成]　共有人员30人，其中在编人员12人，招聘人员18人。

　　[观众接待]　年观众人数25600人。

参观指南

　　[地址]　邹城市顺河路56号

　　[邮编]　273500

　　[电话]　0537-5253301

　　[电子邮箱]　zcbwg@126.com

　　[开放时间]　星期二至星期日，星期一闭馆。

　　[票价]　免费

（撰文：邹城博物馆）

沂源博物馆
Yiyuan Museum

概述

　　类型　地方综合性博物馆

石刻厅

沂源博物馆外景

隶属关系　隶属于沂源县文化局

筹建时间　2005年4月

正式开馆时间　2006年4月

所在位置　沂源县鲁山路文化苑三楼

面积　整个文化苑占地面积80000平方米、主体楼总建筑面积12000平方米

建筑、布局　文化苑分为主体楼、两侧综合楼和文化广场三部分，外观像刀币。

历史沿革　沂源博物馆筹建于2005年4月28日，2006年4月29日建成并对外正式开放。沂源博物馆位于立体楼三楼，总面积2526平方米，分为四个展厅，包括一个基本陈列展厅，三个专题陈列展厅。

历任馆长　杨中华。

业务活动

基本陈列　沂源博物馆基本陈列是《文物精品展》。该展按照时空顺序和器物类型相结合、普通专柜与中央展柜相结合的方式设计，呈现多层次空间而又不失侧重点的艺术特点。陈列面积614平方米，共展出200余件文物精品，有化石、石器、陶器、青铜器、铁器、瓷器、金银玉器等多种类别。重要展品有最早的山东人——"沂源猿人"头盖骨化石，沂源县西鱼台遗址出土的大批青铜器重器等等。

专题展览　三个专题展览分别是《沂源经济社会发展展》、《沂源城市规划展》和《牛郎织女仙境民俗展》。每个展厅面积都是500平方米。《沂源经济社会发展展》介绍了沂源近几年来的经济发展与变化；《沂源城市规划展》展示了沂源县城总体规划以及未来城市规划；《牛郎织女仙境民俗展》以"牛郎织女"故事为主线，展示"牛郎织女"故事传说源地——沂源当地民俗器物和风俗特点。

经营管理

[单位性质]　国营事业单位

《文物精品展》一隅

西周　窃曲纹瑞兽双耳三人形足夔龙纹青铜盘

西周　垂幛纹双耳青铜方彝

清　龙泉窑缠枝牡丹青瓷笔筒

[经费来源]　国家拨款

[机构设置]　与沂源县文物管理所合署办公，其主要职能是负责馆藏文物的保护、展览及文物资料的整理、研究和著录等工作。

[人员编制、组成]　在编人数7人，大专以上文化程度7人，初级职称以上5人。

[观众接待]　年接待全国各地参观群众5万余人次。

参观指南

[地址]　淄博市沂源县鲁山路西首文化苑三楼博物馆

[邮编]　256100

[电话]　0355-3242454

［传真］　3242454

［开放时间］　8:30—11:30，14:00—16:30，节假日照常开放

［票价］　免费

（撰文：沂源博物馆）

汶上县博物馆
Wenshang Museum

概述

类型　地方综合性博物馆

隶属关系　隶属于汶上县文物管理局

创建时间　创建于1986年10月

正式开馆时间　1999年9月

所在位置　位于汶上县城宝相寺路499号

面积　占地10000平方米、建筑面积4500平方米

建筑、布局　混凝土框架结构，仿古式建筑

历史沿革　汶上县博物馆成立于1986年10月，位置原在汶上县城关帝庙内。1994年维修太子灵踪塔，1997年在塔东侧建仿古式双层双檐楼阁式博物馆、碑廊、大门和围墙，形成封闭式院落。1999年9月迁入并正式开馆运营。

历任馆长　李继平（1986.10～1993.12）、董文华（1994.9～2003.11）、程敏（2003.11～2007.6）。刘建康（2007.6至今）。

业务活动

基本陈列　《汶上县通史陈列》：分东西两个展室，东边第一展室为汶上出土的历代文物，西边第二展室为汶上县太子灵踪塔出土的佛教圣物。文物展品上至新生代、第四纪、更新世古棱齿象牙化石，下至近代文物。

《文明曙光》：陈列了由中科院考古研究所发掘的汶上县东贾柏北辛文化遗址出土的文物16件。

《教化中都》：公元前501年，孔子初仕中都宰，其儒家治国思想得到实践和证明。展出文物5件。

《佛教传入》：佛教在东汉末年传入汶上县，成为我国最早的佛教活动中心。展出文物2件。

《明朝四尚书》：汶上县在明朝嘉靖、隆庆、万历年间有四位尚书在朝为官，"小县不大四尚书"至今传为佳话。展出文物9件。

《运河文化》：京杭运河在汶上县西部穿境而过，南旺分水枢纽工程保证了明清两代500余年畅通无阻，并建有"分水龙王庙"。

《塔宫圣物》：1994年在太子灵踪塔地宫内出土了佛牙、舍利等141件佛教圣物，轰动了全国。展出文物14件。

藏品管理

［藏品来源］　考古发掘、民间征集。

［藏品类别］　主要有石器、铜器、铁器、金银器、玉器、骨器、角质器、陶器、瓷器、字画、印章等。

［藏品统计］　馆藏品文物1980件（套）。

宣传教育　汶上县博物馆配合中央电视台"探索发现"栏目组拍摄了《探秘汶上圣物》、《汶上佛教圣物》等电视片。

经营管理

［单位性质］　国有事业单位

［经费来源］　全额拨款

［人员编制、组成］　有专业技术人员13人，技工人员3人。

［观众接待］　年观众人数达50万人次。

参观指南

［地址］　汶上县城宝相寺路499号

［邮编］　272500

［电话］　0537-7212015

［传真］　0537-7238915

［电子邮箱］　wwj7223507@163.com

［开放时间］　常年开放

［票价］　30元

（撰文：汶上县博物馆）

即墨市博物馆
Jimo Museum

概述

类型　地方综合性博物馆

即墨市博物馆大门

隶属关系 即墨市文化局

创建时间 1984年

所在位置 即墨市中山街48号

面积 占地16亩、建筑面积3000平方米、展厅面积2200平方米

建筑 馆舍为仿古建筑

历史沿革 即墨市博物馆是在即墨市图书馆文物组的基础上建立起来的,创建于1984年3月13日,1984年8月15日经即墨市人事局同意正式筹建并成立。原与即墨市图书馆、文化馆同处一院。1991年1月开始建设新馆,1999年12月迁入新址(即墨市中山街48号),与省级文物保护单位——即墨古县衙旧址同处一院。

即墨市博物馆逐步发展成为即墨市对外开放、文化交流的重要窗口和爱国主义教育基地。

历任馆长 孙思珍、江志礼、宫成武、张文勃。

业务活动

陈列展览 即墨市博物馆自建馆以来,共组织、策划各类展览50余次。固定陈列展览有《即墨历史文物陈列》和《即墨古县衙展》。2001年5月1日开放的《即墨历史文物陈列》,突出地方性和历史的延续性。展览面积500平方米,展线280米,展出文物310件,展品或出土于即墨县域内遗址,或是即墨地区传承有序的珍贵文物。

藏品管理

[藏品来源] 即墨市博物馆于1984年3月由即墨县图书馆文物组析出,图书馆所藏文物同时移交博物馆,藏品来源主要是1953年从社会上征集的文物,占馆藏数量比例较大。另外一部分是历年来从社会上发现并征集的文物。

[藏品统计] 即墨市博物馆现有馆藏文物18000件,其中珍贵文物1660件。

[重要藏品] 宋代金银书《妙法莲华经》和汉代金印"诸国侯印"最为珍贵。宋代金银书《妙法莲华经》

即墨市博物馆文物楼

宋 金银书《妙法莲华经》(局部)

汉 "诸国侯印"金印

汉 玉舞人

为北宋庆历四年四川人何子芝所造,辗转到即墨,于1953年从民间征集入馆。1986年8月被中国历史博物馆研究员史树青发现,确定为一级文物。汉代金印"诸国侯印",金质龟钮,正方形,高2.1厘米、边长2.1厘米,重97克,阴文刻"诸国侯印"。1977年10月在即墨市王村镇小桥村出土,为馆藏一级文物。馆藏"即墨之法化"、"即墨法化"、"齐法化"等战国刀币具地方特色。

[藏品保护] 馆藏文物保护措施齐全,设备较为完善,对藏品的保护以防虫、防蛀、防潮、防霉变、防空谷、防起翘,恒温调节、机防监控、人员值班等保护措施为主。拟对馆藏金银书《妙法莲华经》等60件珍贵文物进

行科技保护。

科学研究　即墨市博物注重培养优秀科研人才，不断壮大专业人才队伍，科研设施较为完善，已经形成一套较完善的科研体系。2006年以来，即墨市博物馆积极与山东大学和青岛市考古研究所合作，以即墨境内北阡遗址为主要科研基地，进行考古发掘工作，吸引来自全国各地近100余位专家到即墨考察研究，研究成果受到国内同行业的注目，部分论文在《考古》、《文物》、《中国文物报》发表和刊载。

交流合作　即墨市博物馆高度重视人才培养和对外交流工作。2005年以来，分别同国家水下考古研究中心、故宫博物院、山东省文物考古研究所、青岛市考古研究所、山东大学等考古科研部门共同开展馆藏文物保护，地上、地下、水下文物的考古调查、勘探等科研合作项目。同时接待来自日本、韩国、德国、香港、台湾等国家和地区的文物科研机构，进行馆藏文物、民俗文化以及历史文脉等方面的交流合作。

经营管理

　　[单位性质]　国营事业单位

　　[经费来源]　全额拨款

　　[机构设置]　设办公室、保卫科、陈列部、保管部和文物执法组五个部门。

　　[人员编制、组成]　人员编制16人。现有副研究馆员2人，馆员4人。

　　[观众接待]　每年接待观众3万余人

参观指南

　　[地址]　即墨市中山街48号

　　[邮编]　266200

　　[电话]　0532-88552818、0532-88512844

　　[电子邮箱]　jmsbwg163.com

　　[开放时间]　全年

　　[票价]　免费

（撰文：即墨市博物馆）

青州市博物馆

Qingzhou Museum

概述

　　类型　地方综合性博物馆

　　隶属关系　青州市文物局

　　创建时间　1959年

　　正式开放时间　1989年

青州市博物馆院内

　　所在位置　坐落在风光秀丽的青州城西部，雄踞洋溪湖东岸。西与范公亭公园毗邻，东接古色古香的范公亭东路，北邻南阳河，南连龙兴寺遗址，又可远眺"云门仙境"、"驼岭千寻"。

　　面积　占地3万平方米、建筑面积12000平方米

　　建筑、布局　是一处四合院式的仿古建筑群。厅廊均以金色琉璃瓦覆顶，四围合抱，回廊相连，结构端雅，规模宏伟。檐牙高啄，金碧辉煌，烘托出浓郁的传统色彩和历史气氛。

　　历史沿革　青州市博物馆原名益都县博物馆，1959年建馆。原址位于市中心的清代文华殿大学士冯溥的偶园。1984年新馆奠基，1989年正式对外开放。现为国家一级博物馆，是一座综合性地志博物馆。

　　历任馆长　于级三（1962～"文化大革命"前）；刘志清（1972～1982）；钟轶（1982～1984.7）；夏名采（1984.7～1991.8）；冯聚成（1991.8～1994.6.10）；李家道（1994.6.10～1995.1.6）；王华庆（1995.1.6～2004.10）；马洪刚（2005.3～2006.11）；辛建立（2006.3至今）。

业务活动

　　基本陈列　青州市博物馆陈列面积4000平方米。基本陈列为《青州简史陈列》，陈列面积400平方米，展出文物200件（组）。

　　专题展览　专题陈列有《龙兴寺佛像陈列》、《馆藏陶瓷陈列》、《馆藏书画精品陈列》、《玉器陈列》、《青铜塑像陈列》、《石刻碑碣厅》、《石刻雕塑厅和革命文物陈列》。陈列面积3600平方米，展出文物1200余件（组）。

藏品管理

　　[藏品来源]　以考古发掘和收购文物为主，其余为

革命文物展

移交、采集和捐献文物。

自建馆以来，博物馆工作人员通过多方走访收集了大量珍贵文物，"文革"期间保护了许多文物。魏振圣收集到的明代赵秉忠的殿试卷是目前所知我国唯一的一份明代状元卷。

[藏品统计]　馆藏文物3万余件，主要有陶瓷、青铜、书画、石质文物、佛教造像、货币、玉器、革命文物几类。

[重要藏品]　有战国玉人、香山汉墓陪葬坑出土彩绘陶俑、东汉"宜子孙"玉璧、北魏至北宋龙兴寺遗址出土佛教造像、北齐临淮王像碑、明万历二十六年赵秉忠殿试卷等。对这些馆藏文物，特别是龙兴寺出土佛像，青州市博物馆聘请专家，制定了相应的保护方案，对其进行技术保护。

考古发掘　1996年10月，由夏名采主持发掘的"青州龙兴寺遗址佛教造像窖藏"被评为1996年"全国十大考古新发现"和"中国二十世纪百项重大考古发现"之一。2004年青州市博物馆与山东省文物考古研究所联合发掘的"青州西辛战国齐墓"被评为2004年全国重要考古新发现之一。2006年青州市博物馆与山东省文物考古研究所、潍坊市博物馆联合发掘的"青州香山汉墓陪葬坑"被评为2006年全国重要考古新发现之一。

科学研究　青州市博物馆是山东省佛教考古与佛教艺术研究基地，承担着山东省社会科学重点课题三项。其编辑出版的《青州博物馆》一书获山东省优秀社会科学一等奖。

宣传教育　近年来，青州市博物馆编辑出版的图书、图录如下：

《青州龙兴寺佛教造像艺术》（1999年山东美术出版社出版）；《山东青州龙兴寺出土佛教石刻造像精品》（1999年与中国历史博物馆、北京华观艺术品有限公司合编）；

北魏　菩萨像

东汉　"宜子孙"玉璧

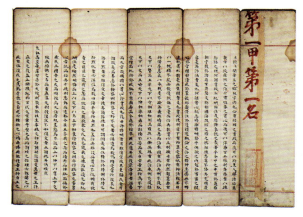

明　赵秉忠状元卷

《山东青州龙兴寺出土佛教造像展》（2001年香港亚洲艺术博物馆展览图录，王华庆主编）；《青州北朝佛教造像》（王华庆主编 2002年北京出版社出版）；《青州博物馆》（王华庆主编 2003年文物出版社）；《青州龙兴寺佛教造像窖藏》（夏名采著 2004年三联书店出版社）；《青州市博物馆藏珍》（马洪刚主编 2006年海天出版社出版）。

交流合作 青州市博物馆积极开展国际文化、学术交流。青州龙兴寺佛教造像曾在美国、德国、英国、瑞士、日本、香港等国家和地区展出，并举行研讨会。2006年值龙兴寺遗址佛教造像窖藏发掘十周年，由青州市人民政府主办，北京大学中国考古学研究中心与青州市博物馆承办的"中国北朝造像与石窟暨青州龙兴寺佛教造像窖藏发掘十周年国际学术研讨会"在青州召开。来自日本、加拿大及全国各地的50余位佛教研究专家和学者带着自己最新的研究成果出席了这次学术盛会。

青州市博物馆在国内和国外举办的展览有：《中国文物精华展》（1997.9.20～1997.12.31，中国历史博物馆）；《雕塑陈列》（1999.7.1～2004.7，上海市博物馆）；《盛世重光——山东青州龙兴寺出土佛教石刻造像精品展》（1999.7.9～1999.11.9，中国历史博物馆）；《中国考古黄金时代展》（1999.11～2000.9，美国）；《中国国宝展》（2000.10.24～2000.12.17，日本东京国立博物馆）；《山东青州龙兴寺佛教造像展》（2001.1.19～2001.4.15，香港艺术馆）；《山东青州龙兴寺佛教造像展》（2001.9.19～2001.11.18，德国柏林国立博物馆）；《山东青州龙兴寺佛教造像展》（2002.1.11～2002.4.7，瑞士苏黎世莱特博格博物馆）；《山东青州龙兴寺佛教造像展》（2002.4.23～2002.7.14，英国伦敦皇家艺术学院）；《出世神韵·青州龙兴寺佛教造像文物展》（2002.10～2003.2.8，中华世纪坛）；《东方神韵·青州龙兴寺佛教文物展》（2003.3.6～2004.4，山东省博物馆）；《山东青州龙兴寺佛教造像展》（2004.4～2004.8，美国大都会博物馆）；《中国·山东省佛像》（2007.3.15～2007.6.10，日本MIHO MUSEUM博物馆）；《中国国宝巡回展》（2007.5.22～2008.5.12，韩国首尔市、大邱市、大田市）。

经营管理

［单位性质］ 国有事业单位

［经费来源］ 全额拨款

［机构设置］ 下设办公室、保管部、陈列部、群工部、资料室、保卫科、经营部、展厅科八个科室。

［人员编制、组成］ 在编人员52人，其中高级职称3人、中级职称8人、初级职称18人、技术工人10人。

［观众接待］ 年接待观众25万人次。

参观指南

［地址］ 山东省青州市范公亭西路1号

［邮编］ 262500

［电话］ 0536-3266200（办公室）
        3261550（售票处）

［传真］ 0536-3261494

［邮箱］ qzbwg@163.com

［网站］ www.qzbowuguan.com

［开放时间］ 8:30－17:30（正月初一至初七闭馆）

［票价］ 免费

（撰文：青州市博物馆）

青岛山炮台教育基地

Qingdaoshan Battay Fort Educational Base

概述

类型 社会科学类历史遗址专题博物馆

隶属关系 青岛市市北区建管局

创建时间 1996年

所在位置 青岛市市南区京山路26号甲

面积 炮台遗址总面积近2000平方米、展览馆总面积约1000平方米

建筑、布局 炮台遗址为原侵华德军1899年所建地下军事要塞，42个厅室，三层立体结构，局部五层。分为指挥、生活、后勤三个功能区。使用劈山、浇注、回填式方法建成，为地下军事建筑的典型之作。其规模宏大，结构

青岛山炮台遗址展览馆外观

复杂，功能齐全，当时堪称亚洲第一。它是目前国内保存最完好、规模最庞大、设施最完善的一战时期地下军事设施。展览馆上下两层，建筑物外观象一本翻开的立体教科书，庄严肃穆，迎接着八方来客。

历史沿革　青岛山炮台教育基地创建于1996年10月。占地面积约3000平方米，包括炮台遗址和展览馆两部分。炮台遗址坐落在青岛山半山腰腹中，炮台遗址于1997年11月14日对外开放。展览馆位于青岛山山脚处，于1998年3月6日对外开放。

1998年5月26日，山东省委宣传部公布青岛山炮台教育基地为山东省爱国主义教育基地。1998年，山东省国防教委公布青岛山炮台教育基地为山东省国防教育基地。2005年，青岛山炮台遗址被国务院公布为全国重点文物保护单位。

历任基地主任　王兆学（1998.10～2004.3）；孔令昭（2004.3～2005.9）；李文英（2005.09至今）。

业务活动

基本陈列　炮台遗址展览馆的展览主题是《让历史告诉明天》。陈列面积近1000平方米，采用大量珍贵历史图片，大型雕塑、沙盘、巨幅油画，全面再现了青岛自1891年建置至1949年解放这段历史。

《德军要塞地下指挥部》复原陈列，通过塑造神态各异的人物造型，各种道具，配合灯光效果，再现了德占时期的场景。

青岛山炮台教育基地共展出文物347件。重要展品主要包括珍贵历史照片，各种枪械，德国侵占山东使用过的物品。

专题展览　1998年与市北区委、区政府联合举办的，《改革开放20年成就展》。2000年由市委宣传部主办，青岛山炮台教育基地承办了《八国联军侵华100周年》专题展。

藏品管理

［藏品来源］　主要来源于社会征集、收购、捐赠。

［藏品统计］　青岛山炮台教育基地共有藏品377件

［重要藏品］　德制旋转瞭望塔、德制卧式锅炉、各种枪械等。

［藏品保护］　青岛山炮台教育基地注重对文物建筑主体进行防潮、除湿、防渗漏等方面的定期维护，安装通风设备，设置安全消防报警装置，保护文物主体的安全。对瞭望塔、卧式锅炉等文物定期进行除锈、刷漆。为保证瞭望塔旋转自如，按时对机械部分进行润滑。各种枪械由武装部派专业人员定期进行保养。

宣传教育　2007年11月14日，结合纪念"胶州湾事件110周年"，开展了"让历史走进校园活动"，派讲解员深

1.展览馆内景　2.德制旋转瞭望塔内部　3.德制旋转瞭望塔外部

入学校对广大青少年进行青岛近代历史讲座。

2005年，协助中央电视台《探索·发现》栏目摄制组、青岛市委宣传部拍摄了四集纪录片《青岛要塞》，在中央电视台播放。

经营管理

［单位性质］　国有差额拨款事业单位

［经费来源］　主要为财政拨款和门票收入

［机构设置］　内设办公室、展览馆、绿化科三个科室

［人员编制］　编制为32人。

［观众接待］　年接待观众平均10万人

［服务观众项目］　基地为观众提供导游讲解、电教放映、纪念品销售、咨询服务、无障碍设施等。

参观指南

［地址］　青岛市市南区京山路26号甲

［邮编］　266003

［电话］　0532-82866672（办公室）

0532-82873567、82966624（售票处）

［传真］　0532-82873567

［电子邮箱］　qdspt @sina.com

［开放时间］　8：30－16：30（全年开放）

［票价］　旺季：通票15元（炮台遗址10元，展览馆5元），淡季：通票12元（炮台遗址8元，展览馆4元）

（撰文：青岛山炮台教育基地）

青岛市博物馆

Qingdao Museum

概述

类型　地方综合性博物馆

隶属关系　青岛市文化局

创建时间　1959年

正式开放时间　1965年

所在位置　青岛市崂山区梅岭路27号

面积　馆占地面积7万平方米、整体建筑面积2万平方米、陈列面积6000余平方米

建筑、布局　整个建筑造型现代流畅，内部设备设施先进，展厅设计别具一格，现共有大小展厅16个。

历史沿革　青岛市博物馆于1959年开始筹备，1965年正式建馆并对外开放。原馆址位于青岛小鱼山脚下，大学

青岛市博物馆全景

北魏　石造像

路南端。随着青岛市政治、经济中心的东移和社会发展、经济水平的提高，为适应人们越来越高的精神文化需求，提升青岛市文化设施水准，青岛市委市政府于1997年在欣欣向荣的东部新城区投资兴建青岛市博物馆新馆。2001年6月，新馆全面对外开放。现为国家一级博物馆。

青岛市博物馆成立四十多年来，围绕着"收藏、研究、教育"等中心工作，经过几代博物馆人的辛勤工作和努力奋斗，已逐步发展成为一座具有一定影响力的区域性中心博物馆。

青岛市博物馆作为青岛历史的缩影，正被大众所了解、熟知、接受，越来越多的人来到青岛市博物馆欣赏博大精深的传统文化、驻足青岛历史的灿烂历程，品味现代艺术的创作风采。

业务活动

基本陈列　新馆开馆之初，陆续推出了《青岛历史文明之光》大型基本陈列和《馆藏明清书画陈列》、《馆藏近现代书画陈列》、《扬州八怪·左臂巨椽--青岛籍画家高凤翰书画陈列》、《馆藏古代瓷器艺术陈列》、《馆藏历代货币陈列》、《馆藏古代工艺品陈列》、《馆藏国际交往礼品陈列》7个馆藏文物专题陈列。展出文物2000余件，上起新石器时代，下至明清至近代，多为历代名作和精品，其中不乏国之瑰宝。许多文物是首次对外展出，较

为集中地展示了馆藏优势。

专题展览 青岛市博物馆着力发挥馆藏优势，整合社会资源，打造特色品牌，搭建博物馆优质服务的平台。每年举办各类展览近30个，内容呈现多样性，展览凸显品牌优势，已成为市民休闲观赏的好去处。

2003年以来，着力打造展览品牌，主要组织策划运作了《走近大师——二十世纪中国美术大师经典系列作品展》、《青岛动漫艺术展览会》，逐渐形成品牌效应。先后举办了齐白石、黄宾虹、沙孟海、高剑父、关山月、张大千等近20位美术大师的作品展，动漫展也举办了4届。品牌展览吸引了大量观众前来参观，产生了良好的社会效益，曾被青岛媒体评为"市民喜爱的文化活动"之一。

注重陈列展览的内容与重大节庆活动相对接，引进举办了《圆明园回归国宝青岛大展》、《马王堆汉墓贵夫人辛追服饰珍品特展》、《秦兵马俑大型国宝文物珍品特展》等主题鲜明、富有特色的展览，吸引了大量的观众，产生了较大的反响。

配合形势宣传的需要，积极参与举办各类政治教育类展览。举办了《与时俱进　继往开来——迎接党的十六大召开图片展览》、《邓小平诞辰100周年大型图片展览》、《为了伟大胜利——纪念中国人民抗日战争暨世界反法西斯胜利六十周年大型展览》等展览，每展都有数万人前来参观，充分发挥了博物馆宣传教育基地的作用，收到了良好的社会效益。

青岛市博物馆还先后举办了《第四届全国水彩、粉画展》、《青岛国际美术邀请展》、《中国当代优秀版画展》、《青岛国际版画双年展》、《全国中国画作品展》、《相聚青岛——十五国驻华使馆艺术藏品展》、《首届中国书法兰亭奖书法篆刻作品展》等一批具有国内外影响的大型艺术展览，对提高观众艺术品味和欣赏水平起到了一定的推动作用。

藏品管理

[藏品统计] 馆藏文物十余万件

[藏品类别] 有书法、绘画、陶瓷、青铜器、钱币、珐琅器、玺印、甲骨、竹木牙雕等30余个门类。

[重要藏品] 书画、瓷器、玉器、钱币为馆藏特色。藏品中不乏珍品，如经郭沫若、胡厚宣鉴定的殷王武丁为其妻占卜的甲骨、商代双螭附耳大铜盘、带有年号的隋人写经、元代手抄本《册府元龟》等。馆藏书画中，有元、明、清以来的著名书画家的传世佳作4000余件，"明之文沈"、"清之四王"、"金陵八家"、"扬州八怪"的作

宋　钧窑鼓钉洗

品均有收藏。此外，任伯年、吴昌硕以及现代的齐白石、张大千、黄宾虹、徐悲鸿、潘天寿等诸家的大作，也有收藏。馆藏货币较为齐全，从原始社会的贝币到明清的铜币，共13000余件，其中齐国刀币藏量、种类最为丰富。馆藏陶瓷、玉器也较为丰富，其中汉代"青釉鸟兽纹壶"、唐代"灰釉斑彩葫芦瓶"、宋代"钧窑鼓钉洗"、元代"龙泉窑荷叶盖罐"、明代"青花龙穿花纹高足碗"、清代"霁红釉玉壶春瓶"、"青玉活环莲花洗"和"白玉云龙扁壶"等有重要历史科学和艺术价值。馆藏的重要革命文物有义和团、大刀会和山东高密孙文领导的农民抗德斗争使用过的大刀、长矛、号角等，以及反映青岛人民反抗殖民压迫、争取青岛解放斗争史的传单、布告、武器等。

宣传教育 青岛市博物馆作为省、市爱国主义教育基地，运用不同形式和多种渠道进行社会教育工作，年接待观众数十万人次。同时，还经常采取走出去的方式，将教育内容浓缩在临时展牌中，到工厂、企业、学校进行巡回展览。开展"博物馆之友"活动，吸引社会各界有识之士，为博物馆的发展献计献策。

科学研究 青岛市博物馆依据该馆馆藏优势，积极开展藏品研究、博物馆学研究以及与博物馆相关专业学科的研究，主要出版著作有《青岛市博物馆馆藏画集》、《唐诗画谱》、《唐怀素草书食鱼贴》、《琴岛瑰宝》等书刊，并与中国第一历史档案馆、青岛市社会科学研究所联合出版《德国侵占胶州湾史料选编》。

交流合作 不断拓展对外宣传交流的空间，加强馆际间的交流合作。如《馆藏历代货币陈列》分别赴广州、湖南、湖北、桂林等地展出；《馆藏优秀版画展》分别赴广州、深圳、常州、无锡、浙江、烟台等地展出。

注重与世界各国的文化交流活动，在引进国外优秀艺

术来馆展示的同时，也积极走出国门，与各国进行有益的展览交流和学术研讨活动，较好地宣传了自身，取得了丰硕的成果。1998年11月赴乌克兰敖德萨市东西方艺术博物馆举办了《青岛现代中国画和民间工艺品展》，2002年9月赴韩国仁川市举办了《中国优秀版画展》、2005年10月赴韩国举办了《馆藏山东民间木版年画艺术陈列》等一系列对外文化展览交流活动，还多次与德国国家历史博物馆、台湾博物馆界等进行合作与交流活动。

经营管理

[单位性质]　全民事业单位

[经费来源]　由财政全额拨款

[机构设置]　现设置有办公室、策划研究部、陈列征集部、文物保护管理部、社会教育部、图书资料室、保卫部、后勤部、产业开发部等部门。

[人员编制、组成]　人员编制74人，其中拥有高级职称9人，中级职称16人。

[服务观众项目]　为了方便观众参观，青岛市博物馆在展览大厅内设置了电子触摸屏，介绍馆内情况；对陈列中的重点文物配备了能够输出中、英、日三种语言的语音导览器，为中外观众进行详细介绍。此外，青岛市博物馆还设有学术报告厅、贵宾接待室、观众休息区及卖品部等，并为观众提供餐饮服务。

参观指南

[地址]　青岛市崂山区梅岭路27号

[邮编]　266061

[电话]　0532-88897227

[传真]　0532-88897227

[网站]　www.qingdaomuseum.com

[电子邮箱]　museum@qingdaonews.com

[开放时间]　5～10月　9:00－17:00

　　　　　　11～4月　9:00－16:30

[票价]　免费

（撰文：青岛市博物馆）

青岛海产博物馆
Qingdao Marine Museum

概述

类型　自然科学类海洋生物专题博物馆

隶属关系　青岛市科学技术协会

创建时间　1930年

正式开放时间　1932年

所在位置　青岛市莱阳路2号、4号

面积　占地23000平方米

建筑、布局　馆舍为中国古城堡式建筑，高四层，青砖绿瓦、楼台亭阁，矗立在汇泉湾畔，依山傍海，是青岛市标志性建筑。

历史沿革　青岛海产博物馆又称青岛水族馆、青岛海洋科技馆，是以海洋生物展示为主要特色的自然科学博物馆，也是全国科普教育基地和全国青少年科技教育基地。

青岛海产博物馆的前身是1930年创建的青岛水族馆，是中国第一座水族馆。1930年，中国科学社成员蔡元培、李石曾、胡若愚、蒋丙然、宋春舫等倡议成立中国海洋研究所，并决定以中国海洋研究所的名义筹建青岛水族馆，择址在今青岛鲁迅公园内，1931年破土，1932年2月竣工，5月8日开馆。青岛水族馆落成后，即开始中国海洋研究所的筹建工作。筹备事宜委托青岛观象台台长蒋丙然（兼青岛水族馆馆长）主办。择址在莱阳路2号。1936年7月举行奠基仪式，1937年青岛海滨生物研究所主建筑楼落成。1938年青岛被日本侵占，日本人利用青岛海滨生物研究所建筑，并在院中兴建日本式木板平房一排，开办了山东产

1.水族馆外景老照片　2.发展中的青岛水族馆

业馆。该馆实质上是日本帝国主义对我国华北地区进行经济侵略、搜集经济情报的基地。馆内陈列有山东华北地区矿山、交通模型，各种矿物标本，用于地质勘探的仪器、水产标本等。

1950年青岛水族馆和山东产业馆合并成为青岛人民博物馆。1954年根据中央文化部的指示，成立了青岛海产博物馆筹备委员会，1955年7月1日成立了青岛海产博物馆。

1979年，中国科协倡议在全国建设各具有特色的科技馆，并确定山东省要建设以海洋为特色的科技馆，青岛进行了海洋科技馆的筹建工作。1980年完成初步规划。1985年完成了海洋科技馆1号楼工程。1987年建成了海洋科技馆2号楼。1988年，青岛市编委同意批准成立青岛海洋科技馆。

青岛水族馆海底世界工程于1996年7月由青岛市计委正式立顶，1997年11月6日奠基。一期工程于1998年3月动工，1999年10月24日顺利完成。2002年5月18日，青岛海产博物馆和山东鲁信投资集团股份有限公司举行了合资建设青岛海底世界签字仪式。随后成立了青岛汇泉海洋科技开发有限公司。二期工程由全球海底世界项目的创始者——新西兰海景公司设计。通过设计实现了青岛海底世界海洋旅游与科普教育的有机结合。海底世界于2003年7月16日开始试营业。2003年8月12日正式开业。

历任馆长 蒋丙然（1932～1937 青岛观象台台长）；王彬华（1945～1949青岛观象台台长）；高哲生（1949～1950）；滕胜（1950～1951副馆长；名誉馆长高哲生）；刘子立（1951～1953副馆长；名誉馆长高哲生）；刘子立（1952～1953副馆长；名誉馆长高哲生）；于济芝（1954～1958副馆长；名誉馆长高哲生）；滕胜（1958～1962兼副馆长；名誉馆长高哲生）；滕胜（1963～1965兼副馆长）；郑之桥（1970～1973）；李树道（1974～1978）；李树道（1979～1985）；周玉丛（1985～1988）；宫香令（1988～1992）；宇文胜（1992～1995）；宇文胜（1995～2005）；齐继光（2005至今）。

业务活动

基本陈列 现有梦幻水母宫、海兽表演馆、海洋生物馆、淡水生物馆、海底世界五个。陈列面积：12000平方米。重要展品有：抹香鲸标本和骨骼、红珊瑚、水母等。

临时展览 主要有《海洋科普知识展览》、《水族馆馆史展览》、《海洋生物巡回展览》等。

藏品管理

[藏品统计] 馆藏标本18366件，包含海洋生物标本

1.淡水生物馆中的巨骨舌鱼   2.海洋生物馆   3.淡水生物馆   4.梦幻水母宫

1.海底世界　2.海兽表演馆　3.标本展厅一角　4.常年饲养的斑海豹与出生的幼崽　5.红珊瑚

1000余种。

社会教育　青岛海产博物馆多年来经常组织专职辅导员、讲解员队伍，进行海洋知识、生物知识的讲座和展览。制作了"海洋科普知识展览"展牌40余块，在中小学校校园、社区、会议举办展览，节庆活动中巡回展览多次，取得了良好的效果。2005年成立了青岛海洋科技馆科普志愿者工作站，海洋科普工作已形成传统优势。

为了充分利用现有的海洋科普资源，经常在淡季开展"海洋科普活动月"、"市民节假日优惠参观"活动，吸引市民踊跃参加，提升市民的海洋科学素质。经常组织参

与一些社会公益活动，如社区广场宣传、会议展览、科普月、节庆活动等。特别在历届海洋节博览会中，青岛海产博物馆的陈列展台以精美的图片、逼真的标本、写实的沙盘模型，吸引着踊跃的观众，是博览会公认的亮点。

科学研究　青岛海产博物馆有一支由博士生、研究生、大学生作为中坚力量的科研队伍，建有水母实验室、化验室等科研设施，取得了丰硕的科研成果。自上世纪60年代起，就成功地养殖了江豚，当时在全国是首次；70年代饲养了宽吻海豚；80年代饲养南极的南方象形海豹、巴布亚企鹅、洪氏环企鹅，成功地繁殖斑海豹、水母、南美

海狮等；还成功地将淡水罗非鱼进行了海水饲养，同时又承担了鱼类麻醉实验等课题；在海水分析、鱼病防治方面也取得了较大的成功；在星、益虫的研究方面也卓有成效，发现鉴定新种一种，星虫发现新记录6种，益虫发现新记录4种，为我国星、益虫的研究做出了贡献；2007年成功繁殖了海月水母、朝天水母、和平水母及从日本引进的咖啡金黄水母等新品种。

经营管理

[单位性质] 国营事业单位

[经费来源] 自收自支

[机构设置] 内设机构6个

[人员编制、组成] 在编人数84人，其中大专以上文化程度41人，专业技术人员31人，管理人员14人。

[观众接待] 每年接待观众达120万人次。其中，参加学校集体参观、春游、夏令营、冬令营的青少年占有相当比例。

参观指南

[地址] 青岛市莱阳路2号

[邮编] 266003

[电话] 82868088、82888549

[传真] 82876687

[电子邮箱] qdaqua@public.qd.sd.cn

[网站] www.qdaqua.com

[开放时间] 常年全天开放

[票价] 通票100元

（撰文：青岛海产博物馆 李蓓）

青岛啤酒博物馆
The World of Tsingtao

概述

类型 科技类啤酒行业专题博物馆

青岛啤酒博物馆外貌

青岛啤酒厂早期海报

隶属关系 青岛啤酒文化传播有限公司

创建时间 2002年

正式开放时间 2003年8月

所在位置 青岛市登州路56号青岛啤酒厂旧址

面积 占地面积15000平方米

建筑、布局 属德国青年派建筑风格，德国三段式建筑，共两幢楼房，分别为当时的综合办公楼和酿造生产车间。

历史沿革 青岛啤酒博物馆作为百年青岛啤酒企业文化的一个重要组成部分，集青岛啤酒的发展历程、深厚的文化底蕴、先进的工艺流程、品酒娱乐、购物为一体，为国内首家啤酒博物馆。

青岛啤酒博物馆所在建筑为德国啤酒厂早期建筑，由英德商人建于1903年，现为全国重点文物保护单位。1995年青岛啤酒厂原厂房、设备全部停用。2002年"青岛啤酒博物馆"兴建时，按照"修旧如故"的原则整修环境，保持了建筑的原有风貌。2003年8月15日建成博物馆并对外开放。

历任馆长 董方

业务活动

基本陈列 青岛啤酒博物馆展出面积6000平方米，展出藏品260余件，多数为德国占领时期文物，以厂房内的设备为主。共分三个展区：

第一展区是青岛啤酒百年历史和文化展区。内设8个展厅，主要以文献、图片为主。顺着时空的脉络，游客可以通过详尽的图文资料，了解啤酒的神秘起源、青岛啤酒的

1.第一展区原德国啤酒厂综合办公楼　2.1903年建厂时使用於酿酒糖化锅　3.德国西门子公司1896年制造的电机，至今仍能正常运转　4.1903年的贮酒桶

悠久历史、数不胜数的荣誉、青岛国际啤酒节、国内外重要人物来青啤参观访问的情况。许多从欧洲和全国收集的文物、图片、资料和青岛啤酒的各阶段的实物是这一区域的展示精华。而祖辈曾在青啤工作过的德国、日本友人专门捐献的文物史料，使得这一展区更加引人入胜；

第二展区展示百年老厂房、老设备与现代化的啤酒生产流水线，在生产过程中的每一个代表性部位都有老场景复原和新设备展示及影视播放设备，介绍青岛啤酒的生产流程及历史沿革。为重现历史原貌，博物馆在老糖化车间的老发酵池设置了工人生产劳动雕塑模型，复制出老实验室场景和工人翻麦芽场景；

第三展区是多功能娱乐区，采用前卫的设计理念和高科技手段，将知识性与娱乐性有机结合，让国内外宾客置身于参与的喜悦中。包括娱乐游戏、醉酒小屋、青岛啤酒知识抢答台等众多的体验娱乐设施。还有能容纳100多名旅客的品酒区和购物中心，游客在此可以尽情地品尝多种不同质地的新鲜青岛啤酒，购买各种纪念品。

经营管理

[单位性质]　青岛啤酒博物馆是国有控股的合资上市公司青岛啤酒股份有限的公司的三级子公司

[经费来源]　独立经营、自收自支

[机构设置]　内设行政部、接待部、市场部、酒吧、纪念品商店。

[人员编制、组成]　现有在编人员79人，其中拥有高级职称2人。设馆长1名，副馆长2名。

[服务观众项目]　馆内设有游客服务中心、商品销售中心等，为游客提供方便快捷的邮政服务、应急医疗服务和纪念品购买服务等。为特殊观众准备了残疾人轮椅车、老年人使用的拐杖和儿童玩具等。整个博物馆内设有无障碍通道。

[观众接待]　年接待观众40万余人次。

参观指南

[地址]　青岛市市北区登州路56号

[邮编]　266023

[电话]　0532-83833437（售票处）
　　　　　0532-83833108（办公室）

[传真]　0532-83824915

[电子邮箱]　Dongfang1903@163.com

[开放时间]　全年开放，8:30－17:30

[票价]　50元/人

（撰文：青岛啤酒博物馆）

青岛德国总督楼旧址博物馆（青岛迎宾馆）

Site Museum of German Proconsul Residence in Qingdao

概述

类型　社会科学类历史遗迹专题博物馆

隶属关系　青岛市文物局

创建时间　1999年

正式开放时间　1999年

所在位置　青岛市市南区龙山路26号德国总督楼旧址

面积　建筑面积4083平方米

建筑、布局　建筑主体为四层，部分外墙饰以花岗岩作装饰，石料加工粗朴。正门墙上由淡绿色、淡灰色花岗岩石组成光芒四射的太阳纹饰，墙角伸出一根粗大的石柱，由之引出的"锚链"环系于太阳四周，以石料凿成帆结作装饰，在波浪饰檐头上伸出一只诺曼龙头。米红色筒瓦、蓝色鱼鳞瓦、绿色牛舌瓦铺设楼顶，使大楼显得更加精美别致。共有大小房间30个，各房间互相贯通，但又各成一体。现对外复原陈列11间，分别是：总督书房兼做工作室、总督休息室、小餐厅、会议室、花房、大厅、舞厅、游艺室、孩子房、总督卧房、管家房。

作为"德国建筑艺术在中国"的最高代表，这幢气势雄伟的建筑是德国威廉时代典型建筑格调与青年风格派手法相结合的范例，创造性地包容了多种建筑艺术语言和东西方的文化理念。它记载着历史，同时又超越了自身的历史，成为青岛历史文化名城的显赫载体和二十世纪人类建筑艺术的经典象征。

历史沿革　青岛德国总督楼旧址博物馆又称青岛迎宾馆，是展示德国占领青岛时期胶澳德国总督官邸的复原陈列馆，成立于1999年5月1日。其馆舍德国总督楼始建于1905年，1907年建成。由德国人拉查鲁维茨设计，建筑总监为施特拉塞尔，工程耗资不低于45万金马克。

1934年改称迎宾馆。1949年新中国成立后成为接待国家领导人和外国贵宾的重要场所。1996年，国务院将其公布为全国重点文物保护单位。1999年5月1日起，不再作为宾馆使用，开始以博物馆形式接待海内外观众。2008年更名为青岛德国总督楼旧址博物馆，同时保留青岛迎宾馆的牌子。

历任馆长　吕传胜。

1.德国总督楼旧址博物馆全景　2.舞厅　3.花房

业务活动

基本陈列　青岛德国总督楼旧址博物馆的基本陈列为旧址复原陈列，展出文物180件，以楼内配套的家具、设施为主，大多数为德占时期文物。其中179件为传世品，只有1架钢琴为民间征集而来。

经营管理

[单位性质]　国营差额拨款事业单位

[经费来源]　主要来源为事业财政补助。

[机构设置]　馆内设有办公室、征集陈列部、动力维修部、安全保卫部三部一室，均为科级。

[人员编制、组成]　人员编制35名，其中专业技术人员6名，管理人员9名。馆长1名，副馆长2名。

参观指南

[地址]　青岛市市南区龙山路26号

[邮编]　266003

[电话]　0532-82861985

[电子邮箱]　qdybg@163.com

[开放时间]　全年开放，8:30-15:30

[票价]　旺季（4月1日～10月31日）15元/人

　　　　淡季（11月1日～次年3月31日）10元/人

（撰文：青岛德国总督楼旧址博物馆）

青岛德国监狱旧址博物馆

Qingdao German Prison Site Museum

概述

类型　社会科学类历史遗址专题博物馆

隶属关系　隶属中共青岛市委政法委员会

正式开馆时间　2007年4月

所在位置　坐落于青岛前海黄金旅游线的市南区常州路21、23、25号

面积　占地面积8220平方米、建筑面积5022平方米

建筑、布局　主建筑为1900年建造的德国青岛监狱大楼。为砖、石、钢、木结构，墙体由黑青石、花岗岩、红砖和水泥墙面砌成，楼顶覆以红瓦，总面积1416.33平方米。它是典型的欧洲古堡式建筑风格，东侧是主楼，西侧是塔楼。主楼为错层结构，北侧两层，房间宽敞高大，南侧三层，房间相对矮小，顶部有通间阁楼以别致的老虎窗采光，底部有地下室均匀分布着承重墙柱。塔楼在外部看与大楼主体游离，其内部却与大楼主体相连通。塔身每层之间有4个窗户依次递高，塔顶上覆紫铜尖顶，尖顶上有可灵活转动的风向标兼避雷针，上镌"1900"字样。大楼东西各有一个门，从西门可进入塔楼，塔楼内是螺旋而上的楼梯，沿着楼梯上到二层，是位于这座监房北侧与监室完全隔离的办公区。从东门可进入监房一层、二层南侧、三层南侧和地下室。

历史沿革　这是一座集监狱建筑群、司法文物展示为一体的特色博物馆，馆址所在的青岛德国监狱旧址，迄今已有一百多年历史，2006年被国务院公布为全国重点文物保护单位。最初为德国1900年建造的德国青岛监狱（1900年～1914年11月），只有一栋欧洲古堡式监房大楼和数间附属平房，其后分别为日本青岛守备军囚禁场（1914.11～1922.12）、青岛地方检察厅看守所（1922.12～1929.4）、青岛地方法院看守所（1929.4～1938.1）、日本海军青岛囚禁场（1938.1～1945.9）、青岛地方法院看守所（1945.9～1949.6）、青岛市人民法院看守所（1949.7～1955）、青岛市公安局看守所（1955～1995）。自1924年后陆续扩建，逐步建成大小建筑26栋。2003年青岛市市长夏耕批示，与文物保护和旅游

原德国青岛监狱大楼

原德国青岛监狱及其后期的监狱建筑

1.青岛近代司法历史沿革陈列展厅　2.原日本海军青岛囚禁场水牢　3.原日本海军青岛囚禁场地堡　4.原清朝胶澳总兵衙门石础

观光相结合，将此处建设成市法制教育基地。2004年12月30日青岛市政府第39次市长办公会原则确定了该监狱旧址修缮改造方案。之后市委政法委组成以常务副书记赵春光为主要负责人的筹建机构，经对该监狱旧址部分建筑进行拆除，对"仁"、"义"、"礼"、"智"、"信"字监房和监狱工场楼、监狱办公楼、监狱职员宿舍楼、德国胶澳帝国法院旧址楼等9栋建筑修缮复原，科学规划场地及建筑分区功能并精心布展，建成青岛德国监狱旧址博物馆，2007年4月29日正式对公众开放。

历任馆长　宋长和。

业务活动

基本陈列　一是具有百年沧桑的欧洲古堡式监狱建筑及其监狱设施陈列；二是青岛德国监狱旧址历史场景复原陈列。运用硅胶仿真人像、幻影成像、平面投影等现代展示技术，逼真再现了这座监狱当年的情景。三是《青岛近代司法历史沿革陈列展》。展厅面积190平方米，运用图文和实物展示了青岛自1891年至1949年的司法历史沿革状况。

藏品管理

　［藏品统计］　收藏德国征集的德国占领青岛时期的文档5万余页，照片2000余幅。

原日本青岛守备军囚禁场木碗

原德国胶澳巡捕局指纹档案柜

宣传教育　编辑出版了反映青岛近代司法历史、监狱历史的大型图书《历史的烙印——青岛德国监狱旧址博物馆纪略》

经营管理

[单位性质]　国有事业单位

[经费来源]　自收自支，门票收入和场地经营

[人员编制]　8人。

[服务观众项目]　馆内设置了展览区和休闲区。展览区实行封闭管理，提供参观游览。休闲区免费开放，提供休闲娱乐，使文物保护的成果惠及百姓。

参观指南

[地址]　青岛市市南区常州路21号、23号、25号

[邮编]　266002

[电话]　0532-82869773

[传真]　0532-82868820

[电子邮箱]　abc1020@yeah.net

[网站]　www.qddgjy.com

（撰文：青岛德国监狱旧址博物馆）

枣庄市博物馆

Zaozhuang City Museum

概述

类型　地方综合性博物馆

隶属关系　枣庄市文化局

创建时间　1984年

正式开放时间　1989年

所在位置　枣庄市市中区龙庭路56号

面积　占地面积15000平方米、建筑面积5000平方米、展厅面积2700平方米

枣庄市博物馆外景

建筑、布局　整体布局为庭院式，建筑结构为仿汉阙式，显得古朴典雅。

历史沿革　枣庄市博物馆的前身为建于1978年的枣庄市文物管理站。1984年创建枣庄市博物馆，1988年建成，1989年正式对外开放。

枣庄市博物馆现为枣庄市级爱国主义教育基地，自1995年起连续十二年荣获枣庄市级文明单位称号。

历任馆长　李锦山（1984～1991）；刘兴元（1991～1992副馆长主持工作）；曹修美（1993～1996）；刘德君（1996～2002）；李光雨（2002至今）。

业务活动

基本陈列　枣庄市博物馆现有4个基本陈列，分别是《枣庄历史文物陈列》、《枣庄汉画像石陈列》、《小邾国贵族墓葬出土文物陈列》、《鲁南泥人张展览》。

《枣庄历史文物陈列》沿用了传统的展示手法，直观具体。《枣庄汉画像石陈列》采用开放式布局，一目了然。《小邾国贵族墓葬出土文物陈列》采用现代技术，结合传统手法，凸显出土文物的精巧唯美。《鲁南泥人张展览》彰显了鲁南地区丰富的民俗故事，形象生动。

全馆陈列面积1800平方米，展出文物1056件，重要展品有铭文青铜壶、青铜瓶、青铜簋，汉代钱文罐、汉代钱范等。

藏品管理

[藏品来源]　主要是抢救性考古发掘和社会征集以及社会捐赠等。

[藏品类别]　有石器、陶器、瓷器、玉器、青铜器、铁器、金银器、字画以及古生物化石等。

[藏品统计]　藏品总数为12935件。其中，国家一级文物5件，二级文物108件，三级文物272件，一般文物12550件（含未定级文物）。

《枣庄历史文物陈列》一角

春秋 小邾国青铜簠

[重要藏品] 有东周时期空首布5枚、铭文青铜器24件、大汶口文化时期的红陶鼎、东汉熹平三年残碑、更新世时期的古象牙化石等。

[藏品保护] 建馆25年来，不断加大对馆藏文物的保护力度，及时更新各种物防技防措施，始终把文物的安全放在首位。2005年以来，先后投资近百万元用于文物库房的建设和展厅展品的安全防范，开馆至今没有发生一起文物损坏案件。

科学研究 枣庄市博物馆拥有一支较强的考古科研队伍，先后出版《中国古代面具研究》、《小邾国遗珍》、《枣庄文物博览》、《枣庄运河文化系列丛书·枣庄文物卷》等专著5部，在省级以上刊物发表学术论文300余篇。

交流合作 2004年10月组织召开"中国·山亭小邾国国际学术研讨会"，邀请了40余位国内外知名专家学者与会，共同探讨小邾国的辉煌历史。建馆以来，与周边地区的博物馆共同举办各类临时展览10余个。组织单位职工参加山东大学文博大专班的学习进修。

经营管理

[单位性质] 国有事业单位

[经费来源] 全额拨款

[机构设置] 内设保管部、宣教部、对外联络部、办公室、保卫科等科室。

[人员编制、组成] 编制25人，90%以上拥有大专以上学历，其中研究馆员1名，副研究馆员10名，馆员8名。

[观众接待] 年平均观众人数为18000人次。

参观指南

[地址] 枣庄市市中区龙庭路56号

[邮编] 277102

[传真] 0632-3678066

[电子邮箱] yyinxiujiao@163.com

[开放时间] 8:30—11:30，14:00—17:00

[票价] 免费

（撰文：尹秀娇）

兖州市博物馆
Yanzhou Museum

概述

类型 地方综合性博物馆

隶属关系 兖州市文化局

创建时间 1984年10月

正式开放时间 1989年9月10日

所在位置 兖州城区文化东路53号

面积 占地18000平方米、建筑面积8000平方米

建筑、布局 混凝土框架结构，外形采用仿汉阙和大斜坡房顶的风格特点。

历史沿革 兖州市博物馆成立于1984年10月，原位置在兖州市文化馆三楼。1985年维修兴隆塔，1987年在塔院建仿古式文物库房、陈列室及办公室10间。1989年5月迁至兴隆塔院，同年10月正式开馆。2002年9月在兴隆塔南侧新建陈列大楼一幢，建筑面积8000平方米。至此，兖州市博物馆初具规模。

历任馆长 张崇信（1984.10～1992.12）；董道昌（1993.1～1999.8）；李玉栋（1999.8～2008.3）；史建强（2008.3至今）。

业务活动

基本陈列 《文明曙光》：陈列了兖州地区发掘出土的史前文化遗物330件，其中有中科院考古研究所发掘的王因遗址、西桑园遗址，国家文物局田野考古领队培训班发

兖州博物馆外景

1.展厅一角　2.清康熙镇水铁剑

唐　绞胎绿釉瓷枕

隋　青瓷辟雍砚

掘的西吴寺遗址、六里井遗址，还有龙湾店遗址、马楼遗址等出土文物。这些遗址系统地反映了山东地区新石器时期的文化发展序列。

《文物精品厅》：陈列了馆藏文物精品中的青铜器、瓷器、石刻造像、金玉饰品等几个内容的文物陈列。

《天下第一剑》：陈列着兖州出土的长7.5米，重1539.8公斤，剑刃为扁菱形，锋尖呈椭圆形，剑格圆形，被誉为"神州一剑"的泗河镇水剑，以及馆藏青铜剑等。

以上陈列采用现代艺术设计、现代装饰材料，以展柜和灯光照明为主。陈列面积1300平方米，展出藏品数共805件（套）。

专题陈列　主要有《古九州之一——兖州》，以图板的形式展示了古九州之一——兖州历史上各时期的重要人物、时间、名胜古迹和历史文化脉络以及改革开放以来兖州取得的丰硕成果。展厅面积1000平方米。

藏品管理

[藏品来源]　考古发掘和民间征集

[藏品类别]　铜器、铁器、金银器、玉器、木器、漆器、骨器、角质器、陶器、瓷器、字画、印章等。

[藏品统计]　兖州市博物馆馆藏文物4412件（套），其中铜器1240件，铁器2件，金器82件，银器166件，石刻419件，玉器155件，木器2件，漆器1件，骨器17件，角质器3件，陶器512件，瓷器796件，字画90幅，印章103枚。

[藏品保护]　藏品保护采用传统技术和现代科技相结合的方法。

科学研究　兖州市博物馆设有研究室，有科研人员3人，编辑出版了《兖州史话》。

经营管理

[单位性质]　国营事业单位

[经费来源]　地方财政全额拨款

[机构设置]　设有办公室、社教部、保管部、安全设备部、展览部、考古征集部、研究室、资料室。

[人员编制、组成]　有工作人员28人，其中管理人员1人，专业技术人员13人，技工人员14人。

[观众接待]　年参观人数为6万人。

参观指南

[地址]　兖州城区文化东路53号

[邮编]　272100

［电话］ 0537-3412967

［电子邮箱］ yzbwg2967@163.com

［网站］ www.yzbwg.com

［开放时间］ 每周二至周日开放

［票价］ 免费

（撰文：兖州市博物馆）

单县博物馆

Shan Xian Museum

概述

类型 地方综合性博物馆

隶属关系 单县文化局

创建时间 2000年

正式开放时间 2001年5月18日

所在位置 单县西关广圣殿

面积 占地6余亩、建筑面积1200平方米、改造展室500余平方米、库房300平方米

建筑、布局 主体楼为砖混结构，外观雄浑庄重。

历史沿革 1986年成立单县文物管理所，借住在单县文化馆院内。2000年成立单县博物馆，搬入单县原交警大队。2001年5月18日正式开馆。

历任馆长 苏健。

业务活动

基本陈列 单县博物馆的基本陈列为《单县馆藏文物精品展》，陈列面积300平方米，分为石器、陶器、青铜器、玉器、瓷器、书画、杂项等七部分，共展出文物61件。其中较为重要的展品有商代陶鬲、春秋鬲鼎、宋仿周鼎、宋代白瓷碗、明代葵口暗花龙泉盘、明代蒙板、明代竹雕人物、明代鸭形砚等。

博物馆外景

汉 陶俑

宋 哥瓷碗

明 竹雕人物

清 鼻烟壶

临时展览　2000年5月18日开馆举办的《历史文物展》，2001年举办的《纪念建党八十周年大型图片展》，2001年9月举办的《九九·老人节书画展》，2002年1月举办的《迎春书画展》，2002年6月举办的《六一·少儿书画大赛》，2002年9月举办的《环保科普图片展》，2004年7月举办的《珍稀贝壳蝴蝶图片展》，2005年举办的《舜师画院成立书画展》，2006年5月举办的《首届民间书画收藏展》等。

藏品管理

[藏品来源]　征集、收购、考古发掘、社会捐赠等渠道。

[藏品类别]　分为石器、陶器、瓷器、金属器、书画、玉器、古籍缮本、杂项等。

[藏品统计]　总数为1715件、古籍书5000余册，其中石器类26件，陶器193件，瓷器类133件，金属类150件，书画类79件，杂项1134件。

[重要藏品]　有《黄慎·花卉册页》（清代）等。《黄慎·华卉册页》为民间收购，此作品反映出其艺术成就的全貌，可以从中窥见其艺术风貌的一斑。

[藏品保护]　单县博物馆文物库房设有电子监控设备、专业文物藏品陈列架、书画橱、精品柜、保险柜等，对全部藏品实现分类定位放置管理。

经营管理

[单位性质]　国营公益性事业单位

[机构设置]　内设保管、陈列、保卫、办公室等科室

[人员编制、组成]　在职工作人员15人，其中高级职称专业技术人员1人，中级职称专业技术人员4人，初级职称专业技术人员10人。

参观指南

[地址]　单县西关广圣殿

[邮编]　274300

[电话]　4669088

[票价]　免费

（撰文：单县博物馆）

赵执信纪念馆
Zhao Zhixin Memorial Hall

概述

类型　社会科学类名人专题博物馆

隶属关系　博山区文化局

创建时间　1995年7月

正式开放时间　1995年8月

所在位置　博山区中心路东首，后乐桥南，毗邻范公祠，背依荆山，下临秋谷，山岩重叠，泉水绕屋。

面积　占地面积1.564万平方米、建筑面积3970平方米

建筑、布局　主要建筑有：赵执信故居、深约堂、绿静轩、虚舵楼、听泉榭、览秋台、磺庵、西笑亭、衔月亭长廊等亭台廊榭十余处，另有摩崖石刻、石雕影壁、假山池塘、叠瀑溪流等景点，是一处集清代建筑风格和江南风韵的私家园林。

1.赵执信纪念馆大门　2.故居内四合院景观　3.《赵执信生平展》一角

历史沿革　赵执信纪念馆所在地因园，是省级文物保护单位。

赵执信（1662～1744），山东省淄博市博山人，是与蒲松龄、王渔洋齐名的孝妇河畔三大历史文化名人之一，是清代著名的现实主义诗人，诗论家，书法家。因园，是赵执信的别墅，始建于1685年，是赵执信的祖父赵双美所建，赵执信晚年退居于此，去世后，该园卖予钱氏，至今三百余载，历尽沧桑，毁坏严重。1993年9月，博山区人民政府批准成立"博山区赵执信纪念馆筹建处"，隶属博山区文化局体育委员会。1994年3月修复工程正式开工，并于1994年12月完成主体工程建设。1995年7月，博山区人民政府决定撤销"赵执信纪念馆筹建处"，同时成立"赵执信纪念馆"和"博山区因园管理处"，设一套机构两块牌子，隶属博山区城乡建设委员会。1995年8月13日，赵执信纪念馆正式开馆。1999年6月，博山区人民政府决定将赵执信纪念馆由博山区城乡建设委员会划归博山区文化局。

历任馆长　贾清江（1995.7～2003.7）、王维华（2003.8至今）。

业务活动

基本陈列　《赵执信生平展》：以展板形式介绍了赵执信的一生；《赵执信起居展》：以实物展示了赵执信的生活起居环境；《赵执信学术研究展》：以展板和实物展示了赵执信作为诗人，诗论家，书法家的学术成就及后人对赵执信的研究成果；《博山陶瓷琉璃展》：用展板和实物展示了博山陶瓷、琉璃的发展历史；《范仲淹生平壁画展》：用壁画形式展示了范仲淹的一生。

科学研究　1994年5月17日～21日，由山东省古典文学研究会和淄博市博山区人民政府共同举办的"全国首届赵执信学术研讨会"在博山召开，来自全国各地的87名专家学者到会，提交学术论文29篇。1995年12月由齐鲁书社出版发行了《赵执信研究论文集》。

经营管理

[单位性质]　国有事业单位

[经费来源]　财政全额事业拨款

[人员编制、组成]　5人，实有工作人员6人，其中：馆长1人，副馆长1人，工作人员3人，离岗1人。工作人员中级职称1人，初级职称2人，高级工1人。

[观众接待]　年接待观众3万人。

参观指南

[地址]　淄博市博山区秋谷路26号

[邮编]　255200

[电话]　0533-4182402

[电子邮箱]　zhangzhixinjinianguan@126.com

[开放时间]　8:00－17:00

[票价]　20元／人次

（撰文：赵执信纪念馆）

荣成博物馆
Rongcheng Museum

概述

类型　地方综合性博物馆

隶属关系　隶属于荣成市文化体育局

创建时间　2000年5月

正式开放时间　2001年12月

所在位置　位于荣成市成山大道东段28号

荣成博物馆外景

面积　建筑面积28672平方米

建筑、布局　内设大、中、小展厅31个，总展示面积8150平方米

历史沿革　荣成博物馆成立于2001年12月。2000年5月始建，2001年7月竣工并投入使用。

历任馆长　于迎雨（2001.12～2005.3）；王雷（2005.3～2006.10）；卢杰（2006.10至今）。

业务活动

基本陈列　举办《渔家傲——荣成人与海》、《周韶华艺术馆》、《方崇保收藏馆》、《秦汉文史馆》、《唐鸿珍现代中国画展馆》、《明清青花瓷画展》、《世纪荣成》基本陈列。

《渔家傲——荣成人与海》以荣成六七千年的历史变迁为主线，围绕荣成人与海洋的关系，挖掘荣成人与海的深厚文化底蕴，书写荣成人与海共生的历史，彰显荣成儿

1.《渔家傲——荣成人与海》展厅一角　2.展厅一角

女创造的历史奇迹。包括自然篇、历史沿革篇、渔业生产生活篇和民生民俗篇。分家园、史事、古港、作舟、业渔、海产、民俗、海魂八大展示板块，展览面积2000多平米，陈列文物1000多件，展示老照片1000余幅，复原古场景3处、运用视频及投影技术8处，各种鱼类标本50余件。充分运用文物、图片、场景复原、多媒体等多种手段，展示了丰富多彩的渔家文化，以及荣成厚重的文化积淀。

临时展览　每年举办各类临时展览20多个。

藏品管理

［藏品统计］　馆藏各类文物1361件。

交流合作　作为当地政府承办各种大型展会的场所，承办过多届"海洋渔业博览会"和中韩（荣成）贸易洽谈会。

经营管理

［单位性质］　国营事业单位

［经费来源］　全额拨款

［人员编制、组成］　编制15人，各类专业技术人员9人

［观众接待］　年接待观众10万人

参观指南

［地址］　荣成市成山大道东段28号

［邮编］　264300

［电话］　0631-7569106

郭沫若书对联

吴作人画〝熊猫〞

明崇祯　青花魁星点斗纹将军罐

[传真]　0631-7569108

[电子信箱]　Rcbwg@126.com

[票价]　免费

（撰文：荣成博物馆）

威海市博物馆

Weihai Museum

概述

类型　地方综合性博物馆

隶属关系　隶属威海市文化局

创建时间　1993年5月

正式开放时间　1993年7月2日

所在位置　位于威海市文化中路73号

面积　建筑面积4120平方米

历史沿革　威海市博物馆，馆址初设于海滨中路92号宽仁院旧址，1998年5月迁文化中路73号。

历任馆长　朱君之（1993～1999）、苗永威（1999～2006.3）、张寒梅（2006.3至今）。

业务活动

基本陈列　基本陈列3个：《威海历史文物展》、《帽筒展馆》、《贵州龙化石馆》。展览面积2000平方米。2005年、2007年两次对《威海历史文物展》进行改造，增

1.威海市博物馆外景　2.帽筒展馆一角

青白瓷注

彩陶壶

铜鼎

青铜甗

加陈列内容，改进陈列形式。

临时展览　每年举办各类临时展览20余次。重要的有《今日威海》（1993～1994）、《威海名人书画》（1993～1994）、《古代字画》（1993～1994）、《戴玉山个人收藏展》（1999～2001）等。

藏品管理

［藏品统计］　馆藏文物1700余件，其中二级文物3件，三级文物46件。

贵州龙化石

双孔石刀

经营管理

［单位性质］　国有事业单位

［经费来源］　全额拨款

［机构设置］　内设办公室、财务部、陈列保管部、社教部、保卫部、文物鉴定咨询部。

［人员编制、组成］　编制16人，专业技术人员11人，其中高级3人、中级5人、初级3人。

［观众接待］　常年接待观众10万人。

参观指南

［地址］　山东省威海市文化中路73号

［邮编］　264200

［电话］　0631-5800481

［传真］　0631-5893012

［电子邮箱］　Whbwg160@sina.com

［开放时间］　全年开放

［票价］　免费

（撰文：威海市博物馆）

临邑邢侗纪念馆
Linyi Xing Tong Memorial Hall

概述

类型　社会科学类名人专题纪念类博物馆

隶属关系　隶属于临邑县文体局

筹建时间　1986年

正式开放时间　1992年

所在位置　位于临邑县邢侗公园正中心

邢侗纪念馆前门

面积　占地面积3690平方米

建筑、布局　坐北朝南，正厅5间，东西厢房各3间，26间游廊，为砖木仿明建筑。2002年扩建邢侗碑廊，新增办公室4间，仓库3间，后门厅3间，游廊38间，碑亭2间，为混凝土仿古建筑。

历史沿革　临邑邢侗纪念馆于1986年开始筹建，1992年正式开馆。

邢侗纪念馆馆舍原名来禽馆，是明代著名书法家邢侗读书处。邢侗（1551～1612），字子愿，号知吾，山东临邑邢柳行村人，明代四大书法家之首，有"北邢南董"之誉，刻《来禽馆帖》，著《来禽馆集》，其书法"杂之阁帖，不辩真伪"，"人书同贵，墨迹与黄金同价"。

来禽馆始建于明万历十四年（1586），清代多次重修，1945年倾圮。1986年重建，历时三年建成，经山东省文史馆馆员席文天建议，更名邢侗纪念馆。

历任馆长　张长平（兼），孙建功，席文天（名誉馆长）。

业务活动

基本陈列　邢侗纪念馆正厅里陈列藏品有邢侗主刻的《来禽馆帖》刻石19块，邢侗之妹、著名女书画家邢慈静主刻的《之室集帖》梨木板刻7块、清代刻石4块。以上藏品是1980年文物普查从邢侗后人家中征集。另收藏有现代著名书画家字画200余幅，国家领导人、革命老将军题辞90余幅，邢侗后人邢桂堂捐献的仿银缕玉衣一件，古今中外钱币400余枚。《来禽馆帖》、《之室集帖》均用大理石镶嵌于墙壁，外面用高档玻璃密封保护。纪念馆与碑廊前后贯通，浑然一体。

科学研究　2005年，孙建功论文《来禽馆帖与来禽馆真迹考述》获山东省文化艺术科学研究优秀成果三等奖；2007年，孙建功专著《邢侗研究》获山东省文化艺术科学研究优秀成果二等奖。张华论文《来禽馆刻唐人双钩十七

邢侗铜像

帖研究》获山东省文化艺术科学研究优秀成果三等奖。

宣传教育　2002年出版《邢氏兄妹》，2006年出版《邢侗研究》。2005年由山东省电视台制作《邢侗与来禽馆帖》专题节目。

合作交流　日本、美国、韩国、新加坡等学者多次派人前来进行学术交流。上海同济大学、贵州大学、山东大学、北京师范大学、抚顺大学、德州学院等十几所高等学院派员前来进行学术交流。

经营管理

[单位性质]　国有县属事业单位

[经费来源]　财政全额拨款

[人员编制、组成]　人员编制7～9人，现有职工7人。

[观众接待]　年参观1.5万人次。免费为中小学生、军人、残疾人、老年人开放。

参观指南

[地址]　山东省临邑县邢侗纪念馆

[邮编]　251500

[电话]　0534-4369955

[开放时间]　8：00－12：00，15：00－18：30

（撰文：邢侗纪念馆）

邢侗作品

临朐山旺古生物化石博物馆

Shanwang Paleontological Fossil Museum Linqu Shandong

概述

类型 地方综合性博物馆

隶属关系 隶属临朐县文化局

创建时间 1981年

正式开放时间 1985年

所在位置 位于临朐县城山旺路80号

博物馆外景

面积 占地1万平方米、建筑面积4000平方米

建筑、布局 由两排横列式建筑主体组成。前排为三层现代建筑，气势恢宏；后排二层仿古建筑，飞檐斗拱，颇为壮观。整体布局分两个院落，前院西侧建有仿古建筑石刻长廊，后院大殿前的东西两侧建有仿古偏房。

历史沿革 山东临朐山旺古生物化石博物馆的前身为临朐县文化馆文物组。1981年县政府开始筹建"山旺化石陈列馆"，1985年4月建成并对外开放。1987年2月，"山东省山旺古生物化石陈列馆"更名为"山东省山旺古生物化石博物馆"。1996年8月又更名为"山东临朐山旺古生物化石博物馆"。1994年二期工程开始建设，至1996年竣工，博物馆始有今天的规模，共有建筑面积4000平方米。又将临朐县文物博物馆所藏历史文物合并进来。

历任馆长 孙博（1985～2001）、孙秉明（2001～2007）、衣同娟（2008至今）。

业务活动

基本陈列 山东临朐山旺古生物化石博物馆陈列面积3600平方米，展出藏品1850件。基本陈列有《山旺化石陈列》、《佛教造像陈列》、《奇石陈列》和《民俗陈列》。《山旺化石陈列》在陈列艺术上采用灯箱、沙盘模型、橱窗、照片、水粉彩画、景观复原等形式。《佛教造像陈列》主要采用了橱窗和灯光配以拓片、文字说明等形式。《奇石陈列》则采用了台阶式的摆放陈列形式。《民俗陈列》分生产工具、生活习俗、传统民俗、民间艺术四部分。

藏品管理

[藏品来源] 1995年以前主要是临朐县硅藻土矿开矿出土，1995年以后主要是中国科学院古脊椎动物与古人类研究所在产地进行科学研究发掘出土的标本。历史文物的藏品的来源，主要是临朐县内进行工农业生产和城乡建设出土的文物，也有少部分来源于群众的捐献。

[藏品类别] 山旺古生物化石种类极其丰富，现已发现的就有十几个门类700余种。其中植物化石中的藻类化石就有近百种，裸子植物4种，被子植物160余种。动物化石分为脊椎和无脊椎两大类。在无脊椎动物化石中，山旺的主要代表是昆虫类，迄今已发现并已研究的昆虫化石计有12目84科221属400余种，此外尚有不少化石正在研究之中。脊椎动物种类十分庞杂，主要有鱼类、两栖类、爬行类、哺乳类、鸟类等。历史文物包括石器、玉器、陶器、瓷器、骨器、竹木器、铜器、铁器、纸质类等。

[藏品统计] 藏品总数为4359件组，包括山旺古生物化石和历史文物。

[重要藏品] 有"秀丽杨氏鸟"化石、"细近无角犀"化石、"蛋壳陶高柄杯"、"玉钺"、"彩绘庐舍那佛像"等。

科学研究 目前博物馆有中级以上职称人员约占30%，高级职称人员占10%。所取得的科研成果也较丰富，先后有科学出版社出版的《山旺古生物化石图鉴》、《山旺植物化石》，文物出版社出版的《北齐崔芬壁画墓》等专著。出版、发表的科研论文、论著有不少还获得省级以上奖励。

合作交流 与中国科学院古脊椎与古人类研究所、南京古脊椎动物研究所、中国地质大学等单位对山旺化石产地进行了发掘研究和出土化石的保护工作；与中国社会科学院考古研究所、山东省文物考古研究所合作，对西朱封龙山文化遗址、墓葬进行了发掘研究；与中国文物研究所合作对明道寺出土佛教造像进行了保护；与山东省文物考古研究所、瑞士苏黎世大学联合对小时家庄古代寺庙遗址进行了发掘研究。举办大型专题研讨会3次。山旺化石陈列专题展先后在香港、台湾、青岛、东营等地展出，文物展品中的佛教造像先后去美国、日本等地展出。

经营管理

[单位性质] 国有事业单位

稀世珍宝—柄杯鹿（化石）

东方祖熊（我国保存最好的骨架化石）

北朝　背光式三尊像

北齐　半身观世音菩萨像

[经费来源]　主要靠地方财政拨付

[人员编制]　20人，其中中青年占了80%以上

[观众接待]　年接待观众万余人次。

参观指南

[地址]　临朐县山旺路80号

[邮编]　262600

[电话]　0536-3212138

[传真]　0536-3117679

[网站]　www.shanwang.org

[电子邮箱]　lqxbwg@126.com

[开放时间]　8：30-12：00，13：30-17：00。全年开放。

[票价]　免费

（撰文：宫德杰）

临沂市银雀山汉墓竹简博物馆
Tombs of Han Dynasty at Yinqueshan and Bamboo Slips Museum

概述

类型　社会科学类历史遗址专题博物馆

1.银雀山汉墓竹简博物馆大门　2.博物馆内景

博物馆馆徽

隶属关系　隶属于临沂市文化局

创建时间　1981年2月

正式开放时间　1989年10月

所在位置　位于临沂市中心

面积　占地面积10000平方米、建筑面积3000平方米

建筑、布局　现有建筑系仿古建筑，歇山斗拱，灰陶瓦顶，赤柱丹梁，红墙环绕。主体建筑分银雀山汉墓厅、竹简陈列厅两大部分。馆内功能区主要为游览区、休息区、办公区，各区硬件设施配套齐全，功能完善，主要有办公室、接待室、门厅、迎宾廊、银雀亭、荷池、拱桥、库房、文物店、纪念品店等；院内松柏花竹，绿草茵茵，奇石嶙峋，山水相映，融仿古建筑与园林风格一体古朴大方的幽雅环境。

历史沿革　临沂市银雀山汉墓竹简博物馆是我国第一座遗址性专题博物馆，1981年2月动工兴建，1989年10月正式开放。

临沂银雀山汉墓竹简博物馆馆徽取"雀"字鸟形，除深蕴东夷部族以鸟为图腾的文化内涵，还指坐落于银雀山上，现实寓意象征沂蒙腾飞的希望，意义深远。它是由中华人民共和国国徽创意者、中国人民政治协商会议会徽设计者张仃设计的。

历任馆长　刘大田；宋爱贞；郭文铎；宋开霞（现任）。

业务活动

基本陈列　现馆内陈列为：《银雀山汉墓厅》、《孙子兵法展厅》、《孙膑兵法展厅》、《简牍陈列厅》和《文物陈列厅》及《图片展示长廊》。陈列面积约1500平方米。陈列重点突出了汉墓与竹简两大类内容。陈列艺术设计体现出国内外独一无二的文化特色。

展出藏品数共500余件，其中银雀山8号墓出土的彩绘乐舞俑、说唱俑、金雀山32号墓的彩绘漆五子奁、金雀山九号墓的彩绘帛画等。

专题陈列　银雀山汉墓竹简博物馆曾举办了《中国当代著名书画家为王羲之故居题书》书法大展，展出了启功、舒同、王学仲，沙孟海、欧阳中石、吴作人、李可染、孙轶青、费新我、武中奇等墨宝百余幅。还举办了《中国篆刻联展》、《中国算具展》、《沂蒙根艺展》、《沂蒙名砚展》、《沂蒙奇石展》等临时陈列展览。

藏品管理

[藏品来源]　考古发掘和收购、群众自愿捐赠。

[藏品类别]　主要分为古钱币、铜器、碑帖、玉器、瓷器、印章等。

[藏品统计]　总数量近1700件，其中古钱币351件，铜器270件，碑帖144，玉器188件，瓷器154件，印章62件。2006年8月份，经省文物专家对馆藏文物鉴定定级，馆藏三级以上文物由原来28件增至331件。

[藏品保护]　加强对馆藏文物的科学管理，分类登记入库，帐目清楚，并做好文物科技保护工作。每年分春秋两季对古字画定期微波杀菌、晾晒；对馆藏字画进行消毒、防腐处理；对出土的青铜器、铁器进行防锈、缓蚀处理；对出土的陶瓷器进行修复。派专业技术人员随市考古队参加田野考古发掘，到农村进行文物普法宣传，征集文物，丰富馆藏。

西汉　三铢钱

科学研究　近年来出版了《漫话银雀山》、《银雀山兵学》、《孙武孙膑兵法试说》、《孙膑兵法解读》等专著10部。先后在《文物》、《中国文物报》、《孙子学刊》等省级以上期刊发表论文百余篇。先后派出专业人员参加了第二至六届"孙子兵法国际学术研讨会"，并有10余篇学术文章被收编进研究会论文集；另有多人次携论文参加了国际、国内一些学术研讨会。共获得市级以上学术成果奖

16项。以银雀山汉墓竹简为底本编著出版的《孙武孙膑兵法试说》一书，荣获1997年山东省"精品工程"奖和山东省博物馆学会"优秀学术成果"一等奖。《孙膑兵法解读》获山东省历史学会2003年"优秀学术成果"一等奖。

1992年4月，开发研制的竹简作为纪念品赠送第三届孙子兵法国际研讨会代表。同年7月28日，江泽民总书记来馆视察，对原简和纪念品给予了高度的评价。1993年，竹简纪念品参加国家文化部文化科技成果展，获优秀科技成果奖。2005年与临沂新光电子有限公司达成协议，合作开发《孙子兵法》竹简纪念品，推向市场。《银雀山竹简兵书仿真》已注册商标，成为临沂市旅游纪念品中文化品位高、独具特色的优秀品牌，受到社会各界的欢迎。

宣传教育 临沂银雀山汉墓竹简博物馆于1995年8月被公布为"山东省爱国主义教育基地"。2005被公布为"中国孙子兵法研究会中国古代军事文化教研基地"和"国防大学研究生教学基地"。2006年被公布为"临沂市关心下一代教育基地"。2007年定为"南京陆军指挥学院国际交流中心中国古代兵法教研基地"。

临沂银雀山汉墓竹简博物馆已成为临沂大学、美澳学校等学校的爱国主义教育基地，成为学校素质教育的"第二课堂"。1995年，积极响应党中央"加强对青少年进行爱国主义教育"的号召，与兰陵集团、临沂市博物馆、王羲之故居、华东革命烈士陵园联合举办了"爱我家乡、爱我中华"大型社会教育活动。2003年以来，先后20多次到6家出租汽车公司为司乘人员讲授历史文化知识。

在2007年9月举办的"银雀山汉墓竹简出土35周年纪念活动"期间，中央、省、市20多家新闻媒体对活动开展进行报道。中央电视台到竹简博物馆现场拍摄并播放了《孙子兵法》（上、下集），会议期间还发表电视报刊专题、专版10期、新闻报道58篇。

1992年4月12日，邮电部发行竹简纪念封一枚。1995年12月4日，《孙子兵法》特种邮票在临沂发行，竹简纪念品被国家邮电部作为礼品赠送全国各地代表。以《孙子兵法》竹简书为背景的古籍走向国家名片，在中国集邮史上是第一次。1999年10月开馆10周年，以竹简书为背景的首日封发行。

交流合作 为更好地宣传兵学文化扩大影响，临沂银雀山汉墓竹简博物馆1992年4月承办了"第三届孙子兵法国际学术研讨会"。专家认为，1972年4月临沂银雀山出土的以《孙子兵法》、《孙膑兵法》为主要内容的大批竹简书，使长期以来笼罩在中外学术界关于孙子、孙膑是否各

有其人，是否各有兵书传世的迷雾得以廓清；2002年10月召开了"银雀山汉简兵书出土30周年纪念大会暨国际学术研讨会"，收到论文50余篇。同时成立了"银雀山兵学研究会"；2007年9月举办了"银雀山汉墓竹简出土35周年纪念活动"，收到论文65篇。

接待了"全国政协委员赴沂蒙考察团"、"日本雪心书道会"、"韩国汉文化考察团"、"马来西亚孙子兵法研究会"等国内、海外大型团体600余个；接待著名国际友人、学者7000余人次；接待文化名人3万余人次。接待国防大学参谋班、国防大学研究生学院博士、硕士研究生班等高级将领1600余人次；接待国防大学外训系47个国家的高级军官320余人次；接待济南军区陆军学院学员1200余人次；接待北京大学国际MBA战略研讨班师生等500余人次。

1997年8月，派出8名专业技术人员到朝鲜人民民主共和国参观考察博物馆建设。1998年11月，马来西亚孙子兵法研究会长吕罗拔率团来馆进行文化交流。2000年8月，世界旅游组织派专家来馆考察规划，为申报世界文化遗产作准备工作。

经营管理

[单位性质] 国有事业单位

[机构设置] 下设办公室、群教部、保卫科、陈列部、研究室、资料室、文物店、产业开发科。

[人员编制、组成] 现有工作人员30人，其中研究馆员3人，副研究馆员4人，馆员10人、助理馆员3人；聘任人员8人。

[服务观众项目] 临沂银雀山汉墓竹简博物馆另设有接待处、票务服务处、导游处等，为观众服务。

[观众接待] 年接待观众人数10万人次。

参观指南

[地址] 山东临沂市沂蒙路212号银雀山汉墓竹简博物馆

[邮编] 276001

[电话] 0539-8312649

[传真] 0539-8312649

[电子邮箱] yqszjly@163.com

[网站] www.yqszj.com

[开放时间] 夏季8：30－12：00，14：30－18：30
　　　　　　 冬季8：00－12：00，14：00－17：30

[票价] 30元

（撰文：银雀山汉墓竹简博物馆 韩恩胜、李宗保）

临沂市博物馆
Linyi City Museum

概述

类型　地方综合性博物馆

隶属关系　隶属于临沂市文化局

创建时间　1976年

正式开放时间　1979年

所在位置　坐落于临沂市北城新区兰陵巷中段南侧

临沂市博物馆外景

面积　规划用地面积2.8528公顷、总建筑面积20805平方米、建筑占地面积4916平方米、绿化面积3150平方米

建筑、布局　主体建筑地上4层，建筑高度25.9米，外观采用了四本书叠加的造型，寓意临沂有着悠久的历史和深厚的文化底蕴。馆内共有四层，分别设一个通史展厅，六个专题展厅以及多个临时展厅。

历史沿革　临沂市博物馆前身最早为1963年成立的"临沂县文物收集组"，地址设在五贤祠内，负责管理全临沂地区的文物工作。1976年春，改称"临沂县文物组"，隶属县文化局领导，不再监管文物工作。1979年，文物组从五贤祠搬到沂州路中段51号，设置了文物陈列室并对外开放，并于次年更名为"临沂县博物馆"。1984年临沂县改为临沂市（县级），博物馆遂改为"临沂市博物馆"。1995年临沂地区撤地改市，博物馆升格为市级博物馆，由市文化局管理。为保护历史文物古迹，弘扬民族文化，1997年临沂市人民政府把修复文庙工程和博物馆建设列为当年的十件大事之一。该项工程于1997年6月动工，经历半年的时间，1998年1月临沂市博物馆搬迁至临沂市文庙，同时展览正式对外全面开放。

随着文博事业的发展，文庙原有的馆舍，已不能满足新时期博物馆工作的需要。2009年，临沂市政府将临沂市博物馆新馆建设项目列为当年十大重点工程之一。新馆位于临沂市北城新区兰陵巷中段南侧，2009年3月21日，新馆正式开工建设，于2011年9月建成使用，2012年7月1日正式对外开放。新馆是一座集历史、艺术、民俗为一体，体现临沂文化特色，反映临沂深厚历史文化底蕴的大型综合性地方博物馆，目前正以崭新的面貌迎接着八方来客。

业务活动

基本陈列　临沂市博物馆现有《临沂历史文化展》、《石上史诗——汉画像石专题展》、《馆藏造像和其他

《石上史诗》展厅一角

石刻艺术品陈列》、《土与火的艺术——史前陶器展》、《铜镜展》、《钱币展》和《翰墨丹青——馆藏书画》七个基本陈列。

《临沂历史文化展》　以展示临沂地域文化特色为定位，发挥馆藏精品文物的优势，突出了临沂历史文化进程中的主要闪光点。共分"序厅"、"人类早期的足迹——旧石器、细石器时代"、"文明的曙光——新石器时代"、"辉煌的青铜文化——商、周时期"、"繁荣富足的盛世——汉、晋时期"、"隋唐宋元明清时期"六个部分。针对新时期观众要求的多样化与文化的多元性，学术性与通俗化有机结合是陈列的亮点。为使展览更具可感可知、可读可赏，结合展览主题，配合展品内容，对展品作通俗易懂的文字说明，并对部分展品作出赏析性的解读文字，涉及到重要展品，配以相关图片史料，做到了展览相关知识点、信息量的最大化。为达到展览的整体效果，还大量设计制作了与展览相关的遗址场景复原、三维动漫成像、油画、图片史料等辅助展品，将传统与现代科技相结合，让人们更立体地认识理解展览，更全面地把握临沂的历史和展品的历史价值、艺术价值。

《石上史诗——汉画像石专题展》　临沂是汉代画

像石出土数量较多的地区之一，临沂的汉画像石产生时间早，延续时间长，无论从数量还是内容和风格上，都是汉代文化中最有代表性的艺术作品。本展览按舒朗的展区分割，内容共分为"序厅"（45平方米）、"华贵地府"白庄画像石墓（225平方米）、"创其滥觞"西汉画像石展示（55平方米）、"尽其深致"东汉画像石展示（625平方米）4个单元。展览重点突出"石上史诗"这一主题，选择能够代表临沂地域特征的汉画像石100余块，通过展示临沂汉画像石丰富的内容，生动地描绘了汉代社会的衣食住行、风俗人情等社会百态，反映了当时人们对现实生活的

展厅一角

眷恋和对未来世界的希冀，以及由此展示出两汉时期的政治、经济和文化的历史画卷。特别是展出的东汉晚期的吴白庄、五里堡等大型画像石墓，气势恢宏，装饰华丽，雕刻精美，展示了两千年前先民们高超的艺术水准，反映了汉代物质文化、精神文化的高度文明，再现了一个大气磅礴的时代，犹如一部镌刻在石头上的浩瀚的史诗世界。

《馆藏造像和其他石刻艺术品陈列》 展出大量的隋、唐时期的造像碑、幢以及明、清时期的石碑等，其中不少具有重要的史料价值，为研究我国古代的政治、经济、军事、文化等提供了大量的实物资料。

《土与火的艺术——史前陶器展》 新石器时代沂、沭河流域是东夷部族活动的主要区域之一，东夷人在陶器制作上表现出极佳的创作力。临沂地区出土的史前陶器，造型独特，工艺精湛，表现内容多种多样，具有浓厚的生活气息和独特的艺术风格。展览分"史前陶器形成发展"、"史前陶器的成型工艺与装饰"、"史前陶窑的结构与陶色"、"大汶口文化时期出土陶器"、"龙山文化时期出土陶器"、"蛋壳陶精品展示"、"蛋壳陶制作场景复原"等几部分，尤其是展出龙山文化时期的"蛋壳陶"，具有"薄如纸，硬如瓷，明如镜，黑如漆"等特点，被誉为"土与火

1.展厅一角 2.《翰墨丹青》展厅一角 3.《古代货币展》一角 4.《历代铜镜展》一角

的艺术，力与美的结晶"。它体现了先民们对水、土、火的认识和把握，代表着中国史前制陶业的最高技术水平。

《翰墨丹青——馆藏书画展》　临沂市博物馆建馆以来，得到了社会各界的关心和支持，展览以馆藏和捐赠书画为基础，遴选出近百幅具有代表性的艺术作品，有清代黄慎、恽南田、刘墉、林则徐等的书画精品；亦有当代方济众、宋文治、魏紫熙、崔子范、叶浅予等名家力作。正所谓丹青吐彩，翰墨飘香，通过展览以期达到向世人展示中国书画的文化精髓和人文底蕴，展现出中国传统文化丰富多彩的特性和优美典雅的艺术魅力。

《古代货币展》　临沂历史悠久，早在春秋战国时期，先后归属鲁、齐、楚，为历代兵家必争之地。由于沂、沭诸水间与江淮相通，水上交通便利，这一带成为南北交通要道与东往沿海"通渔盐之利"的门户，是各国商贸的交汇之地。历年出土的古钱币不但数量多，而且种类齐全，尤以先秦齐国刀币存量大、种类齐，这在周边地区都是少见的。展览按时代发展为主线，分十个小单元，荟萃了先秦、秦汉、三国两晋南北朝、隋唐五代十国、两宋、辽金元、明清、民国等时代和国外货币、民俗钱中代表性的精品。展品多来自考古发掘，也有相当数量的传世品，货币不仅是一种文化，也是社会、经济、政治的一面镜子，透过这些展出的货币，我们既可以看到货币在社会进化中诞生和发展的概貌，又可以看出临沂古城在不同的历史时期商贾云集、物流天下的盛况。

《历代铜镜展》　临沂地区出土和收藏的铜镜，数量多，品种丰富，时代跨度从战国至明代，以汉镜和唐镜为主流，其中也不乏各个时代的精品。展览分"精巧灵秀的战国铜镜"、"精致超逸的汉晋铜镜"、"绚丽多姿的唐代铜镜"、"世俗繁杂的宋金元明铜镜"四单元，展示馆藏铜镜百余面，按时间发展顺序带观众进入先民们的精神世界，了解先民们的审美情趣以及对美好生活的追求与向往。

临时展览　临沂市博物馆自建馆以来，相继推出了一系列临时展览，其中除本单位自办外，还有与外单位联合举办或引进的展览。这些展览题材广泛、内容丰富，影响较大的有：《沂蒙之光墨迹选》、《纪念抗日战争胜利五十周年大型图片展》、《纪念孟良崮战役胜利50周年大型图片展》、《珍爱生命、拒绝毒品》、《建国五十周年临沂历史文物精品展》、《洗砚池晋墓汇报展》、《馆藏金石拓片展》、《郑书箴、贾梅榕捐献书画展》、《郑里同志捐献书画展》等。

藏品管理

[藏品来源]　其来源有旧藏、考古发掘、征集、收购、捐献等，其大部分是来自当地的考古发掘及征集，有着典型的地方特色和较高的研究价值。

[藏品类别]　按质地分石器、陶器、瓷器、铜器、铜镜、铁器、字画、书籍碑帖、钱币、金银器、骨器、印章、漆器、砚、木器、碑刻、石造像、汉画像石、砖纹、景泰蓝、绢纱、瓦当、化石、其它，共 24 个类别。

[藏品统计]　馆藏文物10532件，其中珍贵文物2132件。另有古钱币五千余枚。分别为玉器257件，陶器1689件，瓷器894件，钱币2219枚，铜器704件，铜镜311件，石器337件，铁器82件，金银器169件，骨器76件，木器30件，印章124件，砚台53件，漆器36件，景泰蓝8件，化石34件，瓦当20件，砖纹14件，石造像44件，书籍碑帖2907件，绢纱1件，汉画像石111件，字画409件，其它3件。

[重要藏品]　较珍贵的有：龙山文化时期的蛋壳黑陶镂空高柄杯，馆藏55件，其中被列为国家一级品的就有12件；磨制精美的石钺、石扁琮、双孔玉铲以及造型奇特的白陶双层口鬶等极富有地域特色；出土于临沂市南坊镇洪家店西汉墓的"金缕玉套"更是稀世珍宝；洗砚池晋墓出土的青瓷胡人骑狮器、青铜胡人骑狮、青铜凤鸟香薰炉为铸造工艺精湛的典范代表；馆藏齐国刀币数量之多，品类之多样，实属罕见；黄慎、恽南田、高名衡、林则徐的书画等亦是馆之精品。

[藏品保护]　自2011年9月迁入新馆以来，藏品保管条件有了显著改善，将主体馆三层南侧全部改造为文物库房区，彻底将文物库房与文物展室及办公场地隔离。更新购置了106套文物专用柜橱和142个重型仓储文物货架，使馆藏万余件文物藏品能够分类分库按质地上柜存放。一级文物或经济价值较高的藏品配备了专用保险柜进行保管。同时把不同质地的文物分为六个库区进行分类、分级管理，并在定级、书画、铜器三个库区安装恒温恒湿控制机组，陶、瓷器库区配有空调、除湿机。每个库区根据其不同的要求，采取了相应的防火、防盗、防潮、防虫、防尘、防光（紫外线）等安全措施，使所有藏品得到了传统技术和现代科学技术的保护。在规章制度上，建立了《库房安全保卫制度》、《藏品保管工作人员职责》、《库房管理制度》，制作《入库人员登记表》、《藏品出入库凭证》等，规范了藏品管理，保证了藏品安全。

宣传教育　为更好地发挥博物馆的社会宣传教育功能，临沂市博物馆专设宣教部，负责对外宣传教育工作。展览面向全社会免费开放。

除做好正常开放期间的讲解服务工作外，还利用

龙山文化　白陶双层口鬶

汉　金缕玉套

西晋　青铜胡人骑狮

西晋　青瓷胡人骑狮器

"5·18"国际博物馆日和中国文化遗产日，积极开展文物法律法规宣传和文物知识普及活动，赢得了社会的好评，产生了良好的社会效益。为充分发挥青少年社教基地的作用，还组织到驻临沂各大、中专院校及部分中学开展巡回展览；结合馆藏文物宣传，弘扬传统孝悌文化、传统礼仪文化等，加强未成年人讲文明、懂礼貌等的文明意识，并开展了制作画像石拓片、风筝等多种动手动脑、寓教于乐的教育活动。与此同时，博物馆开办了网站，通过"馆情概览"、"公共服务"、"工作动态"、"典藏集萃"、"社会教育"、"文博研究"等网页对博物馆的基本情况进行了全面、系统的网上宣传，扩大了博物馆的宣传面，进一步提升了博物馆的知名度。

科学研究　临沂市博物馆始终重视科学研究工作，努力提高全馆职工的专业理论研究水平。先后编撰出版了《临沂汉画像石》、《馆藏文物集萃》、《中国洗砚池晋墓》、《王羲之琅琊碑帖》、《郑氏父子捐赠书画集》等专业书，其中《临沂汉画像石》一书获2003年山东省精品图书提名奖。馆内职工在各级报刊杂志发表学术文章100余篇，取得了可喜的成果。协助中央电视台等各级媒体制作电视专题节目50余次，取得了良好的社会效益。

经营管理

　　[单位性质]　国营事业单位

　　[经费来源]　经费主要来自财政拨款

　　[机构设置]　其下设六个科室：办公室、文物研究室、陈列部、宣教部、库房部、保卫科。

　　[人员编制、组成]　现有在职人员33人，其中高级职称6人，中级职称13人，初级职称11人，是一支训练有素的专业技术人才队伍。

　　[观众接待]　年接待观众50余万人

　　[服务观众项目]　有多名专职讲解员负责展览讲解。馆内配有完整的标识引导系统和观众配套服务设施，配置多套数码语音导览设备，可提供中、英两种讲解语言，免费向观众提供高科技语音导览系统。展厅外设有观众休息室，为方便特殊群体，设有残疾人绿色通道。

参观指南

　　[地址]　临沂市北城新区兰陵巷中段南侧

　　[邮编]　276000

　　[电话]　0539-8185935

　　[开放时间]　夏季9:00－17:30

　　　　　　　　冬季9:00－17:00

（撰文：李斌）

临清市博物馆

Linqing Museum

概述

类型　地方综合性博物馆

隶属关系　隶属临清市文化局

筹建时间　1984年

正式开馆时间　1985年

所在位置　现馆址设在全国重点文物保护单位明代建筑群临清鳌头矶内。该古建筑群小巧玲珑，错落有致，布局紧凑，且紧傍运河，视野开阔，登楼便可见运河帆樯如林，周围市肆栉比的繁荣景象，成为运河岸边一处标志性建筑，为历代文人墨客登临吟咏抒怀的重要名胜古迹，是文物旅游景点与博物馆职能于一体的综合性文化场所。

面积　占地面积约1200平方米

建筑、布局　坐西朝东，建在元代京杭大运河岸边，由吕祖堂、李公祠、望河楼、观音阁古建筑组成。现存主体建筑观音阁，砖砌基座高5米，9米见方，下辟门洞，面阔三间，进深两间，歇山卷棚顶，三、五、七架梁和抹角梁木构架，上覆筒瓦，陶质脊兽装饰，四角飞挑，木隔落地。西殿吕祖堂、南楼望河楼现存各三间。

临清市博物馆外景

历史沿革　临清市博物馆成立于1984年。1945年临清解放，地方政府在大宁寺伽蓝殿设民众教育馆。其职能为采集图书，收购字画，以供民众借阅。此时，临清民众教育馆已具有文物收藏功能。1958年，临清市在民众教育馆的部分职能基础之上成立了临清市博物馆，馆址设在临清市龙山公园，当时有展室11间，办公室3间，配有专职领导和文物干部，对外展出过大量出土文物、传世文物和革命文物。1962年临清市人民政府精简机构时，将文化馆、图书馆、博物馆和展览馆四馆合一，统称文化馆。后来又分设图书馆，图书馆内设文物组。因此，原有文物统归图书馆保存。1980年前后，图书馆文物组为山东省文物商店代收文物期间，从中选择出不少颇有价值的陶器、瓷器、铜器、字画及古家具等文物充实馆藏；同时随着第二次文物普查，又征集到大量碑刻、墓志及石刻造像。截止到1984年，临清市图书馆收藏的文物门类及数量已具规模。1984年底，临清市博物馆筹备成立，1985年正式对外开放。临清市历史文化底蕴丰厚，不仅馆藏文物丰富，地上文物也举不胜数。因此也造就了一批基层文物工作者，其中较著名的人士有张思增、王洪晨、马鲁奎等。张思增，1949年军队转业后，一心扑在临清的文物事业。1951年，参加了国家文物局在曲阜举办的全国第一次文物培训班。张思增是临清文物事业的先驱，为临清文物事业的开展奠定了基础。王洪晨是临清市博物馆的第一任馆长。1947年参加革命工作，建国后从事文艺工作，20世纪80年代转入文物事业，在临清市博物馆的筹建中作出了重大贡献。马鲁奎，原临清市博物馆副馆长，副研究馆员，中国文物学会青铜委员会委员、山东省博物馆学会会员、山东省民间艺术家协会会员，曾被山东省文物局评为先进文博工作者。1988年、1992年两次被省、国家民委、文化部（厅）、文联授予先进工作者称号。2000年至2002年主持创建了"张自忠将军纪念馆"、"季羡林先生资料馆"、"运河文化资料馆"。曾参与《中国文物地图集（山东卷）》、《山东省艺术志》、《中国民间文学集成（山东卷）》等临清部分的资料编撰。长期致力于运河文化遗产的研究，研究成果散见于《团结报》、《文博》等报刊。编有《碧血祭》、《张自忠将军碑林书法选》、《金瓶梅与临清》、《临清民间故事》等，著述约30万字。

历任馆长　王洪辰、殷黎明、魏辉。

业务活动

专题展览　1985年临清市博物馆正式对外开放后，成功举办了《古代圣旨展》、《古代夹带抄展》、《古代字

明　成化十七年临清窑造贡砖

贡砖拓片

元　磁州窑白釉黑花鸟鹿纹梅瓶

清　秋操纪念杯

画系列展》、《运河文化图片专题展》等文物短期专题展览。馆内现有展厅三个，展厅总面积近150平方米。吕祖堂展厅长期举办《临清古砖展》。望河楼展厅举办《临清历史沿革图片展》，观音阁展厅长期陈列名人字画。以《临清古砖展》较有地方特色。临清贡砖是修建北京故宫、明代长城、十三陵、清代东陵、西陵等皇家宫殿、军事工程、园林、陵寝的重要的建筑材料，展览用明清两代各时期、各型号的贡砖及生产贡砖的工具实物，配合文字说明及图片资料向观众直观而又新颖地介绍了临清的烧砖历史、工艺技术、科技价值等历史知识。

藏品管理

［藏品来源］　多为社会征集，也有部分为出土文物和少量捐赠文物。

［藏品统计］　除古钱币12000余枚及古砖200多块外，其它藏品包括陶瓷器、字画、铜器、玉器、杂项等共计968件，其中珍贵文物43件。

经营管理

［单位性质］　国有事业单位

［经费来源］　地方拨款

［人员编制、组成］　现有在职人员6人，其中馆员3人、助理馆员2人。

［观众接待］　每年接待观众3000多人。

参观指南

［地址］　山东省临清市先锋办事处吉士口街35号

［电话］　0635-2331020

［传真］　0635-2324078

［电子邮箱］　linqingshibowuguan@yahoo.com.cn

［开放时间］　8：30－17：00

［票价］　10元

（撰文：山东省临清市博物馆　牛全洲）

临淄中国古车博物馆

Linzi Museum of Chinese Old Chariot

概述

类型　科技类古车专题博物馆

隶属关系　隶属于淄博市临淄区文化旅游局

筹建时间　1993年

正式开放时间　1994年

所在位置　位于古老的淄河东岸，今山东省淄博市临淄区齐陵街道办事处后李官庄村北。地理位置优越，南临

1.临淄中国古车博物馆外景　2.春秋殉车马坑陈列　3.商代曲衡车（仿制）　4.仿唐代象辂

东方"金字塔"田齐王陵、稷山风景区和管仲纪念馆，紧靠309国道，济青高速公路纵贯其间，交通十分方便。

面积　占地面积36000平方米、建筑面积3600平方米

历史沿革　1990年为配合济（济南）青（青岛）高速公路建设，山东省文物考古研究所在发掘后李文化遗址时，发现了一处春秋时代的大型殉车马坑，被列为1990年全国十大考古新发现之一。1993年4月成立临淄中国古车博物馆筹建办公室。1994年9月9日建成开馆。总投资1000余万元。

先后获得"全国青年文明号"、"国家AAA级旅游景区"、"山东省优秀博物馆"、"省级精神文明窗口示范单位"、"省级风景名胜区"、"市级文明单位"、"市级花园式单位"、"全市旅游行业先进单位"和"临淄城区绿化先进单位"等诸多荣誉称号。

历任馆长　边希锁

业务活动

基本陈列　该馆系统地陈列了我国迄今为止出土的自殷商至明清各个历史时期具有典型意义的古车及文物佐证，囊括了中国古车之大观，汇集了古车研究成果之大成，展开了中国古车发展史的绚烂画卷。展出内容分为

《中国古车陈列馆》和《春秋车马展厅》两大部分。陈列的主体是不同时代、不同性能的古车复原19辆，模型近百件。还有各种车马饰件、出土文物、壁画等均为国家文物珍藏。展厅内陈列的第一辆古车为商代曲衡车，是依据河南安阳郭家庄殷墟出土的资料复原的，同时展出了商代发掘现场模型。继之是西周双马驾挽的曲衡车。春秋战车则是依据临淄后李春秋殉车马复原的四马驾挽车，并配有车战图。第二展厅首先看到的是按照临淄田齐王陵战国墓出土的实物资料制作的战国战车，具有辀短、轨距小、轻便灵活的特点。秦车则是依据秦始皇陵2号铜车马仿制的实用车。汉车的代表是一辆高级贵族所乘坐的安车和诸葛亮创制的木牛车。第三展厅首先看到的是魏晋南北朝时期妇女乘坐的通幰长檐牛车。中国最先发明了马镫，有西晋墓出土的双镫陶马作证。同时展出了唐代在举行大典礼时使用的辂。辂是中国皇帝出行时乘坐的豪华车，分玉辂、金辂、象辂、革辂、木辂五种。还有高大的辽代驼车。

展橱内陈列的东晋冬寿墓壁画《出行图》；东晋顾恺之的《洛神赋图》；唐代的懿德太子墓壁画《陈辂图》、《虢国夫人游春图》；宋代的《宋大驾卤簿图》、《宋人

物故事图》；五代、辽、金的《卓歇图》、《射骑图》、《文姬归汉图》；元代的《元世祖出猎图》；明代的《大驾卤簿图》；清代的《康熙南巡图》、《乾隆南巡图》和《万树园赐宴图》等均为我国高级文物画师摹本，保存了原作的真实性。

春秋车马展厅为殉真车真马，其时代之早，规模之大，配套之齐全，马饰之精美，保存之完好，尚属罕见。虽历经沧桑，仍见其宏伟壮观，不失当年齐国霸业之雄风。

2007年7月投资70余万元对内部陈列进行了提升改造，运用高科技手段在第一展厅、第二展厅分别增加了"原始人圆木移熊"、"古车战场面"及"考工记制车作坊"微缩景观各一处。新增加了汉代指南车等古车模型十余辆，对古车模型加追光，背景新加了大型文字图片写真灯光幕墙，对复原古车细部进行了写真、放大、重点说明，增加了"车翠马魂"大型主题浮雕。通过这次提升改造充实了展览内容，强化了展示效果，优化了展览环境，为广大游客充分了解中国古车的发展历史打造了一个新的展示平台。

经营管理

　　[单位性质]　国有事业单位

　　[机构设置]　下设办公室、群工部、保卫科三个科室

　　[人员编制]　正式在编人员8人

　　[观众接待]　自开馆以来先后接待了全国人大委员长吴邦国、原国务院副总理田纪云、原中央纪委书记吴官正等党和国家领导人。自1994年开馆以来共接待中外游客120万人次，收入1700余万元。年平均接待8万人次，收入120万元。

　　[服务观众项目]　在该馆以东150米处建成了南北相对的高速公路中国古车博物馆大型停车场，极大地方便了从济南、青岛方向沿途来往的游客，形成了一套完整旅游线路。

为适应普通游客的要求，2001年投资79万元建成了包括：民俗展、民俗娱乐、鸟语林、射箭场、植物园、盆景园、赛车场等项目的《古车馆稷下游乐园》。人文景观和自然景观的完美结合，使游客在参观展览的同时享受休闲娱乐的乐趣。

参观指南

　　[地址]　淄博市临淄区齐陵街道办事处后李村

　　[邮编]　255430

　　[电话]　0533-7083310（办公室）

　　　　　　0533-7081996（售票处）

　　[电子邮箱]　zhongguogucheyxc@126.com

　　[开放时间]　8:00-17:00

　　[票价]　30元

（撰文：临淄中国古车博物馆）

临淄足球博物馆

Linzi Football Museum

概述

　　类型　社会科学类竞技运动专题博物馆

　　隶属关系　隶属临淄区足球产业开发领导小组办公室

　　筹建时间　2005年6月

　　正式开观时间　2005年9月

　　所在位置　坐落于世界足球起源地——山东省淄博市临淄区中心城区（临淄区行政办公中心东侧、临淄大道759号），从济青高速公路临淄出口下，南行至309国道（人民路）东行200米路南即到。

　　面积　建筑面积2500平方米

　　历史沿革　2004年7月15日，时任国际足联主席布拉特在北京庄严宣布，足球起源于中国淄博临淄。基于此，临淄足球博物馆于2005年6月开始筹建，在原齐鲁美术馆的基础上改建而成，2005年9月12日建成并对外开放。

临淄足球博物馆的建成开放，为临淄的蹴鞠和足球文化、运动及产业开发打造了一个坚实的平台，为临淄乃至淄博走出国门、加强与国际间的对外交流铺就了一座便捷的桥梁。临淄足球博物馆先后获得淄博市旅游工作先进集体、淄博市文化产业开发先进单位、淄博市群众最喜爱的旅游景点、临淄区文化强区建设先进单位、临淄区精神文明建设先进单位、临淄区文物保护暨"申遗"工作先进单位、国际齐文化旅游节突出贡献奖等荣誉称号。

临淄足球博物馆（中国体育博物馆临淄分馆），浓缩了中国的蹴鞠文化史、民俗发展史、体育文化史和世界足

临淄足球博物馆外景

球史，是一部立体的足球文化百科全书，引领你探索足球起源，感受蹴鞠文化，领略足球魅力！

历任馆长　开馆至今，馆长由临淄区足球产业开发领导小组办公室主任、临淄区体育局副局长杨健兼任。

业务活动

基本陈列　展厅分上、下两层，由古代足球和现代足球两大部分共10个展览单元构成。走进一楼大厅，首先映入眼帘的是由历代蹴鞠和足球组合而成的一条岁月的河流，象征着从蹴鞠到足球的发展历程。大厅两厢一边是古代蹴鞠的花样动作，一边是现代足球明星经典的踢球动作，两者交相呼应，揭示了整个博物馆的主题：临淄的蹴鞠，世界的足球。一楼大厅由北向南，依次为序厅、溯源厅、起源厅、发展厅、繁荣厅、暗弱厅和影响传播厅，主要揭示了古代足球的发展历程。楼上展厅共分三个部分，依次是足球起源的确认、中国现当代足球和世界足球。整个陈列内容丰富，资料翔实，展出古今中外150多件珍贵文物和300多幅历史图片，复原场景20多个，包括历代蹴鞠活动的各种形式和规则，系统展示了足球的起源、发展、影响和传播等几千年的演进历史和发展风貌。

藏品管理

［藏品来源］　馆藏展品由中国体育博物馆移交

［重要藏品］　不乏有关古代蹴鞠的珍贵文物、与各国体育文化交流的纪念品和各项赛事的奖杯、奖牌等。

交流合作　2006年德国世界杯期间，该馆应邀参加了在德国著名港口城市—汉堡举行的《魅力足球展》，以临淄足球博物馆馆藏复制文物"中国蹴鞠门"为代表的世界古代足球展区再次在世界面前放出耀眼的光彩，吸引了参加开幕式各国贵宾的目光。2007年5月，来自世界足球起源地的标志性纪念物—《圣球之源》，永久落户于国际足联总部大厦。同年9月，在临淄人民广场成功设置了大型广场雕塑《圣球之源》，成为临淄的标志性雕塑，填补了城市雕

汉代鞠城（场景）

塑的空白。2007年8月，临淄足球博物馆策划制作的《蹴鞠之光》在北京世纪坛参加了奥运远景观雕塑巡展，并以其规模大、形象逼真而震惊海内外，得到了中外嘉宾的大加赞赏。临淄足球博物馆一系列对外文化交流活动进一步巩固了足球起源地的地位，增强了淄博和临淄在世界的影响。

宣传教育　临淄足球博物馆编辑出版了《齐都蹴鞠》一书，详细介绍了蹴鞠和足球的相关知识。2007年6月20日和2008年春节期间，中央电视台《探索发现》栏目分别播出了以临淄蹴鞠历史和文化为内容的大型节目——《齐都蹴鞠》和《球戏》，在全国引起广泛影响。2007年5月，中央电视台专程来临淄录制了1个小时的"奥运城市行——走进世界足球起源地"专题节目，临淄足球博物馆组队参加并获奖。同时，世界名牌电视栏目——《发现》及马来西亚、韩国、新加坡影视公司、加拿大国家电视台、中央电视台、福建电视台等中外宣传媒体也纷纷走进临淄足球博物馆拍摄专门介绍足球起源地和蹴鞠的大型纪录片先后相继播出。

经营管理

［单位性质］　国有事业单位

［人员编制］　现有员工24名

［机构设置］　设计讲解导游部、市场营销部、商务部、办公室、财务科、保卫科。

［观众接待］　开馆近三年的时间，共接待了来自加拿大、新加坡、美国、法国、澳大利亚、韩国、俄罗斯、多哥人民联盟、日本等十几个国家的外宾，中外游客近18万人次，为游客讲解近万场。其中，接待省、部级以上领导五十余次。2006年4月29日江泽民在临淄视察时，对临淄足球博物馆的仿古蹴鞠表演表现出了浓厚的兴趣，饶有兴趣地与临淄足球博物馆的领导和仿古蹴鞠队员亲切交谈并合影留念。多哥人民联盟总书记德拉马尼来馆参观后赞叹临淄为世界带来了足球，并欣然题词"热烈祝贺临淄成为世界足球的故乡！"国家体育总局文史委主任袁大任参观后感慨地说：临淄足球博物馆能建设到现在的水平，的确出乎大家的意料，特别是资料的丰富翔实、表现手法的独特完美是他想象不到的，并题词留念"促进东西方体育文化交流"。2008年5月10日，亚足联主席哈曼率国际足联、亚足联官员到临淄足球博物馆参观考察，并给予世界足球起源地和临淄足球博物馆高度评价，为临淄能建成这样一个资料丰富、内容详实的博物馆而深深折服。

［服务观众项目］　馆内配有一流的讲解导游队伍。游客在浏览的过程中可以免费观看精彩的仿古蹴鞠表演，

可以身着仿古蹴鞠服装拍照，亲身感受中国蹴鞠的独特魅力。另外馆内的商务休闲区陈列了相关蹴鞠和足球的纪念品近百种，供游客欣赏和消费。

参观指南

[地址]　山东省淄博市临淄区临淄大道759号

[邮编]　255400

[电话]　7175818、7175889（售票处）

[传真]　0533-7175778

[网站]　www.zuqiubowuguan.com

[电子邮箱]　zuqiubowuguan@163.com

　　　　　　lzzqbwg@163.com

[开放时间]　8：30－17：00

[票价]　30元/人，老年人、学生、残疾人、现役军人持相关证件半价优惠，讲解30元/场。

（撰文：临淄区足球产业开发领导小组办公室　朱淑菊）

济宁市李白纪念馆

Jining Libai Commemoration Hall

概述

类型　社会科学类名人专题博物馆

隶属关系　隶属于济宁市文物管理局

创建时间　1986年10月

正式开馆时间　1986年10月

所在位置　位于济宁市市中区太白中路33号

面积　占地面积5816.80平方米

建筑、布局　坐北朝南，7开间，阔30米，进深13米，高15米，为两层重檐，九脊歇山式砖木结构建筑，无斗拱。青砖砌体，顶罩灰筒瓦，四面有游廊，二楼环以朱栏。上下两层周边设有木制玻璃门窗。二层檐悬嵌"太白楼"楷书扇形匾额。

李白纪念馆外景

历史沿革　1986年10月成立并正式对外开放。

济宁市李白纪念馆以济宁市文物保护单位——太白楼为馆舍，太白楼原名贺兰氏酒楼，因盛唐诗人李白寄居济宁期间常饮酒赋诗于此而得名。唐咸通二年（861年），吴人沈光为贺兰氏酒楼篆书"太白酒楼"匾额，并作《李翰林酒楼记》一文，"因白常醉于此，故以名归之"。该酒楼原位于古任城（今济宁市）东门里（今小闸口）附近，后因运河改道而北移。明洪武二十四年（1391年），济宁左卫指挥使狄崇在修建州城"易土为砖"后，以谪仙的寓意，依照唐代太白酒楼的样式，迁移重建于济宁州南城墙上，并将原匾中的"酒"字去掉，正式改名为"太白楼"，并沿用至今。今楼是1952年在高约4.5米的原济宁市州墙旧址上重建的，原城墙削去了3～4米的高度，楼基大约比原楼基降低了3～4米。

历任馆长　丁冲；宫衍兴；郑修平；张耀辉；相力。

业务活动

基本陈列　济宁市李白纪念馆陈列面积500余平方米，常年陈列展出李白生平、历代名人刻石字画。藏品以乾隆御笔、太白楼楼壁四周镶有的29块历代名人石刻、李白手书"清平调"长卷、祝枝山"饮中八仙歌"（两长卷均为民国仿品）最为珍贵。李白纪念馆坚持"三贴近"原则，陈列展览图文并茂、寓教于乐，旅游环境幽静典雅，年接待中外游客万余人。

合作交流　济宁市李白纪念馆加强馆际交流与合作，保持与四川、安徽等地李白纪念馆的联系沟通，互通信息，交流展览经验。派员参加在各地举办的李白国际学术交流活动。

经营管理

[单位性质]　国有事业单位

[经费来源]　全额财政拨款

[人员编制、组成]　人员编制4人，实有人员4人，均为大专及大专以上学历。二级美术师1人，文博馆员3人。

参观指南

[地址]　济宁市市中区太白中路33号

[邮编]　272000

[电话]　0537-2216986（办公室）

　　　　0537-2888513（售票处）

[电子邮箱]　libaijinianguan@163.com

[开放时间]　全年

[票价]　免费

（撰文：济宁市李白纪念馆　孙广军）

济宁市博物馆

Jining Municipal Museum

概述

类型　地方综合性博物馆

隶属关系　隶属于济宁市文物管理局

创建时间　1985年5月

所在位置　位于济宁市中区古槐路38号

面积　馆舍占地31亩、总建筑面积11000平方米

历史沿革　济宁市博物馆始建于1985年5月，将铁塔寺内的古建筑四合院作为办公场所。1992年，济宁市委、市政府决定投入3000多万元用于拆迁并建设博物馆主展楼及其相关工程。至2002年10月，规划区内的旧房拆迁安置全部完成。目前馆舍占地31亩，由两部分组成。东部为铁塔寺，始建于北齐皇建元年（560），1988年被国务院公布为全国重点文物保护单位；西部为仿古建筑。馆舍总建筑面积11000平方米，其中主展楼8831平方米，用于展览的实用面积3000平方米，库房2600平方米，基本能满足展览、办公、文物收藏、对外交流、会议接待等各项活动。

历任馆长　朱承山（1985～2006）；解华英（2006至今）。

崇觉寺铁塔、声远楼

业务活动

基本陈列　济宁市博物馆现有四个大型固定展览。一是以反映始祖文化、邹鲁文化、儒家文化、水浒文化为主线的历史展览—《济宁千秋》；二是以展示本市文物精品为主旨的展览—《馆藏文物》；三是以反映京杭大运河贯穿济宁史实为基础、以弘扬运河文化、振兴济宁经济为宗旨的展览—《中国运河之都——济宁》；四是现代著名书法家朱复戡的《书法艺术展览》。四个固定展览采用独体柜与连体柜相结合，点与线相结合的陈列艺术设计，陈列面积3000平方米，共展出各类藏品542件，其中陶瓷器、青铜器、玉器为馆藏特色。另外，馆内的汉碑室长期陈列着汉碑，堪称国宝，是研究汉代人生活习俗、思想意识以及历史事件、文字演变、书法艺术等方面的重要文物资料。

专题展览　20多年来，济宁市博物馆先后举办各类专题展览200余个，其中自办或承办展览36个，引进展览100多个。其中参观人数较多，产生过较大社会轰动效应的展览主要有：《大型恐龙科普展》、《皇帝皇后御用珍品展》、《崇尚科学反对迷信大型科普展》、《人与自然和谐发展科普展》等。1997年，济宁市博物馆主办的《馆藏精品文物展》，还赴日本展出。

藏品管理

[藏品来源]　建馆之初，济宁市文物局将原收藏的近2000件文物交由济宁市博物馆管理。20多年来，通过考古发掘、民间征集等途径共入藏文物8000余件。

[藏品类别]　铜器、陶器、瓷器、玉器、书画、钱币、竹木牙角器等十几个品类。

[藏品统计]　济宁市博物馆现收藏文物近万件，其中一级文物53件（套），二级文物50件（套），三级文物407件（套）。

[重要藏品]　济宁市商业局工地出土的西周青铜器、济宁师范专科学校建筑工地出土的郑氏铜印及西汉画像石、迥龙街工地出土的龙泉青瓷、市中区招待所工地出土的玉珍艺术品、新征集的20多件明清铁炮、泗水尹家城遗址出土的原始社会陶石器、兖州西吴寺遗址出土的商周陶器、近千张民国纸币及200多件古代石刻等。

[藏品保护]　本着"保护为主，抢救第一，加强管理，合理利用"的文物工作方针，所有馆藏藏品均分类、分库（柜）保存，珍贵藏品有专用柜。库房温湿度控制设施比较完善。在防腐、灭虫方面采取许多利用化学原理、物理原理的方法。

宣传教育　济宁市博物馆通过电视、广播等多种媒

北齐 儒练造像

元 缠枝瓜花玉壶春瓶

介宣传方式，吸引广大群众到博物馆来，接受爱国主义和革命传统教育，并让人们在参观游览中获得愉悦，得到知识。每年的"5·18"国际博物馆日、文化遗产日都组织人员走上街头，对广大市民宣传历史文物知识，普及文物保护法规。济宁市博物馆已成为展示济宁地区历史文明的窗口和进行传统文化教育、爱国主义教育、科技知识普及的重要阵地。据不完全统计，建馆以来共接待观众100多万人次，其中外宾5000多人次。

科学研究与学术交流 济宁市博物馆拥有正、副高级职称人员6人，经常开展科研活动。不定期参加国内学术会议，如运河文化研讨会、全国第十一届汉画像石研讨会、两汉文化研讨会等。图书室收藏有大量业务书籍和学术期刊。现正在建立专门的科研实验室，并逐步完善科研仪器设备。通过不断引进新技术，在工作中取得显著成果。济宁市博物馆积极支持职工学习业务，鼓励学术研究，邀请省内知名专家来馆授课，并经常组织收看专业影视录像。建馆以来馆内的专业人员成果累累，出版专著6部，参编过的专著10余部，在市级以上报刊发表学术文章200余篇，参加过学术交流活动50多人次，接受过文物鉴定及历史知识咨询上千次，得到社会各界的一致好评与认可。

经营管理

[单位性质] 国有事业单位

[经费来源] 主要依靠地方财政拨款

[机构设置] 下设陈列部、保管部、征集部、办公室、保卫科。

[人员编制、组成] 现有人员编制30人，在职工作人员28人，其中大专以上学历人员25人，具有高级职称人员6人，中级职称16人，基本形成了较为合理的技术人员与管理人员梯队。

参观指南

[地址] 山东省济宁市中区古槐路38号

[邮编] 272000

[电话] 0537-2215811

[开放时间] 8:30—12:00，14:00—18:00（周一休馆）

[票价] 免费

（撰文：济宁市博物馆）

济南市历城区博物馆

Museum of Licheng District,Jinan

概述

类型 地方综合性博物馆

隶属关系 隶属于历城区文化局

创建时间 1987年

正式开放时间 1988年12月

所在位置 位于济南市历城区仲宫镇龙山路51号

面积 占地总面积为1472.1平方米、建筑面积共2260平方米、展览面积600平方米

历史沿革 1987年，经历城区政府批准，由历城区第二文化馆改建为历城区博物馆，1988年12月正式开馆。2002年通过社会筹资、职工集资、乙方垫资等形式增建了1064平方米的集办公、展览于一体的综合楼。

历任馆长 侯德岭、刘广玉、张德新。

汉 骑马俑

唐 泥塑人头

隋 四门塔舍利铜函

元 扶虎人物

业务活动

基本陈列 济南市历城区博物馆现有《终军纪念展》和《历城出土文物展》两个基本陈列。终军，字子云，汉代人，历城区仲宫镇为终军故里。终军少年成才，赤胆忠心，请缨报国，出使南越，29岁壮烈殉国，史称"终童"，是我国历史上著名的民族英雄。为纪念这位少年英雄，弘扬爱国主义精神，博物馆常年举办终军生平事迹展览，运用图画、雕塑、实物等方式集中展示终军短暂而辉煌的一生。《历城出土文物展》，展品96件，展出自新石器时代以降历城辖区内出土的各时期历史文物，包括象牙化石、石器、陶器、青铜、瓷器、铁器等。其中历城区孙村镇左家洼村出土有一组战国铜器，造型独特，美观实用。汉代陶立俑、骑马俑造型生动。唐代泥塑人头，神通寺遗址发掘出土，面带微笑，给人以和善慈祥之感。元代陶质伏虎人物，陶虎翘首站立，虎头顶刻一"王"字，饰有连珠纹；虎背搭鞍，鞍与虎腿连为方座；虎卷尾于臀上。一胡人侧骑鞍上，高鼻硕耳，双目圆睁，双手交叠于腹前，造型生动。从中可领略"齐鲁首邑"——历城的悠久灿烂的历史文化。

专题展览 历城区博物馆充分运用自身优势，积极发挥博物馆的社会职能，每年还定期、不定期地举办临时展览。先后举办了《辛弃疾事迹展》、《海洋贝壳展》、《大辛庄出土文物展》、《名人书画展》、《陶艺、皮影工艺展》、《三川风光摄影展》、《蝴蝶标本科普展》、《历城碑刻拓片展》等十几个展览，并已成为周围二十余所中小学的爱国主义教育基地，在传播历史科学、进行爱国主义教育、丰富群众文化生活诸方面，都发挥了积极的作用。

藏品管理

[藏品类别] 藏有石器、青铜器、陶瓷、钱币、化石、石刻造像、碑刻拓片及近现代革命文物等品类文物。

[藏品统计] 藏品总数为3949件，其中铜器85件，陶器108件，瓷器31件，钱币3576件，碑刻拓片126件，其它13件。

[重要藏品] 隋代四门塔舍利、龙山文化代表作陶鬶等珍贵文物。建于隋代的四门塔，是我国现存最古老的亭阁式单层石塔，有"华夏第一石塔"之美誉。1972年维修四门塔时，在塔心柱发现石舍利函1盒，内有铜舍利函1盒，铜函内装长颈琉璃瓶1枚、料珠1串、五铢钱1枚、半两钱1枚，银、铜、骨质指环各1枚，此舍利为隋文帝杨坚下设神州三十颗舍利之一，是研究我国古代佛教文化重要实物史料。

经营管理

[机构设置]　下设陈列部、群工部、保卫部。

[人员编制、组成]　事业编制13人，现有工作人员8人，均为专业技术人员，其中管理人员3人。

参观指南

[地址]　济南市历城区仲宫镇龙山路51号

[邮编]　250115

[电话]　0531-82991038

[电子邮箱]　lcqbwg@163.com

[开放时间]　8:30-17:00，节假日不休息。

[票价]　免费

（撰文：历城区博物馆　张泽刚）

济南市长清区博物馆

Museum of Changqing District ,Jinan

概述

类型　社会科学类历史专题博物馆

隶属关系　隶属于济南市长清区文体局

创建时间　1984年9月

正式开放时间　2002年12月

所在位置　位于济南市长清区文化中心二楼

面积　占地面积1200平方米

建筑、布局　馆舍为混凝土结构的现代建筑，二楼、三楼为展厅。

历史沿革　1984年9月6日长清区博物馆成立；1996年由长清老城区迁入档案局一楼；2002年迁入文化中心二楼，同年12月开馆。1996年中科院考古研究所王振江主持并参与了双乳山汉墓出土文物的发掘与修复、封护工作，为长清区博物馆2002年顺利开馆奠定了坚实的基础。

济南市长清区博物馆外景

《长清双乳山西汉济北王墓出土文物展》 展厅一角

历任馆长　王晶（1984.9～1989.6）、王传昌（1990.7～1991.1）、孙平（1991.2～1992.6）、张继东（1992.7～1995.12）、吴桂荣（1996.1～2003.4）、刘国庆（2003.5至今）。

业务活动

基本陈列　长清区博物馆的基本陈列有《长清双乳山西汉济北王墓出土文物展》和《长清文物通史展》。

《长清双乳山西汉济北王墓出土文物展》，展览面积400平方米，展出文物1000件。该展以济北王陵出土的各类文物精品为主，以复原出土的车马及墓道景观等为辅，分"石破天惊"、"金璧辉煌"、"香车宝马"、"长河日落"四个专题，系统、形象、完整地展示济北国的历史风貌，再现出土文物精品的艺术辉煌。

《长清文物通史展》，展览面积400平方米，精选文物235件，按中国通史序列，分为8个部分展出。上起原始社会的后李文化，下至新中国成立，时代跨越8000年。展厅对每件文物进行了文字介绍，并辅以图片，还对各时代背景、文化发展加以补充说明。实物、图片、文字有机结合，融地方性、观赏性、知识性于一体。

藏品管理

[藏品来源]　多为出土文物，部分民间征集。

[藏品类别]　类别非常丰富，钢、铁、金、银、玉、陶、瓷、石、货币、砖瓦、牙骨器以及革命文物等一应俱全。

[藏品统计]　现馆藏有自新石器时代至近现代革命时期的珍贵文物总计12000余件。其中国家三级以上文物1100余件。

[重要藏品]　以青铜器、车马器、玉器、石刻类见长。

1.双乳山汉墓出土金饼　2.双乳山汉墓出土玉覆面

[藏品保护]　长清区博物馆的文物修复技术已达到国内先进水平，文物修复组在继承传统修复技术的基础上对修复技术和工艺进行科学改进、创新，所修复的文物达到馆藏标准。文物修复组历时三年圆满完成"1996全国十大考古发现之一"的双乳山汉墓出土2000余件文物的保护修复工作，2000年1月通过国家结项验收。"西汉济北王陵出土文物修复技术研究"项目于2000年9月获"济南市科学技术进步一等奖"；2001年9月获"山东省科学技术进步三等奖"，2002年12月获"山东省文化科技进步一等奖"。长清区博物馆还利用此技术为济南市博物馆、邹城市博物馆、泰安市博物馆、东营市博物馆、市考古研究所修复文物2000余件。

交流合作　长清区博物馆不断加强国际、国内、馆际间的交流与合作。2001年5月，长清双乳山汉墓出土的部分精品文物赴日本国立萩美术馆展出6个月；2005年10月，长清双乳山汉墓出土文物精品赴美国普林斯顿大学展出；2005年10月19日上午，美国旧金山博物馆协会、美国普林丝敦大学、美国中华文化中心一行20人组成美国旧金山文化代表团来到长清区博物馆，参观了《双乳山西汉济北王墓出土文物精品展》、《长清文物通史展》，并进行了座谈

交流；2006年10月，山东中医药大学302名学生来博物馆参观，这是长清区博物馆与驻长清的大学生之间的一次友好交流。2007年6月，博物馆一批精品文物调省博物馆举办的《山东文物精品大展》。

宣传教育　在加强对外交流的同时，长清区博物馆发挥自身资源优势，积极做好对长清区市民的展览服务。2006年5月18日至8月31日，长清区博物馆联合山东联合大学，开展"知我长清，爱我长清"专题展览活动，收到良好的社会效益。每年的国际博物馆日和文化遗产日之际，免费开放《双乳山西汉济北王墓出土文物精品展》、《长清文物通史展》两大展厅，利用扩音器等设备讲解展览内容；利用周六、周日和黄金周之际，走上街道，利用展板、宣传画等宣传文物保护等方面的知识，增强群众的文物保护意识。

经营管理

[单位性质]　国营事业单位

[经费来源]　全额财政拨款

[机构设置]　长清区博物馆下有文物修复中心、保卫科、办公室、财务科、库房部、陈列部、群工部、考古部。

[人员编制、组成]　事业编制18人，其中管理人员6人，专业技术人员11人，工勤1人。

[观众接待]　年观众人数约每年28000人次。

参观指南

[地址]　济南市长清区文化中心二楼

[邮编]　250300

[电话]　0531-87220339

[电子邮箱]　lgq178@sohu.com

[网站]　www.cqbwg.com

[开放时间]　8:30—17:00

[票价]　免费

（撰文：长清区博物馆　刘国庆）

济南市博物馆

Museum of Jinan

概述

类型　地方综合性博物馆

隶属关系　隶属于济南市文化局（济南市文物局）

创建时间　1958年12月

所在位置　坐落于济南市区南部千佛山风景区西侧

济南市博物馆外景

面积　占地面积8500平方米、建筑面积6000平方米、陈列面积2400平方米

建筑、布局　整组建筑宏伟典雅，既有浓郁的民族和地方特色，又有现代建筑的时代特点。有8个展厅，一层的四个展厅都在200平方米左右。

历史沿革　济南市博物馆成立于1958年12月。原馆址在趵突泉公园内。1966年1月迁至市中区纬三路，1971年8月再迁至市中区民康里6号，时均无陈列展室。1996年迁至现址。

在建馆之初，参加了成为我国考古重大成果的大汶口遗址的发掘。1959年和1961年，先后在趵突泉公园和大明湖公园创建了宋代词人李清照纪念堂和辛弃疾纪念祠。1998年被济南市公布并授牌为济南市首批爱国主义教育基地。

首任馆长姜守迁（1897～1982），是山东省著名的教育家、收藏家和文物鉴赏家。抗日战争爆发后，投身革命，1952年后，长期兼任济南市文物管理委员会委员。1958年任济南市文物管理委员会主任兼济南市博物馆馆长。精于文物研究鉴赏，酷爱文物收藏。一生收藏多达千余件，尤以藏砚为最，达百余方。所藏郑板桥、金农、高凤翰、王渔洋、曾国藩、阮元等名人砚石均系砚中精品，曾刻"百五砚田翁"石章以记所藏之丰。生前身后多次将毕生收藏的各类珍贵文物捐献给了国家。对文物博物馆事业作出重大贡献。

历任馆长　姜守迁（1958～1972）；普异（1972～1974）；刘枫（1974～1983）；赵镇平（1984）；张传英（1993～1996）；何洪源（1996～2004）；李晓峰（2004至今）。

业务活动

基本陈列　济南是龙山文化的发现地，拥有9000多年的人类文明史和4600年的建城史。自汉代始，济南就是北方重镇，唐、宋、元三代，济南的经济文化已相当繁荣，明、清两代，济南成为山东经济、政治、文化中心。济南是齐文化和鲁文化的交汇融合之地，文物古迹众多，历史名人荟萃，文化底蕴深厚。大辛庄遗址出土的商代甲骨文是殷墟以外首次发现的商代甲骨卜辞，入选当年全国十大考古新发现；洛庄汉墓陪葬坑，危山兵马俑发掘成果分别入选年度全国十大考古新发现。济南历史悠久，文化积淀深厚，名士众多，可谓人杰地灵，唐代诗圣杜甫曾在赋《陪李北海宴历下亭》诗中留下了"海右此亭古，济南名士多"传诵千古的名句，也正是这些特有的历史文化特色使得济南以其底蕴深厚的文明历史而著称于世。为此，济南市博物馆以历史发展为线，以济南地区历年出土的文物组合，贯穿了新石器时代后李文化的西河遗址、小荆山遗址，北辛文化的张官遗址，大汶口文化的焦家遗址，龙山文化的城子崖遗址，商代大辛庄，春秋长清仙人台墓地，西汉双乳山王陵、章丘洛庄西汉王陵陪葬坑、东汉平陵城，隋唐历城四门塔，宋代的市井生活以及明清济南城的变迁，融合了历史名人大舜、宋代女词人李清照、抗金英雄辛弃疾、清代藏书家马国翰等，推出了基本陈列《古城辉煌——济南历史暨馆藏文物展》，其展名由当代著名书法教育家欧阳中石书丹，前言由济南著名学者徐北文撰写。

在《古城辉煌——济南历史暨馆藏文物展》中，共展出文物近500余件。其中主要展品有：新石器时代后李文化陶猪；大汶口文化陶鬹、彩陶壶；龙山文化灰陶鬹、鸟喙足鼎、黑陶甗；商代大辛庄青铜面具、卜骨；商代刘家庄铜觚；西周齐叔姬铜盘；仙人台墓地的铜壶；战国兽首衔环素面壶；西汉双乳山错金银车軎；西汉洛庄汉王陵铜鼎；东汉东平陵半两钱范；汉代陶厕；北齐武士俑、彩绘马；唐彩绘透雕仙人凤鸟车；宋代骨灰棺；明青花梅瓶、明托钵鎏金佛像；清嵌宝石五子闹佛；清光绪微雕核桃等。

展厅一角

商　亚丑罍

专题陈列　济南市博物馆一楼展厅主要用于专题陈列展览，现共有4个展厅，每个展厅使用面积在200平方米左右。其中四展厅常年展出《济南市县西巷出土佛教造像精品展》，展出的由济南市考古研究所2003年配合老城道路拓宽工程清理发掘的宋代地宫复原及北魏至唐宋时期的佛造像，是济南地区佛教考古的一次重大成果。一至三展厅主要为临时展厅，为充分发挥博物馆的教育基地作用，每年主办、承办、联办、合办各类书画展、文物展、科普展等30余个。先后成功地举办了《红岩魂》、《迈向21世纪的济南》、《目击暴行》、《航天科普巡回展》、《馆藏古代书画精品展》、《济南洛庄汉王陵首期出土文物精品展》、《博物馆里的宝——系列专题展览》等专题陈列和展览，累计接待观众已达百万人次，收到了良好的社会效益和一定的经济效益，同时也受到了省市主管部门和社会各界的好评。

藏品管理

　　[藏品来源]　藏品主要来源于考古发掘、国家调拨、社会团体和各界人士的捐赠以及市政府的拨款征购等。

　　[藏品统计]　济南市博物馆现拥有各类馆藏文物2万余件（组），善本书2千多册。在众多的藏品中，计有历代绘画1591件，历代法书1016件，陶瓷器890件，铜铁器433件，玉器175件，文房四宝364件，竹木牙雕112件，印章封泥652件，革命文物3495件，石器32件，碑帖5584件，历代货币6186件，手札113件及现代书画263件。其中，经国家鉴定确认的国家级文物3件（组），一级文物56件（组），三级以上文物近2000件。

　　[重要藏品]　藏品中不少文物是国内的稀世珍品，如新石器时代的"回旋纹透雕象牙梳"、商代青铜错金目纹戈、春秋时期"鲁伯大父媵季姬铜簠"、战国玉勺、西汉早期墓中出土的"彩绘乐舞杂技陶俑"等均为全国所仅见。栩栩如生的唐代石质透雕仙人凤鸟车、金银平脱镜、铜官窑犀牛瓷枕、三彩骆驼、宋代当阳峪窑剔地刻花瓷枕、元代釉里红玉壶春瓶、明代宣德青花束莲纹大盘、清代康熙五彩人物瓶、清乾隆御题于阗采玉图玉山子等，都是一代精品。另外，法书绘画在藏品中数量较大，精品较多，尤以明清书画为大宗，如北宋郭熙派的山水、元代著名画家盛懋《秋溪垂钓图》、"元季四大家"中倪瓒《高柯竹石图》、明代王谔《月下吹箫图》、林良《芦荡雁嬉图》、张路《桐荫望月图》、周臣《雪日寻隐图》、陈洪绶《达摩图》、蓝瑛《山水屏》、张翀《饮中八仙图》、程邃《隶书巨轴》等。清代有王翚、石涛、郑板桥、黄慎、李鱓等人的精品，还有晚清至近代著名大师如任伯年、吴昌硕、齐白石、徐悲鸿、傅抱石、刘海栗等诸家名迹。

　　馆藏的近现代文物主要有：中国共产党早期文献集《中国共产党五年来之政治主张》；1923年济南汝仲文创办，党的一大代表王尽美经常撰稿的《晨钟报》；原中共山东省委书记刘谦初在英勇就义前使用过的毯子，以及济南"五三惨案"、抗日战争、解放战争、抗美援朝的文

县西巷佛像

铜器展厅

唐　金银平脱镜

清　于阗采玉图青玉山子

清　青玉松树人物献寿山子

清康熙　五彩人物观音尊

明　王谔《月下吹箫图轴》

明　蓝瑛《山水屏》

物。其中尤以济南战役文物最为丰富。济南市博物馆在上世纪70年代广泛征集和收藏了济南战役的有关文物和资料2000余件，内容主要有荣誉单位和英雄人物的锦旗、纪念物、立功材料、战地照片、部队小报、武器、通讯医疗器具，战役中使用的袖章、符号、战地日记及烈士遗物、民工支前用的扁担、小车等等。记述了当年济南战役波澜壮阔的历史画面，展示了在济南这块土地上经历的血与火的英雄事迹，是见证老一辈革命家奋斗历程的珍贵近现代革命文物。

科学研究　济南市博物馆专业人员在文物考古、地方史志、历史名人、党史资料、博物馆学等方面的主要研究成果有：编辑出版了《大汶口》、《济南战役资料选》、《四门塔与神通寺》、《济南文物》、《济南战役》、《李清照年谱》、《中国济南历史文物》等著述和画册。特别是近几年来，结合事业单位内部机制深化改革和加强业务队伍建设，极大地调动了馆内业务人员的科研积极性，平均每年在国家、省和市级报刊杂志上发表文章和作画约40篇（幅），并多次获奖。

西汉　彩绘负壶陶鸠

西汉　杂技陶俑

交流合作　几十年来，特别是改革开放的三十年来，国际间的文化交往日趋增多，文物在其中更是发挥着越来越大的作用。很多馆藏文物都曾多次随国家、省、市的对外文化交流项目到日本、新加坡、美国、澳大利亚等国展出，如西汉彩绘乐舞杂技陶俑、西汉彩绘载人载鼎陶鸠、西汉彩绘负壶陶鸠、西汉陶车马、唐代金银平脱镜、明代张路《桐荫望月图》、明代周臣《雪日寻隐图》等。1985年11月应邀赴友好城市日本和歌山市举办了《济南历史文物展》，开创了山东省在国外举办地区性文物展览的先河，对促进中外文化交流、扩大对外影响和提高济南市的知名度起了积极作用。2006年，济南市博物馆在深圳博物馆的友好支持下，精选馆藏明清书画80余幅，在"十一"黄金周和新年元旦期间分别在深圳、广州番禺两地成功地举办了《济南市博物馆藏明清书画精品展》，既加强了两馆之间的交流合作，也使精心打造的展览品牌成功地走向了省外。

经营管理

　[单位性质]　国营事业单位

　[经费来源]　基本依靠财政拨款

　[人员编制、组成]　额定人员编制56人，其中专职保安队员13人。专业技术人员30余人，占全馆人员的70%左右，其中研究馆员2人、一级美术师1人，副研究馆员8人，二级美术师2人，馆员12人。

　[机构设置]　有陈列宣教部、保管部、办公室、保卫科。

　[观众接待]　2003年，济南市博物馆在加强对未成年人思想道德建设活动中，率先推出了对大、中、小学生实行免票参观等一系列优惠措施，在省、市及国家级报纸上引起了强烈反响。2008年5月18日起向社会免费开放。展览年接待观众10～12万人次。

参观指南

　[地址]　济南市历下区经十一路30号

　[邮编]　250014

　[电话]　0531-82959203（办公室）

　　　　　0531-82959204（陈列宣教部）

　[传真]　0531-82959202

　[电子邮箱]　jnmuseum@sina.com

　[网站]　www.jnmuseum.com.cn

　[开放时间]　8:00－16:30（16:00停止售票），周一闭馆（国家法定节假日除外）

　[票价]　免费开放

（撰文：济南市博物馆　李晓峰）

泰安市博物馆

Museum of Taian City

概述

类型　地方综合性博物馆

隶属关系　隶属泰山风景名胜区管理委员会

创建时间　1906年

恢复成立时间　1986年2月

所在位置　泰安市博物馆依托岱庙建馆，地处泰安市城区东北部，坐落于从泰安旧城南门至泰山极顶的帝王封禅祭祀古御道的中轴线上。

面积　总面积9.6万平方米

建筑、布局　岱庙，又称东岳庙、泰庙，位于泰山南麓，是古代帝王供奉泰山神灵举行祭祀大典的场所。始建于秦汉，拓建于唐宋，金元明清多次重修。建筑按照帝王的宫城形制营造，城堞高筑，周辟八门，四角有楼，前殿后寝，廊庑环绕。各组建筑严格按照三条轴线纵横对称排列，其布局为长方形，南北长406米，东西宽237米。主体建筑——天贶殿，创建于宋大中祥符元年（1008），坐落在中轴线中后部的三层高台之上，采用中国古代建筑最高规格建造，面阔九间，进深五间，重檐庑殿顶，为中国三大宫殿式建筑之一。殿内祀东岳大帝——泰山神。殿壁东、西、北三面有创绘于宋代的大型壁画——泰山神启跸回銮图。壁画高3.3米，全长62米，除山川殿阁外，共绘人物697人，生动形象地展现了泰山神出巡回宫的盛大场面，是我国现存道教壁画的上乘之作。

岱庙内碑碣林立，古木参天。今存自秦汉以来的历代碑碣石刻300余通，素有"岱庙碑林"之称，其书体流派纷呈，其内容丰富多彩。有泰山现存最早的刻石——秦李斯小篆碑；有充分体现汉代隶书风格的"张迁碑"、"衡方碑"；有晋代三大丰碑之一的"孙夫人碑"；有形制特异的唐"双束碑"，以及宋至清历代重修岱庙的御制碑等等。岱庙内有古树名木200余株，其中以汉柏院中2100余年的"汉柏"，唐槐院中1000多年的"唐槐"，为岱庙古树名木之最。

历史沿革　泰安市博物馆是在泰安岱庙及其收藏的基础上，建立起来的一所集中展现泰山历史文化的地方性综合博物馆。早在1906年，日本留学生山东肥城人徐树人等人在岱庙五凤楼创建了最早的泰安博物馆，这也是山东省内最早的博物馆，1909年被泰安知县张学宽取消。新中

1.岱庙鸟瞰图　2.宋　天贶殿　3.东岳泰山神

国成立后，泰安市先后成立了泰山古代文物管理委员会、泰安专区古代文物管理委员会、泰山管理处、泰安市博物馆、毛泽东思想大型展览办公室、泰山管理局及文物管理局、泰山风景名胜区管理委员会等机构，负责泰安市及泰山、岱庙的文物保护与管理。1986年2月泰安市博物馆恢复成立。

岱庙1987年作为泰山的组成部分被列入世界文化与自然遗产清单，1988年被公布为全国重点文物保护单位。泰安市博物馆主要负责全市文物的征集、收藏、陈列宣传和岱庙内文物的保护研究及景区日常管理工作。

业务活动

陈列展览　泰安市博物馆总陈列面积近5000平方米，除了保留和复原岱庙天贶殿、后寝三宫、遥参亭等处的原状陈列之外，借助岱庙古建筑，又推出了历代碑刻、汉画像石、历代石雕等基本陈列。此外还开设有临时展厅，不定期的举各种主题展览，受到游人及社会各界的广泛好评。

《历代碑刻陈列》：以时代顺序为线索，展出了汉衡方碑、张迁碑等12个时代的19通具有代表性的碑刻，真、草、隶、篆各种书体俱全，代表了泰山刻石的基本风貌。

《汉画像石陈列》：展陈了部分从泰安肥城、大汶口、旧县一带汉墓中出土的画像石，从一个侧面反映了汉代泰安地区社会经济及文化艺术的发展情况。

《历代石雕陈列》：选取了部分近年来收集的泰山周围遗存的绚烂多彩的历代石雕艺术作品，展示泰山文化。

《乾隆与泰山专题陈列》：展览分乾隆行宫起居室复原陈列、乾隆与泰山图片陈列、乾隆诗碑拓片陈列三大部分，从不同的侧面集中展示了乾隆帝与泰山的不解之缘。展览地点设在当年乾隆来岱庙时的驻跸之所——东御座，因而更有特殊的意义。

《东岳庙会历史沿革展》：以东岳庙会的产生、发展和延续为线索，对东岳庙会进行了全面地介绍。精选百余张图片，将东岳庙会这一历经上千年，纵横数千里最有影响的民俗现象生动形象地展示出来。

《泰山百年图片展》：以时间发展为线索，精选珍贵图片二百余幅，截取了泰山自1900年至2000年百年间的瞬间，以此掠影泰山百年，触摸泰山脉搏，回眸泰山变化。

藏品管理

[藏品来源]　藏品中一部分为岱庙旧藏，为历代帝王供奉泰山神灵的礼器，统称为泰山祭器。另一部分为考古发掘出土和从社会征集来的各种历史文物。自古至今，泰安地区都是我国经济发展和文化繁荣的地区之一，大汶口文化、龙山文化等遗址最早就发现于泰山南北。历史上泰山一直是历代统治者倚重之地，因而泰山周围的文化遗存十分丰富。

岱庙汉柏

秦泰山刻石

沉香狮子

铜镀金掐丝珐琅天神八宝

温凉玉圭

黄釉青花葫芦瓶

隋　青釉舍利塔

[藏品类别]　石器、陶器、瓷器、铁器、铜器、金银器、玉石器、印玺、砚墨、珐琅器、竹木牙角、字画、刺绣、碑帖、革命文物、钱币、碑刻石雕等。另外，博物馆还库存古籍图书近4万册。

[藏品统计]　泰安市博物馆现有馆藏文物近万件，其中一级文物139件，二级文物473件，三级文物3025件。

[重要藏品]　这些祭器制作工艺精美，代表了当时物质生产与科学技术的最高水平，具有极高的艺术价值。同时，大部分祭器或有年款，或在地方志及皇宫档案中明确记载其进献时间及所献庙宇，有很大的历史研究价值。泰山祭器作为最高统治者的礼神之物，体现了人对神的崇敬，被赋予极强的宗教寓意及精神象征，为泰山所独有，属泰安市博物馆藏品中的精华部分。其中著名的沉香狮子、温凉玉圭、黄釉青花瓷葫芦瓶号称为泰山镇山三宝。

藏品中的许多出土文物及传世精品，从不同的侧面反映了泰安地区各个时代生产力及科学技术水平的发展情况，是泰安悠久历史文化的实物见证。

学术研究　泰安市博物馆在做好文物的管理、保护、陈列宣传的同时，还结合本馆的实际特点，开展学术研究。编辑出版的主要专著有：《百年泰山》、《泰山宗教研究》、《泰山庙会》、《宗教与庙宇》、《泰山古今》、《泰山祭器》画册、《岱庙》画册、《泰山百景篆刻集》、《岱庙文化丛书》、《泰山旅游景点小辞典》等。

经营管理

[单位性质]　国有事业单位

[经费来源]　全额拨款

[机构设置]　下设办公室、财务科、保管部、陈列部、宣教部、修缮部、园林科、环境科、保卫科、票证科、经营科11个职能部室

[人员编制、组成]　有正式工作人员155人，其中具有高级技术职务的18人，中级技术职务的55人，初级技术

职务的30人，占全馆人数的66.4％。

　　［观众接待］　泰安市博物馆年接待游客40余万人。

　　［服务观众项目］　馆内设置各类观众服务设施，并设立了专门的游人服务中心。

参观指南

　　［地址］　山东省泰安市泰山区朝阳街7号岱庙内

　　［邮编］　271000

　　［电话］　0538-8223491、0538-8261038（办公室）

　　　　　　0538-6265053、0538-6265055（售票处）

　　［传真］　0538-6265009

　　［电子邮箱］　tasbwgxh@sina.com

　　［网站］　www.daimiao.cn

　　［开放时间］　全年

　　［票价］　20元/人

（撰文：泰安市博物馆）

莱州市博物馆

Laizhou Museum

　　类型　地方综合性博物馆

　　隶属关系　隶属于莱州市文化局

　　创建时间　1984年

　　所在位置　莱州市博物馆位于莱州市府前西街666号

　　面积　全馆总占地面积3754平方米、建筑面积849平方米、实用面积690平方米、建筑面积2445平方米

　　历史沿革　1984年7月，在掖县文化馆文物组基础上成立"掖县博物馆"，其下设有云峰古建筑学校和公司。1988年掖县撤县设立莱州市，掖县博物馆改称莱州市博物馆。馆址为原掖县展览馆。1995年建沿街办公楼（共3层）。二层办公并辟有固定陈列展室2个，陈列面积216平方米，文物库房66平方米。第三层辟有出土文物标本库房66平方米。1985年在云峰山设"云峰刻石管理所"，所址为1984年在云峰山建仿明清四合院式建筑——云峰殿，建筑面积459平方米，陈列面积245平方米，举办陈列和临时展览。

　　莱州市博物馆1984年初建馆以来，先后被评为烟台市文明单位、烟台市文博先进集体、烟台市文物"四有"工作先进单位、烟台市爱国主义教育基地、烟台市十佳旅游景点。1995年被评为"山东省优秀博物馆"；1992、1996年被评为"山东省文化系统先进集体"。

　　历任馆长　张国铨（1984.7～1993.10）；尹青松（1993.11～1998.7　文化局副局长兼）；林光旭（1998.8

1.莱州市博物馆沿街办公楼　2.郑道昭纪念馆　3.莱州市博物馆（原掖县展览馆）　4.《莱州市历史文物展》

至今）。

业务活动

基本陈列 莱州市博物馆设馆址展区、沿街办公楼展区与云峰山云峰殿展区三处。

以当地出土的和社会征集的历史文物珍品举办《莱州市历史文物展》和《莱州先贤书画展》。展室主要设于沿街办公楼2楼，展厅面积216平方米，展品138件。云峰山展区有四处：1994年建《郑道昭纪念馆》。2001年5月辟新发现《郑道昭"四仙"刻石陈列》。2002年辟《中国书法简史》泥塑展（历代书法名家）与《莱州文采》书画展室。展览面积共245平方米。

专题陈列 原馆址展览馆为专题陈列展区，展出面积690平方米（含1展厅10展室），主要用于举办各种临时性的文化艺术展览。

1986年2月，举办《馆藏古字画展》。展出明清至民国刘耳枝、张士保、翟云升等名人字画103幅。1987年1月，举办《中国历代货币展》。展出春秋战国时刀、布、贝、环钱、历代主要钱币和部分珍稀币，展品主要由三山岛金矿干部史耀提供。1988年2月，举办《馆藏文物展》。1991年7月，举办《中共莱州党史展》。1994年1月，举办《东方巨人毛泽东大型图片、实物巡回展》，由湖南省博物馆和韶山毛泽东同志纪念馆联合举办。1997年，举办《迎回归庆七一书画展·扇面展》。1997年10月，举办《走向现代文明》展览。2000年3月，举办首届《"相约云峰"中日书家作品联展》，中方展品由莱州市书协会员提供，日方由日本书坛院提供。2003年，莱州市文化局主办《莱州书协理事作品展》。2004年5月，举办《馆藏名人字画展》与《莱州市根雕、剪纸、面塑展》。2004年7月，举办《五县市书法联展》。2005年5月，举办莱州市美协成立《美术作品展》。2005年9月，举办《"和谐杯"莱州市职工书画大展》。2006年，举办《"会我云峰"首届全国篆刻书法家作品邀请展》。2006年6月，莱州市市纪委、文化局主办《莱州市廉政书法美术摄影作品展》。2007年1月，举办《"和谐莱州"文化采风优秀作品展》。2007年5月，举办《烟台市美协主席邀请展》。

藏品管理

[藏品统计] 现有馆藏文物5000余件，其中珍贵文物150余件。主要有陶器468件，瓷器338件，古字画488件，铜器176件，铁器14件，玉器359件，石刻17件，货币1004枚，碑帖731张，书籍423件，近现代文物371件，现代字画387件，日本字画80件。

汉 盐官印

隋唐 独木舟

[重要藏品] 出土的汉代大型铜质盐官印全国罕见；发现的明《永乐大典》门制类首册两卷乃稀世珍宝（馆藏复制件）。还有隋唐时期的独木舟，当地名书画家如明代刘耳枝，清代翟云升、张士保等人字画，西汉灰陶马，魏晋陶虎子，清乾隆《枯木昏鸦图轴》等珍贵文物。另外收藏现代著名书画家舒同、赵朴初、刘海栗、沙孟海、谢稚柳、方济众、黄胄等百余人书画作品300余幅及日本书界名人书作近百幅。

文保管理 1、文物保护单位的保护管理。1986年以来积极开展文保单位"四有"工作，组织业务力量完成了对全市文保单位的保护范围和必要的建设控制地带工作，逐步建立了必要的纪录档案。省级以上文保单位树立了保护标志石碑（碑后刻有保护范围等说明），设置了群众性保护组织或专门保护机构或专人负责管理，并在工作中不断自查完善。其中云峰山摩崖石刻设有云峰刻石管理所，神仙洞设有专门看护人员。2003～2005年基本完成全国重点文保单位云峰山摩崖石刻（含大基山摩崖石刻）纪录档案主卷等备案工作及相关工作。2002年6月成立莱州市文物管理委员会，办公室设在博物馆。每年至少2次以上组织业务人员对文物保护及安全情况进行检查。

2、抢救保护优秀历史文化遗产，加强文保单位的保护和有效利用。1984年至1989年，组织考察了全国重点文物保护单位——云峰山摩崖石刻保护工程，由国家拨款和地方筹资，分两期工程对云峰山上所有北朝刻石增建了仿

1.郑文公下碑　2.郑文公下碑亭　3.云峰牌楼

古建式保护设施。新建了"郑文公下碑亭"、"论经书诗阁"、"观海童诗亭"、"云峰牌楼"、"云峰殿"等。其所建仿古建筑保护设施与秀美的云峰山交相辉映，体现了与周围环境的和谐美，并形成景观，成为文化交流和精神文明建设的窗口单位。1986年至2005年平均每年接待国内观众人数3～4万人，日本外宾约400～500人。1996年至1997年评为烟台市十佳旅游景点、烟台市爱国主义教育基地。2002年被国家旅游局评为"AA级旅游景区"。

3、野外考古调查与抢救性考古发掘。

1984年至2007年，莱州市博物馆在田野考古调查（含文物普查）中共发现文物单位约100余处。其中：古遗址约41处，古墓葬约22处，古建筑约8处，石窟寺及石刻类约14处，近现代重要史迹约9处，近现代代表性建筑约3处。主要有：1992年发现的北齐《盖平山摩崖石造像》，2006年被公布为省级文保单位；1999年配合大莱龙铁路修建进行了由烟台市文管会主持的大原镇朱郎埠战国——西汉墓群的发掘，共发掘墓葬约42座，出土器物近百件；2002年配合206国道高速公路工程建设，由山东省文物考古研究所主持进行了莱州沙河镇黑羊山商周遗址的发掘，发掘面积2300余平方米，发现商周大型环壕1条，灰坑、窖穴230余个，房址5座，墓葬50余座，出土大量陶器、石器、骨角器及卜骨等。同时发掘驿道朱汉墓群，清理汉代墓群280余座，俑坑9座，商周遗址1处，出土文物近千件（套）；2007年配合南水北调工程，又对莱州路宿古遗址、水南古墓、碾头汉墓群、后趴埠宋金墓进行了发掘，发掘总面积2.1万平方米。其中，在路宿遗址发掘了龙山文化遗存、岳石文化遗存、东周时期文化遗存以及部分汉代文化遗存。发掘灰坑、窖穴80余个，房址、陶窑和灰沟各2条，出土了陶器、石器、骨器等，对于研究胶东地区的古代文化有重要的参考价值。

宣传教育　1986年至2005年，莱州市博物馆专业人员在省级以上报刊发表文章约60余篇，在市县级报刊等发表文章约50余篇。主要有：1985年张国铨撰写的《云峰刻石风化问题浅议》，收录于山东石刻艺术博物馆与中国书协山东分会联合出版的《云峰诸山北朝刻石讨论会论文选集》。1989年该馆与山东省博物馆编辑了《云峰刻石全拓》和《郑文公下碑》（原大）拓本（抽印本）。2001年，崔天勇的《云峰山新发现的郑道昭刻石及相关问题》论文，被山东省文化厅评为"山东省首届文物科学报告月"优秀论文奖，后收入《齐鲁文博——山东省首届文物科学报告月文集》，2002年8月由齐鲁书社出版。崔天勇撰文《姊妹易嫁·毛纪·毛敏墓》，《历史大观园》1991年第11期发表，又被收入《中国教育文库》（一）。

经营管理

[单位性质]　全民事业单位

[经费来源]　财政全额拨款

[人员编制、组成]　编制人数17人，实有17人，临时工6人。馆长1人，副馆长1人，副研究馆员3人，馆员8人，助理馆员5人。

[机构设置]　科室设有：办公室、文物陈列部、保管部、云峰刻石管理处。

[观众接待]　年观众量约3万人次，其中外宾约400人次。许多中央领导、著名专家、学者、日本书道界名人都曾来馆参观，并游览云峰山赏碑。

参观指南

[地址]　莱州市府前西街666号

[邮编]　261400

[电话]　0536-2211871

[开放时间]　8:00—17:00

[云峰山门票]　20元/人

（撰文：莱州市博物馆）

桓台博物馆

Huantai Museum

概述

类型　地方综合性博物馆

隶属关系　隶属于桓台县文化局

创建时间　1998年

正式开馆时间　1999年

所在位置　位于山东省淄博市桓台县人民政府西邻

桓台博物馆外景

甲骨文

大汶口文化　彩陶壶

面积　占地面积20亩、建筑面积6000平方米

历史沿革　桓台博物馆成立于1998年4月，1999年9月正式对外开放。

历任馆长　张连利（1998.3～2004.12）；孔令涛（2004.12至今）。

业务活动

基本陈列　设有《东夷文明之光》、《齐国瓦当艺术》、《古泉汇展》、《铜镜鉴赏》、《古代书画》、《玉器、骨器、瓷器》、《薄姑国青铜器》、《印章、封泥、陶文》等9个文物专题陈列，一个《彩蝶世界》昆虫专题陈列。展出面积4000余平方米，展品上迄8500年前的后李文化，下至明清。

《东夷文明之光陈列》　展出了自8500年前（后李文化）至3100年前（商末）的各类陶器、石器和玉器共600余件。其中有精美的大汶口文化彩陶、龙山文化的蛋壳陶和中国目前发现的最早的甲骨文。展品系统地体现了中国陶器发展的历史，被专家称为"东夷文明的浓缩"，是一个融中国陶器史、艺术鉴赏和科研于一体的综合性展览。

《齐国瓦当艺术陈列》　展出齐国瓦当精品170余件。瓦当是古代建筑屋檐前面筒瓦的瓦头，在圆形和半圆形的瓦当面上，古代人创造艺术，又留下了历史。瓦当因此成为古代造型艺术中独具特色的艺术门类。

《薄姑国青铜器展》　展出着桓台史家遗址及周边遗址出土的自公元前21世纪的夏代到汉代的各种青铜酒器、饪食器、水器和兵器共130余件。这些器物有独特的造型、精美的纹饰和记录当时贵族社会各方面活动的纹饰。青铜器是中国古代文明的重要标志，是中华民族文化遗产中极为辉煌的珍品。

《古泉汇展》　以丰富的馆藏为基础，按时代顺序，展示了中国钱币的起源、发展、演变的历史概貌。陈列的近1000件展品中，除了绵延中国数千年的青铜铸币，还有金、银等其他金属货币以及纸币。第一至五套人民币和当代流通的纪念币也展示其中。这是目前山东较有系统、规模较大的钱币精品陈列。

《古代书画展》　展出的130余件书法绘画精品，以明清两代为宗，有明万历年间蓝瑛、尤道恒、张杏羽、殳素创作的册页画、康熙皇帝御笔书赐王渔洋的"信古斋"素绢中堂、"湘竹金扇"墨宝及赐封王渔洋的诰命，还有新城王氏家族的书札、清代进士卷等，这些题材各异，独具创意的作品，充分反映了桓台悠久的文化传统和底蕴。

《玉器、骨器、瓷器展》　共展出包括佛像、瓷器、骨器、玉器等展品120余件。其中佛像作品体现了佛教作为外来文化最终与民族文化融为一体的发展过程。瓷器展品有很多历代名窑佳作。玉器珍品主要是从桓台出土的新石器时代的用于礼仪的玉器和饰品。

《铜镜鉴赏》　展出了战国至明清的铜镜100余件。铜镜是先民照面饰容的用具，又是精美的工艺品。它铸制精良，形态美观，纹饰华丽，铭文丰富，是我国古代文化遗产中的珍品。

《印章、封泥、陶文展》　展出印章、封泥等380余件。其中130余件形式丰富、类别多样的印章作品，展示了中国印章悠久历史和各个时期的不同风貌及其深厚的艺术内涵。封泥是研究古代官制、行政区划及历史地理等方面的重要实物资料。

《彩蝶世界》　共展出了1500余种、20000余只世界珍稀和濒临灭绝的蝴蝶标本，填补了山东地区无昆虫馆的空白。

临时展览　桓台博物馆定期举办各种临时展览。结合社会和桓台热点、亮点问题，利用"5·18"国际博物馆日、中国文化遗产日，联合有关部门举办了一系列有宣传教育意义的成就回顾展、美术、书法、摄影展等。

藏品管理

[藏品来源]　开馆以来征集各类文物400余件。

[藏品类别]　包括陶器、瓦当、青铜器、钱币、铜镜、书法、绘画、玉器、瓷器、陶文、印章等15个门类。

[藏品统计]　藏珍贵文物5000余件。

合作交流　桓台博物馆自开放以来，不断加强馆际交流，先后引进了《上海朵云轩、中国文人书画展》、《解海龙希望工程纪实摄影展》等10余个展览，得到社会各界的广泛好评。

宣传教育　桓台博物馆是淄博市和桓台县的爱国主义教育基地。建馆以来，认真贯彻落实中央颁发的《爱国主义教育实施纲要》，充分发挥博物馆作为学校教育第二课堂的作用，针对学校加强素质教育的形势，定期组织中小学生到博物馆参观，免费为学生讲解，充分发挥博物馆在学校教育中的作用。

编辑出版了《淄博文物精粹》、《夏商周文明研究》；举办了东夷文化讲座、文物鉴赏讲座。

经营管理

[单位性质]　国有事业单位

[经费来源]　全额拨款

[人员编制]　编制10人

[观众接待]　每年接待海内外游客5万余人次

参观指南

[地址]　山东省淄博市桓台县索镇中心大街72号

[邮编]　256400

[电话]　0533-8162325

[传真]　0533-8161369

[电子邮箱]　sdhtbwg@163.com

[开放时间]　常年开放，8:30—12:00，13:30—17:00

[票价]　免费

（撰文：孔令涛、荣敏）

胶州市博物馆
Jiaozhou Museum

概述

类型　地方综合性博物馆

隶属关系　隶属于胶州市文化局

创建时间　1986年

正式开馆时间　1986年

　　所在位置　位于兰州东路113号

　　面积　占地面积2000平方米

　　历史沿革　1986年正式开馆。馆址为原胶州市档案局旧址。

　　历任馆长　李文胜。

业务活动

　　基本陈列　博物馆基本陈列展厅面积650平方米，陈列内容分为三里河遗址出土文物、西皇姑庵遗址出土文物、青铜器、瓷器、玉器、古代钱币、中国书画及宋代板桥镇沙盘复原模型等八项内容。共展出藏品275件，其中重要展品为环状兽形鬶、北宋金银书画《妙法莲花经》。

新石器时期　环状兽形鬶

北宋　金银书画《妙法莲花经》

　　专题展览　博物馆专题展览展厅面积400平米，举办《中国现当代书画家作品展》和《胶州民间艺人剪纸作品展》。

藏品管理

　　[藏品来源]　考古发掘和民间征集。

　　[藏品类别]　分为青铜器、玉器、瓷器、字画、古代钱币等。

　　[藏品统计]　总数为1500多件。计字画43件、铜器154件、瓷器72件、陶器226件、三里河出土文物278件、石器76件、货币662件、玉器42件，其中一级藏品5件、二级藏品15件、三级藏品81件。

　　交流合作　胶州市博物馆与周边县市博物馆和省外博物馆，如山东省博物馆、青岛市博物馆、胶南博物馆、蒲

松龄故居、江苏扬州八怪纪念馆等有较多的交流合作。每年组织人员参观学习。

　　科学研究　博物馆建馆以来编辑出版了《高凤翰研究》第一、二集，《艺术巨匠高凤翰》、《高凤翰年谱》、《胶州古今诗选》等。

经营管理

　　[单位性质]　国有事业单位。

　　[人员编制]　现有在编人员14名，设正、副馆长各一名。

　　[机构设置]　下设办公室、业务部、文保部、宣教部、陈列部、研究室等部门，承担三项工作：博物馆工作、高凤翰纪念馆工作（高凤翰纪念馆隶属于博物馆）和全市文物保护工作。

　　[观众接待]　年接待游客数量万余人次。

参观指南

　　[地址]　胶州市博物馆位于胶州市兰州东路113号

　　　　　　高凤翰纪念馆位于胶州市澳门路西端

　　[邮编]　266300

　　[电话]　87213148、82211192

　　[传真]　82211192

　　[电子邮箱]　jzsbwg@qingdao.gov.cn

　　[开放时间]　全年开放，冬季8:30－17:00，夏季8:30－17:30

　　[票价]　免费

（撰文：胶州市博物馆）

胶南市博物馆

Jiaonan Museum

概述

　　类型　社会科学类历史专题博物馆

　　隶属关系　隶属于胶南市文化局

　　创建时间　1983年

　　所在位置　位于胶南市市区最繁华的中心闹市文化路的文化中心大院内

　　面积　占地3000平方米、建筑面积1100平方米、展室面积400平方米、库房面积300平方米

　　建筑、布局　馆舍是利用原展览馆改建成的一幢二层楼房，布局合理，环境优美。

　　历史沿革　胶南市博物馆前身为胶南县文化馆图书组，成立于1973年，后于1983年与县展览馆合并成立了胶

胶南市博物馆外景

展厅一角

南县博物馆。原址在市区人民路78号，1994年迁入现址。

胶南市博物馆成为胶南市重要的精神文明窗口和思想教育阵地。

业务活动

基本陈列 举办《胶南古代史基本陈列》，以陈列地方史料为主。

专题展览 常年举办专题性展览。先后举办了《西安兵马俑展》、《齐长城图片展》、《建国五十周年馆藏精品展》等大型展览。

藏品管理

［藏品统计］ 胶南市博物馆馆藏文物3000余件，其中国家一级文物5件，二级文物38件，三级文物300余件。

［重要藏品］ 年代跨度5000余年，形成一个庞大的文物体系。历史上每个时代都有代表性文物展现，尤以先秦文物见长，内中不乏珍品。主要有龙山文化黑陶蚌形响器、秦代"千秋万岁"瓦当、汉代双系釉陶壶、汉代西舍灰陶壶、高凤翰纸本山水图轴、春秋战国时期荆公孙敦等。

科学研究 博物馆成立十几年来，配合上级业务部门的工作，进行了一系列田野调查和考古发掘工作，并取得了一系列的成果。

胶南市博物馆注重科学研究工作。馆内工作人员撰写的《略论琅琊台的历史演变兼及近几年的考古新发现》、《齐吴琅琊海战略说》、《胶南先秦遗迹述略》、《略谈琅琊台历史研究中需廓清的几个问题》、《胶南地段齐长城中左关、徐山地望确定及相关出土文物情况略说》、《齐长城胶南段略说》等一系列论文在《先秦史研究动态》、《齐长城》、《万里长城》等报刊杂志上发表，在国内外产生了一定的影响，并为推动本地区的历史研究作出了贡献。

经营管理

［单位性质］ 国有事业单位

［经费来源］ 财政拨款。

［观众接待］ 年接待观众数千人次。还接待过中日韩徐福故里探访团、韩国庆山市友好访问团等国内外团体也前来参观。

参观指南

［地址］ 胶南市文化路103号

［邮编］ 266400

［电话］ 0532-86163775

［电子邮箱］ wengjianhong7910@163.com

［开放时间］ 常年对外开放

［票价］ 免费

（撰文：胶南市博物馆）

高密市博物馆
Gaomi Municipal Museum

概述

类型 地方综合性博物馆

隶属关系 隶属高密市文化局

正式开馆时间 1995年5月

高密市博物馆外景

所在位置 位于高密市振兴街西首（凤凰公园内）

面积 占地面积3500平方米、建筑面积1289.79平方米、展厅面积1080平方米

建筑、布局 属于仿古建筑。以民居的建筑形式，将民间艺术与具有地方特色的民俗融为一体。

历史沿革 高密市博物馆1995年5月开馆。

历任馆长 邹治方（1995～1997）；王修文（1997～2006）；代金喜（2006至今）。

业务活动

基本陈列 现有《民俗馆》、《历史名人馆》、《书画艺术展》三个基本陈列，展出藏品956件，以高密三绝（扑灰年画、剪纸和聂家庄泥塑）最有特色。

高密剪纸

扑灰年画

专题展览 举办张长城的《毛主席像剪纸展》、《扑灰年画展》等。

藏品管理

［藏品类别］ 包括陶器、玉器、铜器、铁器、锡器、石器、字画、化石等。

［藏品统计］ 馆藏文物4620件，其中国家一级文物3件。

［重要藏品］ 汉代陶井圈、汉代玉鹦鹉、汉碑。

宣传教育 高密市是著名的民间艺术之乡。高密市博物馆充分利用自身的资源，大力发掘高密独有的民俗文化内涵，编辑出版了《高密民间艺术瑰宝》、《高密民间艺术精品选》。

合作交流 高密市博物馆到日本、香港、澳大利亚进

泥塑叫虎

汉 玉鹦鹉

汉 井圈

行民间艺术交流。派专家到山东科技大学、山东师范大学讲课，举办民间艺术展。

经营管理

[单位性质] 全民事业单位。

[机构设置] 设有办公室、文保部、宣展部。

[人员编制] 人员编制16人，其中中级职称6人，初级职称10人。

[观众接待] 年参观人数8000余人次。

参观指南

[地址] 高密市振兴街西首（凤凰公园内）

[邮编] 261500

[电话] 13864674107

[开放时间] 8:30－17:30（夏季18:00）

[票价] 免费

（撰文：山东省高密市博物馆）

烟台市博物馆

Yantai Museum

概述

类型 地方综合性博物馆

隶属关系 隶属于烟台市文化广电新闻出版局

创建时间 1958年6月

正式开放时间 1958年10月

所在位置 位于烟台市中心，新、老两处馆址均处于烟台市交通便利、人口稠密的市中心黄金地带。

面积 新馆建筑面积17000平方米，其中展陈面积7000平方米，文物库房面积2200平方米。

建筑、布局 新馆文物库房、展览区、观众服务区、办公区布局合理自成系统，建筑现代美观，与烟台市文化中心融为一体，环境整洁、优美。

历史沿革 烟台市博物馆成立于1958年6月，为正科级事业单位，1958年10月正式对外开放；1962年烟台地区博物馆成立；1978年烟台市博物馆与烟台市展览馆合并，改称烟台市博物展览馆；1984年地、市两馆合并，仍命名为烟台市博物馆，与烟台市文物管理委员会为一个机构两块牌子；2002年7月升格为副县级事业单位；2008年12月升格为正县级事业单位；2010年12月在老馆（烟台福建会馆）加挂烟台民俗博物馆牌子。

烟台市博物馆现有馆址二处。老馆位于烟台市芝罘区毓岚街2号，利用全国重点文物保护单位——烟台福建会馆作为馆址，加挂烟台民俗博物馆牌子，主要用于展示烟台民俗文化和妈祖文化。新馆位于烟台市芝罘区南大街61号，由烟台市政府投资1.6亿元在原展览馆基础上改、扩建而成，2009年1月开工建设，2011年10月建成重新开放。烟台市博物馆已经成为烟台城市文化名片和重要对外窗口单位。

历任馆长 原烟台市博物馆由林勇、宋玉娥、高琴等先后担任馆长或书记兼馆长，烟台地区博物馆由史征夫任馆长，烟台市博物馆先后由李前亭、邹昇华、王焕理、王锡平担任馆长或书记兼馆长，现任馆长高爱东。

业务活动

基本陈列 1958年开馆以来，先后举办过基本陈列《烟台名产文物陈列》（分为四个专题："烟台自然概况"、"烟台名产陈列"、"烟台特产陈列"、"历史文物陈列"）（1958～1966），《烟台地区历史文物陈列·原始社会时期》（1984～2010）《烟台地区历史文物陈列·民主革命时期》（1985～2010）《烟台地区历史文物陈列·奴隶社会、封建社会》（1986～2010）《天后行宫海神陈列》（1988）《妈祖文化陈列》（2001）。

2011年，新馆建成重新开放，新馆有基本陈列《山

烟台市博物馆外景

烟台民俗博物馆全景

海古韵－烟台古代历史陈列》、《世纪之路——烟台近现代史陈列》，老馆有基本陈列《烟台近代家居陈列展》、《妈祖文化陈列》。

《山海古韵——烟台古代历史陈列》　通过文物、图片、绘画、雕塑、模型等内容，采用场景、沙盘、多媒体等手段，展现烟台地区自1亿年前生活的古生物种群至清朝末年的历史发展进程。展览以馆藏文物为基础，通过"史前初曙"、"东莱兴衰"、"盛世仙乡"、"文化港湾"、"海防锁钥"五个部分，将烟台地区上自旧石器时代下至清末上万年间的发展历程和具有鲜明地域特色的海洋文化、莱夷文化、青铜文化等多元文化，全面、真实、鲜活地呈现出来，谱写了烟台地区古代文明的灿烂华章。该展览展出文物506件，展出面积1700平方米。

《世纪之路——烟台近现代历史陈列》　通过丰富的实物、文献，辅以图片、场景、多媒体、背景油画、主题群雕等展陈手段，展现烟台地区自清末开埠到新中国成立的百年风云，集中反映烟台人民反帝反封建、追求近代化、为中华民族独立和解放做出贡献的发展历史。展览分别从"开埠风云"、"辛亥激浪"、"星火燎原"、"抗日怒潮"、"烟台解放"五个部分讲述烟台被迫开埠后，作为山东最早的对外通商口岸，在中西文明碰撞中，形成了独具特色的近代海滨城市；从辛亥革命到中国共产党的早期活动，到抗日战争，到解放战争，烟台人民始终站在革命的最前列，为中华民族的解放创造了可歌可泣的英雄伟业。该展览共展出文物、文献326件，展出面积1300平方米。

《烟台近代家居陈设展》　选取封建官僚、买办、文人、普通百姓四个不同阶层的家庭，复原了最能反映那个阶层的代表性家居陈设，展示了或奢华优雅或质朴纯粹的烟台民俗文化，将近代烟台开埠后形成的多元社会生活和民俗风情，呈现于观众眼前。展出文物150余件，展出面积

200平方米。

《妈祖文化陈列》　以图片为主，辅以民俗文物，从"湄洲神女与民间传说"、"叠奖褒封与历代造像"、"泽被四海与庙会祭典"、"会馆由来与妈祖北上"四个部分，展示了妈祖文化的起源、发展以及与烟台的关系。展出文物10余件，展出面积200平方米。

专题陈列　建馆以来，烟台市博物馆共举办专题陈列展览100余个，主要有：《徐悲鸿画展》（1964.8）；《烟台近百年史料展》（1965.10）；《烟台文物陈列》（1973.4），展出馆藏历史文物；《（烟台）历史文物陈列》（1975.4），展出新石器时代至清代的文物；《革命文物陈列》（1976.5）；《山水花鸟画展》（1978.6）；《文物展》（1979.5～1981.5），展出原始社会至清代的历史文物；《出土文物展》（1980.6～1981.6），主要展出烟台白石村遗址出土的文物；《革命文物陈列》（1982.6），反映辛亥革命至烟台第二次解放时期的历史；《出土文物展》（1983.5），展出烟台新石器时代至战国时期的出土文物；《李苦禅父子画展》（1984.8）；《馆藏文物展》（1984.9～1988.6.22），展出青铜器、陶瓷器、漆器、玉器、牙角器、书画等近百件文物；《杨柳青年画展》（1985.1）；《王懿荣手迹展览》（与福山文教局联合举办1985.9～1986.3.6）；《吴昌硕、齐白石、李苦禅绘画展》（1986.1～4.30）；《烟台市博物馆馆藏书画展览》（1986.9～1987.7.23）；《俞剑华教授遗作展览》（1987.7～1988.2.11）；《胶东明清书画家作品展览》（1988.2～1988.5.20）；《建馆30周年回顾展览》（1988.10），反映在文物保管、陈列展览、文物考古与管理、宣传教育和科研等方面的成果；《曹连兴根雕盆景展》（1989.9）；《马文物特展》（1990.7）；《馆藏扬州画派画展》（1991.6～7.25）；

《山海古韵》

《世纪之路》陈列景观

《消夏书画联展》（1991.7～8.2），展出全国范围的书画界人士的作品；《老甲画展》（1991.8～8.7），展出北京画院贾浩义画作；《馆藏现代名家画展》（1991.8～10.21），展出吴昌硕、齐白石、徐悲鸿、张善子、叶浅予、李可染等人的作品；《明清影像画展》（与牟平文管所联合举办1991.10～1992.1.10）；《胶东面塑艺术展》（1992.2～5.25）；《董良村奇石展》（1992.6～7.15）；《何冠奇京剧脸谱展》（1992.7～10）；《芝罘区书画展》（1993.1）；《民国名人书画文物展》（与南京市博物馆联合举办1994.5～10）；《企业之光——烟台名优特产品展览》（1994.6～9）；《甲骨文之父、神州英烈王懿荣》（与福山王懿荣纪念馆联合举办1995.1～6）；《纪念抗战胜利、烟台解放50周年陈列》（1995.8～1998.8.31）；《馆藏文物珍宝展》（1996.5～1996.9.26），展出馆藏珍贵书画20件；《馆藏文物珍宝展——近现代画家》（1997.4～5.29），展出馆藏近现代20位名画家作品；《友谊与交往纪念品展》（1997.6～6.22），展出烟台有关单位在对外交往中获赠的纪念品；《马少波文学艺术生涯65周年展》（1998.9～2000.4.21）；《世纪留踪系列展——百年摄影》（1999.6～9.23）；《烟台市科技展》（1999.7）；《烟台市新华书店新华书展》（1999.7）；《王金城篆书万寿图展》（1999.9～2000.4.10）；《半个世纪的巨变——烟台市纪念新中国成立50周年成就展览》（烟台市委、市政府主办，烟台市博物馆承办1999.9～2001.5），该展览在山东省庆祝中华人民共和国成立五十周年暨迎接澳门回归祖国"每馆一展"活动中，被山东省文化厅评为展览大奖；《世纪留踪系列展——百年丹青》之一（1999.9～12.16）；《巍巍仙阙——各地天后宫写真》（2000.4～2001.9）；《放歌鸭绿江——志愿军记者孙佑杰艺术作品展》（2000.9～2001.9）；《世纪留踪系列展——百年翰墨》（2001.4～2002.8.2）；《文化艺术收藏博览会》（2001.11）；《烟台开埠陈列》（2002.4），该陈列获2003年度全国十大精品陈列"最佳内容设计"奖；《红岩魂——白公馆渣滓洞革命先烈斗争史实烟台展》（与红岩魂纪念馆联合举办2002.9～9.29）；《烟台市建设局、规划、房产展》（2002.11）；《馆藏古今名家画展》（2003.1～5.9）；《丹麦领事馆复原陈列》（在烟台丹麦领事馆旧址举办2003.1）；《烟台市博物馆公益文化项目推介展》（2003.10～2004.10）；《首届少儿科普大型展览》（2004.4）；《郑板桥书画展》（2004.7～9.20）；《高凤翰书画展》（2004.9～2005.1.24），首届山东省文物精品展览季展出项目由山东省文化厅主办，山东省博物馆、烟台市博物馆、济南市博物馆、青岛市博物馆承办；《陕西昆虫科普展》（2005.3）；《中国烟台·日本大分县友好书法展》（2005.3～3.28）；《泰安大型野生鸟类科普展》（2005.4）；纪念中国抗日战争暨世界反法西斯战争胜利60周年《胶东抗战文物展》（2005.8～9.16）；《走进漓江——桂林山水画展》（2005.11～12）；《爬行动物展》（2006.3）；《烟台市庆祝中国共产党建立85周年暨红军长征胜利70周年自咏诗书法展览》（与烟台市书法家协会联办2006.7～8.5）；《馆藏名家书画真伪鉴赏》（2006.9～2007.10.17）；《烟台市第四届迎新春临帖书法展》（与烟台市书法家协会联合举办2006.12）；《东方遥远异乡——烟台地区出土文物精华》陈列（与日本萩美术馆联合举办2006.12～2007.3）；《非文化遗产成果展》（2007.6）；《山东北朝摩崖刻经拓片展》（与山东省石刻艺术博物馆联合举办2007.8～2007.9.15）；《舟船神韵——国际友谊博物馆馆藏舟船题材礼品展》（与国际友谊博物馆联合举办2008.9～11）；《孙佑杰捐赠历史文物及工艺书法展》（2009.9.6）；《第七届烟台市博物馆公益文化项目推介展》（2009.11.20）；《新馆建设征集文物成果展》（2010.8）；专题陈列《笔墨丹青》、《瓷苑掇英》、《绳墨神工》、《丹心乡情》、《古钱今览》；《盛世遗珍——馆藏清康雍乾时期精品展》（2011.10.16～2011.12.26）；《笔底烟霞——馆藏手卷、扇面、册页作品展》（2012.1.1～5.20）；《圆明园国宝暨南北朝石刻佛像展》（与北京保利艺术博物馆合作举办2012.5.1～5.4）；《美人依旧——馆藏晚清女性服饰及用品展》（2012.6.9～8.25）；《掌上乾坤——馆藏鼻烟壶特展》（2012.9.1～10.25）。

藏品管理

[藏品来源]　主要来源于移交、调拨、交换、捐赠、收购、考古发掘等。

[藏品类别]　目前馆藏文物已形成完整体系，可分为三大类：传世文物，考古发掘品，近现代文物、文献，涵盖书画、瓷器、陶器、青铜器、玉器、石器、钱币、织绣、碑帖、漆器、杂项、近现代文物文献、自然标本等24个门类。

[藏品统计]　目前馆藏三级以上珍贵文物6439件（套），其中一级品62件（套），二级品1592件（套），

三级品4785件（套）。

[重要藏品]　烟台市博物馆藏品以书法、绘画和瓷器为特色，重要藏品有：明永乐青花什锦纹蒜头口绶带耳扁壶，现存世仅见两件（另一件藏于北京故宫博物院），堪称镇馆之宝；明文征明《观瀑图》轴，作于其83岁之时，以耄耋高龄尚能作如此巨幅，实属画史罕见，代表了他晚年绘画的典型风格；清朱耷《柯石双禽图》轴，曾在全省流散文物征集陈列中展出，后又参加中国出国文物展赴澳大利亚展出；清乾隆御题白玉瓶，玉质温润，寓意深刻，在公众间享有很高的知名度；清象牙席，典雅气派，工艺极其精湛，是稀世罕珍；西周己侯壶，是研究胶东地方史和先秦古国历史的重要资料；秦嵌铜诏版铁权，与国家博物馆所藏的山西省左云县出土的铁权重量基本相同，都是30公斤左右，为目前所知最重的秦权。

[藏品保护]　烟台市博物馆藏品库房为密封建筑，

清　乾隆御题白玉瓶

西周　己侯壶

通风良好，配有恒温恒湿设备。定时清洁库房和藏品，采取防虫、防潮措施，减少粉尘等对藏品的污染和病虫害的发生。藏品实行分类存放管理，根据藏品类别采取相应措施进行保护。为藏品制作了合适的囊盒，避免了日常管理或出库时对藏品造成损伤。

1997年建立了文物保护实验室，通过科学方法，使馆藏文物得到了较好的保护。如秦铁权，出土后受大气中有害气体侵蚀，损害严重，1985年在中国历史博物馆和山东省博物馆的帮助下，采取去锈、加固、表面封护等措施，遏止了酥裂现象。1987年，被山东省文化厅授予科技进步一等奖。汉代仿玳瑁漆盒，由于长期埋于地下，出土后又一直浸泡在水中，漆皮脱落，1987年在文物保护专家胡继高的指导帮助下，采用成熟的醇醚交换法对其进行脱水、定型保护，使其情况稳定，花纹清晰。西周编钟锈蚀严重，器物变形，1998年聘请省文物保护专家梁宝霞指导，进行了防腐去锈和修复，恢复了原貌。以同样技术，烟台市博物馆对馆藏的60件青铜器进行了去锈处理，均取得成功。2009年，完成对124件/套明清家具的修复。2010年至2012年，与国家博物馆、故宫博物院、南京博物院和安徽省博物馆共同完成了对82件青铜器和48件书画藏品的修复。2010年，成立烟台文物科技保护中心，牵头开展全市文物的保护工作。2011年6月，取得国家文物局颁发的二级可移动文物修复资质，业务范围涵盖玉、瓷器、书法绘画等15个文物类别。

科学研究　烟台市博物馆有一支专业技术水平高、科学研究力量强科研队伍，研究范围涵盖考古、历史、文物陈列、文物鉴赏、文物修复与保护、字画研究等多个领域。经过多年实践摸索，有4人获得考古领队资格，2人取得省级文物鉴定资质。2008年，烟台市博物馆取得国家文物局核发的团体考古发掘资质。在长年实践中，考古人员的专业技术逐渐提高，也为县市区博物馆培养了一批技术力量；陈列设计、馆藏文物保护等领域也有创新和突破，研究成果丰硕。

[胶东史前文化研究]　多年来，专业人员通过对考古发掘资料的比较研究，提出胶东史前文化为有别于大汶口文化的另一个新的区域文化类型，建立起胶东史前考古学编年：白石村一期→邱家庄一期→北庄一期→北庄二期→杨家圈二期(龙山文化)→（岳石文化）照格庄类型—珍珠门文化。1987年春，首次环渤海考古研讨会在烟台、长岛两地召开，与会学者对胶东史前文化及相邻地区的互相影响进行了深入讨论研究。随着考古发现的增多和研究工

作的深入，又不但丰富和发展了相关课题的研究，发表了一批调查报告、发掘简报和研究文章。

[东夷古国史研究] 胶东半岛一向被认为是东夷的一支—莱夷所居之地，随着大批重要有铭青铜器的出土，胶东古国史研究不断取得丰硕成果。20世纪70年代至90年代，龙口归城故城、村里集墓群、海阳嘴子前墓群、长岛王沟墓群、莱阳前河前墓群、烟台上夼墓地等相继进行过清理和发掘，不仅出土了大批精美的和高规格的文物，而且还出土了既具有东部地方特色又有中原文化特点的陶器群，尤其是一系列铜器铭文的发现，更对研究胶东周代古国及当时的历史大势提供了实证。诸如己、莱等古国和古族的研究以及地方文化的特点、时代等研究，还有"迁齐康公于海上"、田齐墓地等方面的课题等，都取得了较好成果。还先后举办两次东夷古国史研讨会，在《考古学报》、《考古》、《文物》等报刊及各类考古文集发表了一系列研究文章，并出版了相关内容的专著多部。

[登州古船研究] 蓬莱水城小海作为我国保存较完整的古港和海防设施，多年来时有各类文物出土，1984、2005年为配合小海清淤先后出土了四艘古船，引起了国内外学术界的广泛关注和讨论。1988年10月在蓬莱围绕第一次古船的考古发现举办了第一次蓬莱古船与登州古港学术讨论会，并编制出版了《蓬莱古船与登州古港》一书。2005年7～12月，第一次按照田野考古的方法对登州古港和新发现的3艘古船的地层关系进行了解剖，取得了更科学、详细的资料，并编辑出版了《蓬莱古船》这一科学报告，全面、真实地介绍了古船发现的考古成果，2006年8月，围绕登州港和古船的新发现举办了第二次登州古港和蓬莱古船国际学术研讨会，并且在各类学术刊物上发表一系列研究文章。此外，胡继高等文物保护专家还针对古船的现状进行科学的脱水修复保护，并获得山东省科技进步二等奖和国家文物局科技进步四等奖。

[陈列设计研究] 20世纪80年代以来，博物馆把陈列设计作为一门专门学问加以重视，并把一些新的创意体现在基本陈列《烟台历史文物陈列》中。根据文物实际状况确定不同的陈列模式，强调历史气氛的渲染和现场感，并尝试使用声、光、电等新的展示手法，效果较好。1987年6月，省博物馆学会陈列艺术研究会成立暨陈列艺术设计现场研讨会在烟台市博物馆召开，与会人员对博物馆的陈列设计进行了讨论并给予充分肯定。多年来，研究人员将研究所得应用于实际工作，取得了诸多成果，如1995年举办的《纪念抗战胜利、烟台解放50周年陈列》，获山东省文化厅"纪念世界发法西斯战争和中国人民抗日战争胜利50周年"优秀展览称号；1999年举办的《半个世纪的巨变——烟台市纪念新中国成立50周年成就展》，获山东省文化厅评为"每馆一展"活动展览大奖；2002年举办的《烟台开埠陈列》，获2003年第五届全国博物馆十大精品陈列 "最佳内容设计奖"。

[编辑出版] 多年来，编辑出版了《胶东考古》、《海阳嘴子前》、《考古烟台》、《胶东考古研究文集》、《烟台市博物馆藏品选》、《烟台福建会馆》、《烟台近代建筑》、《老烟台风情》、《烟台市博物馆》等专著、论文集。

文物保护 烟台市是山东省的文物大市，地下地上文物十分丰富，现已发现古遗址、古墓葬、古建筑、石窟寺及石刻、近现代重要史迹及代表性建筑、石刻及其他等各类不可移动文物5159处，其中全国重点文物保护单位10处，省级文物保护单位55处，市级文物保护单位160处，县市级文物保护单位101处。长期以来，烟台市文物管理委员会与烟台市博物馆是一个机构两个牌子，为辖区内的文物保护、管理和利用做了大量的工作。

[文物普查] 在国家和省文物主管部门的统一部署下，烟台市共有三次大规模的文物普查。

第一次文物普查自1956年底至1957年底，并根据普查结果公布了第一批县级文物保护单位。1973年又进行了大规模的复查工作，经过选择、调查和推荐，又有10处文物单位列入第一批省级重点文物保护单位。反映了建国以来烟台地区文物保护的主要收获，由此建立起来的"四有"档案迄今仍是开展文物保护工作的重要依据。

第二次文物普查自1981年春至1982年秋，投入人力较多，是一次较全面的普查。1987年秋至1988年春，又进行了重点补查。共发现文物单位700处，都建有较翔实的记录档案，并将普查成果编制成《中国文物地图集·山东部分·烟台部分》和《文物概况一览表》。在此基础上，将全市保存较好、科学价值较高的文物单位近200处分别推荐公布为各级文物保护单位。

第三次文物普查自2007年9月至2011年12月，是时间最长、范围最广、规模最大、质量最高、技术最先进的一次全面普查，取得了数量上和质量上的重大突破，全市共调查不可移动文物4962处，其中新发现4150处，位居全省前茅，为烟台市今后文物保护与文物事业发展奠定了重要基础。为加强对新发现不可移动文物的保护，在此基础上公布了第四批市级文物保护单位77处。至此烟台市各级文物保护单位已达326处，其中全国重点文物保护单位10处，省级文物保护单位55处，市级文物保护单位160处，县级文物保护单位101处。

[文物法制建设和依法保护文物]　为了加强烟台的文物保护工作，烟台市博物馆积极宣传各级政府及其职能部门的支持，先后制定了《烟台市奇山所保护管理暂行办法》、《烟台市流散文物保护管理办法》和《烟台市文物保护管理办法》等专项和地方法规，使一大批文物依法得到有效保护、科学管理和合理利用。

同时，面对经济建设对文物保护所带来的严峻形势，烟台博物馆积极参与到各项文物保护工作中，先后对芝罘区白石村遗址、开发区三十里堡古墓群、蓬莱水城、龙口归城、莱州文峰山刻石、栖霞牟氏庄园等文物保护单位的文物破坏事件进行现场调查，并提出保护处理意见，既向广大群众宣传了文物保护知识，又有力地推动文物保护工作的健康发展，也使这些文物单位的文物保护工作逐渐走向依法保护和管理的轨道。

[文物保护规划和文物修缮]　近年来，烟台市博物馆会同市规划部门在调查的基础上制定了《烟台市历史文化名城保护规划方案》，由山东省人大常委会通过，全面推动历史文化名城的保护。在此基础上，多方筹措资金，对市区各类古建筑和近代优秀建筑进行修缮和保护，如福建会馆、烟台市近代建筑群、烟台蚕科专科学校旧址、汇丰银行旧址、毓璜顶古建筑群等一大批文物单位都依法得到了保护，取得了良好的社会效益和经济效益。

考古发掘　烟台市博物馆具有考古发掘团体领队资质，其考古调查、勘探和发掘工作，主要分为两部分——主动性考古调查、勘探和发掘和配合建设工程的抢救性考古调查、勘探和发掘。前者主要由中国社会科学院考古研究所、北京大学考古专业、山东省文物考古研究所等单位分别承担，烟台市各级文博单位参与；后者是配合各项基本工程建设，由烟台市博物馆主持、各县市区文博单位协助完成。

[主动性考古调查、勘探和发掘]　烟台地区在文物普查和配合建设工程进行的考古发掘所积累的丰富的文物资料和重要发现，引起了国家考古研究部门的密切关注。在考古学家苏秉琦的倡导下，北京大学考古研究室、中国社会科学院考古研究所等把探索、建立胶东考古学文化序列作为一项研究课题，自1979年开始至1987年基本结束，在烟台地区文物管理委员会及各县市区文物干部的参与、配合下，对胶东半岛的重要区域进行了重点的考古调查和

勘探，在此基础上，对相关遗址主动进行了一系列考古发掘工作。发掘的主要文物地点有栖霞郝家楼和福山大谷家动物化石地点、福山邱家庄新石器时代遗址、牟平照格庄岳石文化遗址、莱阳于家店新石器时代遗址、栖霞杨家圈新石器时代遗址、长岛北庄新石器时代遗址、乳山小管村新石器时代遗址、长岛大口新石器时代墓群、长岛珍珠门商周时期遗址、烟台芝水岳石文化——商周时期遗址、乳山南黄庄商周时期遗址和墓群。通过这一系列的考古调查、勘探和发掘以及进行的考古研究，胶东半岛的史前文化序列逐渐建立起来：白石村一期文化——邱家庄一期文化——北庄一期文化——北庄二期文化——龙山文化——岳石文化——珍珠门文化。这一文化序列的建立，填补了胶东地区新石器时代和夏商周时期考古文化的空白，对胶东各项考古工作的开展具有指导性的学术意义。

[抢救性考古调查、勘探和发掘]　建国以来，胶东半岛的基本建设一直处在全国先进行列，特别是改革开放以来，烟台作为我国首批沿海开放城市之一，各项工程建设逐渐增多，特别是20世纪90年代以后，随着城乡经济建设的快速发展，田野考古工作又面临难得的机遇和挑战，烟台市博物馆积极投入到各项抢救性考古调查、勘探和发掘工作中去，共进行的考古调查、勘探和发掘达数十处。其中著名的有：配合农田水利工程的荣成河口新石器时代遗址的发掘、长岛王沟东周墓群的3次发掘、蓬莱村里集墓群的3次发掘、海阳嘴子前春秋墓的3次发掘；配合城市建设工程的芝罘区上夼西周己国贵族墓地的发掘、芝罘区白石村新石器时代遗址的2次发掘、烟台开发区岗嵛元明墓群的3次发掘；配合铁路、公路建设工程的福山区东留公墓群的发掘、烟台开发区三十里堡汉墓群的发掘、莱州朱朗埠墓群的发掘、龙口楼子庄遗址的发掘、牟平照格庄遗址的第二次发掘、龙口东羔遗址的发掘、龙口东梧桐两晋墓的发掘等，此外，配合蓬莱水城小海的清淤而进行的古船发掘等。这些考古发掘工作取得了重要的成果，出土的文物不断丰富了各级博物馆的馆藏，成为研究胶东历史重要的实物资料。

宣传教育　在引进观众的同时，注重对大、中、小学生的引导教育，积极谋求与高校和中学的合作。先后与烟台海军航空工程学院、烟台大学、烟台汽车学院、山东商务职业学院等驻烟高校及烟台二中、三中、九中等学校建立合作关系，并组织馆内专家和博物馆友好人士（如抗日老战士等）赴学校、电台等举办专题讲座，在社会上引起积极反响。另外，重视与其他专业机构的合作，派遣知名

专家长期担任烟台大学中国学术研究所的兼职教授，合作教学与学术研究工作。自2011年以来，为扩大对外影响，丰富市民文化生活，每月举办一期烟台历史文化讲堂；2011年9月，对网站进行了全面改版；2011年12月，馆刊《胶东文博》创刊。

为充分发挥爱国主义教育基地优势，烟台市博物馆先后同烟台海军航空工程学院、烟台大学、鲁东大学等驻烟高校及烟台各中、小学展开合作共建，建立各类爱国教育基地，并坚持将展览、讲座、文物送进校园、社区，定期出版《胶东文博》学术刊物，提高科研水平，有效激活了文化资源，推动了文博事业的快速发展。

交流合作 积极参与国际、国内的学术交流与合作。早在上世纪70年代就联合北京大学在胶东进行多次考古调查和发掘，并于1987年与北大联合举办了"胶东考古座谈会"，邀请国内外知名学者出席研讨，最终建立起胶东半岛的新石器时代文化发展谱系。2007年与山东省石刻艺术博物馆联合举办了"第二届云峰刻石国际学术研讨会"。除邀请国外学者访问外，还派专家赴日本、韩国等地作学术报告和参观学习。烟台市博物馆还重视馆际间的文物交流，馆藏文物多次赴国内外博物馆展出，如赴南京展出《甲骨之父·神州英烈王懿荣爱国主义教育展》、赴日本展出《东方永远理想国·烟台地区出土文物精华展》等。也引进诸如《红岩魂——白公馆、渣子洞革命纪实》、《山东北朝摩崖刻石拓片精品展》、《圆明园国宝暨南北朝石佛造像烟台特展》以及韩、日等国家书法展览。

经营管理

[单位性质] 国有事业单位

[经费来源] 国家财政拨款，随着烟台市文博事业不断发展壮大，近三年来各级财政对博物馆事业投入不断增加。新馆建设投资1.6亿元；福建会馆维修、保护利用、规划三年累计投入426万元，外围环境改造投入3600万元；馆藏文物修复保护投入540万元；文物征集投入150万元；考古发掘、科研项目投入1500万元；文物科技保护中心建设投入354万元；全国第三次文物普查投入150万元；馆藏文物数据库建设投入33万元；采购摄影、文物运输等设备125万元；安保物业社会化服务累计投入600万元。

[机构设置] 下设办公室、展陈部、藏品管理部（挂文物科技保护中心牌子）、考古部、宣教服务部、技术物业部、安保部、福建会馆管理部（挂烟台民俗博物馆牌子）等八个部门。

[人员编制、组成] 现有编制65个，职工64人，其中研究馆员6人、副研究馆员10人、馆员19人、助理馆员21人、行政管理人员8人。研究生以上学历5人（其中博士生1名）；大学本科学历25人；大专学历12人；大专以下学历22人。另外有机关工勤派遣人员20名，临时工10名，外聘安保物业人员87名。

[服务观众项目] 烟台市博物馆全年对外免费开放，配有高素质、专业讲解员25名，提供汉、英、日、朝等多种讲解语种，并配备多语种语音导览系统。每年组织公益文化项目推介，三年来累计接受社会捐助480万元。每月定期举办烟台历史文化讲堂，传播历史文化知识，形成博物馆活动品牌。

[观众接待] 平均年接待观众78.6万人次。

参观指南

老馆

[地址] 烟台市芝罘区毓岚街2号

[邮编] 264008

[电话] 0535-6222814（办公室）

6222814-8702（领票处）

[传真] 0535-6868033

[开放时间] 全年开放

[票价] 免费开放

新馆

[地址] 烟台市芝罘区南大街61号

[邮编] 264008

[电话] 0535-6233390（办公室）

0535-6232976（领票处）

[传真] 0535-6233390

[电子邮箱] ytsbwg@163.com

[网址] http\\www.ytmuseum.com

[开放时间] 全年开放

[票价] 免费开放

（撰文：烟台市博物馆）

烟台张裕酒文化博物馆

Yantai Zhangyu Wine Museum

概述

类型 科技类葡萄酒业专题博物馆

隶属关系 隶属烟台张裕葡萄酿酒股份有限公司

创建时间 1992年

正式开馆时间 2002年9月8日

1.张裕酒文化博物馆全景 2.展厅 3.橡木桶制作区 4.百岁亚洲桶王

所在位置　位于烟台市滨海广场西侧的张裕公司老厂址。

面积　主体建筑占地面积近4000平方米、总建筑面积10000平方米、大酒窖占地面积约2666平方米、酒文化广场占地面积约30000平方米、博物馆馆区占地面积约40000平方米

建筑、布局　烟台张裕酒文化博物馆由酒文化广场、综合大厅、历史厅、影视厅、现代厅、字画厅、珍品厅、地下大酒窖组成。

地下大酒窖建于1894年，曾经建过3次，采用中西合璧的办法，顶部用中国传统烧制的大青砖发碹，墙壁用大青石砌成，用舶来品——洋灰扎墙缝，抹墙面，再以三合土填充墙体，使窖体异常坚固。窖体内外还设计了巧妙的隐蔽排水系统。1905年竣工，被誉为世界建筑史上的奇迹。2000年经过维修和加固之后，旧貌换新颜。

历史沿革　1992年，张裕酒文化博物馆初建落成。2002年，张裕公司创建110周年之际，改建扩建了原博物馆，并于2002年9月8日正式对外开馆。

张裕酒文化博物馆被评为全国首批工业旅游示范点、国家AAAA级旅游景区、山东省青年文明号、中国侨联爱国主义教育基地等。并获得山东旅游细微服务年活动示范企业、烟台十佳文化产业单位、魅力烟台"联通杯"市区十佳旅游区（点）、畅游山东（民俗大观类）——自驾车游首选目的地、烟台旅游团队接待服务推荐单位、烟台市旅游系统先进集体。

历任馆长　赵润松（1997.9.18～2002.1.21）；第于波（2002.1.21至今）。

业务活动

基本陈列　《张裕酒文化博物馆陈列》以张裕百年历史积淀为内容，以民族企业发展史、爱国主义和葡萄酒文化为主要展示内涵，使博物馆史料翔实，分为综合、历史、现代、企业文化四大部分。

综合部分：包括张裕原址的环境风貌、综合厅、张裕大事记和企业精神等。

历史部分：时间跨度为1892年至1949年新中国成立，主要展示民族企业创业的艰辛和自强不息。由老门头、双麒麟照壁、早期金库、中国银行界石、百年地下酒窖、历史厅等构成。

现代部分：时间跨度为新中国成立至今，分为动、静两种展览状态。主要展示建国以来张裕生机勃发，不断进取的辉煌成就。馆内现代厅是静态展览，由新厂区发酵中心、现代化灌装生产线和张裕·卡斯特酒庄等构成现代部

分展览的动态延伸。

企业文化部分：主要由字画厅、珍品厅、影视厅、品重醴泉厅、国际会议厅构成。

《张裕酒文化博物馆陈列》获第六届（2003～2004年度）全国博物馆十大陈列展览精品评选最受观众欢迎奖。

藏品管理

［藏品类别］ 主要为张裕不同年代的产品、不同年代不同型号的橡木桶、设备，不同年代的包装物、海报、广告、书刊、史料等，还有奖章、奖牌、奖杯、证书及党和国家领导人的题词、书画名家的墨迹墨宝，以及海内外厂商、友人馈赠的艺术品和礼品等。

［藏品统计］ 现有藏品共2000余件

［重要藏品］ 1、1912年8月21日，孙中山先生到张裕公司参观视察，并亲笔题词"品重醴泉"。真迹于1978年移交给烟台市博物馆，属于国家一级文物。字高26.5厘米，宽23厘米。此为孙中山为企业的唯一题词；2、1932年张学良为公司题词"圭顿贻谋"；3、1915年美国旧金山举办了巴拿马太平洋万国博览会，张裕公司的可雅白兰地、红玫瑰葡萄酒、琼瑶浆、雷司令白葡萄酒一举获得四项金奖和最优等奖状。张裕公司还保存着当时的中国赴美商业代表团的珍贵合影。张弼士担任团长赴美参会，以张裕为代表的中国酒类产品从此走向世界。金奖奖牌展陈在珍品厅。4、1987年，国际葡萄酒、白兰地感官品评研讨会在烟台召开，由于张裕对葡萄酒事业的突出贡献，烟台被国际葡萄·葡萄酒局命名为"国际葡萄·葡萄酒城"，是亚洲第一座葡萄酒城，时任国际葡萄·葡萄酒局局长罗伯特·丁洛特亲自将酒城城徽授与原烟台市市长俞正声。城徽展陈于珍品厅；5、1992年7月24日江泽民亲临张裕参观视察，并亲笔题词"沧浪欲有诗味，酝酿才能芬芳"。6、上世纪30、40年代的酒类产品；7、字画厅里主要展示

孙中山题词

的是来访的名人留下的墨迹墨宝，有康有为、张学良、刘海粟、吴青霞、欧阳中石、启功等人的作品近400幅轮回展出。8、康有为分别于1917年和1927年来访张裕并为张裕留下两首诗作，展陈于字画厅；9、北京中华世纪坛青铜甬道铭文中1892年所记录的四件大事之一就是"华侨张弼士在山东烟台创办张裕酿酒公司"，节选的青铜甬道铭文镶嵌于珍品厅的展墙上；10、地下大酒窖中的橡木桶早期来自欧美，近几年来，从法国拿达利、戴普托斯、哈杜公司引进了容量为五吨的立式和卧式两种橡木桶，共60只，价值710万元。其中还有上世纪50年代从从匈牙利引进的39个三吨左右容量的橡木桶。11、在拱洞深处藏着三只巨大的橡木桶，那就是镇馆之宝——亚洲桶王。橡木原料来自法国林茂山所产橡树，其树龄有100年左右。这三只橡木桶每只储酒15000升。

科学研究 2007年，组建五个科研管理小组：网络建设小组、新产品开发小组、考核考评小组、历史文化挖掘研究小组以及外语小组。参加了五届山东省旅游商品创新设计大赛，设计的"醉玫瑰"夺得金奖，"双麒麟礼盒"获得银奖，"长枪X.O.白兰地"等获得优秀奖。

宣传交流 由烟台市主办的三届果疏会新闻发布会及烟台首届国际葡萄酒节新闻发布会由张裕公司承办，均在张裕酒文化博物馆的国际会议厅召开，并取得圆满成功。2006年是著名爱国侨领、中国葡萄酒工业先驱——张弼士诞辰165周年。10月18日上午，由山东省侨联主办、烟台市侨联和张裕公司承办的纪念张弼士先生诞辰165周年系列活动，在中国侨联爱国主义教育基地——张裕酒文化博物馆举行。在博物馆的二楼举办了有关张弼士的图片展。华裔马中友好协会秘书长陈凯希作了题为"头顶海鸥劲盘旋·烟台美酒香全球"的主题发言。此次活动还举办了"张裕酒文化博物馆与马来西亚槟城张弼士纪念馆、广东大埔张弼士故居博物馆缔结友好馆签约仪式"和"《中国葡萄酒之根》个性化纪念邮册首发仪式"，对于继承和发扬华侨爱国报国精神，促进海内外文化交流，推动烟台旅游事业的发展，都起到积极的作用。

张裕酒文化博物馆还先后编写出版了《中国葡萄酒之根》、《张裕往事》、《张裕志》等书籍，以及《张裕酒文化博物馆宣传册》。还在影视厅向游客播放《百年张裕》和《美酒如佳人》宣传片。

经营管理

［经费来源］ 自收自支

［机构设置］ 内设综合办公室、商品经营部、导

游接待部、个性化事业部、酒庄旅游部、财务部等职能部门，主要从事旅游景区的开发、旅游接待、旅游商品及个性化产品的研发与销售。

[人员编制、组成] 现有员工56人，其中在编人数29人，招聘人数27人。其中管理人员11人，大专以上文化程度人员39人，初级职称以上人员为11人。

[观众接待] 年均接待观众20万余人次。

参观指南

[地址] 烟台市芝罘区大马路56号

[邮编] 264000

[电话] 0535-6632890（办公室）
0535-6633860（售票处）

[传真] 0535-6226412

[网站] www.changyu.com.cn

[开放时间] 全年开放

[票价] 30元/人，50元/人。

（撰文：烟台张裕酒文化博物馆）

烟台钟表博物馆
Yantai Time Piece Museum

概述

类型 科技类钟表业专题博物馆

隶属关系 隶属烟台北极星国有控股有限公司

筹建时间 2002年5月

正式开馆时间 2005年7月9日

所在位置 坐落在烟台市标志性风景区烟台山上

面积 占地面积580平方米、建筑面积1700平方米

建筑、布局 馆址为烟台市芝罘区烟台山西路4号原日本领事馆宿舍旧址，旧址建于1938年，四层砖混结构，平

博物馆外景

顶建筑造型为简单框架结构，具有近代建筑设计风格

历史沿革 烟台钟表博物馆筹建于2002年5月，刘明昌任筹建办公室主任。于2005年7月9日开馆。馆址为原日本领事馆宿舍。

烟台钟表工业创建于1915年，是中国现代制钟业的发祥地。建国前在烟台形成了机械制钟企业群体，并将制钟技术扩散到全国各地，对中国民族制钟业的发展做出了重大贡献。建国后，尤其改革开放后，烟台钟表工业得到了巨大发展，生产规模和技术实力居全国同行业首位，成为国家重要的钟表工业生产基地，创立了"北极星"这一"中国十大驰名商标"和"中国名牌产品"。

1998年分管烟台市工业经济的副市长张幸福在北极星集团会见中国钟表协会理事长时，提出应在烟台建一座钟表博物馆，并表示市政府将给予一定的支持。北极星集团由此拉开了筹建钟表博物馆的序幕。经过考察调研于2000年7月向当时的烟台市市长杨金镜呈递了报告。随后杨市长作了批示，请分管城建和文化的副市长帮助协调办理。通过市文化局和北极星集团协商将馆址选定在烟台山上。

2002年3月，烟台山建筑修复竣工。4月，市文化局决定在"五一"国际劳动节期间举行首届烟台山文化节，要求钟表馆在文化节开馆。北极星钟表集团使用已修复的日本领事馆宿舍楼作为钟表博物馆馆舍，并自筹部分资金，用了不足一个月的时间完成了《烟台钟表史陈列》、《钟表精品展》、《钟表装配演示》三个展厅的设计施工和布展，"五一"节期间对外试展。

2002年10月，《钟表艺术陈列》、《钟表与家居专题陈列》两个展厅又相继布展完工并对外开放。2003年10月馆内又增设了《北极星新品展》，展出了近年来北极星各企业开发的机械钟机心、机械座挂钟、机械落地钟、石英钟、特种用钟及塔钟等系列产品的创新成果。

2005年适逢北极星钟表创业90周年庆典，钟表博物馆又进行了较大的投资，重新布展调整并新增了《烟台钟表史陈列》第二展厅、《烟台钟表精品陈列》、《中外钟表收藏陈列》、《中国钟表对外交流展》、《书画墨宝收藏展》等展厅。

2005年7月9日，国内第一座钟表博物馆——烟台钟表博物馆正式开馆，引起了中国计时仪器史学会、中国钟表协会领导和钟表业同行的格外关注。中国计时仪器史学会秘书长陈凯歌，中国钟表协会名誉会长张遐龄、理事长孟可人、副理事长吉勤之，山东省原一轻工业厅厅长李昭泰，山东省钟表协会理事长朱维平，烟台北极星国有控股

有限公司领导同全国钟表业界有关人士200多人出席了开馆仪式。

烟台钟表博物馆自2002年试展至今5年多，共接待游客数万人次，产生了较好的社会效益。中央电视台、国家地理杂志社、山东电视台、齐鲁晚报及烟台媒体先后给予报道并编辑专题节目播放。对宣传烟台城市形象、提高烟台文化品位、开发烟台旅游城市资源、推动烟台以及全国钟表工业和文化事业的发展做出了很大的贡献。

历任馆长　刘明昌（2005.7）；杜恒彦（2005.12 副馆长主持工作）。

业务活动

基本陈列　烟台钟表博物馆设有8个展厅，展厅面积600多平方米，举办8个基本陈列，展出藏品300多件。其中具有特色展品有：第一批生产的宝字钟，参加1928年上海国货博览会展品。

《烟台钟表史陈列厅》　为全馆的核心展厅。以时间为主线，在"旧中国烟台制钟业的兴衰"、"新中国烟台制钟业的发展"、"新时期烟台钟表业的腾飞"这三大部分中，通过图、文、产品的形式展示了烟台钟表业所走过的90年历程。

《钟表与家居专题陈列厅》　钟表作为科技与艺术完美结合的产物，既是计时工具，又是家庭饰品，它从诞生起就与人们的生活息息相关。本展厅将民国初期、建国初期、"文革"时期、改革开放初期、新世纪开端五个不同时期钟表演变与时代家居的变迁紧密联系起来，表现了钟表作为人们生活中最亲密用品的历史性和时尚性。

《中外钟表收藏陈列厅》　中国人最早发明了计时工具，但机械钟表产业化则是欧洲人发明和发展起来的。17世纪初西方传教士把西洋钟带到了中国，促进了中国手工制钟的兴起。这里展出的主要是该馆收藏的19世纪初叶至20世纪中叶英、德、美、日、瑞士等国生产的机械摆钟、闹钟、石英钟以及烟台、天津、上海等钟表企业早期生产的具有代表性的产品，旨在反映钟表发展的轨迹，展示钟表的审美价值和收藏价值。

《烟台钟表精品陈列厅》　20世纪90年代以来，借改革开放的天时和中国钟表生产基地的地利，一批民营、私营和外资钟表制造企业相继在烟台应运而生。经过几年的培育发展，形成了国内外知名品牌。本厅展出烟台部分民营和外资钟表制造企业生产的机械木钟、石英钟及塔钟机心，代表了当今烟台钟表业的先进水平。

《北极星新品展厅》　进入新世纪，北极星始终保持

第一批生产的宝字钟

第一批生产的宝字钟

第一批生产的宝字钟

着以与时俱进、开拓进取的姿态，通过技术更新和制度创新，企业的产品开发能力空前增强，在激烈的市场竞争中北极星始终跟踪国际先进水平，不仅保持了品质的卓越，而且更加注重产品的技术含量和艺术品位，其外观设计加工工艺和质量水平都达到了一个新高度。这里展出的是近年来北极星各个企业开发的机械钟机心、机械座、挂钟、机械落地钟、石英钟、特种用钟等系列新产品，从中可看到北极星不断创新的成果，也可看到世界钟表发展趋势。

《钟表装配演示厅》　展示部分钟表机心内部结构和不同种类钟表的生产装配工艺过程，是普及钟表技术的社会课堂。

《中国钟表对外交流展厅》　改革开放后，中国钟表业不仅引进了国外先进技术，同时也加强了与世界钟表业的沟通。中国钟表协会致力与世界各国和香港、台湾地区的交流与合作对中国钟表走向世界起到了重要作用，北极星集团也在对外交流中发展自己。该厅展示的是中国钟表协会成立以来在对外交流中收到的海外钟表同行的礼品和纪念品，以及中国钟表协会、北极星集团对外交流活动中的部分留影。

《墨宝收藏展厅》　作为民族工业的明星，"北极星"始终受到党和国家领导人的关注。自20世纪80年代至90年代，江泽民总书记及中央政治局委员、国家副主席、国务院副总理、人大副委员长、政协副主席等30余名党和国家领导人也先后视察过"北极星"。吴邦国等领导人曾为"北极星"题词。这里展示的是为烟台钟表工业创建80周年、90周年中央领导人吴邦国、姜春云、王光英、国家有关部委、山东省领导人杨波、于珍、赵志浩等的题词墨宝。

藏品管理

[藏品来源]　藏品征集以收藏烟台生产钟表为主，以时间年代为主线，征集不同年代不同时期的各种不同钟表。并接受企业、个人的捐赠。

[藏品保护]　主要藏品保存在玻璃橱窗、玻璃罩内，经过维护和整理，绝大部分都具有正常运行、准确打点计时的使用功能。

宣传教育

烟台钟表博物馆为提高知名度，扩大宣传，2002年编辑印刷了《烟台中国钟表博物馆》宣传图片，2005年制作发行了《永恒的北极星》影视光盘，取得了很好的宣传效果。

经营管理

[单位性质]　由烟台北极星国有控股有限公司承办的国营事业单位

[经费来源]　北极星国有控股公司的自筹资金，自创办以来已投资100多万元。

[机构设置]　内设陈列部和保管部两个部门。陈列部职责为设计展示方案、展厅布展及办公室日常管理和学术研究工作。设三个岗位，配备3名管理人员。保管部职责为藏品及库房的维护管理，设一个岗位，配备一名保管人员。

[人员编制、组成]　机构人员数量为4人，在编人数

3人，招聘人数1人，其中大专以上文化程度2人，初级职称以上3人，专业技术人员数2人。

[服务观众项目]　馆内设有50平方米影像放映室，也是纪念品专卖部，作为观众服务区，为观众放映烟台钟表史光盘，并提供纪念品出售。

[观众接待]　年参观人数近万人。

参观指南

[地址]　烟台市芝罘区烟台山西路4号

[邮编]　264001

[电话]　0535-6209520

[开放时间]　全年开放

[票价]　免费

（撰文：烟台钟表博物馆）

诸城市博物馆
Zhucheng City Museum

概述

类型　地方综合性博物馆

隶属关系　隶属于诸城市文化局

创建时间　1975年3月

正式开馆时间　1983年10月1日

所在位置　位于诸城东关大街150号

面积　占地面积8450平方米、建筑面积2500平方米

建筑、布局　仿古建筑，庭院式布局，白墙绿瓦，古朴典雅。院内松竹掩隐，绿树成荫，四季花木茂盛，景致怡人。由我国著名书法家沈鹏题写的馆名"诸城市博物馆"，苍劲古拙，引人注目。

历史沿革　1958年5月，在诸城县文化馆文展室的基础上，组建诸城县博物馆，1962年被撤消，1975年3月重新

诸城市博物馆大门

诸城市博物馆外景

建立。1979年10月，为适应发展需要，决定迁址，1980年5月，诸城县博物馆迁至现址，1982年12月，建起东展厅，1983年10月1日起正式对外开放。1987年7月因撤县建市，改名为诸城市博物馆。

历任馆长　陈端阳（1975.3～1988.11）；扈世良（1988.12～2003.3）；张健（2003.3至今）。

业务活动

基本陈列　诸城市博物馆现有《诸城古文化史陈列》、《诸城百年风云陈列》、《诸城古象展》、《北朝神韵——诸城北朝佛教石雕造像艺术陈列》四个基本陈列。

《诸城古文化史陈列》　共分七大部分，陈列面积800平方米。采用通史与专题相结合的形式，在艺术设计上采用了通厨式陈列，简洁块面式版面，以物叙史，借史引物，将诸城境内的名胜古迹、历史事件、出土文物以及诸城历史上的名人墨客融为一体，辅以沙盘模型、景窗灯箱，生动形象地展现了诸城地区自新石器时代至晚清，上下五千年的历史发展过程和面貌。展出藏品180余件，重要文物有"五峰山形"陶文、铜编钟、编镈、鹰首壶、铜獬豸等；介绍的重点人物有虞舜、公冶长、苏轼、刘墉、张择端、赵明诚、丁耀亢等。

《诸城百年风云陈列》　陈列共分七个部分，面积800平方米。以诸城境内的重大事件及相关文物和诸城籍名人为内容，配以图片、景画形象地再现了从1840鸦片战争到1949年新中国成立，百余年间诸城人民在党的领导下为争取自由解放，前赴后继，英勇斗争，最终取得革命胜利的艰苦历程。其间先后介绍了藏汉臣、郑耀臣、王尽美、王翔千、张少卿（即康生）、李宇超、孟超、孙仲衢、田裕旸、杨香斋、张希贤、莫正民以及路友于、王统照、陶钝、臧克家、崔嵬、王愿坚等革命志士和英杰。展出藏品120余件。

《诸城古象展》　陈列面积150平方米，展出距今7000万年的巨型恐龙化石，以及100万年前的纳玛象化石。

《北朝神韵——诸城佛教石雕造像艺术陈列》　150平方米，展示雕刻精美，栩栩如生，蕴含着北朝神韵的石雕佛造像。

1999年，诸城市博物馆《诸城百年风云陈列》、《诸城古象展》获"山东省每馆一展"优秀陈列奖。

专题陈列　主要有《陶钝生平业绩展》、《臧克家塑像落成暨诗摘书法作品展》。

藏品管理

[藏品来源]　出土、捐赠和收购。

[藏品类别]　主要分为陶器、铜器、瓷器、玉器、石器、兵器、银器、拓片、砚台、墨迹、字画、民俗、竹木雕刻、近现代文物、古生物化石等。

[藏品统计]　馆藏文物1.5万余件。其中，陶器422件、铜器2167件、瓷器2400件、玉器1850件、石器610件、兵器195件、银器62件、拓片464件、砚台102件、墨迹425件、古画257件、民俗726件、竹木雕刻355件、近现代文物272件、古生物化石4693件等。馆藏珍贵文物487件，其中一级文物39件，二级文物65件，三级文物383件。

东魏　卢舍那石雕佛头像

战国　铜投壶

明　宣德款青花碗

东汉　铜獬豸

科学研究　1987年以来，诸城市博物馆专业人员在专业刊物上发表论文20余篇。

宣传教育　2005年编辑出版《北朝神韵——诸城佛教造像艺术陈列》；2007年编辑出版《诸城文物博览》。

合作交流　2005年11月6日，由山东大学美术考古研究所和诸城市政府合作举办了《中国北朝佛教造像及其传播国际学术研讨会》，国内外相关行业的知名专家、学者50余人出席了研讨会。

经营管理

　　[单位性质]　国有事业单位

　　[经费来源]　依靠财政拨款

　　[机构设置]　设有办公室、业务部、保卫科。

　　[人员编制、组成]　人员编制18人，由专业技术人员和管理人员组成，比例为16：1。专业技术人员16人，其中副研究馆员2人，文博馆员6人，文博助理馆员、文博管理员8人。人员学历大本：大专：中专：高中的比例为10：4：2：1。

北齐　天保三年僧济本造像

　　[服务观众项目]　为观众提供导游、讲解、购物等服务项目。

　　[观众接待]　年观众人数3000人次

参观指南

　　[地址]　诸城市东关大街150号

　　[邮编]　262200

　　[电话]　0536-6062562

　　[传真]　0536-6057068

　　[邮箱]　Zcbwg2562@163.com

　　[开放时间]　全年

　　[票价]　免费

（撰文：诸城市博物馆）

北齐　圆雕菩萨造像

陵县文博苑

Lingxian Museum of Cultural Relics Park

概述

类型　地方综合性博物馆

隶属关系　隶属于陵县文化旅游局

筹建时间　1982年

正式开馆时间　1990年10月

所在位置　位于陵县陵城镇颜城街20号，现陵县人民公园院内

面积　占地面积4400平方米

建筑、布局　为仿古建筑群，青砖碧瓦，红柱黄顶，雕梁画栋，古朴典雅。

历史沿革　1990年开放时称东方朔博物馆，2002年改称为文博苑。2005年7月，陵县县委、县府拨款100多万元，对文博苑进行了全面维修和重新布展，突出了陵县地域文化特色。

历任馆长　周秀荣（1990～1996　东方朔博物馆馆长）；王迅（1996至今　文博苑主任）。

业务活动

基本陈列　陵县文博苑陈列分为室内、室外两部分。室内有四个展厅：

《可爱家乡》展厅：结合陵县历代出土文物，用图片的形式加以详细说明；

《智圣东方朔》展厅：2003年陵县神头镇（西汉厌次古城）出土东方合墓志铭一方，对东方朔研究提供有力证据。对东方朔的历史地位、文学贡献、进谏故事用文字图板作介绍；

《书法巨擘颜真卿》展厅：结合颜真卿在754年任平原郡（唐代平原郡治所在今陵县）太守期间，为防安禄山叛乱给陵县留下的众多文化遗产——东方朔画赞碑、绊马石、唐城墙等。展厅内陈列《东方朔画赞碑》拓本、实物绊马石、唐城模型以及颜真卿在各地任职期间留下书法拓本；

《王书平美术馆》：陈列国画精品。书画厅展出当今名画家精品36幅。

室内展厅总陈列面积为820平方米。展厅内电子灯光照明。文字图板、文物图片、根据历代变迁布置井然有序，更加突出了陵县6000年的历史文化。

1.文博苑大门　2.文博苑内景　3.碑亭　4.东方朔画赞碑碑亭

碑林

　　室外部分：东半壁走廊镶嵌陵县历代墓志石刻珍品，时代跨越北齐、唐、宋、元、明、清等朝代。东走廊南端有双层飞檐六角封闭亭，国家一级馆藏文物《东方朔画赞碑》珍藏其中。封闭亭对面是三座木结构碑亭，成品字形，正中亭内立《东方朔画赞碑》复制碑，南侧亭内立《东方朔墓碑》复制碑，北侧亭内立清代王钟霖撰书《颜鲁公画像赞碑》。六角封闭亭南侧开辟历代碑林，内有宋徽宗御碑《赐辟雍诏书碑》及明《康氏先莹昭穆记》碑、清《平定青海之记》等石刻。古代石刻总计22块。

藏品管理

　　[藏品来源]　出土、民间征集和捐赠。

　　[藏品类别]　石、玉、陶、瓷、铜等十一类

　　[藏品统计]　文博苑藏品共计641件，其中石59件，玉18件，陶197件，瓷272件，铜63件，字画5件，拓片11件，钱币7件，砚5件。

　　[重要藏品]　尤以颜真卿书的《东方朔画赞碑》、《宋徽宗赐辟雍诏书碑》珍贵，为国家一级馆藏文物，具有重要的历史和艺术价值。

　　[藏品保护]　自1980年至今对石质文物进行过两次加固保护。

经营管理

　　[单位性质]　国有事业单位

　　[经费来源]　为政府财政拨款和创收

　　[人员编制、组成]　人员编制为5人，其中文博专业中级职称3人，初级职称2人。

　　[观众接待]　年参观1.5万人次。

　　[服务观众项目]　文博苑内设有医疗救护站、摄影部和警卫室。

参观指南

　　[地址]　陵县陵城镇颜陵街20号（人民公园内）

　　[邮编]　253500

　　[电话]　0534-2136016

　　[开放时间]　全年开放

　　[票价]　2元／人

（撰文：陵县文博苑）

聊城市博物馆
Liaocheng Museum

概述

　　类型　社会科学类会馆专题博物馆

　　隶属关系　隶属于聊城市文化局

　　创建时间　1973年

　　正式开馆时间　1978年1月

　　所在位置　位于山东省聊城市区东关古运河西岸

　　建筑、布局　博物馆所在地山陕会馆是清代山西、陕西商人合建的一处庙宇与会馆相结合的古建筑群，沿中轴线由东向西依次为山门、戏楼、钟鼓楼、南北看楼、碑亭、中献殿、关帝殿、春秋阁，再南北对称组建各种房屋，形成封闭式三个院落，大小房屋计160余间。会馆院内石雕、木雕、砖雕艺术精湛绝伦，各种雕刻手法应有尽

1.山陕会馆山门　2.山陕会馆戏楼

有。整个建筑融合了北方建筑的雄伟气势和南方建筑的秀雅风格，是清代建筑"纤细繁密"的典范，其布局合理，错落有致，连接得体，装饰华丽，是我国古代建筑的瑰宝。

历史沿革　聊城市博物馆1973年开始筹备，1978年1月正式成立，利用全国重点文物保护单位——山陕会馆做为馆舍。聊城市博物馆承担着聊城文物的收藏、陈列、宣传、研究，同时兼顾山陕会馆的保护管理工作。

明清时代，沿古运河两岸人口稠密，经济发达，商贾云集，各地富商竞相集资兴建会馆，曾有江西、苏州、赣江、武林等八大会馆。聊城山陕会馆即是其中之一。随着运河古道的由兴而衰，各会馆相继毁坏，唯山陕会馆得以比较完好保存下来。

山陕会馆的兴建不见于地方的记载。根据会馆内大量的碑刻与题记所载，会馆始建于清乾隆八年（1743），历经四年正殿等主体工程竣工，其后逐年扩充修建，至嘉庆十四年（1809）基本具备了现在的规模。

山陕会馆是山西、陕西两省商人进行聚会、礼遇乡贤、唱戏、祝寿、婚礼等活动，以聚集宗派势力的场所。它随着运河漕运畅通和聊城商业的繁荣而兴盛起来。上世纪初以来，京杭运河的地位逐渐被津浦铁路所代替，河道不断淤塞，船只减少，山陕会馆也随着聊城商业的衰萎而开始走向冷落，并时而受到人为的破坏。1925年冬季，奉系军阀张宗昌的军队开进聊城，山陕会馆沦为反动军队的兵营，并遭到一定程度的破坏。1938年日寇攻占聊城时，放火烧毁了山陕会馆的前院。当时的会馆账册、文书档案都被付之一炬。聊城解放后，山陕会馆先后被聊城一中、聊城艺校、聊城评剧团作为学生宿舍、办公室使用。这期间由于人们缺乏必要的文物保护意识，会馆又遭到了不同程度的破坏。直到1977年被山东省政府公布为省级文物保护单位，才开始进行维修。1978年，山陕会馆被聊城市文化局接管并成立了聊城市博物馆。1988年1月13日，山陕会馆被国务院公布为第三批全国重点文物保护单位。

历任馆长　张树斋、陈昆麟、赵乃光、王宗涛、张竞放先后主持博物馆的工作，现任馆长为郭争鸣。

业务活动

陈列展览　聊城市博物馆长期的专题展览有《中国会馆展》、《名人与会馆》两个展览。多年来举办的各类展览达120多个，主要有：《聊城地区出土文物展》、《中国通史展览》、《曹植墓出土文物展、》《李大钊同

南北朝　青釉四鼻罐

金　雄狮灯座

宋　珍珠底瓷豆

金　黑釉金线罐

志纪念展》、《一二·九运动纪念展》、《中华女英烈纪念展》、《祖国在我心中—云南广西边防战士英雄事迹展》、《希望之星—中华少年成才之路展》、《孔繁森同志事迹图片展》、《两史一情流动展》、《馆藏文物精品展》、《大型禁毒展》、《百年恩来大型图片展》、《中国戏曲脸谱展》、《东方巨人—毛泽东大型图片展》。

藏品管理

　　[藏品来源]　主要为出土文物、收购、捐赠。

　　[藏品类别]　有书画、玉器、陶器、瓷器、青铜器、砖石雕刻、革命文物及社会主义建设时期的文物

　　[藏品统计]　共计1785件

　　[重要藏品]　最具特色的有南北朝时期的青釉四鼻罐，唐代的石刻造像，宋代的珍珠地瓷豆，金代的黑釉金线罐，金代的雄狮灯座，清代的郑板桥书信。

　　宣传教育　聊城市博物馆编辑出版的书刊有：《山陕会馆》、《运河文化论集》、《今日聊城》、《话说东昌名胜》、《聊城名胜古迹大观》、《聊城方志辑要》、《文博论集》、《二十四孝故事》、《山陕会馆楹联艺术》、《中国历史文化名城—聊城》、《中国会馆》等。

　　交流合作　聊城市博物馆重视与外界的文化交流，先后参加了全国史学理论研讨会、博物馆学讨论会、全国运河经济与商业文化研究会、山东运河文化研讨会、城子崖龙山文化发现六十周年国际学术讨论会、中国汉画及摇钱树文化讨论会、古建筑修缮及保护常见疑难问题研讨交流会等学术会议。

经营管理

　　[单位性质]　国有事业单位

　　[经费来源]　主要是财政拨款和门票收入。

　　[人员编制、组成]　现有馆长1名，副馆长2名，工会主席1名。

　　[机构设置]　设办公室、群工部、文物部、财务科、保卫科、工会等六个部室，在职职工为24人。

　　[观众接待]　年接待游客7万人。

参观指南

　　[地址]　山东省聊城市双街55号

　　[邮编]　252000

　　[电话]　0635-8246101

　　[开放时间]　春秋季8：00—18：00，夏季7：30—19：00，冬季8：00—17：30

　　[票价]　30元／人

（撰文：韩冬）

聊城市傅斯年陈列馆
Fu Sinian Exhibition Hall

概述

　　类型　社会科学类名人专题博物馆

　　隶属关系　隶属于聊城市文化局

　　筹建时间　2003年4月

　　正式开馆时间　2004年8月

　　所在位置　位于聊城市东关大街111号

　　面积　占地2800平方米

1.傅斯年陈列馆大门　2.仁义牌坊

傅氏祠堂

建筑、布局 依托山东省文物保护单位傅氏祠堂扩建。共二进院落，现有大门、大小迎壁、迎宾堂、百艺厅、傅氏祠堂、傅斯年铜像、傅斯年陈列楼、仁义牌坊、静心阁等建筑。祠堂原供奉清代开国状元、武英殿大学士兼兵部尚书傅以渐。陈列楼内则是我国近代著名史学家、教育家和社会活动家、傅以渐七世孙傅斯年的生平陈列展览。

历史沿革 傅斯年（1896～1950），字孟真，山东聊城人。我国近现代著名的史学家、教育家和社会活动家。曾先后担任国民政府中央研究院历史语言研究所所长、研究院总干事、国民参政会参政员、北京大学代校长、台湾大学校长等职。

2003年4月开始筹备建立傅斯年陈列馆，2004年建成对外开放。

历任馆长 陈清义。

业务活动

基本陈列 傅斯年陈列馆的基本陈列是《傅斯年生平陈列展》，利用场景恢复、实物展示、声光电并用的手段，多方位、立体式的形式展示了傅斯年大气磅礴的学人风采和光芒四射的人格魅力。陈列面积700平方米，陈列着傅斯年一生中留下的近千幅图片和生前生活用品及大量具有重要历史价值的书籍、史料、笔记、信札、证件、文物等，展出藏品200余件。

专题陈列 傅斯年陈列馆还举办了专题陈列——《中国科举制度展览》，展览面积90平方米，系由首都博物馆提供资料支持，设计制作由该馆自行完成。

临时展览 傅斯年陈列馆还成功举办了《李大钊图片展》、《中国清代皇帝大婚展》、《纪念傅斯年诞辰110周年全国书画展》等10余个临时展览。

藏品管理

[藏品来源] 主要来自台湾及国内相关机构捐赠和征集。

[藏品类别] 主要包括古籍、瓷器、陶器、木器、书画、石刻、信札等。

[藏品统计] 总数500余件。

[重要藏品] 主要包括傅斯年手书字画、信札和连战等名家名人题词。

[藏品保护] 鉴于该馆藏品均属近现代，相对保存质量较好。

科学研究 馆内设研究室，同时外聘了一批兼职研究员，充实了研究队伍，提高了研究水平。近年来，共发表了论文12篇，其中获省级奖励一次，市级奖励三次。

宣传教育 编辑出版了《傅斯年陈列馆画册》和宣传折页。《走进傅斯年》一书，即将出版发行。

合作交流 近年来，围绕傅斯年诞辰、祭日或与其有关的重大事件（如五四运动、一二九运动等），该馆举办或参办了多次大型国际或国内学术讨论会，如"傅斯年与中国传统文化国际学术讨论会"、"自由主义与近代中国学术研讨会"等。在傅斯年诞辰110周年之际，该馆还和聊城大学联合举办了《纪念傅斯年诞辰110周年图片展》，受到师生的好评。

经营管理

[单位性质] 国有事业单位

[经费来源] 依靠地方财政拨付

[机构设置] 内设综合部、保卫部、研究室、宣教部。

[人员编制、组成] 人员编制6人。现有专业技术人员4人，其中研究员1人，副研究馆员1人，馆员2人。

[观众接待] 每年接待观众3万余人。

参观指南

[地址] 聊城市东关大街111号

[邮编] 252000

傅斯年陈列楼

[电话] 0635-8205545

[传真] 0635-8205545

[电子邮箱] fusnian@126.com

[开放时间] 8:00－17:30

[票价] 免费

（撰文：陈清义）

聊城明清圣旨博物馆

Liaocheng in the Ming and Qing Dynasties Imperial Edict Museum

概述

类型 社会科学类文物专题博物馆

隶属关系 隶属于聊城市文化局管理

筹建时间 2005年

正式开馆时间 2006年10月1日

所在位置 位于聊城古城中心的西南角，距全国重点文物保护单位光岳楼50米。

明清圣旨博物馆大门

面积 总建筑面积约734.14平方米，其中一层面积504.1平方米，二层面积230.04平方米，楼外庭院面积300平方米。

建筑、布局 为二层仿古建筑，博物馆划分为陈列展览区、藏品库房区、文物保护技术区、公共服务区和办公区，各区域相对自成系统。整个馆楼呈现长方平面连接布局。

历史沿革 聊城明清圣旨博物馆是一家民办博物馆，由收藏家吕乃涛申请创办。2005年筹建，2006年9月由山东文化厅批准设立，聊城市民政局核准注册为民办非企业单位，2006年10月1日正式开馆。

历任馆长 刘立民

业务活动

基本陈列 第一展厅位于一楼东侧，面积约84.7平方米，主要介绍"圣旨"的起源、功能、和发展过程，配以相关的文字、图片。

第二展厅位于一楼中间，面积约135平方米，主要展示收藏的明清时期重要诏书、诰命、敕命等实物，每件实物配以文字和背景说明。

第三展厅在一楼西侧，面积约207平方米，主要展示部分圣旨和科举文物、牌匾、瓷器、收藏的民俗遗物等。

陈列布展带长约260米，悬挂总面积约80平方米。注重布局和展室内的搭配，从视觉上看整体较为舒适合理。共展出诏书、国书、诰封、敕封、上谕约100件；科举试卷与其他古代文书约30件；各类御匾和民间牌匾约30件；瓷器、玉器、钱币、民俗遗物等其他藏100余件。

藏品管理

[藏品统计] 聊城明清圣旨博物馆的藏品以明清诏书、国书、诰封、敕封（以上通称为"圣旨"）为主体，配以其他藏品，共计228件。其中，"圣旨"藏品达到71件，在国内其它城市同类博物馆、展馆中收藏品数量位居第一，部分为国内外罕见的孤本，记载了清朝末期影响中国历史进程的重大事件，具有重要的政治、历史、文学、艺术研究价值。还有部分藏品、文物与聊城当地著名的历史人物、家族、事件有关，是见证聊城作为人文荟萃的历史文化名城的重要实物资料。

[重要藏品] 《光绪二十六年特谕那桐为专使代表政府出使日本国的敕命》 本国书是《辛丑条约》签订后，清政府为了讨好列强，继续镇压人民的反帝运动，屠杀主战派大臣，同时派使节到日本向被杀的杉山彬"宣示优荣"，向日本强盗"联与国之欢"！清末的中国，屈辱悲惨的历史跃然纸上！这件文物记载、证明了影响中国历史进程的一个重大历史事件，是对人民群众，特别是青少年进行爱国主义教育的珍贵实物史料。本件《敕谕》为存世孤本，有很高的史料价值。

《曾纪泽手书请安折》 为当时"太常寺少卿、出使英国、法国大臣、一等侯"曾纪泽手书向慈安皇太后请安的折子，是十分珍贵的重要史料。

《敕封浙江永嘉知县傅永孛之妻》 本敕封为乾隆三十六年（1771）十一月二十五日封浙江永嘉知县傅永孛及妻的圣旨。傅永孛为聊城历史名人傅以渐之孙。

《诰封傅绳勋之祖父母、之父母、之妻》 馆内珍藏有四件封傅绳勋祖父母、父母（嘉庆、道光各封一次）、妻子的诰封。

《杨以增手札》 杨以增于道光五年（1825）开始收藏

《诰封傅绳勋之祖父母、之父母、之妻》

《敕封浙江永嘉知县傅永孚之妻》

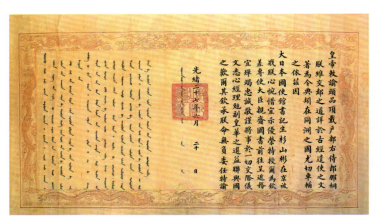

《光绪二十六年特谕那桐为专使代表政府出使日本国的敕命》

《曾纪泽手书请安折》

《杨以增手札》

宋元珍本秘籍，于道光二十年（1840），在聊城创建藏书楼"海源阁"，为我国清代四大私人藏书楼之一。本件藏品为杨以增亲笔书写的书札一通2本，书法精美。

宣传教育 聊城明清圣旨博物馆成立以来，接待新闻单位不同形式的采访，协助制作电视专题节目十余次，取得了良好的社会效益。聊城明清圣旨博物馆积极拓展市场，组织多次媒体宣传推介和场地宣传活动，并与全国84家旅行社建立合作关系，知名度逐步扩大，社会各界给予广泛关注和好评。

经营管理

[单位性质] 民办

[经费来源] 自筹

[人员编制、组成] 聊城明清圣旨博物馆配备专业技术人员和管理人员。其中馆长1人，副馆长1人，文物保护、研究专业人员2人，讲解员2人，保安人员6人，办公室与后勤人员3人，合计15人。同时聘请了国家和省内对圣旨文物有较高研究水平的专家、教授担任顾问，以提高对馆藏文物的研究水平，加强文物保护。

[观众接待] 开馆以来已接待国内外领导、专家、学者、艺术家、新闻工作者及各界观众数万人，

参观指南

[地址] 山东省聊城市古楼南大街74号

[邮编] 252000

[电话] 0635-8143666、8413166

[传真] 0635-8413666

[电子邮箱] lcmqsz@163.com

　　　　　MSN：lcmqsz@hotmail.com

[开放时间] 8:00－18:00、9:00－17:00

[票价] 30元／人

（撰文：聊城明清圣旨博物馆）

菏泽市博物馆

Heze Museum

概述

类型　地方综合性博物馆

隶属关系　隶属于菏泽市文化局

创建时间　1980年

正式开馆时间　1996年4月

所在位置　位于菏泽市华英路537号

面积　占地面积13000平方米

建筑、布局　北部为建筑面积3000多平方米的展厅楼，西部为办公区。主体楼为钢混中空顶结构，外观雄浑庄重。

历史沿革　1967年，原菏泽地区革命委员会决定在菏泽城东关外路北城墙以东、原地区印刷厂路南建设"菏泽地区毛泽东思想胜利万岁展览馆"，三层，建筑面积1800平方米。1969年竣工。1971年原菏泽地区革命委员会决定将大楼改为菏泽宾馆，1972年更名为菏泽地区展览馆。1980年6月，菏泽地区展览馆与菏泽地区文物管理站合并成立菏泽地区文展馆，1985年1月，更名为菏泽地区博物馆。

1991年12月，在原菏泽市中华路东段路北、人民路中段路西，菏泽地区博物馆选址建设新馆。1996年4月正式开馆。2000年菏泽地区撤地改市，菏泽地区博物馆遂更名为菏泽市博物馆。

历任馆长　郐天富（1985.1～1986.6）；张景全（1986.6～10）；马魁君（1986.10～2000.6）；高国庆（2000.6至今）。

业务活动

基本陈列　菏泽市博物馆的基本陈列为《菏泽市馆藏文物精品展》，陈列面积296平方米，共分陶器、瓷器、青铜器、玉器、杂项等五部分，展出藏品144件。其中较为重要的展品有宰甫卣（晚商）、鎏金佛像（北齐）等。

晚商宰甫卣　青铜酒器，蘑菇形钮盖，盖顶、器腹饰兽面纹，盖沿、圈足饰夔纹、兽面纹，提梁饰勾连纹，两端饰牛首。器盖和器底内壁对铭三行23字，大意是，殷王自豆麓狩猎归来宴飨时，赏给宰甫五串贝，宰甫因作此器以志其事。

长期专题陈列　主要有《菏泽市木版年画展》，陈列面积296平方米；《菏泽市博物馆馆藏书画展》，陈列面积296平方米。

临时展览　截至2006年12月，菏泽市博物馆共举办各类临时展览200多个。1999年9月29日至10月20日举办的《辉煌的历程——菏泽地区50年建设成就回顾展》获山东省文化厅颁发的庆祝建国50周年"一馆一展"评比活动优秀奖和菏泽地委、行署颁发的"庆祝建国50周年活动组织奖"。

藏品管理

[藏品来源]　有征集、收购、考古发掘品移交、社会捐赠等渠道

[藏品类别]　分为陶器、瓷器、金属器、书画、玉器、古籍善本、杂项等七大类。

[藏品统计]　现有藏品总数为8763件，其中陶器类336件，瓷器类324件，金属器类112件，书画类233件，玉器139件，古籍缮本5120件，杂项2599件。

[重要藏品]　有明《唐寅·山居对弈图》等。

明《唐寅·山居对弈图》　绢本，设色，描绘了文人高士的隐逸生活，左上有作者自题诗一首，钤朱印2方，"南京解元"、"六如居士"。

[藏品保护]　菏泽市博物馆文物库房设有电子监控设备、专业文物藏品陈列架、书画橱、小件精品柜等，对

菏泽市博物馆外景

晚商　宰甫卣

明　犀牛角杯

晋　鸡首壶

金　铜佛

全部藏品实现分类定位放置管理。

合作交流　菏泽市博物馆一直重视科研队伍建设和人才培养。1993年菏泽地区博物馆与山东大学历史系联合举办一期文物干部培训班，由山东大学历史系考古专业教师任教，招收区内文博业学员30名，学制2年。

2002年8月，来自德国、意大利、罗马尼亚、奥地利、土耳其等国家的画家、雕塑家及来自北京、济南等地国内部分知名画家，在菏泽市博物馆举办了《中外艺术家迎奥运绿色行动菏泽行画展》。自2003年举办首届起，至2006年菏泽市博物馆已成功承办了4届《牡丹杯全国书画名家作品展》。

经营管理

　　[单位性质]　为国营公益性事业单位

　　[机构设置]　内设文物、陈列、保卫、后勤办公等科室

　　[人员编制、组成]　在职工作人员55人，其中高级职称专业技术人员12人，中级职称专业技术人员28人，初级职称专业技术人员10人。

参观指南

　　[地址]　山东省菏泽市华英路537号

　　[邮编]　274000

　　[电话]　0530-5312080

　　[传真]　0530-5312855

　　[电子邮箱]　qs5328535@163.com

　　[票价]　免费

（撰文：菏泽市博物馆）

章丘市博物馆

Museum of Zhangqiu District, Jinan

概述

　　类型　地方综合性博物馆

　　隶属关系　隶属于章丘市文化体育局

　　创建时间　1984年

　　所在位置　位于章丘市清照路135号

　　面积　占地面积1139.97平方米、建筑面积624.01平方米

李家大院

建筑、布局　具有典型章丘民居特色的晚清建筑，布局巧妙，设计合理，南北贯穿，东西对称，采用前厅后楼的四合院风格，庄重古朴、气势宏伟。

历史沿革　1951年章丘县文物管理工作由县文化馆一名专职文物干部负责，1981年成立文物组，隶属文化馆。1984年9月27日在文物组的基础上组建起博物馆，设馆长、副馆长各一人，工作人员7名。当时在章丘县明水镇汇泉路西首现文化馆院内办公，行政隶属县文化局。1990年7月至今，博物馆移至清照路135号的李家大院办公。

李家大院距今约有120多年的历史。多年来经数次维修，基本保持建筑原貌。建国后土地改革时，李家大院的前院和后院归政府所有，中间东西厢房归原主所有。此后李家大院一直作为县委宿舍使用，直到1990年博物馆搬入才正式划归博物馆所有。2006年被济南市人民政府公布为济南市级重点文物保护单位。

1994年5月30日，根据文物工作的需要，经章丘市人民政府批准，章丘市文物保护管理所成立，与章丘市博物馆合署办公。

历任馆长　李玉迅（1984.9～1985.12）；宁荫棠（1985.12～2002.8）；王善荣（2002.8～2005.3）；李芳（2005.3至今）。

业务活动

藏品管理

［藏品来源］　主要是上世纪70年代征集的民间流散文物和历年来地下出土文物。

［藏品统计］　馆内共有藏品14820件，其中一级文物9件，二级文物37件，三级文物334件。馆藏文物中陶器1399件，瓷器850件，铜器4396件，铁器245件，木器6044件，古籍字画383件，石器581件，革命文物108件，其它小件814件。

新石器时期　石斧

经营管理

［单位性质］　国营事业单位

［经费来源］　全额财政拨款

［人员编制、组成］　人员编制15人，现在职13人，其中高级职称3人，中级职称4人，管理人员6人。

参观指南

［地址］　山东省章丘市清照路135号

［邮编］　250200

［电话］　0531-83213028

（撰文：章丘市博物馆李芳）

淄博中国陶瓷馆
Zibo China Ceramics Museum

概述

类型　科技类陶瓷业专题博物馆

隶属关系　隶属淄博市经济贸易委员会

创建时间　2002年9月

所在位置　地处淄博市中心文化广场，四周绿地成片，绿树成荫，绿化面积达300亩。喷泉、水景、雕塑通过

清　白釉倒流壶

淄博市陶瓷博物馆外景

起伏的地形，错落有致，环境优美。

面积　占地面积49.35亩、建筑面积3万平方米、室外展场1万平方米

布局　淄博市陶瓷博物馆位于山东省淄博市张店区西四路119号，分序厅、古代陶瓷馆、我国各大陶瓷产区大师作品展示区、齐韵阁、名人名作馆、高技术陶瓷展厅、国际陶瓷艺术馆、当代国窑馆、刻瓷艺术馆和陶艺馆等。

历史沿革　淄博中国陶瓷馆于2002年9月正式挂牌，与1995年7月成立的淄博市展览馆和2000年12月挂牌的淄博市陶瓷博物馆，一套机构，三块牌子，职能包括展览展示、收藏、研究、经贸洽谈等。

作为目前国内规模最大、档次最高、展品最全的陶瓷馆，2001年被列为淄博市委、市政府接待场所，2001年被列为全市青少年校外活动基地；荣获2002年度全市文明示范窗口；2003～2007年度连续5年荣立经济文化保卫系统集体三等功、淄博市消防安全先进单位；荣获2005年度淄博十大旅游景点称号；荣获2006年度淄博十佳旅游景点称号；2006年被山东省机关工委、团省委命名为山东省关心下一代教育基地；2006年荣获山东省旅游细微服务达标企业、山东省诚信旅游示范单位；2006年晋升国家AAAA级旅游景点；2007年荣获全国工业旅游示范点称号；2008年被授予山东省爱国主义教育基地。

历任馆长　常勇（2002至今）。

业务活动

陈列展览　淄博中国陶瓷馆由清华大学美术学院设计布展，展览面积15000平方米，分陈列展示和经营销售两大部分。陈列展示部分包括序厅、综合厅、古代厅、民俗厅、国际厅、高技术陶瓷厅、名人名作馆、陶艺馆、刻瓷艺术馆和日用陶瓷馆十大部分，陈列展品10000余件（套），全面展示了从新石器时代的后李文化至今8000年来的中国陶瓷文化，反映了建国以来特别是改革开放以来我国陶瓷工业的最高艺术水平和最新发展成就，生动直观地展现了中国文明的博大精深与源远流长。

《序厅》　通过两个巨型刻盘，中英文对照地介绍了陶瓷馆的基本情况。用三组人物雕塑和背景墙，给参观者一个强烈而深刻的陶瓷艺术冲击力。

《综合厅》　厅内的"陶瓷主题半景画"高4米，长30米，观众置身其间，仿佛乘坐在时空列车之上，思维可尽情穿梭于陶瓷艺术从远古、近代走向未来的辉煌历程。而一组古代制陶雕塑人物场景也给《综合厅》平添了一份温馨浪漫的情趣。

《古代厅》　古朴典雅，展示了8000年前后李文化古窑及龙山文化、夏、商、周、秦、汉、南北朝、隋、唐、宋、元、明、清到民国的文物500余件，其中北朝青釉莲花尊、唐三彩、宋三彩、宋黑定碗等国家一、二级文物100余件。既有古代窑址分布图，又有各种陶瓷知识挂图，内容丰富，布局合理，是观众认识陶瓷，学习历史，感受中华文明的极好课堂。为了提高淄博中国陶瓷馆的展示效果和展品档次，打造一流陶瓷展馆，建馆之后的几年中，三次从北京故宫博物院借展唐、宋、元、明、清各时期有代表性文物近70件次，包括宋五大名窑以及元釉里红、元青花、明宣德青花、明永乐甜白、明万历五彩、清康熙郎窑红等国宝级文物，受到社会各界广泛赞誉。

《民俗厅》　以体味"淄博百姓朴实生活，感受民间民俗文化魅力"为主题，介绍"终日烟火不断"的淄博民窑的发展历史，展品全部来自民间，"件件盛着生活，装满历史"。其敦厚、质朴、粗犷的北方乡村风格，是淄博民俗生活的真实写照。

龙山文化　陶鬶

宋金　三彩孩儿枕

陶艺组雕"陶魂"（局部）

《名人名作馆》、《国际厅》 采用最新设计理念，简洁明快。展品近3000余件，荟萃了淄博、景德镇、宜兴、唐山、龙泉、德化、佛山等陶瓷产区的中国工艺美术大师、中国民间工艺美术大师、中国陶瓷艺术大师的代表作品120余件，近百位各陶瓷产区的省级大师的艺术精品400余件，还展示了美国、英国、加拿大、澳大利亚、韩国、日本等20多个国家和地区的著名陶艺家的艺术作品500余件。尤其是一批已去世的工艺美术大师的作品，精美绝伦，多数已成孤品，堪称经典之作。

《高技术陶瓷厅》 以陶瓷新材料在空间技术、军事、生命科学、环境工程、电力能源、微电子等六大领域的应用为主线，采用声、光、电、像和虚实、模拟相结合的现代化展示技术，全面展示了陶瓷新材料的最新科研成果，使人们从全新的视角充分了解陶瓷这一古老技术的崭新的时代意义。

《陶艺馆》 采用开放式设计、方圆组合、廊式布局、园林格调、画品并茂、观物零距的人性化设计风格。尤其是大型陶瓷雕塑作品——"陶魂"。它是由该馆人员耗时一年精心制作而成。长32米、宽3.6米，并配以38米的大型山水国画，画物相映，浑然一体。人物、动物、道具共计3000余件，其中人物是302个，生动地再现了清末民初时期的淄博陶瓷业制瓷过程。完整展现了陶料的开采、压碎、碾细、淘洗、制泥成型、装饰绘画、晾坯、烧制成形以及运输、交易的全过程，气势恢弘，给人以强烈的视觉冲击和心灵震撼。它以写实的手法，一步一景，处处洋溢着淄博的风土人情，被誉为立体版的"陶工传"、陶瓷版的"清明上河图"。鳝鱼黄釉象耳尊 此尊底款"工艺传习所制"。1905年山东省工艺传习所总办黄华委托古董商王子久于博山下河街设立工艺传习所，研究改良博山陶瓷。这是山东第一个官办窑厂。此尊的款识对研究淄博陶瓷史具有重要价值。

《刻瓷艺术馆》 简洁明快，开放大气，把辉煌悠久的陶瓷文化和底蕴深厚的齐文化有机地结合起来，以独特的刻瓷艺术形式表现了内涵丰富的齐文化，图文并茂，深入浅出，简明易懂，寓知识性、趣味性、普及性为一体。

陶艺"阿尔卑斯山的春天"（加拿大 莱斯·曼宁作）

"弄玉引凤"图刻瓷盘

鳝鱼黄釉象耳尊

展品既有清代、民国的刻瓷作品，又有齐文化经典故事，还有淄博的刻瓷艺术家近十几年来创作的国礼复制品及代表作品500余件，全面系统地介绍了刻瓷艺术的发展状况和取得的巨大成就。张明文是目前国内刻瓷界唯一的中国工艺美术大师、中国陶瓷艺术大师。他擅长书画、造型、装饰、刻瓷。20世纪70年代起从事刻瓷艺术，所创微刻、薄胎瓷刻瓷等技艺超群，其作品突出文化底蕴和诗画韵味，在国际国内展评中屡获殊荣，多次承担国家礼品制作任务。

《日用陶瓷馆》以简洁明亮、晶莹通透、上下衔接、舒展大气为特点，汇集了国内各大陶瓷产区及部分国外的日用陶瓷精品。第三代国瓷"中华龙国宴瓷"和全国陶瓷行业第一个驰名商标"华光陶瓷"更是得到重点展示，体现了"日用陶瓷艺术化，展示效果现代化"的设计要求。

交流合作　淄博中国陶瓷馆自组建以来，以弘扬陶瓷文化，推动文化大市建设和社会经济发展为己任，先后承办了2001－2008八届中国（淄博）国际陶瓷博览会系列活动，在扩大淄博在国内外知名度、扩大对外交流与合作，促进全市经济与社会发展方面做出了积极贡献。淄博中国陶瓷馆还在全国优秀旅游城市、中国陶瓷名城、全国园林城市以及省级文明城市的创建评审中发挥了积极作用，得到各级领导的充分肯定。陶瓷馆经过六年的不断改造提升和完善配套，正在为淄博市的对外宣传、交流合作、联结友谊和促进社会经济发展发挥着越来越重要的作用，成为展示淄博形象的重要窗口和优质名片，由此而产生的巨大社会效益正在日益显现。

经营管理

[单位性质]　国营事业单位

[经费来源]　自收自支

[机构设置]　内设机构有办公室、财务科、展览科、外联科、安保科。

[人员编制、组成]　编制31人，其中有高级职称6人，中级职称15人。

[服务观众项目]　淄博中国陶瓷馆开设的刻瓷表演、陶艺表演和茶艺表演等游客参与互动项目，更是深受游客喜爱。游客在这里不仅可以欣赏大师的精彩表演，还可以亲手制作个性化的陶艺、刻瓷作品和影像瓷盘，留下美好回忆。在陶瓷经营部和陶瓷礼品中心，全国各大陶瓷产区的精品尽收眼底。

[观众接待]　自2002年开馆以来，已接待江泽民、黄菊、吴官正、李铁映、姜春云等党和国家领导人在内的中外来宾200多万人次，其深厚的文化内涵和独特的艺术魅力日益赢得中外游客青睐。

参观指南

[地址]　山东省淄博市张店区西四路119号

[邮编]　255033

[电话]　0533-2184809（办公室）
　　　　0533-2167708（售票处）

[传真]　2184809

[网站]　www.ceramicsmuseum.com

[电子信箱]　zlg@mail.ceramicsmuseum.com

[开放时间]　全年开放。9:00—12:00，14:00—17:00

[票价]　40元／人，讲解费30元／次。大学生、老年人（60岁以上）、特困职工、现役军人持有效证件　实行半价，即20元／人；中小学生参观凭学生证10元／人；身高1.2米以下儿童、残疾人免费参观。

（撰文：淄博中国陶瓷馆）

淄博市博物馆

Zibo City Museum

概述

类型　地方综合性博物馆

隶属关系　隶属淄博市文化局

创建时间　1958年4月

所在位置　坐落在淄博市中心广场，环境优美

面积　占地面积28000平方米、建筑面积13000平方米

建筑、布局　馆址包括展览大楼（9300平方米）、文物库房（1500平方米）、办公楼（2200平方米），建筑设计新颖，功能齐全。

历史沿革　淄博市博物馆成立于1958年4月2日，其发展历程可分创业、发展、繁荣三个阶段。创业阶段（1958～1981）：筹备和举办了第一个基本陈列《淄博

淄博市博物馆外景

市古代文物展》，征集了部分文物。但在国民经济调整中，于1962年10月淄博市博物馆编制撤销。发展阶段（1982～1991）：1975年12月恢复了淄博市博物馆建制，馆址设于张店区中心路102号，至1991年，举办了专题展览数十个，主持了全市数次主要的文物考古发掘，充实馆藏文物12000多件。繁荣阶段（1992～2008）：以位于张店区中心广场的新馆建成为标志，淄博市博物馆进入一个繁荣兴盛的发展阶段，基本完善了现代化基础设施，具备了各类专业人才，不断推出水平比较高的陈列展览和科研成果。

历任馆长　高次贞（1958～1959）；李景房（1959～1962）；杜思源（1975.12～1977.12副馆长主持工作）；张培德（1977.5～1978.5）；李玉恒（1978.5.27～1979.3）；孙伟华（1979.3～1980.5副馆长）；陈晖东（1980.5～1982.8副馆长）；刘继福（1982.8～1984.12党支部书记）；于加方（1984.12～1986.4副馆长）；王乃明（1986.4～1989.7）；钟读祥（1989.4～1991.9党支部书记）；刘武军（1991.9～1996.12）；陈国芳（1996.12～2003.10）；张永政（2003.10至今）。

业务活动

基本陈列　已先后举办14个基本陈列。其中有较大影响的有：1993年举办的《八千年文物精华展》，展出了新石器时代以来八千年间淄博地区的文物精品，旨在通过这些精美的文物，展现辉煌灿烂的齐文化，展现淄博历史文化名城的魅力；1994年举办的《齐文化大展》，概括反应了齐文化的整体面貌及研究成果，为齐文化走向世界，为淄博的文化名城建设发挥了应有的作用；1995年举办的《近现代淄博》，形象再现了淄博人民在近现代历史上英勇反抗三座大山的统治和压迫，最终取得民主胜利的画面，对观众进行爱国主义和革命传统教育；2004年举办的

馆藏文物精品展

《淄博工业百年图片展》，全面反映百年来淄博工业发展历程尤其是改革开放以来所取得辉煌成就，成为了鼓舞全市人民解放思想、凝神聚力、加快发展的宣传教育阵地；2007年举办的《馆藏文物精品展》反映了本馆所藏精品文物具有极高的历史价值和艺术价值，成为了中外文化交流的重要窗口。

专题展览　先后举办了300多个专题展览和临时展览。其中许多展览紧扣经济社会发展主题，为淄博政治、经济、科技、文化、艺术、社会各方面发展起到了积极的宣传推进作用。如：《祖国在我心里，战士在我心中展览》、《周恩来青年时代业绩展》、《孔繁森事迹展览》、《崇尚科学，反对迷信愚昧科教图片展》、《淄博市非物质文化遗产保护成果展》等。

藏品管理

　　[藏品来源]　馆藏文物主要来源于该馆主持的考古发掘以及社会征集。

战国　白玉透雕龙凤佩

西汉　鎏金铜熏炉

[藏品类别]　现有馆藏文物种类，包括历史文物、近现代文物、民俗文物等三大类别，其中以历史文物数量最多，包括青铜器、陶器、铁器、瓷器、玉器、铅器、石器、玻璃器、骨蚌类、货币等类别。

[藏品统计]　馆藏文物总数18000余件，其中国家一级文物44件（套），国家二级文物99件（套），国家三级文物540件（套）。

[重要藏品]　馆藏文物中以临淄战国商王墓地和西汉齐王墓出土的青铜器、玉器、金银器最具代表性，数十件文物精品曾多次被国家、省文物管理机构选调到省外、国外展出。

科学研究　截止2007年12月，淄博市博物馆在考古发掘、文物保护、文物修复、文物鉴定、陈列设计、讲解宣传等方面具备齐全的专业人才队伍，基本陈列和专题展览均为自行设计和制作；具备了一支较高素质的科研队伍，取得了丰硕的科研成果，出版学术专著5部，编撰出版论文集9部，在省以上专业学术刊物上发表论文164篇，获得省、市社会科学研究成果等奖项41项，科学研究工作走在了全省同行业的前列。

宣传教育　淄博市博物馆强化对博物馆教育职能的认识，突出陈列、教育功能在博物馆各项职能中的指导作用，实行全天候对观众开放。群工部最大限度满足观众需要，精心讲解，热情服务；通过各种宣传媒介和宣传渠道（报纸、广播、电视、网络、简介广告、音像制品等），及时向社会传播博物馆展览信息，使人们更好的了解博物馆，走进博物馆，利用博物馆。尤其是2004年以来，加大了展览和宣传力度，每年举办各类展览和活动30多个，接待观众近30万人次，其中，青少年近20万人次，使淄博市博物馆真正成为了广大市民和青少年参观学习的第二课堂和终身教育的崇高殿堂。

交流合作　淄博市博物馆重视学术交流，每年都召开淄博市文物博物馆学会年会和学术研讨会。2008年4月举办了"文物博物馆工作论坛"，来自国家博物馆、中国文化遗产研究院、新疆历代和阗玉博物馆、山东省直和十七城市文博界的专家和学者60多人参加论坛并进行了学术交流。

经营管理

[单位性质]　全民所有社会公益性事业单位。

[经费来源]　政府财政全额拨款。

[机构设置]　内部设置9个部科室，即办公室、财务科、展览部、文物保管部、群工部、书画部、文物流通部、文化产业部、保卫科。

[人员编制、组成]　在编在职人员70名，有大学本科学历的41名，大专学历的25名，中专学历的1名，高中学历的3名。有专业技术人员56人，其中研究馆员3名，副研究馆员7名，馆员21名。

参观指南

[地址]　山东省淄博市张店区商场西街153号

[邮编]　255035

[电话]　0533-2287817

[传真]　2152253

[电子邮箱]　zbsbwg@163.com

[开放时间]　8:30—17:00

[票价]　免费

（撰文：淄博市博物馆）

博山陶瓷琉璃艺术博物馆

Boshan Ceramics and Coloured Glaze Museum

概述

类型　艺术类传统艺术专题博物馆

隶属关系　隶属淄博市博山区文化局管理

创建时间　2006年4月

正式开馆时间　2007年9月

所在位置　馆舍分为琉璃博物馆和陶瓷博物馆两部分。琉璃博物馆位于博山西冶街南首17号，陶瓷博物馆位于颜山公园北路1号。

面积　琉璃博物馆面积2600平方米、陶瓷博物馆面积1300平方米

历史沿革　博山陶瓷琉璃艺术博物馆创建于2006年4月，馆舍分为琉璃博物馆和陶瓷博物馆两部分。2007年9月正式开馆。

陶瓷馆外貌

历任馆长　刘莲静（2007.9至今）。

业务活动

基本陈列　琉璃博物馆，陈列面积2000平方米，设立了古代琉璃展区、近代琉璃展区、现代琉璃展区、世界琉璃展区，展出各级各类文物、古代琉璃、工艺美术精品1000多件。配置了声、光、电系统，安装有投影仪、VCD电视播出设备。还建设了全部用琉璃制作的栩栩如生的"海底世界"和生灵活现的"动物王国"，是中国第一个玻璃专业博物馆。

陶瓷博物馆陈列面积1300平方米，展品1000多件，远到大汶口、马家窑以及龙山文化等古代的文明时期，近至博山现代所生产的各种艺术品。陶瓷博物馆展区分为前言、领导关怀、博山地区出土的古代陶艺、黄河流域出土的古代陶艺、现代陶艺五部分。它既代表了古代陶瓷艺术的文明程度，也代表了现代博山陶瓷的艺术水平。

藏品管理

[藏品来源]　琉璃馆的藏品来源于博山区政府征集的部分文物、淄博精美琉璃公司提供的琉璃展品、淄博爱美琉璃公司提供的琉璃展品、淄博艺缘阁公司提供的琉璃展品以及社会征集的文物。陶瓷馆藏品来源于博山区政府征集的文物、向社会征集的文物、山东省陶瓷公司提供的陶瓷艺术品。

[藏品类别]　琉璃博物馆的藏品包括古代琉璃、近代的琉璃雕刻展品、精品内画、玻璃展品、热成型类的现代琉璃展品、现代琉璃雕刻展品。

[藏品统计]　博山陶瓷琉璃艺术博物馆共有陶瓷、琉璃藏品2000余件。

[重要藏品]　有老艺人薛京万的《和平之春》内画瓶、中国工艺美术大师李克昌的画有300多个人物的《洛阳兴殿图》内画瓶、山东画派开山鼻祖毕荣九大师的内画鼻

7寸油黄青花碗（20世纪60年代）

李克昌"洛阳兴殿图"内画瓶

薛京万"和平之春"内画瓶

琉璃馆外貌

陶瓷馆大厅

雨点釉盘

茶叶末釉凤耳瓶

烟壶以及博山工艺美术大师最顶尖的代表作品。陶瓷馆重要藏品为部分古代陶艺及现代陶瓷中的雨点釉、茶叶末釉等名贵釉种。其中两件大汶口文化时期的陶器，还有龙山文化时期的精美的蛋壳陶，是黑陶中最珍贵的。

宣传教育　充分利用5·18国际博物馆日及文化遗产日开展宣传工作。与学校联合在5月18日国际博物馆日期间开展青少年免费参观主题实践活动，让青少年了解博山陶瓷琉璃发展历史；国际博物馆日及文化遗产日期间，利用电视、报刊、电台等媒体进行宣传，扩大博山陶瓷琉璃的知名度。

交流合作　先后到淄博市博物馆、蒲松龄纪念馆、桓台博物馆、王渔洋纪念馆等馆参观学习，就博物馆管理、消防安全、藏品陈列、保卫工作、讲解接待等做了详细交流。

经营管理

［单位性质］　国营事业单位

［经费来源］　全额拨款

［人员编制、组成］　编制8人，现有6人，全部本科学历，是一支充满朝气和活力的年轻队伍。

［服务观众项目］　自成立以来，积极做好接待工作，优质服务，认真讲解，采取一系列行之有效的便民措施，让参观者高兴而来，满意而去。

［观众接待］　开馆至今共接待观众2万余人。

参观指南

［地址］　琉璃博物馆位于博山西冶街南首17号，陶瓷博物馆位于颜山公园北路1号。

［邮编］　255200

［电话］　0533-4191778

［电子信箱］　bstlg1@163.com

［开放时间］　8:30—17:00

［票价］　免费

（撰文：博山陶瓷琉璃艺术博物馆）

博兴县博物馆

Boxing County Museum

概述

类型　地方综合性博物馆

隶属关系　隶属于博兴县文化旅游局

创建时间　2000年

正式开馆时间　2002年5月1日

所在位置　位于博兴县城胜利二路文化广场内，与博兴县文化馆、博兴县图书馆组成博兴文化中心。博兴县博物馆居中。

面积　馆舍面积2300平方米。

建筑、布局　二层楼建筑，前为大厅，中间为展室和库房，后为办公区及修复室所在地。

历任馆长　舒立臣（2000.1～2005.10）；张淑敏（2005.10至今）。

博兴县博物馆外貌

业务活动

基本陈列 博兴县博物馆设七个长期展室，分别为2个佛教艺术展室、2个石刻艺术展室、1个博兴简史展室、1个革命文物展室和1个吕剧艺术展室。展出面积1000多平方米，展出文物400余件。最具特色的是佛教文物陈列，突出了地方特色。

临时展览 举办的临时展览有生物标本展和青少年科技活动展等。

藏品管理

［藏品来源］ 民间征集、收购、公安局移交及抢救性发掘。

［藏品类别］ 有陶器、瓷器、佛教遗物、石刻、石器、金属器、玉器、文房四宝、书画、碑贴、文献资料、章料、骨角蚌器、钱币、革命文物、吕剧文物、民俗文物及文革文物等近二十个门类。

［藏品统计］ 现藏文物2600余件（套），其中一级文物7件，二级文物41件，三级文物210件。

［重要藏品］ 馆藏文物中最具特色的是北朝—隋代佛教造像，共400余件，质地有石、铜、瓷、陶等，其数量之多、质地之繁，为其它地方所少见。尤其是馆藏的104件铜佛像，有确切纪年的37件，时代从北魏太和二年（478年）至隋仁寿三年（603年），所记年号16个，其纪年序列之多，保存之完好在国内罕见，被专家学者誉为"我国佛教考古的可喜收获"，是"北朝小型鎏金铜佛像断代的标尺"。

［藏品保护］ 为做好馆藏文物的保护，2006年县里投资37万元用于博物馆报警监控设施的安装。同年，聘请有关专家编制了《博兴县博物馆馆藏铜佛像保护修复方案》，并通过了国家文物局的审批，有关保护工程工作正在进行过程中。现馆内设有科技保护部，专门负责馆藏文物的保护管理。

宣传教育 近年来，馆内工作人员在各类报刊杂志发表文章70余篇，出版专著两部。2004年1月，李广英出版了《镌刻的历史》（中国文史出版社）；2005年8月张淑敏等出版了《山东博兴铜佛像艺术》（艺术家出版社），该书2006年被省考古学会评为一等奖。

为充分发挥博物馆的宣传教育功能，博兴县博物馆内强素质，外树形象，以人为本，强化服务观念，提高服务水平，使每个参观者在参观过程中都心情愉快，满意而归。博物馆工作人员优质的服务、细致的讲解受到了社会各界的一致好评。除此之外，还利用广播、电视、报纸等

冯贰郎造观世音像

孔昭弟造弥勒像

瞳子造像碑

各种传媒及节假日发放宣传材料等方式进行宣传，提高广大群众对博物馆工作的认识，吸引更多的人走进博物馆。

交流合作　2004年12月～2005年3月，赴日本山口县立萩美术馆举办了《山东博兴小型鎏金铜佛像展》，展出铜佛像73件；2005年，馆藏一件白石比丘立像赴日本东京参加了《中国国宝展Ⅱ》；2007年，馆藏的铜造老子像赴香港参加了《中国佛教展》；2007年，馆藏29件佛造像赴日本MIHO博物馆进行了展览。

为加强馆内工作人员的业务水平，特聘请社科院、敦煌研究院等单位的专家授课，取得了较好的效果。

经营管理

　　[单位性质]　国有事业单位

　　[经费来源]　主要依靠财政拨款和自主创收。

　　[机构设置]　设馆长1人，副馆长2人。下设四个科室，分别为办公室、警卫科、科技保护部、宣教部。

　　[人员编制、组成]　馆内有工作人员15人，其中在职人员10人。在职人员中8人为自收自支人员，2人为财政拨款人员。

　　[观众接待]　自开馆至今，每年免费接待青少年及大学生社会实践2万余人次，接待国内外游客及专家学者和各级领导8万多人次。

参观指南

　　[地址]　山东省博兴县博城胜利二路文化广场内

　　[邮编]　256500

　　[电话]　0543-2321698

　　[传真]　0543-2320882

　　[电子邮箱]　bxbwg2002@tom.com

　　[开放时间]　8:30－11:30，14:30－18:00（夏春），13:30－17:00（秋冬）

　　[票价]　免费

（撰文：博兴县博物馆）

鲁西南民俗博物馆

Custom Museun of Southwest of Shandong

概述

　　类型　社会科学类民俗专题博物馆

　　隶属关系　隶属菏泽市文化局

　　创建时间　1997年

　　所在位置　位于菏泽市中华路

　　历史沿革　鲁西南民俗博物馆于1997年4月由菏泽地区编委批准成立，同菏泽市文物事业管理处属于一个机构二个牌子。1998年鲁西南民俗博物馆在国家文物局注册，1999年国家文物局将该馆列入《中国文物事业"十五"发展规划》。该馆主要职能为收藏、保护和研究具有鲁西南地域特色的民俗文物。通过陈列、展览等手段展现出鲁西南地区特有的民风民情、民间工艺、衣食住行、宗教信仰等，成为民俗文化、非物质文化遗产的保护、研究、宣传、教育基地。

　　历任馆长　张启龙。

业务活动

　　短期陈列　2001年召开鲁西南民俗博物馆专家论证会，配合展出民俗文物精品文物一千余件。2002年接待澳大利亚国立博物馆专家论证会，举办《宋江故里民俗文物展》。2005年，菏泽市新一轮城市规划将鲁西南民俗博物馆列入必建项目。因该馆正在筹备中，自2003年以来常年举办临时陈列，免费对外开放。临时陈列位于菏泽市中华东路1066号市文化局院内，展厅面积200平方米，属仓储式陈列，按民间工艺、衣、食、住、行等系列分别展出，涵盖鲁西南地区百姓生活的各个领域，展出鲁西南民俗文物精品1000余件。

　　鲁西南民俗博物馆的陈列展览，对那些未曾经历过的游客和青年人来说，是一种略带神圣的新奇；而对那些过来人又是一种眷恋着不同情感的回忆。鲁西南民俗博物馆以其鲜明的地域性文化特色，成为人们全方位了解鲁西南风土民情的窗口；成为"一部不分年级的教课书，一所不放假的素质教育学校"；成为鲁西南民俗文化的收藏、保护、研究、展示中心；成为菏泽市的一座文化标志物；成为四季常开的"曹州牡丹"，菏泽一道亮丽的风景线。

藏品管理

　　[藏品来源]　征集、收购、社会捐赠等渠道。

　　[藏品类别]　分为木器、瓷器、陶器、铁器、铜器、石器、纺织品等。

　　[藏品统计]　现有藏品2500件（套）。

经营管理

　　[单位性质]　国有事业单位。

　　[人员编制、组成]　鲁西南民俗博物馆与菏泽市文物事业管理处属同一编制。在编人员8人，现有人员8人，其中文博研究馆员1人，文博副研究馆员3人，文博馆馆员4人。研究生学历1人，大学学历5人，大专学历1人，高中1人学历。

参观指南

　　[地址]　菏泽市中华路1066号

[邮编]　274010
[电话]　0530-5380500
[传真]　0530-5380190
[电子信箱]　majing5386715@yahoo.com.cn
[票价]　免费

（撰文：鲁西南民俗博物馆）

登州博物馆

Dengzhou Museum

概述

类型　地方综合性博物馆

隶属关系　隶属于蓬莱市蓬莱阁管理处

筹建时间　1999年

正式开馆时间　2000年8月28日

所在位置　地处蓬莱阁西侧田横山南麓

面积　占地面积3000平方米、主体建筑面积1500平方米

建筑、布局　主体建筑为宫殿式砖瓦结构，外观造型仿蓬莱水城城墙，古朴典雅，气势恢弘，体现了博物馆作为艺术与历史殿堂的特征。馆门为"门"字篆书造型，寓意进馆即步入历史的隧洞。当代著名书画家范曾题写馆名。

历史沿革　登州博物馆是蓬莱市综合性博物馆，1999年筹建，2000年8月28日正式对外开放。

历任馆长　姚科（2000.8～2002.4）；杨绍林（2002.4～2004.4）；刘斌（2004.4～2007.9）。

业务活动

基本陈列　登州博物馆有六个展厅，陈列面积有1200平方米，展出藏品301件，其中的木锚、铜炮、贴花执壶、千佛缸、汉鹿等为重要展品。

第一厅为《序厅》，简要介绍了蓬莱历史的基本情况，以灯箱图片的形式再现了这座历史文化名城所发生的日新月异的变化。第二厅为《古城遗韵厅》，展示了古登州的发展变迁。陈列文物30余件，及部分图片资料和复原的沙盘模型等。第三厅为《千年古港厅》，展示了具有海上"丝绸之路"之称的古登州港在历史上发挥的重要商贸作用。陈列海上打捞的滑轮、锚具、生活用品等文物60余件。第四厅为《海防重镇厅》，陈列了古登州上自商周下至民国不同的历史时期与军事相关的铜戈、铜剑、碗口炮等兵器，以及烽火台、抛石机等设施，体现了古登州在历史上特殊的地理位置和所发挥的重要的军事作用。第五厅为《文物精华厅》，陈列蓬莱市历代遗存文物的精华部

1.登州博物馆正门　2.古城遗韵厅　3.展厅一角

分，如千佛缸、刻牡丹执壶、汉鹿石刻等，充分体现了蓬莱悠久的历史渊源和深厚的文化积淀。第六厅为《名人故里厅》，展示蓬莱历史上闻名于世的将帅学者、乡贤名流，如戚继光、陈其学、宋庆、吴佩孚等。

登州博物馆的陈列艺术设计特点主要体现在：

1、展览形式新颖独特，陈列内容与展览题材和谐统一。登州博物馆另辟新径，打破传统通史陈列展览模式，采用专题展览为主，通史展览为辅，两者互为结合的方式，深入挖掘蓬莱地方史的内涵，注重反映和表现自身的

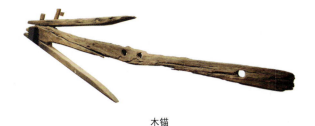

木锚

铜炮

贴花执壶

汉　磨

优势和特点，有浓烈的地方特色。博物馆分为《序厅》、《古城遗韵厅》、《千年古港厅》、《海防重镇厅》、《文物精华厅》和《名人故里厅》等六个展厅，各展厅主题明快洗练，避免了地方史陈列的雷同，开辟了博物馆展览的新视角。

2、展厅布局艺术巧妙，说明图文并茂，人文色彩与艺术气息相得益彰。登州博物馆展厅艺术设计以"人本主义"为核心，注重观众的接受能力和感官享受。六个展厅之间互成单元，连廊相接，总体分布成半圆状。各个展厅既可独立成章，相互之间又不乏联系，观众的选择余地很大。展厅设计采用影片蒙太奇的手法，仿制360度全方位高科技环幕影院而组建，内部装潢多为双弧度环型造型，视觉舒畅。展厅的背景颜色多选用暖色调，内容为蓬莱史志古装线画版，历史气息浓厚。同时辅以复原沙盘、登州明清时期古城照片、模型、绘画、雕塑、精品文物图片、看板等陈列说明，从展厅的空间、造型、色调和节奏等方面营造了与陈列主题相一致的极富人文特色的全方位的艺术氛围，增强了陈列的真实感、立体感、流动感，给观众以强烈的视觉冲击和历史沧桑的深刻体验。

3、展览功能突破常规，历史教育与休闲娱乐完美结合。登州博物馆及时更新观念，突破传统意识，在挖掘博物馆收藏、陈列、展示、教育、研究等传播功能的基础上，把博物馆作为一项文化服务事业来抓，拓展了博物馆的社会服务功能。博物馆以其独特的地理位置与艺术化的设计风格逐步成为当地居民的文化交流活动中心、休闲娱乐场所。在这里，人们可以获取知识、接受美的熏陶，而且还是公众文化休闲与旅游消费的上佳选择，实现了历史教育与休闲娱乐的完美结合。

4、展览宣传手段多样，重视信息互动，媒介宣传双管齐下。登州博物馆通过各种宣传手段，沟通自身与公众之间的双向信息交流，不断改善管理与运作方式，从而赢得社会各界的了解、信任与支持。博物馆在入口处的服务台放有博物馆简介、导览图等，这些资料内容翔实、图文并茂、印刷精美，观众可根据自己的爱好和需要免费选取。2003年参加山东省优秀陈列展览评比活动获最佳市场运作奖。

藏品管理

[藏品来源] 登州博物馆馆藏文物以建馆前原收藏于蓬莱市文管所的旧存文物为主。自博物馆成立以来，按照《中华人民共和国文物保护法》的相关规定，通过合法的方式和渠道，有针对性地征集反映本地历史发展的文物。

[藏品统计] 现馆藏文物1834件，包括瓷器、陶

青釉辟邪

宋 刻牡丹执壶

明 董其昌石碑

结合2003年山东省优秀陈列展览评比活动的开展，为配配来个景区合景区的对外宣传，博物馆自制了宣传册页等宣传资料。

经营管理

[单位性质] 登州博物馆系国有性质，其所占用的土地所有权归当地的水城村，其上的建筑物为蓬莱市财政投资。2000年改造为登州博物馆时，由市财政投资，蓬莱阁景区拥有使用权。

[经费来源] 登州博物馆作为蓬莱阁景区的一部分，门票纳入景区统一管理。

[人员编制、组成] 博物馆人员编制现为14人，设置馆长、副馆长各1人。馆内拥有大专以上学历人员7人，拥有文博专业技术职务人员2人，兼职文物保管2人。下设门卫班和展室班。

[观众接待] 登州博物馆自建馆以来，已接待观众600余万人次。

参观指南

[地址] 蓬莱市蓬莱阁管理处登州博物馆

[邮编] 265600

[电话] 0535-5668021

[传真] 0535-5666911

[电子邮箱] dzbwg.pl@163.com

[开放时间] 全年对外开放

[票价] 景区门票70元，对中小学生及团体、70岁以上持有身份证的老年人、或持有本人离休证、军官证、士兵证、民政部门颁发的伤残证的人员等，严格执行国家和地方制定的减免费政策和规定。

(撰文：登州博物馆)

器、青铜器、字画、碑刻、民俗等类别，其中瓷器181件、陶器451件、青铜器448件、字画458件、碑刻63件、石质品30件、民俗35件、小海清淤出土文物164件、其它4件。

[重要藏品] 汉磨、青釉辟邪、刻牡丹执壶、太平御览、董其昌石碑等等。

[藏品保护] 登州博物馆建立分类库房，将藏品分类保管；增设空调、烘干机、除湿剂等设备调节库房的温湿度；制作专用的樟木柜保存字画。

宣传教育 每年的"5·18国际博物馆日"期间和建馆纪念日之际都举办相应的免费参观、义务讲解、社会宣传等活动，以此来扩大博物馆的对外影响。

蒲松龄纪念馆
Pu Songling Museum

概述

类型 社会科学类名人专题博物馆

隶属关系 隶属于淄博市文化局

正式开馆时间 1980年3月

所在位置 坐落在淄博市淄川区蒲家庄

面积 占地面积5000平方米、展览面积2000平方米

建筑、布局 属比较典型的明清风格的北方农家建筑，有六个院落、七个展室。

历史沿革 蒲松龄纪念馆于1980年3月开馆。馆舍是

蒲松龄故居南大门

聊斋正房

以蒲松龄故居为主体扩建而成。蒲松龄去世后，故居一直由后人居住，二战中毁于战火，仅剩残墙四堵。1953年，山东省人民政府委派著名蒲学专家路大荒等人前来蒲家庄考察。1954年，山东省人民政府拨款进行修复。当时只有聊斋正房三间，东、西厢房各两间，东大门楼一幢，是个独立的四合小院。1956年，从王村西铺毕家（蒲松龄执教处）征集到方桌、茶几、书橱、书架、"绰然堂"匾额一方、蛙鸣石等文物，形成了蒲松龄故居的概貌，基本上可供来访者参观。1958年1月，淄博市文化局调派专人负责蒲松龄故居的管理工作，是年，根据形势需要，由区、镇、村三级政府有关负责人组成了"蒲松龄故居管理委员会"。1961年，蒲松龄故居被山东省人民政府公布为省级重点文物保护单位。"文化大革命"开始后，红卫兵查封了蒲松龄故居。1973年，故居被市文化局重新收回。1977年，山东省革命委员会重新公布蒲松龄故居为省级重点文物保护单位（保护范围：故居旧址，附属展室、柳泉、墓园）。1980年3月，淄博市人民政府批准成立蒲松龄纪念馆。从1980至1983年，国家陆续投资30万元，对故居、柳泉、墓园进行了修葺、绿化，并相继征用了故居北面、西面数户民宅，陆续开辟为学术研究展室、接待室，使蒲松龄纪念馆初具规模。1985年，在蒲家庄村外征购了一处宅基，建立了蒲松龄研究所，与蒲松龄纪念馆一个单位，两个牌子。2006年5月，蒲松龄故居被国务院公布为全国重点文物保护单位。

历任馆长 鲁童（1980.3～1988.7）；周雁翔（1988.8～1993.3）；刘统爱（1993.4～2000.4）；张永政（2000.4～2003.11）；王幼学（2003.11～2005.12）；陈殿君（2006.8至今）。

业务活动

基本陈列 蒲松龄纪念馆建馆二十年来，经过多次修改完善，已经形成了一个完整的陈列体系。基本陈列有《聊斋复原陈列》、《蒲松龄的生平展和著述陈列》、《蒲学研究成果展》、《聊斋故事彩塑展》、《馆藏名人字画展》和《亲切关怀回顾展》。

陈列注重典雅、简洁的整体效果，以图文并茂的版面配合展橱实物，使陈列内容更直观、形象。

陈列面积2000平方米，展出文物505件。主要展品有蒲松龄画像复制件、四枚印章影印件、《聊斋志异》手稿（上半部）影印件、《聊斋杂记》手稿影印件、《鹤轩笔札》手稿的影印件等。还有蒲松龄墓出土的灯台、念珠、酒壶、酒杯、耳挖、铜簪、铜镜等。

《聊斋复原陈列》 聊斋正房三间，东西厢房各一间，是蒲松龄出生和去世的地方。聊斋中间，迎门正面墙上悬挂蒲松龄画像，是蒲松龄流传在世的唯一一幅画像。画像两边是郭沫若手书楹联："写鬼写妖高人一等，刺贪刺虐入骨三分"。聊斋东间是蒲松龄的卧室，南窗下一盘土炕，上铺普通的农家粗布被褥，炕头是老式的箱柜。聊斋西间是蒲松龄的书房，南窗下一张古色古香的书桌，靠西墙下一个博古架和帽架；北墙下是清代式样的衣架，中间置一坐榻。

《蒲松龄的生平展和著述陈列》 包括《蒲松龄生平展》、《蒲松龄著述展》和《蒲松龄著述外文版本展》三个部分。《蒲松龄生平展》 详细介绍了蒲松龄生平的几个重要阶段，如出生、童年、完婚、初应童子试、结"郢中诗社"、青云寺苦读、南游、七年困窘、设帐"绰然堂"、蒲松龄与王渔洋、科场失意、暮年家居、乡饮酒礼、为民请命、柳泉采风、魂归聊斋等。制作了蒲松龄执教处毕家"隐园"的立体图。《蒲松龄著述展》，介绍了蒲松龄著述的版本和传播情况，展出的主要版本有《聊斋志异》手稿影印件等共三十余种近百册。《蒲松龄著述外

聊斋正房内景

文版本展》，展出了《聊斋志异》约二十种有代表性的、世界各国历年发行的《聊斋志异》版本，大致介绍了《聊斋志异》在国外流传的情况。

《蒲学研究成果展》　展出近四十种国内研究蒲学的专著、学刊，还展出了港台及国外的蒲学研究成果。

《聊斋故事彩塑展》　精选《聊斋志异》中十个典型的故事，用我国传统的民间泥塑的形式，将主要情节立体地、形象地展示了出来。

《馆藏名人字画展》　展出郭沫若、老舍、田汉等一大批名人题咏蒲松龄的字画作品共六百余件。

《亲切关怀回顾展》　展出了一部分党和国家领导人万里、田纪云、李长春、江泽民等来馆参观视察时留下的照片。

临时展览　《纪念蒲松龄诞辰365周年2005年全国中国画提名展》，展厅面积800平方米

藏品管理

［藏品来源］　征集和捐赠

［藏品类别］　包括书籍、书画、木器、陶器、瓷器、铁器、铜器等类别。

［藏品统计］　现藏计13000件。其中书画1100件，书籍12000件，木器、陶器等115件。

［重要藏品］　有蒲松龄画像、蒲松龄手稿原件、蒲松龄生前使用过的四枚印章等。

蒲松龄画像为国家一级文物，由清初著名画家朱湘鳞于康熙五十二年（1713）绘制，绢质立轴，高258厘米，宽69厘米，有跋二则，钤有六枚印鉴。原由蒲氏后裔珍藏，1954年捐献于蒲松龄故居管理委员会。

蒲松龄纪念馆现存的蒲松龄手稿原件共有4件，分别为《聊斋表文草》、抄《庄子秋水篇》、"抄前人诗赋文"、《拟表九篇》。

蒲松龄画像

蒲松龄印章

蒲松龄生前使用过的四枚印章均为国家一级文物。

［藏品保护］　蒲松龄纪念馆加强对藏品的保护，使用恒温器、防霉剂，安装红外线闭路监控设备，并制定文物库房管理制度。

科学研究　1985年调派了一名专业研究人员，从事蒲学的专职研究。1986年创办《蒲松龄研究》杂志，设立了《蒲松龄研究》编辑部。同年成立了蒲松龄研究会，为淄博市群众性学术研究团体，现有会员80多人，迄今已召开了十一届会员大会，十七届年会。

研究专著有《蒲松龄全集》、《全译白话聊斋志异》、《蒲松龄生平著述考辩》、《蒲松龄年谱》、《异史》、《蒲松龄文献资料分类表》。

蒲松龄书馆

宣传教育　编辑出版了66期《蒲松龄研究》刊物和《聊斋学研究论集——国际第二届聊斋学讨论会论文集》；2006年、2007年组织蒲学专家参加了市委宣传部、市社科联联合组织的齐文化与聊斋文化电视科学普及活动，进一步弘扬了聊斋文化。

交流合作

[馆际交流合作]　1991年5月与杭州龚自珍纪念馆缔结成友好文化单位；1997年11月与九江风景名胜管理处结盟为友好文化单位；2006年12月参加在福州举行的中国名人故居联谊会，并成为中国名人故居联谊会的理事。

[学术交流]　1980年9月20日，由省委、省政府和山东大学联合举办了全国第一次蒲学讨论会，到会的专家学者有76人。会后，将这次学术讨论会的论文编辑成册，出版了《蒲松龄学术讨论集》。

1985年9月18至23日，在淄博市召开了全国第二次蒲学讨论会。与会代表从信息论、比较文学、系统论角度，对《聊斋志异》进行了开拓性的研究。会上宣布成立蒲松龄研究所，并创办《蒲松龄研究》杂志。

2005年9月25日至28日在江苏省高邮市隆重召开全国第三次蒲学讨论会。来自全国八个省市的40余位专家学者出席了讨论会。会议收到论文30余篇，约二十万字。

1988年10月，江苏省明清小说研究会在江苏如皋举办了《聊斋志异》专题学术座谈会，收到论文10余篇。

1991年10月18日，由淄博市人民政府、山东省文化厅、山东大学联合举办了"首届国际聊斋学讨论会"。来自美、英、日、澳四国及国内各地的专家、教授、学者共计70余人参加会议。与会专家学者们宣读了他们从哲学、美学、史学、民俗学等角度对《聊斋志异》研究的最新成果。

2001年4月19日，由淄博市人民政府、淄博学院、蒲松龄研究会联合举办了国际第二届聊斋学讨论会。参加会议的有来自英、美等9个国家和国内专家91人，会议收到论文70多篇近80万字，展示世界十年来的"聊斋学"研究成果，结集出版了《聊斋学研究论集-国际第二届聊斋学讨论会论文集》。

蒲松龄研究会已举办了十七届研究会年会。

[展览交流]　蒲松龄纪念馆巡回展出了馆内珍藏的书画集精品：

1990年在杭州展出；1991年在青岛展出；1993年在上海展出；1997年在九江展出；2005年10月，《蒲松龄诞辰365周年中国画提名展》在淄博市博物馆展出。

经营管理

[单位性质]　国营事业单位

[经济来源]　一部分靠财政拨款，一部分自收自支

[机构设置]　现设有《蒲松龄研究》编辑部、群众工作部、陈列资料部、保卫科、办公室、经营部六个机构，并成立了蒲松龄研究所、蒲松龄研究会，主办全国唯一一家蒲学专业学术刊物《蒲松龄研究》季刊。

[人员编制、组成]　现有事业编制38个，现有职工38人，其中研究馆员1人、馆员15人、助理馆员13人。

[观众接待]　年接待观众约7万人次。

参观指南

[地址]　山东省淄博市淄川区蒲家庄

[邮编]　255120

[电话]　0533-5810168（售票处）

　　　　0533-5811643（办公室）

[传真]　0533-5811825

[电子邮箱]　psljng@sina.com

[网站]　www.pusongling.net

[开放时间]　全年对外开放，夏季8:00－18:00；冬季8:00－17:00

[票价]　20元／人次

（撰文：蒲松龄纪念馆）

新泰市博物馆
Xintai City Museum

概述

类型 地方综合性博物馆

隶属关系 隶属于新泰市文化体育局

创建时间 1987年

所在位置 位于新泰市市中区市政府西邻城区中心地段

面积 占地面积380平方米

建筑、布局 砖混钢筋混凝土结构，二层办公式布局。

历史沿革 1975年在文化馆内设文物股配备专职文物干部1人。1979年图书馆与文化馆分离，随迁至新建图书馆楼办公，内设文物股，配备文物专职干部2人。1987年成立新泰市博物馆，与图书馆分离，将原图书馆的续建部分作为博物馆馆舍沿用至今。馆舍主要用于文物库房和办公，尚无陈列展览场地。

历任馆长 郭际德、马培林、张庆发、曲传刚（现任）。

宋　青白釉狮形盖熏炉

业务活动

专题展览 因无展览场地，多年来配合重大庆祝活动和《文物保护法》宣传等，举办《精品文物图片展》和《东周墓群—再现春秋争霸》专题展等。

藏品管理

[藏品来源] 捐赠、征集和出土发掘。

[藏品统计] 新泰市博物馆馆藏文物4776件（组），其中一级文物10件，二级文物33件，三级文物526件。

[重要藏品] 商末周初的"叔氏"青铜器组合，1985年10月在市区府前大街施工时出土，铭文中"叔"字为一侧身而立的人形，一蛇缠身，一只大脚夸张而突出，脚趾明显清晰；东周时期的大量吴越兵器、西晋青瓷；宋代青白釉狮形盖熏炉，釉色晶莹呈半透明状，质地细密坚硬。炉盖作蹲狮状，张口怒目，蕉叶尾上翘，腹空与嘴相通，炉身呈杯状，圈足上卷，上有三道花形突棱；伏狮罗汉玉山子，清代宫廷藏品，玉质青白温润，用新疆和田贡玉雕制而成，曾深得乾隆皇帝的喜爱。山子设计精心巧妙，雕刻技法娴熟，上有御制诗《御题徐扬伏狮罗汉赞》；明清玉器等。2002～2003年，新泰市博物馆同山东省文物考古研究所联合抢救发掘东周墓葬69座，出土文物近2000件，其中吴越青铜兵器占相当比例，竹节青铜戈、"攻吾王姑发者反之子通自作元用"剑为珍贵文物。

清　伏狮罗汉玉山子

商末　叔氏青铜器

经营管理

[单位性质] 国有事业单位

[经费来源] 地方财政全额拨款

[机构设置] 内设办公室、保管部、业务部、保卫部。

[人员编制、组成] 编制10人，其中管理人员2人，业务人员8人。

参观指南

[地址]　新泰市市中区通天街3号

[邮编]　271200

[电话]　0538-7224415

[传真]　0538-6322690

[电子邮箱]　xtbwg@163.com

（撰文：新泰市博物馆）

潍坊市博物馆

Weifang Museum

概述

类型　地方综合性博物馆

隶属关系　隶属于潍坊市文化局

创建时间　1962年

正式开馆时间　1978年

所在位置　位于潍坊市开发区东风东街6616号

面积　占地面积24029.28平方米、建筑面积18669.71平方米

建筑、布局　为仿宋古建筑群，它将博物馆所有的功能融为一体，鸟瞰好象一只正在腾飞的凤凰。布局有展览区、临时展览区、观众游览区、休息区、学术报告区、办公区、文物库房及生活区。大门的正中为序厅，二层为迴马廊，序厅左侧为古生物厅，右侧为科普馆。在序厅的南侧有高近39米的主楼巍峨屹立，主楼西侧突出建筑群的水榭与办公楼遥相呼应，白墙绿瓦大气庄重。主楼作为博物馆的主体建筑，建筑造型采用歇山十字脊作为该组群的构图中心，突出了博物馆的严肃性。科普馆及古生物厅外墙上部的冰盘檐，起到了建筑群体的延续作用，上面并配有大型浮雕。

历史沿革　1962年4月，潍坊市博物馆成立，原由市图书馆兼管的全部文物移交博物馆。此时，潍县撤消并入潍坊市，原潍县文化馆所收藏的文物全部移交市博物馆，后定址于潍坊市潍城区胡家牌坊街49号的十笏园。1978年正式对外开放。十笏园系清代丁氏住宅的园林建筑，1988年被国务院公布为全国重点文物保护单位。

1991年底，潍坊市委、市政府决定建设一个新的现代化的博物馆，1992年1月10日正式立项，并把市博物馆列为全市十大重点工程之一。计划投资2000万，建筑面积1.8万平方米。1995年4月15日正式动工建设，1999年12月主楼竣工，交付使用。1999年12月20日对外开放。

1.潍坊市博物馆外景　2.科普馆　3.《潍坊简史陈列》

潍坊市博物馆先后获得山东省精神文明先进单位、山东省爱国主义教育基地、山东省关心下一代科普教育基地、全省文物系统先进集体等称号。

历任馆长 陈慕虹（1962.4～1966.4）、魏盈春（1966.4～1976.2）、张务纯（1976.2～1984 副馆长主持工作）、郭玉安（1981.10～1984.9）、杜在忠（1984.10～1989.4）、郭玉安（1989.5～1998.1）、戴维政（1998.2至今）。

业务活动

基本陈列 潍坊市博物馆现有《潍坊简史陈列》、《古字画陈列》、《民俗文物陈列》、《石碑石刻陈列》、《科普馆陈列》5个基本陈列。陈列使用面积10131.39平方米，展出文物980件。

《潍坊简史陈列》包括"文明初曦"、"三代英华"、"汉唐风韵"、"宋清撷珍"、"沧桑巨变"五个部分。主要突出复原地貌陈列特点，形式上打破传统全封闭陈列模式，采用以景托物，将潍坊八千年文明史系统陈列，历史文化名人贯穿其间。通过实物、塑像、沙盘，并配有高科技声、光、电，将老潍县集市、酒肆、婚庆以影视合成演示，再现历史原貌。1999年，《潍坊简史陈列》获国家文物局

明 观音大士

龙山文化 陶盉

商周 玉刀

郑板桥《城隍庙碑》

唐 铁佛

"1999年度全国十大陈列展览精品"提名奖。

《馆藏古字画陈列》展出宋、明时期画派画家、清代扬州画派画家及清代潍县籍书画家的作品等。

《民俗文物陈列》展示民间家用家具、潍坊风筝、高密三绝、杨家埠年画、潍县仿古铜、刺绣、铜制品、布玩具、老照片及婚俗等。

《石碑石刻陈列》内容涉及政治、经济、军事、宗教、家族、名人高士、婚丧嫁娶等。将潍坊地区从东汉至民国遗留下的二百余方碑刻集中陈列，形成开放式的石刻艺术长廊。

《科普馆陈列》包括"生命奥秘"、"家园呼唤"、"科学真谛"、"地球纵横"、"智能超人"等专题。利用百余件展品，展示了数学、声光电磁、力学、多媒体等，特点是融科学性、知识性、趣味性于一体，使中、小学生参观的同时，亲自动手操作，培养他们学科学、爱科学的浓厚兴趣。2004年，《科普馆陈列》荣获山东省优秀陈列展览二等奖。

专题展览　主要举办了《潍坊市首届考古成果展》、《潍坊市首届钱币文化专题展》、《港澳回归展》、《拥抱台湾展》、《慈禧太后生活用品展》、《全国当代篆刻艺术展》、《共和国与十大元帅》、《鲁迅生平专题展》《海洋贝壳展》等展览。

藏品管理

[藏品来源]　出土发掘、文物调拨、文物交换、文物征集和群众捐献等。

[藏品统计]　藏品总数为14787件。包括铜器、瓷器、陶器、玉器、石器、古籍、木器、绣品服饰、纸质类九大类别。其中，铜器1396件；瓷器1087件；陶器1112件；玉器等334件；石器22件；木器绣品服饰等1276件；纸质类4535件；古籍5025册。馆藏一级文物34件，其中字画7件、陶器19件、玉器5件、石刻造像1件、铜器2件。

[重要藏品]　郑板桥的《峤壁兰图》、《修城记》，是郑板桥的书画代表作品。陶器中的龙山文化薄胎高柄杯，俗称"蛋壳陶"，尤其珍贵。铜器中的车大夫长画戈、右官府御戈是镇馆之宝。

[藏品保护]　潍坊市博物馆文物库房面积500余平方米，藏品分类分库分区保管存放。建立了文物藏品档案。文物藏品从十笏园搬迁到新馆的过程中，对部分字画和陶器进行了修复，对所有入新库房的文物藏品进行了消毒处理，采取了卫生保洁、樟脑、食醋和熏蒸处理，并对文物库房进行了防震、防火、防盗、防光、防污染、防霉、防

龙山文化　薄胎高柄杯

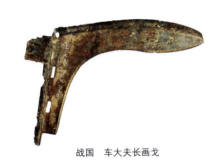

战国　车大夫长画戈

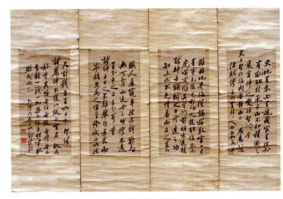

郑板桥《修城记》

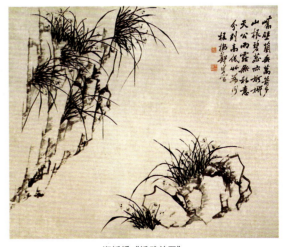

郑板桥《峤壁兰图》

湿、防干等保护措施。

建立了修复室，配备一名专业修复技师，采取传统的修复方法，历年来对馆藏的字画、陶器、碑刻进行了装裱、修复、复原处理。对纸质类、纺织类藏品等进行除霉斑、虫蛀、污渍、脱酸、加固修复、处理反铅、装裱等；青铜器、铁器进行技术检测、去锈、补配等；漆、木、竹器等进行脱水、防虫、杀菌、加固修复等；陶、石、瓷器进行拼对、粘接、补配、上釉等技术处理。

科学研究 1997年成立研究室，专门从事文物、考古、古文字与地方区域文化的研究。博物馆设有学术报告厅，每年聘请国家、省级文物专家进行专题讲座；

2001年，文博学会主编的《文博研究》第一辑，获"山东省文化艺术科学优秀成果"一等奖。2002年，《文博研究》第二辑，获"山东省文化艺术科学优秀成果"一等奖。2006年，编辑出版《潍坊文化三百年》；与潍坊市图书馆合作编辑出版《潍坊古籍书目》；研究馆员孙敬明所著《考古发现与齐史类征》出版。

宣传教育 潍坊市博物馆年接待观众5万余人次，取得了良好的社会效益和经济效益。培训了一支高素质、高水平的讲解队伍，他们的讲解科学、准确、生动，不仅因人施讲，还可采用外语进行讲解，年讲解达1000余场次。馆内还设置了专门的学术报告厅，不定期举办学术讲座、文物鉴赏讲座。博物馆收费时就向未成年人、军人、残疾人、老年人实行免费开放，并设置专门的社教工作人员，负责与各教委、大中小学校、社区等联系，让学生走进博物馆，把展览推向社会，举办巡回展览。

交流合作 潍坊市博物馆注重学术交流，多次派出专家参加国内外的学术交流活动。采取引进展览、联合办展等方式进行展览交流。

经营管理

[单位性质] 国有事业单位

[经费来源] 全额拨款

[机构设置] 设有办公室、行政科、保卫科、财务科、陈列外联部、保管部、宣教部、事业开发部、科普馆。

[人员编制、组成] 人员编制66人。技术人员61人，其中正高职称4人，副高职称8人，中级职称19人，初级职称29人。

参观指南

[地址] 潍坊市开发区北海路6616号

[邮编] 261061

[电话] 0536-8865529（办公室）

0536-8889722-8017（售票处）

[传真] 0536-8865529

[电子邮箱] wfsm2006@sina.com

[开放时间] 8:30－11:45，14:00－17:30

[票价] 免费

（撰文：潍坊市博物馆）

滕州市博物馆
Tengzhou City Museum

概述

类型 地方综合性博物馆

隶属关系 隶属于滕州市文化局

创建时间 1956年

正式开馆时间 1987年

所在位置 滕州市龙山路82号

滕州市博物馆外景

面积 占地面积7300平方米、建筑面积5700平方米

建筑、布局 砖混框架式结构，分为主楼、东楼及西楼，主体建筑为仿古式十层楼房，造型庄重古朴。

历史沿革 滕州市博物馆创建于1956年，是滕州市第一批爱国主义教育基地。其前身是滕县文化馆的文物陈列室。1979年9月，滕县人民政府行文正式成立滕县博物馆。1986年迁入文物保护单位——王家祠堂。1987年元旦，文化部原副部长周巍峙亲临揭幕，正式对外开放，1995年迁至现址。

历任馆长 万树瀛（1979.9～1986.12 副馆长主持工作）；万树瀛（1987.1～1993.10）；王祥裕（1993.11～1999.2）；翟力军（1999.3～2001.7）；李鲁滕（2001.8～2004.9）；潘卫东（2004.10至今）。

业务活动

基本陈列 滕州市博物馆基本陈列由6个展区组成，陈列面积约2000平方米，展出藏品718件，分为《史前文化》

厅、《玉器》厅、《商周文化》厅、《兵器》厅、《铜镜》厅、《钱币》厅和《字画》厅。

《史前文化》厅主要展出北辛文化、大汶口文化、龙山文化、岳石文化时期的文物，有石磨盘、石镰、石铲、鹿角镐、红顶钵、背水壶、黑陶杯等。证明早在7000年前在这里有一个比较发达的原始农业部落和具有先进的制陶工艺。质朴、古拙的北辛陶器，造型优美、制作工艺较高的大汶口文化陶器，造型和制作工艺完美统一的龙山文化陶器，构成了东夷文化陶器素雅、精巧的总体风格。

《玉器》厅展出了大汶口文化、龙山文化、商、周、汉至明清时期的玉器。大汶口文化时期的人面纹饰、龙山文化时期的玉璇玑，商、周时期的玉雁、玉戈、玉璋、玉龙、玉兔、玉鸟、玉鱼、玉带钩等玉器反映了人们崇玉、爱玉、佩戴玉的古老习俗。展览的玉器雕刻精细，造型优美，纹饰清晰，是研究历史、美术史的重要实物资料。

《商周文化》厅主要展出了商周时期滕州境内滕、薛、倪三个方国出土的青铜器。滕侯鼎、滕侯簋、滕公鬲、薛子仲安、薛子赤簠、杞伯鼎、不欺簋等有铭文重器，反映了商周时期活跃在这块土地上的滕、薛、倪的情况。这些珍贵文物，造型庄重，装饰华丽，是不可多得的艺术珍品，具有较高的历史价值和艺术价值。

《兵器》厅展出的王子反戈、滕侯虞戈、令戈、元戈等有铭文兵器，从侧面反映了各诸侯相互争斗，相互兼并的史实。

《铜镜》厅展出了从战国至明清各个时代的各种类型的铜镜。铜镜作为一个独立的生活实用品和艺术品在历史的长河中有其发生、发展到消亡的过程，反映了不同时代的铸造工艺的发展和艺术风格。

《钱币》厅展出了商周至明清各时代的钱币，反映出我国古代钱币发展的整个脉络。

《书画》厅展出了古代和现代艺术家绘画佳作和技艺高超的书法作品。

展厅设计以历史文物为主线，穿插各类珍贵照片，全面系统地揭示了滕州的历史沿革，再现了滕州悠久的历史文化。陈列主调统一，形成了滕州博物馆的基本陈列体系。

专题陈列　在固定展览常年开放的同时，积极引进各种类型的临时展览。先后成功地举办了《文物精品展》、《红岩魂展览》、《香港回归展览》、《原始青瓷展览》、《海洋生物展览》、《滕县革命斗争史》以及书画展览、科普展览等专题陈列和临时展览，取得了很好的社会效果。

藏品管理

［藏品来源］　抢救性发掘和民间征集

［藏品统计］　现有藏品13397件（不包括56712枚货币），包括青铜器5913件，陶器2431件，蚌器508件，金器15件，玉器408件，牙器2件，骨器1974件，砚33件，银器43件，书画249件，玻璃器9件，石器659件，印章27件，铁器416件，锡器75件，瓷器504件，其它131件。另有货币

北辛文化　指甲印纹钵

西周　龙纹玉璜

西周　滕侯簋

西周　夔龙纹玉佩

56712枚。其中一级品55件。

[重要藏品]　有重大科学、历史、艺术价值的藏品有不娶簋、编镈、滕侯方鼎、玉夔龙佩等。

[藏品保护]　滕州市博物馆库房配置了防火、防盗、防潮等设备。对重点文物采取重点保护，一级文物全部进入保险柜。为防止蛀虫，每年定期放樟脑精。馆藏书画全部用布套包装。

科学研究　滕州市博物馆现有文博专业人员30人，其中高级职称10人。多年来，在国家级报刊、刊物发表论文、考古简报等137篇。配合枣庄市政协出版了《枣庄文物博览》、《枣庄名胜古迹》、《运河文化丛书》等。

宣传教育　滕州市博物馆始终以弘扬滕州历史文化，开展爱国主义教育为己任，开展形式多样的宣传教育活动：如陈列讲解服务、举办爱国主义展览、开展文化展览进校园等活动，得到社会各界的一致好评。

交流合作　近年来，国内国际业务交流合作频繁。曾受日本山口县博物馆邀请举办《原始青瓷展》；中国社科院专家特邀美国、德国、日本、韩国等国专家来馆对青铜器、玉器、铜镜等进行专题研究；中国社科院专家胡秉华教授多次带香港大学、台湾大学、澳门大学研究生前来参观学习交流；北京大学、山东大学等考古系教授每年带本专业学生来馆进行实地观摩教学，教学成果显著。

经营管理

[单位性质]　国有事业单位

[经费来源]　市财政全额拨款

[机构设置]　下设群工部、保卫科、保管部、考古部、考古工作队、办公室、财务科，共7个科室。

[人员编制、组成]　在编人数32人，为全额事业编制。其中研究馆员3人；副研究馆员7人；馆员9人；助理馆员11人；管理人员2人。

参观指南

[地址]　滕州市学院中路（原龙山路）82号

[邮编]　277500

[电话]　0632-5503536（办公室）
　　　　0632-5511894（售票处）

[传真]　0632-5520025

[电子邮箱]　tzsbwg@163.com

[网站]　http://www.tzsbwg.com

[开放时间]　9:00—12:00，13:00—17:00，周日闭馆

[票价]　免费

（撰文：潘卫东、吕文兵）

滕州汉画像石馆

Tengzhou Museum of Han Dynasty Store Relief

概述

类型　艺术类传统艺术专题博物馆

隶属关系　隶属滕州市文化局

创建时间　1995年

正式开馆时间　1996年

所在位置　位于滕州市龙泉广场北首

滕州汉画像石馆外景

面积　占地20亩、建筑面积达9100平方米

建筑、布局　在龙泉文化广场中轴线自南向北由馆前汉池、汉阙、汉画广场、主馆依次展开。与广场文化融合为一体，方便市民了解古文化，符合世界文化传播的新理念；建筑风格仿汉代建筑式样，达到形式和内容的统一；内部设有展览区、文物库房、文物修复区、观众休息区等。

历史沿革　滕州汉画像石馆1995年5月创建，1996年9月正式对外开放。新馆2007年落成，2008年3月开馆。

滕州汉画像石馆收藏汉画像石五百余块，为全国三大画像石馆之一。

滕州汉画像石自清末民初就开始出土并被大量报道。解放后，先后在原滕县文化馆展出，后又随滕县博物馆在王家祠堂后院陈列。1995年，滕州市委、市政府决定筹建滕州汉画像石馆。2008年3月，现代化的新馆建成对外开放。

历任馆长　李世勇；张耘。

业务活动

基本陈列　基本陈列为分为《精品陈列》、《石椁画像石陈列》、《墓室画像石陈列》、《祠堂画像石陈列》，展出滕州出土的汉画像石。

陈列从内容设计到形式设计富有展览智能和文化含

展厅一角

展厅一角

量，既雅俗共赏又有利于专业研究，既吸收各地展览经验又不重复别人，表现了自己文物藏品的独特性；将文物的分类与建筑的构造结合，让椁室在地下，祠堂在地上，既符合考古数据又考虑了文物安全；库房在地下，符合文物保护要求。同时充分利用馆舍建筑的特点合理安排陈列和设计参观路线，充分利用自然采光结合射灯等现代照明技术突出表现陈列效果。

总陈列面积为6000平方米，展出文物191件。重要展品有《百戏图》、《周穆王拜见西王母》、《泗水升鼎》等。

临时展览 临时展厅面积2000平方米，举办《陈锡山书法展》、《李广彦美术展》等。

藏品管理

[藏品来源] 滕州当地出土和征集的汉画像石及相关汉代文物。

[藏品类别] 包括石器、玉器、陶器、青铜器等。

汉"百戏图"画像石

汉"周穆王拜见西王母"画像石

[藏品统计] 藏品总数为700件。其中石器595件，玉器19件，陶器25件，青铜器61件。

[藏品保护] 滕州汉画像石馆根据石质藏品易风化的特点，陈列中注意避免干湿度的变化及控制滥拓。根据玉器等文物易盗等特点，采取加强保护的措施。在文物保管方面做到人防、物防、技防相结合，安装监控设备，确保文物安全。

宣传教育 滕州汉画像石馆编辑出版了《滕州汉代祠堂画像石》（中国文史出版社2007年8月第一版）、《滕州汉画像石选粹》（西泠印社2008年2月第二版）。

经营管理

[单位性质] 国有事业单位

[经费来源] 财政拨款

[机构设置] 有外联部、保卫科、考古部、办公室、党支部、工会等。

[人员编制、组成] 人员编制30人。全馆由大中专毕业生、军转干部等组成，专业技术人员占全馆人员70%。

[服务观众项目] 馆内设有残疾人通道、残疾人触摸展品、观众参与的文物艺术品制作、汉文化体验、医务室、导游图等。

[观众接待] 年观众人数2万人次。

参观指南

[地址] 山东滕州市龙泉广场北首

[邮编] 277500

[电话] 0632-3973797

[传真] 0632-5533278

[电子信箱] tzhhxsg@163.com

[开放时间] 全年开放

[票价] 免费

（撰文：山东滕州汉画像石馆 朱绍鸿）

INDEX

中国博物馆志

青海卷

《中国博物馆志》青海卷
编辑委员会

主　　编　蒲天彪

副　主　编　阿朝东

序

青海省文物局副局长

蒲天彪

青海省位于青藏高原的东部，因境内有我国最大的咸水湖——青海湖而得名。长江、黄河、澜沧江均发源于青海。青海还是我国黄河上游古老文明的辉煌代表，自汉代开始，两千余年间中原王朝和民族政权在青海地区相交更替、此消彼长，导致多元文化的融汇发展，遗留下丰富的物质文化遗产。世居在这片广袤土地上的汉族、藏族、回族、土族、撒拉族、蒙古族等民族，留下了灿烂的民族民俗文化。青海也是藏传佛教和伊斯兰教主要流传地区之一。多姿多彩的民族生活用品和繁杂而神秘的宗教文物，无不呈现出浓郁的民族风格和青海民族文化的特色。

博物馆是文物和标本的主要收藏场所，是构建社会科学文化事业的重要组成部分。新中国成立后，青海的文物博物馆事业才真正得以发展。1951年，青海省成立文物保管委员会（1956年更名为青海省文物管理委员会），正式有了文物管理机构。1957年开始筹建青海省博物馆。十一届三中全会以后，青海的文物工作有了较大发展。1985年恢复中断了近30年的青海省博物馆的筹建工作；1986年正式成立了青海省博物馆，2004年建成中国青海柳湾彩陶博物馆，2006年5月青海省民俗博物馆开馆，期间黄南藏族自治州、海南藏族自治州、海北藏族自治州、海西蒙古族藏族自治州、西宁市、海东五县以及贵德、海晏、格尔木等州属县先后建立了博物馆。

尤其是2001年5月建筑总面积20800平方米的青海省博物馆新馆开馆。这是青海第一座具有现代化功能的大型博物馆，也是省会西宁标志性建筑和景观。同时，行业和民营博物馆迅速兴起，青海国土资源博物馆、青海高原自然博物馆、青海雪域民俗博物馆、青海藏医药文化博物馆、青海民族学院民族博物馆、青海师范大学、湟中藏文化馆等博物馆及陈列室；同仁藏医药展览馆，循化撒拉族手抄本《古兰经》珍藏馆，玉树东仓《大藏经》藏经阁等10余座行业、大学、寺院、民间的文物展示场馆相继建成和筹划建设。至此，初步形成覆盖面较广、包含不同内容、规模层次不一的省、州（地、市）、县三级博物馆体系。

省博物馆迁入新馆后，先后推出的陈列展览有《青海史前文明》、《青海民族文物展》、《可爱的青海》、《馆藏书画精品陈列》、《青海藏传佛教艺术展》，并单独或引进举办了《清宫帝后生活文物展》、《国家领导人礼品特展》、《乃正书·昌耀诗展》、《毛泽东遗物展》、《与龙共舞——古生物进化展》等60多个展览。各专业和地方博物馆也推出了丰富多彩的展览，其中有省柳湾彩陶博物馆的《柳湾墓地陈列》，省民俗博物馆的《馨庐公馆陈列》、《青海民俗文物展览》、《野生动物标本展》，海南州民族博物馆的《海南州历史文物展》、《海南州藏族民俗展》、《黄河奇石展》，西宁市博物馆的《西宁历史文物展》，海西州民族博物馆的《海西历史文物展》、《建州50年成就展》，黄南州民族博物馆的"1馆5展"（唐卡厅、民族文物厅、堆绣厅、雕刻厅、沙盘厅），海北州民族博物馆的《海北历史文物陈列》、《刺绣陈列》，乐都县博物馆的《乐都文物展》、《乐都县情展》、《乐都书画展》，湟中、民和、湟源、互助县、格尔木市等县（市）博物馆举办的地方《历史文物展》。由省博物馆和省柳湾彩陶博物馆共同设计完成的《青海柳湾墓地》陈列，在国家文物局全国博物馆十大精品展览陈列评选中荣获提名奖。

博物馆是一个不追求营利、为社会和社会发展服务的、向公众开放的永久性机构。是集收藏、研究、陈列、教育四项职能于一体的多功能社会机构。作为文化传播的载体，多姿多彩的展览，丰富了人们的文化生活，拓宽了知识传播的渠道。但是我省的博物馆发展现状与内地相比发展相对比较缓慢，博物馆藏品不足；业务人员对藏品历史、地区历史了解不深；在陈列设计、宣传教育中难以充分挖掘藏品的历史价值；对文物的鉴别、修复、保护水平也亟需提高，尤其遗址类、艺术类、科技类博物馆的发展和建设有待加快步伐……。因此，创新思路是未来博物馆发展的根基。在青海这样一个经济和社会发展相对落后的地区，博物馆的发展，应该充分挖掘藏品的文化优势和地域优势；通过不断丰富和深化人们对历史文化的理解和认识，推动博物馆事业的发展。同时，如何将博物馆的发展和文化遗产保护工作、精神文明建设有机地结合在一起，形成系统的发展目标，使博物馆尽快成为公众高品位文化享受的重要场所与高原人民群众最便捷的文化服务机构，切实担当传播历史和科学文化知识，对人民群众进行爱国主义教育的重要基地，是我省各博物馆面临的重大课题。

当前，"文化大发展、大繁荣"的号角已经吹响，我省的博物馆事业必将会取得新的发展。

2011年1月

互助土族自治县民族博物馆

Huzhu Pretectural Museum

概述

类型 地方综合性博物馆

隶属关系 隶属青海省互助土族自治县社会发展局。

筹建时间 1984年6月

正式开放时间 1994年6月

所在位置 位于青海省互助土族自治县威远镇南大街9号

互助土族自治县民族博物馆

面积 建筑面积740平方米、展览面积400平方米

历史沿革 互助土族自治县民族博物馆，前身为县图书馆民俗展厅。1983年3月成立互助土族自治县文物管理所，主要负责全县的文物征集、保护管理及展示工作，文物管理所当时只有3名工作人员。1994年6月在原文物管理所的基础上成立了县民族博物馆，现与文管所合署办公，一套人马两个牌子。

历任馆长 梁兆壁（1994.6～1996.12）；苏生雄（1997.1至今）。

业务活动

基本陈列 现有基本陈列分为历史文物和土族民俗两个部分。

《历史文物展》 陈列内容和形式以时代先后为序，以实物表现为主，辅以照片和文字说明，在新石器时代、青铜时代、汉唐时期、宋至明清时期四个方面进行陈列。

《土族民俗》4个展厅：

（一）图片展览：展出照片232幅，陈列党和国家领导人莅临视察及中外贵宾游览该县的照片及民俗照片和风光照片；（二）服饰刺绣展览：展出土族服饰刺绣，以实物为主；（三）生产生活用具展览。

展览以实物为主，力求突出主题，强调民族特色。以模特穿戴服饰、生动的实物和图片、文字说明相结合，在婚丧嫁娶、民居、生活习俗、民族风情、宗教信仰、服饰刺绣等6个方面进行陈列，表现了土族人民的整个历史文化。

临时展览 自建馆以来，举办了《禁毒展》、《唐卡艺术展》、《馆藏古字画展》、《土族刺绣展》、《互助县工农业成就展》、《陈守琦和董文章个人书画展》、《金秋菊花展》等。

藏品管理

[藏品来源] 主要以民间征集为主，省文物商店调拨和个人捐赠为辅。

[藏品类别] 该馆定位民俗风情展示，藏品以民俗文物为主，并兼顾其它。

[藏品统计] 现馆内收藏品1339件，其中一级文物5件。

[藏品保护] 由于投入文物保护专项经费很少，文物库房内没有其它保护设施，藏品的保护主要采取木质的档案柜和木架内存放，对文物只能做一些防蛀、防霉处理，延缓文物老化和虫害损坏。

科学研究

互助县博物馆现有专业技术人员14名，其中副研究员1名，馆员9名，占专业技术人员的71%，主要从事土族民俗文化研究。编辑出版了《土族民俗文化画册》一书，此书图文并茂，构成了一部近乎完整而细致的土族风情史。

宣传教育

该馆以弘扬土族传统文化为中心，十分重视对青少年的民族文化传统教育，同威远镇各中、小学共建爱国主义教育联系，合作开展"民族博物馆是学生的第二课堂"活动，普遍反映土族民俗展览办得好，是了解土族的历史文化和风土人情的生动教科书。

经营管理

[单位性质] 全民事业单位

展厅一角

土族女装

土族刺绣

剔花白瓷罐

[经费来源] 全额财政拨款

[机构设置] 文物管理所和民族博物馆合署办公。

[人员编制、组成] 正式在编人员14人，其中副研究员1人，馆员9人，助理馆员1人，管理员2人，高级技师1人。

[服务观众项目] 展厅配备讲解员

[观众接待] 年观众约8千余人次

参观指南

[地址] 青海省互助县威远镇南街9号

[邮编] 810500

[电话] 0972-8322114

[开放时间] 冬季9:00－16:00，夏季8:00－16:30（节假日照常开放）

[票价] 免费

（撰文：苏生雄）

乐都县博物馆

Ledu Museum

概述

类型 地方综合性博物馆

隶属关系 隶属于青海省乐都县社会发展局

创建时间 1981年

正式开放时间 1982年

所在位置 旧馆位于青海省乐都县古城大街52号，新馆已立项待建。

面积 乐都县博物馆在综合大楼内占用面积为600平方米。

布局 乐都县博物馆在综合大楼内居三楼四楼，三楼为所长办公室，四楼为办公室，修复室，电脑室，文物库房，财务室。展厅设在原乐都县博物馆所在地青海省重点文物保护单位西来寺院内，设有三个展厅。

历史沿革 乐都县博物馆是在原乐都县图书馆文物组的基础上成立的，早在20世纪50年代就开始了文物的征集和收藏工作。1981年4月3日，乐都县文物管理所成立，是青海省最早成立的县一级文物管理机构，单位成立不久，馆址设在青海省重点文物保护单位西来寺庭院内。西来寺由山门、过庭、大殿、东厢房、药王殿组成，占地面积2184平方米，建筑面积420平方米。院内设办公室，三个展厅，文物库房，值班室。1994年1月25日在乐都县委、县人民政府的关怀下成立了乐都县博物馆，与乐都县文物管理所合署办公，对外一套人马，两个牌子。1997年8月，中共青海省海东地委、海东行政公署确定乐都县博物馆为"海青海省东地区爱国主义教育基地",1998年乐都县委、县人民政府为适应对外改革开放,西来寺庭院被辟为乐都县改革成果展览院。2008年10月博物馆全部迁入新馆乐都县文化综合大楼。

历任馆长　李继祖(1981～1991);赵增福(1993～1997);白万荣(1997～2006);李福海(2006至今)。

业务活动

基本陈列　乐都县博物馆基本陈列为《乐都县历史文物展》,展厅面积450平方米,展出历代各类文物600件。主要以石器时代、青铜时代、汉魏晋时期、唐宋时期、元明清时期、近现代时期为主,以穿越历史长廊的方式,集中反映

齐家文化　网格纹双大耳彩陶罐

水陆道场绢本画

乐都县史前时期到近现代时期的历史文物概况。我们试图通过这个展览来展示乐都的悠久的历史和灿烂的文化。

展览共分六个部分,展出文物有史前的古生物化石、象牙白、刮削器、石刀、马家窑文化彩陶钵彩陶罐等;青铜时代的齐家文化双大耳陶罐、辛店文化鹿角纹彩陶罐、卡约文化陶壶等;汉魏至南北朝的绳纹陶罐、陶灶,还有珍贵的东汉三老赵掾之碑拓片(1945年拓件),诏假司马印等;唐宋时期的西夏剔花牡丹纹罐、唐代陶瓮、开元通宝钱币等;元明清时期的水陆道场绢本画、铜炉、铜佛像、铜杯、铜印、历代钱币、玉鼻烟壶、象牙印玺等;近代革命文物的辛亥革命烈士焦桐琴遗像、刘伯承元帅给焦桐琴烈士家人的信笺、冯玉祥将军语录碑拓片等近代革命文物。

专题陈列　1982年,乐都县博物馆在全国第二次全国文物普查工作中,共征集、采集历代各类文物及文物标本300余件,同年十月国庆节,在西来寺大殿陈列展出了《乐都县文物普查汇报展览》。1998年举办《乐都县改革开放二十年经济发展成就展》,之后推出《乐都县历史文物展》、《乐都县美术书法展》等展览。作为乐都县改革开放,招商引资,对外开放和新时期两个文明建设的一个重要窗口,长期开放,发挥历史文物在社会主义现代化建设中宣传教育作用。

藏品管理

[藏品来源]　乐都县博物馆的藏品主要源于20世纪80年代以前从乐都县图书馆移交过来的旧藏品。其次是1974年柳湾墓地考古大发掘中出土的文物在各地巡回展出时留给乐都博物馆的部分文物,征集社会流散文物和从执法机关罚没也是文物来源之一。

[藏品统计]　乐都县博物馆现有藏品36349件,其中:古钱币34152枚,陶器1178件,玉器15件,石器32件,瓷器6件,绢画24幅,字画26幅,拓片3件,革命文物5件。藏品中有国家一级文物25件,二级文物7件,一般文物36317件。库藏文物总编号0001-1262号(以上统计数至2008年底)。

[重要藏品]　乐都县博物馆藏品以陶器、玉器、铜器、瓷器、绢本画为优。西来寺明代水陆道场绢本画是馆藏最为珍贵的馆藏文物,是乐都县博物馆的镇馆之宝。1996年经国家文物局鉴定委员会鉴定为国家一级(乙)文物。西来寺水陆画保存完整、人物生动、色彩艳丽、绘画细腻、内容丰富。对于我们今天研究和借鉴明代绘画艺术,具有较高的参考价值。

西夏剔花牡丹纹罐，是1982年文物普查工作中征集的一件珍品，1992年此件珍品加盟北京举办的《中国文物精华展》，并收录在《中国文物精华》大型画册。之外，馆藏精品中还存有历代古钱币34152枚，其中有部分宋代钱币为珍品，辛亥革命烈士焦桐琴文物一套（共5件），为乐都县博物馆重要藏品。

[藏品保护]　乐都县博物馆建有标准库房1个，内有保险柜一个，珍品厢2个，分别存放重要文物和文物标本，所有藏品都有固定的橱架，珍贵文物建有档案，每件藏品均有藏品卡，并按规定登入总账和分类账，设专职文物库房保管员2名，库房进出有严格的管理制度。库内配有监控和现代化防盗设施。

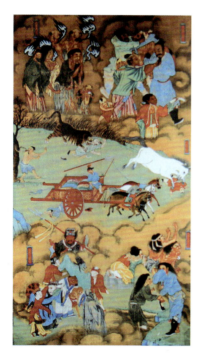

水陆道场绢本画

西夏　剔花牡丹纹罐

科学研究　乐都县博物馆专业技术人员主要从事野外文物调查、古建保护、博物馆陈列展出、藏品管理研究和西来寺水陆画、南凉古都遗址的专题研究等工作。建馆以来出版发表的主要成果有《乐都县文物志》、《西来寺志略》、《世界文化遗产·日月山》等多部著述。发表了《青海乐都西来寺明代水陆画析》、《青海考古学文化成果综述》、《梁武帝与"水陆缘起"》、《青海乐都县西来寺明代水陆画初探》等学术论文多篇。

宣传教育　乐都县博物馆经常性地利用自己的馆藏文物资源，结合实际，开展各种宣传教育活动，丰富各地群众的文化生活。建馆以来，跟国内多家传媒机构，协助拍摄了"柳湾彩陶"、"瞿昙寺"、"西来寺"、"石沟寺"、"赵家寺"、"西来寺碑廊"等专题片，介绍乐都风光和出土文物的记录片6部。在《新华网讯》、《中国文物报》、《青海日报》、《农民报》、《青海人民广播电台》、《西海都市报》等多家新闻媒体上刊发了水陆道场绢本画的研究成果。在"三普"工作中散发"保护文物，人人有责"传单，向群众宣传《文物保护法》，普及文物知识。建立了乐都县博物馆网站，点击率高，达到了预期的宣传效果。

交流合作　建馆以来，馆藏许多珍贵文物，曾多次参加国家、省、兄弟市县博物馆各类展出活动，收到了良好地社会效果。

经营管理

[单位性质]　公益类全民事业单位

[经费来源]　地方财政全额拨款

[机构设置]　馆内设办公室、资料室、文物修复室、陈列室、保管部、保卫部、研究室7个部门。

[人员编制]　事业编制数13人，现编人数12人（女性8人）。编制人员中大学本科6人，大专7人，管理人员1名，专业技术人员11人，其中高级职称1人，中级职称5人，初级职称6人。馆内还配有4名保洁人员。

[观众接待]　年均观众5000人次。

参观指南

[地址]　青海省乐都县博物馆

[邮编]　810700

[电话]　0972-8622558

[传真]　0972-8622474

[电子邮箱]　mmsfy@126.com

[开放时间]　每周一至周五，9:00—16:00

（撰文：白万荣）

民和回族土族自治县博物馆

Minhe Prifectural Museum

概述

类型 地方综合性博物馆

隶属关系 青海省民和回族土族自治县社会发展局

所在位置 青海省民和县回族土族自治县川口镇南大街文化广场内。

创建时间 1958年

正式开放时间 1984年10月1日

面积 占地面积500平方米、建筑面积950平方米

建筑、布局 大楼坐北朝南，钢筋混凝土结构六层楼房，展厅四个，实用面积750平方米,库房面积200平方米。

历史沿革 1958年，经民和回族土族自治县人民委员会批准，成立了民和县博物馆，1959年，民和县博物馆、文化馆、图书馆三馆合署办公。1961年，机构调整时，民和县博物馆和文化馆合并，成立文化馆文物组。1980年，文物组划归民和县图书馆管理。1984年3月，青海省文物管理处拨专款修建文物展厅，面积为200平方米。1984年10月

民和县博物馆外景

1日，民和县图书馆文物组正式开馆，首次举办《民和县出土文物展览》，共展出各类文物200余件。1985年7月4日，民和县人民政府批准成立县博物馆，编制5名。1995年12月，博物馆新馆建成，总面积750平方米，大小展厅4个，1996年6月正式对外开放。2001年3月16日，该县政府批准成立民和回族土族自治县文物管理所，自此形成了县博物馆、县文物管理所两块牌子一套人马的建制格局，担负着全县文物保护与收藏、研究、陈列宣传的文物保护和博物馆工作。

历任馆长 尹万福（1985～1990）；何克洲（1991至今）。

业务活动

基本陈列 《民和回族土族自治县出土文物展览》，以时代先后顺序陈列展览,主要体现新石器时代彩陶文化的发展变化和艺术特点。整个展厅陈列面积200平方米，展出藏品230多件。主要藏品有马家窑文化彩陶、齐家文化玉器、清代金壶等。并定期调整充实展品，从多层面多角度展现出该县历史面貌。

临时展览 该馆长年坚持贴近实际、贴近生活、贴近群众的原则，充分利用临时展厅引进、自办或联办了《人民的好总理——周恩来大型图片展》、《神州名胜、世界名胜、伟人足迹大型微缩景观展》、《海西州元代干尸展》、《民和回族土族自治县十年成果摄影展》、《民和县改革开放二十年成果摄影展》等一系列专题陈列。为了拓展历史文化教育平台，扩大博物馆教育的影响面，结合本县实际，把《人民的好总理——周恩来大型图片展》送到该县三川地区进行展出，并和教育、宣传、团县委等部门合作，与县城地区的24所中小学建立长期合作关系，有计划地组织在职职工、学校师生到博物馆参观各种展览。

藏品管理

[藏品来源] 藏品主要来源于1986年、1987年盗墓活动查收、历年征集和近几年公安破获盗墓案件后移交。

[藏品类别] 主要以马家窑文化陶器为主，藏品类别有石器、骨器、玉器、青铜器、铁器、瓷器、金银器、字画。藏品总数为6116件，分别为金器1件，银器3件，玉器5件，青铜器9件，铁器35件，瓷器4件，石器125件，骨器20件，字画58件，陶器5856件。重要藏品有金器、彩陶、玉器。

[藏品保护] 民和县博物馆承担着全县22个乡镇的可移动和不可移动文物的保护管理任务。博物馆建有专门的文物库房，建立了藏品总账、分类账和每件文物藏品的

马家窑类型彩陶盆

齐家文化陶鬲

档案，具有保障藏品安全的设备和设施，馆藏珍贵文物设立了专柜并有专人负责保管，所有藏品严格按照博物馆藏品管理要求对馆藏文物进行保护和研究。近年来对馆藏的320件彩陶文物进行了修复，并加大了文物库房的值班力度，确保了馆藏文物的安全。另外全县现有国家级文物保护单位2处、省级文物保护单位27处、县级文物保护单位24处，文物保护点900多处。根据文物保护单位的"四有"工作要求，已完成了40多处文物保护单位的"四有"工作档案。

科学研究　该馆工作人员主要从事全县的历史文化遗产的保护管理工作，以及馆藏文物的保护管理和研究工作，在学术研究上也取得了一定的成绩。参与编写的《民和阳山》、《民和核桃庄》和《中国文物地图集——青海分册》等专著。参加了民和县胡李家遗址和民和县喇家遗址考古发掘工作，喇家遗址被评为2000年中国十大考古发现之一。在《考古》、《中国文物报》等刊物上发表了《青海省民和县胡李家发现汉墓》、《县市级博物馆馆藏文物被盗的原因及对策》、《早期彩陶之瑰宝——马厂类型螺旋纹彩陶壶》等学术论文。

宣传教育　在多年的文物保护实践中，该馆为了提高全民的文物保护意识，充分利用农村集市、节假日，通过开展文物宣传月、宣传周，以及"文化遗产日"、"三下乡"等活动，利用宣传车、广播电视、宣传单、下发文件、召开会议等多种形式，经常性地开展《文物保护法》的宣传教育活动，普及文物保护知识。大大地增强了广大干部群众的文物保护意识，先后有432人次主动向县博物馆上交文物581件，其中珍贵文物15件。全县已形成"保护文物、人人有责"的良好社会风尚。1998年该博物馆被县委、县政府命名为全县的爱国主义教育基地、县级文明单位、县级文明小区。2006年9月，国家文物局授予该博物馆"郑振铎—王冶秋文物保护奖"先进集体，2006年12月，文化部和国家文物局授予民和回族土族自治县为全国文物工作先进县。

交流合作　该馆十分重视与全国文物考古界、博物馆界同行及其专业领域的密切交流和合作。1999年至2009年，配合中国社会科学院考古研究所和青海省文物考古研究所，完成了喇家遗址的田野考古发掘工作。该遗址的发掘成果被评为2001年度全国十大考古新发现。2005年被国家文物局列入全国100处重点遗址保护项目。2008年5月，派三名工作人员到青海省博物馆宣教部进行讲解员培训。2005年至2008年该馆配合省文物考古研究所完成了积石峡库区和寺沟峡库区的文物考古抢救发掘工作。

经营管理

［单位性质］　全民事业单位

［经济来源］　财政全额拨款

［机构设置］　设办公室、业务室、文保室。

［人员编制、组成］　事业编制数为9人，现在编人数9人。中级职称2人，初级职称3人；本科3人、大专6人。

［观众接待］　年均接待观众5000多人。

喇家遗址发掘现场

参观指南

[地址]　青海省民和回族土族自治县川口镇南大街文化广场文博楼

[邮编]　810800

[电话]　0972-7511453

[电子邮箱]　mhxbwg@163.com

[开放时间]　9:30-17:30

[票价]　免费

（撰文、摄影：张德荣）

西宁市博物馆

Xining Museum

概述

类型　地方综合性博物馆

隶属关系　隶属于青海省西宁市文化广播电视局

创建时间　1992年

正式开放时间　2006年

所在位置　位于青海省西宁市西关大街南凉虎台遗址公园内

建筑、布局　"虎台"为南凉国建筑遗迹，为正方体覆斗式夯土建筑，底边各长138米，顶边各长40米，高32米，博物馆位于虎台遗址南广场的西侧，成为虎台遗址的组成部分，整个遗址公园环境优雅，历史文化氛围浓厚。

博物馆为仿古建筑（混凝土框架结构），坐西向东，内设两个文物展厅，建筑面积750平方米。

历史沿革　1978年前青海省西宁市没有文物公共收藏之所，其工作任务由省文物部门承担。1958年市文化馆中配备兼职文物工作人员1名。1978年市文化馆成立文物考古组，配备专职工作人员2名，开始征集、采集收藏出土文物；同年市文化局成立文物科，至1979年有专职工作人员3名。1984年单独建制西宁市文物管理站，1991年西宁市文物管理站更名为西宁市文物管理所。1992年成立西宁市博物馆，与西宁市文物管理所合署在西宁市区城隍庙内办公，城隍庙鉴心殿、后寝宫作为展厅。2006年在南凉虎台遗址公园新建馆舍，同年开放。工作人员9名。

历任馆长　马国均（1992～2000）；曾永丰（2000至今）。

业务活动

基本陈列　虎台展厅《西宁古代民族融合文物展》，利用98件文物藏品、文物图片、历史资料揭示了羌、胡、汉、鲜卑和吐蕃古代民族的融合过程；城隍庙鉴心殿、后寝宫展厅《西宁古城变迁展》，用大量文物图片和历史资料介绍了西宁古城由西平郡——青唐城——明、清城的演变过程。

临时展览　《馆藏字画展》、《山陕会馆历史图片展》作为基本陈列的补充，丰富了博物馆陈列，向观众提供了普及型、休闲型文化陈列。

藏品管理

[藏品来源]　考古发掘、采集、征集（购）等。

[藏品类别]　有石器、玉器、陶器、青铜器、瓷器、银器、书画等，其中以陶器为主。

[藏品统计]　馆藏文物达2000件（不包括钱币），其中国家一级文物4件、二级文物10件、三级文物6件。

[重要藏品]　马家窑文化不仅是河湟早期文化的代表，而且是我国彩陶文化鼎盛发展的象征，马家窑文化马家窑类型器物尤为珍贵。20世纪90年代，在花园台遗址征集10余件马家窑类型陶器，其中一件彩陶盆，内外彩手法高超，线条舒畅，自然流动，布局讲究，疏密有度，轻重和谐。是研究新石器时代彩陶绘画技能、绘画构思、绘画

西宁市博物馆外景

文物展厅

马家窑文化 彩陶盆

布局的珍贵实物。

[藏品保护] 原有文物库房基本条件较差，面积不大，只分类陶器和字画库房，配备防盗报警设备。符合国家及省市有关藏品管理要求的文物库房2010年动工建成。

科学研究 西宁市博物馆成立以来，始终重视本地历史文化的研究，结合文物遗存和历史资料撰写了论文，取得了显著成果。近五年来陆续发表了《柴达木盆地环境演化与绿洲农业变迁初步研究》、《浅谈文物修缮不改变文物原状的原则》、《西平郡城考》、《浅述民间文物收藏的作用与法律地位》、《浅谈青海民族民间艺术的困惑与保护》、《博物馆陈列与历史研究》等学术论文；还与西宁市政协合编西宁文史资料《西宁文化集萃——古迹胜景》等书籍。

经营管理

[单位性质] 国有纯公益类事业单位

[经费来源] 地方财政拨款

[机构设置] 陈列保管部、宣教保卫部

[人员编制、组成] 编制10人，实际在编人员9人，文博专业人员6人。在编人员中大学本科3人，大专3人，文博副研究员1人，文博馆员2人，具备一定的专业技术能力，担负着西宁市地上、地下文物的保护、征集、保管和研究、宣教职责。

[观众接待] 2006～2009年度年均观众人数25000人次。

参观指南

[地址] 青海省西宁市西关大街虎台遗址公园

[电话] 0971-4385519

[开放时间] 5月至11月9:00－16:00，星期一休息。

[票价] 免费

（撰文：曾永丰）

西海郡博物馆
Xihaijun Museum

概述

类型 地方综合性博物馆

隶属关系 隶属青海省海北藏族自治州海晏县文化体育广播电视局

创建时间 1992年7月

所在位置 位于青海省海北州海晏县西海路107号，315国道西侧，交通便利

面积 占地面积1300平方米、建筑面积706平方米

布局 楼房坐西朝东，面向315国道而设，整体为三围合院落式三层砖混结构楼，建筑具有浓重的藏式风格。一层正门大厅为《虎符石匮》展厅，两侧分列办公室和图书阅览室。二层正中为文物展厅，两侧分列为书库和民间民俗剪纸展厅。三层为电子阅览室。

历史沿革 1953年成立海晏县文化馆，1979年成立海晏县图书馆，1992年成立海晏县西海郡文物管理所。2005年更名为海晏县西海郡博物馆（同文化馆、图书馆合署办公），为事业单位隶属海晏县文化体育广播电视局管辖。2005年通过"两馆"建设项目，并于2006年10月新建集文化、图书、博物三馆为一体的综合楼。因展厅在装修，暂无陈列开放。

西海郡博物馆因西海郡故城遗址及遗址内出土的附属文物"虎符石匮"而得名。西汉末年，王莽取得朝政实权后，为实现"四海一统"的政治绩象（因当时已有东海郡、南海郡和北海郡），故而在青海湖边设置西海郡。

海晏县西海郡故城俗称"三角城"。城址依势而建，规模宏大，城址略呈正方形。东西长600～650米，南北宽600

西海郡博物馆

米。城墙残高4～12米。城址保存基本完整。西海郡的设置把汉代西部疆域和郡县制扩大到青海湖地区，使青海西羌活动地区划入了当时汉朝代的政治统治区域之内，对以后整个青藏高原逐步归入祖国的版图有着深远的意义。1988年1月13日被国务院公布为第三批全国重点文物保护单位。

历任馆长　李延帮（1992.7～1998.4 任文化图书西海郡文物管理所副馆长）；马世录（1998.5～2000.3 任文化图书西海郡文物管理所副馆长）；李启录（2000.3～2005.4 任文化图书西海郡文物管理所副馆长）；李启录（2005.4至今 任文化图书西海郡博物馆副馆长）。

业务活动

藏品管理

[重要藏品]　虎符石匮是海晏县西海郡故城遗址内出土的附属文物。现安置在海晏县文化图书西海郡博物馆内。虎符石匮由花岗岩雕凿而成，雕刻技术采用写实手法，布局简洁明快，造型雄健优美。高达2.03米，由虎符和石匮上下两部分组成。正面有铭文"西海郡　虎符石匮始建国元年十月癸卯　工河南　郭戎造"。这件组合成套的带铭石刻是我国迄今发现时代最早的大型石刻，为研究王莽改制，我省古代郡县制的建置以及当时的雕刻，书法艺

虎符石匮

术等提供了珍贵的实物资料。

[藏品保护]　鉴于文物、民俗展厅尚在装修中，现有西海郡部分出土文物暂且保存在该县的档案馆内。

宣传教育　新建文化图书西海郡博物馆自开馆以来，各展厅、图书阅览室、电子阅览室等向公众免费公开开放参观、阅览等，并制作专题片通过大屏幕大量宣传我县优秀的文化遗产，因而西海郡故城及出土文物具有极强的感召力，年参观群众多达数万人次，有力的推动了地方文化遗产的宣传教育作用。

经营管理

[单位性质]　全民事业单位

[经费来源]　全额财政拨款

[机构设置]　现内设文物、图书、文化三个部门。

[人员编制、组成]　事业编制数为10人，在岗职工14人，其中含临聘4人。

参观指南

[地址]　青海省海北州海晏县西海大街107号

[电话]　0970-8630861、13619705439

[邮箱]　qq@343368552.com

（撰文：冯秦丽）

青海柳湾彩陶博物馆
Qinghai Liuwan Painted Potter Museum

概述

类型　社会科学类考古学专题博物馆

隶属关系　隶属于青海省文化和新闻出版厅管理的省级博物馆。

正式开放时间　2004年4月28日

青海柳湾彩陶博物馆外景

所在位置　位于青海省乐都县高庙镇柳湾村。距省会西宁市约78公里，交通便利，高速公路、109国道从此穿行。就近有农家风味茶园。

面积　占地面积共6000平方米，其总建筑面积为2200平方米，可供展览的面积为1500平方米。

建筑特点　外观造型突出了典型彩陶盆、罐及纹饰特点，主体为三层、两侧配以扇形裙楼，是现代艺术和史前艺术的完美结合。

历史沿革　1974年，柳湾墓地被发现，开始进行考古

发掘。1980年，为了柳湾墓地大规模的发掘和保护，在柳湾村设立了"青海省考古队柳湾工作站"，并开始筹建馆舍。1985年，改名为"青海省彩陶研究中心"。1986年11月，完成了《柳湾墓地》基本陈列，一些精品彩陶正式与观众见面。2000年4月，开始修建新馆。2001年7月，正式成立中国青海柳湾彩陶博物馆。2003年底，完成了新馆基本陈列的布展工作。2004年4月28日对外开放，成为我国最大的彩陶文化博物馆。2006年，博物馆所在地的柳湾遗址被国务院命名为全国重点文物保护单位。2008年4月，博物馆被团中央命名为全国青少年教育基地。2009年4月，博物馆被中宣部公布为全国爱国主义教育基地。

历任馆长　刘小何（2001.7～2005.3）；陆晓华（2005.3～2007.4）；王国林（2007.5至今）。

业务活动

基本陈列　《柳湾墓地》陈列，展览面积共1500平方米，共展出文物548件套。

博物馆推出的《柳湾墓地》陈列以墓葬的复原、精美的文物、生动形象地展示了江河源头史前先民非凡的艺术成就。流畅的展线使我们回顾遥远的过去，感受彩陶文化的魅力，畅想无尽的未来。

墓葬复原场景

展览特点：①墓葬复原是展览的最大特色，充分利用现有的场地，突出重点，坑位、棺木、骨架都脱模于原墓葬的照片，并放置原有墓葬中的文物，给观众予很真实的感觉，在设计中淡化了墓葬带给观众的不良情绪，把灯光都集中在柳湾墓地的大型喷绘和坑位及图版说明上，从而达到理想的展览效果。②整个展览展线比较流畅，给观众的感觉像走进了原始的冥冥世界当中，又从彩陶的世界当中走出来。③展览主体色彩与所占出的展品相和谐，如彩陶的质地较粗糙而色彩鲜明并且还有陶的质感，就大胆地

运用了深灰色调，显出了彩陶的艺术美感。④展品的陈列较为合理，大小、稀疏、错落都恰到好处，不显得杂乱，让观众感觉在紧凑中包含了活泼。

藏品管理

[藏品来源]　博物馆馆藏的藏品大多都出土于青海柳湾墓地，自1974～1986年发掘以来，以出土文物数量之多，墓葬区面积之大，文化层延续时间之长，文物类型之丰富，在我国考古史上首届一指，也是研究青海史前文明的重要考古资料。墓地出土的彩陶以其多样的造型、繁缛的纹饰、奇妙的构图在我国彩陶文化中使无与伦比的更是举世瞩目的，充分展示了我国彩陶文化鼎盛时期的风貌，柳湾由此被称为"彩陶的王国"。

[藏品类别]　分陶器、骨器、石器、玉器、装饰品等。

[藏品统计]　陶器近17000多件，石器932件，骨器76件，装饰品18246件，其他1366件，藏品总数共四万余件。

[重要藏品]　裸体人像彩陶壶、彩陶靴、鸮面罐、蛙纹彩陶罐、人头像彩陶壶、骨刀、骨叉等。

[藏品保护]　藏品都存放于一般库房中，陶制文物处于自然环境状态下的木质文物架上，其它质地文物存放于木箱中。博物馆共有三个文物库房，库房面积1000平方米。

展厅彩陶墙

科学研究　自柳湾墓地发掘工作开始以来，该馆一直重视学术研究，随着柳湾墓地的发掘工作的结束，出版发表了《青海柳湾》（上、下册）、《青海古代文化》、《青海彩陶》、《青海彩陶纹饰》、《燧火的赠品》等一系列的考古报告和专著。

宣传教育　自开馆以来，该馆积极主动宣传彩陶文化和博物馆，文字宣传资料有：①、青海柳湾彩陶明信片一套（共10张），1986年版。②、柳湾彩陶明信片一套（共12张），2004年版。③、博物馆展览开馆的首日封一枚，

鸮面罐

人头像彩陶壶

蛙纹彩陶罐

2004年初。④、展览折页一份，2004年初。⑤、博物馆彩色简介《彩陶王国》一份，2006年6月。

影像宣传资料：1986年与青海电影制片厂，合拍了《柳湾彩陶》记录片；青海电视台拍摄《西部大开发》专题节目；西宁人民广播电台制作《风景这边独好》专题旅游节目；青海电视台拍摄制作《百姓视点》专题节目；乐都宾馆与青海柳湾彩陶博物馆共同拍摄宣传专题《美丽的乐都》；与中央电视台拍摄了《中国博物馆100集》。与中央电视台《走遍中国》栏目合作制作了专题片《柳湾彩陶之谜》；与青海电视台技术部合作制作了高清晰度《柳湾彩陶》VCD和DVD光盘。

交流合作　自开馆以来，该馆与上海师范大学博物馆、南京博物院、上海闵行区博物馆、甘肃省博物馆、上海金山区博物馆、广东东莞蚝岗遗址博物馆、半坡博物馆等在文物展览、人员培训等方面的开展了交流与合作。

经营管理

［单位性质］　国有公益性事业单位

［经费来源］　地方财政拨款

［机构设置］　设办公室、业务部两个部室。

［人员编制、组成］　共有编制数9人。本科学历3人，大专学历4人，高中学历2人；副高职称1名，中级职称3名。

［服务观众项目］　为观众设有与陈列主题内容相关的触摸屏、休息椅等，此外，还设有卖品服务部，在法规允许的范围内经营仿古彩陶、介绍青海民族文化的图书以及工艺品等供游客购买赏析。

［观众接待］　自开馆以来，年参观人数约5万人次，讲解受听人数超过95%。

参观指南

［地址］　青海省乐都县高庙镇柳湾村

［邮编］　810701

［电话］　0971-8658151（馆长办公室）

　　　　　0972-865216　（办公室）

　　　　　0972-8658044（值班室）

［传真］　0971-8658151

［电子邮箱］　lwctbwg@sina.com

［开放时间］　8:30—18:00，常年开放，节假日不休。

［票价］　25元/人，学生、现役军人、老年人、残疾人5元/人。

［免费对象］　1、未成年人集体组织参观（参观时间进行预约）　2、家长携带未成年子女，未成年子女免票。

（撰文：张成志）

青海省民俗博物馆
Folk Custom Museum of Qinghai

概述

类型　社会科学类民俗专题博物馆

隶属关系　青海省文化和新闻出版厅

筹建时间　2004年6月

正式开放时间　2006年5月1日

所在位置　青海省西宁市城东区为民巷13号

民俗博物馆大门

玉石厅全景

面积 占地面积29550平方米,建筑面积6183平方米

建筑、布局 以多院落组成的20世纪中上期建筑为馆所。

青海省民俗博物馆,馆址位于西宁市城东区"馨庐"院内。"馨庐"原为解放前青海国民政府主席马步芳的私人官邸。"馨庐"名称取自唐代刘禹锡的《陋室铭》,因为马步芳堂号是"公德堂",故取上文中"唯吾德馨"的"德"字下面的"馨"字。"馨"字下面有"香"字,正好与马步芳父子的号"子香、少香"相吻合,"庐"字是取自上文中的"南阳诸葛庐"的"庐"字。"馨庐"二字由时任国民政府主席的林森书写并署名。馨庐始建于1942年6月,距今已有60余年的历史,共有房屋299间,分别由前院、中院、南院、西一号院、西二号院、西三号院及后花园等七个独立而又相互联系的院落组成。院内环境优美、建筑古朴典雅、气势宏伟。是青海乃至西北最为完整的民居建筑之一。因为在建筑装饰材料上选用了大量本地产的白玉,所以在民间又称"玉石公馆",具有较高的历史文物价值和浓郁的地方民族文化特色,其影响波及全省乃至整个西北地区,就全国而言也是唯一一座选用大量玉石来装饰墙面的民居。1986年被青海省人民政府确立为省级文物保护单位。

历史沿革 为弘扬民族民间优秀文化遗产,青海省文化厅于2002年决定成立馨庐文管所。2003年6月,又成立了青海省民俗博物馆(馨庐文物管理所原班人马,一套人马,两块牌子)。2006年5月1日正式对外开放。

历任馆长 张青勇(2004至今)。

业务活动

基本陈列 青海历来就是一个多民族聚居的地区,青海的历史是古代羌族和以后的小月氏、匈奴、汉、鲜卑和吐蕃等民族,以及近世的汉、藏、回、土、撒拉、蒙古等民族之间文化交流、融合、相互团结、共同发展的历史。

各民族在服饰冠履、饮食起居、婚丧嫁娶、游艺竞技、宗教信仰、岁时节令、民风民俗等方面无不散发着浓郁的民族特色。有鉴于此,青海省民俗博物馆特推出《馨庐公馆陈设》、《民族风情展》、《民俗文物展》三个主题展览。《馨庐公馆陈设》设有贵宾厅、玉石厅、警卫楼、夫人楼等景区;《民族风情展》设有汉、藏、蒙古、土族、回族、撒拉族等展馆;《民俗文物展》设有牌灯、古磨房、古油坊、民族服饰等展馆。

基本陈列的艺术设计特点,主要采用原汁原味的实物、文字、图片等,运用以实物为主、配以讲解来渲染,尽力达到实物与图片、静态与动态相结合的陈列效果。

基本陈列共展出藏品380余件,其中重要藏品为反映西北高原作物耕种的播种机、犁、耙、脱粒、碾米等生产工具;大型的水磨、大型木质榨油机等;具有非物质文化遗产和具有鲜明地方特色的青海湟中牌灯、土族刺绣长卷等有关的实物展品。

临时展览 在保证基本陈列展览的同时,充分发挥民俗博物馆优势,推出外省民族风情。如2008年,为庆祝"全国文化遗产宣传日"引进云南侗族风情表演团来馆进行

土族刺绣长卷

演出，大力宣传云南地区的风土人情，让广大市民和青少年更好地了解和认知民族民俗风情，收到了广大市民的好评。

藏品管理

[藏品来源] 主要是向社会有价征集，其次是接受有关单位的移交和社会公众的捐赠。

[藏品类别] 主要是生产生活习俗、文化习俗和杂项三个大类。

[藏品统计] 截止2009年，藏品总数388件，其中道具工具224件，服装服饰51件套，民俗器具5件套，图书文献108册卷。

[藏品保护] 主要是按照藏品的类别、质地和价值，采取分设库房、分柜存放的传统技术措施。

科学研究

发表的论文有《馨庐建筑特色探析》、《要重视民俗博物馆的发展》、《青海馨庐》等。

宣传教育

民俗博物馆是收集和展示地方民族民俗文化资源的平台，自开放以来，积极通过媒体宣传、编发资料等形式进行了大力宣传。

开馆至今，西宁晚报、西海都市报、青海日报、西宁电视台、青海电视台等新闻媒体都对馨庐作过专门的报道，香港文汇报以1/2版面对馨庐的历史沿革、建筑特点作了详细报道，现有六十多家网（点）站都刊登过关于馨庐的内容，大大提高了馨庐乃至青海的知名度。现景区已升级为国家AAAA级景区。

经营管理

[单位性质] 国有事业单位

[经费来源] 财政全额拨款

[机构设置] 建立馆长负责制、岗位责任制的管理体系，设有馆长室、办公室、保卫科等。

[人员编制、组成] 全馆职工28人，其中在编人数5人，聘用人员23人；大学本科4人，中专1人；中级职称3人。

[服务观众项目] 设有超市、停车场、游客休息室、导游服务中心、投诉电话等。

[观众接待] 开馆4年来，接待服务的中外游客人数为：2006年5万余人次；2007年6万余人次；2008年7万余人次。

参观指南

[地址] 青海省西宁市城东区为民巷13号

[邮编] 810007

[电话] 0971-8189190（馆长办公室）

0971-8131080（售票处）

[传真] 0971-8130197

[电子邮箱] qhsqlwgs@sina.com.cn

[开放时间] 8：30—17：30，全年开放，无节假日

[票价] 成人30元，老人、学生凭老年证、学生证15元，现役军人、警察凭证件免费参观。

（撰文：张青勇、宋昊）

青海省海南藏族自治州民族博物馆

Qinghai Hainan Tibetan Prefecture Museum

概述

类型 地方综合性博物馆

隶属关系 隶属于青海省海南藏族自治州文体广电局

建筹时间 1983年3月

正式开放时间 1986年6月6日

所在位置 位于青海湖滨，108国道151公里处，周围有青海湖美丽的自然风光和多家民俗风情接待园

面积 占地320平方米、建筑面积960平方米

建筑、布局 建筑仿藏族民俗风格，为钢筋混凝土结构，分陈列展厅、文物库房、办公室三大部分。

历史沿革 1982年为青海省海南藏族自治州文化馆，1983年始筹建馆舍，1996年6月正式成立海南州民族博物馆，2003年建成海南州民族博物馆综合楼。

历任馆长 刘青彦（1982～1987）；索南才让（1997～2002）；才让当周（2002至今）。

业务活动

基本陈列 2001年8月在青海湖151地区开办了一个青海湖藏族民俗博物馆，举办了两个基本陈列即《历史文物展览》和《藏族民俗文物展览》。这两个陈列主要展示青海湖的历史演变及藏传佛教文物、民族民俗文物。表现地方历史的主题，显示地方历史的主要内容和特色。突出藏

海南州民族博物馆外景

1.藏族民俗展 2.历史文物展

宗日水波纹彩陶盆

贝叶经

族文化风格，民俗风情，艺术表现形式新颖和多样化，艺术装饰与衬托恰如其分。

[陈列面积] 共800平方米。

[重要展品] 有共和县出土的大象化石、石器、新石器时代陶器、瓷器、藏族民俗服饰、唐卡、宗教用具。

藏品管理

[藏品来源] 发掘品、采集品和征集品，少量的捐赠品、移交品。

[藏品类别] 有石器、陶瓷器、青铜器、铁器等。

[藏品统计] 共有馆藏文物4596件，其中一级文物5件、二级文件8件、三级文物20件。

[重要藏品] 贝叶经，释迦摩尼唐卡，宗日水波纹彩陶盆，金汁手抄本大乘解脱经，扎萨克印等。

科学研究

[科研队伍] 有文博副研究馆员2人，文博馆员8人。

[科研成果] 《对开发海南地区文物资源的思考》、《浅谈西部开发中民族文化的建设与发展》、《青海湖藏族民俗博物馆观众调查浅析》、《浅议我省发展旅游与文物保护的关系》等学术论文多篇。

经营管理

[单位性质] 国有公益性事业单位

[经济来源] 全额拨款

[机构设置] 保管研究部、展览部、宣传部、文物安全部。

[人员编制、组成] 现在编正式职工10人，有文博副研究馆员1人，文博馆员6人。

[观众接待] 年接待观众30万人（次）

参观指南

[地址] 青海省海南藏族自治州共和县恰卜恰镇人民街4号

[邮编] 813000

[电话] 0974-8520939

[开放时间] 每年4月20日—10月20日开馆

（撰文：青海省海南藏族自治州民族博物馆）

青海省博物馆

Qinghai Museum

概述

类型 社会科学类综合性博物馆

隶属关系 隶属于青海省文化厅

建馆时间 1986年9月

青海省博物馆外景

所在位置 青海省西宁市西关大街58号（新宁广场东侧）

面积 总占地面积17000平方米、建设面积20800平方米

建筑特点 青海省博物馆坐落在宽阔的新宁广场东侧。整个建筑呈中轴对称布局，中间楼体高五层，两侧楼体高三层。馆外建有花岗岩围栏和廻廊。楼顶正中和四角建有亭阁及廻廊，以琉璃瓦覆顶。呈现出现代化建筑和中国传统建筑相结合的风格，气势宏大，为西宁市标志性建筑物。馆内分门厅、展厅、库房、办公、多功能厅等区域。其中展厅九个，面积为9146平方米。

历史沿革 青海省博物馆最早筹建于1957年，与省文管会合署办公，地点位于隍庙街（现解放路西宁市少年宫）。青海省博物馆筹建处组建伊始，开展了大量工作，进行文物征集，参与考古发掘，组织干部培训，举办展览及参加全国文博界的业务活动等。1959年10月1日，青海省政府为庆祝建国十周年推出了《历史文物》、《柴达木出土文物》和《新旧对比》三个专题展览。1961年7月1日为庆祝建党四十周年，省博物馆筹建处举办了《中国共产党成立四十周年文物资料展览》。此时筹建处已有工作人员50余名，博物馆业务已初具规模。1962年8月，由于国家机构精减，青海省文物管理委员会和青海省博物馆筹建处一并撤销，只留下赵生琛、陈国显、苟相全等人员另组成省文物工作组，直属于青海省文卫厅文化局，负责文物保护工作。1977年5月，经青海省革命委员会批准，将原国民党青海省政府主席马步芳的公馆移交给省文化局，拟作为青海省博物馆馆舍。1978年8月，省编制委员会批复成立青海省博物馆筹备处，为县级事业单位，隶属省文化局。筹备处下设业务科、行政科。1980年，接收省文物处、省考古队移交的历史文物、革命文物、民俗文物等4000余件套。1982年至1985年进行了针对少数民族生活、生产用具的专项调查、

征集工作。并有计划地派出工作人员赴外省博物馆观摩学习和培训。1986年9月26日，青海省博物馆正式成立。

1998年，随着该省文博事业的发展，现有馆舍已满足不了省博物馆业务及社会的需求，新馆建设被适时地提上议事日程，由省上领导牵线，日本企业家小岛镣次郎向青海省捐资7亿日元，作为青海省博物馆新馆的建设资金。1999年4月21日，青海省博物馆新馆建设工程正式开工，2000年10月23日，青海省博物馆新馆竣工，2001年4月30日完成基本陈列《青海历史文物展》，青海省博物馆新馆正式向社会开放。2005年9月，申报"全国AAAA级旅游景点"，顺利通过验收。

历任馆长 马吉祥（1986）；皎守基（1991）；张永溪（1996）；杨志长（1998 常务副馆长）；李智信（1999）；祝君（2004至今）。

业务活动

基本陈列 2001年随着新馆建成，推出了《青海历史文物陈列》，该陈列分为"史前文明"、"藏传佛教艺术"和"民族文物"三个部分。这三个展览在展陈形式上各具特色，在内容上密切关联，在整体组合中充分反映了青海历史发展的脉络，反映了极具地方、民族特色的优秀传统文化艺术。以彩陶为代表的新石器时代和青铜时代文化，是青海历史发展的第一个高峰时期，经考古发掘出土大量陶器及石器、玉器、骨器、青铜器。《史前文明展》以专题的形式，按出土文物的质地分类，组成展览单元，全面展示了青海古代先民在从事生产劳动中所发明创造的工艺技术等方面的不朽成就。《民族文物展》按历史时代为顺序，展出了各时期的文物精品。以物叙史，反映古代青海地区与内地在经济、文化、政治等全方位的密切联系、交流与影响。《藏传佛教文物展》则是藏文化物质遗产的荟萃，青海为藏传佛教发祥地之一，民间蕴藏着丰富

展厅一角

宗教文物，该展分门别类展示了这些文物中的精品。《青海历史文物陈列》展陈面积3200平方米，展出文物1100余件。2003年该陈列在"第五届全国十大精品展览"的评选中获提名奖。2007年开始对该展进行改造，经过两年的筹办，新的基本陈列已向社会开放，陈列名称为《江河源文明——青海历史文物展》，分为："史前文明遗珍"和"历史文物精粹"两部分，并从省文博单位补充了一部分新的展品，在内容设计上对展出文物的历史文化背景资料给予充分的挖掘，扩大信息量。该陈列无论从展厅装饰及辅助展示手段等方面，均有新的突破，给人耳目一新的感觉。

专题陈列　2006年，青海省博物馆开始进行基本陈列改造，充分利用馆藏文物和地方物质文化资源，筹办了四个专题陈列。《七彩经纬——藏系织毯艺术展》：青海是我国四大牧场之一，有着得天独厚的畜牧资源。距今三千年的诺木洪文化遗址中出土了迄今世界上发现最早的毛编织品，古老的毛编织工艺经久不衰，从中衍生发展起来的藏系织毯，如今已成为青海地方的特色经济产品享誉国内外。此展从"源远流长的编织工艺"；"精美绝伦的藏毯品种"；"得天独厚的畜牧资源"三个方面，展示了这一民族风格厚重的物质文化遗产。《造像艺术》和《唐卡艺术》两个专题则从博大精深的藏文化佛教艺术中撷取了两支重要的艺术种类，精选明、清时期至现代的佛造像、唐卡展品200余件，展示其精湛的铸造、绘画工艺。《环青海湖国际公路自行车赛事陈列》：环湖赛是省政府倡导，全省各族人民积极参与而精心打造的一个国际性体育品牌，是亚洲自行车运动的顶级赛事。展览运用图片、实物并辅以电子设备介绍了一至六届环湖赛事盛况。

除基本陈列和专题陈列外，青海省博物馆自建馆以来每年推出10～20个临时展览，在展览题材的选择上，注重其知识性、趣味性，注重社会效益。其中有不少临时展览受到观众的欢迎，如：《禁毒展览》、《解放青海四十年图片展》、《青海社会发展成就展》、《党和国家领导人外交礼品展》、《清宫帝后生活用品展》、《毛泽东遗物展》等等。

藏品管理

[藏品来源]　主要有接收考古单位移交文物、馆际间调配文物、民间征集捐献等几种途径。

1980年省博物馆筹备处从省文物考古队接收原博物馆筹建处旧藏4000余件（20世纪50年代省博物馆积累藏品，计有民族民俗、革命及社建文物资料等）。1984年，青海籍爱国人士候国柱将购自海外的隋唐真本写经捐献青海省

博物馆。1985年省文物考古所移交考古发掘文物300件。1999年接收考古所移交文物400件。2007年接收考古所交1900件，还有从省文物商店及省内州、县文博单位调拨的文物近600余件。多年来还从社会接受捐献、收购征集到一批文物。

[藏品类别]　主要有史前文物（陶器、石器、青铜器、骨器、玉器）；历史文物（金银器、铜器、陶器、画像砖、钱币、印章、瓷器、字画、丝绸、玉器、木器等）；宗教文物（佛像、唐卡、法器等）；民俗文物（服饰、生产生活用具、工艺品等）。

[藏品统计]　总计13012件，其中一级藏品69件，二级藏品355件，三级藏品88件，一般文物及参考品12200件。

[重要藏品]　史前文物重要藏品中以彩陶数量为多，"舞蹈纹盆"、"双人抬物盆"、"弦纹壶"等一批精品彩陶有很高的艺术价值；骨器有骨勺、骨叉、骨刀、骨饰等；青铜器时代有铜镜、圆銎大矛、鸠首牛权杖等；汉代有画像砖、釉陶、金釦羽觞、金牌饰、官印等；唐代的丝织品、西亚织锦、唐人写经等；宋元时期有西夏瓷、元代纸币、金钵等；明清时期有铜鎏金佛造像、永乐款铜鎏金观音像、宣德款鎏金铜瓶、永乐款鎏金铜鼎、明清朝廷颁发的各种印信、唐卡、法器、金银器、羊皮画等；近现代名人字画、民族服饰、民俗文物等等。

双人抬物盆

狼噬牛金牌饰

[藏品保护]　青海地势高亢，复杂的地貌格局形成不同的生态区域，由此而造成不同的气候现象，总的说来高原日照强，干燥、落尘大等等。青海省博物馆在文物收藏、展陈过程中，特别注重防紫外线、防尘和防微生物，根据不同质地文物的特点和环境特点采取防护措施。2000年随着新的文物库房使用，建立起"有机文物防霉除虫化学熏蒸"等藏品保护机制。目前还与国内文保技术部门合作开展了馆藏纸质文物的保护及金铜造像的修复保护工作。对藏品库进行恒温、恒湿控制，力争达到有关文物的保护标准。

科学研究　青海省博物馆业务人员围绕馆藏文物、陈列展览、社会宣传等基础性工作，在地方史、民族民俗、历史文物等范畴进行了学术研究。1992年成立了省博物馆学术委员会，并于1993年12月召开了首届学术研讨会，全馆共提交宣读论文22篇，1995年召开第二届学术研讨会，宣读论文14篇。

1983年至1985年，青海省博物馆筹备处牵头组成由考古、历史、摄影等专业人员参加的"唐蕃古道"考察队，历时三年，经陕西、甘肃、青海、西藏四省区，对沿途寺院、驿站、城堡、要塞、渡口、遗址以及民风民情进行了全面考察，获得大量珍贵资料。唐蕃古道东起唐都长安（今西安市），西达吐蕃都城逻些（今拉萨市），是唐与吐蕃王朝进行政治联系、商旅贸易、文化交流等活动的交通主干道，被誉为藏族与祖国内地密切联系的纽带。考察获得的资料被编集为大型画册《藏传佛教艺术》，以及《唐蕃古道考察文集》、《唐蕃古道》、《唐蕃古道史料汇编》、《唐蕃古道志》等著作出版发行。

青海省博物馆建馆以来，经几届领导班子和全体职工的不懈努力，在学术专业人才培养、学术研究方面取得长足进步。目前全馆在编人员为48人，其中研究员3名、副研究员11名，馆员7名，从业人员整体业务素质在不断提高。据不完全统计，全馆职工在国内外学术杂志发表论文及科普文章一百多篇，正式出版《藏艺》、《青海古建综述》、《原始宗教与原始艺术》等著作。

宣传教育　青海省博物馆积极通过广播、电视及平面媒体等多种渠道向社会公众宣传介绍本馆举办的展览和重要文化活动，有效地发挥了文化宣传和信息传播的社会教育功能。另外还印制了《馆藏文物精品明信片》，编印了青海省博物馆简介、文物介绍等小册页向观众发放。2007年建立了青海省博物馆门户网站。长期以来，青海省博物馆面向社会，采取"走出去，请进来"的措施，与省内学校、部队、乡村等建立广泛的联系，开展共建活动，每年

1.大美青海香港行　2.在贝宁共和国展出

派出宣传小分队深入基层进行历史、民族文化宣讲，积极参与省政府、省妇联及行业举办的各种演讲比赛，并取得优异的成绩。为宣扬爱国主义教育，传播优秀的民族文化，发挥了良好的作用。1997年青海省博物馆被国家文物局授于"全国优秀爱国主义教育基地"称号。1998年被青海省政府授于"学校德育基地"称号。

交流合作　青海省博物馆建馆后，便积极开展与其它省、市、自治区博物馆的业务合作与交流，引进和推出展览项目。随着我国文博事业的发展，展览交流范围日益扩大，合作形式也越来越灵活，极大地丰富了青海省博物馆的展陈内容，据不完全统计，先后与国内外七十余家文博单位合作，引进或推出展览二百多个。

1987年，青海省博物馆在香港举办《藏传佛教文物展览》引起港埠各界很大的反响。1993年美国印第安娜州玻利斯艺术馆考察团访问青海省博物馆，双方就学术、展览交流达成意向，实施了人员互访。双方共同对青海民族民俗文化、伊斯兰建筑等进行深入的考察。2004年，青海省博物馆应澳门行政总署邀请，在澳举办《申岁满盈西北情——青海春节习俗展》，并作了"青海民间艺术"、"青海历史文化"专题讲座，吸引了大量当地各界人士及

游客。2008年3月，青海省博物馆在香港举办《青海历史文物展》，该展是青海人民政府在香港举行"大美青海"经贸及文化宣传活动的重要组成部分之一。9月，受国家文化部的委派，青海省文化厅组织展演团赴非洲肯尼亚、贝宁进行文化交流活动，青海省博物馆的《青海民族民间艺术展》随团在贝宁展出，受到当地群众热烈欢迎。除展览交流外，青海省博物馆还广泛与省内外相关单位进行交流合作，派专业人员参加各项专业培训。为青海省旅游部门举办的导游培训班讲授历史文化知识等业务辅导。

经营管理

[单位性质]　国营社会公益性事业单位

[经费来源]　政府全额拨款

[机构设置]　设有保管研究部、展览部、宣传教育部、办公室、文物安全部、文化服务部、设备管理部7个部门。

[人员编制组成]　人员编制48人，在岗81人。专业技术人员33人，行政后勤人员15人，临聘人员33人。

[服务观众项目]　为观众提供有休息茶座、小卖部（分为工艺品、土特产、音像书籍等卖区）、服务中心等设施。

[观众接待]　年观众人数原平均为10万左右，自2008年4月1日向社会免费开放后，到2009年4月观众人数增至30余万人次。

参观指南

[地址]　西宁市西关大街58号（新宁广场东）

[邮编]　810008

[电话]　0971-6118691（馆办）

[电传]　0971-6118671

[电子邮箱]　qh.bwg@163.com

[网址]　http://www.qh.museum.com

[开放时间]　每周一闭馆，9:00—17:00

[票价]　免费

（撰文：孟青生）

青海藏医药文化博物馆

Qinghai Tibetan Medicine Museum

概述

类型　社会科学类藏医药业专题博物馆

隶属关系　隶属青海金诃藏药集团

筹建时间　2003年11月19日立项

正式开放时间　2007年5月1日

1.青海藏医药文化博物馆外景　2.中国民族博物馆青海藏医药文化博物馆挂牌

所在位置　位于青海省西宁市生物产业园区经二路36号

面积　占地面积200亩、建筑面积1.2万平方米

布局　整体建筑坐南朝北，馆舍主体分三层，共有展厅8个；底层5500平方米，为陈列展厅、卖场、文物库房和办公区；二、三层各为3200平方米，为陈列展览厅；楼顶设有千佛殿，面积为300平方米。

建筑特点　整个建筑气势宏伟，昂扬大气，内涵深邃，借用天圆地方的理念，融藏族传统建筑风格与现代建筑艺术于一体，在周围建筑物与园区广场的衬托下，成为生物产业园区统一和谐的标志性建筑，不但具备浓郁的藏民族文化艺术特色，又兼有现代先进的建筑手法和科技含量，再加上流光溢彩的各种文化艺术精品陈列其间，更使每一位参观者有仿佛徜徉于藏民族艺术文化殿堂的神奇感觉。

历史沿革　2003年11月19日，青海省文化厅批复金诃集团公司，同意成立青海藏医药文化博物馆。2004年8月12日，邓本太副省长主持召开了藏医药文化博物馆建设的专题会议。决定青海藏医药文化博物馆由生物园区管理委员会和青海金诃藏医药集团公司共同投资建设，发扬光大藏医药文化，发展特色文化产业，充分展示独具特色的传统藏医药文化体系，保护、利用藏医药文化，传播和推广藏医药知识，研究、整理和开发藏医药资源。2005年4月10日，藏医药文化博物馆土建基础工程正式开工，2005年底主体工程竣工，2006年9月装修、布展完成。2007年5月1日，经半年多的试运行后，青海藏医药文化博物馆正式开馆。2007年11月27日，青海藏医药文化博物馆被国家旅游局批准为国家AAAA级旅游景区。2008年9月9日，中国民族博物馆青海藏医药文化博物馆揭牌仪式在西宁举行，国家文物局局长单霁翔亲自揭牌。2009年2月10日，青海藏医药文化博物馆被批准为青海省级文化产业示范基地；5月21日，青海藏医药文化博物馆被中宣部批准为全国爱国主义教育基地；6月15日，青海藏医药文化博物馆被批准为青海省藏医药技艺传习所。

历任馆长 艾措千（2006.9至今）；元旦尖措（2006.9至今 副馆长）。

业务活动

基本陈列 共有八个展厅，分别为藏医史展厅、曼唐器械展厅、古籍文献展厅、藏药标本展厅、天文历算展厅、民俗展厅、藏文书法展厅和彩绘大观展厅。展馆通过大量的图片、文物、资料，各大展厅根据不同的展示内容，通过环境再现、唐卡雕塑、文物展示、高科技模拟等

方式和手法，突出特点，各具风格，展示了中国藏医药文化博大精深的丰富内涵。

藏品管理

[藏品来源] 捐赠、收购、采集

[藏品类别] 棉质、皮质、石质、纸质、金属

[藏品统计] 2万件（张）

[重要藏品] 《中国藏族艺术彩绘大观》，长618米、画面达1500平方米，内容囊括藏族对宇宙的认识、青藏高原的形成、天文、地理、历史、宗教、医学、民俗、文化艺术、生活等诸方面，堪称藏族文化的百科全书。该展品荣获吉尼斯世界纪录，并受国家版权保护，为镇馆之宝

《四部医典》，采用非物质文化遗产传统制作工艺制成，长2米，宽1.2米，重达1.5吨，是目前世界上最大的一部《四部医典》。

宣传教育 《青海工运》、《西宁经济开发区》对该馆进行了报道，尤其《西宁经济开发区》开设专栏，连续对该馆展品进行宣传。

交流合作 2006年5月，参加"中国夏都药品药材博览会"。2006年至2008年度，参加在西宁举行的"中国青海结构调整暨投资贸易洽谈会"。2007年5月，参加了在西

1.展厅一隅 2.柜内陈列 3.彩绘大观

四部医典

宁市城南新区国际会展中心举行的"2007年青藏高原中藏
药材药品保健品交易博览会暨青海地方名优特色产品展销
会"。2007年10月，参加2007年"肯尼亚中国生物医药产
品展览会"。2008年3月，参加由青海省委省政府组织的
"2008大美青海香港行活动"。2008年4月1日，该馆参加
由省政府承办、省文化厅组织实施的北京2008年奥运会奥
林匹克公园中心区"中国故事"青海文化展示活动。2009
年7月31日，在国际人类学与民族学联合会第十届大会上，
被授予会展组最佳组织奖。

经营管理

[单位性质] 民办非营利企业

[经费来源] 自筹和政府补贴

[机构设置] 行政部、宣教部、陈列部、后勤部、
营销部

[人员编制、组成] 现有职工79人；全部实行合同
聘用制

[观众接待] 年均30万人次

参观指南

[地址] 西宁市生物产业园区经二路35号

[邮编] 810016

[电话] 0971-5316260、0971-5317881

[电传] 0971-5316260

[网址] www.tbtmm.com

[开放时间] 夏季9:00－18:00，冬季9:00－17:00，
节假日不休息。

[票价] 《彩绘大观》展厅特展门票为60元/人。学
生30元/人；老年人10元/人；军人（有警官证者）、残疾
人30元/人。其他展馆全部免费。

（撰文：青海藏医药文化博物馆）

贵德县博物馆
Guide Museum

概述

类型 地方综合性博物馆

隶属关系 隶属于青海省海南藏族自治州贵德县文化局

创建时间 1986年7月

正式开放 2007年4月

所在位置 位于贵德县河阴镇北大街文化广场南侧

面积 建筑面积3480平方米、展厅面积1000平方米

建筑、布局 主体建筑坐南朝北，系框架式砖混两层
歇山顶仿古建筑。主楼一层为民俗文物展厅和文物库房，
二层为历史文物展厅、电子监控室和值班室。

历史沿革 1942年成立贵德县民众教育馆，1950年改
为贵德县人民文化馆，同时兼管贵德县所有馆藏文物及文
物古迹。1986年7月成立贵德县文物管理所，为事业单位，
隶属县文化局，并接管了所有文物藏品，办公地点设在国
保单位——贵德文庙及玉皇阁内。从1987年起，将文庙西廊
坊作为文物展厅，对接管的藏品进行布展陈列，2006年底撤

1.贵德县博物馆   2.贵德玉皇阁

展。2005年4月贵德县人民政府批准成立了贵德县博物馆，与县文物管理所属于两块牌子，一套人马，编制6名。2005年立项动工建设贵德县博物馆，位于贵德玉皇阁西南侧的新馆建筑于2006年10月底全部完工，2007年4月正式开馆。

历任馆长　丁相（1986～1994）；张君奇（1994～1997）；王占英（1997～2006）；陈刚（2006至今）。

业务活动

基本陈列　贵德县博物馆基本陈列为《贵德历史文物展》和《贵德民俗文物展》。展厅分一、二楼，一楼展览民俗文物，二楼展览历史文物，陈列面积为900平方米，布展时挑选了具有代表性的精品文物500多件，按照历史顺序分别展出，其中包括历史文物、民俗文物、宗教文物等。展品主要有古生物化石、旧石器时代的刮削器、砍砸器；新石器时代的马家窑和马厂类型的陶壶、陶罐等；青铜器时代的齐家文化和卡约文化的陶罐、瓮棺、骨针、鹿牙饰品、青铜刀、青铜铃等；汉代的随葬品，陶仓、陶灶、陶井等；南北朝的陶罐；唐代的板瓦，滴水；宋代的古钱币；元代的玉璧、银赏牌；明代的景泰蓝壶、碗、瓷器、金牌信符、必里卫千户印、象牙笏板等；清代的瓷器、玉鹿、铁如意、铜器、刺绣等；民国的字画、瓷器。还有极具地域特色的宗教文物，如明、清时期的藏传佛教法器、佛像等。

临时展览　每年举办黄河奇石、书画、摄影、根雕等艺术类临时展览，并引进1次科普陈列，2009年8月至11月还举办了贵德县改革开放成就图片展。

藏品管理

[藏品来源]　藏品的主要来源为征集、本地考古发掘、捐赠等渠道。

2008年6月至2009年4月，根据2006年度上报的文物征集项目书和国家文物局审核下达的文物征集项目资金，开展了该县的第一次文物征集工作。此次征集工作自2008年6月开始，通过聘请省文博鉴定专家进行现场鉴定和筛选，共征集传世文物、民俗文物等396件，所有被征集的文物已分类入库，建立了相应的文物档案。部分文物已陈列到文物展厅，供游人参观。

[藏品统计]　经整理现有藏品总数为1243件，其中铜器465件、银器45件、铁器45件、陶器79件、瓷器34件、字画53幅、石器23件、碑刻14块、其他485件。

[重要藏品]　馆藏的金牌信符和必里卫千户印是国家一级文物。

金牌信符　紫铜铸，鎏金，长方形，顶部半圆形，高23.5厘米，宽8厘米，厚0.8厘米，重870克。正面铸楷书"信符"二字，背铸篆书上刻"皇帝圣旨"4字，下部为"合当差发""不信者斩"8字。骑缝处咂有"拾伍號"字样。按明史记载，明王朝共制作金牌信符共41面，下发洮州、河州、西宁州各部族，其中河州必里卫西蕃29族21面。每三年遣官一次合符，以茶易马。这种编号"拾伍"的金牌信符，就是当年下发给必里卫21面金牌中的一面。

必里卫千户印　紫铜铸，通高11厘米，印面正方形，边长7.8厘米，重1600克。印文篆书朱文"必里卫中千户所之印"9字，印背刻篆书小字"必里卫中千户所"、"礼部造，永乐四年二月"、"规字九十二号"。明洪武四年（1371）置必里卫千户所于贵德，隶河州卫。永乐元年（1463）升必里卫千户所为卫，下辖左中右三个千户所，以原千户阿卜束之子结束为卫指挥佥事，允许世代承袭。此印是颁发给中千户所的官印。

[藏品保护]　所有藏品都建有藏品档案，并按规定登入总账和分类账，专人保管，库房进出都有严格的管理制度。目前陈列展出的文物和文物库房内的文物限于条件限制，未采取科技保护措施，但这些文物处于安防系统监

展厅一角

民俗文物展

必里卫千户印

控之中，监控室内24小时有两人值班。

宣传教育 贵德县博物馆始终坚持以社会教育为中心，开展形式多样的宣传教育活动，是贵德县重要的青少年爱国主义教育基地，先后和多所学校建立了爱国主义教育共建关系。并于每年"文化遗产日"期间，主动于附近中小学校联系，组织学生参观，由单位工作人员负责讲解。

科学研究 现有在职人员9名（超编3人），均为初级职称，主要从事全县的历史文化遗产的保护和管理工作，以及馆藏文物的保护管理工作。发表的论文有《民族古籍管理的研究对象和任务》、《文物保护与发展旅游关系》、《文物保护应注意的几点工作》。

交流合作 贵德县博物馆自成立以来，一直积极与省内同行进行密切的交流与合作，如青海省博物馆、湟中县博物馆、乐都柳湾彩陶博物馆、民和县博物馆等。

经营管理

[单位性质] 全民所有制事业单位

[经费来源] 全额财政拨款

[机构设置] 现设办公室、安全监控室。

[人员编制、组成] 事业编制数为6名，现全馆工作人员为14人。设馆长1人，副馆长1人，文物保管2人，讲解员3人，会计、出纳各1人，其他5人。

[服务观众项目] 讲解员全程陪同讲解。

[观众接待] 开馆至今累计接待中外游客近55050人次，年参观人数约17850人次。

参观指南

[地址] 青海省海南藏族自治州贵德县北大街

[邮编] 811700

[电话] 0974-8554565、0974-8553293

[传真] 0974-8553293

[电子邮箱] gdwgs@126.com

[开放时间] 全年开放，9:00－17:30

[票价] 免费

（撰文：陈刚、王海宁）

海西蒙古族藏族自治州民族博物馆
Haixi Mongolian & Tibetan Autonomous Museum

概述

类型 地方综合性博物馆

隶属关系 隶属于青海省海西蒙古族藏族自治州文化体育广播电视局

筹建时间 1994年12月

正式开放时间 1997年7月1日

所在位置 坐落于海西蒙古族藏族自治州德令哈市柴达木中路26号。

面积 4200平方米

布局 二楼为《海西建州55周年成就展》；三楼为《海西历史文物展》；四楼为临时展厅；公共空间包括办公区域、会议室、安全监控室等。

历史沿革 海西州民族博物馆，于1994年经海西州编制委员会批准正式成立，1997年7月1日正式开馆对外开放。2004年12月成立海西州文物保护管理所，与海西州民族博物馆合署办公，实行一套人马两块牌子的运行模式，担任海西州文物的保护、管理、征集、收藏、展示、研究等工作。1996年7月被青海省教育委员会授予"学校德育基地"、被中共海西州委，海西州人民政府授予"海西州爱国主义教育基地"，2008年又被国家民委命名为"第二批全国民族团结进步教育基地"，2008年6月中共海西州委

海西州民族博物馆外景

宣传部、海西州科学技术局、海西州科学技术协会命名为
"第一批'海西州州级科普教育基地'"。

历任馆长　李特尔（1994～2008）；辛峰（2008至今）。

业务活动

基本陈列　1997年，海西州民族博物馆开馆之初，
就已经推出了《海西州国土资源展》、《海西州历史文物
展》、《海西州农牧业展》三项长期对外开放的展览。
《海西州国土资源展》以海西州的矿产资源为主线，以海
西州的各项社会事业为内容，展现了蕴藏在海西州的丰富
矿产资源，以及改革开放以来全州各项社会事业蓬勃发展
的新气象。《海西州历史文物展》以一件件具体的历史文
物向观众们展示了海西悠久的历史和许多鲜为人知的史
实。《海西州农牧业展》介绍的是海西州农业、牧业的发
展史和林业、渔业等产业的发展情况。自2004年时将《海
西州国土资源展》更换为《海西州建州五十年成就展》作
为长期展览，撤去《海西州农牧业展览》将该展厅作为临
时性展厅。

铜佛像

展厅一隅

临时展览　建馆以来先后举办《海西州民俗文物精
品展》、《崇尚科学、反对邪教展》、《昆虫标本展》、
《"和谐海西·义海杯"全国书画摄影大奖赛优秀作品
展》、《中国共产党执政兴国六十年大型新闻图片展》等
10余个展览。

藏品管理

[藏品来源]　大部分藏品来自青海省文物管理局划
拨，其余少量藏品为当地征集。

[藏品类别]　陶器、瓷器、金银器、铜器、铁器、
木器、杂项。

[藏品统计]　总数为：456件，其中陶器150件，瓷
器12件，金银器6件，铜器24件，铁器1件，木器8件，其余
为杂项，现有三级文物1件。

金刚杵

[藏品保护]　建立有《海西州民族博物馆文物安全
制度》、《藏品出库规定》、《展厅及库房钥匙管理暂行
办法》、《保管员岗位职责》、《消防安全制度》等规章
制度，整个博物馆采取了严格的人防和技防措施，每天安
排专人进行24小时值班，安装有防火门、红外线报警设施
和监控设施，值班室内安装有专门报警电话。

科学研究　多年来全馆业务人员共发表专业论文17
篇，其中在省级期刊发表论文4篇。

经营管理

[单位性质]　国有事业单位

[经费来源]　财政全额拨款

[机构设置]　主要有馆长、办公室、文物库房、安全
保卫、讲解等部门。

　　[人员编制、组成]　人员编制8人，现有在职7人，中级职称5人。

　　[观众接待]　自1997年正式开放以来共接待近3万人。

参观指南

　　[地址]　青海省海西州德令哈市柴达木中路26号

　　[邮编]　817000

　　[电话]　0977-8222749

　　[传真]　0977-8221318

　　[开放时间]　常年开放

　　[票价]　免费

（撰文：宋耀春）

黄南藏族自治州民族博物馆

Huangnan Tibetan Prefecture Museum

概况

　　类型　地方综合性博物馆

博物馆大门

　　隶属关系　隶属于青海省黄南藏族自治州文化体育广播电视局

　　创建时间　1979年10月

　　正式开放时间　1985年6月

　　所在位置　地处州府所在地隆务镇中心地段，热贡路52号，交通方便，环境幽雅，民族特色浓郁，艺术色彩突出。

　　面积　占地面积4910平方米、建筑面积2983平方米

　　历史沿革　黄南州热贡艺术馆始建于1979年10月，是青海省唯一研究、收藏世界非物质文化遗产——热贡艺术及产品的重要组织机构。1980年1月成立"热贡艺术研究筹备小组"，隶属于青海省文学艺术界联合会管辖的科级事业单位，并吸收10名绘塑水平较高的民间艺人，从事专业绘画、雕塑创作。1985年黄南州人民政府从青海省文学

艺术联合会接管筹备小组的工作，并于同年6月先后成立了"黄南州热贡艺术馆"、"黄南州热贡艺术研究所"、"黄南州民族博物馆"。1988年原中共中央总书记胡耀邦视察黄南时为热贡艺术馆题写了馆名。1992年6月全国著名美术家朱乃正为热贡艺术研究所题写了所名。现为一套人马三块牌子。

　　自1989年，中央、省、州各级政府为保护、研究和

1.博物馆综合楼　2.展厅一角

挖掘这一民族瑰宝，先后投入30万元，征地5.7亩，兴建了700平方米的工作绘塑室。1995年又投资210万元兴建了一座集绘画、雕塑、办公、收藏、展示为一体的多功能综合性民族博物馆，担负热贡艺术品陈列、保护管理、艺术培训、组织创作、研究、征集、鉴定、修复和开展学术交流、对外展出等工作任务。该馆是黄南州的窗口形象单位和黄南州爱国主义教育基地之一。

　　历任馆长　孙书勇（1979.10～1988.3　任热贡艺术研究筹备小组主任）；万玛加（1988.3～1993.3）；完德加（1993.3～2007.10）；赵潜（2007.10至今）。

业务活动

　　基本陈列　由文物、唐卡艺术、堆绣艺术、雕刻艺术、沙画艺术、民俗、藏医药曼唐绘画艺术等几部分组成，

展厅面积960多平方米，展出藏品870件。展出类别有：铜、木、石、象牙、丝织品、陶器、陶瓷、古籍善本及九大门类32个品种的历代热贡艺术精品等。现已成为集收藏、研究、展览为主体，门类较齐全，结构合理的民族优秀文化展示基地。该馆充分利用民族文物和各种文献资料系统展示各民族的优秀历史和灿烂文化，宣传党的民族政策，促进我国社会主义精神文明和物质文明建设。主要任务是：抢救、收藏、保护、弘扬民族文物，使其成为民族文物的收藏中心；研究民族传统文化；研究民族历史的文化中心；成为民族文化的展示中心和爱国主义教育基地。

专题陈列　在保证基本陈列展示功能的同时，充分发挥自身优势，结合中心工作，每年与相关单位联办了古玩、非遗宣传等的实物、图板展览，与省内外的书法和美术家协会、省内外汉藏书画人士合办各类展览，其中较有影响的是《全省藏文书法展》、《全州唐卡艺术评比展》、《藏族曼唐〈四部医典〉唐卡艺术展》、《世纪伟人——毛泽东大型图片展》等，受到了广大市民和青少年普遍好评。

藏品管理

　　[藏品来源]　主要是向社会有价征购、20世纪50年代组织当地著名民间绘画大师创作的热贡艺术品、接收有关单位移交的文物，以及机关、团体、个人陆续捐献等。

　　[藏品类别]　大体分为精品唐卡、古旧唐卡、堆绣、泥塑、木刻、石雕、沙画、曼唐、民俗、陶器、瓷器、古籍善本、书信、书法、金属佛像等。

《大般若经》

铜钺　铜矛　铜刀

"米拉日巴"铜像

唐卡　文殊百尊

"无量光佛"木雕像

[藏品统计]　藏品总数共计8008件，其中：古籍善本4800件、热贡艺术珍品2000件、丝织品192件、铜器56件、木器410件、象牙化石类9件、陶器221件、瓷器320件。

[重要藏品]　彩陶；古籍善本；宗教法器；明代唐卡、间唐、神炮及佛像、热贡地区著名四大名画师创作的四大天王（即《东方持国天王》、《西方广目天王》、《南方增长天王》、《北方多闻天王》）；中国工艺美术大师夏吾才郎的代表作《八马财神》等。

[藏品保护]　主要是按照藏品的质地和价值，采取分设专柜存放的传统技术措施，以防火、防盗、防虫、防霉变为重点，安装配备了阻燃装潢材料和规范的消防器材配置的硬件设施，建立了完善的管理制度，严格按照国家及省、州相关藏品管理要求对馆藏文物进行保护。

科学研究　黄南州民族博物馆自成立以来，始终重视对热贡文化和地区文物的研究，拥有历史、考古、民族学、美术、摄影等专业性人才，经过长期的积累，黄南州民族博物馆收集了大量的研究资料，并取得了显著的研究成果。发表的论文有《热贡艺术概况》、《青藏高原上璀璨的明珠——热贡艺术》、《热贡文化问题研究》、《热贡艺术门类解说》、《热贡艺术的起源及颜料配制》、《略谈唐卡中的金子用法》、《谈唐卡的部分颜料及藏药关系》等。

宣传教育　黄南州民族博物馆是收集和展示热贡非物质文化遗产资源的平台，也是对广大青少年进行爱国主义教育的有效载体。自1985年开馆以来，积极通过编发资料、开设讲座、媒体宣传等方式，开展多方面、多角度、多渠道、多形式的宣传教育活动。

清　佛足图

该馆编辑出版的有《热贡艺术》画册宣传材料、《热贡艺术简介》宣传折页、《热贡艺术》影像宣传材料、《热贡神韵》图片材料。参与编写的有《热贡艺术志》、《热贡文化》等。

采取"走出去、请进来"的方式，曾多次走向民间，在单位内部开展有关文博、地方历史知识、民俗及热贡非物质文化遗产等知识宣传讲座。

作为一个颇具地域色彩的综合性博物馆，中央电视台、青海电视台、上海电视台、广东电视台、山东电视台、深圳电视台、西宁电视台、黄南电视台及中国文物报、青海日报、西海都市报、新宁晚报、大公报、北京晚报、西宁晚报和各网络媒体曾多次到该馆拍摄采访并宣传播放。

近年来，该馆牢固树立为社会服务的理念，以满足公众和观众的需要为教育和服务的出发点，立足文化阵地，充分利用传统文化资源，不断拓展社会教育功能，积极开展展览交流等合作活动。开馆以来，先后被命名为黄南州爱国主义教育基地、国家AAAA级旅游景点等称号。

交流合作　积极参加馆际间交流，加强对外宣传，近年来，先后组织参加了在浙江杭州举办的第二届中国工艺美术大师作品暨工艺美术精品博览会，"十一面观音"等4件作品获银奖；组织参加了由青海省人民政府主办的首届青海民族民间工艺美术品展览会，黄南馆选送的61件展品共获得23个奖项；参加首届上海民间艺术博览会，选送的《三世佛》、《释迦摩尼降服外道六魔》等作品获金奖；承办"中国·热贡文化摄影节"、在京举行"中国·青海热贡艺术"推介会、举办《中国·青海文化旅游节暨热贡艺术大汇展》；赴云南参加中国西部（昆明）文化产业博览会、与呼和浩特市联合举办《内蒙古藏传佛教召庙文化活动展》、参加在北京举办的北京秋季书市热贡艺术展活动，组织参加了在上海美术馆举办的《佛教秘境热贡艺术唐卡展》；在江苏昆山周庄大吉祥文化馆与上海大都会育乐发展有限公司、江苏昆山大吉祥文化传播有限公司、上海风颖汉文化传播有限公司联合在上海开设"热贡文化窗口"等活动，为弘扬民族优秀文化，发挥爱国主义精神起到了积极作用，为提升国家热贡文化生态保护试验区、中国热贡唐卡艺术之乡、国家级产业示范基地、国家历史文化名城、国家非物质文化遗产保护项目名录的宣传搭建了良好的平台，为让世界了解热贡，让热贡走向世界创造了条件。

经营管理

[单位性质]　国营公益性事业单位

［经费来源］　财政拨款

［机构设置］　内设馆长室、副馆长室、绘画室、雕刻室、研究室、宣教室、财务室、保管室、保卫室、办公室等。

［人员编制、组成］　在编8人，招聘7人，临聘6人。在编人员中大专以上文化程度3人，专业技术人员6人，其中：高级工艺美术师1人，工艺美术师3人，馆员1人，初级1人。

［观众接待］　年均接待参观观众5万人次。

参观指南

［地址］　青海省黄南州同仁县隆务镇热贡路52号

［邮编］　811300

［电话］　0973-8722539（办公室、售票处）

［传真］　0973-8722269

［电子邮箱］　zhaoqianjiyuan@163.com

［开放时间］　8：30－12：00，14：30－18：00

［票价］　15元，接免费开放通知后实行全员免费

［免费对象］　1.未成年人集体组织参观（参观时间进行预约）2.家长携带未成年子女，未成年子女免票。3.现役军人、离退休干部、三十年以上教龄教师、特困户市民、残疾人凭个人有效证件免票。

（撰文：赵潜，数据、图片提供：侃本塔）

湟中县博物馆
Huangzhong Museum

概述

类型　　地方综合性博物馆

隶属关系　　隶属于青海省西宁市湟中县社会发展局

创建时间　　1985年4月

正式开放时间　　1987年

所在位置　　位于青海省湟中县和平路3号

面积　　占地面积336平方米、建筑面积814平方米

布局　　坐北朝南，系框架式砖混结构四层楼

历史沿革　　1983年1月在青海省西宁市湟中县塔尔寺管理所的基础上成立了湟中县文物管理所，1985年4月成立了湟中县博物馆。编制8名。馆、所两块牌子一副班子担负着全县文物保护与收藏，宣传陈列等工作。

历任馆长　　李安帮（1985～1986）；刘崇进（1986～1987）；李汉财（1987至今）。

业务活动

基本陈列　　《湟中县历史文物展》，2005年湟中县筹措资金上百万元，用于博物馆的装修及基本陈列的调整、充实和改造其内部完全采用人工照明方式，推出《湟中县文物展览》。展览分石器时代、青铜时代、汉魏南北朝、唐宋、元明清五个部分，陈列面积330平方米，展出文物精品400余件，已成为展示湟中悠久历史的窗口。

临时展览　　博物馆成立至今，利用"春节"、"国庆节""五一"等重大节日，举办各种丰富多彩的展览。先后举办了《李家山下西河潘家梁卡约文化出土文物展》、《杜家庄汉墓出土文物展》、《湟中县文物工作汇报展》、《塔尔寺工艺美术作品展》、《湟中县民间收藏古字画展》、《青海彩陶展》、《湟中县碑碣拓片展》、《中国历代古钱币展》、《元代干尸展》、《纪念毛泽东诞辰一百周年集邮展》、《湟中县公安、工商缴获移交文物展》等30余个临时展览，发挥了博物馆爱国主义教育基地的作用。

藏品管理

［藏品来源］　征集、发掘、无偿捐赠、查获移交

［藏品类别］　有石器、陶器、骨器、瓷器、铜器、

湟中县博物馆外景

展厅一角

卡约文化　双马铜钺

北朝　胡僧骑马俑

西夏　黑釉剔地缠枝牡丹纹罐

铁器、金银器、木器、丝织品、民间刺绣品、皮影等。

[藏品统计]　现有馆藏文物10359件，以最早发现于湟中县卡约文化村而命名的青海土著文化——卡约文化和汉代文物为大宗。

[重要藏品]　有卡约文化双马铜钺、卡约文化陶

鬲、汉代错金云蕾纹盆、汉代七星铜带钩、汉代画像砖、北朝胡僧骑马俑、清代珐琅铜盘等。其中西夏黑釉剔地缠枝牡丹纹罐，出土于湟中县白崖村，为国家珍贵文物。

[藏品保护]　该馆有文物库房和配备相应的保护设施。所有珍贵文物置于保险柜内，其它文物均放于文物架保存。

考古发掘　县城内在农业、基建、水利、交通等设施建设工程中，所进行抢救性发掘，2004年至2007年为配合湟中县域内青海省多巴高原训练基地建设，与省考古所共同清理汉代墓葬43座，出土文物300余件。

经营管理

[单位性质]　全民事业单位

[经费来源]　县财政全额拨款

[人员编制]　编制名额为8人，在职人员中副研究馆员2人，馆员3人，助馆1人，高级技师1人，普工1人。

参观指南

[地址]　青海省西宁市湟中县和平路3号

[电话]　0971-2232343

[传真]　0971-2232343

[电子邮箱]　b.wgh@163.com

[票价]　免费

（撰文：湟中县博物馆）

湟源县博物馆

Huangyuan Museum

概述

类型　地方综合性博物馆

隶属关系　隶属于青海省西宁市湟源县社会发展局

创建时间　1983年1月

正式开放时间　1984年1月

所在位置　地处湟源县城关镇明清老街100号，县城北侧，丹噶尔古城内，交通便利、环境幽雅，为全县最大的旅游景区。

面积　占地面积4600平方米、建筑面积2000平方米

建筑、布局　建筑仿古风格，为砖木结构，分陈列展厅、民俗展厅、文物库房、办公用房四大部分，院中心建有仿古凉亭，南侧建有观众休息亭。陈列展厅面积160平方米，民俗展厅面积310平方米（分四个展厅）。

历史沿革　湟源，史称"丹噶尔"，位于黄河北岸，青海湖之东，湟水之源，距西宁市50公里。这里自古是由

1.博物馆大楼　2.湟源县博物馆全景

内地通往西部牧区和西藏的交通要隘，也是唐蕃古道和丝绸南路上的要塞，被称为"海藏通衢"。湟源县博物馆于1983年1月成立之后，与县图书馆合署办公，一套人马、两个牌子。至1984年12月与县图书馆分开办公，隶属县文化体育局，办公地点设在县城隍庙后院，陈列展厅设在城隍庙大殿，展厅面积为280平方米，临时展厅设在城隍庙东西厢房，展厅面积为134平方米。2002年5月成立了湟源县文物管理所，与县博物馆合署办公，为一套人马、两个牌子，承担着全县不可移动文物的日常安全保护及文物古建筑的维修工作。2006年4月新馆立项，2007年6月动工，2009年4月，县博物馆从城隍庙搬迁到新馆并投入使用，2009年5月1日新馆陈列展厅正式对外开放。同时，民俗展厅也由县社会发展局设计布展。1994年被国家文物局授予"全国优秀社会教育基地"的称号。1997年被湟源县委、县政府授于"爱国主义教育基地"的称号。

历任馆长　马斯昌（1983.1～1991.11）；马斌（1992.2～2000.6）；赵璟芳（2000.11至今　副馆长主持工作）。

业务活动

基本陈列　《湟源县历史文物陈列》按历史发展顺序，从新生代（动物化石）——新石器（马家窑文化）——青铜时代（卡约文化）——秦、汉——隋、唐——宋、元、明、清、民国。利用500多件文物藏品、历史文献资料、文保遗存图片等，简洁、直观地揭示了湟源县几千年的历史和文明。同时，以生动的实物和大量的史料相结合，内容与形式相统一，真实的再现了该地区各历史时代的风貌，突出的展示全县民族、民俗状况和历史大事件等。

临时展览　1986年至2008年间，为满足观众的不同文化需求，作为基本陈列的补充，充分利用节假日时间通过从青海省博物馆、青海省考古所、青海省档案馆、西宁市文联等单位，引进不同内容的展览和个人藏品及艺术品展览，向观众展示不同的文化专题内容，先后已成功举办了《湟源县民族服饰展》、《中国历史货币展》、《元代干尸展》、《毛主席像章精品展》、《百米书画长卷展》、《民间刺绣展》、《祖国建设成就图片展》、《香包、石雕、黄河奇石综合展》、《民间书法古玩展》、《科技、法律、禁毒图片展》、《湟源县民族、民俗综合展》，以及《日月山历史陈列展》等。

藏品管理

[藏品来源]　主要是考古发掘、社会捐赠、征集（购）等。

[藏品类型]　有青铜器、陶器、玉器、铁器、骨器、石器、木器、银器、瓷器、书画等。

[藏品统计]　馆藏文物已达762件，其中国家一级文物3件、二级文物6件，三级文物15件。

[重要藏品]　以该县大华中庄墓地出土的青铜器及骨器最具特色，对研究卡约文化具有重要的参考价值。

[藏品保护]　自从湟源县博物馆成立以来，藏品保管条件比较差，文物库房不足30平方米。且70年代修建的土木结构平房，由于库房潮湿，通风不好，使好多藏品受

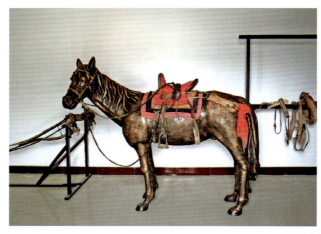

展厅一角

到不同程度的损坏。但在文物保管制度上，建立了《库房安全保卫制度》，并制作了《文物、标本入库登记表》、《藏品提取和退回凭单》等，以规范保证藏品管理、保证藏品安全。2009年4月文物库房搬迁到新馆库房后，藏品保管条件有了明显的改善，库房面积由原来拥挤不堪的30平方米增加到100平方米，已制作的文物架能够宽敞摆放，使馆藏700余件文物藏品能够分类上架，便于查找。同时，馆藏文物有了安全保障。

宣传教育　为了让全县群众更多的了解馆藏文物及历史文化遗产，该馆采取免费参观，由讲解员详细讲解文物展品的历史文化。同时积极开展《文物保护法》宣传，印制文物保护知识传单，在城镇、农村、及中小学进行散发宣传，还与县广播电视台合作，利用广播、电视进行文物保护宣传。此外，还充分利用"5·18 国际博物馆日"和"中国文化遗产日"，举办县城中心宣传活动及乡、镇集中地开展文物知识普及和文物保护法宣传活动。

科学研究　在注重文物知识普及的同时，个人研究成果也较突出，多人在全国及省、市级刊物上发表了《浅谈加强青少年教育基地建设的问题》、《浅谈文物保护与发展旅游的关系——以湟源县为例》、《加强湟源县文物保护工作的几点建议》、《湟源县孔庙和第一高等小学堂的保护与管理》等学术论文。

经营管理

　　[单位性质]　全民所有事业单位

　　[经济来源]　县财政全额拨款

　　[机构设置]　设有馆长室、办公室、值班室

　　[人员编制、组成]　事业编制数为8人，现有正式在编工作人员6人，均为中级职称，其中本科1人，大专4人，中专1人。另外，临时聘用安全保卫人员1人。

　　[观众接待]　观众人数每年达12000人次。

民俗展览

参观指南

　　[地址]　青海省西宁市湟源县城关镇明清老街100号

　　[邮编]　812100

　　[电话]　0971-2433194

　　[开放时间]　周一闭馆，夏季8：30－11：30，14：30－18：00，冬季8：30－11：00，14：00－17：30。

　　[票价]　从2001年3月1日起，实行免费参观

（撰文：陈海云）

INDEX